PIN-UPS NAS CAPAS DOS ANOS 50 E 60

>>>>

Desde que começaram a ser produzidas capas de discos no Brasil, mulheres bonitas ajudavam a vender discos de artistas que não tinham imagem de galãs – caso do pianista Waldir Calmon, num LP de 1955

Pin-ups anônimas e famosas, como a vedete Nélia Paula e a atriz Norma Bengell, ilustram capas do cantor Albertinho Fortuna, do saxofonista Moacyr Silva (que usava o pseudônimo de Bob Fleming), do Trio Surdina e do pianista Fats Elpídio

A atriz e vedete Renata Fronzi ajuda a divulgar um LP promocional da Odeon para as rádios, em 1957

Enquanto a famosa boate Drink, de Djalma Ferreira, trazia uma boazuda toda espevitada na parte interna de seu LP de 59

Este LP de 1958 trazia canções com nomes de mulher cantadas por um coro masculino, com direito a arranjos de Tom Jobim e pin-ups dos anos 50 na capa, em poses coquetes

À esquerda, um generoso decote na capa de um LP do flautista Altamiro Carrilho, em 1959, e à direita a "Globeleza" de 61, num rasgo de ousadia para a época, estampava um LP dançante de chá-chá-chá

CULTUANDO O **FRACASSO** AMOROSO »»»

Até os anos 50, curtir a fossa era uma grande pedida na MPB. Que o digam Nora Ney e seu clássico Ninguém me ama, que ela lançou em 52 e regravou neste LP de 1960

A elegia da fossa atravessou a primeira metade do século e reinou em capas de discos dos anos 50 e 60,

com Alcides Gerardi,

Núbia Lafayette,

Anisio Silva...

Depois, Miltinho ("Poema do adeus") e Maysa ("Canção do amor mais triste"), ambos de 1962

Chegando aos anos 70, com Tito Madi e Waleska, que exaltavam a fossa com afinco em LPs de sucesso

Até hoje, muitos continuam nessa linha, de Amado Batista ao grupo Los Hermanos

CARNAVAL QUANDO O MORALISMO DAVA TRÉGUA

Até os anos 60, o Carnaval era o único momento do ano em que se podia ousar no terreno da sensualidade e erotismo. As letras carnavalescas alternavam fossa e safadezas de duplo sentido em ritmo de samba e marchinha.

A mulata era "a tal", o lança-perfume era permitido e se podia sentir tesão sem tanta culpa

A maior cantora dos anos 30, Carmen Miranda, foi uma mulher de vanguarda.

No comportamento e no fato de preferir gravar mais músicas alegres e maliciosas, em lugar das tristes, onipresentes no repertório de todos os seus colegas de geração

A POSTURA **SEXY-INGÊNUA** DAS CANTORAS ANTIGAS >>>>

Nos anos 50 e início dos 60 as gravadoras vendiam nossas grandes cantoras ao público somente pela beleza, com direito a poses delicadas

E não importava o estilo musical: podia ser a bossa-novista Sylvia Telles, a roqueira Celly Campello, ou as divas do rádio Marlene e Emilinha Borba

A diva-maior Angela Maria arrasava num shortinho amarelo, e as românticas Alaíde Costa, Ana Lúcia e Doris Monteiro exalavam feminilidade – todas, entretanto, eram vistas apenas como bibelôs de beleza

A SENSUALIDADE DAS CANTORAS MODERNAS >>>>

Em 1968, Claudette Soares já aparecia de minissaia, e Wanderlea de calça comprida, na capa de seus LPs

Rita Lee chocava ao aparecer dividindo a cama com seus colegas dos Mutantes, na contracapa de "A divina comédia" (1970), e cinco anos depois mostrava-se sensual e interessante (com atitude), na capa de "Fruto proibido"

Gal Costa abriu caminho para várias gerações de cantoras mais liberadas e sensuais na MPB. A capa e contracapa de seu LP "Índia" (1973) foi censurada e vinha envolta num plástico preto

Maria Bethânia mostrava o umbigo e muita sensualidade na contracapa e nas canções de seu LP de 1977, e Marina mostrava-se fatal, com roupa preta justa e tudo, em seu LP de estréia, de 79

No final dos anos 70, as cantoras jogaram sua libido no ar

Nunca houve tantas canções sensuais e de atitude feminista na MPB,

gravadas por Simone (uma das recordistas no gênero), pelas abusadas Frenéticas,

mais Zezé Motta e Maria Creuza

Gal Costa deixava seu estilo hippie de vestir-se e virava superstar sexy em "Galtropical" (1979),

enquanto Fafá de Belém enchia a todos de tesão com seu jeito rasgado de cantar, seus seios fartos e sua postura agressivamente sensual

Entre 1981 e 83, todas as grandes cantoras resolveram mostrar os ombros e o colo dos

seios nas capas dos discos: Alcione, Rita Lee, Fafá de Belém, Simone, Joanna...

E também Gal Costa e Zizi Possi, Rosemary e Vanusa – todas queriam mostrar os ombros. Esta última, ao lado de Joyce e Fátima Guedes, foi das pioneiras compositoras a abraçar a causa feminista

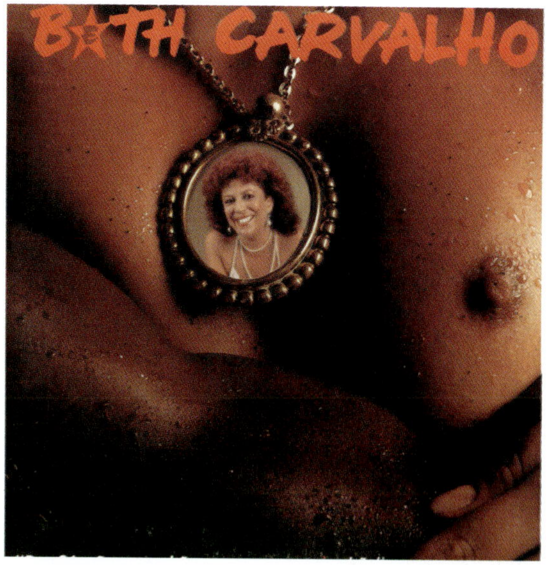

Sempre muito sensual, *Elba Ramalho exibia um sutiã amarelo na capa de seu LP de 1985, enquanto Simone se insinuava com seu "meia-taça" no encarte do LP de 89*

Em 85, Beth Carvalho usava a sensualidade negra de forma digna. Dez anos depois, Fernanda Abreu aparecia nua na contracapa de seu CD "Da Lata". Também com muito bom gosto

A diva popular Perla dispensava o sutiã, em 77

Já As Marcianas preferiam usá-lo na cor vermelha, em 86. As Melindrosas – Sula Miranda inclusive – apareciam nada comportadas para o seu público infantil, logo após a abertura política, em 80

Claudia Barroso mostrava as pernas em seu vestido esvoaçante, em 78, Tânia Alves abusava do collant, em 83, e Preta Gil quebrava o tabu da gordinha nua, em 2004

Até os anos 50, a família feliz não dispensava uma mãe "rainha do lar", bem-comportada, cuidando dos filhos, como atestam as capas de Adelaide Chiozzo (1958) e de coletâneas especiais para o Dia das Mães de 1957

A partir dos anos 70, influenciados pela filosofia hippie, nossos artistas começaram a transgredir conceitos de comportamento familiar e de maternidade, como atestam a censuradíssima capa do LP "Jóia", de Caetano Veloso (1974), e as de Baby Consuelo e Rita Lee (ambas de 79). Eles também transgrediram em suas canções, especialmente Caetano e Rita, que colecionaram letras libertárias

A SENSUALIDADE MASCULINA »»»

Se à mulher era incentivado o recato, aos homens tudo sempre foi permitido.

Na capa do LP "Caderno de notas", o pianista Ribamar escolhia entre 12 mulheres (todas tiradas de títulos de músicas famosas).

Para qual ia ligar? E pensar que Gabriel, o Pensador, usou a mesma idéia 40 anos depois, na canção 2345meia78: "tá na hora de molhar o biscoito"

Francisco Alves,
Ivon Curi, Nelson Gonçalves,
Francisco Carlos e Carlos Galhardo
obedeciam ao padrão cantor-galã,
entre os anos 20 e 50

Enquanto isso, na seara do samba...

Moreira da Silva vestia muito bem o
personagem invencível, esperto e sedutor
do malandrão à moda antiga

Na virada dos anos 50 para os 60, Cauby Peixoto e Agnaldo Rayol foram os novos galãs de vozeirão que sucederam a geração mostrada na página anterior

Na década de 70, ninguém resistiu ao charme de Waldick Soriano

Odair José começou a falar de cama no início dos anos 70, quando a música brega-romântica ainda insistia nos namoricos de portão, sem sexo

Roberto Carlos começou a enlouquecer as mulheres nos anos 60 e foi o grande cantor-galã do Brasil a partir dos anos 70, fazendo, com seu parceiro Erasmo, muitas canções de motel que seguramente ajudaram a aumentar a taxa de natalidade da população brasileira

Chico Buarque nunca se vendeu à mídia como cantor-galã. Mas as mulheres mais intelectualizadas logo o elegeram como seu ícone-mor, em contraponto às de índole mais popular, que preferiam o Rei Roberto

Em 1970, o cantor e humorista Juca Chaves penou para liberar sua canção Rimas sádicas, só porque incluiu a palavra "tesão". Em 77, usou um bem sacado trocadilho para intitular seu LP de modinhas "Juca bom de câmera"

Desde os anos 70, Wando escreveu sobre assuntos picantes. Ousou falar de temas-tabus, como virgindade e homossexualidade, sem neuroses. No final dos anos 80, fixou-se no imaginário nacional como "Obsceno" e passou a distribuir calcinhas em seus shows, armando a sua "Tenda dos Prazeres"

Depois da fase dos rocks machistas da Jovem Guarda, Erasmo Carlos abraçou a causa feminina, chegando ao ápice em seu LP "Mulher" (1981), em que posava literalmente mamando no peito de sua esposa, Narinha

Outro que virou a casaca foi Martinho da Vila. Se alguns de seus primeiros sambas eram machistas, aos poucos se tornou o letrista mais ousado da história do samba tradicional, evitando os temas de amor fracassado e falando como poucos de sensualidade, erotismo e da força da mulher. Em 2005, aos 67 anos, foi clicado em poses sensuais no CD "Brasilatinidade"

Desde os anos 60, Marcos Valle mostrou que era possível ser ao mesmo tempo surfista e compositor genial. Não poupava sensualidade em suas capas: em 70, apareceu na cama, e nos anos 80 assumiu a identidade do galã-saudável: na academia malhando; de shortinho, na bicicleta; ou tomando sucos naturais: "Tem que correr, tem que suar, tem que malhar! Vamos lá!"

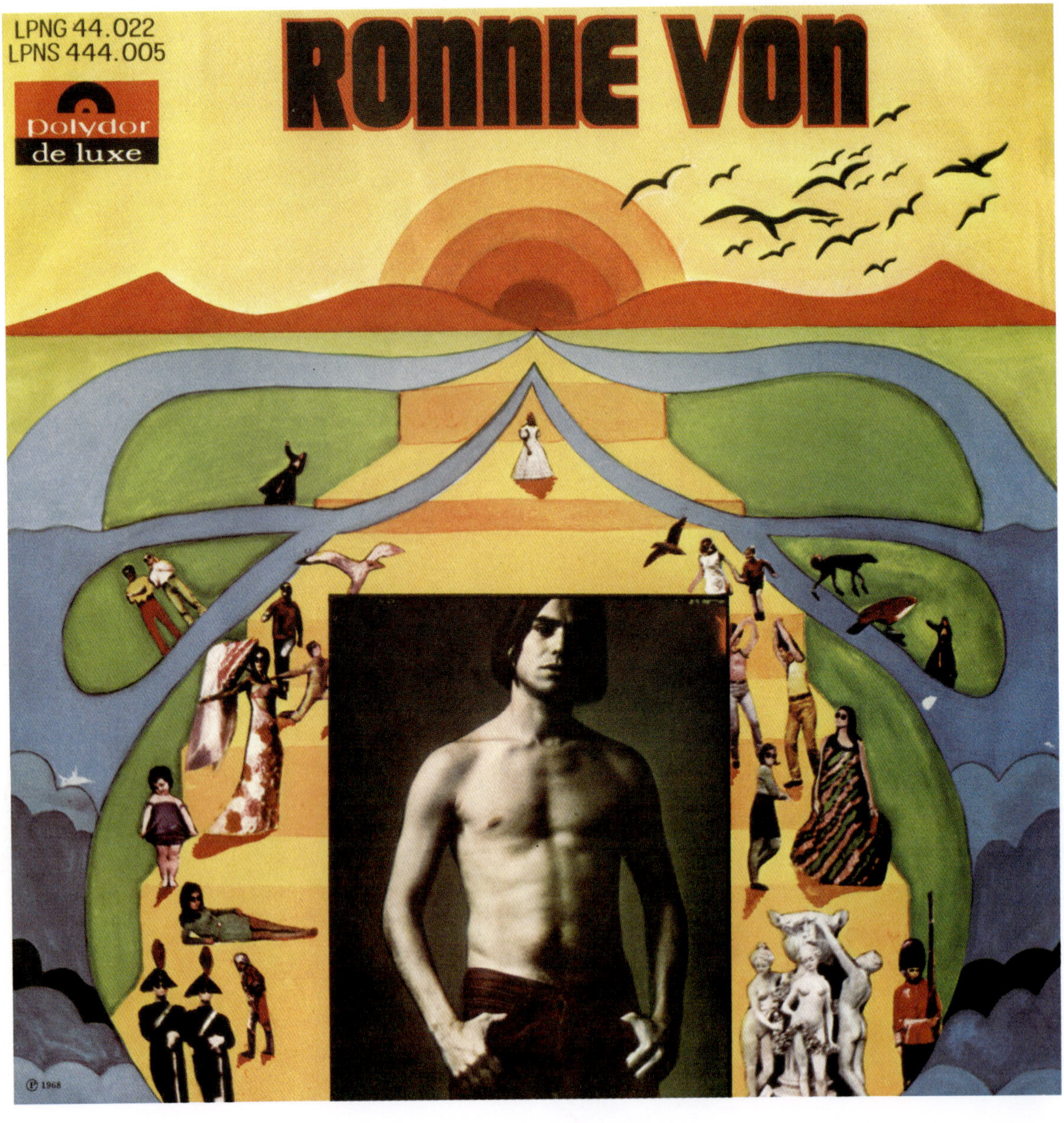

Ronnie Von foi um belíssimo cantor-galã. Em seu raro LP experimental de 1968, foi nosso primeiro intérprete a aparecer sem camisa, de forma tão insinuante e exuberante, na capa de um disco

História SEXUAL *da* MPB

RODRIGO FAOUR

HISTÓRIA SEXUAL DA MPB

A evolução do amor e do sexo na canção brasileira

EDITORA RECORD
RIO DE JANEIRO • SÃO PAULO

2006

CIP-BRASIL. CATALOGAÇÃO-NA-FONTE
SINDICATO NACIONAL DOS EDITORES DE LIVROS, RJ.

Faour, Rodrigo, 1972-
F223h História sexual da MPB : a evolução do amor e do sexo na canção brasileira / Rodrigo Faour. - Rio de Janeiro: Record, 2006.

Apêndice
ISBN 85-01-07555-8

1. Música popular - Brasil - História e crítica. 2. Amor na música. 3. Sexo na música. 3. Identidade sexual na música. 4. Mulheres na música. 5. Música popular - Brasil - Textos. I. Título. II. Título: A evolução do amor e do sexo na canção brasileira.

06-3468. CDD 780.420981
CDU 78.067.26(81)

Design de capa e miolo: Tita Nigrí

Ilustrações:
Aberturas de André Amaral.
Vinhetas de Tita Nigrí e Darrians Sexy Silhouettes

EDITORA RECORD LTDA.
Rua Argentina, 171, parte, São Cristóvão
Rio de Janeiro, RJ – 20921-380 – Tel.: 2585-2000

Impresso no Brasil

ISBN 85-01-07555-8

PEDIDOS PELO REEMBOLSO POSTAL
Caixa Postal 23.052 – Rio de Janeiro, RJ – 20922-970

DEDICATÓRIA

Muitos foram os compositores e letristas da música brasileira que sempre fizeram a minha cabeça e que homenageio neste livro. Mas se não fossem as vozes de oito grandes cantoras que eu descobri ainda bem pequeno, entre o final dos anos 70 e início dos 80, cantando essas melodias e letras incríveis, talvez eu não amasse tanto a MPB...

E, escrevendo este livro, vi o quanto seus repertórios foram renovadores da música brasileira naquele tempo, inclusive em temas de amor e sexo. Por isso, dedico este livro a essas cantoras que foram responsáveis pela minha paixão instantânea pela música brasileira, dos 6 aos 10 anos de idade:

Alcione, Beth Carvalho, Bethânia, Elis, Fafá, Gal, Rita Lee e Simone.

Eu devo muito da minha carreira a vocês.

SUMÁRIO

AGRADECIMENTOS

Aos que deram depoimentos exclusivos para o livro:

Especialistas, críticos, intelectuais e professores

Hermano Vianna / Jairo Severiano / João Máximo / José Ramos Tinhorão / Luiz Carlos Maciel / Luiz Fernando Borges / Paulo César de Andrade / Rodrigo de Araujo / Rosa Nepomuceno / Silvio Essinger / Tárik de Souza / Vânia Moreira

Letristas, compositores e intérpretes

Abel Silva / Adriana Calcanhotto / Alcione / Aldir Blanc / Ângela Ro Ro / Antonio Cicero / Billy Blanco / Carlos Lyra / Carmen Costa / Cauby Peixoto / Charles Gavin / Chitãozinho / Cristina Buarque / Doris Monteiro / Emilinha Borba / Erasmo Carlos / Fafá de Belém / Fátima Guedes / Fernando Brant / Genival Lacerda / Gilberto Gil / Inezita Barroso / Jair Rodrigues / Joanna / João Roberto Kelly / Jorge Goulart / Jota Júnior / Joyce / Juca Chaves / Kledir Ramil / Lana Bittencourt / Lidoka (Frenéticas) / Maria Alcina / Maria Bethânia / Marinês / Martinho da Vila / Nei Lopes / Ney Matogrosso / Normando / Odair José / Paula Toller / Paulo César Pinheiro / Paulinho Lima / Paulo Sérgio Valle / Raul Sampaio / Renato Teixeira / Roberto Menescal / Roger (Ultraje a Rigor) / Sandra Pêra (Frenéticas) / Sérgio Natureza / Simone / Sonia Delfino / Tati Quebra-Barraco / Tito Madi / Vanusa / Vitor Martins / Wando

Psicanalistas e sexólogos

Flávio Gikovate / José Ângelo Gaiarsa / Regina Navarro Lins

Agradecimentos especiais:

*A **Regina Navarro Lins**, que muito abriu minha cabeça para assuntos de amor e sexo e inspirou o tema do meu livro.*

*Ao meu mestre maior, **Jairo Severiano**, por sua generosidade e tantos ensinamentos adquiridos em seus 79 anos de trabalhos e incansável rigor na pesquisa de MPB – e por ter sido o primeiro a ler este livro, corrigindo e sugerindo detalhes fundamentais.*

*Ao meu mestre de sempre, amigo querido de todas as horas e grande pesquisador de música popular, **Paulo César de Andrade**, pela revisão.*

*Aos meus "ídolos" **Tárik de Souza** e **Ruy Castro**, que também contribuíram com seus artigos maravilhosos sobre o tema deste livro – e o último também com um luxuoso texto de quarta capa. Honra total.*

*A **Carlos Savalla**, que abriu sua inenarrável discoteca para complementar minha pesquisa musical para este livro, inclusive iconográfica – com algumas capas ótimas de sua imbatível coleção.*

*Aos queridos **Silvio Essinger** e **Silvia Droge**, que me ajudaram com funks cariocas, rocks, capas de discos e informações preciosas para o livro.*

*A meus pais, **Leila** e **Fernando**, por tudo e mais um pouco.*

Aos meus queridos editores Luciana Villas-Boas, Ana Paula Costa e Edmundo Barreiros, atendendo a todas as minhas sugestões e contribuindo com comentários e críticas excelentes, e a todos os meus queridos amigos que colaboraram com sugestões de músicas, livros, artigos ou facilitando entrevistas para este livro (em ordem alfabética): Alfredo Del-Penho, Ana Basbaum, Antonio Sérgio Ribeiro, Bebel Prates, Belinha Almendra, Beto Feitosa, Carlos Laert, Christina Campos, Eulália Figueiredo, Fábio Adriano, Flávia Fernandes, Lana Braga, Lauro Lisboa Garcia, Leo Esteves, Luciana Bastos, (DJ) Luís Cláudio "Ambient", Márcio Gomes, (DJ) Marcel Chapman, Nana Vaz de Castro, Ricardo Grifo, Rogério Augusto de Oliveira, Silvio Júlio Ribeiro, Suzana Funck e meus adoráveis e homônimos amigos Thiago Marques Luiz e Tiago Luiz Marques.

PREFÁCIO

A compreensão de nossa identidade sexual e afetiva ganha enorme reforço com esta História Sexual da MPB, mas não só ela, também o nascente estudo das mentalidades no Brasil se acelera neste caudaloso e saboroso volume.

Que as letras de canções populares são as crônicas mais completas das relações amorosas é sabido; agrupá-las por inclinações temáticas de todas as épocas e as comentar com precisão é trabalho para um autor brilhante como Rodrigo Faour. Feitas as saudações, vamos ao livro.

A leitura da obra coloca em vários momentos a oposição entre o liberalismo dos compositores mais populares, do maxixe ao funk, à tristeza e sofrimento dos bem pensantes, presentes na modinha, no samba-canção, bolero e bossa nova. Cantar a dor é *bem*, escancarar o sentimento e a ação amorosa é coisa de *pobre inculto*. Ao falarmos em oposição está claro que queremos lembrar que o Brasil é a pátria do sincretismo, e na música isso não é diferente. A obra clássica da antropologia, *Casa-grande & senzala*, de Gilberto Freyre, nos autoriza a afirmar que todo o verniz da sala de jantar ia por água abaixo quando o *patrãozinho* apanhava a *neguinha*. Assim, compositores como Ary Barroso, Wilson Batista, Lupicínio Rodrigues ou Haroldo Lobo, entre dezenas de outros, criaram sucessos falando a públicos muito distintos, alternando letras politicamente incorretas e toques mais progressistas. Tudo ao gosto do freguês. Sem crítica, afinal o artista não é a antena da raça?

Os dois primeiros capítulos do livro identificam o horror que a mulher causava à mentalidade patriarcal tão em voga até os anos 60 — e aí não importava o nível social dos compositores. Faour localiza o primeiro compositor brasileiro, Domingos Caldas Barbosa (1740-1800) nos seguintes versos: "Fuja do bicho mulher/ Rói por dentro/ Bem como a traça/ É quem motiva nossa desgraça." Não crucifiquemos o autor do século XVIII, pois ele apenas reproduzia o pensamento da época, baseado inclusive, certamente sem o saber, em Santo Agostinho, para quem a mulher dominava as artes do demônio (leia-se sedução).

Grande parte de nossos mais importantes compositores e letristas do passado exprimiram máximas do pensamento patriarcal em centenas de letras claramente machistas, embora fossem autores de talento indiscutível. Fato é que, à sua época, essas palavras não pareciam tão ofensivas, pois este era o pensamento da moral vigente. E se isso era costume entre os compositores mais urbanos, teoricamente mais esclarecidos e avançados, imaginem no cancioneiro do interior o que ocorria. É o caso da clássica toada *Cabocla Tereza*, uma criação de Raul Torres e Serrinha, que Faour registra: (após saber que sua cabocla o trocou por outro) "Senti meu sangue fervê/ jurei a Tereza matá/ o meu alazão arriei/ e ela fui procurá/ essa cabocla eu matei/ é a minha história doutô!" A crônica machista passional que embala a letra até hoje freqüenta as páginas policiais do Brasil.

Não é difícil notar que tais preconceitos carregam poesia dolorida, ressentimento e incompreensão. Não é por outra razão que a dor-de-cotovelo reinou absoluta durante tantos anos na música brasileira. O profundo estigma do patriarca transforma tudo em solidão, abandono ou medo de tais estados de espírito. Mesmo com o advento da bossa nova, e sua suposta leveza, poetas da estatura de um Vinicius de Moraes ainda davam a receita de mulher com o obrigatório ingrediente do sofrimento.

Interessante é notar como a virada, que acontece a partir dos anos 60, não se deve apenas à entrada de inúmeras compositoras no mercado, mas também, e especialmente, à cabeça feita dos autores do período. A revolução cultural dava seus frutos jogando na arena nomes como Chico Buarque, Gilberto Gil, Caetano Veloso, Gonzaguinha, João Bosco e Aldir Blanc, Milton Nascimento e Fernando Brant, e toda geração genial que conhecemos tão bem, fora alguns autores de linhagem mais popular, como Wando.

A revolução sexual, o advento da pílula e o movimento feminista fizeram a diferença. Compositoras e cantoras, de Vanusa a Rita Lee, explodiram a poesia musical brasileira de viés feminino, ou como está citado no livro em depoimento do produtor Mariozinho Rocha à revista *Playboy*: "Pintou uma dose de coragem coletiva entre as mulheres!!!" Foi um momento em que comportamentos inspiravam letras. Como *Mudança de ventos*, de Ivan Lins e Vitor Martins: "Ah! Vem cá meu menino/ Pinta e borda comigo/ Me revista, me excita/ Me deixa mais bonita!" Esses versos descreviam o casamento de Nana Caymmi com o bem mais jovem, Cláudio Nucci. Uma ousadia impensável num passado recente.

A estrutura que Faour escolheu evolui dentro de aspectos do tema e na perspectiva do tempo. O capítulo 3, como os demais, abre com duas citações que dizem bem sobre a evolução das letras. A primeira: "O que não tem vergonha nem nunca terá"; e a segunda: "Eu faço samba e amor até mais tarde e tenho muito sono de manhã", ambas de Chico Buarque. O capítulo é sobre sensualidade e erotismo na MPB, que se saberá, sempre existiu, mas em linguagem velada e empolada. Bororó escreveu em 1939: "Esse corpo moreno, cheiroso e gostoso que você tem/ É um corpo delgado, da cor do pecado que faz tão bem." Na década de 70, Erasmo e Roberto já ousavam dizer: "Nos lençóis macios, amantes se dão/ Travesseiros soltos, roupas pelo chão." E mesmo nas composições mais populares, a realidade passa, saudavelmente, a aflorar como em *Deixe a vergonha de lado*, de Odair José, tocando no tema das relações entre classe média e as empregadas domésticas: "Eu sei que esse garoto/ Que você leva pra brincar/ E que todo dia na escola/ Você vai buscar/ Não é o seu irmão/ Ele é filho de gente importante/ E às vezes também é seu por um instante/ Apenas dentro de seu coração." Para quem não percebia o que estava acontecendo, Luiz Melodia alertava, em 1971, pela voz de Gal Costa: "Tente entender tudo mais sobre o sexo/ peça meu livro/ querendo te empresto."

A porta foi escancarada, e Faour deixa isso claro no início do capítulo 4. Alerta às vozes moralistas que se levantam, e dizem: "no meu tempo não era assim", ao deparar com um funk, samba, axé ou forró que abuse do duplo sentido. Ele demonstra que a música brasileira, desde suas origens, cultuou um lado libertário. Reproduz lundus do século XIX cheios de picardia como o delicioso *A marrequinha de Iaiá*, de 1853: "Iaiá não teime/ Solte a marreca/ Se não eu morro/ Leva-me à breca." Bem, letras como essa são avós do temido funk, que vai destruir famílias e desonrar as moçoilas!

Ficamos sabendo que o maxixe sofreu a mesma discriminação e era tido e havido como terrível vírus. A genial Chiquinha Gonzaga que o diga! Assim como o funk, o maxixe nasceu à margem da indústria cultural. As partituras editadas eram disfarçadas, como se fossem tangos e sambas para não sofrer represália. O autor observa que muitos clientes sabiam tratar-se de maxixes, mas alimentavam a hipocrisia, bem ao gosto pequeno-burguês. Quando o funk utiliza expressões consideradas chulas pela elite bem-pensante não faz mais do que colocar a realidade na mesa, e ela não é feita de meias palavras, como em *Esculacho*, sucesso de Tati Quebra-Barraco: "Não adianta/ de qualquer forma eu esculacho/ tenho fama de putona/ só porque como o teu macho."

Ao analisar o duplo sentido e a sacanagem na MPB é quando o autor melhor define a especificidade da poesia musical brasileira, com passagens muito divertidas. Aliás, o humor é uma constante do livro, que, a cada capítulo, vai ficando mais picante. O erotismo está presente em todos os momentos no cancioneiro brasileiro em diferentes matizes, sempre revelado pelo humor e pelo jogo de palavras. Está claro que nos momentos mais autoritários, como nos períodos ditatoriais de 30 e 64, a repressão foi maior e explícita, e em outros momentos, como no atual, ela é velada e circunscrita a leitores de jornal, e o autor exemplifica. Mas não resta dúvida sobre a essência burlesca e sensual de nossa música.

E os novos tempos... como aparecem nessa *História Sexual da MPB*? Muito bem representados. Está ali a temática gay, de surgimento tardio na poesia musical, e encontramos também o *ficar*, como tendência consolidada na geração contemporânea. O autor selecionou excelentes exemplos de sexo a três e lesbianismo, trazendo à tona duas tendências que crescem e merecem representação. Vale o registro, para encerrar, de que o levantamento de canções de temática homossexual realizado neste livro é absolutamente inédito e revelador, mostra inclusive que, até meados dos anos 70, todas as músicas sobre o tema ou viam o gay como caricatura ou falavam do amor entre iguais como um grande peso, uma coisa escondida e marginal — um reflexo de como era ser gay ou lésbica naquele tempo.

É isso aí, Rodrigo Faour. Sua peneira crítica esclarece muita coisa e ajuda a colocar mais uma pedra na tumba dos preconceitos sobre amor e sexo. Afinal, um país que possui uma música e uma sensualidade do nível da nossa merece um livro à altura do seu!

Regina Navarro Lins

INTRODUÇÃO

Você já deu uma cantada em alguém escolhendo o fundo musical? Já transou ouvindo música brasileira? Curtiu fossa ou desejou vingança com direito a trilha sonora? Já trouxe para sua vida algum "ensinamento" tirado de letra de música romântica? Dançou, coxa a coxa, um samba, um forró, um axé ou um funk? Já se acabou no Carnaval, cantando "Mamãe eu quero mamá"? Então, você está lendo o livro certo.

Não sei se você já se deu conta, mas a música popular brasileira tem uma fantástica vocação para a crônica de costumes. Podemos contar a história do país por meio dela; não só a política, econômica ou social, mas também a amorosa e sexual. A proposta deste livro é justamente fazer uma radiografia afetiva e sexual da alma do brasileiro pela sua música.

A história sexual da MPB fala dos ritmos e danças quentes desde o tempo do maxixe, das marchinhas carnavalescas e das músicas nordestinas de duplo sentido. Mostra também, contradição das contradições, que ao mesmo tempo que havia todo esse desejo, essa libido selvagem no ar, sempre reinou muita dor de cotovelo, muita mulher inatingível e principalmente "ingrata", os mais diversos problemas de relacionamento, amores mal resolvidos (quase uma obsessão na MPB até os anos 60), zombarias em geral e... muita vingança. "Vou festejar/ Vou festejar/ O teu sofrer/ O teu penar!!!" — onde mais as pessoas pulam o Carnaval, desejando o sofrimento do ex-amor?

Este livro mostra a evolução de costumes e do comportamento afetivo e sexual dos brasileiros a partir do século XVIII, quando apareceu nosso primeiro compositor de que se tem notícia. Revela o que mudou e o que permanece no nosso inconsciente coletivo em relação às temáticas de amor e sexo. Mostra o machismo que, muitas vezes disfarçado, outras bem escancarado, vem atravessando por décadas as nossas canções em diversos gêneros — dos sambas *Amélia*, *Emília* e *Se acaso você chegasse*, ao samba-canção *Marina*, à sertaneja *Cabocla Tereza* e à bossa nova *Minha namorada*, passando pelo partido alto *Você não passa de uma mulher*, pela balada *Nem morta* e pelos rocks abusados dos Raimundos; e mostra que foi só a partir dos anos 70 que a mulher e o gay passaram a ser tratados com maior dignidade por nossos letristas — com o aparecimento de mais compositoras e também de uma diferença na postura da ala masculina da MPB, que passou a vestir a camisa feminista e eventualmente até homossexual em suas canções.

O livro também detecta o aparecimento gradativo do erotismo, da sensualidade e da pornografia em nossa música — no maxixe e nas cançonetas do início do século passado, nos sambas e marchinhas de Carnaval, no forró, no axé, na bunda music, no rock nacional ou no funk carioca. Trata, década após década, da queda dos tabus sexuais, chegando até os dias de hoje, quando já podem ser abordados temas e palavras alusivos à união ou à excitação de dois corpos, que sequer podiam ser mencionados em voz alta nos tempos passados, quanto mais cantados...

Esse universo riquíssimo foi retratado por nossos maravilhosos letristas e serve para fazermos uma crítica e uma autocrítica de como amamos, transamos e enxergamos tudo aquilo relacionado a nossa vida sexual e afetiva — incluindo aí a maneira como encaramos perdas, ciúmes e "traições", desde o final do século XVIII até nossos dias. Para ajudar nessa análise, letristas, intérpretes, especialistas em MPB e também intelectuais e sexólogos vão enriquecer o texto com suas opiniões e revelações sobre nossos mais profundos sentimentos na hora de cantar, dançar, amar e transar — há, além disso, curiosidades de como foram compostas algumas dessas músicas que se eternizaram em nosso imaginário com seus temas românticos ou apimentados.

O livro também mergulha fundo na esquizofrenia do brasileiro ao adorar e ao mesmo tempo repudiar sua vocação para uma libido mais escancarada e libertina. Somos um povo irreverente que tanto adora sexo quanto falar dele, mas ao mesmo tempo não consegue se desvencilhar de um ranço moralista e extremamente conservador que, cunhado por nossa herança religiosa e cultural, ainda insiste em afirmar que tudo o que se refere a sexo é sujo e pecaminoso, e valoriza o sofrimento em detrimento do prazer. E que, sobretudo, de tempos em tempos, se ofende a cada novo modismo musical que atiça mais fundo a libido e fala ou simula o ato sexual na dança ou em letras maliciosas. Isso vem de longe. Basta lembrar que a reação de repúdio das elites ao sucesso do maxixe, na virada do século XIX para o XX, é bem parecida à que acontece hoje com o funk carioca, mais de um século depois.

Outro ponto que merece destaque é que até a década de 60, 90% das letras de nossa música ao falar de amor versavam sobre relações mal resolvidas, interditadas, tristes, melancólicas e vingativas — tema abordado no primeiro capítulo deste livro, que não é tão picante quanto os seguintes, mas fundamental para se compreender como se deu a evolução de nosso imaginário afetivo em relação a nossos amores e amantes.

Os outros 10% dessas letras (incluindo aí algumas "safadanças" como o maxixe e o forró) eram a mais pura sacanagem, algo que cresce à proporção que ocorre uma liberação maior dos costumes em nossa sociedade, especialmente a partir dos anos 60, com reflexo imediato em nossas letras, danças e até mesmo na imagem dos novos intérpretes. É a fase em que as canções sensuais, eróticas, pornográficas e o próprio enfoque do amor bem-resolvido inundam a música brasileira. Essas mudanças são mencionadas no segundo capítulo do livro, dedicado à evolução da presença da mulher na música brasileira, e se estendem até o último, incluindo passagens muito divertidas — e até mesmo bizarras — aos olhos de hoje.

Católico e macumbeiro, sentimental e irreverente, pudico na teoria e libertino na prática. Este é o brasileiro que criou uma música popular ímpar e rica, que sempre conviveu com essas contradições e por isso mesmo é amada e consumida por todos furiosamente. O Brasil é dos poucos países do mundo a ter música nacional mais vendida que a importada. Por que será? Identificação, é claro. "O brasileiro não lê, mas é musical. Vejo pelas mulheres que tive. Elas exprimiam tudo com músicas, iam me dizendo coisas sem perceber. Em qualquer programa de auditório se alguém puxa alguma música, todos cantam junto. É uma excelente defesa dupla. Cantando, se respira, em vez de ficar sufocado. E o cantar é parente do grito, faz a pessoa se aliviar e acabar dizendo o que quer impessoalmente", opina o psicanalista José Ângelo Gaiarsa, do alto de seus 85 anos de experiência.

Espero que todos se divirtam muito com o livro, porque é bom lembrar que a função primordial da música popular no mundo inteiro é divertir. Ainda mais as que falam de amor e sexo. E o livro está longe dos preconceitos, inclusive os estéticos. Traz um rosário de músicas intelectualizadas, toscas, chiques e bregas para que façamos uma verdadeira viagem por nossos sentimentos através dos tempos.

Os exemplos que usei neste livro foram generosos — alguns deles, entretanto, não estão no corpo do texto, mas nas notas no final de cada um dos capítulos. Ainda assim, é claro que jamais vão esgotar um tema vasto como o proposto neste trabalho. A idéia é que os exemplos que eu recordo ao longo do texto despertem a memória de todos, estimulando as pessoas a lembrarem de inúmeras outras canções emblemáticas sobre o tema de cada capítulo. Desta forma, acredito que possamos refletir um bocado sobre nossas vidas afetivas e sexuais, bem como nossas fantasias — românticas ou não — a respeito de amor e sexo. Salve o compositor popular, e vamos gozar mais... *Nós merecemos!*

Rodrigo Faour, outubro/2006

Capítulo [1]

O AMOR na MPB

A BOSSA, A FOSSA a nossa grande dor

Ninguém é de ninguém
Na vida tudo passa
Ninguém é de ninguém
Até quem nos abraça
Não há recordação que não tenha seu fim
Ninguém é de ninguém
O mundo é mesmo assim!

(Umberto Silva, Toso Gomes e Luiz Mergulhão, 1960)

PARTE 1

PRA QUE RIMAR AMOR E DOR?

Desde o nosso descobrimento, os estrangeiros sempre vieram aqui em busca do exotismo e da lascívia tropical. Exótico, quente, proibido... cheirando a sexo: a imagem do Brasil no exterior em diferentes épocas sempre foi a de um paraíso sexual dos trópicos. E realmente nosso histórico cultural sempre deu pano pra manga para se produzir tal idéia: uma terra onde os índios andavam nus sem a culpa judaico-cristã imposta aos europeus; onde os colonizadores portugueses comeram todas as índias e negras que puderam, produzindo uma raça bastante miscigenada; onde nossos desbravadores passaram a ter uma mulher em cada porto e o Brasil chegou a ser um dos países com maior incidência de sífilis nos séculos XVIII e XIX, a ponto de a doença ser considerada um sinônimo de virilidade entre os homens.[1] O nosso povo também sempre demonstrou uma vocação para a alegria, para o despojamento e a irreverência no temperamento. Nunca foi de cumprir normas ao pé da letra, de ser muito rígido ou disciplinado, daí o nosso "jeitinho" adorável. E esse jeitinho, quando revelado na cama, não poderia ter uma fama melhor. Que maravilha! Isso quer dizer que nossa música sempre foi também quente, alegre e sensual, com letras safadas, de amores consumados até não poder mais, e muito positivas, certo? Errado!

Pois veja que — contradição das contradições —, apesar dessa aura quente de don-juan que nos envolve há séculos e de algumas de nossas músicas serem bastante suingadas e eventualmente safadas, a grande verdade é que até há muito pouco tempo, quando na MPB entrava em pauta o tema "amor", quase todas as nossas letras eram tristes. Em geral, versos doloridos nos quais ele nunca se realizava. Os amantes, até cerca de 40 anos atrás, em 90% de nossas músicas, eram frustrados. Ou porque o casamento não funcionava, ou porque a saudade do outro estava sempre "machucando com jeitinho", ou dilacerando de uma vez as "palmas febris dos corações".[2]

A culpa era de quem? Na maioria das vezes da mulher, é claro, que quase nunca prestava. Não vamos esquecer que, até o final dos anos 50, 99% das canções eram compostas por homens, mesmo aquelas gravadas por cantoras. Também não eram raras as canções que traziam de lambuja uma sede voraz e iminente de vingança. Um desespero! E não é que esse estilo de letra fazia sucesso? Muito sucesso. Fosse em músicas aparentemente alegres ou de andamento mais lento, não fazia diferença. O importante mesmo era aproveitar a música para exorcizar alguma barra pesada sentimental.

Mas, afinal, por que será que tantas de nossas músicas de amor desse período pré-anos 60 se fixavam tanto nesse "bode" amoroso, nesse baixo astral desgraçado? De modo geral, elas tratavam o sentimento do sujeito pela mulher de duas formas: como musa distante ou o diabo de saias. Ver a pobrezinha como um ser normal era raríssimo.

No primeiro time, estavam as modinhas e valsas oriundas do século XVIII, que passaram pelo XIX e chegaram ao início do XX tratando o sexo feminino como um ser inatingível, de forma bastante artificial, diga-se de passagem, e com raízes na poesia dos velhos trovadores da Idade Média e dos (novos) românticos do século XIX. Nosso primeiro compositor popular oficial de que se tem notícia, por exemplo — o pré-Romântico Domingos Caldas Barbosa —, embora tenha causado um certo frisson no século XVIII com suas modinhas e lundus bem populares, de tom bastante coloquial (do qual falaremos melhor no capítulo 4), muitas vezes mostrava seu desespero em relação à resposta da amada, quase como um escravo. Mesmo com o tom levemente erótico ou irônico de seus versos, lá no fundo, predominavam a dor de amor e a tristeza de estar longe da amada. Isso também era, vez por outra, um artifício para conseguir enfiar certos versos mais saidinhos nas letras sem ser punido de uma forma radical. Assim, ao narrar momentos mais "quentes" entre ele e a amada, preferia situações hipotéticas ou no tempo passado, deixando para o desfecho a onipresente frustração de não tê-la em seus braços, ou resmungava a sua ingratidão.

No segundo time, o dos que viam a mulher como o diabo de saias, está principalmente o samba em seus diversos andamentos que dominou maciçamente a nossa produção musical até meados do século passado. O porquê desse preconceito era fruto de motivos mais complexos do que podemos especular, indo além da influência literária. Pode passar pela nossa herança cultural portuguesa, o machismo da nossa sociedade e até pelo baixo nível socioeconômico de grande parte de nossos primeiros sambistas e seu convívio com mulheres "da orgia", eventualmente até mais liberadas, como as prostitutas. Mas não é só no samba que se encontra este enfoque. Mesmo em gêneros anteriores da música brasileira, de Caldas Barbosa aos autores de valsas, modinhas e canções em geral do início do século XX — muitos deles até de melhor nível social —, havia inúmeras canções em que os letristas se mostravam desconfiados e com certo medo dos "feitiços" da mulher, isso quando não a achincalhavam logo de uma vez, colocando-a como figura volúvel e traidora.

Se na segunda metade do século XVIII, apesar de uma eventual carga erótica e sensual, já se notava uma certa tendência ao sofrimento por amor nas quadrinhas populares de Caldas Barbosa, imagine quando o Romantismo entrou com tudo na nossa produção literária cem anos depois. Tanto a poesia quanto a prosa romântica lidas por aqui a partir de meados dos anos 1800 tiveram grande peso na formação do nosso inconsciente coletivo e, conseqüentemente, de nossos letristas. "Foi o primeiro grande momento da nossa literatura com uma preocupação maior com a brasilidade, não só no sentido de pátria como no pessoal, em que também se inclui o sentimento de amor. A imagem da mulher forjada pelo romantismo em todo o Ocidente foi muito marcante e permaneceu forte até as décadas de 1940 e 1950, quando o nosso imaginário funcionava em torno de metáforas e imagens românticas", explica a professora de literatura e língua portuguesa Vânia Moreira, da Uerj. Ela diz que mesmo a literatura imediatamente posterior à romântica, lida e apreciada por muita gente — a parnasiana e a simbolista —, tem suas raízes no Romantismo. "Até esse momento, a poesia declamada e fixada no imaginário de sonho das pessoas era mesmo a do amor interditado, e foi realmente muito popular", frisa.

Noite alta, céu risonho
A quietude é quase um sonho...
(...) Canto, e a mulher que eu amo tanto
Não me escuta, está dormindo
Canto e, por fim,
Nem a lua tem pena de mim,
Pois, ao ver que quem te chama sou eu
Entre a neblina se escondeu...

(*Noite cheia de estrelas*, Cândido das Neves, tango-canção, 1932)

Numa época de poucas opções de lazer, e em que o Brasil ainda não era nem a sombra do que seria a partir dos anos 60, a poesia Romântica lida no dia-a-dia da população e a prosa escrita e editada até meados do século passado repetiam clichês de amor romântico, que mais tarde passariam de um veículo para o outro. "Não é que as pessoas ficassem lendo José de Alencar e Bernardo Guimarães até os anos 50, mas isso se reproduziu em outros autores e formatos. Foi do folhetim de jornal para a fotonovela e as novelas de rádio e televisão. Até mesmo nos anos 60, muita gente podia estar vestindo uma roupa moderna, mas vivia o amor conflituoso do século anterior. Aliás, até hoje. Acho que isso já passou para a genética da sociedade", ironiza a professora Vânia.

A sexóloga Regina Navarro Lins vai além. É radical ao afirmar que essa cultura do amor difícil e não realizado não está gravada a ferro e fogo tão fortemente em nossa música por acaso. Segundo ela, é uma cultura criada há cerca de oito séculos, que vem das velhas histórias de amor, desde Tristão e Isolda, depois Abelardo e Heloísa, no século XII, e mais tarde Romeu e Julieta, nas quais o final é sempre trágico, criando no imaginário coletivo o mito do "amor romântico", com um conjunto de expectativas e ideais baseados na idealização e na projeção do par amoroso. "Ele é basicamente regido pela impossibilidade, pois quanto mais difícil ou impossível de dar certo, mais apaixonada a pessoa fica. É como se ela precisasse mais da ausência que da presença do outro para se satisfazer. Então, essas músicas que falam de tantos dramas e vinganças representam justamente a impossibilidade para alimentar o amor. E se você for ver, hoje em dia muita gente ainda idealiza esse tipo de amor sem perceber: 'Não sei por que não amo fulano, que é tão legal para mim, e fui amar Beltrano que não me dá bola', ou aquela pessoa que até esnoba o seu parceiro, mas quando ele chega e diz que vai deixá-la quer se matar. Como já disse num artigo meu: não é Marlboro, Coca-Cola ou IBM. A propaganda mais poderosa do mundo é a do amor romântico, que está entre nós há 800 anos! As pessoas na nossa cultura amam 'estar amando', apaixonam-se pelo ato de estarem apaixonadas", diz Regina.

E a história seguiu sempre por este caminho do amor sofrido, triste, mal resolvido. Vários de nossos letristas dos anos 20 e 30, como Catullo da Paixão Cearense, Freire Júnior, Cândido das Neves (do exemplo anterior) e depois Jorge Faraj e Orestes Barbosa, possuíam uma alma seresteira, trovadoresca romântica, digamos, com letras que primavam pelo amor inatingível, com a musa em um pedestal.

Oh, linda imagem de mulher que me seduz
Ai, se eu pudesse, tu estarias num altar...
És a rainha dos meus sonhos, és a luz,
És malandrinha, não precisas trabalhar...

(*Malandrinha*, Freire Júnior, modinha, 1927)

Muitas vezes esse amor inatingível traduzia um conflito de status social. Em vez de princesas que moravam em altos castelos de pedra com fossos ao redor, na realidade tupiniquim, nossos letristas falavam ou da mulher rica e de hábitos mais sofisticados que nunca iria lhe dar bola ou — principalmente — da mulher da "cidade", do "asfalto", que não morava no morro como ele ou, pior, que deixou o morro para viver na "cidade" em busca de uma melhora em seu padrão social, tema recorrente da música brasileira na primeira metade do século passado. Vale lembrar que era uma época em que o morro era visto de maneira ainda romântica, um lugar habitado por gente de vida simples, sem a violência de hoje. É o caso da valsa *Torturante ironia* (Sílvio Caldas/Orestes Barbosa), lançada em 1935.

"Por ser do morro e moreno/ É que eu soluço é que eu peno/ Bebendo o meu amargor/ Porque me negam, querida/ Esta alegria da vida/ De possuir teu amor!/ Que torturante ironia/ O amor com categoria! Eu amo e não posso amar/ Porque a mulher que eu adoro/ Não mora aqui, onde eu moro/ Deixem-me, então, soluçar!" Este tema também está presente em três canções do letrista Jorge Faraj — todas gravadas por Sílvio Caldas. A mais popular delas, *Deusa da minha rua* (parceria com Newton Teixeira), estourou em 1939.

Espelhos da minha mágoa
Meus olhos são poças d'água
Sonhando com seu olhar...
Ela é tão rica e eu tão pobre
Eu sou plebeu e ela é nobre
Não vale a pena sonhar

Outro bom exemplo é o samba *Professora*, de Faraj com Benedito Lacerda, lançado em 1938, que conta a história de um homem que, ao chegar da boemia, via a tal "professora" ir pegar o trem para o trabalho. "Louco de amor no seu rastro/ Vagalume atrás de um astro/ Atrás dela eu tomo o trem.../ E, no trem das professoras/ Em que outras vão, sedutoras/ Eu não vejo mais ninguém." Finalmente, temos ainda o samba-canção *Menos eu* (1936), de Faraj, desta vez em parceria com Roberto Martins.

Eras do morro a mais formosa flor
Todo mundo cantava em teu louvor
Todo mundo, menos eu
(...) Tu fugiste depois pra cidade
A alegria do morro morreu
Todo mundo chorou de saudade
Todo mundo, menos eu
(...) Mas um dia na mesma paisagem
Outra flor a sorrir floresceu
(...) Teu olhar, tua voz envolvente
Teus cabelos e tudo que é teu
Todo mundo esqueceu finalmente
Todo mundo, menos eu...

"No caso do Jorge Faraj, creio que essas letras sejam autobiográficas, porque ele era um sujeito feio pra burro, horroroso. Acho que não conquistava nem prostituta do mangue", diz, brincando, com sua irreverência habitual, o pesquisador Jairo Severiano. "Nas suas letras ele deixa sempre claro que jamais vai conseguir concretizar sua paixão", prossegue, afirmando que Faraj e Orestes Barbosa foram grandes cultores deste tipo de letra nos anos 30, dando prosseguimento ao caminho aberto pela geração anterior de Cândido das Neves e Catullo.

"Todas essas músicas tratam de um amor em que há sempre uma barreira. E há outras em que o amor é tão inatingível que o autor evita até mesmo mencionar o nome da amada em seus versos. Diz que não pode revelá-lo. Era um tipo de música com letras muito camufladas", atesta o crítico musical João Máximo. De fato, às vezes até houve algum contato entre o personagem das canções e sua mulher amada, mas ele sempre fracassa (normalmente pelo "desprezo" da mulher), e ainda assim o nome de seu desafeto também era mantido em segredo, como é o caso de outras duas valsas do repertório do Caboclinho Querido, Sílvio Caldas, compostas por ele e seu fiel parceiro, Orestes Barbosa.

A primeira foi o grande sucesso *Quase que eu disse* (1935): "Oh, quanta desgraça junta!.../ Toda a cidade pergunta/ E vai dizendo o que quer/ Da mágoa que me devora.../ E quase que eu disse agora/ O nome dessa mulher." A outra valsa, imbuída de um sentimentalismo extremo, é *O nome dela eu não digo* (1936), também bem conhecida pela turma dos seresteiros: "O nome dela eu não digo/ O nome eu guardo comigo/ Na urna do coração/ Meu coração um bandido/ Que até a mim tem traído/ Na febre desta ilusão..."

Além dessas canções de cunho seresteiro, havia outras ainda mais dramáticas, presentes no repertório de intérpretes como o cantor (tenor) Vicente Celestino, que inicia sua carreira em 1916 e ganha força na metade dos anos 20. Com visível influência dos temas retratados nas óperas do passado, o cantor e compositor não economizava no dramalhão e no dó-de-peito para interpretar suas sagas repletas de... desgraças amorosas. Algumas eram do já referido compositor Cândido das Neves e que, eventualmente, também munia o repertório de Orlando Silva, Chico Alves e outros cantores dos anos 20 e 30. Mas suas canções eram ideais mesmo ao gênero dramático de Vicente, que também era compositor e assinou petardos da fossa nacional, famosos até hoje, como *Ouvindo-te*, *Coração materno* e a épica *O ébrio*, as duas últimas com histórias tão fantásticas e trágicas que viraram filmes. *O ébrio*, a propósito, começava com o protagonista apresentando a razão de sua decadência profissional: "Tornei-me um ébrio e na bebida busco esquecer/ Aquela ingrata que me amava e que me abandonou..." e depois desfiava um rosário de desgraças pelas quais tenha passado, fruto da ingratidão amorosa. Nada mais pertinente à época.

Nas serestas ou canções de raiz operística, a influência da literatura romântica estava sempre latente. E não raro chegava ao cúmulo do mau gosto, esbarrando no tragicômico, conforme conta o especialista José Ramos Tinhorão. "O Brasil é herdeiro de uma coisa do romantismo que quando chega na área popular fica mais melosa e também mais trágica. Há uma modinha do início de nossa discografia que reflete bem isso. *Perdão, Emília* conta a história de um cara que vai ao cemitério pedir perdão à mulher porque lhe tirou a virgindade e não se casou com ela. No meio da música, vem a grande surpresa: a morta ganha fala e esculhamba o cara", diverte-se.

(...) No cemitério com vagar entrou
Junto ao sepulcro se curvando a meio
Com tristes frases nesta voz falou:
— Perdão, Emília, se roubei-te a vida!
Se fui impuro, fui cruel, ousado.
Perdão, Emília, se manchei teus lábios
Perdão, Emília para um desgraçado!
— Monstro tirano, pra que vens agora?
Lembrar-me as mágoas que por ti passei?
Lá nesse mundo em que vivi chorando,
Desde esse instante em que te vi e amei.
Chegou a hora de tomar vingança
Mas tu, ingrato, não terás perdão.
Deus não perdoa as tuas culpas todas.
Castigo justo tu terás então...

(*Perdão, Emília*, autor desconhecido, canção do século XIX gravada duas vezes em 1902, por Bahiano e Mário Pinheiro)

Por acaso deram voz à mulher nesta música — mesmo que depois de morta. Em geral, não era assim. Mas o drama de consciência produzido por mais um amor interditado era sempre bem-vindo. As canções desse tempo causavam um amargor no estômago que nem uma tonelada de Sonrisal daria jeito. O curioso é que isto se tornaria uma marca das canções brasileiras, sendo por décadas um indicativo de bom gosto. A música tida como bonita em geral continha alguma tragédia ou um quê de melancolia embutido.

O tempo foi passando e aos poucos este tema do amor inatingível deu mais espaço ao conflito entre os anseios do homem e da mulher, como veremos a seguir. Mas a julgar por nossa produção amorosa na música gravada entre 1902 e 1962, parecia que vivíamos num presídio de amantes infelizes. Sem direito a comida e banho de sol!

Falar dessas músicas (e letras amorosas) é importante porque elas tiveram — e têm até hoje — um peso muito grande em nossas vidas. Sobretudo quando começaram a ser veiculadas de forma efetiva pelos meios de comunicação de massa. Vai-se o tempo em que se cantava e compunha por puro prazer e inicia-se um outro da música mais comercial. A música brasileira se torna um fenômeno de massa graças à popularização do rádio, que motivou por sua vez um crescimento da tiragem dos discos de 78 rotações a partir da década de 30. Em 1932, um decreto permitiu a comercialização do rádio, e as emissoras começaram a ampliar seus elencos e a valorizar a música brasileira como nunca, pois podiam, então, contar com patrocinadores. Isto pode não ter modificado as temáticas de nossas letras, mas em compensação elas passaram a ter uma importância muito maior. Por quê? Simples: foi a fase do culto à voz. Grandes cantores passaram a ter um enorme cartaz — caso dos chamados Quatro Grandes: Francisco Alves, Sílvio Caldas, Orlando Silva e Carlos Galhardo —, e as cantoras, que aos poucos iam aparecendo, romperam o Clube do Bolinha que existia até os anos 20, como é o caso da mais popular delas, Carmen Miranda, que se tornou nossa maior cantora dos anos 30.

Esse culto aos grandes cantores provocou um declínio assustador no número de gravações instrumentais (e conseqüentemente na programação radiofônica) em favor das cantadas. "De 1931 a 1940, a porcentagem de gravações de músicas cantadas chegou a 83,5% do total. Só para se ter uma idéia da discrepância, antes dos anos 30 as gravações instrumentais alcançavam cerca de 60% do todo", observa Jairo Severiano.

Foi assim, com o grande impulso do rádio como veículo de divulgação musical, que nossa música teve um *boom* e se popularizou no Brasil inteiro. E daí podemos ver como as letras influenciaram a vida das pessoas, numa via de mão dupla. Ao mesmo tempo que refletiam a moral vigente, de certa forma reforçando alguns estigmas conservadores, também espelharam a própria evolução da mentalidade brasileira, mesmo enfrentando a censura oficial e a extraoficial, pois o próprio público ao longo de nossa história teve reações conservadoras e moralistas em relação a vários artistas e seus repertórios mais moderninhos, especialmente a temas ligados a amor e sexo.

Jairo confirma que, *grosso modo*, as temáticas mais constantes na música brasileira dos anos 30 — que seguiriam até o final dos anos 50 — não eram tanto as de amor inatingível, mas sim do amor não realizado ou mal resolvido. As letras traziam com mais freqüência a mulher como inimiga em potencial do homem — a culpada por tudo que desse errado no relacionamento. Ela poderia ser a traidora, a perdulária, a exigente demais, a excessivamente crítica, a não-compreensiva, e em linhas gerais uma "perdida", sem coração. E isso vem de longe. Como no samba amaxixado *Papagaio come milho* (Francisco A. Rocha), gravado em 1922, na Casa Edison do Rio de Janeiro, pelo nosso maior cantor da fase das precárias gravações mecânicas (as duas primeiras décadas do século XX), o popularíssimo Bahiano.

Mulher que chora não fala a verdade
Mulher que jura é só falsidade

"Quase toda poesia dessa primeira metade do século é masculina. E havia sempre um jeito de o homem fazer uma depreciação da mulher. Sempre partia num tom agressivo a reclamar das mulheres. O curioso é que eles têm sempre uma relação boa com os outros homens, mas pelas mulheres sentem em geral um misto de tesão e raiva", diz o psicanalista Flávio Gikovate, que tem uma teoria própria a respeito desse tipo de comportamento que ainda hoje existe em grande escala. "Penso diferente do Freud. Ele acreditava que a mulher possuía a inveja do pênis masculino. Acredito que esta inveja parta primeiramente do homem. Ele é que possui uma inveja do poder sensual feminino. Vejam que até no Carnaval eles vão para a rua imitando as mulheres e sua forma de sedução", explica.

Regina Navarro Lins lembra que esse machismo, que de alguma forma persiste até hoje na MPB, vem de muito longe. "Durante milhares de anos a mulher foi vista como perigosa, dona de uma sexualidade insaciável, traiçoeira. Ela deveria viver trancafiada para não trair seu homem. Só no século XIX apareceram a idéia da mulher santa, virginal, identificada com a Virgem Maria, e as teorias de que mulher não gostava de sexo, e sim de criar filhos", acredita Regina. Ela afirma que, embora a partir dos anos 1800 tivesse havido uma certa mudança na imagem das mulheres, os homens, em sua maioria, continuavam a vê-las com desconfiança. Por isso também elas eram, até segunda ordem, sempre as culpadas por tudo que pudesse causar desconforto a eles.

Quem quiser ter seu descanso
Quem sossego quiser ter
Na densa mata do mundo
Fuja do bicho mulher
Rói por dentro
Bem como a traça
É quem motiva
Nossa desgraça
(...) Não temo leões nem tigres
Nem já os devo temer
Depois de haver escapado
Ao lindo bicho mulher...

(*O bicho mulher*, canção sem data, de Domingos Caldas Barbosa [1740-1800])

Se ainda hoje a diferença entre os desejos e anseios de ambos os sexos faz explodir muitas faíscas nos relacionamentos, imaginem na primeira metade do século passado, quando a mulher era tida mesmo como um ser de segunda categoria. Partindo da premissa de que os anseios femininos eram irrelevantes, realmente não era de se admirar que tantas queixas e traumas fossem repassados à poesia popular — ainda que na prática o machismo fosse regra, e muito pouco contestado, mesmo pelas mulheres. Contudo, seus efeitos, pela relação de poder e cobranças mútuas estabelecidas, rechaçavam qualquer forma de casamento sadio. Não é à toa que o amor em nossa música era mesmo muito mais comparado à doença do que a um elixir do espírito. E, neste último caso, era visto de forma tão idealizada que jamais chegaria a se concretizar plenamente, sendo uma fonte de frustrações e eterna "promessa", nunca um fato real e duradouro.

Nessa época, e durante muito tempo (até os anos 60), a palavra "sexo" era tabu, bem como seu conteúdo, que só aparecia diluído nas cançonetas de influência francesa ou em eventuais maxixes e lundus, especialmente antes da popularização do rádio e do disco, que motivaram uma censura às letras mais picantes nos anos 30 e 40. Aliás, essas letras mais maliciosas começaram a aparecer especialmente no Carnaval, momento do ano que possuía um significado muito mais libertador que o dos dias atuais, em que se dava uma trégua ao turbilhão de canções de letras queixosas, cheias de recalque e vingança, entrando em cena um repertório divertido, cheio de duplo sentido e musas sensuais (como veremos no capítulo 5). Entretanto, pasmem, nem só de alegria e despojamento vivia a canção carnavalesca. Algumas de nossas maiores marchas e sambas exaltavam... a dor-de-cotovelo(!). Dá mesmo para imaginar a cena de um gringo no Rio de Janeiro na primeira metade do século passado, ávido pelo *frisson* sexual dos trópicos, pedindo para algum brasileiro traduzir a letra de alguns de nossos sambas e marchas. Em algumas, ia morrer de rir do *nonsense* e do duplo sentido delas, mas em outras ia ficar intrigado, sem entender como tanta gente poderia celebrar em catarse — pulando, bebendo e fornicando — ao som de letras tão tristes. A começar pelo primeiro sucesso de Carmen Miranda, *Ta-hi*, de Joubert de Carvalho, uma pérola (triste) do Carnaval de 1930 que resistiu ao tempo, sendo cantada até hoje...

Ta-hi, eu fiz tudo pra você gostar de mim
Oh meu bem não faz assim comigo não!

Você tem, você tem, você tem que me dar seu coração
(...) Se eu escutasse Nosso Senhor
Eu não pensaria mais no amor

E olha que Carmen não gostava de músicas tristes! Em comparação ao repertório das maiores figuras do rádio dos anos 30, talvez o de Carmen fosse o mais suave justamente por isso. Os próprios compositores cunhavam canções com a sua cara (mais alegre que os demais intérpretes de então). É só comparar seu repertório de meio de ano com o dos referidos Quatro Grandes, o de Aracy de Almeida e demais sambistas em atividade. Mesmo assim, entre as cerca de 300 músicas que Carmen gravou nos anos 30, vamos encontrar várias de amor mal resolvido, que ela suavizou com seu jeito sapeca de interpretar, como *Coração*, *Bamboleô*, *Na batucada da vida*, entre tantas, e a própria *Ta-hi*.

Pode-se dizer que 20 a 30% do repertório carnavalesco caíam na dor-de-cotovelo. Em outras palavras, o nosso masoquismo romântico não livrava a cara nem do Carnaval.[3] Era o pierrô apaixonado que vivia só cantando e acabou chorando por causa de uma colombina, o folião que num ímpeto de frustração rasgava a sua fantasia e guardava os guizos no coração, o "mal-me-quer" que ao ser questionado se sua amada ainda lhe queria respondeu que "não", o confete definido como um "pedacinho colorido de saudade", a constatação que o romance do casal "agora é cinza" e desabafos afins, como "Eu não sou água pra me tratares assim", "Não, não me diga adeus, pense nos sofrimentos meus" ou "Sinto uma dor no meu peito, só você poderia dar jeito!". Haja alegria! Que o diga um dos sambas mais bonitos (e tristes) da MPB de todos os tempos que fora composto para a revista *Fantasia e Fantasias*, de Caribé da Rocha, mas virou sucesso de Carnaval na voz de Marlene...

Eu vou lhe dar a decisão
Botei na balança, você não pesou
Botei na peneira, você não passou

Mora na filosofia
Pra que rimar amor e dor?

(*Mora na filosofia*, Monsueto e Arnaldo Passos, 1955)

Tanto autores mais populares quanto os de linhagem mais sofisticada, de classe média, como João de Barro (Braguinha), Alberto Ribeiro, Custódio Mesquita, Ary Barroso, Lamartine Babo fizeram músicas ora pesadas ora machistas. É claro que os compositores de classe mais baixa expunham em suas letras, em geral, sentimentos mais duros. O que pode pesar neste caso é eventualmente uma diferença de enfoque. Mas a fossa, a nossa grande dor, está presente em todos os nossos grandes autores.

Nesse tempo, havia ainda uma outra categoria: a dos compositores de um estrato social mais abastado, mas que se identificava com os sambistas de origem mais popular e também com os malandros de vida marginal, caso de Noel Rosa. Ele não se furtou a escrever pérolas como *Capricho de rapaz solteiro*, em 1933, na qual faz apologia à vagabundagem e à "solteirice": "A mulher é um achado/ Que nos perde e nos atrasa/ Não há malandro casado/ Pois malandro não se casa/ Com a bossa que eu tiver/ Orgulhoso vou gritando/ — Nunca mais esta mulher me vê trabalhando!" E o que dizer de *Mulher indigesta*, do ano anterior, uma das milhares de músicas feitas por nossos compositores que detonam as mulheres, especialmente as de personalidade mais afirmativa, que não são submissas a todas as suas vontades (fato que veremos melhor no próximo capítulo).

Mas que mulher indigesta!
Indigesta!
Merece um tijolo na testa!

O compositor paraense Billy Blanco, que começou a ter músicas gravadas no início dos anos 50, não mede argumentos para exaltar o Poeta da Vila. Ele relembra a atmosfera barra-pesada das letras românticas da época, mas sublinha a genialidade do compositor carioca. "O amor bem resolvido e concludente é muito difícil de achar na MPB daquele tempo. As músicas sempre tinham um drama. Isso vem desde o Vicente Celestino, que só cantava tragédias. Eles eram de ópera (ele e o irmão, Pedro), e seus repertórios foram sem querer influenciados por esses assuntos: onde sempre apareciam mortos e feridos. Quando Noel Rosa surgiu, passou a relatar fatos, fazer a música descritiva. Conseguiu botar na crista da onda o bairro dele, Vila Isabel, e várias cenas do cotidiano da cidade. Isso influenciou os outros compositores", analisa, grifando a influência do bel canto na música brasileira do início do século passado.

Realmente Noel era um craque, renovador — a bordo de seu coloquialismo, seus temas bem construídos e suas histórias muito bem narradas. Mesmo descontando a moral machista dos anos 30, ele fez uma sensacional crônica de costumes em suas letras, ora com delicadeza, ora com um humor ferino, muito à frente de seu tempo, como no sucesso de Aracy de Almeida, *O maior castigo que eu te dou*, lançada em 1937.

O maior castigo que eu te dou
É não te bater, pois sei que gostas de apanhar
Não há ninguém mais calmo do que eu sou
Nem há maior prazer do que te ver me provocar
Não dar implicância à tua implicância
Muito pouco me custou
Eu vou contar em versos
Os teus instintos perversos
É esse mais um castigo que eu te dou

O time era mesmo de craques, como Ismael Silva, Bide, Marçal, Nássara, Joubert de Carvalho, Orestes Barbosa, Custódio Mesquita, Ataulfo Alves, Lupicínio Rodrigues, Geraldo Pereira, Wilson Batista, J. Cascata, Mário Lago, Pedro Caetano, Marino Pinto, Roberto Roberti, e até mesmo compositores a princípio mais bem-humorados e ecléticos, como Noel Rosa, Assis Valente e Ary Barroso. Todos eles, bem ou malnascidos, colaboraram para que os anos 30 e 40 fossem musicalmente fortes, porém fartos em dor-de-cotovelo, o que se agravaria ainda mais na década seguinte.

Se compararmos duas das músicas mais ricas do mundo no período dos anos 20 aos 50 — a brasileira e a americana —, torna-se evidente o contraste de temáticas preferidas entre os compositores na hora de falar de amor. Nos Estados Unidos, assim como aqui, houve uma fusão da música branca com a negra, e já no começo do século havia muitos gêneros bastante ritmados, dançantes e quentes: lá, o jazz (que vem de "jism", que significa potência sexual) era considerado obsceno, por ser dançado de forma mais livre, rebolativa; aqui, no mesmo período, o maxixe era também uma dança de forte apelo erótico. Mas as semelhanças acabam por aí. Especialmente entre os anos 30 e 50, a indústria cultural americana se expandiu bastante, e seus compositores, judeus em sua maioria, produziram verdadeiras pérolas leves e otimistas em suas letras, ao contrário das nossas, na maioria versos de amores melancólicos, tristes, mal resolvidos e com sede de vingança. O porquê desta diferença também está intimamente ligado ao fator financeiro dos compositores e à motivação de suas inspirações.

O produtor musical — de formação psicanalítica — Luiz Fernando Borges destaca que os grandes compositores americanos dos anos 30 aos 50 escreveram muito para teatro e cinema, e sendo bem-remunerados podiam se dedicar apenas à composição para se manter (sem precisar acumular outras atividades ou estar vinculados a um estilo de vida marginalizado, como muitos dos nossos autores). "A Broadway era uma rua inteira de teatros, cada um com uma peça diferente. As letras, além de versarem sobre temas os mais diversos, tinham que ser mais profundas e elaboradas em matéria de poesia por causa do enredo dos shows. No Brasil, em geral os compositores se lamuriavam o ano inteiro e só extravasavam outros sentimentos no Carnaval", compara.

"Se eles faziam músicas por encomenda para uma peça da Broadway, ganhavam inclusive porcentagem de bilheteria, recebiam encomendas também para outras peças e mesmo para o cinema. Viviam muito bem e tinham um otimismo maior pra escrever", analisa ele, afirmando ainda que na sociedade anglo-saxã o machismo não é tão exacerbado quanto na cultura latina, e isto está refletido também nas letras que escreviam, sem culpar a mulher por tudo que poderia dar errado nos relacionamentos.

Ainda segundo Luiz Fernando, os grandes compositores americanos falavam de maneira mais positiva do amor, o que pode ser notado até pelos títulos de várias de suas canções, bem como pelos temas por eles abordados. Jerome Kern compôs *The song is you* (sobre um rapaz que ouve sempre música no ar quando encontra a amada), *Lovely to look at* (a sua amada é "maravilhosa de se olhar, deliciosa de se ver") e *The way you look tonight* (elogia a mulher amada e pede que ela nunca mude seu jeito tão especial de ser). Cole Porter escreveu *Let's do it* (uma cantada sexual velada. Já que todos copulam, ele e sua amada também deveriam meter bronca), *You do something to me* ("você faz algo de especial para mim, algo que me põe pra cima!") ou *I've got you under my skin* ("eu tenho você na pele"). Gerswhin fez *'S wonderful* ("é maravilhoso que você se importe por mim e faça a minha vida ficar glamourosa") e *Love is here to stay* ("apesar de todas as coisas que mudem por força do progresso, nosso amor vai ser pra sempre"). *I love Paris* começa triste num dia nublado e acaba feliz com a chegada da pessoa amada. Irvin Berlin fez *Blue skies* ("desde que conheço você, minha vida tornou-se um céu azul") e *Cheek to cheek* ("estou no céu quando danço de rosto colado com você"). Esses eram apenas os principais dentre muitos outros compositores que falaram de amores bem resolvidos em canções de sucesso, ainda que muitas vezes idealizados com a alcunha de *happy end*. "Claro que todos esses compositores tiveram suas músicas de dor-de-cotovelo, mas não eram a maioria absoluta, como na música brasileira", explica Luiz Fernando.[4]

Não se pode esquecer que havia um moralismo e um puritanismo muito grandes na sociedade americana que faziam com que temas como homossexualidade, divórcio e suicídio fossem praticamente banidos de seu cancioneiro. "Você não encontra de jeito nenhum a homossexualidade no teatro americano, apesar de Cole Porter e Lorenz Hart serem homossexuais e terem escrito dezenas de canções para teatro. Suas letras estavam sempre atreladas a uma história, nunca a temáticas que não interessassem àquela indústria. Para se ter uma idéia do puritanismo da cultura americana, Cole Porter fez um musical em 33, em Londres, chamado *Nymph errant*. Era sobre uma ninfomaníaca que transava como louca e tinha um harém. Esse musical nunca foi montado na Broadway, pois se os ingleses ficaram chocados quando foi encenado em Londres, imaginem os americanos. Outro musical, *The gay divorce* (que significa o *Alegre divórcio*), que celebrizou a música *Night and day*, teve o nome trocado no cinema para *The gay divorcee* (*A alegre divorciada*) porque se alegou que o divórcio nunca podia ser alegre", lembra o crítico. Em resumo, muitas vezes também a realidade romântica e alegre das canções americanas era maquiada para uma ficção romanceada e nem sempre correspondia à realidade dos fatos.

José Ramos Tinhorão acrescenta que esse ramo da Era de Ouro da canção americana que chegou até nós representava um comportamento mais burguês e que naquele cancioneiro se produzia outro tipo de música mais ousada, que nem sempre chegava aos ouvidos de todo mundo. "O que a gente conhece da música americana é a da Broadway, e para ser um compositor que criasse para esses musicais, era preciso ter uma maior categoria. Eram na maioria compositores e letristas oriundos da classe média, normalmente judeus. Se Tom Jobim fosse americano, com certeza teria escrito para esses espetáculos. Mas a música do negro americano das camadas baixas tinha ora o lamento mais triste, ora um lado muito sem-vergonha, havia mesmo algumas canções em que o cara falava diretamente com a mulher que ele estava transando", analisa.

Aqui, como já foi dito, esse lado irreverente ficava restrito aos números musicais do teatro de revista (que às vezes nem chegavam ao disco) ou ao Carnaval. Pode-se dizer que o placar das músicas sobre amor, relacionamentos e afins acabava mesmo sendo 90% de tristezas para 10% de alegrias e sacanagens em geral.

João Máximo concorda com a tese de Luiz Fernando de que em geral o sentimento do homem brasileiro ficava na superfície. "Não acho que o brasileiro fosse verdadeiramente romântico em matéria de música nessa época dos anos 30 e 40. Vejo nas letras americanas, mesmo as que não foram feitas para determinado contexto, que os letristas homens assumiam mais sua dor e sua frustração, já que 99% compositores e letristas dessa época eram do sexo masculino. Noto que o americano cantava mais derramadamente o amor, e o francês também. Eles não tinham vergonha de ter uma poética de canções de amor derramadas, de dizer mesmo o 'eu te amo'. Já com relação ao letrista brasileiro, sinto uma certa contenção nessa primeira metade do século", compara.

Os autores de boleros hispano-americanos também expuseram muito mais sua fragilidade e vulnerabilidade em suas letras, segundo João Máximo, ao contrário dos compositores de tango. "O tango é mais machista. *Mano a mano* e *Por una cabeza* são músicas que falam do caráter do cara durão. Quando a mulher o passa para trás, ele tem sempre uma atitude de vingança. É mais parecido conosco. Em contrapartida, o bolero mostra o cara mais frágil sentimentalmente. O homem pode chorar, é mais sentimental e doce no seu sofrimento. O bolerista não tinha vergonha de assumir seu sofrimento", analisa. Sim, não tinha vergonha e não botava o tempo todo a culpa na mulher, esculhambando-a, como em geral ocorria em nossas canções.

João Máximo também concorda com o argumento de que muitas vezes o compositor era em geral um homem do povo e vivia num submundo que acabava refletido em suas letras, ainda mais dramáticas e machistas do que as compostas por outros mais abastados. "Havia muito machismo, muita gente malandra no sentido da época — que explorava e dominava a mulher. Todos eles num determinado momento se debatiam com relação àquela dicotomia da vida que levavam na farra, e a que poderiam levar dentro de casa, casados. Uns diziam não trocar jamais a malandragem pelo amor (de jeito algum), ou, no outro extremo, diziam 'por essa mulher eu deixo tudo'. Mas era sempre uma escolha sofrida, complicada."

Se você jurar que me tem amor
Eu posso me regenerar
Mas se é para fingir, mulher
A orgia, assim não vou deixar

(*Se você jurar*, Ismael Silva, Nilton Bastos, Francisco Alves, 1931)

Vou procurar na orgia
Toda a alegria
Que me foste roubar

(*Devo esquecer*, Noel Rosa e Gilberto Martins, samba, 1930, gravado em 1933)

Outro fator importante nessa fossa colossal tão pungente que atravessa nossa música em todos os tempos parece ser a influência da colonização portuguesa. Não se trata de cair na armadilha de dizer, como o legendário poeta Olavo Bilac (1865-1918), que aqui foi sacramentada a união de "três raças tristes", como o fez no bombástico poema *Música brasileira*, em que se munia de um espírito apocalíptico para traçar um panorama fatalista do assunto: "És samba e jongo/ Chiba e fado cujos/ Acordes são desejos e orfandades/ De selvagens, cativos e marujos/ E em nostalgias e paixões consistes/ Lasciva dor, beijo de três saudades/ Flor amorosa de três raças tristes." O velho Bilac carregou demais nas tintas dramáticas, já que a índole do nosso povo sempre foi mais para a animação e despojamento do que para a tristeza e reserva. Entretanto, não se pode negar que o nosso sentimentalismo é drástico e parece provir de uma herança cultural mais profunda.

A professora Vânia Moreira acredita em raízes bem antigas na formação de nosso inconsciente coletivo. "Na tradição latino-ibérica — espanhola e principalmente portuguesa — existe sempre esse fator de tristeza, de saudade mal resolvida da pátria, juntamente com a questão católica da interdição da sexualidade e da 'culpa cristã'. Tudo isso veio de lá e se estabeleceu aqui", explica, lembrando que a "saudade" é tão forte em nossa cultura que existe até mesmo uma palavra específica para exprimir seu significado, que não por acaso só existe na língua portuguesa. "É claro que existe a visão carnavalizada, o deboche, o não levar a sério disso tudo (que se reflete em outra parte da nossa produção cultural, especialmente nas danças e no Carnaval). Mas na seara mais lírica tudo por aqui acabava sempre com muito sofrimento."

Ontem, ao luar / Nós dois em plena solidão
Tu me perguntaste o que era a dor de uma paixão
Calmo assim fiquei! / Nada respondi
Mas, fitando o azul do azul do céu,
A lua branca eu te mostrei / Mostrando-a a ti,
Dos olhos meus correr senti
Uma nívea lágrima / E, assim, te respondi!
Fiquei a sorrir / Por ter o prazer
De ver a lágrima nos olhos a sofrer

(*Ontem ao luar*, Pedro de Alcântara e Catullo da Paixão Cearense, 1907)

"Prazer de ver a lágrima nos olhos a sofrer"? Então tá! Apesar do masoquismo implícito, essa modinha do princípio do século passado — de melodia belíssima e letra indubitavelmente bem construída — continua fazendo a cabeça de nossos cantores contemporâneos, tendo sido regravada por Fafá de Belém, nos anos 70, e por Marisa Monte, nos 90.

Ninguém estranha letras em que o sofrimento é exaltado, pois tem aquela história que vem de séculos, que ele é sempre de bom gosto. É natural, portanto, que haja uma forte influência do povo que nos colonizou em diversos aspectos de nossa cultura.

"Essa nossa cultura da dor-de-corno é portuguesa, pode ter certeza, pois lá todo mundo fazia do amor um sofrimento", atesta um de nossos maiores cantores dos anos 50, Jorge Goulart, aos 80 anos, contando uma história divertida que soube na época em que residia em Portugal. "Morei em Lisboa, no bairro de Alcântara. Soube que existia lá um puteiro de uma senhora chamada Mariquinhas. Ela sabia que o português era sentimental e, quando se separava, ficava sofrendo aquela dor-de-corno, ouvindo fado o dia inteiro. E essa dona Maricas era técnica em dor-de-corno. Chegava um camarada lá na sua casa, contava que tinha sido abandonado pela mulher, que queria se suicidar e tal, e ela dizia: 'Calma! Como ela era?' E o cara explicava, era morena, não sei o quê, aí ela chamava uma assistente e dizia: 'Vê se a Fulana está acordada?' Em seguida, dava um susto no cara, pois escolhia uma dona para ele que era a cara da sua mulher. E a ordem às meninas era para que dessem uma surra de boceta nele, daquelas que o cara não pode nem se levantar depois, tipo passar quatro dias na cama", diz aos risos o cantor. Ele lembra que Amália Rodrigues chegou a gravar um fado chamado *Vou dar de beber à dor* que falava na casa da Mariquinhas, justamente com base nesse episódio. Era a única forma de se amenizar a melancolia e a dor da separação de certos homens portugueses da época. "Depois, com a ditadura de Salazar, o puteiro foi fechado e virou uma casa de penhores", conta.

Foi no domingo passado que passei
À casa onde vivia a Mariquinhas,
Mas está tudo tão mudado
(...) P'ra terem feito da casa o que fizeram
Melhor fora que a mandassem p'ras alminhas,
Pois ser casa de penhores / O que foi viveiro d'amores
É idéia que não cabe cá nas minhas.
Recordações do calor / E das saudades. O gosto
Que eu vou procurar esquecer / Numas ginginhas,
Pois dar de beber à dor é o melhor,
Já dizia a Mariquinhas.

(*Vou dar de beber à dor*, Alberto Janes, 1968)

Você pode rir, pois o exemplo de Goulart não é nada ortodoxo, como se vê. Contudo, não podemos duvidar dos que aqui deixaram seus palpites a respeito de nossa herança latina e passional. Pois é dela que vem o próprio machismo marcado a ferro e fogo em nossa cultura. Se considerássemos apenas as nossas letras de músicas munidas por uma cruel sede de vingança entre os amantes, já seria suficiente para provar que nosso povo é de fato de um sentimentalismo exacerbado e latente, cuja visão do homem sempre é seguida de ponto final. E isso, até a virada dos anos 50 para os 60, era muito pior do que hoje em dia. Essa obsessão vingativa dos compositores, segundo João Máximo, provinha das regras sociais muito rígidas daquela época. "Se a mulher gostava do outro e decidia sair de casa, aquilo era considerado uma ingratidão imensa, e na nossa cultura isso era um crime", grifa.

Entre os anos 20 e 30, vamos encontrar músicas cheias desses recalques amorosos e vinganças, gravadas pelos melhores intérpretes daquele tempo. Chico Alves resmungava no samba *Quem eu deixar não quero mais* que havia comprado um "dente de ouro" (!) para botar na boca da amada e agora rogava uma praga para o tal dente se quebrar. Anos depois, em *Já não és mais aquela*, voltava a praguejar contra a ex: "Volta, pois, arrependida/ Para o pântano da vida/ Onde eu te conheci." Por sua vez, Mário Reis, um dos poucos cantores sofisticados e de classe social mais alta de sua época, também não hesitava em cantar os sentimentos bem populares dos maiores sambistas de então. Sua fúria vingativa chegava mesmo aos píncaros do melodrama em sambas como *Estás no meu caderno* ("Hei de ver-te ainda/ Dormindo na rua/ Cheia de necessidade/ Contemplando a lua") e *Gargalhada* ("Foste louca em abandonar meu lar/ Agora pedes pra voltar/ Vou dar uma gargalhada/ Pra zombar e quá! quá! quá!/ Meu prazer é te ver penar!"). O cantor Almirante conseguiu ser ainda mais maquiavélico e no samba *Contraste*, de Noel Rosa, desejou que a "ex" passasse fome para pagar pelo que fizera com ele.[5] Finalmente, Carmen Miranda também contribuiu com sua cota vingativa, agora numa perspectiva feminina, em músicas tristes como *Ao voltar do samba* ("Chora mulato, o meu prazer é te ver sofrer") ou deliciosamente jocosas como *Quando você morrer* (1933), de Donga e Aldo Taranto:

Eu levei a vida inteira
Vivendo com sacrifício
Se você morresse hoje
Me fazia um benefício
E no dia de sua morte

Dou um baile à fantasia
E contrato seis palhaços
Pra chorarem de alegria

Achou exagero? Pois esses exemplos compreendem apenas pequenas amostras entre 1928 e 36. E olha que gente do porte de Lupicínio Rodrigues ainda nem havia começado a carreira nessa época. Nos anos seguintes viria coisa muito pior. É impressionante como as letras eram furiosas e desejavam a desgraça alheia sem o menor peso na consciência. O despeito e a alegria de ver ou imaginar o sofrimento de suas mulheres (ou das personagens hipotéticas de suas canções) já os faziam compor com a boca escorrendo saliva de raiva e rancor. Muitos anos depois, o clássico samba-canção *Vingança*, do citado Lupicínio, foi um dos maiores sucessos da MPB de todos os tempos, desde que estourou na voz de Linda Batista — uma cantora muito expressiva, no estilo das grandes intérpretes teatrais de nossa música. Curiosamente, a música, de índole masculina, era extremamente machista e, embora lançada pelo Trio de Ouro, estourou na voz de uma mulher. *Vingança* conta a história de um cara que adorou saber que sua ex-amada bebia e chorava na mesa de um bar, e que quando um amigo em comum por ele perguntou, um soluço calou a voz dela, "não lhe deixou falar". Ele gostou tanto de saber, mas "tanto", que teve de fazer um "esforço pra ninguém notar". E aí começava a rogar pragas contra a coitada, dizendo que o que ela sentia era remorso e, enquanto houvesse força em seu peito, ele só queria "vingança, vingança, vingança" e ia por aí...

O eclético compositor Jota Júnior, que alternava músicas de alta carga irônica e duplo sentido com canções de amores tristes, relembra, aos 82 anos, que Lupicínio Rodrigues era um daqueles compositores que viviam em ambientes inspiradores de letras em que a mulher era vilã e muitas vezes se confundia mesmo com a figura da prostituta. "Na obra de Lupicínio, a gente vê imagens como a do sujeito que espera a prostituta acabar de dançar para sair com ele. Ele a esperava 'à luz do salão que brilhava nela' e ficava ali porque era a mulher dele quem estava em cena", detalha ele, referindo-se ao belo samba-canção *Quem há de dizer*.

Quando ele aguardava a amada, como neste samba-canção, tudo bem. Pior era quando — praticamente em toda sua obra — ele rogava uma praga atrás da outra contra suas amantes... Vejamos a história de *Maria Rosa*, grande sucesso de Francisco Alves em 1950. Pelo simples fato de ela ter tido vários amantes e não tê-lo aceitado como marido, ele faz um retrato trágico desta mulher: "Vocês estão vendo aquela mulher de cabelos brancos/ Vestindo farrapos, calçando tamancos/ Pedindo nas portas pedaços de pão/ A conheci quando moça, era um anjo de formosa/ Seu nome é Maria Rosa, seu sobrenome Paixão/ Os trapos de sua veste não é só necessidade/ Cada um para ela representa uma saudade." Ele a via praticamente como uma prostituta (talvez até tenha sido mesmo), e embora em entrevistas tenha dito que foi seu "amigo" até morrer, não escondia nem um pouco sua satisfação em ver que ela perdera sua beleza, e por isso ninguém mais a queria. Era como se risse de sua própria desgraça: "Tá vendo? Não ficou comigo, agora é um bagulho que ninguém quer."

Moralista ao extremo, Lupicínio e seu parceiro neste samba-canção, Alcides Gonçalves, ainda se davam ao luxo de aconselhar as mulheres a não viverem "de mão em mão", pois o pior poderia acontecer com elas...[6]

Essa mulher que outrora a tanta gente encantou
Nem um olhar teve agora, nem um sorriso encontrou
Então dos velhos vestidos que foram outrora sua predileção
Mandou fazer esta capa de recordação
Vocês, Marias de agora, amem somente uma vez
Pra que mais tarde essa capa não sirva em vocês!

Brasa é outro exemplo. Grande sucesso em 1945 na voz de Orlando Silva, conta a história de um cara que fica irado ao chegar em casa e ver sua mulher gritar com ele para tirar satisfações. Insinua que ela não deve dar ouvidos a outras pessoas que não ele e, de forma bem ousada, a compara com a mulher "da rua". Na verdade, a letra foi inspirada em fatos reais. Lupicínio testemunhou as brigas domésticas de seu irmão, Francisco, com a esposa, quando morou com eles por um período. Coitada da mulher de seu irmão... Passou à posteridade descrita como uma peste.

> *Desculpe a minha pergunta: / Pois quem tanta asneira junta / Ensinaram a falar? / Seu professor bem podia / Ensinar que não devia / Desse modo me tratar / Se às vezes você chora / Quando eu passo as noites fora / Não venho em casa almoçar! / É que as mulheres da rua / Têm a alma melhor que a tua / Sabem melhor me agradar*

Uma marca do machismo e do lado passional do brasileiro ao encarar suas desgraças amorosas também está presente na música regional sertaneja. Um dos exemplos mais claros foi o sucesso da dupla Raul Torres e Serrinha, a partir de 1940, com *Cabocla Tereza* (Raul Torres/João Pacífico). É a história de um cara que matou a mulher em legítima defesa da honra. A toada virou um clássico da música sertaneja, influenciando outras composições e selando definitivamente o imaginário de uma época.

> *Há tempo eu fiz um ranchinho/ Pra minha cabocla* morá
> *Pois era ali nosso ninho / Bem longe desse lugar.*
> *(...) Pois o sonho neste* oiá */ Paguei caro meu amor*
> *Por* mor di *outro caboclo / Meu rancho ela abandonou.*
> *Senti meu sangue* fervê */ Jurei a Tereza* matá
> *O meu alazão arriei / E ela eu fui* procurá.
> *Agora já me vinguei / É esse o fim de um amor*
> *Essa cabocla eu matei / É a minha história,* doutô*!*

Nossa autoridade número um em música caipira, a cantora, violeira e professora Inezita Barroso, explica que tais músicas refletem a realidade: o caipira é machista. Segundo ela, ele assimilou essa característica — quem diria — dos índios brasileiros que habitavam nosso interior, e isso se tornou um traço cultural muito forte, principalmente em São Paulo, Minas e Rio Grande do Sul. "Nas cerimônias dos nossos índios, a mulher nunca tomava parte, não cantava, nem dançava. E bem antigamente entre os índios, as velhas que queriam assistir às tais cerimônias poderiam vê-las, mas pagavam com a morte. E isso passou para a moda de viola", conta. Ela diz que as primeiras letras das modinhas eram muito pudicas e que era considerado feio falar de amor — desta vez, uma influência da catequese dos jesuítas nessas tribos. "Eles ensinavam até que beijar em público era pecado", conta.

As primeiras modas de viola versavam sobre paisagens, animais, saudade ou amor pela terra onde nasceram. A mulher nunca era o foco central das homenagens. "Os temas começaram a mudar quando a música caipira chegou ao disco e às primeiras rádios. Aí os autores dessas modas se influenciaram por outro estilo de música popular, a modinha, que era o endeusamento da mulher. Ainda assim, permaneciam com a mentalidade de que mulher era um bichinho que serve pra trabalhar e dar à luz", critica.

A melancolia também é um traço forte na música caipira, segundo Inezita, por conta da própria condição de trabalho que imperava. "A vida das pessoas era muito solitária, as famílias viviam sozinhas e muito presas. Só tinham a chance de cruzar com outras pessoas na época da colheita. Então, se um sujeito gostava de uma mulher, só podia vê-la uma vez por ano, no momento do mutirão em que todos se encontravam. É um fenômeno rural", explica.

Inezita conta que até hoje, no interior, ainda é complicado romper essa tradição patriarcal. "Essas normas ainda são super-respeitadas. Quando vemos o caipira na estrada de mudança para algum lugar, o chefão está a cavalo com chapelão, bota e lenço na frente da família. Se for filho homem, este vai na garupa com o pai. Atrás do cavalo e até do cachorro (risos), vão a própria mulher carregando toda a tralha, e as filhas ainda mais atrás, carregando panelas e outras coisas. Ainda se vê isso nas estradas aqui de São Paulo...", conta.

Inezita enfrentou de perto esse machismo. Quando ela começou, o costume de cantar e tocar viola era sagrado como coisa de homem. "Não toquei viola em público até 18 anos, pois se até violão era feio, imagine a viola. Como estreei profissionalmente em Recife, não houve problema, mas se fosse aqui em São Paulo, não teria conseguido", afirma ela, cujo primeiro sucesso foi a *Moda da pinga* (Laureano), em 53, falando de uma mulher pinguça. Tema que não era tido também de bons modos para uma mulher, ainda mais dos anos 50...

Com a popularização do rádio, é claro que em pouco tempo começaram a aparecer letras de ciúme e vingança, que já eram uma constante em nossa música de outros gêneros. Na sertaneja, quando esses temas surgiram, segundo Inezita, o enfoque do caipira era muito radical. "Não admitiam jamais ser traídos, matavam logo a desgraçada", ri, citando a própria *Cabocla Tereza* e também *Ana Rosa* (Tião Carreiro/Carreirinho) como exemplos. Esta última é muito curiosa, pois narra uma história verídica e trágica. Lógico! "Um homem apenas desconfiou que a mulher o estava traindo e arrebentou a mulher. E o pior é que se descobriu depois que a coitada era inocente. Hoje existe até capela para essa mulher. Ela quase virou santa", conta.

Ana Rosa casou com Chicuta, um caipira bastante atrasado
(...) Tinha um ciúme doentio pela moça, que dava pena
do coitado
Batia na pobre com a vara de ferrão de bater no gado, ai
Resolveu abandonar o marido porque a vida já não resistia
(...) O Chicuta quando chegou em casa, Ana Rosa não encontrou
Ele arreou sua besta e como uma fera a galope tocou
(...) Derrubaram ela da garupa já fazendo cruel judiação
Foi cortando ela aos pedaços. Uma preta assistindo a
cruel judiação
Foi correr dar parte a autoridade, já fizeram imediata prisão
Hoje lá construíram uma igreja, tem feito milagre pra
muitos cristãos, ai

Tragédia pouca é bobagem! Inezita diz, entretanto, que existem muitas modas caipiras de melhor gosto que passaram a falar de amor. "Mas é sempre um amor supercontrolado, católico. Não tem abertura, com duplo sentido. Se tiver, é porque a origem não é legítima dessas regiões, pois em outros locais do

Brasil isso se deu de outra forma, com maior abertura", diz. Ela cita *Perto do coração* (João Pacífico), que narra o costume do caipira de guardar o retratinho da namorada, da mãe ou de Nossa Senhora Aparecida dentro da viola de cabeça para baixo, para poder olhá-los enquanto toca. "É um amor muito puro", diz ela, afirmando que ainda hoje existe este costume.

Para a jornalista Rosa Nepomuceno, autora de um livro sobre a história da música caipira, havia outros temas recorrentes nas canções caipiras. "Muitas falavam da partida de um lugar para o outro, do cara indo embora deixando a moreninha que havia conhecido numa terra. Nos anos 30 e 40, muitos rumaram para a conquista do Oeste brasileiro e fizeram canções de partida. No repertório de Mário Zan e Nhô Pai também há muito disso. Eles andam pelas bandas do Paraguai... conhecem uma mulher, mas não podem tê-la para sempre, mas às vezes deixam a esperança de um dia revê-la", conta, citando *Chalana* (Mário Zan/Arlindo Pinto).

> *Lá vai uma chalana / Bem longe se vai / Riscando o remanso / Do rio Paraguai / Oh! Chalana sem querer / Tu aumentas minha dor / Estas águas tão serenas / Vai levando meu amor*

Saudades e desencontros: mais tristeza. Entretanto, Rosa afirma que ao lado dessas músicas de amores rejeitados e não realizados ou de despedidas há o filão do "grande amor da vida" que a pessoa encontrou, presente em várias modas caipiras. "Tonico e Tinoco têm catiras divertidas que falam da família e mais tarde, nos anos 50, Cascatinha e Inhana têm várias também que falam de encontros mais felizes", diz ela. Mas com certeza elas não são maioria. A felicidade na música caipira ou na música urbana seria um fenômeno crescente no futuro, mas não nessa época. A nossa vocação para o dramalhão era um fato. As músicas leves se podem contabilizar nos dedos das mãos. Já para as pesadas, precisaríamos de um batalhão inteiro de mãozinhas. E ainda assim iria faltar gente para enumerá-las.

PARTE 2

AI, A SOLIDÃO VAI ACABAR COMIGO!

Mas nem tudo era melancolia, vingança e amor mal resolvido nas canções com temas de amor e relacionamento. Exceções? Havia. De vez em quando alguns compositores transgrediram um pouco certas máximas "sentimentais" de sua época. Fora algumas letras de Carnaval e de samba-choro (em geral, mais leves e divertidas), houve sambas e sambas-canções que eventualmente saíram do lugar-comum. Caymmi falou do encontro amoroso de uma forma singular em 1953, no samba-canção *Nem eu*, um dos primeiros sucessos de Ângela Maria. Aliás, um dos raros sambas-canções de temática otimista: "Não fazes favor nenhum em gostar de alguém/ Nem eu, nem eu, nem eu/ Quem inventou o amor não fui eu (...) nem ninguém/ (...) O amor acontece na vida/ Estavas desprevenida e por acaso eu também/ Mas como o acaso é importante, querida/ De nossas vidas, a vida fez um brinquedo também." Era uma forma natural de falar do amor, sem qualquer clichê de amor romântico.

Temas como a separação, sempre vistos como dramalhão por nossos compositores, tiveram também suas raras exceções. Ary Barroso tratou da questão de um jeito moderno na voz do cantor Déo, no samba *Pra machucar meu coração*, famoso até hoje: "Quem sabe não foi bem melhor assim/ Melhor pra você e melhor pra mim/ A vida é uma escola em que a gente precisa aprender/ A ciência de viver pra não sofrer." Nada mal para 1943. Ou no samba *Inquietação*, mais antigo ainda, de 1935: "Quem se deixou escravizar/ E no abismo despencar/ De um amor qualquer/ (...) Não soube o mundo compreender/ Nem a arte de viver/ Nem chegou mesmo de leve a perceber/ Que o mundo é sonho, fantasia/ Desengano, alegria/ Sofrimento, ironia." Enfim, eram rasgos de lucidez numa época em que o fracasso sentimental e a visão parcial (e melancólica) da vida eram regra.

Outro que também tentou escrever sobre o tema do desinteresse amoroso culminando numa possível separação sem dores para ambos os parceiros foi o grande Wilson Batista. Em *Lealdade* (parceria com Jorge de Castro), de 1943, sua mensagem na voz de Orlando Silva era bem clara: "Serei/ Serei leal contigo/ Quando eu cansar dos teus beijos/ Te digo/ E tu também liberdade terás/ Pra quando quiseres bater a porta/ Sem olhar pra trás." Mas pouco tempo depois, o mesmo Wilson se arrependeu de ser tão cuca fresca e, aparentemente para a mesma musa, escreveu, arrependido, outro samba (também assinado com Jorge de Castro), *Apesar dos pesares*, que foi lançado por Déo alguns meses depois, ainda em 1943: "Apesar dos pesares/ Se tu a encontrares/ Diga que pense um pouco/ Diga que eu estava louco/ Oh, meu Deus! / Pra quê que eu fui/ Lhe pedir lealdade/ Ela sentiu-se ofendida/ Bateu com a porta/ Acabou-se a amizade/ Hoje eu me arrependo/ Do que disse a canção/ (...) Mas não vivo sem ela/ Na canção eu menti." Dá para perceber que nesse tempo era difícil não dramatizar os assuntos de amor.

Também na lista das canções românticas com letras mais amenas que fizeram sucesso estão *Maria* ("o teu nome principia na palma da minha mão e cabe bem de mansinho dentro do meu coração"), de Ary Barroso e Luiz Peixoto, ou o samba *Isaura*, de Herivelto Martins e Roberto Roberti ("Ai, ai, ai, Isaura (...) Se eu cair em teus braços/ Não há despertador que me faça acordar"). O repertório de Dick Farney é atenuado por sua forma americanizada, *cool* de cantar, mas ali há também umas fossas disfarçadas. Ainda assim, salvam-se da tristeza amorosa algumas poucas, tais como *Somos dois* ("Começo de vida/ Nós dois e uma simples história de amor"), de Klecius Caldas, Armando Cavalcanti e Luiz Antonio, e ainda o clássico *Copacabana* ("Princesinha do mar", João de Barro/ Alberto Ribeiro) — que, pelo menos ao pé da letra, fala apenas do amor pelo bairro, embora muitos julguem tratar-se de outra "princesinha". As duas pérolas mais conhecidas de Bororó também são light: *Curare* ("Com seus olhos de índia, curare no corpo que é todo meu") e *Da cor do pecado* (esta a exceção das exceções, por tratar da sensualidade de forma tão pungente em plenos anos 30, mas desta última falaremos melhor no capítulo 3).

Claro que havia outras, mas não muitas. A fossa e o desespero seguiam em ritmo de samba, toada, valsa ou fox-canção. Até mesmo nas músicas mais famosas da MPB de todos os tempos, vamos sentir uma fincadinha no peito, caso de *Carinhoso* ou *Chão de estrelas*, ambas por coincidência gravadas em 1937. A primeira por Orlando Silva, e a segunda, por Sílvio Caldas.

Ah se tu soubesses como eu sou tão carinhoso
E o muito, muito que te quero
E como é sincero o meu amor
Eu sei que tu não fugirias mais de mim

(*Carinhoso*, Pixinguinha e João de Barro)

Minha vida era um palco iluminado
Eu vivia vestido de dourado
Palhaço das perdidas ilusões
(...) E, hoje, quando do sol a claridade
Forra meu barracão, sinto saudade
Da mulher, pomba-rola que voou

(*Chão de estrelas*, Sílvio Caldas e Orestes Barbosa)

E não apenas nestes, mas também em *Casinha pequenina*, *Ai Ioiô* ("eu nasci pra sofrer"), *No rancho fundo*, *Na Baixa do Sapateiro*, *Nada além*, *As pastorinhas*, *Eu sonhei que tu estavas tão linda*, *Mulher*, *Último desejo*, *Serra da Boa Esperança*, *De conversa em conversa*... São tantos os clássicos da MPB pré-anos 60 que têm uma dor-de-corno por trás que ficaríamos aqui citando exemplos ótimos até amanhã de manhã, porque tudo, tudo, era um rosário de amargor.[7]

Havia músicas até que enganavam. Pareciam alegres, mas eram fossas disfarçadas. Em *Valsa de uma cidade* (Antonio Maria/ Ismael Netto), linda declaração de amor feita ao Rio, em 1954 ("Rio de Janeiro, gosto de você/ Gosto de quem gosta/ Deste céu, deste mar, desta gente feliz"), lá pelas tantas, vem a facada: "E no poema que eu fiz tinha alguém mais feliz que eu... O meu amor QUE NÃO ME QUIS"!!!! É, amigos, a MPB era assim, não tinha jeito...

A obsessão com a tristeza amorosa era tanta que nem mesmo o divertido baião, ritmo que dividiu a preferência do público com o samba-canção e o bolero nos anos 40 e 50, escapou de ter dois de seus maiores clássicos abordando a... dor-de-cotovelo! Que o diga Marlene, que lançou o regravadíssimo *Qui nem jiló*, de Luiz Gonzaga e Humberto Teixeira, "sofrendo" em meio ao bate-coxa...

Porém se a gente vive a sonhar
Com alguém que a gente um dia perdeu
Saudade intonce *aí é ruim/ Eu tiro isso por mim*
Que vivo doido a sofrer!
Ai quem me dera voltar/ Pros braços do meu xodó
Saudade assim faz roer/ E amarga qui nem jiló
Mas ninguém pode dizer/ Que vivo triste a chorar
Saudade, o meu remédio é cantar!

E como esquecer da personagem-título do brejeiro e famosíssimo baião *Kalu* (Humberto Teixeira), sucesso de Dalva de Oliveira? Ele também desconfia do interesse da mulher traiçoeira em versos como "Não me tente se você já me esqueceu" ou "Com franqueza só não tendo coração/ Fazer tal judiação/ Você tá zombando de eu". Felizmente, pelo menos no baião, esses temas marcaram presença mas não eram maioria. Já não podemos dizer o mesmo do ritmo que prevaleceu nos anos 50: o samba-canção. Tal estilo começa a se estabelecer na música brasileira em 1929, com o já citado *Linda flor (Ai, Ioiô)*, que antes possuía andamento mais chorado. A partir de meados da década de 40, no entanto, ele passou a dominar o imaginário e o coração de todos os amantes da nossa música popular. As valsas, os foxes-canção, as serestas e as modinhas praticamente desapareceram, dando espaço a esse tipo de samba, caracterizado por um andamento bastante lento, perfeito para se amoldar aos cotovelos doloridos. O que houve para ele ter um impulso tão forte? Pois então, vamos lá... Saibam que o verdadeiro motivo da ascensão do samba-canção foi a influência do bolero — inicialmente o mexicano.

Nos anos 40, o bolero era mais um gênero estrangeiro que aparecia em nossas rádios, juntamente com tangos, foxes, canções francesas etc., até que em 1945 estourou no Brasil o filme *Santa — O destino de uma pecadora* (de N. Foster, com a badalada atriz Esther Fernandez), um campeão de exibição no Rio de Janeiro. Foi este filme que desencadeou um ciclo de importação de outras produções mexicanas que invariavelmente tinham uma canção-tema que se tornava um grande sucesso no Brasil, normalmente na voz de... Francisco Alves, é claro! — nosso cantor recordista de gravações e com raro faro para escolher repertório de sucesso. Ele testava esses boleros dos filmes mexicanos em seu programa de rádio e eles sempre eram bem recebidos pelo público. Sendo assim, pedia versões normalmente a Haroldo Barbosa e as gravava, emplacando um êxito atrás do outro, caso de *Duas almas*, versão de *Dos almas*, que também foi um estouro, gravada em 47 e lançada em janeiro de 48. Aliás, essa idéia de gravar versões não era nova. Se Chico Alves já o fazia desde os anos 20, gravando pilhas de versões de foxes americanos, então por que não verter também os boleros?

Esse burburinho provocado pelos filmes, suas canções e as versões de Chico Alves fizeram com que um monte de boleros — no original mesmo, em espanhol — inundassem também as nossas rádios na segunda metade da década de 40. Boleros novos e antigos que foram ressuscitados para matar a nova fome de bolero do brasileiro. Entre os mais executados dessa época estavam *Palabras de mujer*, *Pecadora* e a já citada *Santa* (todas de Agustín Lara), a também já mencionada *Dos almas*, mais *Quizás, quizás, quizás* (ambas de Don Fabian), *Perfidia* e *Frenesi* (Alberto Domingues), *La última noche* (Bobby Collazo), *Maria La O* (Ernesto Lecuona), *Nosotros* (Pedro Junco) e *Hipócrita* (Carlos Crespo).

Segundo Jairo Severiano, todos esses boleros de sucesso acabaram influenciando definitivamente a paixão brasileira pelo melodrama musical, incentivando nossos compositores a fazer cada vez mais sambas-canções. O que não foi difícil em absoluto para eles. Se o brasileiro já era chegado à melancolia em temas de ordem afetiva, o samba-canção viria coroar essa verdadeira tara obsessiva pelo fracasso amoroso. Por outro lado, temos que dar o braço a torcer: em geral, eram maravilhosos, muito bem-feitos, com melodias imortais e as tais sagas tristonhas muito bem construídas, tanto que grande parte deles não pára de ser regravada. "No triênio de 1948 a 50, a média anual de sambas-canções levados ao disco era de 28 gravações. No período de 1951 a 57, alcançaria a alentada cifra de 924 composições gravadas, o que representou uma média de 132 sambas-canções por ano!", surpreende-se Jairo, que teve a pachorra de contar uma por uma. Haja samba-canção!

Os primeiros sambas-canções a se destacarem nessa fase da ascensão do bolero, que estouraram nas paradas, dividindo o amor do público, foram *Copacabana* (Braguinha e Alberto Ribeiro), em 46, com Dick Farney, e logo depois *Segredo* (Herivelto Martins e Marino Pinto), com Dalva de Oliveira, e *Marina* (Dorival Caymmi), com vários intérpretes, entre eles, Francisco Alves, Dick Farney, Nelson Gonçalves e o próprio Caymmi. Depois, veio o sucesso estrondoso de *Caminhemos* (outra de Herivelto), com o Rei da Voz, Francisco Alves. Chico também lançaria nesse período três clássicos do gênero cunhados por Lupicínio Rodrigues: *Nervos de aço*, *Quem há de dizer* e *Cadeira vazia*.

Os dois primeiros grandes compositores populares a se destacar com sambas-canções de grande sucesso foram justamente Herivelto Martins e Lupicínio Rodrigues. As rádios, infestadas de boleros, passaram também a veicular em massa os sambas-canções deles e de seus colegas, que nada mais eram que boleros disfarçados — só que com um sabor mais brasileiro. Mas assim como Francisco Alves incentivou a disseminação do bolero em solo nacional, Herivelto tem uma parcela de "culpa" nessa mania do samba-canção com sabor de bolero, na qual o brasileiro passou a viciar-se. Ele separou-se da cantora Dalva de Oliveira num momento em que formavam o casal 20 da música brasileira. "Esse fato potencializou o samba-canção, pois era um fato real que transcendia a ficção. Então as pessoas passaram a se identificar com as letras daquelas músicas que aconteciam na realidade com duas figuras muito importantes, queridas e admiradas por todos naquele período da virada dos anos 40 para os 50", explica Jairo.

Vejam a força que esses versos ganharam nas ondas do rádio, em meio à polêmica (todos em ritmo de samba-canção, é claro!). Da parte de Herivelto, há três músicas emblemáticas. Uma um pouco anterior à separação e que, no auge dos acontecimentos, acabou tomando parte dela, tendo seu sucesso renovado: *Caminhemos* (lançada por Francisco Alves, em 47), que dizia: "Não, eu não posso lembrar que te amei/ Não, eu preciso entender que sofri/ Faça de conta que o tempo passou/ E que tudo entre nós terminou/ E que a vida não continuou pra nós dois/ Caminhemos, talvez nos vejamos depois."

As demais foram gravadas realmente no clamor dos acontecimentos. A começar por *Cabelos brancos* (parceria com Marino Pinto, que, apesar de tristíssima, foi lançada pelo Quatro Ases e um Coringa para o Carnaval de 1949 e depois regravada pelo próprio grupo e por Nelson Gonçalves em ritmo de samba-canção, em 51): "Por ela, vivo aos trancos e barrancos/ Respeitem ao menos meus cabelos brancos/ (...) E agora em homenagem ao meu fim/ Não falem desta mulher perto de mim." Finalmente o clássico (já mencionado aqui) *Vingança*, de Lupicínio, que antes do estouro com Linda Batista já tocava com o Trio de Ouro, do qual Herivelto fazia parte no vocal, com versos como: "O remorso talvez seja a causa do seu desespero/ Você deve estar bem consciente do que praticou" ou "Mas enquanto houver força em meu peito, eu não quero mais nada/ Só vingança, vingança, vingança aos santos clamar/ Você há de rolar como as pedras que rolam na estrada/ Sem ter nunca um cantinho de seu pra poder descansar."

Dalva de Oliveira, que acabava de se separar do Trio de Ouro, viveu o auge de sua popularidade justamente entre 1950 e 54, quando gravou diversas músicas (quase todas sambas-canções) que alimentaram essa polêmica com seu estilo dramático e cortante de cantar, quase uma Piaf à brasileira, só que com mais fluência nos agudos. Logo em 1950, as mensagens eram bem diretas. Em maio, gravou *Tudo acabado*, de J. Piedade e Osvaldo Martins ("Tudo acabado entre nós/ Já não há mais nada/ (...) Nosso apartamento agora/ Vive à meia-luz/ Nosso apartamento agora/ Já não me seduz/ Todo egoísmo veio de nós dois/ Destruímos hoje o que podia ser depois"). Forte, não? Depois, em julho, o bolero (primo do samba-canção) *Que será?*, de Marino Pinto e Mário Rossi: "Que será da minha vida sem o teu amor?/ Da minha boca sem os beijos teus?/ Da minha alma sem o teu calor?/ (...) Eu errei/ Mas se me ouvires, me darás razão/ Foi o ciúme que se debruçou/ Sobre o meu coração." E, para fechar com chave de ouro o ano, a porrada maior viria em setembro com *Errei, sim*, na qual talvez pela primeira vez na MPB uma mulher se expunha — na primeira pessoa — de uma forma tão contundente, apesar de a letra ter sido escrita por um homem: o mestre Ataulfo Alves.

Errei, sim/ Manchei o teu nome
Mas foste tu mesmo o culpado
(...) Lembro-te agora que não é só casa e comida
Que prende por toda vida o coração de uma mulher
As jóias que me davas não tinham nenhum valor
Se o mais caro me negavas/ Que era todo o seu amor
Mas se existe ainda quem queira me condenar
Que venha logo a primeira pedra me atirar

Já pensaram o que era uma mulher cantar isso no auge da sociedade patriarcal machista daquela época? Uma época em que mulher separada era sinônimo de prostituta, e que tudo era sempre visto sob a ótica masculina? Os mais jovens podem não saber, mas a mulher que se separava "manchava o nome do marido", pois naquela época ao casar ela era obrigada a adotar o último sobrenome do cônjuge. No imaginário daquele tempo, a mulher que se desquitava (pois o divórcio ainda não existia) feria o brio e a honra da tradição familiar inteira do homem. Pavor total. Pois bem, Dalva encarou as "manchas", não se fez de rogada, e foi além, ao gravar outros sambas-canções, nos meses e anos seguintes, muito fáceis de se associar à sua separação.

Em novembro de 50, lançava *Mentira de amor*, de Lourival Faissal e Gustavo de Carvalho: "Querem saber o final daquela paixão?/ Daquele grande amor/ Que a todos interessou?/ (...) Tudo mentira/ O meu sorrir não condiz/ Com meu viver isolado e tristonho/ Sou muito infeliz/ (...) Indiferente hoje estou, aparentemente/ Passo por ti sem olhar/ Deus testemunha é, porém/ Que a vontade maior que o meu peito oprime/ É te abraçar, te beijar." Confessional é pouco... Um pouco mais tarde, em abril de 51, deitava e rolava na espirituosa *Calúnia* — de Marino Pinto e Paulo Soledade —, num recado desta vez mais irônico ao ex-marido: "Quiseste ofuscar minha fama/ E até jogar-me na lama/ Só porque vivo a brilhar/ Sim, mostraste ser invejoso/ Viraste até mentiroso/ Só para caluniar..." Por fim, a belíssima *Poeira do chão*, em março de 52, terminava de botar lenha na fogueira. Notem bem que toda esta polêmica trazia canções cujo conteúdo era um misto de amor e ódio, paixão e desespero, desdém e vingança.

O que te dei em carinho
Tu devolveste em traição
(...) Não pode alcançar os astros
Quem leva a vida de rastros
Quem é poeira do chão

(*Poeira do chão*, Klecius Caldas e Armando Cavalcanti, 1952)

Essas músicas invadiam o coração até mesmo de crianças e jovens que cresciam ouvindo e se emocionando com esses dramas. Caso da menina Maria Bethânia, cuja influência de Dalva nunca foi negada. Em seu LP "Pássaro da manhã", de 1977, fez questão de gravar um texto explicando o impacto da postura e da voz de Dalva em sua vida e a influência em sua carreira: "A Dalva tinha a coragem e o jeito de cantar num palco que até então eu só tinha coragem e jeito de cantar dentro da minha casa." Despudorada, Dalva de Oliveira levou o passional às últimas conseqüências dentro da MPB e também influenciou Ângela Maria — nossa maior cantora popular nos anos 50 e 60 —, que por sua vez influenciou Elis Regina, e daí tivemos sucessivas gerações de cantoras fortes que, de uma forma ou de outra, deram voz à mulher brasileira, nem sempre de forma racional e engajada, mas ainda assim vozes poderosas de mulheres cantando sentimentos. Muitos, legítimos.

Esses exemplos do repertório de Dalva são fichinhas perto da quantidade de músicas tristes produzidas no Brasil entre a Era de Ouro (1929-45) e a Era da Bossa Nova (a partir de 1959), das quais a maioria era mesmo de sambas-canções. "Junto com o próprio samba de andamento tradicional, o samba-canção foi o nosso gênero de maior sucesso em toda a história da música brasileira do século XX", afirma Jairo Severiano. Ele tem toda razão. De acordo com um levantamento do pesquisador Paulo César de Andrade, dos anos 40 ao começo dos 60, dos mais de mil sambas-canções compostos, mais de duzentos fizeram sucesso. Vou repetir: duzentos!!!!

Foi, então, que o samba-canção se dividiu em dois grupos: o tradicional e o moderno, ainda que vez por outra — e ninguém nos ouça — os sofisticados tropeçassem no melodrama exagerado, ficando bem parecidos com os do grupo "tradicional". Além de Herivelto e Lupicínio, na ala mais popular havia Britinho, Nazareno de Brito, Othon Russo, Jair Amorim, Raul Sampaio, Ivon Curi, René e Luiz Bittencourt, Evaldo Gouveia, e, mais tarde, Adelino Moreira foi o principal cultor do gênero já nos anos 60, muitas vezes com repertório em que repisava todos os seus clichês, como veremos mais adiante.

Além dessa ala mais popular — que foi a semente de toda a música brega-romântica a partir dos anos 60 —, havia um segmento de poética mais sofisticada para alguns, mas que no fundo falava das mesmas tristezas quando compunha seus sambas-canções. Antonio Maria, Fernando Lobo, Luiz Bonfá, Johnny Alf, Billy Blanco, Tito Madi, Vinicius de Moraes (que deixara a poesia de livro para tornar-se um de nossos principais letristas), Tom Jobim (ainda estreante), Fernando César, entre outros. Apesar do peso de vários de seus versos, já se notava uma sofisticação na melodia e na própria poesia, que seria a semente da bossa nova vindoura. Esse apuro também era a marca de duas raras mulheres compositoras e letristas de nossa música — Dolores Duran e Maysa — que desenvolveram seus trabalhos nesta seara a partir de 1955 e 56, respectivamente. Dolores já gravava desde 1951, mas começou a botar para fora sua veia de letrista e compositora a partir de 1955 — possivelmente incentivada por Tom Jobim, que musicou *Se é por falta de adeus*, e, talvez também impulsionada no ano seguinte pela força do álbum de estréia de Maysa, totalmente autoral, passou a soltar na praça um petardo atrás do outro até 59, quando faleceu precocemente. Sempre tristes, como convinha à época, apesar do relato dos amigos que relembram Dolores como uma mulher muito divertida. E por falar em tristeza, a prodígio Maysa compôs sua primeira música aos 12 anos. O título? *Adeus*.

Adeus, palavra tão corriqueira
Que diz a semana inteira
A alguém que se conhece
Adeus, logo mais eu telefono
Eu agora estou com sono
Vou dormir, pois amanhece
(...) Mas quando este adeus tem outro rosto
Que só nos causa desgosto
Este adeus você não dá

(*Adeus*, Maysa, composta em 1948 e lançada em 1956)

E o que dizer do desabafo da irreverente Dolores numa música tão triste, em 1958?

Vivendo na esperança de encontrar
Um dia um amor sem sofrimento

Vivendo para o sonho de esperar
Alguém que ponha fim ao meu tormento
Eu quero qualquer coisa verdadeira
Um amor, uma saudade, uma lágrima, um amigo
Ai! A solidão vai acabar comigo

(*Solidão*, Dolores Duran, 1958)

A esses dois grupos de autores de sambas-canções — o popular e o sofisticado — juntava-se a geração de compositores que fizeram fama nos anos 30 e início dos 40. Gente como Ataulfo Alves, Ary Barroso, João de Barro, José Maria de Abreu, Custódio Mesquita, entre outros gênios da nossa canção popular que já eram ótimos nos sambões, valsas e foxes, e não fariam feio também nessa nova moda, caso de Caymmi, que teve suas músicas gravadas por cantores de todas as facções — mas especialmente pelos de canto macio, considerados "modernos", Dick Farney e Lúcio Alves. Este último, aliás, lançou o petardo *Nunca mais*, em 1949: "Uma vez me pedistes sorrindo, eu voltei/ Outra vez me pedistes chorando, eu voltei/ Mas agora não quero e nem posso nunca mais/ O que tu me fizestes amor foi demais."

Essa turma e outros mais — donos de às vezes apenas um, dois ou três sucessos — deram munição pesada nos anos 40 e 50 para porres, choros, histeria e até suicídio de gente que não desgrudava o ouvido das rádios, em todo o país. Vivíamos o auge da Era do Rádio, que coincidiu com o ápice do samba-canção. A histeria dos auditórios por um lado, e por outro a solidão discreta das boates. Sim, porque outro fato interessante coincidiu com a ascensão do samba-canção. Um prefeito polêmico dos anos 40 decidiu varrer do legendário bairro da Lapa, no Centro do Rio, seus malandros e desocupados, fechando seus cabarés e acabando com as jogatinas e todo seu *underground*. A decadência do bairro gerou a prosperidade de outro: Copacabana.

À proporção que a boemia foi transferida do Centro do Rio de Janeiro para os inferninhos e boates chiques de Copacabana, nossa produção musical também foi afetada. Ou pelo menos parte dela. Os mais endinheirados passaram a marcar ponto nas pequenas boates de Copa para sofrer com prazer (inclusive alguns dos citados compositores da ala mais sofisticada da música brasileira), e os menos favorecidos em grana ficavam compondo suas músicas nos botequins ou ouvindo-as na solidão de suas salas e quartos, onde se acomodavam seus rádios ou vitrolas. Parecia pairar no ar uma vontade louca de curtir uma fossa. O amor bem resolvido, que já não era praxe na MPB, definitivamente estava fora de moda.

"O samba-canção tem seu clímax na época em que as boates surgem para substituir os cabarés. O ambiente tem a ver com a música que você faz. Aquela boatezinha pequena, à meia-luz, que se vai acompanhada do namorado ou do amante, não pode ter uma música de banda, com metais e percussão pesada. Elas pedem um canto intimista, com a voz mais para dentro", explica João Máximo, citando Antonio Maria como o principal cronista dessa época, também autor de vários petardos da fossa de boate.

De que serve viver tantos anos sem amor?
Se viver é juntar desenganos de amor
Se eu morresse amanhã de manhã
Não faria falta a ninguém
Eu teria um enterro qualquer
Sem saudade, sem luto também...

(*Se eu morresse amanhã*, Antonio Maria, 1953)

"O Antonio Maria era cronista de boate e da vida sentimental dele, que era muito conturbada, e sua música reflete esse pessimismo. Quase todos esses grandes cronistas e compositores que fazem a poética dos anos 50 vêm do interior ou de cidades pequenas. Rubem Braga, Paulo Mendes Campos, Fernando Sabino e o próprio Antonio Maria, todos chegam ao Rio e vivem um choque. Essa geração tinha uma formação cristã, moralista, da qual eles não se libertaram com facilidade. O tom apocalíptico do Rubem Braga em *Ai de ti, Copacabana* mostra bem como a fúria dos puritanos iria acabar com o bairro", ensina João, em referência à famosa crônica em que Braga profetizava de forma irônica 22 itens intimidadores da moral naquele antro em forma de bairro e o provável destino do local e de seus habitantes: "A água salgada levará milênios para lavar os teus pecados de um só verão", escrevia Braga, num misto de choque, ironia e complacência.

A cantora Doris Monteiro — que, aliás, sempre morou em Copacabana e a vida inteira foi muito feliz ali — é testemunha de que a MPB da década de 50 vivia imersa em sentimentos melodramáticos. "Era tudo um dramalhão. E eu jamais gostei de músicas pesadas. Gravei algumas delas, mas felizmente tive a sorte de conhecer o Fernando César e escolhi as mais leves do repertório dele para gravar, como *Do re mi*, *Joga a rede no mar*, *Vento soprando*... eram músicas com mensagens mais positivas, tipo 'eu sou feliz tendo você sempre a meu lado', uma coisa rara na época", depõe. Realmente, tirando essas músicas que Doris mencionou, mais *Sábado em Copacabana* (Caymmi), *O que é amar* (Johnny Alf), *Menino grande* (Antonio Maria), *Manias* (Celso e Flávio Cavalcanti) e mais tarde *Canção da manhã feliz* (mais conhecida como "Luminosa manhã", de Haroldo Barbosa e Luiz Reis) e algumas poucas outras, as letras de samba-canção eram todas umas pedradas.

Da mesma forma que as "pedradas" nos mais variados ritmos que vimos anteriormente, grande parte desses sambas-canções continua aí até hoje, fazendo sucesso em regravações constantes, mesmo com todas as mudanças ocorridas na sociedade. É claro que nossa alma melancólica e nossas frustrações oriundas da busca do par romântico idealizado também contribuem para o eterno sucesso de letras "dor-de-corno", em que vale tudo: passar um sabão no ser amado (*Risque, Lama, Negue, Segredo, Meu mundo caiu*), autopiedade (*Ninguém me ama, Folha morta, Felicidade infeliz, De cigarro em cigarro, Se alguém telefonar, Bar da noite, Só louco, Foi assim*), sentimentalismo (*Canção da volta, Nossos momentos, As praias desertas*), rogar praga (*Fósforo queimado*), chorar (*Castigo*), pensar quem o outro está beijando ou com quem está saindo (*Neste mesmo lugar*), não conseguir ou nem querer esquecer a pessoa amada (*Ronda, Abandono, Balada triste, A noite do meu bem, Tarde fria, Se queres saber, Por causa de você, Ternura antiga, Suas mãos*), imaginar a saia-justa caso o encontre na rua (*Conselho, Franqueza*), não querer mais ver a pessoa nem pintada de ouro (*Saia do caminho, Marina, Fim de comédia, Nunca, Escuta, Mensagem*), anular-se já que a relação acabou (*Meu nome é ninguém*) ou até mesmo nutrir uma dose de masoquismo — de manter uma relação que já não dá mais (*Exemplo, Não tenho você, Contrasenso*) ou querer a pessoa de volta apesar dela nos fazer mal (*Molambo*).[8]

Como vamos esmiuçar no último capítulo, o coração do brasileiro ainda não se deu conta de que muitos mitos do "amor romântico" nunca deram certo e continua insistindo em dar murro em ponta de faca, com um certo prazer em sofrer ouvindo uma canção de fossa. E repertório bom para isso na MPB realmente nunca faltou e jamais faltará... Mas na década de 50 o caso era tão grave que Maysa chegou a fazer muito sucesso com a rara parceria de Adoniran Barbosa e Vinicius de Moraes na qual, em ritmo de samba-canção, obviamente, a pessoa chegava a ter saudade de... ficar triste(!). Quem não se lembra de *Bom-dia, tristeza*?

Bom-dia, tristeza!
Que tarde, tristeza!
Você veio hoje me ver...
Já estava ficando até meio triste
De estar tanto tempo
Longe de você

Apesar deste drama todo, alguns intérpretes contemporâneos fazem a defesa desse cancioneiro amoroso tão sofrido. Caso da nossa primeira-dama da MPB, Maria Bethânia. "De uma forma geral, realmente as nossas músicas têm uma tristeza, mas têm também no fundo uma sabedoria amorosa. Quando comecei a cantar: no meu grupo com Caetano, Gil e Gal, na Bahia, me perguntavam: 'O que você gosta de cantar?' Eu respondia: 'Samba em tom menor e de tristeza é que me interessa.' Não que as letras sejam sempre de amor fracassado, mas antes elas em geral tendiam a um melodrama. Mas era assim mesmo que eu gostava: todas em tom menor, tristíssimas! (risos) Mas em meio a todas essas músicas apareciam algumas de muita audácia, como *Eu sou a outra na vida dele*, que a meu ver têm esse lado vigoroso. *Eu sou a outra*, *Lama*... são canções dos abandonados, dos sofredores, mas vigorosas, épicas, femininas", defende.

Não há dúvidas de que esses sambas-canções são maravilhosos, fortes e bem-feitos, tratando de sentimentos com os quais qualquer mortal pode um dia se identificar. E além disso com melodias belíssimas. Mas o que salta aos olhos é o volume de canções tristes de amor lançadas na MPB, especialmente nos nossos primeiros 60 anos do século XX. Esse culto de nossos compositores pelo fracasso amoroso suscita histórias surreais como a que veremos a seguir.

Uma das lendas vivas da MPB da era do samba-canção, o cantor e compositor Tito Madi afirma que suas músicas que mais fizeram sucesso foram justamente as de tristeza amorosa. E isso não tinha necessariamente a ver com os percalços sentimentais que ele curtia na vida real. "Engraçado que ao ouvir minhas músicas, muita gente diz, 'mas você deve ter tido uma vida muito sofrida no amor', o que não é verdade. Me casei com uma mulher maravilhosa que perdi há apenas 11 anos. Tive 32 anos de casamento, sem grandes baixos nem altos. Uma vida estável. Foi um casamento tranqüilo a vida inteira", surpreende Tito. "Ocorre que de vez em quando estou chateado ou crio uma tristeza maior que talvez não seja a minha, mas que talvez sirva a milhões de pessoas, e vou compor uma canção sofrida", explica, citando seu clássico *Não diga não*, gravado originalmente por ele próprio, em 1954, e logo em seguida por Nora Ney, Sylvia Telles, Marion, Garotos da Lua, Conjunto Farroupilha e outras feras.

Não diga não
Não me deixe sozinho

Sofro demais
Longe do seu carinho
(...) Se disser não
Isto será meu fim...

Outro samba-canção clássico de Tito, *Cansei de ilusões* (1957) também não foi composto com base numa experiência real do autor. "Estava numa fase triste, recém-chegado de São Paulo, onde tinha uma situação artística muito boa, mas a Rádio Tupi de lá não me pagava o que eu achava que merecia, e após uma sucessão de decepções acabei vindo parar no Rio. Transpus aquele meu estado de tristeza e decepção para o lado amoroso", conta. Resultado: criou o clássico *Cansei de ilusões*.

Agora desfeita a farsa só resta esquecer
Mentiras que calam na alma fazendo sofrer
Rasguei suas cartas
Queimei suas recordações
Mentira, cansei de ilusões...

Finalmente sua música mais gravada — que por acaso não é um samba-canção, e sim uma valsa, mas bem que poderia sê-lo —, *Chove lá fora* (1957), sempre foi alvo de muitas especulações de seus fãs em relação ao estado de espírito do compositor na hora de criá-la. Mas ele conta que, na verdade, a compôs debaixo de um sol de meio-dia. "Estava na fazenda de uma irmã e um cunhado no interior de Pirajuí, minha terra. E me aproximei de uma árvore enorme que havia próximo a um lago para me proteger do forte sol que fazia naquele dia. Acredito que chovia dentro de mim, por isso acabei escrevendo aquela letra", relata. Que tal? Ou seja, isso é mais uma prova de que naquele tempo a moda da dor-de-cotovelo era tão forte que atingia em cheio o subconsciente de todo mundo que fazia música. Mesmo que o sujeito estivesse até feliz no amor ou exposto a um belíssimo dia de sol, num calor de 40 graus.

A noite está tão fria
Chove lá fora
E essa saudade enjoada
Não vai embora
Quisera compreender por que partiste
Queria que soubesses como estou triste...

A tristeza era tão forte que acabava tolhendo letras de amor resolvido, incluindo aí as de conotação eventualmente até mais erótica. "Sempre mantive uma coerência muito grande em questão de letra. Jamais usei palavrões ou qualquer alusão a erotismo ou a outros termos pesados. Evitava e até criticava certas letras que diziam coisas como 'vivo na lama'. Até mesmo esses conceitos, nunca usei. Somente agora fiz umas parcerias com o Paulo César Pinheiro em que ele fala coisas tipo 'vamos fazer amor', algo que eu por mim jamais falaria numa letra", admite o compositor, típico da geração anos 50 da música brasileira. Como se vê, era uma época de vacas magras para a sensualidade e o erotismo nas canções chamadas de meio de ano.

Além das inúmeras variações do conflito amoroso nos sambas-canções já descritas neste capítulo, evidentemente que num gênero derramado e dado a uma fossa como este o lado religioso, católico, do Deus que castiga ou que remove montanhas, não poderia ficar de fora. Ele já aparecia bastante nos sambas da antiga, mas chegou ao apogeu nas deliciosas chorumelas amorosas dos repertórios de Ângela Maria, Dalva de Oliveira, Helena de Lima, Lana Bittencourt, Maysa, Cauby Peixoto e até mesmo no de Doris Monteiro.

Deus poderia ser visto como juiz de questões de amor, como em *Orgulho* (Nelson Wedekind/ Valdir Rocha), grande sucesso de Ângela Maria em 1954: "Deus sabe bem quem errou de nós dois/ E dará o castigo depois/ O castigo a quem merecer." Poderia também ajudar a pobre mulher a vingar-se de uma falsa amiga que parecia querer lhe roubar o marido, como ocorre em *Há um Deus* (Lupicínio Rodrigues), de 57: "A minha dor é enorme/ Mas eu sei que não dorme/ Quem vela por nós/ Há um Deus, sim, há um Deus!/ E esse Deus lá no céu há de ouvir minha voz!!!/ (...) O que fazem comigo vejam que não é normal/ Justamente falsa amiga há de ser minha rival." Poderia ainda ser rogado num momento de futura paz, quando o amado (ou amada) estivesse de volta, como em *Graças a Deus* (Fernando César), sucesso de Doris Monteiro, também em 57: "Quando quiseres/ Podes voltar aos braços meus/ E eu te direi /'Muito obrigada, graças a Deus!'"

A fossa amorosa também podia chegar a níveis estratosféricos de sofrimento, a ponto de o cara ficar tão obcecado pela amada que não conseguia nem mesmo pensar no Criador, como ocorreu no sucesso de Nelson Gonçalves, *Pensando em ti* (Herivelto Martins/ David Nasser), outro petardo de 57: "Eu amanheço pensando em ti/ Eu anoiteço pensando em ti/ (...) Eu vejo a vida pela luz dos olhos teus/ Me deixe ao menos, por favor, pensar em Deus."

Uma oração para conservar o amor de um casal, temendo que a amada se vá e haja a seguir um desespero, ou seja, um sofrimento "básico" por antecipação, foi o tema de *Prece de amor* (René Bittencourt): "Pai Nosso, que estais no céu/ Conservai o meu amor/ Não permitais, por favor, entre nós dois, um adeus/ (...) Se acaso não for esse o meu destino/ Por vosso manto divino/ Dai-me um viver sem ninguém/ Para ser infeliz, prefiro sentir saudade/ Seja feita a vossa vontade, amém!" Um dos maiores sucessos de 1958, de autoria do mesmo René Bittencourt com Raul Sampaio, foi o impagável *Nono mandamento*. Neste entra em pauta o Deus a quem se deve temer, convidado a dar a sua penitência a este "filho pecador" que infringiu o mandamento de número nove. Falando nisso, alguém lembra qual é? É esse mesmo: "Não cobiçar a mulher do próximo"...

Senhor, aqui estou eu de joelhos
Trazendo os olhos vermelhos
Confessar porque pequei
Senhor, por um erro de momento
Não cumpri um mandamento, o nono da vossa lei
Senhor, eu gostava tanto dela
Mas não sabia que ela a um outro pertencia

Esses dois últimos sambas-canções — *Prece de amor* e *Nono mandamento* — foram grandes sucessos de Cauby Peixoto. Seu empresário, Di Veras, que era frio e calculista quando o assunto era música, procurava o que havia de mais popular e metia logo em seu repertório. Por isso, aconselhou-o a gravá-los no final dos anos 50, "para fazer média com as fãs beatas". Ele sabia da alma católica do brasileiro e acertou na mosca. O veterano compositor Raul Sampaio, co-autor de *Nono mandamento* e também de outros sambas-canções de sucesso (*Confidência, Lembranças, Destino, Revolta*), além do bolero *Quem eu quero não me quer* e do samba de Carnaval *Eu chorarei amanhã*, diz não saber explicar muito bem por que suas músicas em geral versavam sobre amores mal resolvidos, mas arrisca alguns palpites.

"O Herivelto Martins dizia que o compositor nunca deve levar seu verdadeiro amor à chalaça da praça", diz Raul, cujo colega deve ter esquecido da lavagem de roupa suja pública que protagonizou com sua ex-mulher, Dalva de Oliveira, por meio de suas composições. "Mas mesmo que a gente não faça canções autobiográficas, esses temas estão no nosso subconsciente. Não sei bem como é que acontece dentro da gente este processo. Vamos dizer que tive um sonho de romance quando era garoto que não chegou a lugar nenhum. Isso pode ter ficado no meu inconsciente e por isso passei a fazer músicas assim. Acontece que eu não era o único a fazer músicas com esses temas. Todos da minha época faziam", conta Raul, reconhecendo, entretanto, uma influência da literatura de seu tempo.

"Sou produto da leitura de Bilac, Castro Alves, Machado de Assis e de toda a poesia e prosa daquela época. Eu era também um aprendiz do soneto... e aqueles poetas românticos me passavam muitas idéias. Construí minha vida de compositor com esse tipo de letra cujo desfecho é quase sempre sofrido, mostrando a pessoa chorando por causa de um amor que não se realizou. Até mesmo no Carnaval, quando fiz *Eu chorarei amanhã*, você repare bem que digo que hoje não vou chorar porque é Carnaval, mas chorarei amanhã", diverte-se ele, acrescentando que na geração anterior a sua, a dos compositores dos anos 20, 30 e 40, a mulher era ainda mais vilã nas canções que na década de 50.

"Antes a mulher era um objeto, era esculhambada pelos compositores. Na minha época, já se valorizava um pouco mais. Falava-se da frustração por ela não estar perto, da falta que ela fazia", diz. Será, Raul? Pelo levantamento de canções feito para este livro, parece que a mulher só começa a ter vez para valer nos anos 60. Talvez haja essa idéia porque grande parte desses sambas-canções ficou com uma cara muito feminina, uma vez que todas as cantoras do rádio — que proliferaram como coelhos nos anos 50 — gravaram muito esse repertório sofrido. Então, a mulher não falava mal dela própria — a não ser em algumas exceções, que veremos no próximo capítulo —, entretanto passaram para a história como as grandes sofredoras, papel que até os anos 40 era mais masculino, porque a maioria esmagadora dos intérpretes brasileiros também eram homens.

Tudo bem, havia também varões nas paradas dos anos 50: Dick Farney, Lúcio Alves, Cauby Peixoto, Ivon Curi, Nelson Gonçalves, Dorival Caymmi, Tito Madi, Agostinho dos Santos, Luiz Cláudio, mas a grande maioria das que empilhavam um samba-canção atrás do outro em nossas rádios nos anos 50 eram elas, as divas do rádio: Ângela Maria, Dalva de Oliveira, Nora Ney, Linda Batista, Doris Monteiro, Maysa, Dircinha Batista, Carmen Costa, Dolores Duran, Elizeth Cardoso, Lana Bittencourt, Isaurinha Garcia, Helena de Lima, Alaíde Costa, Ellen de Lima e outras hoje menos lembradas, como Rosana Toledo, Lucienne Franco, Vera Lúcia, Neusa Maria e tantas outras. Essas divas todas foram efetivamente as rainhas do samba-canção e as porta-vozes do sofrimento (por amor) de uma época.

Curiosamente, o bolero que influenciou definitivamente o samba-canção pós-Era de Ouro também teve uma mão invertida. É que o maior conjunto especializado no gênero, o Trio Los Panchos, gravou diversos sambas-canções brasileiros vertidos para o espanhol, em ritmo de bolero, fazendo sucesso internacional com *Caminemos*, versão de *Caminhemos*, de Herivelto Martins. Chegaram mesmo a gravar um LP inteiro (*Los Panchos no Brasil*) na CBS nos anos 60, com direito a versões de *Eu não existo sem você*, *Ternura antiga*, *Arrependimento*, *Noite de paz*, *Chore comigo* e outras pérolas de tempero *kitsch*. Nada mal. Sinal de que os brasileiros foram bons alunos, não?

PARTE 3

O AMOR, O SORRISO, A FLOR E O ESPINHO

Sempre houve e sempre vão existir músicas de desencontros amorosos, mas a partir dos anos 60, o culto aos amores desastrados deixou de ser uma constante na MPB. Mas é bom que se diga que é um erro grave afirmar que depois do advento da bossa nova essas temáticas sumiram da pauta dos nossos letristas. Não foi bem assim. Apesar dos cultores deste movimento estigmatizarem de cafonas, exagerados e sentimentais os cantores do rádio, a bossa nova nem sempre tratava os romances de forma amena. Era mais suave, caprichava nas harmonias, bem mais sofisticadas, mas, se formos destrinchar grande parte de suas letras, o que acharemos? Surpresa... a melancolia e a tristeza de amores nem sempre realizados ou resolvidos. Mas se o amor ainda não era totalmente feliz, pelo menos o sol, o mar e a areia entraram janela adentro de nossa música. E a mulher, se já não era tratada de igual para igual em relação ao homem, pelo menos era mais mimosinha e jeitosa, não era mais a grande vilã das separações. Os temas amorosos da bossa nova já começavam a variar — de ambiente, enfoque e palavreado. A alma melancólica, entretanto, muitas vezes se mantinha.

Vinicius de Moraes, considerado por muitos o pai da poesia moderna na música brasileira, misturou-se aos jovens do movimento para produzir letras tristes. Lindas, mas em geral tristes, em que a morte está sempre rondando, e o mito do amor interditado também. Basta escutar o lendário LP *Canção do amor demais* (1958), de Elizeth Cardoso — no qual há um dos marcos iniciais da bossa nova, o violão de João Gilberto em *Chega de saudade* —, para vermos que a sofisticação estava presente, a leveza da música de Tom também. Mas e as letras? Este disco traz petardos da fossa no melhor estilo samba-canção.

Vejamos: *Eu não existo sem você* ("Eu sei e você sabe (...) que todo grande amor só é bem grande se for triste"), *Modinha* ("Não, não pode mais meu coração/ Viver assim dilacerado/ Escravizado a uma ilusão que é só desilusão") e *Estrada branca* ("Tua falta caminhando (...) ao lado meu/ Uma saudade tão doída de uma vida/ Vida que morreu") até chegar ao clímax em *Serenata do adeus*, como bem lembrou João Máximo. "É muito curioso ver que no mesmo disco da Elizeth, em que se cristaliza a parceria de Tom e Vinicius, há uma música que diz 'Crava as garras no meu peito em dor e esvai em sangue todo o amor e toda a desilusão'."

Para Máximo, a contribuição de Vinicius à bossa nova e à música brasileira é mais qualitativa do que temática. "O Vinicius empresta à bossa nova a qualidade de saber ser poeta no livro e letrista na música. Mas esteticamente, a meu ver, continuo achando que bossa nova é apenas o violão de João Gilberto. Se a letra entrou como componente, creio que o Ronaldo Bôscoli, sim, contribuiu bem mais", argumenta, citando o letrista de jóias mais leves como *Você*, *Nós e o mar*, *O barquinho*, *Se é tarde me perdoa* e *Depois do amor*.

O assunto é polêmico. Para Maria Bethânia, uma fã da obra do Poetinha, o buraco é mais embaixo. Nem mesmo *Serenata do adeus*, de Vinicius, ela vê como uma obra trágica clássica, como se fazia no início do século passado em nossas serestas e valsas. "É uma serenata moderníssima. Imagina se antes o Sílvio Caldas faria uma letra assim? Jamais! Ele cai no drama real, no trágico, no grego, mas com uma leitura nova", acredita a Abelha Rainha, que assim como seu mano Caetano entende Vinicius como um divisor de águas na MPB. Ela vai além, ao explicar que Vinicius deu "uma mudada de tom" em nossas letras. "Ele foi o grande revolucionário em termos de letras. Ele muda o jeito de falar, com palavras nunca usadas, e deixa os chavões todos esquecidos. Suas letras são de muita beleza e trazem uma novidade, uma sinceridade brasileira, além da sensualidade."

Há ainda outros especialistas que percebem Vinicius mais triste e melancólico em relação ao amor nesta primeira fase de sua obra musical, algo que já vinha de sua época de poeta de livro. "Antes de ser letrista, Vinicius era considerado um poeta trágico e dramático pelos críticos. Com a música e o sucesso da bossa nova que não tinha nada de dramático na sua gênese, a maior parte das composições dele com o Tom amenizaram um pouco esse seu pessimismo e amargor", acrescenta Jairo Severiano. Realmente, as melodias de Tom suavizaram muito as letras de Vinicius, que nessa primeira fase podia romper com o academicismo da poesia de livro e rimar "beijinhos" com "peixinhos" ou falar da "beleza que vem e que passa a caminho do mar". Mas isso era minoria em suas letras. A maioria delas era chumbo grosso mesmo, ia de *Bom dia, tristeza* para baixo. Até o comecinho dos anos 60, ele ainda faria com Tom Jobim *Sem você* ("...Sem amor, é tudo sofrimento/ Pois você é o amor que eu sempre procurei em vão"), *A felicidade* ("Tristeza não tem fim/ Felicidade sim"), *Insensatez* ("A insensatez que você fez/ Coração mais sem cuidado/ Fez chorar de dor/ O seu amor/ Um amor tão delicado") e um dos maiores clássicos da MPB, *Eu sei que vou te amar*, que, embora se declarando despudoradamente à amada sem os receios dos sambistas de antigamente, trata da mais pura tristeza, pois a amada não está ainda a seu alcance.

Eu sei que vou sofrer
A eterna desventura de viver
À espera de viver ao lado teu
Por toda minha vida

Ou seja, ele sabe que vai amá-la, mas que ela não dá a mínima pra ele, e que ele vai sofrer a vida inteira por isso. Que barra pesada, hein! E Vinicius não estava sozinho. Vários sucessos da bossa nova primam pela melancolia. Um dos primeiros clássicos, *Desafinado*, não é triste, e a letra é até bem coloquial, debochada ("Você com a sua música esqueceu o principal/ É que no peito dos desafinados também bate um coração"), mas o amor não se realiza. Há outras tão bonitas quanto esta e que também têm um clima acinzentado. É o caso de *Tristeza de nós dois* ("Quando a noite vem/ Vem a saudade do carinho teu"), *Inútil paisagem* ("Mas pra quê? Pra que tanto céu, pra que tanto mar, pra quê? De que servem (...) se o meu caminho sozinho é nada"), *Fim de noite* ("É fim de noite/ Nossa estrela foi embora/ Seu olhar me diz agora/ Que eu vá embora também"), *Vivo sonhando* ("Você não vindo, não vindo e a vida tem fim") e outras pérolas que nos fazem perceber que muitas vezes a bossa rimava com fossa.

Felizmente, apesar de todos esses exemplos, a bossa nova transcendeu a fossa. Havia outros letristas que, embora criticados por falar demais do "amor, do sorriso e da flor" e de outros temas muitas vezes de forma bastante leve (e até superficial), conseguiram aos poucos virar um pouco o leme dos amores depressivos para "um terraço à beira-mar", para "a camélia que flutua nua no céu", para elogiar "esse seu jeitinho de me olhar", do cara pedindo perdão à amada com humildade, do encontro com a pessoa certa, do olhar da amada, da trégua nas brigas, do "danem-se todos, pois ficaremos nos amando a sós" e até do verão que inspirou o amor e o tesão do sujeito; temas usados respectivamente nos clássicos *Fotografia, Nós e o mar, O que eu gosto de você, Se é tarde me perdoa, Só tinha de ser com você, Brigas nunca mais, Você e eu* ou *Samba de verão*.[9]

A presença dessas músicas suaves de temas mais leves lentamente foi crescendo, e as harmonias luxuosas, com arranjos econômicos (ainda que requintados) e vozes *cool* pareciam refletir no inconsciente coletivo da música brasileira o seguinte: "Se quisermos podemos também ser felizes no amor ao lado da mulher, que não é tão má quanto pensávamos." Se Braguinha, Lamartine Babo, Ary Barroso, Noel Rosa, Dorival Caymmi, Haroldo Lobo, Pedro Caetano, Luiz Gonzaga e seus parceiros já tinham uma obra com temas mais variados e não se fixavam somente nas músicas machistas ou de dor-de-cotovelo, foi com a geração da bossa nova que a página chorosa da música brasileira começou a ser virada para valer, apesar da melancolia que vez por outra persistia em muitas de suas canções. Ela também influenciou a geração universitária dos festivais da canção (e eventualmente alguns autores mais populares), que revolucionou definitivamente os temas de amor e sexo na MPB, explodindo em liberdade justamente nos tão conturbados anos 70.

Entretanto, paralelamente aos avanços da bossa nova, perdurou entre o fim dos anos 50 e toda a década seguinte muita fossa no repertório dos artistas mais populares de nossa música. Estou falando da canção brega-romântica, que teve sua raiz nos arroubos dramáticos e operísticos de Vicente Celestino e companhia, dos anos 10, 20 e 30, e nos sambas-canções do segmento mais popular dos anos 40 e 50 pelos magos Lupicínio Rodrigues e Herivelto Martins. Essa vertente gerou um grupo de autores especializados em chorumelas amorosas — que às vezes até geravam músicas interessantes, mas que em sua maioria ficaram mais circunscritas ao seu tempo e à turma chegada numa fossa sem maiores originalidades (jamais se equiparando à qualidade da produção dos dois fundadores do estilo). Se Britinho e Nazareno de Brito já eram um subproduto dessa geração anterior, construindo uma obra sem maiores alardes, Adelino Moreira surgiu como ícone do samba-canção de fossa. E o espírito de suas letras paira no ar até hoje no repertório dos artistas chamados bregas-românticos.

Tudo começou em 1957, quando Nelson Gonçalves, que já vinha desde o começo da década gravando músicas de Adelino, explodiu com o samba-canção *A volta do boêmio*. "Boemiaaaaaa, aqui me tens de regresso" virou seu prefixo, e o compositor passou a escrever canções em série para ele. Versavam sempre sobre os mesmos temas e eram gravadas com o mesmo estilo de arranjo. Quase sempre músicas lamentosas, elas falavam do sujeito que é sempre trocado por outro pelas mulheres, ou do que busca alguém que não o quer mais ou jamais poderá ser só dele, caso das prostitutas.

Talvez o único sucesso romântico de Adelino, digamos, mais leve, tenha sido *Fica comigo esta noite*, também na voz de Nelson Gonçalves (aliás, composto em parceria pelos dois). Contudo, a maioria era um dramalhão falando de amores difíceis, proibidos e jamais bem resolvidos, trilha sonora perfeita para os puteiros e antros afins de várias épocas. Mas não serviam apenas a esses antros. Também chegavam às rádios do país inteiro, principalmente pelo timbre supergrave do craque Nelson, e pelas vozes de Núbia Lafayette e Ângela Maria (que nos anos 60 gravaram dezenas de músicas de Adelino, várias delas com sucesso), e também de Carlos Nobre, Carlos Augusto, Dircinha Batista, Lourdinha Bittencourt, Cauby Peixoto e muitos outros.

Eram músicas que falavam da busca da mulher ideal (*Escultura*), do homem ideal (*Cinderela*), das "mariposas" da noite (*Mariposa, Meu vício é você, Andarilha, Pecado ambulante*), de brigas de amor (*Borrasca*) e principalmente da rotina dos solitários, recém ou eternamente separados, e desencontros amorosos em geral, como em *Devolvi, Solidão, Duelo, Fantoche, Meu dilema, Odeio-te meu amor, Negue, Olheiras, Meu ex-amor, Ciclone,* entre tantas. Só pelos títulos se nota o drama...

Não, não quero mais o teu amor
Chega de amar, chega de dor
E de esperar em vão
Quando desperto e vejo o leito vazio
Eu sinto frio no coração
(...) Veja meu Deus, a triste sorte a minha
Na solidão do quarto
Eu beijo o teu retrato
E vou dormir sozinha

(*Solidão*, Adelino Moreira, 1961)

O sucesso da dupla Adelino/Nelson foi sem dúvida a semente de inspiração para os repertórios de vários intérpretes que apareceram a partir de 1957, cantando o que hoje chamaríamos de brega-romântico. Inicialmente, Anísio Silva estourou com *Sonhando contigo, Interesseira* e outras pepitas semipreciosas. Cauby Peixoto passou a apelar mais no repertório, com as já mencionadas *Nono mandamento, Prece de amor* e outras jóias kitsch como *Perdão para dois*. Depois foi a vez de Orlando Dias (cujo maior sucesso foi aquela que dizia "Tenho ciúmes até da roupa que tu vestes", incluindo uma *mise-en-scène* de palco inacreditável em que se ajoelhava no chão, tirava um lenço do bolso e fingia chorar pelas mulheres-temas de suas canções). Finalmente, em 1963, entrou em cena Altemar Dutra, com ainda mais sucesso que Anísio e Orlando, gravando em ritmo de bolero vários sambas-canções deliciosamente kitsch, assinados principalmente por Evaldo Gouveia e Jair Amorim, regravadíssimos até hoje, e cuja pedra fundamental foi *Tudo de mim*.[10]

O que mais quer você, se tudo já lhe dei?
Se o que resta de mim, sorrindo, lhe entreguei?
Se do pranto do olhar, nem mesmo tenho mais
Uma gota sequer para chorar?
Só a minha vida eu não lhe dou
Como lhe dar, se morto estou...?

Estava "morto" de amor e vivíssimo no coração dos fãs, todos loucos para curtir um clima de fossa, nem que fosse acompanhado (!), dançando seus boleros no coxa a coxa com alguém num bom baile mela-cueca muito pomposo, ou num bom inferninho de qualquer cidade brasileira...

Depois de Altemar, vieram, nos anos 60 e 70, outros "românticos" que surgiram próximos à época da Jovem Guarda, no movimento em si ou em seu rastro. Waldick Soriano, Wanderley Cardoso, Jerry Adriani, Antonio Marcos, Paulo Sérgio, Márcio Greyck, Nelson Ned, Agnaldo Timóteo e mais tarde José Augusto, Amado Batista, Milionário & José Rico, Chitãozinho & Xororó marcaram presença e influenciaram artistas dos anos 80 e 90, como Leonardo, Daniel, Zezé Di Camargo & Luciano e muitos outros, na linha brega-romântica — termo criado pela crítica especializada para designar os que chegaram ao disco com bastante sucesso, compondo ou interpretando canções de amores fracassados munidos de um sentimentalismo exacerbado (às vezes até em enfoques anacrônicos e ultrapassados para a sua época) cuja semente está em Adelino e alguns de seus colegas de geração. Além disso, é claro, essa turma também já acumulava a influência de Roberto Carlos — o maior ídolo da música romântica brasileira de todos os tempos, que entra para o hit parade a partir de 1963, com suas baladas apaixonadas, a moda dos americanos.

Pergunto a um dos ícones da canção romântica popular, Chitãozinho, por que essas músicas tristes ainda são a tônica do repertório de artistas de sua linhagem. "Todo mundo tem um amor não correspondido, alguma história assim que ficou no passado. Mesmo a pessoa feliz hoje que encontrou o parceiro ou a parceira. Essas músicas atingem uma quantidade maior de pessoas que as de felicidade. É aquela coisa: a notícia ruim sempre chega mais rápido", ri o cantor. Apesar da dupla ter renovado um pouco o estilo de cantar do caipira tradicional e somado novas influências estrangeiras, a fossa persiste em seu repertório.

Isso explica por que até mesmo em letras aparentemente felizes de sucessos como *Brincar de ser feliz* (Maria da Paz/ Nino) ("Como é que eu posso me livrar das garras desse amor gostoso/ O jeito é relaxar e começar tudo de novo"), gravado pela dupla em 1992, no fundo há o ranço de um amor não realizado plenamente no presente: "Esta música é um convite ao prazer. Na realidade, o cara quer tudo aquilo com a mulher, mas ele ainda não viveu. É uma proposta", analisa Chitãozinho, para lembrar que a música sertaneja retrata muito os sentimentos mais simples do homem do interior, e que há ainda vários tabus temáticos a serem rompidos neste campo. "Tem a questão da religiosidade muito forte nessas regiões, mas como o tipo de música que a gente faz ainda é uma coisa muito recente, creio que mais cedo ou mais tarde haverá progressos nos assuntos das canções", prevê.

Para fechar este capítulo da tristeza amorosa à moda antiga, porque ninguém agüenta mais sofrer tanto de uma tacada só, não poderia deixar de mencionar as obras de Cartola e Nelson Cavaquinho, dois gênios do samba que têm, juntos, munição para muitos dias de fossa contínua em cativeiro, sem repetir música. A tendência de ambos para a melancolia e o amor interditado também não os deixava à margem dos poetas mais célebres de sua geração.

Cartola começou a ter sambas gravados nos anos 30, mas o reconhecimento maior só se deu a partir dos anos 60 e 70, no fim de sua vida, com repertório nada leve. Vários de seus grandes sucessos foram músicas de amor conflituoso. Em *Não quero mais* (1936), parceria com Zé da Zilda e Carlos Cachaça, dizia que foi infeliz no primeiro amor ("Morreu como a flor ainda em botão/ Deixando espinhos que dilaceram meu coração") e agora não queria saber de mais ninguém. No samba *Sim* (1952), ele chega até a blasfemar só porque o amor que ele julgava ser "para sempre" não deu certo. Já em *Amor proibido* (1961) diz, rancoroso: "Servi de pasto em tua mesa/ Mas fique certa/ Que jamais terás o meu amor/ Porque não tens pudor." O tema das flores voltaria no seu maior clássico, *As rosas não falam*, içada ao sucesso pela gravação de Beth Carvalho em 1976. Era outra dor-de-corno pra Maysa nenhuma botar defeito.

Volto ao jardim
Com a certeza que devo chorar
Pois bem sei que não queres voltar/ Para mim
Queixo-me às rosas, que bobagem!
As rosas não falam/ Simplesmente as rosas exalam
O perfume que roubam de ti

Se Cartola parecia sempre melancólico, amargurado em suas letras e muitas vezes analisando seu amor com dramas de consciência (até com Deus), Nelson, desde que começou a ter sambas gravados, nos anos 40, enfiava logo o pé na jaca e acabava morrendo de amor, na companhia dos seus mais variados parceiros, com quem assinava suas músicas. Várias delas eram existenciais, mas nas românticas também havia o tema da morte junto com o da interdição amorosa, sempre em sua linha de frente. Sambas de sua parceria com Guilherme de Brito e Sebastião Nunes, como *Luto* ("Respeite a minha dor, não cante agora/ Perdi meu grande amor faz uma hora"), ou com outros parceiros, como Arlindo Marques Jr. e Roberto Roberti, em *Palhaço* ("Sei que é doloroso um palhaço/ Se afastar do palco por alguém"), ou Alcides Caminha e Norival Bahia, em *Notícia*

("Os meus cabelos brancos me obrigam/ A perdoar uma criança"), são todos lindos, porém tristes de dar dó.

Vamos encerrar o capítulo justamente com um dos maiores clássicos tristes do samba de amor, novamente lançando mão da metáfora das flores: *A flor e o espinho*, de Nelson Cavaquinho, Guilherme de Brito e Alcides Caminha, lançado em 1957 pelo cantor Raul Moreno, cujos versos iniciais estão entre os mais expressivos da MPB de todos os tempos...

Tire o seu sorriso do caminho
Que eu quero passar com a minha dor
Hoje pra você eu sou espinho
Espinho não machuca a flor
Eu só errei quando juntei minh'alma à sua
O sol não pode viver perto da lua...

Enxugue as lágrimas, torça o lenço no tanque e vamos em frente...

NOTAS:

1 – Trevisan, João Silvério, *Devassos no paraíso*, 5ª edição revisada, Record, pág. 117.
2 – Versos das músicas *Negue*, de Adelino Moreira e Enzo de Almeida Passos; e *Chão de estrelas*, de Sílvio Caldas e Orestes Barbosa.
3 – Para brincar o Carnaval chorando o folião sempre teve várias opções. A começar por Noel Rosa: "Até amanhã, se Deus quiser/ Se não chover eu volto pra te ver, ô mulher/ De ti gosto mais que outra qualquer/ Não vou por gosto o destino é quem quer" (*Até amanhã*, 1933); Bide e Marçal: "Você partiu, saudades me deixou, eu chorei/ O nosso amor foi uma chama/ Que o sopro do passado desfaz/ Agora é cinza, tudo acabado e nada mais!" (*Agora é cinza*, 1934); Germano Augusto, Gaspar e Kid Pepe: "Implorar só a Deus, mesmo assim às vezes não sou atendido/ Eu amei e não fui feliz, fui um louco hoje estou arrependido..." (*Implorar*, 1935); Lamartine Babo: "Rasguei a minha fantasia/ O meu palhaço, cheio de laço e balão /Rasguei a minha fantasia/ Guardei os guizos no meu coração" (*Rasguei a minha fantasia*, 1935); Noel com Heitor dos Prazeres: "Um pierrô apaixonado que vivia só cantando/ Por causa de uma colombina acabou chorando/ Acabou chorando..." (*Pierrô apaixonado*, 1936); Roberto Martins e Nássara: "Meu consolo é você, meu grande amor/ Eu explico por quê/ Sem você sofro muito, não posso viver/ Sem você mais aumenta o meu padecer/ Tudo fiz sem querer, meu grande amor /Eu peço desculpa a você" (*Meu consolo é você*, 1939); Alcyr Pires Vermelho e Braguinha: "A minha vida se resume/ Oh! Dama das camélias/ Em duas flores sem perfume/ Oh! Dama das camélias" (*Dama das camélias*, 1940); Newton Teixeira e Christóvão de Alencar: "Eu perguntei ao mal-me-quer/ Se meu bem ainda me quer/ Ele então me respondeu que não/ Chorei, mas depois eu me lembrei/ Que a flor também é uma mulher/ Que nunca teve coração" (*Mal-me-quer*, 1940).
Nos anos 40 e 50, a tradição seguia com Ataulfo Alves e Mário Lago: "Covarde sei que me podem chamar/ Porque não calo no peito esta dor/ Atire a primeira pedra, Iaiá/ Aquele que não sofreu por amor" (*Atire a primeira pedra*, 1944); Lauro Maia e Humberto Teixeira ("Deus me perdoe/ Mas levar essa vida que eu levo é melhor morrer/ Relembrando a fingida mulher que me abandonou/ Eu aumento a saudade que tanto me faz sofrer" (*Deus me perdoe*, 1946); Paquito, Luiz Soberano e João Correia da Silva: "Não, não me diga adeus/ Pense nos sofrimentos meus..." (*Não me diga adeus*, 1948); Aníbal & Éden Silva: "Um dia encontrei Rosa Maria/ Na beira da praia a soluçar/ Eu perguntei o que aconteceu/ O nosso amor morreu..." (*Rosa Maria*, 1948); Luiz Soberano, Valdomiro Pena e João Sale: "Sinto uma dor no meu peito/ Só você poderia dar jeito/ Enlouqueci, enlouqueci desde que te vi..." (*Enlouqueci*, 1948).
Achou muito? Ainda não acabou. Os anos 50 continuavam e sempre havia pelo menos uma canção carnavalesca de dor-de-cotovelo que caía no gosto do povo durante a folia a cada ano desta década.

Desta vez quem as compunha eram nomes como Ari Macedo e Ayrton Amorim: "Chorar como eu chorei/ Ninguém deve chorar/ Amar como eu amei/ Ninguém deve amar/ Chorava que dava pena/ Por amor à Madalena/ E ela me abandonou/ Diminuindo num jardim/ Uma linda flor" (*Madalena*, 1951), Jota Júnior e David Nasser: "Confete, pedacinho colorido de saudade/ Ai, ai, ai, ai/ Ao te ver na fantasia que usei/ Confete, confesso que chorei/ Chorei porque lembrei/ Do carnaval que passou/ Daquela colombina que comigo brincou..." (*Confete*, 1952), Monsueto, Raul Moreno e Marcléo: "Eu não sou água pra me tratares assim/ Só na hora da sede é que procuras por mim/ A fonte secou/ Quero dizer que entre nós tudo acabou" (*A fonte secou*, 1954), outra de Monsueto, com Arnaldo Passos: "Eu vou lhe dar a decisão/ Botei na balança, você não pesou/ Botei na peneira, você não passou/ Mora na filosofia, pra que rimar amor e dor?" (*Mora na filosofia*, 1955), Aldacir Louro, Aluísio Martins e Adolfo Macedo: "Recordar é viver/ Eu ontem sonhei com você..." (*Recordar*, 1955), e finalmente Ataulfo Alves novamente: "Pois é, falaram tanto/ Que desta vez a morena foi embora/ (...) Endeusaram a morena tanto, tanto/ Que ela resolveu me abandonar" (*Pois é*, sucesso de meio de ano, cantada no Carnaval de 57). Nada mal, não acham?

4 – Jerome Kern compôs ainda *All the things you are* (na qual compara todas as "coisas maravilhosas da natureza e da vida" com a pessoa amada) e *The way you look tonight* (em que elogia a mulher amada e pede que ela nunca mude seu jeito tão especial de ser). Outra canção famosíssima, *A foggy day*, de Gershwin, começa triste num dia nublado e acaba feliz com a chegada da pessoa amada. A dupla Rodgers e Hart atacou de *There's a small hotel* ("Há um pequeno hotel só pra nós ficarmos juntos") e *I didn't know what time it was* ("Não sabia que horas eram até encontrar você e a partir daí tudo mudou"). Hoagy Carmichael escreveu *The nearness of you* ("Nada me encanta como a proximidade de você"). Estes são apenas alguns, entre tantos outros exemplos, de compositores que criaram canções de amor "realizado" e/ou de forte apelo sensual nos anos dourados da canção americana.

5 – Francisco Alves gravou em 1928 *Quem eu deixar não quero mais*, de Edgar Marcelino dos Santos, um dos bambas do Estácio: "Tens um dente de ouro/ Fui eu quem mandei botar/ Vou te rogar uma praga/ Para este dente quebrar/ Tu és muito orgulhosa...". Em 1936, sobre o mesmo tema, gravou *Já não és mais aquela* (Rubens Soares/ Antonio Almeida): "A verdade te revela/ Hoje não és mais aquela/ Por quem eu tanto sofri/ Volta, pois, arrependida/ Para o pântano da vida/ Onde eu te conheci." Num dos discos que gravou com seu amigo Mário Reis, em 30, Chico gravou outra canção machista vingativa, *Deixa essa mulher chorar* (Brancura): "Deixa essa mulher chorar/ Pra pagar o que me fez/ Zombou de quem sabe amar por querer/ Hoje troca, é sua vez de sofrer." Também dizia que ela não contasse com tranqüilidade em seu futuro: "Estás no meu caderno, ó nega/ Tu vais me pagar/ Eu não sou criança/ E me fizestes chorar/ (...) Hei de ver-te ainda/ Dormindo na rua/ Cheia de necessidade/ Contemplando a lua/ E eu cheio de vida/ Terminar minha casinha/ À espera de outra deusa/ Pra ser minha rainha..." (*Estás no meu caderno*, Benedito Lacerda, Oswaldo Silva e Wilson Batista, 1934). Ele chegava mesmo a rir da desgraça da mulher após a separação: "Foste louca em abandonar meu

lar/ Agora pedes pra voltar/ Vou dar uma gargalhada/ Pra zombar e quá! quá! quá!/ Meu prazer é te ver penar" (*Gargalhada*, Bide e Carlos Martins, 1934). Em 1933, Almirante gravou a terrível *Contraste*, de Noel Rosa: "Abusaste do meu nome/ Deste sempre cola errada/ Mas tu vais morrer de fome/ Com tua conversa fiada/ Vou fazer tua desgraça/ Hei de ser teu inimigo...!" Até Carmen Miranda, que era mais chegada a músicas alegres, gravou *Ao voltar do samba*, de Synval Silva, em 1934: "Chora mulato/ O meu prazer é de te ver sofrer/ Para saber quanto eu te amei/ E quanto eu sofri/ Para te esquecer."

6 – Antes de Lupicínio, Mário Reis explorava o mesmo tema em sua gravação de *Quem espera sempre alcança*, de Paulo da Portela, em 1930, que dizia: "Não sei por que és tão orgulhosa/ Por isto muito ainda hás de chorar/ Pois na verdade és bela e formosa/ Mas um dia a formosura há de te abandonar."

7 – Engraçado é quando as músicas são gostosas, suaves e aparentemente leves, mas em verdade trazem uma fossinha básica embutida. Primeiro, vejam esses exemplos somente de canções desse gênero gravadas entre 1906 e 48: "Tu não te lembras da casinha pequenina/ Onde o nosso amor nasceu/ Tinha um coqueiro do lado/ Que coitado de saudade já morreu" (*Casinha pequenina*); "Ai Ioiô, eu nasci pra sofrer, fui oiá pra você, meus zoinho fechou" (*Linda flor*); "No rancho fundo, de olhar triste e profundo/ Um moreno canta as mágoas/ Tendo os olhos rasos d'água" (*No rancho fundo*); "Pedi um beijo, não deu/ Um abraço, sorriu/ Pedi-lhe a mão não quis dar, fugiu" (*Na Baixa do Sapateiro*); "Se o amor só nos causa sofrimento e dor/ É melhor, bem melhor a ilusão do amor" (*Nada além*); "Tu não tens pena de mim que sofro tanto pelo teu olhar" (*As pastorinhas*); "O teu amor tem um gosto amargo/ E eu vivo sempre a chorar nesta dor/ Por teu amor, mulher" (*Mulher*); "Olhavas só para mim, histórias de amor cantei/ Mas foi tudo um sonho, acordei" (*Eu sonhei que tu estavas tão linda*); "Hoje não existe nada mais entre nós/ Somos duas almas que se devem separar" (*Renúncia*); "De conversa em conversa você vai arranjando um modo de brigar" (*De conversa em conversa*); "A saudade é dor pungente, morena" (*A saudade mata a gente*); ou "Às vezes eu penso que o tic-tac é um aviso do meu coração/ Que já cansado de tanto sofrer/ Não quer que eu tenha nessa vida outra desilusão" (*Tic-tac do meu coração*).

Bem, essas são as leves, agora vamos às pesadas — de andamento mais melancólico, que, de antemão, já vemos que eram melodias que pediam letras mais tristes — que integraram as paradas de sucesso pré-samba-canção na MPB: "Estou vivendo com você num martírio sem igual" (*Para me livrar do mal*); "Há sempre um vulto de mulher sorrindo/ Em desprezo à nossa mágoa" (*Pierrot*); "Adeus, adeus, adeus/ Palavra que faz chorar" (*Adeus*); "Basta o castigo que vens dando/ Que vai pouco a pouco me matando" (*Ouvindo-te*); "Eu ontem rasguei o teu retrato, ajoelhado aos pés de outra mulher" (*Rasguei o teu retrato*); "Que saudade/ Nesta solidão/ Ela tão longe/ Longe dos olhos e perto do meu coração" (*Longe dos olhos*); "Não creio mais em amor nem amizade, vivo só para a saudade" (*Mágoas de caboclo*); "O meu amor morreu na virada da montanha" (*Na virada da montanha*); "Condeno teus ciúmes que mataram nosso amor" (*Teus ciúmes*)...

Seja na canção operística *Patativa*, de Vicente Celestino, nas seresteiras *Arranha-céu* e *Sertaneja* com Sílvio Caldas, nos sambas *Juramento falso* e *Aos pés da cruz*, nas valsas *Lábios que beijei*, *Súplica* ou *Enquanto houver saudades*, todas na voz de Orlando Silva, no samba-canção *Último desejo*, com Aracy de Almeida, na valsa *Última inspiração*, do repertório de João Petra de Barros, nos sambas de sucesso *Pombo correio* (na voz de Gilberto Alves) ou *Serra da Boa Esperança* (com Francisco Alves), tudo induz ao fracasso amoroso.

8 – Quem não está ligando o nome à pessoa, ou seja, o título à canção, pode refrescar a memória agora e sofrer com prazer, recordando esses maravilhosos sambas-canções citados neste parágrafo. Por subgrupos:

1) Sambas-canções que passavam sabão no ser amado: *Risque* ("meu nome do seu caderno/ Pois não suporto o inferno de nosso amor fracassado"); *Lama* ("Quem foste tu?/ Quem és tu?/ Não és nada!/ Se na vida fui errada, tu foste errado também"); *Negue* ("Diga que já não me quer/ Negue que me pertenceu/ E eu mostro a boca molhada! Ainda marcada pelo beijo seu"); *Segredo* ("Teu mal é comentar o passado/ Ninguém precisa saber o que houve entre nós dois/ (...) Primeiro é preciso julgar pra depois condenar"); *Meu mundo caiu* ("Não sei se me explico bem! Eu nada pedi/ Nem a você nem a ninguém! Não fui eu que caí").

2) Sambas-canções de autopiedade: *Ninguém me ama* ("...ninguém me quer/ Ninguém me chama de meu amor"); *Folha morta* ("Oh! Deus! Como eu sou infeliz (...) Já tive amores, tive carinhos, já tive sonhos/ Os dissabores levaram minh'alma por caminhos tristonhos"); *Felicidade infeliz* ("Felicidade, deves ser bem infeliz, vives sempre tão sozinha, nunca perto de ninguém"); *De cigarro em cigarro* ("Vivo só sem você/ Que não posso esquecer/ Um momento sequer/ (...) Vejo o tempo passar/ O inverno chegar/ Só não vejo você/ Se outro amor em meu quarto bater/ Eu não vou atender"); Se *alguém telefonar* ("Se alguém, um certo alguém pra mim telefonar não estou! Esta noite não quero ninguém (...) A promessa que vão me fazer a melhor, sei de cor"); *Bar da noite* ("Garçom, apague esta luz que eu quero ficar sozinha"); *Só louco* ("Oh! insensato coração, por que me fizeste sofrer? (...) É preciso amar, por quê?"); ou *Foi assim* ("Todos no mundo encontram seu par, por que só eu vivo trocando?").

3) Sambas-canções de sentimentalismo: *Canção da volta* ("Nunca mais vou fazer o que o meu coração pedir/ Nunca mais vou ouvir o que o meu coração mandar/ (...) Hoje eu volto vencido a pedir pra ficar aqui! Meu lugar é aqui, faz de conta que eu não saí"); *Nossos momentos* ("Momentos são iguais aqueles em que eu te amei (...) Meu castelo de carinhos/ Eu nem pude terminar/ Momentos meus que foram teus, agora é recordar"); *As praias desertas* ("As praias desertas continuam esperando por nós dois/ A este encontro eu não posso faltar").

4) Sambas-canções de rogar praga: *Fósforo queimado* ("Tu, para mim, és ninguém/ Procure um outro alguém! Que te ajude a viver/ Pouco importa que sofras assim! Zombastes de mim! Precisas sofrer!/ (...) Hoje não me interessa! Se sofres assim!").

5) Sambas-canções de chorar: *Castigo* ("Se eu soubesse naquele dia o que sei agora/ Eu não seria este ser que chora/ Eu não teria perdido você").
6) Sambas-canções de pensar em quem o outro está beijando ou com quem está saindo: *Neste mesmo lugar* ("Só falta agora a porta se abrir/ E ele ao lado de outra chegar/ E por mim passar sem me olhar").
7) Sambas-canções de não conseguir ou nem querer esquecer a pessoa amada: *Ronda* ("Ah se eu tivesse quem bem me quisesse/ Esse alguém me diria:/— Desiste, esta busca é inútil!/ Eu não desistia"); *Abandono* ("Vem amor que é fria a madrugada! E eu não sou mais nada sem teu calor!"); *Balada triste* ("...que me faz lembrar de alguém! Alguém que existe e que outrora foi meu bem"); *A noite do meu bem* ("Mas como este bem demorou a chegar/ Eu já nem sei se terei no olhar/ Toda ternura que eu quero lhe dar"); *Tarde fria* ("...sozinho, espero/ Só você que não vem e eu quero"); *Se queres saber* ("Se eu te amo ainda! Procure entender a minha mágoa infinda (...) Nunca mais eu serei feliz! Enquanto vida eu tiver"); *Por causa de você* ("Volte meu bem, por favor, não deixe o mundo mau lhe levar outra vez"); *Ternura antiga* ("Sim, eu não te amo porque quero/ Ah, se eu pudesse esqueceria"); *Suas mãos* ("As suas mãos onde estão/ Onde está o seu carinho/ Onde está você?").
8) Sambas-canções de se imaginar a saia justa caso a pessoa encontre seu ex-amor numa esquina da vida: *Conselho* ("Se você me encontrar pela rua/ Não precisa mudar de calçada"); *Franqueza* ("Você passa por mim e não olha/ Como coisa que eu fosse ninguém").
9) Sambas-canções de não querer mais ver a pessoa nem pintada de ouro: *Saia do caminho* ("Junte tudo o que é seu/ Seu amor, seus trapinhos/ Junte tudo o que é seu/ E saia do meu caminho"); *Marina* ("Desculpe, Marina, morena, mas eu tô de mal"); *Fim de comédia* ("Esse amor quase tragédia que me fez um grande mal! Felizmente essa comédia! vai chegando ao seu final"); *Nunca* ("...nem que o mundo caia sobre mim! Nem se Deus mandar/ Nem mesmo assim! As pazes contigo eu farei"); *Escuta* ("...o nosso amor é um fracasso, enxuga o pranto barato, não penses mais em voltar"); e *Mensagem* ("Porém não tive coragem de abrir a mensagem! Porque na incerteza/ Eu perguntava e dizia: Será de alegria? Será de tristeza?/ (...) Assim, pensando, rasguei tua carta e queimei/ Para não sofrer mais").
10) Sambas-canções de se anular, já que a relação acabou: *Meu nome é ninguém* ("Foi assim/ A lâmpada apagou/ O sol escureceu/ E um beijo então se deu/ E depois foi tanto querer bem! (...) Não somos mais ninguém! O meu nome é ninguém! E o seu nome também: ninguém").
11) Sambas-canções de masoquismo passivo — de querer a pessoa de volta apesar de ela nos fazer mal: *Molambo:* "Eu sei que vocês vão dizer/ Que é tudo mentira, que não pode ser/ Porque depois de tudo que ela me fez! Eu jamais deveria aceitá-la outra vez/ Bem sei que assim procedendo/ Me exponho ao desprezo de todos vocês/ Lamento, mas fiquem sabendo/ Que ela voltou e comigo ficou."

Para terminar, ainda no quesito "masoquismo", há os sambas-canções que narram as agruras de um casamento que ainda persiste, sabe Deus a que duras penas, pois os dois resistem bravamente.

É o caso da dupla que convive há dez anos, protagonista de *Exemplo,* de Lupicínio Rodrigues. Vive às turras, mas é contra o desquite, pois acha que é melhor "brigar juntos do que chorar separados", ou nas inenarráveis *Não tenho você* (1951) e *Contra-senso* (1957), sucessos de Ângela Maria e Isaurinha Garcia, respectivamente, em que o casal — perdoem-me a expressão — não fode nem sai de cima, ou seja, a coisa está ruim, mas não movem uma palha para melhorar: "Você vive a meu lado/ E eu não tenho você/ Vivemos sempre juntos/ Os nossos dissabores/ Vivemos lamentando/ Essa vida de horrores" (*Não tenho você,* Paulo Marques e Ari Monteiro, 1951) e "Não te amo, não me amas/ Te aborreço, me aborreces/ Não sei por que não te esqueço/ E tu não me esqueces/ Ai que raiva!!!!" (*Contra-senso,* Antonio Bruno, 1957).

9 – Justiça seja feita, Vinicius, além de ter sido mais suave nas mencionadas letras de *Você e eu, Brigas nunca mais* e do clássico *Garota de Ipanema,* elogiou a mulher em *Ela é carioca* e até conseguiu falar de separação sem tanto dramalhão em *Tem dó* ("Quem viveu junto não pode nunca viver só (...) mesmo porque você não vai ter coisa melhor"). Ufa, pelo menos nessas ele deu uma trégua, pois só viria a suavizar mais definitivamente suas letras a partir de meados dos anos 60 e especialmente nos anos 70, na fase de sua parceria com Toquinho.

10 – Outras pérolas da dupla Evaldo e Jair na voz de Altemar foram *Sentimental demais* ("Sentimental eu sou/ Eu sou demais"), *Brigas* ("Veja só que tolice nós dois, brigarmos tanto assim"), *Que queres tu de mim* ("Que culpa tenho eu/ Se tudo está perdido, amor"), *Somos iguais* ("Eu sou o mesmo que você deixou/ (...) Existe em mim o mesmo amor/ Aquele amor que nunca mais foi teu"), e marchas-rancho como *Bloco da solidão* ("Angústia, solidão/ Um triste adeus em cada mão/ Lá vai, meu bloco, vai").

Capítulo [2]

MULHER, E DAÍ? APENAS MULHER

a evolução do "SEXO FRÁGIL" na MPB

Mulher é muito mais que ter um sexo
É mais que ser do homem complemento
É mais que ser o avesso e o diverso
Mulher é muito mais que sofrimento
Mulher é a vida, a vida é mulher
Toda mulher é mulher da vida

(*Mulher da vida*, Milton Nascimento e Fernando Brant, 1983)

PARTE 1
MULHER NÃO É SÓ VESTIR SAIA

Num tempo não muito distante, a mulher não tinha direito a nada ou quase nada. A vida da mulher era prescrita antes mesmo de ela nascer. Depois, houve uma pequena evolução, e ela podia até escolher com quem casar, mas depois de casada, tinha de seguir rigorosamente as normas sociais — cuidar dos filhos, ser boa dona-de-casa, e só. Separações eram traumáticas para ela (sempre tida como a culpada por "destruir o lar"), trabalhar fora era exceção e freqüentar outros espaços sem o marido era normalmente algo muito malvisto pela sociedade. Uma jovem mulher independente de hoje em dia não imagina o quanto essas conquistas femininas são recentes. Se tiver alguma dúvida, é só consultar nosso cancioneiro para comprovar. Para cada música de exaltação à mulher havia outras cem em que ela só levava mesmo porrada.

Apesar de haver entre os letristas, desde os primórdios de nossa música popular, uma desconfiança em relação ao caráter feminino (eles viam a mulher muitas vezes como vulnerável e traiçoeira), até o começo dos anos 30 se notava uma predominância de canções seresteiras, em que a mulher era tida como musa inatingível ou aquela que jamais corresponderia ao amor de seus homens. Havia canções para despertar, embalar e homenagear a amada (sempre à distância), e ao mesmo tempo muitas de sofrimento pela amada não lhe dar amor, por ser "independente" demais, e isso chocar o homem, e pelo desprezo que tinham em relação a seu amor. Fora aquelas em que os homens se lamuriavam como eternos sofredores por culpa da mulher, evidentemente. Ora, nessa época, as mulheres raramente cantavam. Compor então, nem pensar. Então, como já vimos no capítulo anterior, o homem ditava as regras.

Um dos grandes clássicos da música brasileira, *Rosa*, de Pixinguinha, foi gravado com a letra de Otávio de Souza em 1937, obtendo enorme sucesso na voz de Orlando Silva. Nesta, o letrista livrava a cara da mulher, colocando-a como sua musa maior, alvo de veneração.

Tu és divina e graciosa
Estátua majestosa
Do amor por Deus esculturada
E formada com ardor
Da alma da mais linda flor
Do mais ativo olor
Que na vida
É preferida pelo beija-flor!

Esta é uma típica valsa de endeusamento da mulher — uma mulher que não existia, pois se o homem privasse de sua companhia no mundo real, ao primeiro sinal de contrariedade por parte dela a alguma de suas vontades, ele seria capaz de compor outra letra esculachando-a severamente, no estilo de *Pálida morena*, de Freire Júnior, composta em 1933. "Oh! Sonho de ilusão que se desfaz/ Aquela de olhos meigos tão tristonhos/ Mulher é uma mulher igual às mais/ A pálida morena dos meus ais/ Adeus, não quero ver-te nunca mais/ Os teus olhos me ferem, são punhais." E termina rogando praga na coitadinha: "Porém, triste consolo da paixão/ Ninguém conquistará teu coração!." O motivo? "Tu dás o teu amor a quem quiser." Ou seja, nos anos 30, a mulher definitivamente não tinha direito de opinião. Por isso, se a *Rosa* de Pixinguinha existisse de verdade, seria despetalada em pouco tempo.

Mas de onde vem essa imagem tão controvertida da mulher? Nos primórdios da civilização, há 35 mil anos, o homem do período Paleolítico Superior vivia da caça e da pesca e dependia estritamente da parceria entre os sexos para sobreviver. Como não sabiam de sua participação na procriação, os homens da Antigüidade achavam que a fertilidade era uma característica feminina e por isso cultuavam a mulher. Não existia a concepção de casamento, e as mulheres pertenciam igualmente a todos os homens, e cada homem a todas elas, e as crianças por sua vez tinham vários pais e mães.[1]

Na época da invenção da escrita, por volta de 3000 a.C., a mulher continuava a ser venerada, mas já não era única, e sim múltipla. A Deusa-mãe manteve sua universalidade por meio de vários nomes, dependendo da região e da cultura, mas era vista sempre como fonte de vida, razão da existência das plantas e da fertilidade. As súplicas e sacrifícios eram dirigidos a essas deusas e toda atividade econômica estava ligada ao seu culto.[2] Resumindo: em vez de um homem morrendo na cruz, a imagem religiosa central naquele tempo era a de uma mulher dando à luz.[3] Ou seja: a vida e o amor à vida imperavam em vez da morte e do medo da morte que dominaram milênios a fio nossa moral cristã ocidental.

O fim de tantos anos de paz e harmonia entre homens e mulheres se deu quando um "deus masculino" decretou que a mulher era inferior ao homem e que ela deveria servir a ele. Tudo por conta de ter descoberto que a procriação dependia também dele. Foi estabelecido a partir dessa ruptura com as "deusas-mães" o culto ao falo. Também foi o começo de uma longa repressão sexual contra a mulher, pois para que o homem se orgulhasse do filho e lhe deixasse sua herança, ele teria de ser seu único e exclusivo parceiro sexual. Ele se tornava controlador da fecundidade feminina e a encarava como sua propriedade, ao passo que ele, onipotente, podia engravidar a mulher que bem entendesse. Logicamente a mulher que ousasse subverter tais padrões deveria ser punida de tudo que fosse jeito. E isso durou milênios, a ponto de em 1954 haver um samba falando do desespero de uma mulher que se suicida apenas por ter tido o desgosto de ser "mãe solteira".

Hoje não tem ensaio na escola de samba
(...) Maria da Penha, a porta-bandeira
Atirou fogo às vestes por causa do seu namorado

O seu desespero foi por causa de um véu
Dizem que certas marias não têm entrada no céu
Parecia uma tocha humana
Rolando pela ribanceira
A pobre infeliz teve vergonha de ser mãe solteira

(*Mãe solteira*, Wilson Batista e Jorge de Castro, 1954)

A nossa civilização ocidental digeriu ao longo de mais ou menos 2.500 anos (de 3100 a 600 a.C.) essa nova lógica patriarcal, que nasce no Ocidente com a democracia de Atenas, no século V a.C., e só começa a mudar por ocasião da Revolução Francesa, que defendia a democracia aplicada a todos.[4] Assim, essa lógica virou sinônimo de normalidade, e foi, aceita como tal, dado o apoio decisivo de duas forças: a religião (com o Cristianismo à frente) e a ciência. Todo o imaginário ocidental demarcou por séculos a fio o papel da mulher como pessoa fraca, frágil, lenta de entendimento, emocionalmente instável, fútil, hipócrita e totalmente indigna de confiança.[5]

A sexóloga Regina Navarro Lins ensina que em nossa cultura patriarcal "a mulher feminina renuncia a partes do seu eu, na tentativa de corresponder ao que dela se espera. O mesmo ocorre com o homem masculino, cujas características são: força, coragem, ousadia, desafio..." Ela diz que o perfil de mulher de verdade, feminina, que nossa cultura — muitas vezes até hoje — espera é o seguinte: "elegante, delicada, frágil, sensível, cheirosa, dependente, pouco competitiva, desinteressada de política, pouco ousada, que chora com facilidade, se emocionando facilmente, e é também mãe carinhosa, recatada e indecisa".[6] Ora, vamos ser sinceros. Em nosso imaginário coletivo esses estereótipos ainda estão muito presentes, embora felizmente, a partir principalmente da década de 70, muitos homens e mulheres tenham rompido com esses padrões. Demorou até 1980, para a cantora e compositora Joyce trazer para a MPB, em seu samba jazzístico *Feminina*, um novo modelo de mulher cuja feminilidade tinha outros parâmetros.

Ô, mãe! Me explica, me ensina,
Me diz o que é feminina?
— Não é no cabelo ou no dengo ou no olhar
É ser menina por todo lugar
(...) Costura o fio da vida só pra poder cortar
Depois se larga no mundo, pra nunca mais voltar
Prepara e bota na mesa com todo o paladar
Depois acende outro fogo, deixa tudo queimar

(*Feminina*, Joyce, 1977-80)

No Brasil, esse perfil feminino estereotipado não era diferente do resto do mundo ocidental. Desde a época colonial, os únicos trabalhos recomendados às mulheres eram os manuais, pois eram uma forma de se evitar sua ociosidade e, por tabela, "maus pensamentos e ações", pois, "ocupadas com o bastidor e a agulha, esperava-se que se mantivessem entretidas, não havendo ocasião para agirem contra a honra da família".[7] Parece ficção, mas é a mais pura verdade. Contudo, os trabalhos manuais eram fichinha perto dos seus afazeres domésticos — principalmente até a primeira metade do século XX —, que faziam delas verdadeiros burros de carga. Empregadas do homem, algo que se perpetua em muitos lugares do país até hoje...

Lavar roupa todo dia, que agonia
Na quebrada da soleira que chovia
Até sonhar de madrugada
Uma moça sem mancada
Uma mulher não deve vacilar

(*Juventude transviada*, Luiz Melodia, 1976)

A mulher não podia vacilar. Aliás, ela nunca pôde vacilar. Por isso existe até hoje em seu inconsciente esta tamanha carga de neuroses. A situação dela piorou ainda mais no início da família nuclear (pai, mãe e filhos morando juntos e não mais com todos os outros parentes), pois ela, na maioria das vezes sozinha para fazer todas as tarefas domésticas, era totalmente cobrada. A rainha do lar (mãe/esposa/dona-de-casa) tinha de ser perfeita e infalível, cuidar dos filhos, da limpeza da casa, da roupa de todos e, claro, do marido. E sem reclamar. Agora imaginem tudo isso no tempo em que a indústria de bens de consumo ainda era totalmente precária...

Quero uma mulher que saiba lavar e cozinhar
E de manhã cedo me acorde na hora de trabalhar
Só existe uma e sem ela eu não vivo em paz
Emília, Emília, Emília... não posso mais!

(*Emília*, Wilson Batista e Haroldo Lobo, 1941)

As pioneiras publicações brasileiras do século XX, por exemplo, orientavam a mulher das classes mais favorecidas como se portar. O impagável manual *O lar feliz*, publicado em 1916 na revista *Feminina*, dizia como elas deveriam organizar cada momento do dia, da tarde e da noite, em cada dia da semana. Vale a pena ler e rir — para não chorar.

"O emprego do tempo da dona-de-casa deveria ser assim dividido: pela manhã, arejar as camas; preparar as roupas; limpar os trastes; fazer o almoço que, embora frugal, deveria sempre apresentar o aspecto agradável; fazer a limpeza da casa; cuidar do vestuário das crianças; almoçar com os 'petizes' e os fazer ir para a escola; abrir as janelas; ajeitar as camas; arrumar os quartos; varrer, enfim, pôr tudo em ordem. Isso terminado, a boa dona-de-casa deveria fazer a sua toalete e, com aspecto sempre jovial, dar início ao jantar, de modo que ficasse tudo pronto para receber 'o chefe' e as crianças; lavada a louça e reposta em seu lugar, a maior parte da tarde seria preenchida com a lavagem da roupa branca que, em seguida, seria consertada (nem um rasgão se deixaria para o dia seguinte) e passada a ferro. Feita a refeição da tarde, era hora de as crianças irem para a cama. Esta era considerada a melhor hora para a dona-de-casa cuidadosa verificar o estado da roupa de todos, para assentar as despesas do dia, para verificar o que havia de sobras no guarda-comidas e pensar no cardápio do dia seguinte."[8]

Ela é a dona de tudo
Ela é a rainha do lar (...)
Mamãe, mamãe, mamãe
Eu te lembro o chinelo na mão
O avental todo sujo de ovo
Se eu pudesse eu queria outra vez, mamãe
Começar tudo, tudo de novo

(*Mamãe*, Herivelto Martins e David Nasser, 1956)

E o trabalho doméstico não parava por aí, pois cada dia da semana continha ainda tarefas específicas além daquelas diárias. "Na segunda-feira: separar a roupa para ser lavada e preparar a barrela;[9] na terça, lavar; na quarta, dobrar e separar aquela que deveria ser consertada; na quinta, fazer os consertos; na sexta, passar; no sábado, fazer uma limpeza geral que incluía tirar os tapetes e sová-los no quintal com um batedor especial (porque os aspiradores de pó geralmente eram vistos apenas nas páginas das revistas), limpar o assoalho — lavando com água, esfregando com areia e tijolo ou com casca de coco, secando com pano (pois não havia rodo) e encerando, tudo de joelhos, para finalmente lustrar com um pesado escovão. No domingo. Bem, como as coisas foram preparadas de véspera, é o dia consagrado inteiramente à família. Vestidinhas as crianças com roupinhas domingueiras, que mal haverá de fazê-las passear um pouco?"[10]

Ainda há mais um detalhe que vale ser lembrado: antes de a água sair na torneira das casas e dos eletrodomésticos e produtos de limpeza industrializados, o ritual da lavagem da roupa era capaz de consumir horas e mais horas de trabalho, representando um esforço hercúleo e enorme desgaste físico à "rainha do lar", já que as roupas eram fervidas, postas de molho, esfregadas e batidas, aniladas, quaradas, enxaguadas, torcidas e engomadas.[11]

"Quando minha mãe fez 80 anos, perguntaram se ela tinha saudade do tempo dela de moça", recorda o letrista Vitor Martins, grande parceiro de Ivan Lins. "E ela não hesitou em responder: 'Antigamente era uma merda!' (risos). E foi dizendo: 'No fogão, a gente tinha que rachar a lenha pra cozinhar. Tinha que esquentar água para tomar banho. Não tinha geladeira, a comida estragava fácil, então tinha que fazer todo dia... Não tinha máquina de lavar, tinha de lavar tudo na mão, e como não tinha sabão em flocos para lavar roupa, ainda tínhamos que fazer o sabão... Não se comprava roupa, costurava-se em casa e a máquina de costura era no pedal... Sempre gostei de cinema, mas morava longe e quase não tinha oportunidade de ir. E não havia TV para passar os filmes...'" Vitor, que veio do interior e conviveu com mulheres fortes, trouxe-as para sua poesia nas grandes letras que criou a partir dos anos 70, que veremos mais adiante.

E mesmo com todo esse esforço na vida cotidiana, não raro as mulheres eram taxadas de perdulárias. Economizar era o verbo mais freqüente nas crônicas da Revista *Feminina* do início do século. Essa rotina conjugal está muito bem colocada no choro *Quem é?* (Custódio Mesquita/ Joracy Camargo), cantado em duo por Carmen Miranda e Barbosa Júnior, sucesso de 1937.

Quem é que muda os botõezinhos da camisa?
Quem é que diz um adeusinho no portão?
E de manhã não faz barulho quando pisa?
E quando pedes qualquer coisa não diz "não"?
Quem é que sempre dá o laço na gravata?
Quem é que arruma teus papéis na escrivaninha?

Quem é que faz o teu bifinho com batatas?
E estraga tanto as lindas mãos lá na cozinha?
E no entretanto e só você que não me liga
E ainda descobre sempre em mim cada defeito
Pois é talvez porque eu sou muito sua amiga
Que nunca está por isso mesmo satisfeito...

Por conta de tanta cobrança, o mau humor das mulheres devia ser mortal, muito pior do que é hoje (que para ódio de muitas delas é simplesmente reduzido à "tpm" — tensão pré-menstrual). Apesar de todo incentivo para que estivessem sempre bem-dispostas e bem-humoradas, havia muitos "reclames" (anúncios) de remédios nas primeiras décadas do século passado que prometiam acabar com essa coisa horrorosa que era o "mau humor feminino", caso do Bios-Charles ("A cura do desejo"),[12] que prometia levantar as forças, tonificar o coração e curar o histerismo e o nervoso. Que tal?

A mulher quando é solteira
Seu perfume é a água tônica
Depois que se apanha casada
É pior que a peste bubônica

(*Lundu do baiano* (Bolim bolacho),
autor desconhecido, cerca de 1905)

Todo este preâmbulo é necessário para mostrar como as coisas mudaram. Não para todas, mas para muitas mulheres. Quando a nossa música começou a se popularizar pelas ondas do rádio, já estávamos nos anos 30. O Rio de Janeiro era a capital federal, e todos os avanços da moral e dos costumes, que em geral sempre partiram daqui para o resto do país, foram devidamente registrados por nossos cronistas da música. O que havia de diferente neste momento na rotina das mulheres é que, embora ainda tivessem de ser "rainhas dos lares", já podiam ser vistas sozinhas nas ruas, podiam freqüentar outras casas que não as suas próprias e lidar com outras mulheres, eventualmente dançar um maxixe (oooooh!!) e até mesmo vestir uma saia mais curta ou apresentar um decote mais generoso — atitudes que obviamente eram muito malvistas pelos mais moralistas. O fato de algumas delas quererem trabalhar fora, então, era o cúmulo! Afinal, se a mulher trabalhava, tinha mais o que fazer com seu tempo livre do que se dedicar ao seu admirador ou ao seu marido. Inclusive atender às ordens dos seus chefes, como o "gerente impertinente" imortalizado na canção *Três apitos*, de Noel Rosa, composta em 1933: "Quando o apito da fábrica de tecidos/ Vem ferir os meus ouvidos/ Eu me lembro de você/ (...) Com ciúmes do gerente impertinente/ Que dá ordens a você."

A mulher ainda seria a "rainha do lar" por pelo menos mais 30 anos, mas aos poucos se mostrava mais exigente. Vale dizer que foram poucos os compositores que deram colher de chá para as cantoras desabafarem por meio de nossa música. Às vezes o faziam de forma irônica, como nesta deliciosa gravação de Carmen Miranda e Almirante, *Cozinheira grã-fina* (Sá Roris), de 1939, em que um sujeito quer uma empregada e ela chega, apresentando suas exigências.

> *— As minhas condições agora vou dizer/ Primeiramente aviso não quero saber/*
> *De lavar panelas e varrer cozinha/ Não sou uma qualquer e guardo certa linha*
> *E louca por cinema eu sou de natureza / E gosto de um moreno que é um colosso*
> *Adoto o sistema da semana inglesa/ Aos sábados eu saio depois do almoço*
> *Sou empregada sindicalizada/ E quero férias, quero os meus papéis*

Não sou nada exigente, trezentos mil-réis/ Vou querer
de ordenado, pago adiantado!
(...) — Então eu lhe faço uma contrapoposta:/ É mais
negócio eu me casar consigo
Que a senhora trabalha para mim de graça!

As aspirações graduais da mulher não foram muito bem vistas por nossos compositores pré-anos 60, até porque 99% das músicas, como já vimos, eram assinadas por homens. Por outro lado, é preciso que se diga que mesmo as cantoras dessa época rezavam na cartilha da moral vigente e não se importavam em cantar músicas deslavadamente machistas, pois era o que havia, e muito poucas letras diziam o contrário. Caso de Dircinha Batista na inacreditável *A mulher que é mulher*, de Klecius Caldas e Armando Cavalcanti, lançada em janeiro de 1954: "A mulher que é mulher/ Não quer saber de intriga/ Diga o homem o que disser/ Ela é a melhor amiga/ A mulher que é mulher/ Não deixa o lar à toa/ A mulher que é mulher/ Se o homem errar perdoa." Que maravilha!

Impressionante também é a jóia *(Mulher) não é só vestir saia* (Ricardo Galeno), samba-canção que Carmen Costa, já vivendo em surdina como amante do compositor Mirabeau, mandava em forma de recado ultramachista à sua esposa oficial, que, segundo diz a letra, não sabia cuidar direito do marido.

Você vai perder o marido que tem/ Porque você não
age bem
Porque você não sabe ser mulher
(...) Ai, marido, quando chega em casa/ Cansado
da lida da vida
Quer tudo, menos motivo pra discussão
Só deseja o conforto do pijama/ E o jornal pra ler
na cama, farto de opinião!

Você não procura entender um pouquinho/ Não sabe fazer carinho, não usa o coração!
Você vai sofrer e aprender a lição/ Pois ser mulher não é só vestir saia, não!

(*Não é só vestir saia*, Ricardo Galeno, 1961)

Carmen Costa, cujo maior sucesso foi aquele samba-canção que dizia: "Ele é casado/ Eu sou a outra na vida dele/ Que vive igual a uma brasa/ Por lhe faltar tudo em casa", do mesmo Ricardo Galeno, disse em novembro de 2004, aos 84 anos, que foi de fato "a outra" na vida real durante uns cinco ou seis anos. Quando essa nova música de Galeno, *Não é só vestir saia*, chegou às suas mãos, foi uma grande coincidência, pois tinha a ver com a situação que ela atravessava na vida particular. Ela confessa que certa vez chegou a cantar isso para a mulher oficial de Mirabeau e em seguida foi taxada por ela de palhaça. "Ela estava certa! Pois até hoje canto as músicas dele, e quem recebe os direitos autorais é ela", diz com sarcasmo a cantora.

Dos três homens com quem teve relacionamento duradouro na vida, Carmen diz que todos eram mulherengos e acabaram por lhe faltar com o respeito, mas jura que o menos pior foi justamente Mirabeau. "Era safado, mas era bom. Apesar de eu ser 'a outra', a gente se dava bem, eu era sua grande musa inspiradora. Ele era meu fã e fez diversas músicas para mim", conta. Entretanto, não agüentou essa situação por muito tempo. "Esfriei com ele na cama porque ele teve a coragem de dizer, depois de me incentivar a engravidar, que estava com vergonha de ter uma filha comigo. Isso depois de todo sacrifício que fiz de ficar internada durante nove meses na Casa de Misericórdia, para que ninguém soubesse da gravidez, saindo apenas para cantar na Rádio Nacional. Aí, não agüentei e me separei", relata a cantora, num excelente exemplo da sociedade machista dos anos dourados.

Como compositor, Carmen reconhece hoje que Mirabeau "era muito agressivo em suas palavras", com músicas bastante machistas. Entre as canções que lhe deu de presente estavam grandes sucessos da MPB, como o samba-canção *Quase*, mas também outras que mostram muito bem como até os anos 50 a sociedade patriarcal era algo incorporado ao dia-a-dia das mulheres, e ninguém estranhava uma cantora ter a coragem de gravar um samba como *Sacode a lapela* (Mirabeau/ Jorge Gonçalves). "Essa letra diz uma grande verdade: o homem pode tudo e a mulher não pode nada", sentencia a veterana cantora que a registrou em 1955.

O homem sacode a lapela, a poeira cai
A mulher quando perde a linha
Pode lavar que a mancha não sai
Mulher quando preza o seu nome
Não dá o que falar
Tem sempre a cabeça erguida
Sabe o terreno que ela deve pisar

Essas pérolas machistas cantadas por mulheres não começaram nos anos 50. Vinham de longe — desde que as cantoras começaram a aparecer com mais vigor em nossa discografia, nos anos 30. Aracy de Almeida, por exemplo, gravou em 1935 *Tens de compreender* (Nássara), um samba com uma precursora da famosa "Amélia": "Tu tens de compreender/ O quanto vale uma mulher/ Eu fico do teu lado/ Pro que der e vier/ Pois eu bem sei que andas muito mal de vida/ E não defendes o dinheiro da comida/ Mas tu és o meu agrado/ Eu passo fome do teu lado." Quatro anos depois, a afinada e graciosa Aurora Miranda defendeu *Pau que nasce torto* (Claudionor Cruz). Era outro samba que retratava a típica "mulher de malandro", aquela que tolerava tudo de seu homem, calada e conformada — como convinha à época. Quer dizer, neste ela já começa a tentar contestá-lo: "Estou perdendo meu tempo/ Minha mocidade a lhe aconselhar/ (...) Você não escuta/ Se eu falo pra o seu bem/ Você me manda embora/ E eu dou o fora/ Você se endireita e até melhora/ E fica dizendo que não pode se conformar/ Que eu sou a primeira mulher de malandro/ Que vive a reclamar."

O clássico samba *Mulher de malandro*, de Heitor dos Prazeres, lançado por Francisco Alves em 1931, enfocava esse tipo de mulher com muita irreverência: "Mulher de malandro sabe ser/ Carinhosa de verdade/ Ela vive com tanto prazer/ Quanto mais apanha/ A ele tem amizade/ Longe dele tem saudade." Outra que o Rei da Voz gravou no mesmo ano, *Amor de malandro*, de sua autoria com Ismael Silva, versava sobre o mesmo tema: "Amor é o de malandro, oh, meu bem!/ Melhor do que ele ninguém/ Se ele te bate/ É porque gosta de ti/ Bater em quem não se gosta/ Eu nunca vi."

Curioso é notar a quantidade de músicas brasileiras — gravadas por homens ou mulheres — até os anos 50 que falavam na mulher que apanhava, gostando ela ou não. Isso só indica que deveria ser uma prática corrente dos casais brasileiros. É um cancioneiro de pancadaria nada desprezível, composto por grandes nomes de nossa música do período, como Nássara, Wilson Batista, Cyro de Souza, Ismael Silva, Cartola, Alvarenga, Benedito Lacerda, Walfrido Silva, Pedro Caetano, Zé da Zilda, Moreira da Silva, entre outros mestres. Seria trágico se não fosse cômico.

Até mesmo o requintado Ary Barroso teve o primeiro grande êxito de sua carreira falando sobre o tema. O sucesso de *Dá nela*, na voz de Chico Alves, foi tão grande, que Ary conquistou o primeiro lugar no concurso de músicas de Carnaval de 1930. Graças a esse prêmio (de cinco contos de réis) conseguiu o dinheiro de que precisava para se casar. Quem diria, bateu numa mulher "personagem" pra ganhar outra na vida real...

Essa mulher há muito tempo me provoca
Dá nela! Dá nela!
É perigosa, fala mais que pata choca
Dá nela! Dá nela!

E que tal o primeiro samba-enredo da Portela, de 1932, que na época ainda se chamava Vai Como Pode...? *Lá vem ela chorando* (Alvarenga e Benedito Lacerda).

Lá vem ela chorando
O que é que ela quer?
Pancada não é, já dei!
Mulher da orgia
Quando começa a chorar
Quer dinheiro
Dinheiro não há

A pancada em mulher era vista das mais variadas formas na nossa música. As mais inacreditáveis são aquelas em que a pancada é vista não como um castigo, mas um "calmante" para a mulher, e ainda como uma "virtude" do homem que tomava tal iniciativa, pois, em muitos casos, esse procedimento ganhava ares de status. Algo como uma prova de apreço, de amor ou de posse. É o caso de outro samba do mesmo autor de *Lá vem ela chorando*, Alvarenga da Portela, o emblemático samba *É pancada*: "Confesso ao meu maior amigo/ Gosto demais desta mulher/ Tudo que eu vejo de bom eu compro pra ela/ Pra não ter o que falar de mim/ Mas quando ela me disse o que faltava eu gostei/ É pancada, eu ainda não dei/ Não dei, mas ainda vou dar/ Naquela que é dona do meu lar/ Se procedo assim é porque tenho qualidade/ Vou dar pancada pra conservar a amizade."

Os exemplos são inúmeros. Sinhô, em 1923, compôs *Alivia estes olhos*, para ironizar a atitude masoquista de uma dessas loucas que gostavam de apanhar. Mas será que gostavam mesmo? "Eu queria saber por que é/ Que este homem bateu na mulher/ Que mulher engraçada e adorada/ Que se acostumou com pancada." Outra um pouco posterior é a embolada *Bambo bambu*, de Donga e Patrício Teixeira, que dava conta de uma surra horrorosa: "Eu dei um tapa na cabeça da morena/ Que fiquei com tanta pena..." Carmen Miranda, por sua vez, enumerando as qualidades de seu *Mulato de qualidade* (André Filho, 1932), não se furtava em dizer que a pancada era uma delas: "Vivo feliz, no meu canto sossegada/ Tenho amor, tenho carinho, oi/ Tenho tudo até pancada/ (...) Eu gosto dele porque ele é um mulato de qualidade!" Pode? Se fosse uma fantasia sexual, tudo bem. Mas em 1932 na música popular radiofônica? É mais fácil pensar no outro sentido mesmo...

Aracy de Almeida incorporava a moral masculina e dava um recado à mulher amada na irônica *Só falta pancada* (Nássara/ Roberto Cunha, 1938): "Eu já não sei mais/ O que hei de fazer/ Pra você endireitar/ Dei carinho, dei vaidade/ Dei dinheiro em quantidade/ Tudo sem adiantar/ Agora só falta pancada/ Mesmo assim tenho receio/ De você se acostumar." No ano seguinte, Joel e Gaúcho cantaram com muita empáfia o samba *Se você fosse minha Rosa*, de Pedro Caetano e Walfrido Silva, que parafraseavam os versos da folclórica *O cravo brigou com a rosa*, deixando bem claro que o cravo varão tinha toda razão em brigar e deixar a rosa estropiada: "Você conhece aquela história do cravo/ Que brigou com a Rosa/ (...) E é por isso que eu lhe digo/ Dona Rosa, eu acho bom deixar de prosa/ E ouça bem o que estou falando/ Quem anda sempre brigando/ No fim acaba apanhando/ Se você fosse minha rosa/ Não andava assim tão rosada/ Você andava era roxa/ De tanto levar pancada."[13]

Pior foi o observador-protagonista do samba-de-roda *Se essa mulher fosse minha* (Geraldo Gomes e Haroldo Torres), de 1946, revivido nos anos 70 nos discos de Simone e Martinho da Vila.

Se essa mulher fosse minha
Eu tirava do samba já, já!
Dava uma surra nela
Que ela gritava: — chega!

Os exemplos não acabam nunca. Mas vale citar mais um, desta vez da década de 50. Um dos primeiros sucessos de Ângela Maria foi *Meu dono, meu rei* (Cyro Monteiro e Dias da Cruz), que gravou sem pestanejar, pois em 52 ela era ainda uma cantora muito pouco conhecida e não era sempre que compositores renomados investiam numa intérprete iniciante. No tempo do rádio, os compositores não gostavam de dar suas músicas a intérpretes pouco conhecidos, pois elas dificilmente fariam sucesso. Este samba, que deu impulso definitivo à carreira da Sapoti, também fazia a elegia da porrada, na base do morde e assopra. "Você só me bate, pretinho/ Não me faz um carinho/ Pra me consolar/ E eu que sou tão boazinha/ Tão direitinha/ Sei lhe respeitar/ (...) Eu choro, mas não sou covarde/ Pois sei que não arde/ Pancada de amor."

"Essa questão da mulher que gosta de apanhar nas nossas músicas é apenas o reflexo da nossa cultura (patriarcal). Essa concepção machista tradicional de que a mulher apanha porque gosta, que só as mulheres neuróticas não gostam de apanhar, é uma das coisas mais resistentes na nossa cultura. E não era só no começo do século. Mesmo o rock dos anos 60 era machista, centrado normalmente na figura masculina. Houve resistência a isso por parte de algumas mulheres, mas é bom lembrar que essas, as chamadas feministas, ainda foram xingadas de lésbicas", analisa o escritor Luiz Carlos Maciel.

A ética masculina na primeira metade do século XX ficou eternizada no megassucesso de Moreira da Silva, *Na subida do morro* (de Geraldo Pereira, embora creditado ao cantor em parceria com Ribeiro Cunha, 1952), em que o sujeito está morrendo de raiva porque outro ousou bater em sua mulher — o que só ele e mais ninguém tinha o direito de fazer!

Na subida do morro me contaram/ Que você bateu
na minha nega
Isso não é direito: bater numa mulher que não é sua
Deixou a nega quase nua!
No meio da rua a nega quase que virou presunto
Eu não gostei daquele assunto
Hoje venho resolvido/ Vou lhe mandar para a cidade
de pés juntos
Vou lhe tornar em um defunto!

"Nessa época, havia essa apologia à pancadaria, que fazia mesmo parte do cotidiano de muitos casais. Hoje isso é meio tabu, mas continua a existir. Os autores são mais contidos em coisas que ainda acontecem. Acho que se parou um pouco de fazer música de pancadaria por causa do politicamente correto", provoca a cantora e pesquisadora Cristina Buarque. Procurando bem, ainda hoje vamos achar esse tipo de samba. Por exemplo, no CD de Zeca Pagodinho de 97, ele fez sucesso com *Faixa amarela* (dele, com Jessé Pai, Luiz Carlos e Beto Gago), que a certa altura ameaçava a mulher caso ela jogasse água fora da bacia: "Mas se ela vacilar/ Vou dar um castigo nela/ Vou lhe dar uma banda de frente/ Quebrar cinco dentes e quatro costelas." Brincadeira ou verdade? Hoje talvez possa até ser brincadeira, força de expressão, mas no passado, não havia dúvidas: era a sério mesmo!

Cristina já fez um show em que brincava com essas músicas de porrada em mulher e também com alguns raros outros casos em que as mulheres milagrosamente conseguiam dar a volta por cima, coisa incomum num meio de compositores essencialmente masculino. Caso de *Você me paga o que fez* (Nássara), gravado por Aracy de Almeida, em 1937: "Desta vez está tudo acabado/ Cada um de nós vai pra seu lado/ Durante o tempo em que eu vivi em sua companhia/ Quando jantava, apanhava e não dormia/ Francamente eu não sou mulher/ Pra me sujeitar a tudo que você quer."

Desse mesmo ano é *Marido da orgia* (Ciro de Souza), também gravado pela Araca: "Você só chega em casa alta madrugada/ E se por acaso eu não tô acordada/ Você fica enfezado e quer me dar pancada/ (...) Eu já procurei e consultei o meu advogado/ E ele respondeu 'o caso é encrencado'/ Marido da orgia não tem o direito/ De bater numa mulher que se dá o respeito/ Você abusou da sua autoridade/ E eu não estou disposta a tanta maldade." Até o romântico Cartola vestiu a camisa feminina para compor seu samba *Vou contar tim tim por tim tim*, que ficou na gaveta por muitos anos, gravado apenas recentemente: "Fui tão maltratada/ Foi tanta pancada que ele me deu/ Estou toda doída/ Estou toda ferida/ Ninguém lá em casa apareceu/ Eu vou ao distrito/ Está mais do que visto/ Isto não fica assim/ Vou contar tim tim por tim tim." Outra que ficou guardada e foi musicada somente nos anos 80 por Carlos Lyra foi *O negócio é amar*, de Dolores Duran, retratando um fato comum de seu tempo, os anos 50: "Tem homem que briga pela bem-amada/ Tem mulher maluca que atura porrada."

Finalmente havia em menor escala alguns autores que já viam o outro lado: o da mulher revoltada que já pensava em partir para cima do malandro também... Não poderiam ser outras a gravar tais músicas senão as irreverentes Linda Batista e Aracy de Almeida. Linda gravou, em 44, *Sinuca de bico* (Pedro Caetano e Norberto Martins), em que incorporava uma mulher que literalmente ameaçava o malandro com o qual era casada: "Fica no mole/ E toma mais um gole/ E vá bater mais um papinho lá no botequim/ Vai aumentando a conta que já deve/ E depois vem com a mão leve levantar pra mim/ É de manhã, de tarde, toda hora/ Até parece que já moras dentro do bilhar/ Mas qualquer dia eu passo a mão no taco/ E com o taco te ataco até o taco cantar." Já Aracy de Almeida ganhou um samba do sempre divertido Gadé, *Paft paft*, e o registrou em 38: "Paft-paft, paft-paft, ai!/ É isso mesmo, é pra doer que estou batendo/ Não tem cabimento/ A noite inteira na farra/ Só jogando e bebendo/ Paft-paft, paft-paft/ Qual sangue, qual nada!/ Vassoura não corta/ Se amanhã quiser fazer o mesmo/ Fique já sabendo que eu não abro a porta."

Curioso é também o samba carnavalesco *Oh Seu Oscar*, de autoria dos pesos-pesados do samba Ataulfo Alves e Wilson Batista, grande sucesso de Cyro Monteiro em 1940. Ele falava de uma mulher que abandonava o homem para fazer aquilo que eles mais gostavam "ir viver na orgia". Esta, sim, foi uma raríssima mulher daquele tempo a virar a casaca, e deve ter pago um preço caríssimo por isso... "Cheguei cansado do trabalho/ Logo a vizinha me falou/ Oh Seu Oscar/ Tá fazendo meia hora que a sua mulher foi embora/ Um bilhete lhe deixou/ Meu Deus que horror/ O bilhete assim dizia: Não posso mais, eu quero viver na orgia!" Quem concorda com isso é Chico Buarque. "A música *Oh Seu Oscar* é uma 'exceçãozíssima' à regra das Emílias e Amélias. Tanto as canções compostas por homens no feminino quanto as masculinas assumem essa personalidade da mulher caseira, boazinha e compreensiva, essa qualidade doméstica da mulher",[14] observa o compositor.

Poucas músicas, portanto, ostentavam um ponto de vista feminino autêntico — afinal, quase todos os autores eram homens até os anos 60. O compositor Gadé, referido há pouco, também pianista e caricaturista nas horas vagas, era especialista em músicas divertidas, e foi um dos que mais fizeram este tipo de letra, dando um refresco às mulheres (as principais delas, em parceria com o baterista Walfrido Silva). Não era raro compositores fazerem no feminino músicas para ridicularizar as mulheres, mesmo que de brincadeira, em geral falando da infeliz que só quer saber de dinheiro, de pancada (como já vimos) ou a eterna romântica que viu seu amor ir pelos ares e no futuro vai se arrepender de ter abandonado seu "dono". Raro era ver autores, como Gadé, que compusessem músicas divertidas com cenas do cotidiano sob a ótica feminina, como as cantadas que as empregadas recebiam dos patrões ou a mulher escapando do velho tarado no cinema. São hilários e raros exemplos de músicas modernas que não achincalhavam a mulher nem a tratavam como frágeis. Seguem dois exemplos de choros hilários gravados com muita graça pela musa do samba paulista, Isaura Garcia, outra de nossas intérpretes mais irreverentes.

"Dona Julia, seu marido me abraçou, me beijou/ Quando eu dei de mão numa vassoura ele correu/ Eu creio que o velho enlouqueceu/ (...) A senhora arranja outra empregada/ Com maluco na cozinha eu não posso fazer nada/ (...) Ensine esse palhaço a respeitar mais a senhora/ Se ele fosse meu marido, entrava na chibata e o mandava embora!" (*Marido maluco*, 1949). O outro é *Velho enferrujado*, de 50, parceria com Walfrido Silva: "Chega pra lá, seu velho enferrujado, com essa cara de cegonha/ Querendo só me beliscar!/ (...) Hoje em dia já não se pode ir ao cinema sozinha/ Tem sempre um velho com cara de bode, todo treme-treme/ Pra tirar casquinha/ E se a gente acha ruim, o velho de perto não sai/ E ainda diz assim: 'Menina mais respeito, eu posso ser seu pai!'"

Outra honrosa exceção é *Camisa amarela* (Ary Barroso), de 1939, que fala de uma mulher conformada com o seu "pedaço" cheio de defeitos, machão, mas que era sua paixão. E de um ponto de vista bastante feminino: "Roncou uma semana/ Despertou mal-humorado/ Quis brigar comigo/ Que perigo! Mas não ligo/ O meu pedaço me domina/ Me fascina ele é o tal/ Por isso não leve a mal/ (...) Gosto dele assim/ Passou a brincadeira e ele é pra mim." Agora, raríssimo mesmo é o enfoque do samba amaxixado *Gosto que me enrosco*, de Sinhô, imortalizado por Mário Reis 11 anos antes. Ao contrário de centenas de músicas brasileiras pré-bossa nova, o personagem título reconhece a força que a mulher tem na vida do homem, até o peso muitas vezes indelével de sua opinião. Passando por cima do machismo terrível do final dos anos 20, os bambas do Estácio tiveram a coragem de dizer isso, ainda que não deixassem de criticar o fato gravíssimo de a mulher não compreender que seus maridos fossem (e deveriam ir) para a farra enquanto elas, naturalmente, ficavam em casa...

Não se deve amar sem ser amado
É melhor morrer crucificado
Deus nos livre das mulheres de hoje em dia
Desprezam um homem só por causa da orgia
Gosto que me enrosco de ouvir dizer
Que a parte mais fraca é a mulher
Mas o homem com toda fortaleza
Desce da nobreza e faz o que ela quer

Mas como se vê, essas canções eram minoria absoluta. A mulher realmente levava quase sempre a pior. Até mesmo na hora de disputar um homem com outra mulher, a situação era complicada. Vejam o caso do samba *Duas mulheres e um homem* (Ciro de Souza/ Jorge de Castro), grande sucesso de Isaura Garcia, em 1943, que mostra duas donas que gostam do mesmo cara e juntas vão levar-lhe o "problema" para que ele possa escolher com qual das duas quer ficar, pois "ele" obviamente é o homem, o mais importante, o poderoso, e evidentemente será o futuro "provedor" de uma delas: "Escute aqui, minha amiga/ Vamos resolver sem briga/ A nossa situação/ (...) Vivemos na incerteza/ Gostamos do mesmo rapaz/ Uma de nós é demais/ E a sorte vai decidir/ Vamos juntas procurá-lo/ Na hora sou eu que falo/ Explico a situação/ Ele tem que resolver/ Entre nós vai escolher/ A dona do seu coração."

Os homens se vingavam sem dó nem piedade das mulheres em suas letras quando elas ousavam olhar para o lado, negavam-lhes uma coisa qualquer que achavam que era obrigação delas lhes dar ou — horror dos horrores — os abandonavam por não importa qual fosse a razão. Por isso quase todas as músicas brasileiras de fins dos anos 20 aos anos 60 mostravam as mulheres como as desgraçadas, as infiéis, as ingratas, as que não têm coração, as que não entendem bem o homem, e chegavam a compará-las até a prostitutas, como na valsa *Tu deves ser das tais*, de Francisco Alves e Jorge Faraj, gravada pelo próprio Rei da Voz em 1936: "Certas mulheres conheço/ Que vendem conforme o preço/ Os seus amores banais/ E eu volto a chorar pensando/ Que fui bem tolo te amando/ Pois tu deves ser das tais." Ô, coitada!

Muitas vezes os homens se queixavam de suas mulheres porque, embora elas continuassem subservientes, em alguns casos já pareciam querer botar a cabeça um pouco para fora desse sufoco ao qual estavam confinadas. Elas pareciam querer dizer que fariam com empenho as tarefas domésticas e sociais que lhes eram impostas, mas queriam em troca um mínimo de atenção, carinho e dinheiro de seus maridos para tocar a vida de uma forma mais agradável. Começavam a ficar mais exigentes com seus homens e, para o compositor em geral — que encarna o homem de sua época: aquele que continua querendo de qualquer jeito a mulher provedora de afeto, cuidados e dos afazeres domésticos, tal qual uma mãe doadora —, esses desejos diferentes, essas "exigências" são um grande absurdo. Elas lhes parecem umas pretensiosas de marca maior, deixando-os indignados!

Isso fica evidenciado em dezenas de letras, a começar pela antológica de Mário Lago, que compara sua nova mulher com a ex, a *Amélia* — "mulher de verdade" — que não fazia qualquer exigência, "achava bonito não ter o que comer" e quando o via contrariado "dizia: — Meu filho, o que se há de fazer?". Ela não tinha a menor vaidade, mas sabia o que era consciência: acompanhava apenas o seu homem. Essa era com certeza o seu tipo de mulher ideal — a que faz e aceita tudo sem reclamar e não incomoda o homem em nada. Um padrão da mulher sem direitos e servil que existiu nos séculos passados e no início do século XX e, em muitos lugares, ainda resiste até hoje.

Nunca vi fazer tanta exigência
Nem fazer o que você me faz
Você não sabe o que é ter consciência

Não vê que eu sou um pobre rapaz?
Você só pensa em luxo e riqueza
Tudo que você vê você quer
Ai, meu Deus, que saudade da Amélia
Aquilo sim é que era mulher!

(*Ai que saudade da Amélia*, Ataulfo Alves e Mário Lago, 1942)

Entretanto, não paravam de aparecer mulheres mais exigentes que as Amélias e Emílias, provocando nossos letristas, desafiando-os "em sua capacidade de ganhar dinheiro, em sua ambição de provedor, de comandante, de ser a chance dela na vida". Ela era um sinal de perigo e de constante alerta, pois ele vai percebendo que mesmo que dê todas as coisas que elas querem, sua ganância pode gerar a troca da verdadeira paixão por uma vida mais confortável. E isso vai ferir o orgulho do macho. Ele que considera a mulher um bem que lhe pertence, se verá muitas vezes impotente para evitar essa troca, ameaçado de abandono, o que, aliás, é recorrente em diversas letras de valsas, marchas, tangos e especialmente nos sambas dos anos 20 ao início dos 60.[15] O problema é que quando ocorria realmente a separação, ele "descascava" sem dó a mulher, porque o simples fato de esta querer trocá-lo por outro era visto como uma audácia terrível para um ser humano considerado de segunda classe e, portanto, inferior a ele.

Exemplos dessa situação na música brasileira existem aos borbotões. E alguns já foram até citados no capítulo anterior. Vão desde as canções de cunho seresteiro do início da virada do século retrasado até se tornar uma temática onipresente no gênero samba, desde o seu aparecimento. Em 1929, Mário Reis gravava *Deixaste meu lar* (Heitor dos Prazeres/ Francisco Alves), na qual o homem, furioso, diz que não vai perdoar a mulher até o fim de sua vida pelo simples fato de ela não querer viver mais com ele: "Não soubeste reconhecer, oh mulher!/ A amizade que sempre te dediquei/ Agora seja o que Deus quiser/ Nem morrendo eu jamais te perdoarei." Daí para chamar a mulher de fútil, não custava...

(...) Tudo porém foi inútil / Eras no fundo uma fútil
E foste de mão em mão / Satisfaz tua vaidade
Muda de dono à vontade / Isto em mulher é comum
Não guardo frios rancores / Pois entre os teus mil amores
Eu sou o número um

(*Número um*, Benedito Lacerda e Mário Lago, valsa, 1939)

Vejam como é pretensioso o personagem desta valsa, *Número um*, gravada por Orlando Silva. O orgulho não o deixa ver que não é mais o preferido de sua ex-mulher. Prefere continuar achando-se o maioral, mesmo a mulher tendo enjoado dele e ido viver com outro. De fato, a culpa da separação era sempre da mulher — que é volúvel: uma "fútil" e "mal-agradecida", como neste outro samba: "Do que vale você dar cartaz a ela?/ Do que vale tanta seda/ Tanta jóia que você dá?/ Nada vale! Ela é mal-agradecida/ Quando quer (ir) embora/ Arranja um pé pra lhe deixar." Esta é *Mal-agradecida*, de Wilson Batista/Bucy Moreira, é outra pérola machista gravada por uma mulher. No caso, Aracy de Almeida, em 1948. E ninguém achava isso estranho, afinal, a sociedade patriarcal estava em plena forma.

Outro samba — tido como de muito bom gosto na época —, *Madame fulano de tal* (Cyro Monteiro/ Dias da Cruz), lançado pelo Formigão (Cyro) em 1958, e também por muitas cantoras, como Elizeth Cardoso e Vera Lúcia, batia na mesma tecla dos anteriores: "Arranjou uma aliança, agora é Madame Fulano de Tal." "Um homem de moral" não suportava mesmo ser trocado por outro. Era o cúmulo da injúria e da humilhação. Aliás, esse homem é protagonista também do samba que lançou o sambista Noite Ilustrada em disco nos idos de 1962, *Volta por cima*, de Paulo Vanzolini: "Um homem de moral não fica no chão/ Nem quer que mulher lhe venha dar a mão/ Reconhece a queda e não desanima/ Levanta sacode a poeira e dá a volta por cima." Em que se pese a visão otimista do recomeço amoroso, este samba deixa escapar a visão do machão com orgulho ferido, até porque na primeira parte confessa que chorou por causa de uma mulher ("Chorei/ Não procurei esconder/ Todos viram") — cá entre nós, o fim da picada para o homem que, em tese, "não chora nem por dor, nem por amor".[16] Aliás, o que nunca faltou na MPB foram músicas para dizer que "homem que é homem não chora", caso, entre tantas, do samba *Quem é do mar não enjoa*, de Martinho da Vila, lançado em 1969 e sucesso até hoje: "Quem é do mar não enjoa (não enjoa)/ Chuva fininha é garoa (é garoa)/ Homem que é homem não chora (não, não chora)/ Quando a mulher vai embora (vai embora)."

Um tema também recorrente nos sambas do passado era o do homem que achava que já fazia demais pela mulher somente por ele ser um bom provedor dentro de casa. "Dei-te um bangalô/ Aluguei criada/ Tudo isto que eu fiz/ Não representa nada/ Não estás contente/ Sempre a reclamar/ Porque não te deixo/ Ir para o baile dançar", dizia *Me deixa viver* (Bide e Marçal), lançada pelos Anjos do Inferno, em 41. Um resumo desse estilo de pensamento unilateral está no refrão do sucesso que Sílvio Caldas emplacou no Carnaval de 45: *Fica doido varrido* (Benedito Lacerda/ Erastóstenes Frazão), em que a mulher faz o cara sair do morro e ir comprar uma casa na cidade, depois se arrepende e chora "noite e dia" querendo voltar pro antigo barracão: "Fica doido varrido quem quer/ Se meter a entender a mulher!!" Ou seja, a mulher não tinha direito a arrependimento.

Realmente, os homens se recusavam a entender as mulheres. O ideal mesmo era a mulher quietinha, obediente e... calada. Isto era um pensamento geral. Tanto que, certa vez, Orlando Silva, ao ser questionado numa enquete da *Revista do Rádio*, em 1960, sobre se gostava de "mulher falando muito", não pensou duas vezes e disse na lata: "Deus me livre! Quando elas falam pouco, só acertam até a metade, pois o resto é bobagem. Agora, imaginem-nas falando muito... Quanto mais falarem, mais possibilidades terão de dizer coisas que não se aproveitam. É melhor calar!"[17] Pois este é o tema central do samba *Cala a boca, Etelvina* (Wilson Batista/ Antonio Almeida), gravado por Jorge Veiga em 1950: "Eu já disse: a minha sina/ É viver pra te aturar/ Cala a boca, Etelvina/ Sossega... / Apaga a luz que amanhã vou trabalhar!" Ou seja: a opinião da mulher, bem como suas reclamações eram sempre exageradas, inúteis, sem importância.

A mulher que deveria ser sempre servil, e muitas vezes era criticada por ser preguiçosa e perdulária, é enfocada no delicioso samba *Nega manhosa* (Herivelto Martins), grande sucesso de Nelson Gonçalves em 1957 e recentemente revivido por Zélia Duncan. "Levanta, levanta nega manhosa/ Deixa de ser preguiçosa/ Vai procurar o que fazer/ Nega, deixa de fita/ Prepara minha marmita/ Levanta, nega, vai te virar", dizia o machão. Depois o cara conta que deixou em cima do "rádio" (antigamente o rádio era um móvel) uma nota de "cinqüenta" e ponderava que a mulher deveria saber gastá-la: "Vai à feira, joga no bicho, vê se te agüenta/ Economiza, olha o dia de amanhã/ Eu preciso do troco, domingo tem jogo no Maracanã."

Lupicínio Rodrigues, um dos autores mais geniais — e também mais machistas — da música brasileira, não poderia faltar nesta seleção de injúrias e lamentações sobre a mulher. No samba-canção *Paciência (Vou brigar com ela)*, de 1961, ele desabafava que não conseguia compreender que a mulher saísse para se divertir sem a sua permissão: "Ela sabia que eu não queria/ Que ela saísse sem me dizer/ (...) Por gostar de fazer coisa proibida/ É que o mundo vive assim de sofredor/ Esgotei minha reserva de paciência/ E ela teima em me desobedecer/ Mas desta vez eu vou brigar com ela/ Mesmo que por isso eu tenha que morrer." Morria por dentro, mas o machão tinha que ralhar com a dita cuja por um atrevimento tão terrível: o de sair sem lhe consultar.

Há vários exemplos do homem se queixando da mulher que queria ficar mais "saidinha", ou então daquela que, depois de ter ido embora, é lembrada de forma terna não só pelo vínculo afetivo, mas pela "empregada" dedicada que ele estava perdendo. "Você quer/ Eu não dou, não dou/ Eu não dou liberdade à mulher/ Porque vou confessar/ A nossa amizade pode acabar", se impunha João Petra de Barros em 1941, no samba *Não dou liberdade a mulher* (Valdemar de Abreu/ Roberto Roberti). Wilson Batista também assinou dois petardos sobre o tema. O primeiro, com Antonio Almeida, era uma nova referência à sua Emília — aquela que sabia lavar e cozinhar e o acordava na hora de trabalhar, lembra? Pois em *Volta pra casa, Emília*[18] ele tornava a implorar o retorno desta sua verdadeira empregada do lar na voz de Vassourinha: "Ai, ai, quando eu visto um terno amarrotado/ Meu Deus, tenho que me lembrar/ Da Emília que era tão cuidadosa/ Mulher como Emília é difícil encontrar/ Que café saboroso que ela fazia/ Na hora de deitar/ Ai, ai, ai." Hoje seria muita cara de pau escrever uma letra dessas, mas em 1942 era normal. Três anos depois, com Roberto Martins, ele voltava ao mesmo tema no samba *Elza*, gravado por Roberto Paiva: "Elza, Elza, ô Elza/ Você não pode avaliar minha aflição/ Minha cama quem é que vai arrumar?/ Minha roupa quem é que vai pegar no hotel?" E o que dizer deste samba do repertório de Cyro Monteiro?

Eu quero lhe ensinar
(...) Preste a atenção no que eu digo/ Você não fique sozinha!
Ou você faz o que eu quero/ Ou então não será minha!
Você finge não saber/ Seu dever e obrigação
Se continuar assim/ Será a nossa separação!
Se você não se governa/ Não pode fazer o que quer
Você tem hora marcada/ Pra chegar em casa, mulher!

(*Regra do bom viver*, Estanislau Silva e Humberto de Carvalho, 1942)

Lupicínio Rodrigues também inventou uma mulher terrível, descrevendo-a na letra de seu samba-canção *Sozinha*. Uma mulher que ele foi buscar na lama, pois "vivia sozinha num ranchinho velho feito de sopapo", lhe deu tudo que quis (chegou a trocar "por cetim os seus trapos de chita") e no final ela fugiu com o médico que ele arrumou para curar-lhe os bichos-de-pé. E olha que isto já foi em 1963 (!). Sua conclusão é uma das mais emblemáticas de nossa canção — um tratado sobre o temperamento "volúvel" da mulher.

Mulher sempre é mulher
Se pede uma flor e a gente lhe dá,
Ela exige uma estrela

E se por acaso, ela não obtê-la
Se vai com o primeiro homem que lhe der

E o que dizer do contrário? Quando o homem abandona a mulher por algum absurdo que ela fez? É o que traz *Marina*, música mais famosa e mais gravada de Dorival Caymmi, lançada em 1947. Se sua obra é em geral bastante moderna e atemporal, temos neste samba-canção uma letra datada típica do imaginário patriarcal antiquado. Trata da história de uma mulher, Marina, que resolveu maquiar o rosto, que seu homem julgava pertencer "só a ele". Acontece que ele não gostou nada da maquiagem da moça e por isso trocou de mal com ela, pois ele "quando se zangava não sabia perdoar" e isto já era um motivo "gravíssimo" o bastante, como se vê, para um rompimento. Coitada da Marina...

Não pinte esse rosto que eu gosto e que é só meu
Marina, você já é bonita com que Deus lhe deu
Já me aborreci, me zanguei, já não posso falar
E quando eu me zango, Marina, não sei perdoar
(...) Desculpe, morena Marina, mas eu tô de mal!

A arrogância e prepotência masculinas chegam ao cume no sambão *Se acaso você chegasse* — mais uma de Lupicínio Rodrigues (com Felisberto Martins) — que fez sucesso com Cyro Monteiro em 38 e entre 59 e 60 com Elza Soares, sendo seu cavalo de batalha pela vida afora. *Se acaso você chegasse* fala de uma mulher que largou o marido para viver com um grande amigo dele. Este por sua vez tenta persuadir o amigo, dizendo que "aquela que já lhe abandonou" não pode ser motivo para acabar com uma amizade entre os dois. Quer dizer, faz-se de vítima como se ele não tivesse qualquer culpa no cartório, pois no seu entender mulher é volúvel assim mesmo: "Se acaso você chegasse/ No meu *château* e encontrasse/ Aquela mulher que você gostou/ Será que tinha coragem de trocar nossa amizade/ Por ela que já lhe abandonou?"

Outra música impagável sobre a diferença entre os "direitos" do homem e da mulher foi sucesso no Carnaval de 1952. O cantor Risadinha gravou uma marchinha muito curiosa, que criticava o patrulhamento da polícia aos foliões e levantava o fato notório de que cabia apenas ao homem "cantar" as mulheres, jamais o contrário. E, com muita graça, levantava uma questão em seu entender absurda: "se não podemos dar cantadas nelas, elas é que vão nos cantar?"

Não se pode mais mexer com a mulher
O doutor não gosta, o doutor não quer
Há cadeia para o inconveniente
Mas será gozado se a mulher mexer com a gente
— Que branco bonito, que morenão!
— Que preto frajola, que mulatão!
Desse jeito, minha gente, é um chuá
O homem ir passando e a mulher "assobiá"!

(*O doutor não gosta*, Arnô Provenzano e Otolindo Lopes)

O Carnaval — época mais libertária do ano em termos também musicais — felizmente originou algumas musas. Às vezes essas gostosonas cantadas a plenos pulmões por nossos compositores-foliões recebiam algumas críticas, mas o saldo era mais positivo que no resto do ano. Eram musas tesudas que fizeram história na música brasileira, e algumas delas são cantadas até hoje. Uma das musas pioneiras foi a feminista *Chiquita Bacana* (João de Barro e Alberto Ribeiro, 1949), que era existencialista ("com toda razão!") e só fazia o que "mandava o seu coração". Outra foi a trintona *Balzaqueana* (Wilson Batista e Nássara, 1950), inspirada no livro *A mulher de 30 anos*, do escritor francês Honoré de Balzac.[19] A marchinha fez tanto sucesso na voz de Jorge Goulart que o neologismo "balzaquiana" acabou incorporado à língua brasileira, virando sinônimo de mulher madura interessante. Era um enfoque raríssimo para a época o homem dar mais valor à mulher mais experiente: "Não quero broto, não quero, não quero não/ Não sou garoto pra viver só de ilusão/ Sete dias na semana, eu preciso ver minha balzaquiana/ O francês sabe escolher, por isso ele não quer qualquer mulher/ Papai Balzac já dizia/ Paris inteiro repetia (...) Mulher só depois dos 30."

Havia ainda outras musas carnavalescas, como a escrachada estudante *Maria Escandalosa* (de Klecius Caldas e Armando Cavalcanti, 1955). Ela não sabia nada de História ou Geografia mas, munida de um corpo de sereia, dava aulas de Anatomia, e como se não bastasse, era "muito prosa", "mentirosa", mas... "gostosa". Opa!!! A musa do cinema francês, Brigitte Bardot (música homônima de Miguel Gustavo, 1961), foi outra a ser desejada e venerada aqui também, assim como a anônima garota que "era uma gostosura" tão grande que "foi proibida pela censura" (na marcha *Vou ter um troço*, de Jackson do Pandeiro, Otolindo Lopes e Arnô Provenzano, 1962). Isto sem contar a *Mulata iê iê iê* (João Roberto Kelly, 1965), que lembrava a vitória de Vera Lúcia Couto, belíssima mulata do Clube Renascença eleita Miss Guanabara, em 64: "Mulata bossa nova/ Caiu no hully-gully/ E só dá ela/ Iê iê iê, iê iê iê iê iê/ na passarela!", uma "boneca" que "esnobava as louras e as morenas do Brasil". Viu?

"Essa foi uma das minhas deusas do Carnaval", conta João Roberto Kelly. "Foi realmente a Vera Lúcia Couto que me inspirou quando a assisti no concurso de misses. Ao vê-la desfilar, senti que ela tinha um tom, uma maneira de andar diferente para a época. Ela dava um 'pião', uma rodada na passarela que me encantava, me emocionava muito. Ela tinha uma sofisticação maior do que teria uma mulata passista de uma escola de samba qualquer. E como estava entrando na moda nessa mesma época o iê iê iê, ela acabou batizada assim, porque era de um estilo diferente, novo", explica ele, que mostrou esta música para Emilinha Borba no intervalo de um programa de auditório da TV Rio. "Ela estava cercada de fãs, era um domingo. E assim que terminei, aqueles fãs dela todos começaram a cantar juntos a marchinha", lembra o sempre bem-humorado compositor.

A canção carnavalesca também deu status a certas mulheres mais ousadas e revelou toda a mudança de costumes em relação ao seu vestuário e penteados. Em 1921 uma chula à moda baiana foi sucesso no Carnaval. Era *Pemberê*, de Eduardo

Souto e João da Praia — pseudônimo de Filomeno Ribeiro. Com duas gravações — do Grupo do Moringa e de Bahiano —, o mote da música eram as pernas de fora de algumas mulheres mais avançadinhas. Seus autores deixavam claro, entretanto, que isso não era direito para uma moça de família. "Pemberê... Pemberá/ Perna de fora é o que mais se vê, meu bem/ Pemberá/ Guarda essa perna se qué casá, Iaiá/ (...) Muié desse tempo 'veve' a mostrá/ O que era pecado só 'maginá'."

Em 1925, avistar nucas e cangotes femininos era o bastante para mexer com a libido dos compositores, e novidade o suficiente para se transformar em tema de marchinha, como se pode comprovar em *À la garçonne*, de Pedro de Sá Pereira e Américo F. Guimarães: "Hoje no Rio o que está na moda/ E o que se usa com perfeição/ Qualquer menina de alta roda/ Faz um mocinho andar contra a mão/ Cabelos curtos, bem aparados/ Lindos cangotes nos deixam ver/ Tão sedutores e tão perfumados/ Que aos gabirus fazem padecer/ *À la garçonne*/ É a tal moda de sensação."

Contudo, foi o mestre dos mestres do Carnaval, Braguinha, quem levou tal tradição adiante, testemunhando passo a passo o strip-tease da mulher brasileira.[20] Inicialmente, flagrou o encurtamento das saias, quando as moças começaram a mostrar as canelas nas ruas do Rio, em 1933 na marchinha *Moreninha da praia*: "Moreninha querida/ Da beira da praia/ (...) Que anda sem meia/ Em plena avenida/ (...) A tua ardência é que me assombra/ Tu tens 40 graus à sombra/ Desta maneira/ Só mesmo te botando/ Numa geladeira."

Os anos 60, época de liberação de costumes femininos (com musas como Leila Diniz, que ia à praia grávida, com a barriga de fora), inspiraram Braguinha a retomar seu strip-tease, numa feliz parceria com outro craque carnavalesco, Jota Júnior. Em 62, falaram da *Garota de Saint-Tropez* em marchinha lançada por Jorge Veiga, narrando o frisson que causava a mulher que ostentava seu umbigo de fora ("Você é mais você/ Com umbiguinho de fora (...) Por que é que você, Maria/ Escondeu o seu até agora?"). Em dezembro de 1963 foi a vez da *Garota biquíni* aparecer na voz de Marlene: "Garota biquíni/ De Copacabana/ Espetacular! Teu biquinininho tá/ Tá de matar." No Carnaval de 65, coube à mesma Marlene lançar a *Garota monoquíni*, cuja personagem — coitada! — foi presa por fazer topless: "A garota monoquíni/ Que beleza de menina/ Foi à praia sem confete/ Só levou a serpentina/ Seu delegado, oi/ Solte a menina, oi/ (...) Se fosse feia, oi/ Tava indecente, oi/ Mas sendo boa, oi/ Tá inocente!"

Em 66, a mesma dupla de compositores se inspirou na dançarina exótica Luz del Fuego para compor uma nova marcha. Ela povoava as fantasias sexuais de todos os garotos que descobriam a sexualidade nos anos 50. Páreo para ela só mesmo a vedete e cantora Elvira Pagã. Pois ambas foram censuradíssimas na virada dos anos 40 para os 50 simplesmente por romper tabus em relação à nudez e à imagem casta das mulheres de seu tempo. Luz, que sempre fazia shows com cobras enroladas pelo corpo e andava nua em sua ilha particular, próxima a Paquetá — a *Ilha do Sol* —, motivou a marchinha homônima, que dizia: "Liberdade, liberdade/ Eu vou pra Ilha do Sol (...) Já foi biquíni/ Foi monoquíni/ Amanhã o que será?/ (...) Nerisquíni do Leblon a Guarujá." Desgraçadamente, pouco depois disso, seguindo o destino de muitas mulheres liberadas à frente de seu tempo, Luz foi assassinada por seu caseiro em sua ilha, mas ao menos ainda estava viva quando recebeu tal homenagem musical. Finalmente, em 67, a dupla encerrava seu ciclo com a garota minissaia, esta sim, uma moda que pegou para valer: "Garota minissaia/ Que coisa linda/ Ai ai ai ai ai/ Um pouco mais curtinha/ Melhor ainda/ Ai, ai, ai ai/ Vai subir/ E se ninguém fizer a minissaia parar/ Vai sumir/ E a folha de parreira vai voltar." É, não foi a folha de parreira, mas veio o tapa-sexo, que é mais ou menos a mesma coisa... Ponto para Braguinha e Jota Júnior.

Essas eram exceções carnavalescas. Na música romântica, como já vimos, a barra era bem mais pesada. Enfim, depois desse período em que a mulher esposa/dona-de-casa/mãe dedicada era supervalorizada, que a mulher de malandro era louvada, que a porrada fazia parte de seu cotidiano e que seus anseios e queixas eram tão malvistos pelos compositores, felizmente, a partir dos anos 60, este quadro começa aos poucos a mudar com a chegada da geração universitária, de classe média, à música popular, que, juntamente com as transformações na cultura mundial em termos de comportamento, acabaria por trazer às nossas letras uma mulher menos desgraçada, infiel, ingrata, fútil, desagradável, leviana e perdulária.

PARTE 2

HOJE EU VOU MUDAR, VASCULHAR MINHAS GAVETAS...

A geração bossa-nova — com Carlos Lyra, Ronaldo Bôscoli e o Poetinha Vinicius de Moraes à frente — tratou de falar de uma mulher menos entrevada, reprimida, e mais luminosa. Segundo Ruy Castro, a mulher deixou de ser noturna e passou a ser solar. Pelo menos a mulher carioca. Ruy conta em seu livro *Carnaval no fogo* que a mulher carioca foi a pioneira no Brasil em romper com os padrões mais moralistas de comportamento. Que foi a primeira a fazer curso superior, a trabalhar fora, a ter salário e carro, a fumar em público, a se separar do marido, entre outras coisas. A partir dos anos 40, algumas poucas já conseguiam alugar um apartamento e morar sozinhas, e até escolher quais homens serviam para namorar e quais para casar. Nos 50, lembra que ela foi também a primeira a pôr um biquíni e a ousar no vestuário.[21]

Pois a partir de 58, 59, com a bossa nova, as letras começariam a tratar as mulheres — cariocas, naturalmente — como uma figura bastante leve, agradável e mais livre (até que seu observador pudesse fisgá-la e escravizá-la em casa) e que esbanjava charme e feminilidade. Isso era o espelho das mulheres mais liberadas que emergiam na zona sul carioca, conforme teoriza Ruy: "Naquele tempo, a mulher de que se falava nas letras da MPB era a mulher fatal, noturna, pesada e traiçoeira, de *négligé* preto e que imprimia seu batom ao filtro do cigarro. A partir do que via em Ipanema, Vinicius transformou essa mulher na menina, na namorada, na garota moderna, dourada de praia, suave, mas decidida. A música de Jobim o acompanhou nesse conceito e isso explica por que a bossa nova sempre foi tão mais leve, solar e, por que não, 'feminina'. A canção *Garota de Ipanema* não foi o ingresso da personagem neste universo. Foi apenas a sua obra-prima."[22]

Ruy prossegue dizendo com muita propriedade que desde o lançamento de *Garota de Ipanema*, de Tom & Vinicius, em 1963, o mundo passou a ter uma idéia nova da mulher carioca. Aquela garota representada na canção ficou sendo uma espécie de paradigma da mulher carioca: "bonita, esportiva, articulada, cheirando a sabonete, com um infalível senso de humor e dona de sua vida", o que fica visível em versos como "Moça do corpo dourado do sol de Ipanema/ O seu balançado é mais que um poema/ É a coisa mais linda que eu já vi passar/ (...) A beleza que não é só minha, que também passa sozinha". No mesmo gênero de mulher linda e perfumada foi a canção *Coisa mais linda*, de Vinicius com Carlos Lyra: "Você é mais bonita que a flor/ Quem dera a primavera da flor tivesse/ Todo esse amor de beleza que o é o amor/ Perfumando a natureza/ Num perfume de mulher..."

Carlos Lyra concorda que dos anos 40 e 50 para a sua geração houve uma mudança forte nas letras brasileiras em relação à mulher: "Antes, os compositores botavam a culpa na mulher por tudo. Ela era a prostituta, a infiel: 'Nasceu com o destino da lua, não vai viver só pra mim'... A bossa já era muito provençalista. E alguns letristas do movimento, como eu e o Vinicius, tínhamos um sentimento de autocrítica importado da esquerda, porque éramos esquerdistas. Não víamos a mulher como vagabunda, mas como companheira de viagem (afinal, era assim que a esquerda a chamava). E mesmo os autores que não tinham a ver especificamente com política, não a viam como motivo de desgraça em seus relacionamentos."

Lyra compara a bossa nova às músicas dos menestréis de Provença. "A mulher para nós inicialmente era pura como a Branca de Neve, depois ficou mais queimadinha, na época da *Garota de Ipanema*", diverte-se. Em músicas como *Broto triste*, dele com Vinicius, feita para a peça *Pobre menina rica*, o sujeito dá uma esnobada na mulher por ciúmes porque a vê com outro. Já em *Primavera,* um número mais adiante, a mulher "sempre generosa", segundo Lyra, lhe responde que quer ser "sua primavera" e que depois já pode então morrer. Mas é em *Minha namorada* — outra canção envolvente e muito bem construída da dupla Lyra-Vinicius — que se vê claramente a mulher-bibelô, um enfeite a ser cultuado e guardado pelo homem como um troféu, a ponto de receber uma crítica da própria filha do compositor, Kay Lyra, quando esta teve de cantá-la no lançamento de um Songbook, no Rio, em 2004: "É uma das músicas mais machistas da MPB", protestou.[23]

Se você quer ser minha namorada...
(...) Se quiser ser somente minha
Exatamente essa coisinha, essa coisa toda minha
(...) Ser só minha até morrer
(...) E também de não perder esse jeitinho
De falar devagarinho essas histórias de você
E de repente me fazer muito carinho / E chorar bem de mansinho...
(...) E talvez o meu caminho seja triste pra você
Os seus olhos têm de ser só dos meus olhos
Os seus braços o meu ninho...

Há de fato quem julgue parte da obra de Vinicius um pouco machista. Caso da cantora Joyce, que é sua fã e já lhe dedicou um LP inteiro, "Negro demais no coração", em 1988. "Adoro Vinicius, por todos os motivos, e a importância dele na poesia e na música do Brasil é tão óbvia que não precisa ser lembrada aqui. Mas questiono e sempre questionei a visão dele da mulher, pegava muito no pé dele (que era de uma geração que realmente via a mulher como 'uma coisinha, essa coisa toda minha'). Ele sempre dizia que eu era feminista, desde o início. Fomos grandes amigos, mas tínhamos essa eterna divergência." Em 1963, quando compôs *Samba da bênção*, com Baden Powell, o Poetinha pegou pesado em alguns de seus versos que declamava lá pelas tantas, em meio à longa canção: "Uma mulher tem que ter qualquer coisa além da beleza/ (...) Uma beleza que vem da tristeza de se saber mulher/ Feita apenas para amar, para sofrer pelo seu amor/E ser só perdão!" Ui!

Atenta a versos como este, a sexóloga Regina Navarro Lins questionou num de seus artigos na imprensa até que ponto Vinicius "foi o poeta que mais amou a mulher". Maria Bethânia, outra de suas fãs, que em 2005 dedicou também um CD apenas à sua obra, "Que falta você me faz", é categórica: "Isso era tudo descaração da parte dele para conquistar. Ele brincou muito com isso, daí a grandeza de Vinicius. Seu excelente humor... porque quando a gente começa a se levar muito a sério, é um saco!", ri, afirmando que sua obra mudou de acordo com seus parceiros. "Com Carlos Lyra, Vinicius tinha uma parceria quase erudita, de letras mais poéticas, delicadas. Quando começa a compor com Baden, é nítida uma mudança de comportamento de seus versos. Ele fica menos adocicado, e se torna mais sensual e ritmado. Porque Baden era a sensualidade em pessoa. Mesmo parado, dormindo, era dos homens mais sensuais que já vi na minha vida. Toquinho também era um menino namorador, belo, gato. Namorou o Brasil, a Itália, a França, o mundo. Isso atraía Vinicius, porque ele era também namorador, irresistível", analisa. Joyce também não duvida que ele amasse muito a mulher: "Disso eu não tenho a menor dúvida."

Felizmente, Vinicius ficou mais ameno com o passar do tempo, em relação a seu lado trágico e também no tratamento da mulher. Em sua parceria com Toquinho, oito anos depois de compor o *Samba da bênção*, fez uma *mea culpa* em seu samba *Testamento* (1971), referindo-se aos seus próprios velhos versos: "A mulher foi feita pro amor e pro perdão/ Cai nessa não! Cai nessa não!" Efeito da libertária década de 70? Bem capaz! A dupla Toquinho & Vinicius também não perdoava o marido que abusava da paciência da mulher em *Regra três*, composta na mesma ocasião. Mas não vamos nos adiantar à história. Ainda estamos falando dos anos 60.

Paralelamente à turma de compositores da bossa, Evaldo Gouveia e Jair Amorim, autores da música romântica de então, com inúmeros boleros famosos na voz de Altemar Dutra a partir de 1963, também compuseram uma bossa nova que fez sucesso com Wilson Simonal, em 65. *Garota moderna* sinalizava as mudanças da mulher carioca, mas a sua ousadia não passava incólume aos autores.

Tão bonita que ela é
Cabelos lisos como eu nunca vi
Camisa sport sobre a calça Lee
Um ar snob de quem nada quer
Lá vai ela e pensa que é mulher
Cigarrinho aceso em sua mão
Bate moderninho um violão
Diz que amor é coisa que não quer
Lá vai ela e pensa que é mulher

Como se vê, era uma época de transição. E como toda transição, acumulou músicas mais progressivas e retrógradas. Se em muitas músicas — as melhores — as mulheres já eram pelo menos mais bonitas, menos bruxas e culpadas por tudo que havia de errado na relação amorosa, em outras ainda eram ingênuas ou pretensiosas. E ainda havia um temor que hoje em dia está totalmente ultrapassado, pelo menos com esta nomenclatura: o medo de ficar "pra titia", "solteirona". João Roberto Kelly tem um excelente exemplo de sambalanço sobre o tema, *Passaporte pra titia*, gravado em 1961 por Doris Monteiro: "Garota diz que veio de Paris/ E foi noiva de um conde/ Não casou porque não quis/ Não olha pra rapaz de pouca idade/ Pra ter personalidade/ Sempre torce o nariz/ Garota nunca deu seu coração/ Todo dia bate um papo/ Só na base do Platão/ Garota cheia de filosofia/ Sua pinta é o próprio/ Passaporte pra titia."

"Essa música é uma crítica a um tipo de moça que havia naquele tempo muito intelectualizada que descartava qualquer tipo de cantada, gostava de botar banca, dizia que tinha ido viajar pro exterior, que a família era nobre... Em geral, as 'pequenas' gostavam de namorar, brincar... Mas essas outras faziam tanto alarde que acabavam não casando com ninguém, e naquele tempo o casamento era prioridade para a mulher", explica o compositor João Roberto Kelly, apresentando um bom painel de como funcionava a sociedade daquela época.

Ao mesmo tempo que havia o temor de se ficar "pra titia", o tabu da virgindade continuava em ação e inspirava canções como o sambalanço *Menina moça* (Luiz Antonio), sucesso de Miltinho e Tito Madi em 1960, que, com as mesmas metáforas, advertia para que a mulher pensasse dez vezes antes de... "se perder": "Você botão de rosa, amanhã a flor mulher/ Jóia preciosa/ Cada um deseja e quer/ Tudo tem seu tempo certo/ Tempo para amar/ Coração aberto faz chorar." Ou seja: era um puxão de orelha nas avançadinhas.

Em outras palavras, para pegar no pé das mulheres — com elegância ou achincalhe —, valia tudo. Em 62, paralelamente à bossa nova, fazia sucesso nos bailes do Brasil o ritmo do chachachá. Ângela Maria gravou alguns muito engraçados, entre os quais o *Chachachá da moça*, de Haroldo Barbosa e Luiz Reis, que ridicularizava os anseios das mulheres de várias idades, como se elas fossem sempre fúteis, inconstantes e vivessem a ser petulantes com os homens que as rodeavam.

A moça quando chega aos dezesseis/ Está madura, está na vez
De pensar muito mais nela
Se acorda suspirando na janela/ Lá vai ela, lá vai ela...
(...) A moça quando casa pelos trinta
Conservando ainda a pinta duma juventude bela
Se briga com o marido sem razão/ Sem mais aquela, lá vai ela...
(...) A moça quando entra nos quarenta/ E o demônio ainda tenta
Nos seus sonhos de donzela/ Se sofre com carinhos
De mocinhos de novela, lá vai ela...

Além de ritmos como o chachachá, o sambalanço e a bossa nova, também começavam a fazer sucesso por aqui ecos da música "jovem" americana, que produzia ídolos nacionais cantando rocks e baladas desde o final dos anos 50. Eles entraram devagarinho e explodiram na época do programa *Jovem Guarda*, entre 1965 e 68, rivalizando com a MPB de ponta do *Dois na Bossa*, de Elis Regina e Jair Rodrigues, e a nostalgia do samba de Cyro Monteiro e Elizeth Cardoso, no *Bossaudade*. Pois bem, o repertório jovem-guardista era recheado de letras ora machistas — com influência do comportamento dos bad boys americanos —, ora sobre a visão romântica e infantil das garotas em relação aos seus namorados, ou mesmo ao fato de namorar. São versões ou letras originais que traçam perfeitamente o painel da transição dos "anos dourados" para os "anos rebeldes".

A maioria das letras dessa época soa ridícula para os padrões atuais — tão drástica foi a mudança de lá para cá no comportamento da juventude. Desde o final dos anos 50, Celly Campello, depois Sonia Delfino e mais tarde Wanderléa, Cleide Alves, Célia Vilela, Meire Pavão e outras divas do rock menos votadas não cansavam de enumerar qualidades e defeitos de seus príncipes encantados e narrar a dificuldade de arrumar um namorado "bom rapaz", "um pão", "bom partido", "brotinho ajuizado", isso sem deixar de ser boa aluna, boa filha e ansiando por ser a futura boa esposa que todo homem desejava. A repressão dos pais era também uma constante nas letras das luluzinhas ou dos bolinhas, como na versão de Fred Jorge para a música *Hey, mama!*, de Paul Anka, gravada por Celly Campello em 1961: "Mamãe me repreendeu/ E quase me bateu/ Quando me viu flertar com meu brotinho na esquina/ Hey, mama! Hey!/ Precisa compreender que tenho idade para amar/ E pra sonhar." Outra de seu repertório é ainda mais inacreditável, *Eu não tenho namorado*, gravada em duo com o irmão Tony...

Eu não tenho namorado
Alguém que eu possa amar
Meu dia é ocupado, sempre a estudar
Sem um amor que venha comigo sonhar
— Oi, Celly
— Oi, Tony
— Você vai ao baile esta noite?
— Vou sim
— Onde? No bailinho da escola
— Não, vou num baile na Austrália
— Na Austrália?
— Sim, esta noite vou estudar geografia!

(*Eu não tenho namorado — I ain't got no steady date*, Gladys Marie Cabellero, versão: Fred Jorge, 1960)

Se essas duas de Celly Campello falavam da repressão, que uma boa moça deveria estudar e não namorar, e traziam embutidas que o mais importante na vida de uma garota era mesmo ter um macho do lado, nas músicas de Sonia Delfino — cantora carioca criada para fazer frente à paulista Celly —, os valores da garota mimosinha carioca e obediente importados da bossa nova, em 1960, narravam o que se esperava de uma adolescente, sem diferir muito do repertório da colega. Como na bossa *Cheguei de mansinho* (Chico Feitosa/ Maria Helena Toledo): "Cheguei de mansinho/ Pedindo amor, carinho/ Eu sou boazinha, bem!/ Falo tão pouco também..." Realmente, como já foi dito, "falar pouco" era uma grande qualidade feminina. E que tal essa: *Garota coquete* (Castro Perret), do mesmo LP "Alô, brotos", de Sonia: "Sou ardente, sou romântica/ Gosto muito do luar/ Sou coquete, inteligente/ Também gosto de dançar/ (...) Na escola, sou a líder/ Sempre em primeiro lugar/ Sou do samba, sou do rock/ Mas não deixo de estudar/ Mas só quero amar alguém/ Quando for para casar." Abominável para os dias de hoje, mas perfeitamente pertinente para 1960. "O jovem daquela época não podia cantar músicas passionais, o teor era mais leve e ingênuo mesmo", testemunha Sonia Delfino.

A paulista Meire Pavão, mais tarde, em 64, tornou a frisar quem seria um broto ideal para namorar uma boa moça de família no roquinho *Bonitinho (Goody, goody)* (Marneck/ Marcel/ versão de Albert Pavão): "Procuro um broto pra me namorar/ Bonitinho!/ Terá que ser bonzinho e estudar/ Bonitinho!/ Assim eu o amarei/ E com ele casarei/ E depois por toda vida dele serei/ (...) Mas creio que um dia/ Se a mamãe deixar/ Bonitinho pra mim, bonitinho, é o fim!/ O broto que será o meu amor."

Quem deu uma agitada nisso foi Wanderléa. Embora a maioria das letras que gravasse fosse ainda bastante ingênua, ela tinha pelo menos dois atributos a seu favor. Para começar, sua *mise-en-scène* no palco era mais moderna que a das suas antecessoras. "A Celly (Campello) fazia um rock dentro do que estava estabelecido. Cantava de vestido comprido. O meu estilo e a minha imagem eram outros. Eu tinha no palco uma atuação contrária ao que os jovens da época tinham dentro de casa", explica a Ternurinha,[24] que inventava suas próprias coreografias e acabava literalmente ditando moda. "Os referenciais dos homens eram o Elvis Presley, depois os Beatles, mas eu não tinha muitos. A minha fantasia ia desde musas de cinema até heroínas de história em quadrinhos. Eu e meu irmão Bill 'viajávamos' nessas fantasias. Usava roupas pretas coladas, botas justas, isso era bem diferente de lacinhos cor-de-rosa", compara, referindo-se a um dos grandes sucessos de Celly.

Outro ponto a favor de Wandeca é que ela conseguia, de certo modo, burlar um pouco o machismo da época, com sua voz mais agressiva e menos infantil que a das colegas, aliada à sua imagem mais libertária. "Claro que havia todas as controvérsias da época. Embora propusesse algumas letras simples e ingênuas, às vezes a forma de cantá-las era chocante. Eu tinha também uma forma de dançar com a mão na pélvis, uma sensualidade forte para a época. Mas, apesar do apelo sensual, nunca foi vulgar", frisa.

No repertório, muita dor-de-cotovelo e amores adolescentes idealizados, mas de vez em quando aparecia em suas canções uma personagem jovem mais dona do seu nariz, agressiva em relação ao namorado, como em *Prova de fogo* (1967), presente do amigo Erasmo Carlos, com direito a recitativo no final: "Esta é uma prova de fogo/ Você tem que dizer agora se gosta ou se não gosta de mim/ Não sei se você notou, mas o seu reinado está chegando ao fim/ Fale agora ou então deixe-me ir!!!" No LP de 68, "Pra ganhar meu coração", o último da fase jovem guarda, ela também dava outros recados bem diretos na mesma linha dura e auto-afirmativa, em rocks como *Estou com raiva de você* e na própria faixa-título ("Pra ganhar meu coração/ Você vai ter que mudar/ E não vá dizer que não/ Ou então eu vou brigar/ E ter ciúme é ter carinho/ Mas assim já é demais/ Vê se tenta algum caminho/ Ou não vejo você mais").[25]

Fora dos rocks e baladas das cantoras "jovens", mas alimentando a alma suburbana e interiorana da mocinha dos anos dourados, Ângela Maria brilhava nas paradas com vários sucessos bregas sobre exatamente a mesma temática que dominava o repertório infanto-juvenil feminino da década de 60: a da menina frustrada que não arruma namorado e sonha com um para se casar no futuro próximo. Todas assinadas pelo onipresente Adelino Moreira. Em 62, em seu chachachá *Garota solitária*, dizia à moça fadada à triste sina da solidão: "Você tem o destino da lua/ Que a todos encanta/ E não é de ninguém." No ano seguinte, noutro exemplar do gênero gravado por ela, Adelino procurava consolar as mesmas meninas dizendo que "mulher é como a Chita/ Se para uns é feia para outros é bonita". Que comparação maravilhosa, não? Finalmente, em 66, em outro estouro, em plena era da Jovem Guarda, um samba-canção do mesmo autor parava tudo para dizer pela voz angelical da Sapoti os anseios de uma jovem encalhadésima: "Cinderela eu sou/ Cinderela... / E o meu príncipe encantado vai chegar." Será que chegou? Mais fácil um boi voar...

Pode ser que o príncipe encantado idealizado da Cinderela tenha sido um dos estereótipos de homem presente na canção "jovem" brasileira que se dividia entre o bom-mocismo (Roberto Carlos, Jerry Adriani, Wanderley Cardoso...), fazendo coro muitas vezes às aspirações das "boas moças", e os mais bad boys (Erasmo Carlos, Eduardo Araújo...), que provocavam as mais saidinhas e faziam corar as santinhas. O discurso era o romântico-piegas ou o do canalha sedutor. Ambos machistas até a alma. Politicamente incorretos também até a medula para os padrões de hoje, chegam a ser divertidos de ouvir numa festinha cult.

Antes de converter-se no eterno romântico, em sua fase pré-Festival de San Remo (1968), Roberto Carlos cantava algumas músicas mais ousadinhas, tipo *Lobo mau*, na qual dizia que não era do tipo que pensava em casamento, ou *Parei na contramão* e *Eu sou terrível*, aos quais misturavam a velocidade dos carangos com seu poder de fogo como homem. Mas eram exceções num repertório de bom-moço, que aos poucos foi se tornando cada vez mais de exaltação à figura da mulher, ou do homem desprotegido frente à ausência da sua "preferida".

Por outro lado, o repertório do Tremendão Erasmo Carlos era bem mais ousado nesse sentido, com pérolas contundentes de exaltação ao tesão como na versão de *Você me acende* (com teu fogo) (*You turn me on*) ou em *Vem quente que eu estou fervendo* (Carlos Imperial/ Eduardo Araújo). Mas há outras como: *Terror dos namorados* (Roberto & Erasmo, 1965), em que dizia que sua vida era "beijar" — um claro eufemismo para outro verbo, "transar": "Eu vivo num dilema/ Não sei como parar/ Eu tenho um problema/ Minha vida é beijar/ Eu beijo qualquer uma garota que vier/ Eu vendo, troco beijos, facilito a quem quiser/ Eu beijo as lourinhas, eu beijo as moreninhas." "Beijar" é ótimo. Boa metáfora!

O garanhão machão — por sinal palavras que rimavam com seu apelido de Tremendão — estava presente no grande sucesso *Minha fama de mau*, de 65 ("Perdão à namorada é uma coisa normal/ Mas é que eu tenho que manter a minha fama de mau") ou em seu próprio e impagável prefixo musical, composto por Marcos Roberto e Dori Edson em 67: "Ponho meu chapéu e saio por aí/ Entro no meu carro que é para me exibir/ Acerto o meu colete, penteio o cabelão/ E compro uma briga só por causa de esbarrão/ Sou tremendão, tremendão, tremendão.../ Corro mais que posso, só pra esnobar/ Adoro ver garotas ao me verem, desmaiar/ Gosto de teimar, mesmo sem razão/ Sou lelé da cuca/ Sempre digo não."

Na cínica *O carango* (Carlos Imperial/ Nonato Buzar), de 1966, Erasmo dava as pistas de como comer uma garota na época pré-motel. Muito "cafajeste", para usar um termo da época.

Depois das seis, tem que acender farol/ Garota de
menor não pode ser sem sol
Barra da Tijuca já michou/ A onda boa agora é ir pro Le Bateau
Garota saia curta essa moda é bem/ Todo mundo
no carango, não sobrou ninguém
(...) Mas em São Paulo o frio é de lascar/ Eu pego
uma boneca e vou pro Guarujá
Paro o carro frente pro mar/ Barra limpa, bonequinha,
chega mais pra cá!

"Tudo isso que eu cantava era uma influência da imagem dos filmes americanos, bem rebelde. Era delinqüente juvenil, para usar um termo da época", analisa Erasmo. Ele conta que se vivia uma fase de transição muito forte de costumes e diz com muita franqueza: "Bem, as garotas não podiam dar, mas davam. E a gente tinha vontade de comer também! Isso tem a ver com o pioneirismo da minha geração de vencer a geração mais velha. Sempre se achava uma forma de burlar essas coisas, inclusive nas músicas. Tanto que os grandes problemas que tive mais tarde com a censura não foram tanto políticos, mas em relação ao tema sexo", completa.

Agora, cafajeste mesmo era o repertório de Eduardo Araújo, a começar por seu primeiro sucesso, *O bom* (Carlos Imperial, 1967) ("Se você quiser experimentar sei que vai gostar/ Quando eu apareço o comentário é geral/ Ele é o bom, é o bom demais"), mais ou menos na mesma linha do rock *Tremendão*, supernarcisista. Do mesmo ano é a inacreditável *Você vai entrar numa fria* (dele com Carlos Imperial), que criticava a menina "fácil", que não queria casar e queria aproveitar a vida (e o sexo), assim como os rapazes: "Garota moderna demais, que tem a cabeça vazia/ Sorrindo pra qualquer rapaz, você vai entrar numa fria/ Garota bastante avançada, tem um namorado por dia/ Garota, essa onda é pesada, você vai entrar numa fria/ Se no Rio passeia no Joá, em São Paulo não sai do Guarujá/ Não quer casar, quer ficar pra titia, você vai entrar numa fria."

Ao mesmo tempo, posava de garanhão querendo justamente levar as meninas para "o mau caminho", como na balada trash *O sorriso do Dudu* (de Araújo e Chil Deberto, ainda de 1967): "Olá! Passeando? Sozinha?/ Por que não vem no meu carro, neném?/ Cadê o sorriso do Dudu?/ Ah, não ri? Sim, é noiva?/ Não faz mal, não sou ciumento!/ Ela fugiu, nem me ligou, nenhum sorriso ela deixou..." Tadinho!

A expectativa da Lei do Divórcio, que só se concretizou em meados dos anos 70, gerou músicas hilárias e não menos machistas como *Viva o divórcio*, outra da dupla Carlos Imperial e Eduardo Araújo: "Quando o divórcio chegar aí então eu vou me casar/ Mulher não tira pedaço de ninguém/ Vou mandar fazer um harém/ (...) Quem quiser comigo casar, pode já se candidatar/ Pega sua ficha, faça a inscrição, não tem mais lugar no listão/ (...) Quem tem uma de 40, troca por duas de 20.../ Quando o divórcio vier/ Todo mês eu vou trocar de mulher." Isto é que é uma brasa, mora? O resto é conversa!

Com os Beatles estourados, muitas versões tupiniquins foram feitas para seu repertório. Renato e seus Blue Caps fizeram muito sucesso com *Menina linda*, versão de Renato Barros para *I should have known better*, de Lennon & McCartney, que deixava bem claro que o sujeito queria era "brincar de amor" com a mulher:

"Ah, Deixa essa boneca, faça-me o favor/ Deixa isso tudo e vem brincar de amor, de amor, de amor/ (...) Menina pura como a flor, sua boneca vai quebrar/ Mas viverá o nosso amor." Curioso como "amor" nessa época já era sinônimo de sexo em muitas letras, e como é divertido ver o que o versionista pensou na hora de falar "sua boneca vai quebrar" — numa clara alusão ao hímen feminino.

Nos anos 60, a algumas moças de família — algumas! — já era permitido ir ao cinema com o namorado, que juntamente com o "automóvel" era dos poucos locais onde se podia ter privacidade na vida urbana repressora do Brasil pré-anos 70. Com o arranque industrial proposto pelo governo JK, os carros se popularizavam aos poucos, daí os garanhões do período falarem com tanta pompa de levar a garota pra passear "no seu carango". Com o avanço dos costumes, o cinema era uma opção para um maior número de namorados. Renato e seus Blue Caps, noutra versão dos Beatles — de *A Ticket to ride* (*Gente demais*) (Lennon & McCartney/ versão: Antony Middleton) —, falava dessa dificuldade de se arranjar um lugar pra namorar, onde se pudesse tirar um sarro mais à vontade. Levou a menina pra praia, depois pro Corcovado e por fim ao cinema, que desgraçadamente estava lotado também: "Tentei então por fim o cinema/ Esperando com o broto ficar/ Surgiu então um dilema/ Só havia um lugar pra sentar." Trash, mas tudo a ver com o imaginário da época.

Mas nem mesmo o cinema estava livre de resultar num programa-roubada em termos de privacidade, como assinalava Roberto Carlos num de seus primeiros hits, de 63, *Splish, splash* (Bobby Darin/ J. Muray/ versão: Erasmo Carlos), pois o "barulho" do beijo que deu na sua namorada entornou seu caldo: "Splish, splash fez o beijo que eu dei nela dentro do cinema/ Todo mundo olhou me condenando só porque eu estava amando/ Agora lá em casa todo mundo vai saber/ Que o beijo que eu dei nela fez barulho sem querer."

Reparem que todos esses exemplos só ressaltam uma coisa: a mulher ainda era vista como casta e tinha de ser "preservada" até o casamento. Se alguma delas cedesse a uma cantada mais pesada, servia pra transar, mas não pra casar, ou seja, o dilema da "santa" para o lar e da "puta" para a rua que ainda hoje persiste no imaginário masculino. "Essa história da santa e da puta é demais, resiste até hoje. Faz lembrar o caso da mãe que não tem xoxota (risos). E não pode pecar porque não tem xoxota!!", brinca o psicanalista José Ângelo Gaiarsa, tentando entender a cabeça do homem na sociedade machista ocidental.

Tudo bem, a mulher dos anos 60 ainda é um bem que o homem quer ter para si, ele ainda vê com desconfiança os avanços que ela podia perseguir, mas o panorama era de mudanças irreversíveis. No final da década de 60, o patriarcado começa a ceder um pouco. Graças aos avanços tecnológicos que eliminaram a divisão sexual de tarefas e à criação de anticoncepcionais mais eficazes e acessíveis, a mulher começou a vislumbrar o prazer do sexo sem culpas, desvinculado da procriação. Somente nesse momento tabus da virgindade, do homem ser o dono da mulher e coisas do gênero começaram a sair de moda. Muito lentamente, diga-se de passagem. A maioria das mulheres ainda casava virgem, mas já era possível ouvir uma música simpática a propósito da... perda da virgindade de uma mulher. A canção *Juliana*, dos compositores estreantes Antonio Adolfo e Tibério Gaspar, abocanhou o segundo lugar no IV Festival Internacional da Canção, da TV Globo, em 1969, na voz de Claudette Soares, falando de maneira muito sutil e positiva (!) da descoberta do sexo por uma mulher, por meio de muitas metáforas, num momento em que Leila Diniz era apenas um exemplo de mulher avançada — com ainda poucas seguidoras.

Botão de rosa, perfumosa e linda/ Tão menina ainda a desabrochar
Pelos canteiros do amor primeiro/ É chegada a hora do seu despertar
E a poesia então fez moradia/ Na roseira, vida, que se abria em par
E entre suspiros junto à ribeira/ E Juliana viu o amor chegar
E Juliana então se fez mulher/ E Juliana viu o amor chegar

As transformações na esfera sexual estavam apenas começando. Que o diga a cantora e compositora Joyce, nossa primeira letrista a se expressar sem culpas no feminino. "Realmente faço parte de uma geração que quebrou tudo em relação a tabus e papéis sexuais, no geral e no particular. Ainda assim, a grande maioria das meninas que fazia música na minha geração optava por um caminho de cantora, de intérprete do pensamento alheio, geralmente masculino. Quando alguém tentava compor, era sempre com uma fala bastante tímida, romântica, passiva — ou buscando a parceria de letristas homens. Já eu achava que podia falar no feminino desde o início, pois se eu era mulher, ora bolas, por que não?", pergunta Joyce, que não se identificava com as colegas de outras gerações que compunham como Dolores Duran, Dora Lopes ou Maysa, pois estas não assumiam a persona feminina e faziam letras sempre "neutras demais, onde tudo era muito triste, depressivo, pessimista e pesado".

De nossas compositoras, Joyce prefere identificar-se com a primeira de todas, Chiquinha Gonzaga, que foi uma grande musicista, ainda que deixasse as letras de suas canções a cargo de seus parceiros (todos homens). "Esta é outra grande questão. Porque a mulher instrumentista, aquela que toca, compõe música, faz arranjo, lidera banda, está de certa forma se apropriando da batuta (coisa mais fálica) masculina, e isso, diante dos músicos, homens na grande maioria, também sempre incomodou bastante. Durante muitos anos, essa foi outra questão com a qual precisei lidar, e custou muito para que eu pudesse trabalhar com músicos que aceitassem normalmente esta liderança. Foi preciso provar muita coisa no dia-a-dia, por anos e anos, até que isso passasse a ser encarado de forma natural", explica.

Joyce logo de cara sentiu o peso de ser uma mulher escrevendo sob a ótica feminina. Ela conta que teve de pagar um preço alto, como qualquer transgressor, quando cantou sua música *Me disseram* no II Festival Internacional da Canção, da TV Globo. "Imagine em 1967, uma menina de 19 anos, aluna da PUC, educada em colégio de freira, com aquela cara de garota de Ipanema, chegar num Maracanãzinho lotado e cantar: "Já me disseram que meu homem não me ama..." Fui chamada de tudo pela imprensa. Sérgio Porto, o homem das certinhas do Lalau, vetou a minha participação num show que ele dirigia, dizendo que eu "não tinha modos".

> *Já me disseram/ Que meu homem não me ama*
> *Me contaram que tem fama/ De fazer mulher chorar*
> *(...) Só eu sei que ele é isso e mais um pouco*
> *Pode ser que seja louco/ Mas é louco só no amor...!*

Joyce guarda "com carinho" os recortes de jornal nos quais parte da imprensa a detonou, duvidando da autoria das músicas de seu primeiro LP, achando-as "boas demais para terem sido feitas por mulher". Em contrapartida, alguns a apoiaram, fossem da velha guarda, como Fernando Lobo, ou novatos, como Nelson Motta. A cantora prosseguiu gravando discos, mas ficou no congelador da MPB, sendo servida à mesa do grande público apenas a partir de 1979, quando Elis Regina batizou seu LP com o nome de uma de suas músicas em parceria com Ana Terra, a emblemática *Essa mulher*. Logo, logo, ela estava nos brindando com *Feminina*, samba-jazz citado no início deste capítulo e que mostrava a dor e a delícia de ser uma mulher moderna. Mas aí já estávamos em 1980.

Ela credita o sucesso dessa canção a não somente por ela ser alegre, suingada e com soluções harmônicas diferentes, mas aos questionamentos que propõe sua letra: "Tem muita coisa aí: a mulher como uma espécie de antiperua ('não é no cabelo ou no dengo ou no olhar', ou seja, não precisa mais ser a bonequinha-bibelô daquele estilo do início da bossa nova); a mãe respondendo a uma pergunta da filha (diferentes gerações de mulheres buscando a própria identidade), o lance meio misterioso da mandala ('termina na hora de recomeçar'), que é a cara das mulheres questionadoras, tanta coisa... e eu não pensei em nada disso quando fiz a música, juro!"

Foi somente a partir dos anos 70 que os compositores "homens" passaram a dar uma colher de chá para as mulheres, retratando-as de maneira mais justa em suas letras, como veremos daqui a pouco. Mesmo assim, Joyce acredita que existe uma diferença muito grande entre a abordagem feminina e masculina dos compositores em relação a um assunto. "Todas as letras escritas por mulher são de um planeta completamente diferente das dos homens. Mesmo quando eles escrevem como mulher, com a possível e talvez única exceção do Chico, que tem um encosto de pomba-gira que lhe baixa de vez em quando. É difícil explicar... Vejo isso, por exemplo, com meu parceiro Paulo César Pinheiro, que às vezes me manda letras de teor feminino. São letras lindas, mas pra quem ouve, está na cara que foi um homem que escreveu", conta Joyce, dizendo que uma das que fizeram juntos, *Outras mulheres*, passou por modificações sutis, mas que faziam toda a diferença de enfoque, a começar pelo título...

"De cara, a canção ia se chamar 'Meretriz'!!!! E na cabeça do Paulinho, era sobre uma prostituta. Quando eu disse a ele que minha filha de 14 anos tinha se identificado com a letra, ele entendeu que não era bem assim. Então trocamos o título e ainda, por sugestão minha, a frase 'sou de vender minhas graças' virou 'sou de ceder minhas graças'. Mais com cara de mulher, não é? Foi para acabar com essa dicotomia da santa/puta que Ana e eu fizemos *Essa mulher*, por exemplo. Na real, a menina, a mulher e a senhora são a mesma pessoa", compara.

Essa menina, essa mulher, essa senhora
Em quem esbarro a toda hora no espelho casual
É feita de sombra e tanta luz
De tanta lama e tanta cruz
Que acha tudo natural...

Segundo Joyce, o fato de ainda haver poucas compositoras atuando na MPB vem de duas razões muito simples: "Porque a sociedade ainda não está acostumada a nos ver como um pensamento atuante, e porque as próprias mulheres têm medo de se expor assim. Interessante é que esse 'medo' aparece mais na chamada MPB, a porção mais 'nobre' da música brasileira, território quase que exclusivo dos homens. No pop-rock e no funk, por exemplo, que não tem esse peso da música dita 'séria', as compositoras aparecem muito mais", dispara não sem razão, pois realmente é um disparate o número tão pequeno de mulheres compondo no Brasil. Principalmente até final dos anos 70.

Mas entre *Me disseram* (1967) e *Feminina* (1980) de Joyce, outras compositoras e cantoras — de linhagem bem popular — também apareceram para criticar certos papéis submissos e conformistas, sempre atribuídos às mulheres. Cláudia Barroso, por exemplo, que começou nos anos 60 e nos 70 já era um fenômeno de vendas, gravando dois LPs por ano, cantava coisas como *Quem você pensa que é*, de Elizabeth ("E se você me quiser pra ser sua mulher/ Tem que ter mais amor, mais respeito por mim/ Pois pior do que partir é ficar/ E você me tratar desse jeito judiando de mim") ou *Mulher sem nome*, de Anastácia ("Quantos casamentos tão bonitos na igreja/ Terminam em brigas, se desfazem em tristezas/ Pra quem me condena meu desprezo é profundo/ Quem quiser me criticar, primeiro conserte o mundo"). Entretanto, não se pode chamar Cláudia de engajada, pois se por um lado havia músicas petulantes, falando da falência dos casamentos, dos maus-tratos dos maridos ou mesmo de a mulher se assumir "a outra" em várias relações, em geral, prevalecia em seu repertório a dor-de-corno clássica, de ótica bem masculina. Então, num mesmo disco ela poderia gravar uma canção feminista, mas também uma bem conformista tipo *Pecado mortal*, de Carlos Bonani ("Mas ouça bem não sou igual a outras mulheres que desconhecem os mandamentos/ Trair marido é pecado mortal").

Nesta linha popular, fenômeno mesmo foi Vanusa, que mantinha em seus discos dos anos 70 uma postura bem mais coerente. Além de cantora, era ela mesma quem escrevia várias das letras que passaram a ecoar em rádios e trilhas de novelas, não ficando restritas ao circuito brega. Eram músicas sempre questionando casamentos fracassados, a mulher que se anula por causa do homem, a violência do homem contra a mulher, o excesso de cobrança sobre as mulheres... Bem panfletárias, suas músicas clamavam sempre por mudanças. Hoje tudo pode até parecer um grande clichê, um exagero, mas na década de 70 isto realmente era uma novidade, ainda mais no terreno da música romântica de cunho bastante popular.

Vanusa começou de mansinho. O grande sucesso *Manhãs de setembro* (com melodia de Mário Campanha), gravado em 1973, já trazia em seus versos uma sede de libertação, ainda que por meio de metáforas: "Fui eu quem se fechou no muro e se guardou lá fora/ Fui eu quem num esforço se guardou na indiferença/ (...) Fui eu que consegui ficar e ir embora/ E fui esquecida (...) Fui eu que em primavera só não viu as flores e o sol nas manhãs de setembro/ Eu quero sair, eu quero falar, eu quero ensinar o vizinho a cantar." "Nesta música, eu já dizia: 'fui eu quem se fechou no muro...' Já era a vontade de sair daquele relacionamento porque não estava feliz, mas não podia escancarar. Mas o poeta é assim mesmo, pega a verdade dele e camufla, como diria Fernando Pessoa", diz Vanusa, que, casada com o cantor e compositor Antonio Marcos, se via sufocada até mesmo para compor. Dois anos depois, já casada com o diretor de TV Augusto César Vanucci, parecia passar a limpo seus problemas do casamento anterior na emblemática *Rotina*, outra com melodia de Mário Campanha, cujo tom já era mais de panfleto feminista, rasgando o sutiã...

Você levanta, come e dorme/ Limpa a casa e olha o tempo
Se acostuma com o jogo/ Não reclama os seus direitos
Deixa o sonho amortecer/ Deixa o emprego na gaveta
Do criado onde o relógio/ Não se esquece de correr
(...) Minha amiga, o tempo passa/ Não espera por ninguém
E essas rugas, essa carcaça/ O tempo acaba também
Vê se fala, vê se grita/ Vê se assume a sua vida/ Ou fica só

"Quando escrevi a letra de *Rotina* comecei a me tocar como mulher. Eu acredito que já era feminista com 13, 14 anos de idade sem saber: meu pai era o típico machão, e eu comecei a discutir com ele com essa idade e apanhei muito por causa disso. Quando me respondia com um 'Não, porque não!' eu lhe dizia que 'não' não era resposta, e logo apanhava. Tinha muitas brigas com meu pai pra defender minha mãe. Por isso me tornei exímia lutadora nas palavras e nos argumentos, comecei a ler muito", relata Vanusa, que ainda teve que aturar muito o machismo de seus futuros maridos, o que a inspirou a compor uma série de canções, chegando ao ápice do engajamento feminista na apoteótica *Mudanças*, que estourou e marcou definitivamente a sua carreira.

Hoje eu vou mudar/ Vasculhar minhas gavetas
(...) Deixar de ser menina pra ser mulher
Hoje eu vou mudar/ Pôr na balança a coragem
Me entregar no que acredito/ Pra ser o que sou sem medo
Dançar e cantar por hábito
E não ter cantos escuros pra guardar os meus segredos

Parar de dizer "não tenho tempo pra vida"
Que grita dentro de mim, me libertar!

(*Mudanças*, Sérgio Sá e Vanusa, 1979)

Vanusa conta que Sérgio Sá, compositor com deficiência visual, quando a ouviu num quarto de hotel, durante uma turnê, recitando de um caderno o poema que deu origem à canção *Mudanças*, ficou tão fascinado que abriu seu teclado e pediu que ela o relesse diversas vezes. E assim nasceu a melodia da música. Cada frase que ela lia, ele musicava. Em 15 minutos a música estava pronta. "Quando terminou de compor, tinha sobrado ainda uma lauda inteira, então ele disse: 'Não vamos jogar fora: você vai declamar! Não se pode perder nenhum desses versos porque isso é maravilhoso!' Naquela época, como até hoje, era raro música com uma declamação enorme no meio, mas fizemos e deu no que deu." De fato, a cantora recitou um texto impagável nesta gravação — um discurso feminista sem precedentes na MPB e que depois disso nunca se repetiu:

"Hoje eu vou mudar/ Sair de dentro de mim e não usar somente o coração/ Parar de cobrar os fracassos, soltar os laços e prender as amarras da razão/ Voar livre com todos os meus defeitos para que eu possa libertar os meus direitos e não cobrar desta vida nem rumos nem decisões/ Hoje eu preciso e vou mudar/ Dividir no tempo e somar no vento todas as coisas que um dia sonhei conquistar/ Porque sou mulher como qualquer uma, com dúvidas e soluções, com erros e acertos, amor e desamor/ Suave com a gaivota e ferina como a leoa/ Tranqüila e pacificadora e ao mesmo tempo irreverente e revolucionária/ Feliz, infeliz, realista e sonhadora/ Submissa por condição, mas independente por opinião/ Porque sou mulher com todas as incoerências que fazem de nós o forte sexo fraco!!!". Sutiã queimado perde...

A canção, com direito a este impagável recitativo, fez grande sucesso e realmente marca uma divisão de águas em nossa música, pois se uma cantora bastante popular já podia fazer uma música dessas sem ser apedrejada em praça pública, é porque algo estava de fato mudando. E a reação do seu público quando ela passou a incorporar *Mudanças* em seu repertório foi avassaladora. "Apesar das músicas feministas que eu já havia gravado, as mulheres começaram a me notar com ela. Quando gravei *Rotina*, ainda não, porque era muito agressiva e estava falando para mim mesma, e acho que na época elas ainda não estavam acostumadas a ouvir mensagens como aquela. Na fase que fiz *Mudanças*, eu já falava de coisas que acreditava que eu precisava fazer e não estava conseguindo", explica Vanusa que, ao notar que aquela música mudava as pessoas, passou a mudar também. Onde quer que ela estivesse, um punhado de mulheres ia até ela dizer que sua música havia mudado suas vidas, o que a impressionou muito. A partir de então, passou a ter também um fã-clube gay bastante grande, afinal, ela foi vista como uma defensora da liberdade sexual.

Não foi por acaso que pouco depois, em 82, ela ainda faria sucesso com uma versão do hino libertário gay *I will survive* — sucesso de Gloria Gaynor — que na versão do futuro "mago" (e seu produtor, nesta fase) Paulo Coelho virou *Eu sobrevivo*. Nada mais *up to date* naquele momento, bem como outras músicas de seu LP daquele ano, como *Polivalente* (Vanusa/Vanucci) — falando das múltiplas jornadas do "sexo frágil" — e *S.O.S. mulher* (Vanusa) — que denunciava a violência contra o segundo sexo. "Já levei uma vez porrada de homem, mas dei umas vinte também, e além de tudo fiz uma música. É a tal história do 'Se te dão um limão, faça logo uma caipirinha'", diverte-se.

A mão que te acaricia/ É a mesma que esbofeteia
E a boca que te beija/ É a mesma que injuria
O braço forte que ampara/ É o mesmo que te bate na cara
E lá vai você por essa estrada
(...) O teu silêncio é cúmplice da violência
Acorda pra vida e pede socorro/ Nada vale esse jogo

(*S.O.S. mulher*, Vanusa, 1982)

Entre o final dos anos 60 e o início dos anos 70, apareceram outras compositoras além das citadas Elizabeth, Anastácia, Cláudia Barroso (que também compunha) e Joyce. Surgiram Rita Lee, Sueli Costa, Isolda, Marlui Miranda, Rosinha de Valença, Dona Ivone Lara (que, embora já não fosse jovem, passou a ser mais notada no final da década de 70), Luli & Lucina, Ana Terra, Tereza Tinoco, Marina, Joanna, Sarah Benchimol, Ângela Ro Ro, entre outras. Poucas, entretanto, falaram de forma tão contundente do universo feminino como Fátima Guedes, que penetrava com muita profundidade nos dilemas da mulher, sempre apontando para temas libertários (como veremos melhor no último capítulo).

Nos primeiros discos falava, por exemplo, da opção por um casamento feliz, sem "cercas", em *Lápis de cor* (1981): "Com amor, lápis de cor/ Desenhei uma casinha pra gente ir morar/ (...) Pintei um jardim caprichado/ Um pouco estilizado, diferente/ Pus uma cerca branquinha/ Embora cerca nada tenha a ver com a gente." Em seu primeiro grande sucesso, *Mais uma boca* (1980), contava o drama de uma pobre diaba que dava à luz num barracão enquanto o marido se embebedava num bar: "Quem de vocês se chama João?/ Eu vim avisar, a mulher dele deu à luz/ (...) Vai correndo ver como ela está feia/ Vai ver como ela está cansada/ E teve o filho sozinha sem chorar, porque/ A dor maior o futuro é quem vai dar/ (...) E pode tratar de ir subindo o morro/ Que se ela não teve socorro/ Quem sabe a sua presença/ Devolve à dona uma ponta de esperança/ Reze a Deus pelo bem dessa criança/ (...) Pra que ela não acabe como os meus." Mas quando falava da solidão da mulher casada era imbatível, caso do bolero *Traste* (1980), em que compara a miséria financeira à sentimental de um casal:

Ele já chega morto, de corpo, de alma, ausente.
Esquece em algum bolso um beijo que me alimente
Ele se acha um traste e embora não reclame do seu ordenado
Não diz quanto ganha, fica envergonhado
Eu sei pelo tão pouco que ele dá pra mim
(...) Eu deito do seu lado e embora ainda fique com
o corpo em brasa

Ele já chega morto de corpo em casa
(...) Ele pegou no sono antes de mim, como sempre
Eu fico a rolar na cama, insone, cansada
Como mulher, infeliz/ Como gente, revoltada

Fátima conta que em sua adolescência gostava muito de ouvir Dolores Duran. Mas assim como Joyce, percebeu que ali tinha alguma coisa de estranho. "A Dolores fazia bastante a minha cabeça, mas quando descobri que ela era uma eterna sofredora, vi que não era só aquilo que eu queria para as minhas letras. Posso ser sofredora, mas não eterna. Mudei um pouco o discurso, mas admito que quando fiz letras sobre a dor amorosa, elas vieram muito calçadas nas coisas da Dolores. Minha mãe era muito sua fã e cantava suas músicas para mim", conta a cantora e compositora, que bastante jovem surpreendeu Elis Regina, que passou a cantar em shows sua música *Meninas da cidade* e, da mesma forma que fizera com Joyce, logo seria a primeira grande cantora a gravar uma de suas músicas, *Onze fitas*. Pela profundidade das letras saídas de uma jovem de 20 anos, Elis costumava dizer de forma bem-humorada: "Só pode ser encosto!"

As mulheres compositoras poderiam ser — como são até hoje — minoria, mas, em compensação, se multiplicavam como intérpretes, e em seu repertório, em geral, não figurava mais o machismo de outras épocas. Roberto Menescal, que, além de grande compositor, foi diretor de produção de umas das principais gravadoras do país, a Philips (hoje Universal), dos anos 70 aos 90, presenciou essa mudança de mentalidade. "A liberação da mulher que estava acontecendo se refletia em letras que falavam sobre seus problemas, como as de Vitor Martins, Gonzaguinha, Chico Buarque, Caetano e também de compositoras, como Joyce, Ana Terra e Fátima Guedes. Falavam de temas difíceis, como o de a mulher aprender a gozar. No começo, essas músicas chocavam um pouco, mas foi isso que alavancou definitivamente o processo de vendagem das cantoras", frisa ele, afirmando que quando entrou para a Philips, em 1970, havia um tabu de que cantora não vendia disco.

"Esse dogma prevaleceu por muito tempo. Dizia-se que quem comprava disco era mulher, e por isso compravam mais discos de cantores. Aos poucos, apareceram algumas cantoras, e outras se consagraram usando algo mais do que o cantar. Podia ser um charme, um visual mais ousado, enfim, cantar usando o corpo, como Gal e Bethânia, que já vinham dos anos 60, e Simone e Fafá de Belém, que estrearam já em meados dos 70. A televisão também colaborou muito para isto, pois as pessoas viam essa exuberância feminina também dentro de suas casas. Com essa postura, elas passaram a vender mais e serem mais populares", analisa.[26]

Em entrevista a Tárik de Souza na revista *Playboy* a respeito do boom feminino da MPB, em 1979, o produtor Mariozinho Rocha disse o que confirmaria Menescal 20 anos depois: "Pintou uma dose de coragem coletiva entre as mulheres. É só ir à praia para notar que a sexualidade está aflorando cada vez mais. Antigamente, só as piranhas usavam tanga transparente, mostrando o púbis. Agora, qualquer menininha tá aí de topless." Na mesma reportagem, Guilherme Araújo constatava que "de repente as moças estão compondo coisas mais interessantes". Outro produtor, Mazzola, resumia: "A mulher é um fato novo." E a educadora Martha Zanetti, diretora do Centro de Estudos e Atendimento à Mulher e à Infância, dizia com muita propriedade: "Antes, sempre foi permitido o rebolado das sambistas, geralmente negras, em tangas cada vez mais sumárias. Agora, chegou a vez das mocinhas da classe média. Elas também estão reivindicando prazer, através da posse do próprio corpo."[27]

As cantoras e compositoras queriam desnudar-se de forma mais pungente para o público e deixavam isso claro em depoimentos bastante contundentes na mesma reportagem de 79. "Alguns reclamaram de nossos trajes, mas isso é um problema de quem não gosta de ver pernas de fora", protestaram as integrantes do Quarteto em Cy, que ousaram no figurino do show *Em Mil KHz*. "Minha maior preocupação é fazer letras claras", dizia Fátima Guedes. "Transo a verdade, não quero blefar. Se apareço de malha na capa do meu disco, é porque gosto dessa roupa, ando assim. Faço ginástica, transo meu corpo; faço análise, transo minha cabeça", declarava Marina, logo após lançar seu primeiro LP. Simone fazia coro: "Esses temas refletem uma preocupação que está aí, que as pessoas sentem e querem expressar. Só não o faziam antes porque a censura vetava." Mais politizada, Tereza Tinoco ia além: "Essa oportunidade que nós mulheres estamos tendo não é um fenômeno só musical, mas está acontecendo em todas as áreas, principalmente na política. Quero que meu canto chegue à mulher para que ela reaja mais à sua verdadeira identidade de ser pensante."[28]

Na mesma época, em entrevistas a Ronaldo Bôscoli, as divas Bethânia e Gal também revelavam um lado deliciosamente sensual. "Gosto de minha pele e de minhas mãos percorrendo seus contornos. Meu corpo precisa, acima de tudo, da mão amada a afagá-lo. Meus seios são bonitinhos, de bom desenho, rijos", disse Bethânia, em sintonia com o momento de Gal: "Sou sexy desde o começo, só que agressiva. Algumas pessoas me achavam feia e diziam que eu era uma macaca, suja e piolhenta. Fui mais gorda, agora estou mais magra, mais sensual."[29]

Esse momento tão forte teve impulso definitivo quando os compositores homens — a grande maioria ainda na MPB — decidiram levantar a bandeira da mulher em suas letras, incluindo suas aspirações sobre amor, sexo e seus desdobramentos. Neste momento, deu-se, enfim, a revolução definitiva nas letras de nosso cancioneiro. Nas obras desses e de outros compositores (homens) dos anos 70 ao começo dos 80, vamos encontrar enfoques inéditos e sofisticados do papel da mulher.

Se Vanusa falava com todas as letras da apatia de certos casamentos e dava força para que a mulher se libertasse, alguns homens também fizeram isso no mesmo período, a começar por Chico Buarque, que já em 1970 cai no samba *Essa moça tá diferente*, mostrando que ela já não estava quietinha vendo a banda passar, nem mesmo era mais a *Carolina* que, acomodada, não viu o tempo passar na janela. Ainda que reze a lenda de que neste samba Chico teria usado a metáfora de uma mulher avançada que desdenha o namorado para, em verdade, fazer uma crítica velada aos exageros dos tropicalistas — que num primeiro momento batiam de frente com o suposto "tradicionalismo" de sua obra —, não se pode negar que essa mulher descrita pelo compositor, coincidência ou não, já começava a existir realmente, em carne e osso, tendo tudo a ver com aquele período de transformações em nossa história comportamental.

Naquele momento, ela — a tal moça "diferente" — deixa de ser estática e passa a ser "pra lá de pra frente" e decidida a se "supermodernizar", e se o cara não se cuidasse, ela iria passá-lo para trás mesmo, sem direito a peninha. Com um misto de susto e admiração, o personagem da canção não punia essa mulher ávida pelo novo, que chegava a repudiar até mesmo seus gostos ultrapassados.

Logo apareceriam as canções em que ele se punha no feminino. Aí sim é que Chico mostrava-se imbatível, deixando as próprias mulheres literalmente de quatro por ele, que como se não bastasse, além de talentoso, sempre foi um homem muito bonito. Chico dizia numa reportagem de 1979 — auge de suas canções femininas e feministas — que sua afinidade com o mundo da mulher não tinha mistérios. "Trata-se unicamente de encarnar personagens",[30] e não citava qualquer explicação racional para esta faceta peculiar de seu repertório. "Escreve aí que eu sou bicha", provocava em depoimento ao repórter Tárik de Souza, com sua ironia peculiar.

Mais de 25 anos depois, em 2005, no documentário *À flor da pele*[31], o compositor diz que suas personagens femininas provêem de um fascínio pessoal em relação ao comportamento feminino. "A mulher é um grande mistério, tenho uma grande curiosidade em relação à mulher, à alma feminina, de como ela pensa, age. Sou um voyeur, um 'vedor' da mulher. Gosto de ver como elas se movem, raciocinam, reagem. É sempre uma surpresa. Me considero até um grande desconhecedor da alma da mulher. Sou um curioso exatamente por desconhecer, querer saber e entender e não entender nunca. Há mulheres terríveis que fazem coisas horrorosas (risos). Com um amigo que faça uma coisa terrível, você rompe. Mas a mulher fazendo, você releva um pouco, porque pode haver algum motivo de mulher que talvez você não entenda, alguma coisa por trás."

Chico vai adiante na mesma entrevista e conta um pouco da evolução destes personagens femininos em sua obra: "A primeira vez que fiz uma canção feminina na primeira pessoa foi *Com açúcar com afeto*, a pedido da Nara (Leão), que disse: 'Quero uma música daquelas, das mulheres que ficam esperando marido'...", conta Chico. No entanto, revela que a primeira do gênero que compôs na qual a mulher canta a sua própria liberdade foi *Olhos nos olhos*, que fez para Maria Bethânia gravar em 1976. "Era uma música em que a mulher que é abandonada pelo marido ou amante, que seja, e dá a volta por cima... Diz que é mais feliz assim, que viveu outros tantos amores. Isso não digo que fosse uma novidade nos anos 70, mas uma canção dessas seria um absurdo em 1940. Não haveria possibilidade de alguém pensar em se expressar dessa maneira em música naquele tempo",[32] compara o autor de versos como...

Olhos nos olhos
Quero ver o que você faz
Ao sentir que sem você eu passo bem demais
E que venho até remoçando
Me pego cantando, sem mais nem porquê
E quantas águas rolaram
Quantos homens me amaram
Bem mais e melhor que você...

Da mesma forma e no mesmo ano de 76, sua *Mulheres de Atenas* sugeria que todos se "mirassem" naquele exemplo patético e antigo daquelas mulheres submissas gregas para que as do momento em que compôs a canção fizessem exatamente o contrário. "Esta foi uma canção escrita para uma peça do Augusto Boal. Na verdade, ele escreveu o roteiro, um rascunho da letra, e me mandou para eu fazer a melodia e dar uma ajeitada. Essa é uma peça feminista, bem dos anos 70. É engraçado que a canção foi condenada por algumas feministas radicais, porque dizia 'Mirem-se no exemplo daquelas mulheres de Atenas', quando evidentemente a idéia era dizer 'não se mirem nas mulheres Atenas'. Mas foi tomada ao pé da letra. Havia um pouquinho de bobagem, essa coisa do feminismo levado às últimas conseqüências às vezes resultava em grandes besteiras",[33] admite o compositor, em 2005, quase 30 anos depois.

Enquanto isso, João Bosco e Aldir Blanc trituravam um casamento falido na letra de *Bodas de prata* (1974).

> *Você fica deitada de olhos arregalados/ Ou andando no escuro de penhoar*
> *(...) Não adiantou nada o banho de ervas/ Não adiantou nada o nome da outra*
> *No pano vermelho pro Anjo das Trevas/ Ele vai voltar tarde, cheirando a cerveja*
> *Se atirar de sapato na cama vazia/ E dormir na hora murmurando "Dora!"*
> *Mas você é Maria/ (...) É o tempo, Maria/ Te comendo feito traça num vestido de noivado*
>
> (*Bodas de prata,* João Bosco e Aldir Blanc, 1974)

Aldir Blanc diz que retratou em suas letras fatos que estavam a seu redor, cunhando críticas a situações que lhe pareciam absurdas ou ultrapassadas, ainda que muitas vezes as fizesse instintivamente, sem se dar conta. "No meu caso, era mais um sentimento do que uma coisa racional. Claro que venho de uma casa em Vila Isabel onde a família morava toda junta — as filhas e o filho do meu avô português, cada um num quarto, com suas mulheres e filhos — e via que o tratamento dispensado às mulheres era quase inclassificável, um negócio machista, repressor, mas ao mesmo tempo me lembro de várias histórias de confusão de tios e primos atacando empregadas e vizinhas que lhes dessem mole (risos). Por outro lado, meu pai sempre foi fiel à minha mãe, mas era um casamento difícil, doloroso... Meu pai era muito fechado, machão, sempre com a porra do cigarro na boca, marcando corrida de cavalo. Hoje está totalmente diferente por causa da chegada dos netos, mas na época era assim. *Bodas de prata* é um pouco a história de uma opressão muito grande, bem de acordo com a estética dessa época, que em cada armário tinha guardado sempre aquele vestido de noiva. O casamento podia estar um horror, mas o vestido era preservado", diz.

Milton Nascimento e Fernando Brant seguiam na mesma trilha de Chico, Bosco e Blanc, compondo um dos hinos da mulher brasileira, *Maria, Maria*. Inicialmente Milton a compôs sem letra para o balé homônimo encenado pelo Grupo Corpo, em 1976. A canção estourou nacionalmente na clássica gravação de Milton, dois anos depois, já com a famosa letra de Brant, composta no intervalo de um jogo do Brasil na Copa de 78. Fernando diz que tudo foi muito natural, não houve premeditação no fato de exaltar a mulher naquele momento. Entretanto, acredita que este elemento estava no subconsciente de sua geração. "Começava a haver um movimento em relação às mulheres e o mundo se tornou muito mais aberto e menos preconceituoso em relação a elas. A minha geração veio exatamente para se livrar de todo tipo de preconceito de raça, cor, sexo... Era a expressão do que a gente pensava mesmo", relata.

Maria, Maria é um dom
Uma certa magia, uma força que nos alerta
Uma mulher que merece viver e amar
Como outra qualquer do planeta

No caso específico da canção *Maria, Maria*, Fernando Brant conta que se baseou em sua experiência de menino criado em Diamantina, Minas Gerais. "Convivi com várias Marias, todas pretas, que viraram amigas e me influenciaram muito na minha formação de pré-adolescente. E essa força interessante dessas mulheres ficou guardada comigo. É isso que expresso nesse poema", explica.

Outro grande letrista da MPB, contemporâneo de Brant, Paulo César Pinheiro, assina embaixo. "A gente estava fazendo história e não sabia. Depois é que vimos o quanto fomos revolucionários. Todos os que transformaram a letra da música brasileira e hoje estão com mais ou menos 60 anos foram universitários no início dos anos 60. Eram estudantes numa época em que se queria mudar o mundo. Fizemos o traço-de-união entre duas eras, com uma revolução de comportamento, e fomos vivendo e escrevendo sobre aquilo que passava à nossa volta. Fazíamos aquilo sem pensar que seria uma marca para a música brasileira dali por diante", analisa o co-autor (com Baden Powell) do samba *Vou deitar e rolar* ("Quaquaraquaquá quem riu/ Quaquaraquaquá fui eu"), que na voz de Elis ganhou um delicioso sabor de vingança feminina.

Ivan Lins foi outro que escreveu uma das primeiras e mais panfletárias músicas do feminismo à brasileira, com seu primeiro parceiro, Ronaldo Monteiro de Souza. *Você mulher, você* era um delicioso samba-rock, concebido inicialmente para ser jingle de uma revista feminina (*Você mulher*), que estava sendo lançada naquele momento. Logo depois, foi gravada num compacto por Ivan com o Trio Mocotó, em 1971. A julgar pelo teor da letra, a revista queria mudar um pouco o padrão ultraconservador de mulher adotado até então nas revistas do gênero. "Foi das primeiras músicas brasileiras que pregavam claramente a igualdade de direitos entre homens e mulheres", diz Ronaldo Monteiro.

Não lhe quero em casa, prisioneira (Você mulher, você!)
Do fogão, tesoura e enceradeira (Você mulher, você!)
Com mau-trato, feia e companheira (Você mulher, você!)
(...) Não está longe a sua independência
Vida crua pede providência
Mas me lembra uma escravidão, peça abolição!

A parceria de Ivan Lins e Vitor Martins ofereceu também algumas jóias da valorização e libertação da mulher, como a antológica *Começar de novo* (1979). A letra trazia algumas metáforas sobre a ditadura, mas o grande público a tomou mesmo como uma grande canção de libertação comportamental — em que pese a interpretação pungente de Simone e a sua veiculação no premiado seriado *Malu mulher*, marco da TV brasileira: "Começar de novo e contar comigo/ Vai valer a pena!/ Ter amanhecido, ter me rebelado/ Ter me debatido, ter me machucado/ Ter sobrevivido, ter virado a mesa/ Ter me conhecido/ Ter virado o barco, ter me socorrido/ (...) Sem as tuas garras, sempre tão seguras/ Sem o teu fantasma, sem tua moldura/ Sem tuas escoras, sem o teu domínio/ Sem tuas esporas, sem o teu fascínio..."

"Uma vez, depois que compus essa música, uns psicólogos me perguntaram se eu era profissional do ramo deles também", diverte-se Vitor Martins. "Realmente essa música foi muito forte. Me marcou muito. Uma vez, quando o Ivan estava fazendo um show em São Paulo, havia um rapaz que vendia discos ali por perto que, quando me viu, me chamou e disse 'obrigado pela sua música. Meu pai e minha mãe estavam vivendo muito mal, tinham quase 30 anos de casados, e ela ficou outra depois de ouvir sua música'. Diante de depoimentos como este você começa a sentir o peso do que diz. É uma responsabilidade muito grande, pois na mensagem da letra, você pode induzir a pessoa a fazer até uma besteira", analisa.

Apesar de ocupar o horário das dez da noite da TV, o seriado *Malu mulher*, que popularizou esta canção, fez grande sucesso, abordando temas difíceis para a época, como o da mulher que toma a iniciativa da separação, aborto, homossexualidade, a convivência com os filhos após a separação, fora a famosa cena em que pela primeira vez o orgasmo feminino foi representado na TV brasileira, por meio da mão fechada da personagem de Regina Duarte que se abre como num espasmo na hora "h".[34] Este programa teve uma trilha musical bastante expressiva, cantada só por mulheres, grandes cantoras veteranas e novatas em atividade naquele ano de 1979. O diretor Daniel Filho teve a grande sacada de transformar o que seria apenas o lançamento da trilha do seriado num programa histórico que falava justamente daquele momento da mulher brasileira, reunindo Regina Duarte, a atriz Narjara Tureta, sua filha na novela, e todas as cantoras vivas que faziam parte da trilha: Gal, Bethânia, Elis, Simone, Rita Lee, Fafá de Belém, Quarteto em Cy, a atriz Zezé Motta, que se lançava também como cantora, e as novatas (e futuras estrelas) Marina Lima e Joanna.

Elas falavam abertamente da nova postura feminina, de como impunham suas opiniões, de como era serem artistas, mulheres, amantes, de como transavam suas religiões, seus afetos, sua família, e até revelavam alguns complexos que traziam dentro de si... Elis, por exemplo, falava do trauma de ter apenas 1,53m e de ter que se impor em meio a uma família complicada. Rita Lee lembrou do machismo que enfrentou por ser nossa pioneira roqueira mulher, Zezé chegou a ir às lágrimas ao explicar os preconceitos sofridos por ser negra até conseguir conquistar seu espaço como atriz e cantora. Marina dizia que não era muito religiosa, que era dona de seu nariz e adorava expor sua sensualidade usando "roupa apertada". Bethânia disse que o candomblé havia libertado sua cabeça da visão católica de que tudo era pecado. Simone não hesitou em sugerir que o homem deveria ter uma vez na vida a sensação da menstruação para compreender certos sentimentos femininos. Fafá lembrava de como sua sensualidade gritante incomodava as mulheres, que só a perdoaram quando ela finalmente ficou grávida (!).

Sim, as cantoras passaram a ter atitude, mas grande parte de seus repertórios ainda era assinada por homens. Só que desta vez eles estavam mesmo do seu lado. Ivan Lins e Vitor Martins não ficaram apenas no *Começar de novo*. No caso específico de Vitor, ele conta que a partir de *Mãos de afeto*, gravada por Nana Caymmi em 1976, atinou para a importância das suas letras que falavam da mulher. "Foi quando vislumbrei que havia uma força poderosa ali", conta. O lirismo e a delicadeza ao abordar a alma feminina nesta canção eram de fato comoventes: "Preparei minhas mãos de afeto/ Pra esse rapaz encantado/ Pra esse rapaz namorado/ O mais belo capataz/ De todos os cafezais/ (...) Eu tinha um ombro de algodão/ Pra ajeitar seu sono/ (...) Em meu corpo uma fogueira/ Pra esquentar seu frio/ E minha barriga livre/ Pra gerar seu filho."

"Sempre achei que a mulher era mais forte que o homem por ter suportado tanta coisa por tanto tempo, e também mais honesta e com propósitos melhores nas suas atitudes. Pode notar que quando escrevo no feminino, a mulher é sempre muito forte e sempre também uma pessoa vencedora. Espelhava-me na minha mãe, que lutou a vida inteira por uma vivência honesta", esmiúça. Na mesma época de *Mãos de afeto*, mais precisamente em 1975, Ivan Lins gravava *Joana dos barcos*, outra pérola em que a mulher — ao menos em sonho — exibe o seu verdadeiro sentimento de liberdade, longe da castidade que lhe é imposta... Não quer ser santa nem puta, quer simplesmente ser mulher: "Joana nasceu/ Crescida nas rodas dos cais/ Tocados por velas e véus/ Guardada e velada demais/ (...) Todas as manhãs/ Os homens por vício ou fé/ Passavam e tiravam o chapéu/ Pra santa caída do céu/ Mas Joana não quer/ Por dentro Joana é mulher/ Se vendo nos barcos/ Nos braços dos homens do mar." Antes mesmo de iniciar a parceria com Ivan, Vitor já tinha escrito sobre o mesmo tema, a seis mãos com Sérgio Fayne e Saulo Nunes, a canção *Não te quero santa*, gravada por um Erasmo Carlos pós-Jovem Guarda, em 71...

Não te quero submissa
Às promessas e às missas
E da feira até o leito
Eu te quero e te aceito como és
Minha filha, minha mãe
Minha irmã, minha mulher
Não te quero santa

Na contramão do machismo, Vitor escreveu em sua obra letras numa perspectiva até bem pouco tempo impensável na MPB, como ele mesmo testemunha. "Eu venho do interior e me lembro de ouvir músicas machistas terríveis como a *Cabocla Tereza*. O cara matava a mulher em nome da honra, era uma tragédia!", diz ele, que não tardou em escrever a provocativa e ousada *Mudança dos ventos* (1980). Era uma bela canção que falava do amor de uma mulher mais velha por um homem mais novo. A inspiração veio da vida real — ocorria na vida da cantora Nana Caymmi, que foi viver com um homem bem mais novo, o também cantor (e compositor) Cláudio Nucci, que na época fazia parte do grupo Boca Livre.

Ah! Vem cá, meu menino/ Pinta e borda comigo
Me revista, me excita/ Me deixa mais bonita
(...) Me tira essa vergonha/ Me mostre, me exponha
Me tira uns vinte anos/ Deixa eu causar inveja
Deixa eu causar remorsos/ Nos meus, nos seus, nos nossos

No mesmo ano, Simone repetia o sucesso de *Começar de novo* com outra pérola da dupla, *Atrevida* — que intitularia seis anos depois o disco mais vendido da carreira de Fafá de Belém, que incluía também a canção, mais atual do que nunca: "Estou mais atrevida/ Mordaz e ferina/ Estou cheia de vida/ Sagaz e ladina/ Já não sou mais a mesma/ Respiro outros ares/ Navego outros mares/ São tantos olhares/ Convites, sorrisos/ Eu gosto, eu preciso, pois é/ Que ficou impossível não ver/ Mudei de você/ (...) Estou mais atrevida/ Tô cheia de vida/ (...) Agora eu tenho é fome/ De homem que seja feliz."

Outro monstro sagrado da MPB que desvendou a alma feminina foi Gonzaguinha. Poucos falaram tão bem em nossa música de desejo, tesão e da própria mulher. No mesmo disco que Simone gravava *Atrevida*, havia a porrada *Mulher, e daí?* Em ritmo de samba-canção: "E daí?/ Pouco importa se você se importa/ Ou se interessa ou não se interessa/ É fim de conversa/ Eu volto pra vida/ Que deixei lá fora, na rua/ (...) E daí, vou sentindo a demora de ver/ Que o vulcão que o meu peito devora/ Não teve a resposta/ A contraproposta da parte que é tua/ Fui tua... e daí?/ É uma pena que a moça não seja de cama e mesa/ Um bicho, uma presa/ Que depois de usada/ Se guarda ou se joga na lata do lixo..."

O próprio Gonzaguinha, em pessoa, gravou, entre outras, duas belas canções femininas, a começar por *Eu apenas queria que você soubesse* (1981), que em parte foi inspirada — quem diria — em Fafá de Belém. Ela conta: "Na época do meu disco "Crença" (1980), mostrei uns textos que escrevi para (o produtor) Roberto Santana falando de algumas inquietações minhas — sobre a pessoa que existe atrás do personagem da Fafá, uma mulher que sofre e chora, com um coração que pulsa por dentro. O Gonzaguinha leu isso e fez *Eu apenas queria que você soubesse*. Na época achei essa música muito leve e não quis gravá-la. Na verdade, eu é quem estava tensa e pesada (risos), saindo de uma separação. Quando a ouvi cantada pela Gal Costa num show fiquei louca. Chorei muito e me arrependi de não tê-la gravado", depõe a cantora paraense.[35] Esta música parecia ser um resumo da situação da nova mulher brasileira: "Eu apenas queria que você soubesse/ Que esta menina hoje é uma mulher/ E que esta mulher é uma menina/ Que colheu seu fruto/ Flor do seu carinho/ Eu apenas queria dizer a todo mundo que me gosta/ Que hoje eu me gosto muito mais/ Porque me entendo muito mais também."

Gonzaga admirava demais as mulheres e, segundo quem conviveu com ele, sempre repetia que seus maiores amigos eram mulheres. Foi certamente essa identificação com a força da mulher frente a tantas intempéries que o levou a criar jóias como *Ser, fazer e acontecer* (1982). Esta foi inspirada nuns contratempos passados por ele ao tentar registrar sua filha recém-nascida, que teve com a frenética Sandra Pêra. Tudo porque, quando ela nasceu, ainda era casado no papel com outra mulher, levando alguns anos para registrá-la em seu nome. Resultado? Esta canção.

Que uma mulher pode nunca nada, isso eu já sei!
É o grito da Dona Moral todo dia no ouvido da gente
É que eu estou pela vida, na luta
Eu também sei e meu caminho eu faço/ Nem quero saber
que me digam dessa lei
(...) É que sinto exatamente aquilo que sente qualquer
um que respira
Uma perna de calça não dá mais direito a ninguém/
De transar o que seja viver
E por isso eu prossigo e quero e grito/ No ouvido dessa tal
de Dona Moral
Que uma mulher pode nunca é deixar de ser, de fazer e acontecer!

Gonzaguinha faz falta.

PARTE 3
TE PERDÔO POR TE TRAIR

Apesar de na década de 70 muitos compositores liderarem um trabalho de "inclusão" da mulher na MPB, tratando-se pela primeia vez de maneira digna, não foi de uma hora para outra que esta mentalidade se transformou por completo. Muitos outros — até do primeiro time da MPB — continuavam ainda rezando na velha cartilha. Martinho da Vila, por exemplo, compôs algumas pérolas machistas, algumas risíveis para os dias de hoje, caso de *Na outra encarnação* (1972): "Tô cansado, trabalhei o dia inteiro/ Pra ganhar algum dinheiro/ Sustentar minha família/ (...) Mas na outra encarnação eu vou voltar mulher/ Dormir cedo, acordar tarde/ Histórias em quadrinhos na mão/ Uma casa bem cuidada/ Empregados demais pra cuidar dela/ Eu vou viver vendo novela em cores na televisão." Mas nenhuma supera a inacreditável *Você não passa de uma mulher*, grande sucesso em 1975, chegando a integrar a trilha da novela *Pecado capital.*

Mulher, mulher tão bacana/ E cheia de grana, mulher...
Você não passa de uma mulher
(...) Olha a moça inteligente/ Que tem no batente um trabalho mental
Q.I. elevado e pós-graduada, psicanalisada e intelectual
Vive à procura de um mito, pois não se adapta a um tipo qualquer
Já fiz seu retrato, apesar do estudo, você não passa de uma mulher...

Martinho se defende. Ele não as considera machistas. "*Na outra encarnação* eu fiz pensando nas mulheres que têm seu marido, seus filhos e quem cuida deles e os educa é a empregada. Critiquei esse tipo de mulher. Mas quer saber? No duro, na outra encarnação, se eu tivesse que escolher, viria mulher, bonita e rica, pois quando a mulher é bonita tudo para ela fica mais fácil", diverte-se o sambista, também se defendendo dos versos de *Você não passa de uma mulher*. "Esta eu compus numa época em que estavam discutindo o feminismo no Brasil. Foi uma discussão que demorou muito para ficar bem entendida pela sociedade. Achavam que a mulher feminista ficava masculinizada... Então esta eu fiz intencionalmente. Quis botar um pouco de fogo na discussão, tipo: 'tudo bem, vocês podem querer tudo, mas não podem viver sem a gente'. Ela é um relato real do problema e na época teve uma repercussão terrível", conta ele, afirmando que parte de seu público adorava o samba, e parte odiava. Ele lembra ainda que em determinado momento da letra falava em lesbianismo — da "mulher que olha para outra" — e isso também causava frisson. Ainda assim, sobre esta canção, Martinho faz mea-culpa: "Confesso que não fui muito feliz na palavra 'passa'. Hoje talvez hoje dissesse 'Você *é* uma mulher'", conclui.

Por outro lado, na virada dos anos 70 para os 80, Martinho amadureceu seus conceitos e transgrediu bastante, compondo muitas músicas sensuais, eróticas e libertárias de exaltação (e tesão) à mulher amada. Deixou de lado os ranços machistas, tornando-se um dos mais ousados letristas de samba de seu tempo, como veremos melhor nos próximos capítulos.

Foi ainda neste difícil e conservador meio do samba que Beth Carvalho conseguiu a proeza de gravar um (raro) samba feminista. *Olho por olho* (1977), embora assinado por dois homens — Zé do Maranhão e Daniel Santos —, brincava no terreno da infidelidade conjugal, no qual ao homem sempre era permitido pular a cerca, mas à mulher, jamais — com direito até a respaldo judicial, do sujeito poder matar a mulher em defesa da honra: "A justiça dos homens/ Condena a bigamia/ Nenhuma mulher pode ter dois Josés/ Nenhum homem ter duas Marias/ Por isso, dente por dente/ Olho por olho/ Se tentar me enganar/ Bota a barba de molho/ Você se diz malandro/ Malandro você não é/ Porque não existe homem malandro pra mulher/ Você já fez a primeira/ Mas a segunda não faz/ A partir de hoje os direitos são iguais."

Todavia, sambas como este são raridade. Samba falando bem de mulher realmente nunca teve a menor tradição. Há dois episódios muito pitorescos a respeito deste tema. O primeiro é uma deliciosa história contada por Aldir Blanc. Ele diz que seu parceiro Moacyr Luz, numa madrugada depois de muitas biritas, chegou para um famosíssimo mestre da Velha Guarda do samba carioca e lhe perguntou: “Mestre, sou seu aprendiz, pode me dar um conselho, dizer qual é a receita de fazer sambas tão bonitos?” Ao que o mestre respondeu: “Não é difícil. É preciso ter inspiração e uma boa idéia, só não pode falar bem de mulher.” O que fez todos ficarem perplexos e rirem muito. “Moacyr ficou em estado de choque. Nisso tem muito do nosso lado latino, mas dizer isso como se fosse um dogma é demais: ‘Faça qualquer besteira, menos essa. Não vá falar bem de mulher, se não isso destrói a sua carreira’!”, diverte-se Aldir.

Sobre o mesmo tema, Martinho da Vila conta uma passagem ótima. “Uma vez estive na casa de Argemiro e ele cantava um samba sobre uma mulher que tinha largado o cara e não sei o quê. Nisso sua mulher passou e disse: ‘Para mim ele nunca fez samba.’ Aí ele respondeu: ‘Me sacaneia que eu faço um logo, logo’”, conta, aos risos, e fala de sua nova concepção sobre esse ponto em sua obra. “Por natureza não sou muito pra baixo, por isso em geral meus sambas são mais alegres, não são tanto de lamentação e chororô”, resume o sambista.

Outro compositor que também mudou seu enfoque em relação à mulher foi Erasmo Carlos. Ele deixou as canções machistas da fase Jovem Guarda para trás rapidamente e, sozinho, com o parceiro Roberto ou até em dupla com a própria esposa, construiu um repertório vasto de músicas de exaltação à mulher, desde o início dos anos 70, a partir de seu casamento com Narinha. “As músicas que fazia em minha juventude refletiam a realidade que eu vivia: eu era um cara solteiro, boa-pinta, que teve milhões de namoradas — que brotavam, choviam de toda parte... e eu tirava partido disso, pois não queria compromisso com ninguém. Com o casamento, veio o amadurecimento. Troquei quantidade pela qualidade, e aí veio exatamente um endeusamento da mulher, coloquei-a num pedestal que nunca tinha posto antes. Com o nascimento dos meus filhos inclusive, ela deixou de ser apenas um mero objeto de prazer, me deu vidas”, explica Erasmo.

Apesar de já ter falado diversas vezes — sozinho, com o parceiro Roberto ou como intérprete — da mulher, das maneiras mais doces e agradáveis possíveis, ele escancarou mesmo com a dobradinha *Mulher (sexo frágil)* e *Minha superstar*, de seu LP de 1981, no qual aparecia na capa mamando no peito da mulher Narinha, como se fosse um de seus filhos. Sucesso total. Na primeira, em parceria com a mesma, contestava o fato de a mulher ser chamada de "sexo frágil", afirmando ser uma "mentira absurda": "Eu que faço parte da rotina de uma delas/ Sei que a força está com elas", e prosseguia, lembrando que para conseguir o que queria do homem, era capaz de brincar com sua própria infantilidade: "Satisfaz meu ego se fingindo submissa/ Mas no fundo me enfeitiça." Na segunda, *Minha superstar* ("mulher de brilho farto"), erótico, falava francamente de uma transa atribuindo seu sucesso à competência de sua mulher, nada mal para o autor de *Minha fama de mau...*: "No fim do ato, bato palmas, peço bis/ O show me fez feliz/ E nessa hora sem o trauma do pudor/ Ela bisa e mostra o que é o amor."

Será que os velhos fãs do Tremendão estranharam essa diferença de postura? Alguns, sim, como conta o próprio Erasmo. "Quando lancei *Mulher*, houve uma cena curiosa. Um cara em Recife me deu a maior bronca: 'Você me decepcionou! Que história é essa de 'mulher'??? Tá passando para o lado delas?'", ri.[36]

No ano seguinte, 1982, a veia feminista de Erasmo continuava pulsando em suas parcerias com Roberto. Ele presenteou a cantora Rosemary com *Jóia*, que viria a ser o maior sucesso da carreira adulta da cantora que teve os primeiros passos, tal como ele, na atmosfera roqueira dos anos 60: "Como jóia rara/ Que precisa ser lapidada/ Como a chama que precisa do combustível/ E o palhaço de nascer sensível/ Como histórias que precisam de uma fada/ Sou uma mulher, preciso ser amada." Bem antes disso, em 1978, a mesma dupla já presenteava as inenarráveis Frenéticas com a pérola *Macho*, dessa vez criticando o mesmo comportamento tão exaltado em algumas das velhas letras jovem-guardistas de seu início de carreira.: "Macho, macho, macho, machão/ Usa a força bruta pra mostrar quem tem razão/ (...) Elogio é mixaria/ Se me chama de rainha/ Me desculpe, mas não quero, não quero/ E não vou reinar na cozinha!/

Seguindo tão a fundo/ Sua própria natureza/ Sentimento não tem vez e o amor e o amor/ Meu amor perde a beleza/ Se perde na frieza."

As Frenéticas foram fundamentais para quebrar o gelo na MPB setentista. Foi o primeiro grupo de cantoras a levar para o palco e o disco uma postura mais agressiva da mulher — ao mesmo tempo fatal, meio perua e cheia de atitude — de forte acento gay. Elas pregavam a liberdade em seus sucessos bem alegres, com influência da disco music americana, mas com sabor bem carioca, conforme trataremos melhor no próximo capítulo. Outra também que entrou na contramão das estruturas preestabelecidas para a mulher foi Rita Lee — que até então não era nem considerada da MPB, devido ao patrulhamento ideológico que havia naquele momento dos artistas "engajados" e nacionalistas. Vale a pena frisar a importância de Rita como uma crítica e autocrítica voraz das questões femininas.

Ela podia criticar as mulheres que viviam atrás de marido rico (*Locomotivas*), falar do seu poder sexual (*Perigosa*), da sua ousadia (*Bem-me-quer*), de trepadas maravilhosas (*Lança-perfume*, *Mania de você*, *Banho de espuma*), puro tititi feminino, no estilo conversa de banheiro (*Te contei?*) e as próprias contradições da nova mulher, como na obra-prima *Fonte da juventude* (1977): "Quanto mais a mulher jura/ Gostar de homem erudito/ Tanto mais ela procura/ O tipo burro e bonito/ Pois as pernas que um dia abalaram Paris/ Hoje são dois abacaxis/ Se os olhos da 'Elizabeth ardem', meu bem/ O que a 'Helena Rubens tem' com isso?/ (...) Ela fez plástica pra ter cara de menina/ (...) Morreu, morreu, com a cara que nasceu/ (...) Eu tenho o corpo que pedi a Deus, graças a Deus!" Só Rita mesmo para ter essas sacadas...

Assim como Joyce, ela também sentiu o peso de ser mulher, cantora, compositora, letrista e ainda por cima band leader num meio machista como o do rock, muito antes disso ser moda. Além de ser expulsa dos Mutantes quando este quis assumir ares mais progressivos e sérios, num ambiente em que não pegava bem uma mulher, ela teve problemas com o Tutti-Frutti, grupo que liderou em seguida. Como foi segurar esse pioneirismo? "Talvez tenha sofrido o mesmo tipo de patrulhamento que Chiquinha Gonzaga deve ter passado em sua época. A temática feminina em mim deve ser 'natusital' ou 'propotural', o que sei é que nesta vida escolhi ser mulher não por acaso. *Hay mucho más* mistérios entre o céu e a terra das mulheres do que sonha a vã filosofia dos homens", disse Rita em 97.[37] Numa entrevista anterior, de 80, à revista *Cláudia*, ela detalhava melhor as agruras por que passou frente às suas bandas nos anos 70.

"Foi fogo. Não era a época ainda de darem corda para a mulher falar. Sofri (entre aspas, é claro), principalmente na época do Tutti-Frutti. Minha presença na frente do palco incomodava o pessoal, porque a idéia básica era de que este seria um trabalho de grupo. Todos ficavam nas suas posições, e eu no visual, na frente. Senti que conforme a gente ia fazendo shows, a minha presença na frente era mais requisitada: caía, fazia palhaçada, cantava e, de repente, ensaiava uma flautinha. E incomodava o resto do grupo (só rapazes), que ficava atrás. Quando eu jogava alguém pra frente, vinha com a guitarra (e Rita imita, fazendo caretas e mudando o tom de voz) e ficava aquela coisa de 'porque eu sou cobra, eu sou é macho, essa mulher devia estar na cozinha, eu que sou o bom'. Nessa, pintavam altas sacanagens, altos boicotes, e eu querendo manter a idéia de grupo, pois acreditava nela. E, cá entre nós, uma coisa até certo ponto muito comunista, né? Comunista, roqueira e maconheira é *too much* pra mim", divertia-se Rita em 1980, no auge de sua carreira.

Dois anos antes, Rita presenteava Zezé Motta, que estava gravando seu primeiro LP solo, com sua faixa de abertura, *Muito prazer, Zezé* (de sua primeira leva de parcerias com o marido Roberto de Carvalho), tocando de forma bastante despojada no atrevimento e na liberdade femininas. Mas falava de um jeito mais leve, divertido e irreverente que, por exemplo, as mencionadas canções de Gonzaguinha, Ivan Lins e Vitor Martins. Zezé vinha de um grande sucesso no cinema nacional, encarnando a escrava sexy e petulante Xica da Silva, e o discurso de Rita se encaixava bem na persona pública que a atriz encarnava naquele momento — que se confundia também com a própria reviravolta nos padrões de comportamento femininos que começava a eclodir no período: "É que hoje em dia estou mais atrevida/ Muito mais sabida/ Se não gostar eu dou no pé/ Pois é, é, é, eu sou Zezé!"

Não por acaso, exatamente Rita Lee foi a escolhida para compor a abertura do *TV Mulher*, da Rede Globo, pioneiro programa feminino da TV dedicado à "mulher moderna", que estreou em abril de 1980. Um programa que tinha a então sexóloga Marta Suplicy respondendo a questões cabeludas de suas telespectadoras, que lhe valeu uma suspensão em tempos ainda muito censurados. Motivo? Uma mulher queria saber por que depois de três filhos não sentia mais prazer? E Marta na lata disse que ela estava muito... humm, como direi?, larga. Que tal? Pois Rita, sempre irreverente, compôs a canção-tema do programa que era ao mesmo tempo divertida e sensível, bem a seu modo: a emblemática *Cor-de-rosa choque*, que falava até de menstruação em seus versos.

Nas duas faces de Eva: a Bela e a Fera
Um certo sorriso de quem nada quer
Sexo frágil não foge à luta
E nem só de cama vive a mulher
(...) Mulher é bicho esquisito/ Todo mês sangra
Um sexto sentido maior que a razão
Gata Borralheira você é princesa
Dondoca é uma espécie em extinção

Tamanha ebulição das temáticas femininas do ponto de vista da mulher motivaram o cantor Zé Rodrix e o futuro mago Paulo Coelho a compor a hilária canção pop *Abaixo a cueca*, em 1979. Com uma ironia ferina, criticavam os excessos do feminismo e ao mesmo tempo faziam um mea-culpa de atitudes dos homens com as mulheres, como comprá-las com presentes, botá-las de porre para tentar comê-las (naquela época ainda tinha isso) ou sustentá-las (não as deixando trabalhar). Politicamente incorretos, ainda reivindicavam o direito de "aparecer nu em revista" e "ouvir palavrões nas esquinas". Mais anos 70 impossível. Para completar, no refrão brincavam com a famosa queima dos sutiãs, símbolo do Movimento Feminista: "Homens, chegou o momento da luta/ Venham unidos por toda a nação/ Vamos queimar essa coisa humilhante/ Que é símbolo da nossa escravidão/ Abaixo a cueca!/ Chegou nossa hora!/ Liberdade pro corpo masculino!/ Já chega de "mamãe mandou"/ Já chega de "mulher falou"/ O homem é que tem que ser dono do seu destino!"

Sílvio César também ironizava "os novos tempos" no samba-rock *Agarre seu homem* (dele com Ronaldo Bôscoli), grande sucesso incluído na trilha da novela *Te contei?*, da Globo, em 1978. Para começar, criticava o fato de as mulheres estarem mais ativas nas paqueras: "Mulher, você que sabe o que quer/ Agarre bem o seu homem antes que as outras o tomem (...) Tá tudo tão mudado/ Caçador virou caçado por um erro fatal." E seguia atirando contra o feminismo: "A fêmea chovinista caça o corpo feminista com o tiro mortal/ E toda essa caçada você saca da sacada/ Mulher, esteja onde estiver, segure bem o seu homem pra não virar lobisomem." O desfecho do samba não deixava dúvidas. Se continuasse com esse comportamento, a mulher poderia morrer, exaurir os homens e — pior! — transformá-los em maricas: "Panteras e meninas estão morrendo nas esquinas e vendendo jornal/ E os homens dominados estão morrendo tão cansados de lutar desigual. (...) Mulher, faça o que você quiser, mas olhe bem o seu homem, antes que vire mulher." Êta, ferro!

Críticas e mea-culpa dos machões à parte, a década de 80 veio para cristalizar definitivamente o poder da mulher. Não foi à toa que Gal Costa fez sucesso com *Dom de iludir*, de Caetano Veloso, lançada por Maria Creuza seis anos antes sem tanto impacto. A letra era uma resposta do compositor à canção *Pra que mentir?* ("se tu ainda não tens a malícia de toda mulher"), de Vadico e Noel Rosa. Tratava-se de um samba-canção abolerado que mostrava os sacrifícios que a mulher já havia feito por causa dos homens. Até a questão tão comum à vivência feminina — a de fingir orgasmo para satisfazer o homem — estava nas entrelinhas da canção de Caetano: "Não me venha a falar na malícia/ De toda mulher/ Cada um sabe a dor e a delícia de ser o que é/ Não me olhe como se a polícia andasse atrás de mim/ (...) Você diz a verdade e a verdade é seu dom de iludir/ Como pode querer que a mulher vá viver sem mentir."

No ano seguinte, Gal atacava novamente, desta vez com uma mais ousada ainda: o petardo *Mil perdões*, presente de Chico Buarque, feita para a trilha do filme *Perdoa-me por me traíres*, baseado na obra de Nelson Rodrigues, na qual uma mulher perdoava o marido pelo fato de ela ser obrigada a ter de traí-lo, para compensar suas ausências sexuais.

Te perdôo por fazeres mil perguntas
Que em vidas que andam juntas ninguém faz
(...) Te perdôo por ligares pra todos os lugares de onde
eu vim
Te perdôo por ergueres a mão, por bateres em mim
(...) Te perdôo quando anseio pelo instante de sair
E rodar exuberante e me perder de ti
(...) Te perdôo porque choras quando eu choro de rir
Te perdôo por te trair

Foi exatamente esse contexto de maior liberdade para a mulher e o crescente aparecimento de temas mais picantes em nossas canções que possibilitaram o surgimento de uma nova geração na MPB, a do pop/rock dos anos 80, com Blitz, Barão Vermelho, Kid Abelha, Ultraje a Rigor e outros. Era o filão da música dita "jovem" que estava esquecido desde a Jovem Guarda. O caminho estava aberto para músicas mais leves, direcionadas à juventude e à sua descoberta da sexualidade, já sem tanta censura — ainda que esta só fosse extinta definitivamente em 85. Os temas mais adultos ficaram em segundo plano. Entraram em cena historinhas de sexo casual, tesão, amores de verão, gravidez não planejada, muito trocadilho infame e em geral um bom humor reinante, pelo menos até meados da década.

Embora o meio do rock fosse também machista, suas letras já eram bem mais arejadas. Eventualmente apareciam vocalistas mulheres em grupos como Kid Abelha, Blitz, que tinha como vocais femininos Márcia Bulcão e Fernanda Abreu, e outros mais efêmeros, como Metrô, Grafite, O Espírito da Coisa, Os Melhores, sem esquecer um dos pioneiros, o Sempre Livre, de Dulce Quental, cujo primeiro sucesso foi *Eu sou free* (Ruban/ Patrícia Travassos): "Não sou do tipo que faz comício/ Tenho horror a compromisso/ Você pode fazer o que quiser comigo, eu não ligo!/ Eu sou free, sempre free, sou free demais." Sou free / sofri — sacou?

Dos grupos de vocal feminino o único que sobreviveu aos anos 80 foi o Kid Abelha, que desde o começo nunca quis ser nada além de um grupo pop bem dançante, mas que vez por outra tocava em questões e queixas das "garotas", caso dos Garotos a fim apenas de sexo casual, pensando somente em quantidade, em vez de qualidade, no número de garotas que queriam "pegar", no tamanho do pinto, e sem saber o timing do orgasmo feminino.

Garotos fazem tudo igual/ E quase nunca chegam ao fim
Talvez você seja melhor que os outros/ Talvez quem sabe
goste de mim
São sempre os mesmos sonhos/ De quantidade e tamanho
Garotos perdem tempo pensando/ Em brinquedos e proteção
Romances de estação/ Desejos sem paixão
Qualquer truque contra a emoção

(*Garotos*, Leoni e Paula Toller, 1985)

"*Garotos* foi realmente uma iniciativa minha, meio tirana do ponto de vista do tema 'garota julga os garotos imaturos'", admite Paula Toller, que, ao contrário de Joyce, não acredita que o fato de ser mulher a faça escrever este ou aquele tema com uma abordagem diferente da que um homem consciente e sem preconceitos possa fazer. "Nunca me preocupei com o fato de ser mulher nesse sentido. As pessoas sérias se respeitam sem pensar em gênero, cor ou orientação sexual. E não há motivo para se preocupar com as pessoas que não são sérias. Acho que as diferenças são entre os seres humanos, sua formação cultural, seus impulsos criativos em relação aos sentimentos e à observação do mundo... Eu escrevo sobre gente no masculino e feminino, tenho capacidade para isto. A identificação no sentido do público feminino vem mais por conta da imagem, das roupas e da postura de palco", acredita.

A mulher sofreu demais. Nada mais natural que, agora, tivesse um refresco. A vocalista do Grafite criticava a *Mamma Maria* em 1984, uma "mamma" que não entendia a mudança dos costumes e era a verdadeira empata-foda. O cara passava para pegar a menina, mas a Mamma mandava a vizinha atrás da filha para ver o que ela estava fazendo e outras sandices, muito comuns nessa época de transição de valores sexuais: "Até que a Mamma é boa gente/ Mas não se toca e não vai fundo/ Diz que esse papo de 'chegar junto'/ Não tem respeito é coisa do outro mundo!"[38]

A vocalista do obscuro Os Melhores gritava no rock *Emoções baratas* (Rodrigo/ Sérgio/ Paulo) que só queria ter com o cara que acabara de conhecer "emoções baratas no banco de trás", enquanto Virginié do Metrô não hesitava em dizer que estava com o *Beat acelerado* do coração — boa metáfora para "fogo no rabo". Dessa vez, não era o homem que não queria casar logo, mas a mulher que queria ter mais tempo para curtir vários homens...

Minha mãe falou que eu preciso casar
Pois eu já fiquei mocinha
Conheci um alguém que me disse
— Meu bem, você quer entrar na minha?
Acontece, porém, que eu não sei me entregar
A um amor somente
Quando ando nas ruas fico só namorando
E olhando pra toda gente

(*Beat acelerado*, Yann e Vicente França, 1984)

Elas eram minoria na turma do rock, é verdade, mas mesmo nas letras dos grupos do "Bolinha" as mulheres em geral não eram muito maltratadas. Eles poderiam no máximo chamá-las de "piranha", como fez em 86 o Camisa de Vênus, mas talvez a protagonista da canção *Silvia* até merecesse o insulto, pois o sujeito flagrou a mulher "com a mão no pau do vizinho". Aí, realmente, não dava tanto para ter sangue de barata. Além do mais, havia um clima descontraído no ar, propenso a essas gaiatices — não era à toa que o teatro besteirol estava também no auge.

Até mesmo o tema da gravidez, outrora tratado de maneira tão "religiosa", virou motivo de chacota para a nova geração que encarava com bom humor um filho que viesse ao mundo por puro descuido e irresponsabilidade. Em 86, ela já não seria mais taxada de "mãe solteira", não atearia fogo às vestes (como no velho samba de Wilson Batista), não seria apedrejada pela vizinhança nem chamada de piranha, e talvez tampouco renegada pela família ou pelo próprio pai — daria, no máximo, trabalho à avó materna da criança. Pois o pop/rock *Ligeiramente grávida* (Cláudio Barreto), único sucesso do meteórico grupo O Espírito da Coisa, tomou conta das rádios de todo o país com o seguinte deboche: "Mamãe, eu acho que estou ligeiramente grávida/ Mamãe, não fique pálida, a coisa não é ruim/ Se lembra, um dia você já ficou assim/ A tarde tão bucólica, eu tava melancólica/ Parada de bobeira na porta da escola/ Quando um motoqueiro me deu bola/ (...) E aquele motor de mil cilindradas/ Causa reações inesperadas/ Eu leio Bagwan, não uso sutiã/ Pra que eu ia deixar pra amanhã?" Hilário!

É claro que as músicas de abordagem conformista e machista continuavam a pipocar aqui e ali, como, aliás, até hoje. Principalmente entre os intérpretes mais populares, já que não se pode medir o Brasil daquele tempo — como o de hoje — pela cabeça dos intelectuais da zona sul carioca ou pelos descolados paulistas e de outras capitais. A realidade de boa parte da periferia e das mulheres mais velhas era bem outra. Quer dizer: a "nova mulher" convivia com a "antiga". Este segundo grupo pode ser representado pelo sucesso *Amante bandido* (Fernando Mendes), de Ângela Maria, em 1978. Esta balada narrava as agruras de uma mulher nas mãos de um marido machista que a maltratava e até lhe batia, como as personagens de tantos sambas da antiga que já vimos aqui: "Sentou-se ao meu lado, me olhando calado/ E a seguir me abraçou/ Me deu muitos beijos, matou seus desejos/ E depois levantou/ Me pisou, me xingou, me humilhou e não disse o motivo/ E o pior disso tudo é que eu sei/ Que sem ele eu não vivo/ Não adianta eu querer me enganar/ Noutros braços tentar lhe esquecer/ Esse amor dia-a-dia me mata/ Mas é a minha razão de viver."

Na mesma linha e no mesmo disco, Ângela Maria também gravou a balada *Amélia de você* (Elena & Eliane de Grammont), cuja vida real de uma das compositoras imitaria a ficção, e com desfecho trágico: Eliane pouco depois seria morta num típico crime passional por seu marido, o cantor Lindomar Castilho: "Cansei de ser Amélia, santa e boa/ Que esquece, que perdoa seus defeitos/ A vida com você é uma loucura/ Me deprime, me satura. Ser Amélia já era!/ (...) Mas acontece que eu choro, eu falo/ Anoitece e eu me calo pra pensar só em você, cheia de amor/ Seus erros, seus defeitos já não importam/ Não tiro os olhos da porta pra ver você entrar e me beijar/ E toda encolhidinha nos seus braços/ Não escondo nem disfarço toda a minha emoção/ Tentei mudar você não consegui porque/ Nasci pra ser Amélia de você."

Com tantas músicas sobre as qualidades femininas, Roberto & Erasmo presentearam Wanderléa em 1981 com *Na hora da raiva*, sobre uma mulher que sucumbe às artimanhas do amante quando este a pega nos braços, dando lhe aquilo mesmo que vocês estão pensando. Sem dúvida uma personagem muito comum na vida brasileira de ontem e de hoje. Pois a música aconteceu e deve ter despertado a ira das feministas, o que não a impediu de ter sido regravada anos mais tarde por estrelas populares do quilate de Perla (1985) e Alcione (2004): "Na hora da raiva/ Não pensei em nada/ Perdi a cabeça e descontrolada/ Peguei minhas coisas, gritei vou-me embora/ Lhe disse umas tantas só pra te agredir/ Mas você me pegou com aquele seu jeito/ Me puxou com força/ Me apertou no peito/ E como acontece quando a gente ama/ Me esqueci da raiva e acabei na cama/ Você faz de mim o que bem quer/ (...) Eu quero apenas teu amor/ Não me importa o jeito que eu vivo/ Se sou isso ou sou aquilo/ Só sei que sou sua mulher."

Neste mesmo clima da mulher que se anula por uma boa cama está a protagonista da balada *Nem morta* ("Eu só fico em teus braços/ Porque não tenho forças pra tentar ir à luta"), sucesso que fez Alcione bater recordes de vendas em 1985 e desencadeou uma série de sucessos bregas românticos sucessivos nos anos seguintes. A canção dos hitmakers imbatíveis do anos 80, Michael Sullivan e Paulo Massadas, deixa a Amélia de Ataulfo e Mário Lago no chinelo, pois essa mulher só faz o que o homem dela "manda" e parece muito satisfeita, como veremos melhor no último capítulo deste livro. Na música sertaneja romântica e eventualmente no meio do samba, ainda havia mulheres malvadas, culpadas, e homens sempre cheios de razão. Não mais como antigamente, mas ainda havia muito disso. A mudança de mentalidade não poderia dar uma guinada de 180 graus, já que milênios de repressão feminina não se resolveriam em dez ou vinte anos. Nem na vida real, nem na MPB.

O tempo não pára e traz novas tendências de comportamento. Em meio à liberalização de costumes, havia tanto uma melhora e um padrão mais arejado de pensamento em relação à mulher por parte não só dos homens como delas próprias, quanto uma recaída por parte até da própria classe feminina, que vez por outra adotava uma postura vulgar, com valores bastante fúteis, transformando-se numa mera peça de engrenagem da indústria de consumo. Isto se deu principalmente a partir da virada dos anos 80 para os 90, quando houve uma supervalorização da estética (bastante estimulada na mídia) em detrimento dos neurônios, desencadeando uma geração de "louras burras", mulheres que gostavam de tingir o cabelo de louro para ficarem mais "in". Na verdade, embora as louras fossem as mais visíveis, havia também muitas morenas e negras de postura equivocada. Elas faziam qualquer coisa pelo poder, pelo status, sem medo de voltar a ser apenas objetos de homens machões e endinheirados. Esse novo tipo de mulher foi criticado pelo rapper Gabriel, o Pensador no polêmico rap *Lôraburra*, de sua autoria, grande sucesso de 1993. Uma prova de que o homem já podia até criticar a mulher, só que com lucidez e não com a visão sempre parcial e generalizante do passado.

> *Existem mulheres que são uma beleza/ Mas quando abrem a boca, hum, que tristeza!*
> *Não é o seu hálito que apodrece o ar/ O problema é o que elas falam que não dá pra agüentar*

Nada na cabeça, personalidade fraca, têm a feminilidade/
E a sensualidade de uma vaca
Produzidas com roupinhas da estação/ Que viram no anúncio da televisão
Milhões de pessoas transitam pelas ruas/ Mas conhecemos facilmente esse tipo de perua
Bundinha empinada pra mostrar que é bonita/ E a cabeça parafinada pra ficar igual paquita
Lôraburra, Lôraburra, Lôraburra, Lôraburra/ Elas estão em toda parte desse Rio de Janeiro
E às vezes me interrogo se elas estão no mundo inteiro/
À procura de carro, à procura de dinheiro, o lugar dessas cadelas era mesmo num puteiro!

Mais adiante, na letra, Gabriel não se furta a dizer que só saía com elas se fosse para ser o Ricardão, ou seja, o outro, para usá-las e jogá-las fora. Mas antes que alguém o acusasse de machão, vinha a explicação no verso seguinte: "Não, eu não sou machista, exigente talvez/ Mas eu quero mulheres inteligentes, não vocês!" Por isso dizia na lata: "Eu só vou te usar, você não é nada pra mim/ (...) Pra que dar atenção a quem não sabe conversar/ Pra falar sobre o tempo ou sobre como estava o mar?/ Não, eu prefiro dormir, sai daqui! (...) 'Lôraburra', você não passa de mulher objeto." Finalmente, ele prosseguia condenando seus "cabelos, sorrisos e gestos artificiais", suas "idéias banais", sua vulgaridade e seus "valores deturpados", sintetizando tudo assim: "A sua filosofia é ser bonita e gostosa/ Fora disso é uma sebosa, tapada e preconceituosa." Nossa, Gabriel estava mesmo atacado!

Esse tipo de mulher também invadiu a música brasileira. Não propriamente cantando. Vários traseiros femininos de dançarinas faziam a festa em grupos de música comercial, especialmente baianos, como É o Tchan e Companhia do Pagode, que se tornaram febre no país todo na década de 90. Enquanto os pagodeiros baianos cantavam em suas letras a forma física das mulheres e de como gostavam de fazer sexo com elas (até aí nada demais), as mulheres rebolavam em coreografias pouco ortodoxas, como a da boquinha da garrafa, em que agachavam no chão até chegar perto do gargalo da garrafa, como veremos melhor no capítulo 5. Se elas também mostrassem suas preferências, tudo bem, mas serviam apenas de bibelô para as cantadas nem sempre sutis dos seus colegas de grupo, através de seus versos.

Resultado do jogo: havia a explosão sexual motivada pelo fim da censura e anos de repressão e ao mesmo tempo uma distorção também de alguns valores conquistados a duras penas pelas feministas. Tudo isso foi muito bem retratado em outro petardo de Gabriel, o Pensador, na faixa-título de seu CD "Nádegas a declarar", de 1999. Neste seu novo rap, em parceria com Liminha e Fernanda Abreu, ele escrachava com esse tipo de mulher. A letra era quilométrica, mas continua bem atual e valeria só por um verso que expõe bem o que se tornou o Brasil dos últimos 15 anos: "Sempre tem alguém pra ser a bunda da vez." Pensador provocava ainda mais em versos em que perguntava: "O que é que você tem de bom além do bumbum? Um talento, algum dom?", para em seguida dizer que o cérebro desse tipo de mulher era "menor que um caroço de ervilha": "Ô minha filha, acorda pra vida/ A sua bunda tá em cima, mas sua moral tá caída/ A dignidade tá em baixa/ Você só rebola, só rebola, só rebola e se rebaixa/ E se encaixa no velho perfil/ Mulher objeto em pleno ano dois mil."

O Pensador criticava ainda neste rap as mulheres que mostravam a bunda só para aparecer na mídia ("Te chamam de celebridade e você acredita/ Enche o rabo de vaidade e arrebita (...) Queima o filme das mulheres e se acha muito esperta") e retomava uma velha questão que Rita Lee havia abordado na hilariante marchinha *Fonte da juventude*, sobre o mito da mulher querer ser eternamente jovem e gostosona, como único parâmetro a ser obedecido no mundo atual: "Deixe a sua mente bem ligada ou vai ficar injuriada/ Reclamando que não é valorizada/ (...) Amanhã você vai olhar pra trás/ E vai ver que o seu colant já não entra mais/ Vai querer fazer uma lipo, vai querer meter silico/ E vai continuar pagando mico." Arrasador!

Numa conjuntura dessas, a *Miss Brasil 2000* que Rita Lee idealizara nos anos 70 para ser a musa do novo milênio ficou superdatada, mas para falar desta nova mulher, a roqueira retomou o mesmo tema da canção de Gabriel, o Pensador em *Pagu* (parceria com Zélia Duncan), no mítico ano 2000. Inspirada na velha escritora libertária Patrícia Galvão (1910-62), esta canção fez sucesso duas vezes. Quando foi lançada e depois revista no primeiro CD de Maria Rita, em 2002, seu refrão é uma espécie de continuação de tudo que o rapper havia dito em sua canção *Nádegas a declarar*: "Porque nem toda feiticeira é corcunda/ Nem toda brasileira é bunda/ Meu peito não é de silicone/ Sou mais macho que muito homi."

Rita Lee também conseguiu sintetizar bem a alma feminina da virada do milênio — e não apenas das popozudas alienadas — em *Todas as mulheres do mundo*, lançada em 1993, regravada anos depois com a verve "viril" e genial de Cássia Eller. Era um rock que evocava a alma libertadora da musa Leila Diniz.

(...) Garotas de Ipanema, minas de Minas
Loiras, morenas, messalinas
Santas sinistras, ministras malvadas
Imeldas, Evitas, Beneditas estupradas
(...) Paquitas de paquete, Xuxas em crise
Macacas de auditório, velhas atrizes
Patroas babacas, empregadas mandonas
Madonnas na cama, Dianas corneadas
Toda mulher quer ser amada
Toda mulher quer ser feliz
Toda mulher se faz de coitada
Toda mulher é meio Leila Diniz!

Outra boa canção pop que procurava traçar o perfil da nova mulher brasileira, ou melhor, da mulher carioca, era A *garota sangue bom* (1995), de Fernanda Abreu (com letra de Fausto Fawcett), espécie de versão atualizada da *Garota de Ipanema*, com sua "coxa debochando no compasso do escândalo dançante", assumindo também sua porção suburbana, entre o samba e o funk. Ela não é mais apenas um bibelô para o deleite dos homens, ainda que não deixasse de ser colírio para os seus olhos. Há ainda grandes novidades em relação à garota de Ipanema. Ela não é só paquerada, como também paquera e é ressaltado um dado sempre esquecido em outras canções-tributo às mulheres à moda antiga, suas qualidades "cerebrais" eram louvadas: "Dá gosto de ver a inteligência movendo um corpinho como esse." Um contraponto à polêmica *Lôraburra*, retrato de uma garota fútil de Gabriel, o Pensador. Mais uma prova de que a democracia finalmente havia chegado à maneira de tratar a mulher na música brasileira.

> *Corpo que é alma/ Assim sublime irresistível inspiração*
> *De cidade maravilhosa cortesã/ Sintetizada pelas ondas*
> *De um corpo feminino que é/ Prestígio de calibre sensual*
> *Olha o jeitinho dela falar/ Olha o jeitinho dela dançar*
> *Olha o jeitinho dela olhar/ Olha o jeitinho dela andar*
> *Olha o jeitinho dela paquerar/ Olha o jeitinho dela*
> *go-go-go...*
> *Garota carioca/ Suíngue sangue bom...*

As mulheres atrevidas e de gênio ruim já não precisam esconder suas intenções nas letras de música, senão a cantora Ana Carolina não teria feito tanto sucesso ao se lançar ao estrelato em 1999 com o pop/rock *Garganta*, que dizia "Sei que não sou santa, às vezes vou na cara dura/ Às vezes ajo com candura pra te conquistar/ Mas não sou beata, me criei na rua/ E não mudo minha postura só pra te agradar", para depois concluir, enfática: "Aprendi a me virar sozinha/ E se eu tô te dando linha é pra depois te abandonar." Perigosa, não?! Ainda que a música tenha sido feita por um compositor, o gaúcho Totonho Villeroy, ela ficou totalmente identificada à figura da cantora. E se fez sucesso é porque ninguém se importou com o tom agressivo da mulher difícil e impositiva. Isso há 30, 35 anos, seria inviável, Ana correria o risco de ser hostilizada nas ruas por cantar uma letra dessas e teria o disco quebrado por Flávio Cavalcanti, com toda certeza!

Mas o retrato perfeito desta mulher liberada do novo milênio está na canção que chegou a fazer algum sucesso nas vozes de Simone e Ivan Lins, no disco que a Cigarra dedicou somente à obra do compositor em 2004. *Dandara*, parceria de Ivan e Francisco Bosco (filho de João), não deixa qualquer dúvida de que a nova mulher brasileira causa até inveja nas complicadas de outros tempos, pois é muito mais relax, livre...

Ela tem nome de mulher guerreira
E se veste de um jeito que só ela
Ela vive entre o aqui e o alheio
As meninas não gostam muito dela
Ela tem um tribal no tornozelo
E na nuca adormece uma serpente
O que faz ela ser quase um segredo
É o ser ela assim tão transparente
(...) Ela fala num celular vermelho
Com amigos e com seu namorado
(...) Ela é livre e ser livre a faz brilhar
Ela é filha da terra, céu e mar, Dandara!

Quanta coisa se passou para a mulher ser tratada com um mínimo de consideração em nossa música. Elas também custaram para expor sua sexualidade e sensualidade de forma mais inteligente e agressiva, sem pudores e sem culpas. Da mesma forma, as canções sensuais, doces e refrescantes demoraram muito a procriar na MPB (e isto tem muito a ver com a evolução da liberdade sexual da nossa sociedade), mas, quando apareceram, trouxeram um bálsamo ao nosso cancioneiro amoroso. É bom trocar de roupa, ficar bem à vontade, caprichar na pose e pegar um drinque para acompanhar a leitura do próximo capítulo. Ele é todo sobre a sensualidade na música brasileira. Espreguice-se, capriche nas caras e bocas e vire a página.

NOTAS:

1 – Navarro Lins, *A cama na varanda*, Rocco, pág. 17.
2 – Idem, pág. 19.
3 – Badinter, Elizabeth — *Um é outro*, Nova Fronteira, pág. 49.
4 – Badinter, op. cit., pág. 93.
5 – Tannahill, Reay, *O sexo na história*, Franciso Alves, 1983, p. 36.
6 – Navarro Lins, Regina — *A cama na varanda*, Rocco, pág. 119.
7 – Capítulo "Famílias e vida doméstica", de Leila Mezan Algranti, do livro *História da vida privada no Brasil — vol. 1*, Companhia da Letras, pág. 122.
8 – Capítulo "Recônditos do mundo feminino", de Marina Maluf e Maria Lúcia Mott, do livro *História da vida privada no Brasil — vol. 3*, Companhia das Letras, págs. 406 e 407.
9 – Barrela — operação da passagem de água quente por cinzas para branquear a roupa.
10 – Capítulo "Recônditos do mundo feminino", de Marina Maluf e Maria Lúcia Mott, do livro *História da vida privada no Brasil — vol. 3*, Companhia das Letras, pág. 408.
11 – Idem.
12 – Idem, pág. 394.
13 – Em 1945, o mesmo Pedro Caetano, desta vez em parceria com Claudionor Cruz, dava para Dircinha Batista cantar um samba em que a mulher acorda no barraco e o cara continua dormindo, deixando claro que era ela que sofria tendo que correr atrás do prejuízo, pois o homem não estava nem aí para nada... "São sete e meia da manhã/ Ô nega, já está na hora de levantar/ Não me aborreça/ Não quis mais conversa! E foi cobrindo a cabeça! Abri a porta do barraco/ Olhei para a rua! Estava chovendo/ Estou atrasada e se não for para o batente/ Ele vai me dar pancada." Coitada!
14 – DVD Chico Buarque *À flor da pele*, dirigido por Roberto de Oliveira. EMI Music, 2005.
15 – Ensaio (capítulo) "Os amores citadinos e a ordenação do mundo pária: as mulheres, as canções e seus poetas", Maria Célia Paoli in *Decantando a república — Inventário histórico e político da canção popular moderna brasileira*, Nova Fronteira, pág. 79.
16 – Verso da música *Homem não chora*, de Frejat e Alvin L., do CD "Amor pra recomeçar", Warner, 2001.
17 – *Revista do Rádio*, 30/7/1960.
18 – Embora no 78 rpm esteja a autoria de J. Batista (com Antonio Almeida), em verdade a co-autoria é de Wilson Batista.
19 – Severiano, Jairo e Homem de Mello, Zuza — *A canção no tempo — vol. 1*, Editora 34, pág. 277.
20 – Severiano, Jairo — *Yes, nós temos Braguinha*, Ed. Funarte / Martins Fontes, pág. 91.
21 – Castro, Ruy — *Carnaval no fogo*, Companhia das Letras / pág. 127.

22 – Idem, pág. 161.

23 – Jornal *O Globo*, coluna Gente Boa, 2004.

24 – Entrevista de Wanderléa a Rodrigo Faour no jornal *Tribuna da Imprensa*, 9/11/1998.

25 – "Estou com raiva de você (*Papa's new bag ain't nothing but a rag*)" (Darryl Carter — versão: Robert Livi) e "Pra ganhar seu coração" (Chil Deberto/ Eduardo Araújo).

26 – Entrevista de Wanderléa a Rodrigo Faour no jornal *Tribuna da Imprensa*, 9/11/1998.

27 – Depoimento para o artigo de Tárik de Souza, "Ai, meu amor, estamos mais safadas...", à revista *Playboy*, dezembro de 1979.

28 – Idem.

29 – Idem.

30 – Idem.

31 – DVD Chico Buarque *À flor da pele*, dirigido por Roberto de Oliveira. EMI Music, 2005.

32 – Idem.

33 – Idem.

34 – Novais, Fernando A. (coleção dirigida por), volume organizado por Moritz Schwarcz, Lilia — *História da vida privada no Brasil — vol. 4*, Companhia das Letras, pág. 472.

35 – Entrevista de Fafá de Belém a Rodrigo Faour, site Cliquemusic, 2001.

36 – Entrevista de Erasmo Carlos a Rodrigo Faour no jornal *Tribuna da Imprensa*, 9/11/1998.

37 – Entrevista de Rita Lee a Rodrigo Faour no jornal *Tribuna da Imprensa*, 14/7/1997.

38 – Trecho de *Mamma Maria*, de C. Millenono/ D. Farina/ versão de Kamargus (Paulo Camargo).

Capítulo [3]

O que não tem VERGONHA nem nunca TERÁ

a SENSUALIDADE e o EROTISMO na MPB

Eu faço samba e amor até mais tarde
E tenho muito sono de manhã

(*Samba e amor*, Chico Buarque, 1975)

PARTE 1

TRAVESSEIROS SOLTOS, ROUPAS PELO CHÃO... (OU) QUE TAL NÓS DOIS NUMA BANHEIRA DE ESPUMA?

Corpos suados, enlace de pernas na cama, beijos e lambidas lânguidas, desejos ardentes sem maiores neuroses de posse ou compromisso em relação ao outro? Tudo isso é muito recente na música brasileira. A sensualidade era um tema raro na MPB pré-anos 60. O amor e o tesão eram tratados de uma maneira muito empolada, artificial — como na época da modinha, das serestas e valsas, com raras e honrosas exceções, caso de nosso pioneiro compositor, Domingos Caldas Barbosa, lá do século XVIII, mas dele trataremos mais adiante. No geral, nossas letras se dividiam entre o amor interditado (90% dos casos) e a sacanagem generalizada (nos outros 10%, tema do capítulo 5). A sensualidade e a delicadeza ao falar de uma musa ou do próprio encontro de corpos, portanto, eram bastante contidas e apareciam muito discretamente em nossas letras até o advento da bossa nova.

Aqui vai um bom exemplo do que era permitido numa letra romântica do início do século passado de um autor dito sério e letrado. Trata-se de *Apoteose do amor*, valsa de Cândido das Neves (vulgo Índio), gravada por Orlando Silva, em 1936, que descrevia o tesão de um homem por uma mulher de maneira excessivamente polida, quase asséptica. E, para variar, à distância.

Socorre-me com a luz desses faróis
Que são teus olhos azuis
São dois lírios os teus seios alabastrinos
Quase divinos, parecem feitos para o meu beijo
Muito almejo dos lábios teus por um som
Pela glória do nosso amor...

Seios alabastrinos? Cá para nós, não há tesão que resista a uma letra tão cheia de rococós. Era preferível ser mais sutil e ficar só no âmbito dos lábios, sem descer muito o foco no corpo da musa, como faria Ary Barroso em 1934 no seu delicioso samba-canção *Tu* ("Teu olhar é um sonho azul/ Teu sorriso, uma promessa louca/ Teus olhos, duas jóias de coral/ No engaste sensual de tua boca") ou Luiz Bonfá em outro exemplar do gênero, *Perdido de amor* ("...perdido estou por você/ Seu beijo sensual/ Carícia ideal/ Não posso esquecer/ E vivo a sonhar/ Seu nome a chamar/ Só penso em você"), esta, uma jóia rara do repertório de Dick Farney de 1953.

Das poucas canções feitas antigamente com contornos mais sensuais há duas que merecem todas as honrarias por serem campeãs nos quesitos tesão, originalidade e sutileza. E não por acaso fizeram muito sucesso, são lembradas até hoje e bastante regravadas. A primeira delas, *Da cor do pecado* (do bissexto compositor Bororó), foi composta em 1939 e lançada pelo "Caboclinho querido" Sílvio Caldas (por coincidência, também o primeiro a gravar a mencionada *Tu*). Segundo seu autor, a musa desses versos chamava-se Felicidade, "uma mulher de vida pregressa pouco recomendável", que trabalhava em frente ao Tribunal de Justiça carioca e lhe foi apresentada pelo oficial de gabinete do ministro José Américo na época do Estado Novo.[1] Assim começou um romance de vários anos entre esta musa e o compositor, e ele foi responsável inclusive pela mudança de vida dela. Contudo, não se casaram. Mas isso são detalhes. O que interessa mesmo é que o "corpo moreno" desta canção pode ser de homem ou de mulher e já fez, com certeza, muita gente sonhar embalada por este choro-canção de melodia e harmonia bastante sofisticadas para sua época, e com uma letra tão saborosa.

Esse corpo moreno/ Cheiroso e gostoso que você tem
É um corpo delgado/ Da cor do pecado que faz tão bem
Esse beijo molhado/ Escandalizado que você deu
Tem sabor diferente/ Que a boca da gente jamais esqueceu
E quando você me responde/ Essas coisas com graça
A vergonha se esconde/ Porque se revela a maldade de raça...

Muitos anos depois, em 1955, surge outra pérola do gênero, desta vez um samba-canção, feito para arrebatar corações mais erotizados. Era *Amendoim torradinho* (do mais bissexto ainda compositor Henrique Beltrão), lançado por uma suave Sylvinha Telles pré-bossa nova, e depois bastante regravado por nomes como Ivon Curi, Vera Lúcia, Luiz Bonfá, Ângela Maria e Doris Monteiro.

Meu bem, esse teu corpo parece/ Do jeito que ele me aquece
Um amendoim torradinho
(...) Eu sinto uma vontade louca/ De gritar pela rua
Que eu já colei minha boca/ Na boca que é tua
E de gritar no teu ouvido, lá dentro bem fundo
Que não existe no mundo/ Um amor mais profundo
Que o amor bem vagabundo/ Que vem lá do meu bem

"Vontade louca de gritar pela rua"? Êta!!! Isso é que era tésão...!

Eventualmente apareciam sambas, choros, foxes, boleros, chachachas ou rock-baladas de tempero mais sensual. Mais pela melodia e pelo teor da interpretação do que pela letra em si. Entre as raras exceções temos ainda o samba-canção *Volta*, jóia sensual lançada por Linda Batista, em meio ao repertório tão machista e dramático de Lupicínio Rodrigues. A música, vá lá, pedia a volta da amada, ou seja, lá no fundo era de fossa, mas talvez isso tenha sido um subterfúgio do autor para camuflar uma cena de alto teor sensual, com cheiro de sexo numa fase em que isso ainda não era muito bem visto em letras românticas da

MPB. Veja bem, esta letra fala em "calor das cobertas", da falta que fazem o "braço" e o "corpo" da pessoa amada na "cama", e tudo isto numa canção romântica nos idos de 1957, época em que palavras com uma conotação sensual-erótica como estas definitivamente não freqüentavam nossas músicas.

Quantas noites não durmo, a rolar-me na cama
A sentir certas coisas que a gente não pode explicar
quando ama
O calor das cobertas não me aquece direito
Não há nada no mundo que possa afastar esse frio
do meu peito
Volta, vem viver outra vez a meu lado
Não consigo dormir sem teu braço, pois meu corpo
está acostumado...

Ainda da década de 50, mais precisamente em 51, o bolero *Dez anos* (*Diez años*), de autoria do porto-riquenho Rafael Hernandez, fez muito sucesso no Brasil na versão em português de Lourival Faissal, cantada por Emilinha Borba. Era extremamente sensual, longe da melancolia inerente às letras deste gênero.

Recordo junto a uma fonte, nos encontramos
Que alegre foi aquela tarde para nós dois
Recordo quando a noite abriu seu manto
E o canto daquela fonte nos envolveu
O sono fechou meus olhos, me adormecendo
Senti tua boca linda a murmurar
"Abraça-me, por favor, minha vida"
E o resto desse romance só sabe Deus

Mário Lima da Cruz, o Marinho, presidente do "Fã-Clube Nacional de Emilinha Borba", conta que certa vez a cantora foi proibida de interpretar este bolero numa festa de igreja em São Paulo porque, contagiado pelo clima quente desta música, o padre achou que esta fosse ainda mais erótica do que parecia. O verso "Recordo junto a uma fonte nos encontramos" soava para ele como "'nus', encontramos". Imaginem os protagonistas deste bolero pelados, perto de uma fonte... Isto é que seria uma transgressão daquelas! Mas não chegava a tanto. Era apenas uma canção sensual daquele tempo, nada além disso!

Quando a bossa nova surgiu, por volta de 1958, o próprio ritmo — um samba com influência das harmonias jazzísticas, com aquele toque de piano macio de Tom Jobim e o violão ameno de João Gilberto — parecia em tudo um convite ao prazer. O ritmo era sensual por si: a trilha sonora ideal dos romances com o litoral carioca como cenário. Fora o ritmo de alto teor sedutor, ao contrário das primeiras décadas do século XX, a sensualidade e a suavidade dos nossos letristas foram bastante exploradas nessa fase, na qual as mulheres mimosas, solares e cheirosas habitavam letras com um tesão *light*, como no caso das já mencionadas *Garota de Ipanema*, *Coisa mais linda* e *Samba de verão* — esta última, mostrando quente o "coração" do cara, saltando para ver "a menina que vem". O coração? Então tá, né?!

Até mesmo Tito Madi, que já era cool muito antes de a bossa nova estourar, deu um tempo nas canções mais tristes e melancólicas que o consagraram e pegou carona no estilo de letras mais alto astral então em voga no momento para compor a obra-prima *Balanço zona sul*, em 1962, descrevendo uma bela mulher: "Balança toda pra andar/ Balança até pra falar/ Balança tanto que já balançou meu coração/ (...) Balance os cabelos seus/ Balance, cai mas não cai/ E se cair vai caindo, caindo nos braços meus."

Nas cantadas noturnas de outro precursor, Johnny Alf (*O que é amar*), ou nas diurnas da dupla Menescal e Bôscoli, como *A volta* ("Levanta e vem correndo/ Me abraça e sem sofrer/ Me beija loucamente...") ou *Você* ("um beijo bom de sal/(...) Virá sorrindo de manhã"), realmente deveria ser difícil para as mulheres que ainda viviam o tabu da virgindade resistir a um papo desses em forma de canção. *Fotografia*, de Tom Jobim, lançada também por Sylvinha Telles em 1959, é outra dessas delícias. Um primor de descrição de um ambiente envolvente para o sexo tropical, em clima de bossa: "Eu, você, nós dois/ Sozinhos neste bar à meia-luz/ E uma grande lua saiu do mar/ Parece que esse bar já vai fechar/ E há sempre uma canção para contar/ Aquela velha história de um desejo/ Que todas as canções têm pra contar/ E veio aquele beijo..." Os pelinhos do braço já começam a se ouriçar...

É dessa época também a arrasadora (e menos lembrada) *Depois do amor* (Normando/ Ronaldo Bôscoli), um samba-canção moderno, provavelmente a primeira vez em que se fala do "pós-foda" na MPB de uma maneira tão delicada, intensa e sensual, sendo lançada pela interpretação ainda mais arrasadora de Maysa, incluída no clássico LP "O barquinho", de 1961: "E depois do amor/ Cai a paz sobre nós/ E depois do amor/ Nossos corpos tão sós/ Houve tudo de bom/ A seu corpo entreguei/ Uma flor, todo o amor/ No seu corpo nu, existi/ Tudo é paz pra nós/ Nossos corpos sós."

"Sempre achei sexo algo muito importante e gostoso. Quando fiz essa melodia eu só tinha a primeira frase: 'E depois do amor, cai a paz sobre nós.' Ronaldo, ao ouvi-la, quis completar", conta Normando, diretamente de Paris, onde reside há décadas, lembrando que a compôs no terraço de sua cobertura na rua Figueiredo Magalhães, em Copacabana, com vista para o Bairro Peixoto. "Não foi a única que fizemos naquele terraço. Eu ia repetindo a melodia, e ele ia acrescentando as frases com a facilidade que tinha. Curiosamente, *Depois do amor* foi censurada em São Paulo, certamente por causa da frase: 'No seu corpo nu, existi'", rememora.

Mas logo as letras da bossa nova se esmerilharam, rumo a um viés mais social, ou apenas se tornaram coadjuvantes dos virtuosismos dos trios de piano, baixo e bateria que proliferaram naquela época. Viriam, então, os anos de chumbo da ditadura, quando nossos letristas mais engajados ficaram mais agressivos. A turma do rock jovem-guardista, por sua vez, eventualmente partia para uma sensualidade mais machista e agressiva, mas no geral com letras pouco sensuais, quase sempre ingênuas. E finalmente a vertente brega-romântica que chegava às camadas mais populares se mantinha nas paradas, sempre frisando uma dor-de-cotovelo eterna e irrestrita, que parecia não acabar nunca.

Entre os artistas de repertório menos barra-pesada, mais chegado intencionalmente à sensualidade e ao balanço, estavam Wilson Simonal, Claudette Soares e Jorge Ben, seja nas músicas ou na maneira sexy de cantá-las. Este último — que como compositor nunca foi chegado a músicas tristes e pesadas — destoava do clima tenso que imperava na MPB e fazia sucesso em 1969 com um samba moderninho, *Que maravilha*, uma parceria com Toquinho, que transbordava sensualidade: "Lá fora está chovendo/ Mas assim mesmo eu vou correndo/ Só pra ver o meu amor/ Ela vem toda de branco/ Toda molhada, linda e despenteada/ Que maravilha/ Que coisa linda que é o meu amor..."

Chico Buarque também deu nesse momento uma pequena mostra do que faria em larga escala durante toda a década seguinte (músicas de amor e sexo, muitas vezes com eu-lírico feminino) e destilou um tesão animal no samba-canção *Sem fantasia*, em duo com a irmã Cristina, logo em seu terceiro disco, de 1968: "Vem, meu menino vadio/ Vem, sem mentir pra você/ Vem, mas vem sem fantasia/ Que da noite pro dia/ Você não vai crescer/ (...) Vou te envolver nos cabelos/ Vem perder-te em meus braços/ Pelo amor de Deus/ Vem que eu te quero fraco/ Vem que eu te quero tolo/ Vem que eu te quero todo meu."

Mas, por que até então em tudo reinava tanta sutileza quando o assunto tinha a ver com sexo? Fora das canções presentes nos teatros de revista, de alguns temas nordestinos e outros de Carnaval, quase todas as nossas canções de amor poderiam ser ouvidas até num convento! A resposta é simples. Apesar da nossa fama de libertinos, a repressão sexual aqui era muito rígida, como testemunha o próprio Chico Buarque em depoimento a Roberto de Oliveira, em 2005. Ele diz que as primeiras cenas de nudez que o encantaram na infância vieram por meio dos filmes franceses e que as mulheres francesas — estas sim, desde a virada do século XIX para o XX — sempre chegavam até nós com uma imagem de "luxúria", "libertinagem" muito maior que as brasileiras, e encantavam o imaginário masculino mundial, principalmente até os anos 50. Nos 60, as suecas, dinamarquesas e escandinavas em geral também passaram a ter esta alcunha de liberais por conta do amor livre pregado pela juventude desses países.[2]

"O meu primeiro alumbramento foi ver mulheres francesas expostas nas bancas de jornais, nas vitrines, nos (anúncios de) cabarés quando eu vivia em Paris. Hoje em dia é difícil de imaginar isso, porque um garoto de 10 anos já vê tudo isso em todos os lugares, na internet, e a vida sexual começa muito mais cedo. O máximo que eu tinha visto com 10 anos eram as minhas irmãs nuas, mas irmã não vale (risos). (...) Nessa época, também sempre havia um primo que tinha umas coleções de *Playboy* americana. Abrir e folhear uma revista dessas que o primo escondia no alto do armário era formidável para um garoto de 16 anos", ri.

Chico conta que em sua época de juventude e adolescência (anos 50 e início dos 60) fazer sexo com a namorada era algo muito raro, e que as garotas mais avançadas tinham má fama na vizinhança. "Geralmente, a iniciação sexual era com empregadas domésticas ou com profissionais. Namorada tinha muita sacanagem, mas raramente chegava às vias de fato. É estranho falar nesses termos hoje, mas naquele tempo as mulheres queriam casar virgens. E isso era natural. Não havia as liberdades sexuais que existem hoje, e por isso você não imaginava nem que poderia avançar (nas garotas) além daquilo. Hoje, vendo essa retrospectiva é que você acha engraçado que um garoto de 16 anos não deite com sua namorada de 15, de 14. Mas naquela época era assim. Uma menina adolescente, de certo meio social, que não fosse virgem era malvista, era uma exceção, uma raridade. A gente ouvia falar 'fulana que estuda na escola tal dá' (risos). Imagina! Hoje acho ótimo que haja educação sexual nas escolas, que o jovem tenha essa facilidade", declarou o compositor.

Com a liberação de costumes em escala mundial a partir da revolução sexual do final dos anos 60 e o advento da pílula anticoncepcional é que as coisas foram mudando, mas no Brasil, a passos lentos. A prova disso é a polêmica que um fenômeno musical estrangeiro provocou ao assolar o país em 1970. Refiro-me a *Je t'aime moi non plus* — sucesso importado da França com Serge Gainsbourg e gemidos insaciáveis de Jane Birkin, simulando uma relação sexual. A canção foi tida como pornográfica pela censura federal e, frente ao sucesso acachapante que se tornou, acabou banida das rádios e com os discos apreendidos, sendo liberados apenas aos maiores de 18 anos. Só para implicar com a censura, o sempre provocativo jornal *Pasquim* decidiu encartar essa música num compacto juntamente com uma de suas edições. Nem é preciso dizer o frisson que causou. Vendeu pilhas de exemplares.

O êxito desses gemidos gerou diversas imitações na indústria nacional, com outras mulheres gemendo ao som de uma música que hoje chamaríamos de "lounge". Discos com nomes como "Erótica — The magnetic sounds" e similares produzidos por gravadoras pequenas fizeram engordar a conta bancária de muitos produtores. E mesmo que tivesse gente conhecida gravando ou produzindo esses discos, desistam de identificá-los nas fichas técnicas. Era tudo na moita. Sinal daqueles tempos em que falar de sexo ainda atentava contra a moral e os bons costumes.

Voltando à MPB dita mais séria, em 71, a musa Gal Costa — flor no cabelo, pouca roupa, pernas à mostra e violão em punho — foi um símbolo da liberação feminina. Ela estourava com a *Pérola negra*, de Luiz Melodia, no auge da voz, da sensualidade e do desbunde, munida de uma postura que influenciou dezenas de cantoras surgidas em seu rastro. Recentemente foi até apontada como "ícone lésbico" de sua adolescência pela ex-cantora e ativista homossexual Vange Leonel, graças ao seu papel vanguardista em termos de atitude cênica, musical e verbal durante a década de 70, aberto inclusive a todas as formas de amor.[3] Pois em seu antológico show *Fatal*, essa canção era um de seus pontos altos, munida de uma letra que incorporava definitivamente a palavra "sexo" ao vocabulário da MPB. Antes disso, essa palavra raramente era usada. Também fazia isso num contexto ousado, pois ainda que o protagonista da canção desejasse muito a sua amada, repetindo "baby, te amo", a seguir colocava seu sentimento em xeque: "nem sei se te amo". Ou seja, com sutileza parecia dizer que o tesão vinha antes do amor. E a música estourou, sendo posteriormente regravada pelo autor, em 73, novamente com êxito: "Tente entender tudo mais sobre o sexo/ Peça meu livro/ Querendo te empresto/ Se intere da coisa/ Sem haver engano/ Baby, te amo, nem sei se te amo!"

Fora essas e outras poucas exceções, a maré estava mais para músicas pesadas ou românticas que falavam de tudo menos de cama, corpos suados e, menos ainda, de orgasmo feminino. Até que lentamente a coisa foi mudando. Em 72, despontou para o sucesso o cantor e compositor Odair José, "o galã das empregadas". Embora também tivesse muitas letras sobre amores mal resolvidos e cotovelos esfarrapados, a partir de seu terceiro LP, "Assim sou eu" (1972), ele decidiu ousar mais em sucessos como *Esta noite você vai ter que ser minha*, de José Pereira Jr. e Pisca: "Quero ver no seu rosto o meu sorriso alegre/ Quero esquecer da vida pra viver o amor/ Lá fora a chuva está caindo e não vai parar/ Minha vida pode ter fim quando o dia chegar/ Não precisa dizer nada pra não se arrepender/ Tem certos momentos na vida que o silêncio é melhor/ (...) Esta noite você vai ter que ser minha/ Esta noite vai ser feita pra nós dois/ Nem que seja dessa vez e nunca mais/ Só não quero deixar nada pra depois."

Suas letras — compostas por ele ou seus colegas — eram bastante coloquiais e diretas, e apesar de conterem muitas vezes a palavra amor, ele estava mesmo falando de sexo. Em *Deixa essa vergonha de lado* (Odair José/ Andréia Teixeira, 1973), por exemplo, ele era ainda mais original e falava das empregadas que, além de morrerem de vergonha de seus ofícios, muitas vezes serviam de iniciação sexual para os filhos dos patrões, na surdina, sem nenhum glamour: "Eu já sei que esse garoto/ Que você leva pra brincar/ E que todo dia na escola/ Você vai buscar/ Não é o seu irmão/ Ele é filho dessa gente importante/ E às vezes também é seu por um instante/ Apenas dentro do seu coração/ Deixa essa vergonha de lado/ Pois nada disso tem valor/ Por você ser uma simples empregada/ Não vai modificar o meu amor."

"Eu observava que os artistas de linha mais popular ficavam muito no mundo do faz-de-conta. Nas músicas não era muito claro que haveria esse contato de sexo entre as pessoas. Aquelas músicas de boate que existiam, de dor-de-cotovelo — de Lupicínio Rodrigues, Nelson Gonçalves —, as da Jovem Guarda, o que tocava no rádio até aquela época era muito amor de portão. A partir do momento que fiz *Vou tirar você desse lugar*, que falava do amor de um cara pela prostituta, e *Essa noite você vai ter que ser minha,* a minha obra mudou. Passei a descrever o momento do casal que envolvia o sexo", relata Odair, que começou a enxergar as letras de suas músicas como verdadeiras reportagens da vida das pessoas e decidiu falar mais do "social" — sem esquecer o sexo, que segundo ele é fundamental em qualquer relacionamento que se preze. "Sou casado há 21 anos e sei que não é só sexo. Mas, lá no fundo, 70% é. Acho que quando subestimam o sexo, as pessoas se enganam ou fingem se enganar", sentencia.

Encostei o meu corpo no seu/ E um novo desejo nasceu
Entre nós dois, seus carinhos me deixavam louco
Nosso tempo era curto e tão pouco/ E deixamos pra depois
(...) Preciso voltar mais uma vez com você lá, na praça
Pra falar mais um pouco de mim
Encostar o meu corpo em teu corpo/ E adormecer assim.

(*Eu, você e a praça*, Odair José, 1973)

Odair percebeu que havia muita metáfora sentimental na música brasileira e decidiu esquentar um pouco aquela pasmaceira. "Comecei a questionar se as pessoas citadas nas letras das músicas estavam sofrendo por um beijo ou porque estavam sentindo falta do sexo que fizeram juntas. Na verdade, vi que não era o 'amor' da mulher que era inesquecível para o sujeito, porque tiveram um namorinho de ônibus, isso era mentira! Ele sentia falta da transa. Como já existia aquela linha romântica do Roberto Carlos, do Paulo Sérgio, vi que ninguém faria aquilo melhor que eles. Melodicamente, eu também não conseguiria superá-los, por isso decidi ousar mais nas letras, falar mais abertamente desses temas. Acho que foi por causa disso que meu trabalho foi mais notado: enquanto o Roberto prometia o céu, eu dava a cama", diverte-se Odair, afirmando que depois de seu sucesso, até mesmo as canções de Roberto ficaram mais saidinhas.

Odair tocou, por exemplo, no tema tabu da "primeira noite de um homem" na canção *Noite de desejos* (1974), mas faz questão de dizer que não teve qualquer inspiração no famoso filme homônimo estrelado por Dustin Hoffman em 68. Na época que a compôs, ele sequer o tinha visto ou tomado conhecimento de sua existência: "Noite de desejos/ Noite de mil beijos/ Momentos que eu também vivi/ Foi naquela noite/ A primeira vez/ E eu nunca esqueci/ Foi com você, meu bem/ Que tanta coisa eu aprendi/ Meu desejo era tanto/ E eu não sabia/ Nem mesmo o que falar/ O meu corpo esquentava/ Eu tremia/ Tentando me guardar."

Ele até tentou ser ainda mais explícito, mas a censura não deixou. Um documento do Serviço de Censura de Diversões Públicas da Guanabara, de abril de 1973, justificou o veto à música *Em qualquer lugar* (Odair José/ Fernando Adour) por achá-la "descritiva de atitudes comportamentais alusivas ao desejo sexual". Que tal? Cada vez que ele entrava com recurso, alterando um pouco a letra, a resposta da censura ficava mais idiota: "Proibida em face da permanência de atentado ao pudor e exaltação ao amor livre." Finalmente a última sentença foi a seguinte: "Convida sua amada para a prática do sexo em vários lugares" e isso era contra a "moral e aos bons costumes", como se ninguém nunca tivesse feito sexo na vida.[4]

Se você quiser a gente pode amar
No meio desse mundo, em qualquer lugar
Mesmo que por perto exista tanta gente
Pois do nosso amor isso é indiferente
(...) Dentro do meu carro parado no jardim
Debaixo do chuveiro você sorri pra mim
Se você quiser ficar em nosso leito
Posso prometer amar do mesmo jeito

Com tamanha censura, Odair arquivou a letra e só foi retomá-la em 81, quando a refez e lançou-a com o nome de *Quando a gente ama*, desta vez com o parceiro José Mauro. Mas voltando ao início dos anos 70, outro detalhe interessante que aparece na obra de Odair e também na de Roberto & Erasmo é que a mulher deixa de ser a culpada por tudo que havia de errado na relação amorosa e pode até mesmo ensinar a um homem experiente um pouco da arte do sexo, sem ser uma prostituta, como na citada *Noite de desejos*. Já em *As noites que você passou comigo* (Donizete/ Jean Pierre), sucesso de Odair em 73, ele entende o fato de a mulher não o querer mais, só não aceita o blefe de ela dizer que não o conhece. Motivo? Muitas horas de cama! Veja a letra: "Hoje você já não me quer mais/ Compreendo, pois a vida é mesmo assim/ (...) Só não entendo que você vem falando/ Por onde você anda que não lembra quem eu sou/ (...) Não tem graça/ Pois seu corpo já foi meu/ Mesmo que não queira, o passado existiu/ Quantas noites em minha cama você dormiu..."

"Sempre achei que o que eu posso, a mulher pode também. Esse negócio que só o homem pode tudo está errado. O brasileiro em geral ainda pensa dessa forma. Sinceramente, acho isso uma babaquice. Se o cara tiver várias mulheres, é um don-juan, mas se a mulher tiver vários homens, é galinha", reclama. "Depois de muita experiência, até acho que o grande homem é aquele que consegue ter uma só mulher e esta ser o seu grande amor, o grande acontecimento de sua vida. Mas tenho um filho de 19 anos e serei contra se ele quiser se casar com a primeira namorada e vice-versa, pois acho que não terão aproveitado nada da vida", diz.

Na música, seu repertório tem muito desse respeito à mulher. Seus personagens não se sentem diminuídos quando a mulher os troca por outro, como na época de Lupicínio, Wilson Batista, Chico Alves e tantos outros. Isso fica evidente em músicas como *Revista proibida* (Odair José, 1973), em que ele compra uma revista de mulher pelada, encontra lá uma ex-namorada que adorava e percebe então o motivo pelo qual ela havia terminado com ele. Curiosamente, ele não a censura pelo seu ato: "Eu comprei uma revista proibida/ Uma revista só pra homens/ (...) E na primeira página/ Eu encontrei você/ Uma foto simplesmente toda nua/ Deitada à beira da piscina/ Seu corpo estava exposto/ Pra quem quisesse ver/ De repente uma saudade tão antiga/ Trouxe de volta o meu passado/ Momentos de ternura vividos com você."

"Noto esse respeito à mulher também no trabalho de Roberto e Erasmo desta fase. Eles perdoam a mulher. Mesmo que ela tivesse feito uma sacanagem com eles, eles não lhe desejam mal, até desejam algumas vezes que seja feliz com seu novo amor, têm um cuidado", observa, afirmando que nas letras de Chico Buarque e outros dessa escola, às vezes a coisa ia mais longe: "O homem chega mesmo a ser o bandido, e a mulher é a gente boa da história, chegando ao ponto dele aceitar tudo da mulher, até a convivência de dois homens em sua vida", analisa.

Antes de esmiuçar a obra de Chico e de Roberto, é preciso falar do advento de outro artista muito popular. Este não era compositor, apenas um intérprete de voz *caliente*. Ou melhor: um "cigano de araque fabricado até o pescoço", como diriam Rita Lee e Paulo Coelho.[5] É claro que estamos falando de Sidney Magal, um intérprete que entrou na MPB encarnando perfeitamente um personagem *latin lover* ao cantar (com sua ótima voz, justiça seja feita) versões muito canastronas em português de músicas hispano-italianas, com títulos sugestivos como *Meu sangue ferve por você*, *Se te agarro com outro te mato*, *Amante latino* e mais tarde *Tenho* ("um mundo de sensações que posso te oferecer") e *Sandra Rosa Madalena, a cigana*. Por acaso, todas bem dançantes, entre o chacundum de bordel e a disco music moderninha.

Até o final da década, Magal foi *sex symbol* brega, e como um Elvis Presley latino do povão, rebolava, aparecia fazendo caras e bocas, mostrando o peito, munido de calças justas e ostentando volumes generosos nas capas e contracapas de seus discos. Pois bem, assim, logo no começo — como também Ney Matogrosso e o próprio Elvis — evitava-se focalizá-lo na TV da cintura para baixo. Em resumo, mexeu com a libido de muita gente — até de gente que jamais vai confessar isso, levando este segredo para o túmulo. O recente revival dos anos 70/80, com suas festas temáticas que alcançavam o clímax com sua presença ou suas músicas, são a prova cabal de como o sangue do brasileiro ferveu para valer quando ele surgiu. Mesmo 30 anos depois, ninguém se esqueceu dele!

Teu, todo teu/ Minha, toda minha
Juntos, esta noite/ Quero lhe dar todo o meu amor
(...) Você me enlouquece/ Você é o que quero
(...) Oh! Eu te amo, oh! Eu te amo meu amor!
E o meu sangue ferve por você [6]

Se Magal despertava nas mulheres uma sexualidade mais gritante e explosiva, Roberto Carlos passou a fazer a trilha sonora da cama da maioria dos brasileiros nos anos 70, pois a partir dessa década, o Rei foi ficando cada vez mais "saidinho" nas canções de amor. Se Odair José tinha um público mais popular, Roberto alcançava faixas bem maiores, sendo repudiado apenas pela turma mais engajada politicamente. Seu repertório invadia qualquer lugar onde houvesse um rádio ou uma TV. Era uma avalanche de sucessos, dois ou três por disco, no mínimo. Dos anos 60 a meados dos 80, a dupla Roberto & Erasmo teve mais de 75 composições nas dez primeiras posições das paradas de sucesso. E nesta fase setentista, suas letras ficaram bem mais ousadas. Em 73, o Rei já propunha à sua amada lhe "dar o corpo", "depois do amor", o "conforto", e "na madrugada", o seu "braço" para fazê-la "dormir". Sentiu um arrepio? Não? Bem, os tempos hoje são outros. Mas naquela época isso causava um frisson, sim! De fato, era uma cena de cama.

Em 75, Roberto falou em "fazer amor na relva escutando o canto dos pássaros" e em deslizar "no seu corpo suas mãos", firmando-se "numa curva mais bonita". Em 76, a coisa esquentou tanto quanto o sangue de Sidney Magal, de quem voltaremos a falar já, já. O LP anual do Rei abria com *Ilegal, imoral ou engorda*. A letra, por meio de metáforas, vai sugerindo que ele queria "andar direito e ter os pés no chão", mas "certas coisas" lhe chamavam demais a atenção, e lá pelas tantas desabafava: "Bolas, eu não sou de ferro!" Ou seja, foi à Conchinchina e voltou só pra dizer que estava com tesão. Naquele tempo era assim: "Se eu conheço alguém num encontro casual/ E tudo anda bem num bate-papo informal/ Uma noite quente sugere desfrutar/ No meu terraço a vista de frente pro mar/ Mas a noite é uma criança/ Delícias no café-da-manhã/ Então o que fazer, já não quero mais saber/ Se como alguma coisa que não devo comer/ Se tudo que eu gosto é ilegal, é imoral ou engorda!"

Mais adiante, no mesmo LP, Roberto ameaçava ficar nu (ui!) para chamar a atenção da moça de quem estava a fim na balada *Preciso chamar sua atenção* (coisa que o parceiro Erasmo já fazia desde que lançou a música, em 1970). Por fim, na clássica *Os seus botões*, descrevia uma cena de sexo — com o começo, o meio e o fim de uma transa, dando a partida oficial para as chamadas "canções de motel" da dupla. O cenário era um quarto — que podia ser inclusive de motel —, e a moça, "confusa" (pelo tesão?), ia desabotoando a roupa e mostrando o corpo que seria possuído pelo macho logo a seguir. Seguramente, com essa faixa Roberto & Erasmo colaboraram com o aumento da taxa de natalidade da população brasileira.

Nos lençóis macios, amantes se dão
Travesseiros soltos, roupas pelo chão
Braços que se abraçam, bocas que murmuram
Palavras de amor, enquanto se procuram
(...) E aquela blusa que você usava
Num canto qualquer tranqüila esperava...

Em 77, eles pegaram mais pesado com uma música cujo título não dava margem a duvidar do duplo sentido explícito. Qualquer criança de — vá lá! — uns 10 anos de idade saberia que *Cavalgada* é... cavalgada, ora! Era aquela balada que ele dizia que ia "cavalgar por toda noite por uma estrada colorida", que iria usar seus "beijos como açoite" e a "sua mão mais atrevida". Depois, agarrava-se nos cabelos da dita cuja "pra não cair do seu galope". Finalmente, depois de "toda cavalgada", ia "deitar no seu cansaço", sem se importar se naquele instante "era dominado ou se dominava", entre outras descrições minuciosas. Cama total, sem medo de ser feliz.

Em 78, foi a vez da irresistível *Café da manhã*, que virou literalmente música-tema (ambiente) de motel mesmo, quando estes já eram uma realidade no país, na década de 70: "Amanhã de manhã/ Vou pedir o café pra nós dois/ Te fazer um carinho e depois/ Te envolver em meus braços/ E em meus abraços/ Na desordem do quarto esperar/ Lentamente você despertar/ E te amar na manhã/ (...) Quando mais tarde/ Nos lembrarmos de abrir a cortina/ Já é noite o dia termina/ Vou pedir o jantar."

Em 79, Roberto continuava com músicas românticas sensuais como *Na paz do seu sorriso*, que no refrão sugeria um pouco de sexo. "Que a vida é isso/

Que eu vivo por isso que você me dá, me dá/ Tudo isso que você meu bem me dá." Dá o quê? Vocês sabem. Em 80, ele ficou mais comportado com o *Amante à moda antiga*, mas em 81, compôs com Erasmo mais uma vez canções de alto teor erótico como *Tudo pára* ("quando a gente faz amor") e o instantâneo sucesso voyerístico *Cama e mesa*. Ele queria ser o sabonete, o travesseiro, o batom, o sol, enfim... tudo que pudesse estar em contato íntimo com a pele da sua querida. Depois dizia ainda que comia e bebia a hora que quisesse, que não fazia dieta e o diabo a quatro. Quer dizer, "diabo" não, porque ele não diz essa palavra. Mas, enfim, aí já estávamos nos anos 80, que eram mais permissivos...

Quero estar na maciez do toque dos seus dedos
E entrar na intimidade desses seus segredos
Quero ser a coisa boa, liberada ou proibida, tudo
em sua vida
Eu quero que você me dê o que você quiser
Quero te dar tudo que um homem dá pra uma mulher
E além de todo esse carinho que você me faz
Fico imaginando coisas, quero sempre mais...

Mas a chave do sucesso retumbante de Roberto Carlos está além do carisma do ídolo, de sua cara de "quero colo" ou de qualquer trabalho de marketing de sua gravadora. O psicanalista José Ângelo Gaiarsa, bastante cético em relação às diferenças do tesão masculino e feminino, ao analisar a obra de Roberto em meio a tantas músicas brasileiras mais antigas em que a figura da mulher era posta em segundo plano ou como vilã, defende uma tese bastante curiosa. "No fundo todas essas músicas de reclamações presentes na MPB querem dizer que o homem não tem muito jeito pra amar a mulher. Quem soube alimentar a loucura feminina de forma mais persistente foi o Roberto Carlos. A música dele fala o tempo inteirinho em carícia, amor, paixão pra vida inteira, em 'eu te agrado', 'te amo, te amo, te amo, te amo...' Ele é a prova definitiva da carência afetiva da mulher brasileira. O machão não é dado a essas coisas mais gentis, mais leves. Se cansa mesmo. Como a mulher tem que ser capaz do contato de pele com o filho, isso lhe traz uma raiz muito profunda, de precisar de um contato físico carinhoso. Infelizmente, o homem em geral não tem isso, e Roberto saiu ganhando porque entendeu bem esse mecanismo fundamental da alma feminina", acredita.

Seu parceiro de fé, irmão camarada, Erasmo Carlos, conta que a idéia de fazer canções mais ousadas em sensualidade e erotismo foi algo muito instintivo, nada racional. Surgiram da mesma forma que as outras tantas que compuseram em elegia à mulher. "O compositor é um eterno caçador, desesperado à procura de temas, de filões que gerem filhotes, músicas. Quando acaba uma música, a gente já está à procura de outra. E chegou um momento de querer fazer uma música mais íntima para a mulher, menos superficial, dentro do bom gosto, do bom senso, buscando novas formas poéticas. A coisa foi indo e gerou esse filão todo. As informações são as mesmas para todos, mas o criador as capta no ar", ensina.

Foi uma grande surpresa para Erasmo, entretanto, quando a censura deixou passar *Cavalgada*. "Com esse nome, tinha tudo para não passar", conta ele que, junto com Roberto, teve que mudar pelo menos duas canções de seu repertório por causa de temáticas mais picantes. Uma delas foi *Baby*, que originalmente chamava-se *Patu* — uma referência a um quadro do Chico Anysio. A música pedia que a mulher esquecesse do feminismo e viesse fazer amor. "Eu soube que mudando o título às vezes a música passava, pois ela nunca passava duas vezes pelas mãos do mesmo censor, e foi o que eu fiz, e no ano seguinte ela foi liberada. Já em *Amada amante*, tivemos que trocar o verso 'esse amor (...) que manteve acesa a chama que se apagou na cama depois que o amor se fez' para 'E manteve acesa a chama da verdade de quem ama antes e depois do amor'." *Amada amante* era de 1970 e foi composta numa época em que a palavra "amante" era considerada bastante pesada pela sociedade para chegar à música popular, ainda mais em tempos de censura ditatorial. Como se vê, antes mesmo de Odair José, Roberto e Erasmo já tentavam humanizar a relação dos amantes no terreno popular...

E você amada amante/ Faz da vida um instante
Ser demais para nós dois

Esse amor sem preconceito/ Sem saber o que é direito
Faz as suas próprias leis
Que flutua no meu leito/ Que explode no meu peito
E supera o que já fez...

Martinho da Vila também teve problemas com a "amante" logo na sua primeira música gravada: *Ninguém conhece ninguém*, em 1967, pelo Trio ABC da Portela (formado por Noca, Picolino e Colombo). Originalmente a letra dizia: "Há mariposa noturna de angelical semblante/ E corpo deselegante, que é tão perfeito na dança/ Braço que enlaça o amado é o mesmo que embala a criança." Uma comparação ousada para aqueles tempos que não passou incólume aos ouvidos da censura, que implicou bastante com essa estrofe até liberá-la. "Tive que mudar o verso 'Braço que enlaça o amante é o mesmo que embala a criança', troquei amante por amado e consegui a liberação", relembra Martinho. Também logo em sua estréia como cantor no Festival da Record de 67 ele teve que dar um jeito na sua *Menina moça*, pois sua letra "atentava contra a instituição família" só porque falava da vida amorosa de uma menina, que flertava, namorava, noivava, casava, em seguida brigava, desquitava, se amigava, separava de novo e depois... "só queria chorar"! Vejam só, nem o final triste sensibilizou os censores...[7] Devia mesmo ser muito complicado escrever letras ousadas e sensuais nesse tempo.

Por falar em palavras como "amante", difíceis de serem empregadas até a década de 70, é curioso notar como o vocabulário da MPB ficou progressivamente menos sisudo e mais coloquial, incluindo algumas palavras ditas mais pesadas, consideradas até palavrões. Antes dos anos 80, era muito raro ouvir até mesmo a palavra "sexo" em alguma letra. "Aborto", "gay", "orgasmo", "peitos" e "bunda" também não. Nem "tesão". "Pau", então, nem pensar! Temas também mais explícitos como homossexualidade, masturbação, orgasmo feminino, menstruação, anticoncepcionais em geral e sexo anal entrariam para a música brasileira somente na virada dos anos 70 para os 80, ainda de forma muito sutil. Quando apareceram antes, ou eram censuradas sem piedade, ou liberadas e depois apreendidas — caso de *Pare de tomar a pílula* (*uma vida só*), de Odair José e Ana Maria, em 1973, que causou aquele rebuliço, com discos recolhidos e vigia paranóica nos shows do cantor, só porque os censores acharam que ninguém iria seguir a campanha de planejamento familiar do governo Médici.[8] Quanta bobagem... Só porque a maldita pílula "não deixava o (nosso) filho nascer" e o sujeito queria porque queria ter o filho com a sua amada.

Apenas quando a censura acabou definitivamente, em 85, os compositores — principalmente os roqueiros, mas não apenas eles — começaram a usar e abusar desses temas, depois retomados pela turma do rap e do funk, bem mais tarde. A geração que aprendeu a ver na televisão todo tipo de programa sobre sexo, cenas de casais na cama em novelas e jovens "ficando" com todo mundo nas festinhas, não imagina que a palavra tesão tenha aparecido pela primeira vez na MPB em 1980, num LP de Chico Buarque. Ele cantou "eu tenho tesão é no mar", em *Bye, bye Brasil*, tema do filme homônimo de Cacá Diegues. E Caetano Veloso, quatro anos depois, também lançou mão dele num verso mais agressivo, "Onde queres o ato sou o espírito/ Onde queres ternura sou tesão". Chico e Caetano foram pioneiros do tesão, quem diria!

Essa geração tampouco pode imaginar que antes de Chico e Caetano houve quem tentou usar tal palavra numa música e quase acabou preso por isso, caso do humorista Juca Chaves, em 1970, em sua canção *Rimas sádicas*. A polícia a proibiu e depois de muito custo liberou-a apenas para recintos fechados — e com censura de 18 anos! Gravar o tesão? Nem pensar! A estrofe "pornográfica" era a seguinte: "Procuro-te encontrada/ Pois vim driblando os astros/ Deixando os rastros/ De um tesão sem pejo/ Deitar o meu desejo/ Na alcova de tuas nádegas/ Com rimas sádicas, rimar beijo com beijo/ Tesão ou tara/ Ou um beijo santo/ Se amar é tanto/ Eu te amo, Yara."

Outra palavra proibida na MPB era "aborto". "Quando usei no *Bilhete* a palavra aborto, o que me enchiam o saco, você não faz idéia! Diziam, 'gostei da música, mas aquela palavra...' E eu dizia: 'é que sou pobre de vocabulário' (risos). Ora, eu vou falar de separação daquela maneira e vou dizer o quê? 'Fiz um tipo de lipo?'" — diverte-se Vitor Martins, que teve a canção lançada pelo parceiro Ivan Lins em 1980 e imortalizada dois anos depois por Fafá de Belém, que passava por um processo de separação na ocasião e, ao ouvi-la num saguão de hotel, pôs-se a chorar e decidiu regravá-la. Cantada por uma mulher — ainda mais a exuberante Fafá —, a canção cresceu muito mais, sendo a sucessora natural de *Começar de novo*, tomando ares feministas ao falar de separação na primeira pessoa: "Eu limpei minha vida/ Te tirei do meu corpo/ Te tirei das entranhas/ Fiz um tipo de aborto/ E por fim nosso caso acabou/ Está morto..."

Às vezes a palavra não era proibida, mas era forte do mesmo jeito. Erasmo Carlos recorda que músicas como *Quero que vá tudo pro inferno* e até mesmo *Sua estupidez* ("não lhe deixa ver que eu te amo") foram polêmicas por causa das palavras "inferno" e "estupidez", que eram consideradas fortes em canções de amor.

Paulo César Pinheiro conta que a censura castigou sua geração não só em temas políticos. Ele se recorda, por exemplo, da canção *Sagarana*, que compôs em homenagem a Guimarães Rosa, e integrou o IV Festival Internacional da Canção, da TV Globo, em 1969, defendida por Maria Odette e Terra Trio. "Era uma história, um conto musical em que falo de um casal que vivia no interior e que um dia aparecia um violeiro e a mulher do casal se apaixona por ele, tendo ambos um caso de amor. E quando seu marido descobre, por vingança acaba furando os olhos da mulher e capa o seu amante. E na letra eu dizia 'o moço ficou sem macho e a moça sem verde ficou'. A censura cortou, acredita? Fui procurar saber o motivo e sabe qual foi o argumento? A palavra macho não poderia ser dita. Malandramente, a substituí por outra de som semelhante: 'o moço ficou sem ser mais'. Se por uma bobagem dessas, eles implicavam, imagine o resto", relata ele, afirmando que ocorreu caso semelhante com Chico Buarque, em sua *Ana de Amsterdam*, escrita para a peça *Calabar*. "Nesta música ele usava a palavra sacana. No disco, ele gravou sem cantar essa palavra e mais tarde consertou", lembra.

Paulo diz ainda que os antecessores de sua geração na MPB sequer tentariam usar palavras ousadas como essas. "Esse pessoal da década de 50 do samba-canção, da fossa, era cheio de pudores. Não diziam certas coisas. Foram se libertar disso bem depois", diz. Realmente, fora dos maxixes, das cançonetas do teatro de revista, das marchas carnavalescas e de eventualmente algumas canções nordestinas, até os anos 60 era difícil realmente se achar uma palavra mais pesada em músicas tidas como de bom gosto, especialmente nas mais românticas. E mesmo nessas outras, o duplo sentido era mais forte do que as próprias palavras pesadas. Paulo César é testemunha de que quando a censura começou a cair, quem escrevia e guardava essas formas mais ousadas botou tudo para fora: "Foi uma explosão", desabafa.

O ápice dessa liberação viria de fato nos anos 80, mas ainda assim, em seu início, não era fácil escancarar. Numa das primeiras canções de Cazuza, do primeiro disco do Barão Vermelho, o rock *Posando de star* teve que sofrer uma ligeira — e fundamental — alteração para passar pela censura. O protagonista da canção achava que a pessoa com quem ele saía tinha que "dar" logo de uma vez e se liberar: "Pouco importa que essa gente vá falar mal/ Falem mal/ Eu já tô pra lá de rouco, louco total/ Eu sou o seu amor, me entenda/ Você precisa descobrir/ O que está perdendo/ Botando banca! Posando de star/ Você precisa é 'dar'!!!" Mas tiveram que mudar um pequeno detalhe que acabou estragando bastante o seu desabafo: de "Você precisa é dar" para "Você precisa é dar-se (!!!)". Entre "dar" e "dar-se", convenhamos, há uma grande diferença. A letra prossegue com seu discurso libertário, mas é prejudicada por causa da tal partícula reflexiva. "Vem me experimentar/ (...) Você sem texto, sem cinema! Não faz do sexo um problema/ Eu armo uma cena! Quebro garrafa! Morro de chorar/ Mas ainda te faço dar (-se)."

Felizmente, em pouco tempo esses tabus seriam todos quebrados e até mesmo falar do orgasmo feminino já não causava celeuma.

Houve mesmo uma canção romântica que entrou até em novela e foi o maior sucesso. Francamente, ninguém chegava a se chocar, mas, em 1986, quem prestasse atenção àquela letra de Vitor Martins entoada por Ivan Lins ainda ficava se perguntando: "Será que é isso mesmo que estou ouvindo?" Eram versos de grande sensualidade e extrema delicadeza em relação à alma feminina. A canção era *Vitoriosa*.

Quero tua alegria escandalosa
Vitoriosa por não ter
Vergonha de aprender como se goza
Quero toda tua pouca castidade
Quero toda tua louca liberdade
Quero toda essa vontade de passar dos seus limites
E ir além, e ir além...

"Sem dúvida nenhuma ainda não era comum falar disso em música quando fizemos *Vitoriosa*. Era uma época em que a mulher estava querendo se satisfazer plenamente no sexo. Ora, quantos homens sempre transaram com a mulher sem a menor preocupação com ela. Podia ser até uma de borracha que estava valendo! (risos) Quis representar nesta letra a mulher em sua plenitude", conta Vitor Martins.

Mas até chegar na *Vitoriosa* mulher de Ivan Lins e Vitor Martins, muita água rolou. A força da mulher na música brasileira era um fato progressivo. E sua sensualidade, idem. Tudo começou para valer nos anos 70. Como já vimos nos capítulos anteriores, era tudo ao mesmo tempo agora: mudanças de comportamento, letristas mais engajados em falar da nova mulher e um dado comercial importante que vale relembrar: depois de muitos anos em que a indústria achava que cantora não vendia disco, Clara Nunes rompeu este tabu em 1974, vendendo mais de 300 mil unidades de seu LP "Alvorecer". Daí por diante, novos recordes seriam batidos por Maria Bethânia, Simone e outras divas. As letras cantadas por mulheres lentamente se tornavam mais agressivas, não só pleiteando seus direitos, como já vimos, mas agora também no campo da sensualidade e do erotismo.

Foi ainda naquele mesmo ano de 74, em que Clara arrasou, que Elis Regina estourava definitivamente a dupla João Bosco e Aldir Blanc com o memorável bolero sensualíssimo *Dois pra lá, dois pra cá.*

Minha cabeça rodando, rodava mais que os casais
O teu perfume gardênia e não me perguntes mais

A tua mão no pescoço, as tuas costas macias
Por tanto tempo rondaram as minhas noites vazias
No dedo um falso brilhante, brincos iguais ao colar
E a ponta de um torturante band-aid no calcanhar...

Aldir Blanc criou esta, como a maioria de suas letras, escrevendo verso por verso em cima da música já existente, criada neste caso por João Bosco. "A própria técnica que eu uso não permite elaboração. Não pego papel nem lápis, há um momento em que a letra vem. Às vezes em situações dramáticas! Fiz o começo de *Dois pra lá, dois pra cá* voltando de um porre, dentro de um táxi, e fiquei desesperado achando que tinha feito a letra de cima abaixo e ia perdê-la, pois não tinha como anotá-la ou gravá-la. É tudo muito intuitivo. Claro que depois as influências me parecem muito claras. Considero que tenho grande influência do Noel e do Lupicínio. Por exemplo, o jeito do Lupicínio em tratar os temas amorosos tem a ver inconscientemente com o que eu faço. O 'band-aid' é filho do 'bicho-de-pé'. É um dado que fica quase feio, mas que se transforma em beleza dentro do contexto da letra", explica o poeta, referindo-se ao samba-canção *Sozinha*, do compositor gaúcho.

Outro sintoma da sensualidade crescente na década de 70 foi exatamente o número de boleros que invadiu a MPB, ano após ano até o desbunde final da abertura política, em 79. E grande parte desses boleros tinha letras ousadas e provocantes, que, cantadas por mulheres, ficavam ainda mais instigantes. A mesma dupla Bosco & Blanc assinava mais um exemplar do gênero com sucesso nessa época. Era *Latin lover*, lançado por Simone em 75 (e depois regravado pelo próprio co-autor, João Bosco). A letra era outra "criação de clima" tremenda: "Mas me lembro de uma noite, sua mãe tinha saído/ Me falaste de um sinal adquirido/ Numa queda de patins em Paquetá/ — Mostra! Doeu? Ainda dói?/ A voz mais rouca/ E os beijos/ Cometas invadindo o céu da boca", um amor e um tesão gostoso que no final, com a rotina dos anos, acabou morrendo de tédio. Aldir diz ter se inspirado num fato familiar para compor esta cena: "Lembro de uma prima gostosona que eu tinha e se machucou, e todo mundo queria passar mercúrio ao mesmo tempo, dar injeção em sua nádega (risos). Mas na música, a história tem final amargo, fala de um *latin lover* em fim de carreira, do tédio dos casamentos."

Caetano Veloso, além de compor suas canções experimentais e políticas, também apostava num lado mais romântico, refrescante, deixando inclusive aflorar seu eu-lírico feminino em canções como *Esse cara*, lançada pela irmã Bethânia em 1972. "Ah que esse cara tem me consumido/ A mim é tudo que eu quis/ Com seus olhinhos infantis/ Como os olhos de um bandido." Era uma canção de amor de alta densidade erótica, de uma mulher para um homem bom de cama e meio misterioso, pois chegava ao anoitecer e na madrugada sumia. Mas ela o queria assim mesmo: "Ele está na minha vida porque quer/ Eu estou pro que der e vier." Então tá.

Aldir e Caetano ensaiavam seus passos mais sensuais, mas quem já estava com tudo nesse aspecto era Chico Buarque. Escrevendo cada vez melhor, parecia ter chegado ao auge em meados dos anos 70 no que diz respeito a assuntos sentimentais, especialmente quando se colocava no feminino. Já no final dos anos 60, ele nos brindava com letras nas quais se travestia sem pudor da alma feminina, como na quente e já citada *Sem fantasia* ("Vem meu menino vadio"), ou em letras de forte teor sentimental, como *Com açúcar, com afeto* ("Fiz seu doce predileto pra você parar em casa"). Fato é que, a partir de 1970, Chico superou todas as expectativas, mostrando mulheres cada vez mais ousadas, cheias de si, de opinião, sem vergonha do corpo e muito provocantes. A sensualidade desconcertante da mulher e seus desejos mais secretos passaram também a permear suas letras, transformando o compositor num símbolo sexual, num mito e no guru musical de 9 entre 10 mulheres brasileiras de classe média ou alta e intelectual.

"Chico Buarque, como Noel Rosa no seu tempo, trouxe uma posição única como letrista para nossa canção. Assim como ele, Chico trata do cotidiano, do coração com a alma feminina... e masculina também. E Chico, quando quer ser sensual, é insuportável (risos). Não entendo como pode, como consegue!", diverte-se sua principal intérprete, Maria Bethânia, sem deixar também de citar o mano Caetano, que também fez bonito em canções de sensualidade ou traduzindo a alma da mulher: "Veja que quando ele escreve *Esse cara*, faz a brincadeira das almas femininas, com os dois lados juntos andando ali, ao mesmo tempo", compara.

Mas nesse aspecto ninguém ganhava mesmo de Chico. Era uma bomba atrás da outra. Em 73, ele compunha *Tatuagem* e *Tira as mãos de mim* (ambas com Ruy Guerra) para a peça *Calabar*, com letras fortíssimas que ganharam logo, logo, interpretações pungentes de Bethânia: "Quero brincar no teu corpo/ Feito bailarina/ Que logo se alucina/ Salta e te ilumina/ Quando a noite vem/ E nos músculos exaustos do teu braço/ Repousar frouxa, murcha, farta/ Morta de cansaço..."

Se em *Tatuagem* (acima), Chico & Ruy Guerra faziam uma cena de cama do ponto de vista feminino, em *Tira as mãos de mim*, a dupla falava de uma mulher insatisfeita na cama com o marido, dizendo que seu amante era muito melhor que ele: "Ele era mil/ Tu és nenhum/ Na guerra és vil/ Na cama és mocho/ Tira as mãos de mim/ Põe as mãos em mim/ E vê se o fogo dele/ Guardado em mim/ Te incendeia um pouco!"

A coisa esquentou. Em 75, *Sem açúcar* fazia sucesso com a mesma Bethânia no show *Chico & Bethânia*, no Canecão, outra que inacreditavelmente passou pela censura, rendendo um magnífico LP. Trata-se de uma música cheia de erotismo e uma boa dose de sadomasoquismo: "Todo dia ele faz diferente/ (...) Dia ímpar tem chocolate/ Dia par eu vivo de brisa/ Dia útil ele me bate/ Dia santo ele me alisa/ Longe dele eu tremo de amor/ Na presença dele me calo/ Eu de dia sou sua flor/ Eu de noite sou seu cavalo." É, a censura devia gostar da cavalaria montada, pois deixou passar em 75 o "cavalo" de Chico Buarque e pouco tempo depois a *Cavalgada*, de Roberto e Erasmo.

Um ano depois, Simone cantava *O que será*, de Chico Buarque, na trilha do filme *Dona Flor e seus dois maridos*, de Bruno Barreto. Esta música ganhou duas letras, sendo que *À flor da pele*, esta sim, era páreo para as precursoras das canções sensuais da MPB, tipo *Da cor do pecado* e *Amendoim torradinho*. Só que mais profunda, mais direta e até com um certo tom de desabafo. Talvez a mais bonita que Chico já escreveu.

O que será que me dá
Que me queima por dentro, será que me dá
Que me perturba o sono, será que me dá
Que todos os tremores me vêm agitar
Que todos os ardores me vêm atiçar
Que todos os suores me vêm encharcar
Que todos os meus nervos estão a rogar
E todos os meus órgãos estão a clamar
E uma aflição medonha me faz implorar
O que não tem vergonha nem nunca terá
O que não tem governo nem nunca terá
O que não tem juízo

Em 1977, Simone regravou esta canção em seu LP "Face a face", com andamento mais suave.[9] Foi exatamente neste ano que a coisa engrenou. Quem acompanhar a música brasileira entre 1977 e 83 observará vários pontos: as cantoras brasileiras — independentemente de suas orientações sexuais (sempre muito secretas) — ficaram mais femininas e provocantes, sensuais. Surgiram novas cantoras aos montes, o jejum de compositoras e letristas foi rompido com o gradativo surgimento de diversas representantes. Foi dada a partida para um repertório crescente de músicas feministas (panfletárias ou não) — inclusive compostas por autores homens, como vimos no capítulo anterior — e também de apelo sensual, de alta carga erótica, que viraram a tônica de seus discos e invadiram as ondas do rádio.

Essa sensualidade crescente e explosiva era tão pungente que ultrapassava os limites do repertório das divas. Basta observar as capas de discos das cantoras daquele tempo. A começar pelo LP "Índia", de Gal Costa em 73, que vinha com um invólucro preto para não mostrá-la vestida de índia, com um close de seu xibiu estampado na capa e parte dos seios de fora no verso. A partir do final dos anos 70, elas já apareciam mais maquiadas, com carinhas de safada ou superdespojadas e fatais. Eliana Pittman e Maria Creuza caprichavam no batom, no blush, nos cílios e nas caras e bocas das fotos estampadas em seus LPs. Em 77, Perla era clicada sem sutiã e umbigo à mostra, com os seios cobertos na vertical por um impertinente casaquinho prateado. Gal, na fase "Tropical", em que aposentou o guarda-roupa hippongo definitivamente, trocando-o por vestidos vermelhos e dourados, apareceu deitada de corpo inteiro com sainha, top e umbigo também de fora no encarte de seu LP de 79. No primeiro álbum de Marina, do mesmo ano, ela aparecia com roupa justa preta e maquiagem pesada. E o que dizer de Simone, que aparecia nua, abraçando os joelhos na capa do antológico "Pedaços", outro de 79?

Mas essa onda de capas semi-eróticas culminou em 1982, quando todas as grandes cantoras decidiram mostrar os ombros nus e o colo do seio nas capas, deixando cobertos apenas o bico, no limite de parecer uma capa de *Playboy*. Alcione inaugurou o filão em 1981 no seu LP homônimo, e no ano seguinte, Gal ("Minha voz"), Simone ("Corpo e alma"), Joanna ("Vidamor"), Rita Lee e Roberto de Carvalho (o disco que abre com *Flagra*), Fafá de Belém ("Essencial"), Rosemary (Jóia) — todas estavam com ombros à mostra e/ou parte das ondulações dos seios. Esta última não mostrou mais porque estava numa fase mais cool, logo superada no LP de 83, "Salinas", em que aparece de bruços deitada numa praia, mostrando de leve o bumbum, enquanto Zizi Possi, também despida, mostrava as costas nuas na capa de "Pra sempre e mais um dia" (83), aproveitando para dar uma viradinha com o rosto para a direita, jogando o cabelão na cara. E Tânia Alves arrasava no collant na capa de seu LP "Novos sabores".

Joanna lembra bem dessa fase e diz que tudo estava no inconsciente coletivo das artistas de então. "Era uma forma de rebeldia, de se mostrar por inteiro, de dizer 'vamos descerrar o pano', mostrar ao que viemos, como nós somos, e sem ter medo de exibir nosso corpo em termos de vida mesmo! A capa do meu LP "Vidamor" foi realmente a minha mais ousada até hoje. Na verdade, o que a gente estava expondo e desnudando nas capas desses discos estava dentro deles. Era uma sensualidade, uma liberdade de expressão total que começava exposta desde a capa e era interiorizada nas letras que estavam sendo cantadas", explica a cantora e compositora revelada num dos anos mais frutíferos da vida política brasileira e também da MPB: 1979.

Sua colega Fafá, que surgiu tão brejeira entre 75 e 76 cantando músicas regionais, logo foi taxada de "gordinha sexy" e em breve fazia muitas caras e bocas nas capas, contracapas e encartes de seus LPs "Banho de cheiro" (78) e "Estrela radiante" (79), além de exibir-se em ângulos deliciosamente eróticos nos inúmeros clipes que gravou para o programa *Fantástico*, da TV Globo, sempre em praias ou locações de natureza selvagem para combinar com sua sensualidade de leoa. Ainda nesta época, fazia ensaio erótico para a revista masculina *Status* e cantava canções muito provocativas, como a emblemática *Sedução* (77), composta um ano antes por Milton Nascimento e Fernando Brant para o balé *Maria, Maria*, do Grupo Corpo.

Um jeito de tentação
Um corpo roliço e bom
Um cheiro de sedução
Mulher, bonita, gostosa, matreira vai
Zombando do amor dos homens
Que cercam farejam, devoram
Com olhos e boca de lobo mau...

A canção terminava com um atestado de que algo estava mudando em relação à nova mulher brasileira e ao novo padrão de cantora do país...

Dos homens que querem todos
Seu jeito, seu tempo, seu corpo
Mas ela não ama com qualquer um

Além da mulher não dar pra qualquer um, ainda qualificava o cara com quem queria ficar. E tudo isso na mesma canção.

Eu nasci para ter um amor forte
Sereno, bonito, gostoso
Um homem bom

"Quando posei para a revista *Status*, o Tom Jobim escreveu um texto para o ensaio, dizendo que a primeira vez que me ouviu cantar foi justamente com essa música, *Sedução*. Ele disse que estava dentro de um carro e me escutou cantando 'Eu nasci para ter um amor forte, sereno, bonito, gostoso, um homem bom' e não entendeu nada, mas que quando viu a minha imagem, entendeu tudo", diz Fafá de Belém, aos 49 anos, em 2005, com sua gargalhada generosa habitual. *Sedução*, de fato, foi segundo ela uma marca fortíssima dessa fase de sua carreira, e explica que levou para o disco uma maneira de ser que sempre foi muito natural em sua vida. "Fundamentalmente, sempre tive uma postura muito livre, até em tempos contemporâneos em que essa liberdade para a mulher continua a ser controlada entre aspas. Fiquei puta quando me chamaram de gordinha sexy. Depois é que entendi que foi a maneira que a imprensa achou para justificar aquela mulher de um metro e oitenta, com seios fartos, cantando com leveza, porém sem esconder suas formas mais exuberantes", conta.

Fafá diz que, aos 12 anos, a primeira música que a fez despertar para seu lado "mulher" foi a sutil *O sonho*, de Egberto Gismonti, lançada no III Festival Internacional da Canção, da TV Globo, de 1968, e logo gravada por Elis Regina, que a certa altura dizia: "Indo de encontro ao riso/ Do quarto minguante e o sol queimando/ A pele branca despertando/ Vejo a cama e meu amor/ Acordado estou." "Até então era mais ligada em outro tipo de música mais de fossa. Ouvia *Meu mundo caiu*, de Maysa, e sofria. De repente, através dessa música descobri minha sexualidade. Também tive muita influência do cinema italiano", conta Fafá, referindo-se às mulheres com padrões diferentes de beleza que via na tela, como a exótica russa Veruschka von Lenhdorff — que trabalhou no filme *Depois daquele beijo* (*Blow up*), de Antonioni, em 66 — e as italianas Sophia Loren e Gina Lollobrigida. "Elas eram bonitas, sensuais, voluptuosas, volumosas, mas se davam ao respeito", diz.

"A mulher é meu grande público. Falo o que ela gostaria de falar em todos os níveis sociais. Sempre usei meus decotes e falei as coisas que pensei. Levo adiante essa liberdade que sempre tive desde menina, que às vezes até a mim mesma incomoda", diz, às garagalhadas, afirmando que chegou ao clímax na capa do LP "Estrela radiante" (1979), superlânguida, com cara de mulher indomável. "Parece que estou dizendo: 'E aí, vai encarar?'" (mais gargalhadas). Este disco, gravado dois anos depois do álbum que incluía a referida *Sedução*, trazia mais dois petardos de feminilidade e sensualidade pungentes que a marcariam pelo resto da carreira. A começar pela canção *Que me venha esse homem*, música de David Tygel com versos da atriz Bruna Lombardi. Lançada um ano antes por Amelinha, não teve qualquer repercussão, mas na voz quente daquele mulherão não poderia mesmo passar em branco... Entre os versos corajosos se podia encontrar algo como "Que me venha esse homem/ (...) E me penetre em tudo".

Que me venha esse homem, de músculos exatos
Com desejo agreste, com cheiro de mato
Que me prenda de noite, em sua rede de braços
Que me venha com força, com gosto de desbravar
Que me faça de mata, pra percorrer devagar
Que me faça de rio, pra se deixar naufragar...

A grande novidade é que esta era uma letra feita por uma mulher, cantada por outra e se colocando no feminino, sem artifícios de usar "você" em vez de "ele" e expressando a forma como ela queria ser possuída sexualmente por seu amante. Como se não bastasse esta pérola, Fafá abria este mesmo LP com *Sob medida*, de Chico Buarque, também gravada com sucesso por Simone na mesma época. Outra provocação: "Eu sou sua alma gêmea/ Sou sua fêmea, seu par, sua irmã/ Eu sou seu incesto/ Sou igual a você, eu nasci pra você/ Eu não presto/ (...) Traiçoeira e vulgar/ Sou sem nome e sem lar/ Sou aquela/ (...) Sou bandida/ Sou solta na vida/ E sob medida pros carinhos seus/ Meu amigo se ajeite comigo/ E dê graças a Deus!"

Sob medida era um dos três boleros bombásticos com que Chico Buarque presenteava algumas das melhores cantoras da MPB daquele momento. Este foi composto para o filme *República dos assassinos,* de Miguel Faria Jr., e os outros dois para a peça *Ópera do malandro,* de sua autoria, começando por *Folhetim*

(1978), que estourou com Gal Costa, falando de uma "daquelas mulheres que só dizem sim", que seduzia o cara, o fazia se sentir "vaidoso" por possuí-la, mas na manhã seguinte podia cair fora, pois já era "página virada, descartada do seu folhetim". Finalmente, o terceiro boleraço do autor era O *meu amor*. Esta com uma daquelas letras inacreditáveis da safra buarquiana, onde duas mulheres — a oficial (Teresinha) e a outra (Lúcia) — disputavam o amor do homem, no caso o malandro em questão da peça (Max) em forma de diálogo musical.

TERESINHA: — O meu amor tem um jeito manso que é só seu/ De me deixar maluca/ Quando me roça a nuca e quase me machuca/ Com a barba malfeita/ E de posar as coxas entre as minhas coxas/ Quando ele se deita.

LÚCIA: — O meu amor tem um jeito manso que é só seu/ De me fazer rodeios/ De me beijar os seios/ Me beijar o ventre, me deixar em brasa/ Desfruta do meu corpo como se meu corpo/ Fosse a sua casa.

AS DUAS: — Eu sou sua menina, viu?/ E ele é o meu rapaz/ Meu corpo é testemunha do bem que ele me faz!

O meu amor foi gravada por duas duplas de mulheres: Elba Ramalho (ainda estreante) e a atriz Marieta Severo, e também por Maria Bethânia, que chamou Alcione — até então restrita apenas ao gênero samba — para o desafio de entoar um boleraço como aquele. Aliás, isso fazia parte de um preconceito terrível da indústria do disco contra os negros. Eles só podiam estourar como sambistas. Alcione teve sorte de Bethânia ter batido o pé por ela, porque não convinha ao negro gravar o gênero romântico, considerado nas entrelinhas música de branco. A prova disso é que muitos cantores negros tiveram suas carreiras mutiladas no Brasil por não quererem abraçar o sambão, caso de Alaíde Costa, Sonia Santos ou Áurea Martins. Outras, como Elza Soares, felizmente, eram excelentes sambistas, mas se quisessem virar o disco com outros gêneros até os anos 70 teriam grandes dificuldades. Na ala masculina acontecia o mesmo. Jair Rodrigues, Emílio Santiago e Djavan tiveram de começar gravando sambas. Mesmo que na fase pré-fama, em que eram crooners de boates, cantassem de tudo, ao chegar ao disco foram logo empurrados para o escaninho do samba. Mas isso são águas passadas...

Bethânia, além da excelente idéia de trazer Alcione para cantar com ela o bolero *O meu amor*, enfileirou em seus discos um festival de músicas enfocando a alma feminina. Falavam da força da mulher, exploravam sua sensualidade e caprichavam no desejo. A começar pela valsa *Teresinha* (outra de Chico Buarque), que usava e abusava da sensualidade de uma mulher divida entre três homens, inspirada na canção folclórica *Teresinha de Jesus*. Ela seria também incluída no disco da peça *Ópera do malandro* (1979), mas foi registrada em primeira mão por Bethânia, em 77: "O terceiro me chegou/ Como quem chega do nada/ Ele não me trouxe nada/ Também nada perguntou/ Mal sei como ele se chama/ Mas entendo o que ele quer/ Se deitou na minha cama/ E me chama de mulher...". Uma delícia.

A feminíssima *O lado quente do ser* (Marina e Antonio Cicero, 80) foi outra que Bethânia teve a primazia de lançar. Uma música que exaltava o próprio fato de ser mulher ("Eu gosto de ser mulher/ Sonhar, arder de amor/ Desde que sou uma menina"), levantava a sua auto-estima, dizendo que ela "mostra mais o que sente", "canta mais docemente" e ainda por cima botava para fora toda sua languidez: "Dispense os jogos desses mais ou menos/ Pra que pequenos vícios?/ Se o amor são fogos que se acendem sem artifícios/ Eu já quis ser bailarina/ São coisas que não esqueço/ E continuo ainda a sê-las/ (...) Então eu digo amor, chegue mais perto/ E prove ao certo qual é o meu sabor/ Ouça meu peito agora..."

"Eu e Marina fizemos *O lado quente do ser* para a Bethânia. A idéia da letra foi totalmente minha. Eu quis usar a frase 'eu gosto de ser mulher' e comecei a me lembrar de coisas que sabia sobre amigas da Marina ou da minha mãe. Lembrei-me de que quase toda mulher que eu conhecia já quisera ser bailarina algum dia. Lembrei-me de que elas gostavam de romance etc. As coisas que eu observava e que punha na letra eram justamente coisas que eu achava curiosas porque nada tinham a ver comigo. Eu nunca quis ser mulher, nem bailarino, e em geral acho romance o lado chato do sexo. Não tenho, por isso, afinidade nenhuma com a mulher que descrevo. Mas o engraçado é que, quando li a letra para Waly Salomão, pelo telefone, e comecei a dizer 'eu gosto de ser mulher...', ele, que tinha muito humor, me interrompeu, dizendo, de um jeito supersacana: 'Mas então é autobiográfica?'", diverte-se o poeta Antonio Cicero.

Também femininos e fartos de desejo — muito desejo! — eram os petardos com que Gonzaguinha presenteava Bethânia. Naquele momento, o compositor deu um tempo nas músicas mais pesadas e engajadas politicamente contra a ditadura e resolveu escrever sobre o amor, a mulher e o desejo como poucos conseguiram até hoje. E para a Abelha Rainha ele deu canções como *Mergulho*, de 80 ("E assim nessa hora devemos despir/ O que seja vaidade, o que seja orgulho/ E do modo mais franco de ser/ Vamos juntos no nosso mergulho") e os sucessos *Infinito desejo* (1979) e *Explode coração* (1978):

Eu quero mais é me abrir
E que essa vida entre assim
Como se fosse o sol
Desvirginando a madrugada
Quero sentir a dor dessa manhã
Nascendo, rompendo, rasgando, tomando meu corpo e então eu...
Chorando, sofrendo, gostando, adorando, gritando
Feito louca, alucinada e criança
Sentindo o meu amor se derramando...

Assim como o bolero *Explode coração*, o samba *Infinito desejo* mais parecia um fecho de ouro de uma década que sacramentava um discurso libertário definitivo, após anos de repressão, inclusive do prazer feminino: "Ah! Infinito delírio chamado desejo/ Essa fome de afagos e beijos/ Essa sede incessante de amor/ Ah! Essa luta de corpos suados/ Ardentes e apaixonados/ Gemendo na ânsia de tanto se dar/ Ah! De repente o tempo estanca/ Na dor do prazer que explode/ É a vida, é a vida, é a vida/ E é bem mais..."

E o que dizer de *Tigresa* (Caetano Veloso), gravada por Bethânia e também por Gal Costa, Ney Matogrosso e pelo próprio autor no mesmo ano de 1977? Inspirada na atriz Sônia Braga, *Tigresa* era pura sensualidade feminina escorrendo pelas bocas de seus intérpretes, que já não podiam mais negar a força da mulher brasileira. Ela definitivamente não podia mais ser um bibelô para ser exibida pelos homens a seus amigos, uma empregada do lar nem um objeto a ser manipulado.

Uma tigresa de unhas negras, Íris, cor de mel
Uma mulher, uma beleza que me aconteceu
Esfregando a pele de ouro marrom do seu corpo contra o meu
Me falou que o mau é bom e o bem cruel
Ela me conta que era atriz e trabalhou no Hair
Com alguns homens foi feliz, com outros foi mulher
Que tem muito ódio no coração, que tem dado muito amor
Espalhado muito prazer e muita dor...

Agora, com a palavra... Maria Bethânia. "O Movimento Hippie liberou muita coisa. E a partir daí, as mulheres passaram a ser muito bem representadas na música popular, com muita naturalidade e firmeza. Nunca fiquei prestando atenção especificamente no meu trabalho, no que eu estava fazendo para contribuir para isso. Nunca pensei muito, sempre fui guiada pela minha intuição, pelo meu coração e minha inteligência. E essas músicas chegavam até mim porque os compositores estavam sentindo as coisas assim, daquele jeito. Estavam em sintonia com aquele momento e com as transformações naturais que vinham ocorrendo. São tantos exemplos e não só no meu repertório... *Folhetim*, na voz de Gal... Eram músicas que tocavam no ponto certo e faziam sucesso por causa disso. Minha geração é um espetáculo!", explica aos risos a diva, sem falsa modéstia.

O cheiro de sexo no ar continuava. Agora sob a perspectiva feminina. Ainda no repertório de Bethânia, no ano seguinte ao estouro de *Explode coração*, ela bombou com outra música deliciosamente sensual: *Cheiro de amor* (Duda/ Jota/Paulo Sérgio Valle/ Ribeiro). Pelo título não está lembrando? Vamos refrescar sua memória: "Mas o seu jeito de me olhar, a fala mansa, meio rouca/ Foi me deixando quase louca, já não podia mais pensar/ Eu me dei toda pra você..."

Lembrou? Pois é, mas que pouca gente sabe que se tratava — literalmente — de um jingle de motel.

"Esta música era um jingle do Duda Mendonça. A primeira coisa que eu faço quando chego na Bahia é ligar logo o rádio. É diferente de qualquer outro lugar que eu vá. Não sei que impulso é esse (risos). Aí, naquele dia liguei e começou a tocar isso. Eu achei a música linda e vi que era uma propaganda de motel. Eu perguntei: 'Mas que motel?' Então me mostraram e pensei 'Isso é lindo'. No percurso até minha casa tocou isso umas dez vezes. Como na época eu gravei um filme para a empresa do Duda, numa fase que queriam separar a Bahia do resto do Brasil, quando estive com ele acabei sabendo que a música era dele com o Paulo Sérgio Valle. Pedi sua permissão, ele me deu, e eu gravei", recorda a Abelha Rainha, que a registrou no LP "Mel", de 79. Realmente é uma faixa totalmente cama, de fazer inveja às canções de motel do Rei do mesmo período, com direito à descrição do ambiente do motel e tudo: "E meio louca de prazer, lembro o teu corpo no espelho/ E vem o cheiro de amor, eu te sinto tão presente/ Volte logo meu amor...". Só faltava a capa pendurada assistindo a tudo (e não dizendo nada) da canção do Roberto...

O ano de 1979 talvez tenha sido realmente o ápice de toda essa sensualidade feminina na MPB. Até a mais discreta Elis Regina soltou o cabelão e ficou mais "mulherona", com direito a flor entre as madeixas à la Billie Holiday. Tudo para estrear na gravadora Warner, recém-implantada no Brasil, num álbum cujo título era o mesmo de uma canção de Joyce e Ana Terra: *Essa mulher*. Um samba-canção que narrava as agruras de uma esposa devota, tentando romper — como já foi dito por Joyce anteriormente — os ditames da "santa" e da "puta", tão caros ao imaginário do homem brasileiro. O disco contava ainda com *Bolero de satã*, de Guinga e Paulo César Pinheiro, cantada em dueto com Cauby Peixoto, falando de um amante que a "penetrou como sol da manhã" com um amor atormentado e mau de "satã", respingando perfume por todos os lados. Mas, como já vimos, as outras divas estavam com tudo também e mandavam ver no repertório "fatal". Elis, Fafá, Bethânia, Gal e... Simone. Esta é outra que não pode ser esquecida.

Bem, Simone, em 77, ao lançar O *que será (À flor da pele)*, de Chico Buarque, parecia dar o seguinte recado: "Me aguardem, vou dar trabalho." Se *O que será* era quase uma descrição da bula do corpo humano frente à presença do tesão e do orgasmo, em breve lançaria outra pérola do gênero, como se tivesse levado a cama para dentro do estúdio. Rumo ao auge de sua carreira, em 78, um dos sucessos que colaboraram para seu reinado foi justamente *Medo de amar nº 2*, de Sueli Costa e Tite de Lemos, na qual gemia e sussurrava enquanto rolava a introdução deste samba-canção abolerado de altíssimo teor sedutor.

Você me deixa um pouco tonta, assim meio maluca
Quando me conta essas tolices e segredos
E me beija na testa, e me morde na boca e me lambe na nuca
Você me deixa surda e cega, você me desgoverna
Quando me pega, assim nos flancos e nas pernas
Como fosse meu dono ou então meu amigo ou se não meu escravo
Eu sinto o corpo mole e eu quase que faleço
Quando você me bole, bole e mexe, mexe
E me bate na cara, e me dobra os joelhos e me vira a cabeça...

Além desta e do bolero *Sob medida*, Simone também faria sucesso até o início dos anos 80 com músicas de exaltação à força e à sensualidade da mulher (*Rainha morena, Mulher da vida, Coisa feita, Água na boca*), tesão, desejo e cama (*Tô voltando, Condenados, Corpo, Depois das dez, Um desejo só não basta, Paixão, Princesa, Tô que tô*), dilemas femininos (*Face a face, Jura secreta, A outra*), homossexualidade feminina (*Bárbara, Mar* e *lua*), isto fora as outras mais panfletárias já citadas no capítulo anterior, como *Mulher e daí?* e *Começar de novo*. Eram, todas, letras muito fortes, diretas, contundentes. "Ah, meu amor/ Estamos mais safados/ Hoje tiramos mais proveito do prazer...", dizia uma delas, *Condenados*, de Fátima Guedes. O que a Cigarra tem a dizer sobre a opção de gravar um repertório tão forte nesse sentido?

"Não havia nenhum esquema predeterminado para eu ter acesso às músicas, recebê-las e incluí-las em meus discos", conta Simone, bem de acordo com o depoimento de Bethânia. "Isto poderia se dar num encontro, até mesmo casual, numa reunião, marcada ou não, num telefonema, num pedido meu... O tema das músicas, sua abordagem, não norteava a escolha, isoladamente, e sim um conjunto de fatores e, claro, aquelas com as quais eu e a minha voz se identificassem. Sempre tive uma relação de amizade com a grande maioria dos compositores. Portanto, o útil e o agradável formavam e formam parcerias", explica.

Nesta época, Simone mexia demais com a libido de seu público em suas apresentações sempre lotadas. Caso do Projeto Seis e Meia que realizou no Teatro João Caetano em 1977 ao lado de Belchior. Reportagens da época registram que um fã chegou a ir até seu camarim dizendo que ficou com tesão após ela cantar no show a canção *Momento do amor*, de Taiguara, que ela gravara no seu primeiro LP de 1973. A cantora diz que sempre lidou bem com este tipo de sentimento do seu público e que de certa forma não tem qualquer problema em seduzi-lo, faz parte de seu ofício. "Sou uma intérprete das canções. Neste sentido, reproduzo, do meu modo, do modo que entendo como adequado e fiel, o que as músicas querem dizer, seus significados, seus signos, suas mensagens. Se a música pede sensualidade, sou sensual. Se força interior, solto a voz mesmo. Se crítica social, se revolta, se contestação contra o sistema, contra as injustiças, não há por que eu ser lânguida. Agora, se a canção é de amor, de sedução, de saudável malícia, por que não passar isto para o público? Interpreto sim, não dissimulo. Quanto a arroubos do público, é natural que ele assim reaja. E, cá pra nós, me acho mesmo bem interessante", diverte-se.

Outras cantoras também fizeram sucesso com músicas derramadas de sensualidade. Até Nana Caymmi, cujo repertório até hoje é focado, na grande maioria, em canções de tristeza amorosa, liberou-se em sentimentos mais leves, falando de amor bem resolvido e prazer. Além de lançar a emblemática (e já citada) *Mudança dos ventos* (Ivan Lins/Vitor Martins), em 1980, que falava do tesão da mulher mais velha por um homem mais novo, dava um tempo nas pérolas da fossa para lançar um de seus discos mais leves no ano seguinte, "E a gente nem deu nome", cuja faixa de abertura, *Café com pão* (João Donato/ Lysias Ênio), falava — adivinhem? — de "Coisa que homem e mulher faz" e mais tarde no balanço caribenho de *Fruta mulher* (Vevé Calazans), de 85, tema de Yoná Magalhães em *Roque Santeiro*, explodia em sensualidade: "Fico no mundo da lua/ Quando você vem me amar/ Teu olhar me põe toda nua/ Que coisa gostosa me apaixonar..."

Mesmo a discreta Nara Leão aparecia de pink na capa de seu LP "Nasci para bailar" e, além da envolvente faixa título de Paulo André e João Donato, ainda caía no frevo *Tou com diabo no corpo*, de Sivuca e Paulinho Tapajós, que apesar de a letra fazer menção ao contexto político mais libertário, pós-ditadura, trazia também a liberdade sexual implícita. Ou seja, Nara mostrava seu lado diabinha em versos como: "Tô queimando de amor, deixa queimar/ Seja lá como for, quero é calor/ Acabei de beber todo o sol com pimenta/ E depois de agüentar a tormenta/ Ninguém vai me agüentar/ (...) A noite inteira eu sou coração de fogueira/ Um vulcão e um montão de besteira a se espalhar/ (...) (Sou) Um pecado guardado/ (...) Febre de alucinar." Não havia mais por que guardar os pecados. A hora era de soltar a franga...

As cantoras mais novas também não faziam feio no quesito sensualidade e erotismo. Amelinha, de repertório mais regional, estourou com *Mulher nova, bonita e carinhosa faz o homem gemer sem sentir dor* (de autoria de seu marido na ocasião, Zé Ramalho, com Octacílio Batista), que evocava até a Guerra de Tróia para falar dos poderes eróticos femininos. A sempre exuberante Elba Ramalho, que a partir dos anos 80 tornou-se a grande porta-voz feminina da música nordestina no sul, era uma das cantoras mais populares do Brasil no início daquela década. Sempre ostentando uma bela forma física e fama de mulher fatal de fibra (com homens bonitos a tiracolo), causava furor no palco, dançando muito bem em coreografias que valorizavam suas belas pernas, e levou muita sensualidade para suas capas de disco — com destaque para o sutiã amarelo na capa de "Fogo na mistura" (1985) — e para o repertório, como no forró *Amor com café* (Cecéu) que tocou bastante em 1982 — espécie de versão nordestina de *Café da manhã*, de Roberto & Erasmo: "E de manhã cedo fazer o café/ Trazer na cama/ Depois do café, a gente se ama/ A gente se gama, depois do café/ Ficar o dia inteiro nesse dá-me, dá-me/ Nesse toma, toma/ Nesse pega, pega, nesse coma, coma/ Nessa brincadeira sem ninguém dar fé." Haja café!

De outra forma, mas não menos agressivamente sensual, Ângela Ro Ro usava e abusava de sua inebriante voz bluesy desde seu primeiro e bombástico LP de 1979. Com letras cada vez mais abertamente homossexuais — como veremos no capítulo 6 —, ela, seja como compositora ou intérprete, mandava brasa em recados que também poderiam soar simplesmente como pura sensualidade feminina, independente do apelo homoerótico. É o caso de várias canções do seu LP "Escândalo", de 1981. Neste, as cinco assinadas pela compositora bissexta Naïla Skorpio traziam o mais puro erotismo da nova mulher brasileira. No fox *Tão beata, tão à toa* (dela, com Guto Graça Melo, que seria sucesso em 84 numa versão pop com Marina, tema da novela *Corpo a corpo*), ela dizia que se escorregava no corpo do(a) amado(a) e vendia "a alma ao diabo só pra sentir o seu gosto". Em *Perco o rumo*, da mesma dupla, reclamava que na falta do(a) amante, ficava aturdida: tomava banho, se perfumava, ia pra cama e não dormia: "Mordo o travesseiro/ Me lambuzo de batom/ Me embolo no lençol/ Enlouqueço." Ui, ui, ui!!

Em *Mistério*, outra da dupla, que foi da trilha da novela *Brilhante*, o tema era o mesmo: longe de seu amor, ela não passava bem e se danava a morder a própria boca "até sangrar". Em *Vou lá no fundo* (parceria de Naïla com Sonia Burnier), em tom de deboche, dizia "Como e te traço/ Te jogo no fogo se você bobear". Finalmente, das mesmas autoras, *Na cama* dispensava maiores lençóis e comentários: "Atrás deste rostinho eu tenho um fogo angelical / Por dentro do vestido eu guardo um corpo infernal/ Se agitando, esperando.../ A droga do teu beijo até você me envenenar/ Manchar a sua boca até você me tatuar/ E berrar que me ama na cama, na cama/ Meu corpo voltou a se agitar..." Passional total!

A musa do funk tradicional, Sandra de Sá, que estava se lançando em 1980, era outra a mandar um "papo reto" na primeira faixa de seu primeiro LP.

A canção era de sua autoria mesmo e chamava-se *Pé de meia*: "Quando eu me dou/ Me dou inteira/ Eu não sou meia pra ficar no pé de ninguém." Mais uma novata, Joanna, cantora e compositora que estreara em 79, já em seu segundo LP, "Estrela-guia" (1980), parecia uma versão feminina do Rei Roberto Carlos, fazendo o Brasil inteiro cantar debaixo das cobertas a balada *Momentos* (dela com Sarah Benchimol), aquela que maldosamente foi chamada de "melô da pulga" por causa do primeiro verso, "Vou te caçar na cama sem segredos". Maldade! Era, sim, uma bela balada para se ouvir a dois num friozinho: "Quero ficar assim por toda noite/ A copiar teus traços lentamente/ Deixar pousar meu beijo no teu corpo/ Deixar que o amor se faça mansamente..."

Joanna conta que, apesar de ser mais compositora do que letrista, fez a quatro mãos esta balada com Sarah Benchimol: letra e música. "A situação dessa canção foi vivida intensamente, aliás, fui protagonista da cena (risos). Sou de uma geração que não tinha medo de expor sua sensualidade. Tanto no falar, quanto na postura diante da vida. Nesse momento, a sensualidade era como um fetiche necessário que tínhamos para adornar nossa poesia como música cantada. A gente mostrava que a mulher já chegava com seu nariz um pouco em pé dizendo a que veio, mostrando-se como um ser humano independente. Essa sensualidade foi um atributo saudável para começar a descrever certas cenas mais íntimas e mexer com a curiosidade das pessoas", acredita, e afirma que naquele tempo não havia mais como se fazer uma letra falando de amor e sexo de um jeito artificial. "Era preciso investir num sentimento claro, expressar suas necessidades íntimas em relação ao outro, mostrando a realidade com palavras das mais ásperas às mais sensuais."

Em contraponto a esta cena de cama, gostosa, no estilo das canções de motel de Roberto que Joanna fez, Joyce emplacava *Da cor brasileira* (dela com Ana Terra) com Bethânia em 79, mais profunda, mas não menos sensual: "Esse homem que passa na rua/ Que encontro na festa e me vira a cabeça/ É aquele que me quer só sua/ E ao mesmo tempo que eu seja mais uma/ De quem falo ele é feio e bonito/ Mais velho e menino, meu melhor amigo/ É o homem da cor brasileira/ Da loucura e besteira/ Que dorme comigo."

"Essa música ficou sendo uma espécie de *Me Disseram* mais avançado, 12 anos depois, já podendo impunemente dizer 'a loucura, a besteira que dorme comigo'. Ana escreveu esta letra porque nós duas tínhamos ficado bastante injuriadas com uma música do Milton e do Brant chamada *Idolatrada*, que dizia 'tu és mulher, cuidas da casa e da família, mas não és da ribeira (...) tu não vês que nossa vida é nosso filho da cor brasileira'. Achamos isso tudo machista demais, e assim nasceu a canção", sublinha Joyce, que em 81 gravou *Muito prazer*, uma canção de erotismo sutil ("Quando eu brincar de conversar/ Eu de você, você sobre mim/ Diga que é meu/ Diga que sim/ Que nunca foi tanto assim/ (...) E quando for se despedir/ Diga que foi um grande prazer/ Que eu vou gostar/ E quando eu dormir/ Quero sonhar com você").

Nada sutil, entretanto, era *Sex one*, de Aloísio, Rosemary e Rony, que trouxe de volta às rádios em 1980 a voz da veterana Maria Odette — que foi das primeiras a divulgar a obra de Caetano Veloso na época dos festivais da canção. Essa canção abolerada falava até mesmo em "depilados pêlos", mais um indício da mudança dos tempos.

> *Ele beija meus pés, esfrega em meus pés sua boca*
> *(...) Morde de leve minhas pernas*
> *E me pede: — Jogue os cabelos pra trás!*
> *Prova meus apelos, meus depilados pêlos*
> *Espreito curiosa a mutação*
> *Sou jogada brutalmente no colchão*
> *(...) Sendo loucamente amada, amassada*
> *Surrada pelo amor que brota pegajoso, tão gostoso!*
> *Pega, come e morde/ (...) Feche os olhos, me faça, não pense!*

Qualquer semelhança com Wando é mera coincidência, porém nessa época ele nem sonhava ainda em botar seu lado mais explosivo para fora! Mas além de todas as cantoras citadas, com seus repertórios cheios de atitude e tesão, há dois nomes que já foram mencionados no capítulo anterior, mas precisam ser novamente citados por adicionar a seus trabalhos os quesitos sensualidade, erotismo, liberdade e desbunde geral. O primeiro deles é o do grupo formado por seis mulheres: Lidoka, Sandra Pêra, Regina, Leiloca, Edyr e Dudu Moraes, todas oriundas do mundo da dança e do teatro. Eram As Frenéticas, que começaram como garçonetes-cantoras da discoteca Dancin' Days, no recém-inaugurado Shopping da Gávea, em 1976, e despontaram para o estrelato no ano seguinte, fazendo um sucesso arrasador com *Perigosa* (Nelson Motta/ Roberto de Carvalho/ Rita Lee) em ritmo de discoteque.

Sei que eu sou bonita e gostosa
E sei que você me olha e me quer
Eu sou uma fera de pele macia
Cuidado, garoto, eu sou perigosa!
(...) Eu tenho uma louca dentro de mim!

Agressiva, divertida e muito dançante, *Perigosa* mostrava ao que vinha a nova mulher brasileira. Embora esta letra seja de Nelson Motta, Rita contribuiu definitivamente na composição ao acrescentar o último verso da canção, que antes de sua participação acabava apenas com "Eu vou fazer você ficar louco", ao que ela acrescentou "dentro de mim", que torna a música ainda mais agressivamente feminina. Lidoka acredita que elas não tenham sido censuradas no Brasil porque levavam tudo com muito humor e irreverência, entretanto, na Argentina não tiveram tanta sorte. "Quando gravamos a versão em espanhol de *Perigosa*, a letra teve de ser *cerca de mí*, não podia ser *dentro de mí*", conta.

O repertório das Frenéticas era rico em alegria e liberdade, como em outra canção de seu primeiro LP que cheirava a sexo: *Vida frenética*, de Luiz Carlini: "Viver de noite, dormir de dia/ É isso que eu quero sim/ A vida boa e frenética/ Deixe que falem de mim/ (...) E sempre deixo me hipnotizar/ Por um feitiço de olhar/ Seja na rua ou em qualquer lugar/ Feitiço é muito forte sim/ Flertar é tão bom pra mim!" Era a primeira vez que a mulher não tinha vergonha de dizer que gostava de "ficar" com vários homens, sem "grilos" — para usar uma gíria da época. Seus discos mostravam que a mulher podia até se dar ao luxo de ter um sexo casual, tomar umas a mais e acordar do lado de um cara de quem nem se lembrava no dia seguinte, como na faixa de abertura de seu segundo LP, "A noite da lua cheia", de Rubens Queiroz e Nelson Motta (1978): "Quando eu acordei eu não sabia de nada/ De onde eu vim, aonde eu fui, onde estava/ Eu só me lembro que era bom e eu gostava..."

Noutras faixas, criticava o homem machista e ultrapassado, como na já citada no capítulo anterior, *Macho*, de Roberto e Erasmo, e também em *Lesma lerda* (Ruban Barra/ Ronan Soares), cujo trocadilho óbvio era um tapa na cara dos homens que não se modernizaram. A letra também deixa claro que a mulher não quer exclusividade, que não deseja ser escrava de um homem só: "Eu sou da idade do espaço, meu bem/ Você é da idade da pedra/ Nasci pra ser um beija-flor, meu amor/ E você é sempre a lesma lerda/ Se você não aprende a voar, meu amor/ Eu vou me mandar com você eu não fico/ Porque eu gosto de estar pelo ar, sem parar/ Com uma flor no olhar e um açúcar no bico."

"O nosso sucesso se deu por causa da espontaneidade, da mulher que colocamos pra fora daquela forma completamente rasgada, com aquela performance diferente, nos figurinos e nas letras, com direito a muita alegria e irreverência no palco e no disco. Fora isso, o uníssono das nossas vozes era quente, diferente daquelas agudinhas dos conjuntos vocais femininos, estilo Quarteto em Cy", enumera Lidoka, frisando a importância do figurino nas apresentações do sexteto. Foi Marília Pêra quem desenhou o de estréia para o grupo: um macacão de lurex supercolante ao corpo. Depois uma dupla de figurinistas fez um maiozinho de lamê, cada um de uma cor, onde elas se mostravam com as pernas de fora e as famosas sandálias douradas com a meia de lurex multicolorida — imortalizadas na foto da capa do LP da novela *Dancin' Days*. Literalmente, lançaram moda. Uma moda sexy, sem medo do exagero ou da provocação. Era tudo que as mulheres precisavam em 1977.

As Frenéticas também popularizaram a expressão "Sou bonita e gostosa" (da letra de *Perigosa*) e também foram adotadas pelo público gay, que, assim como a mulher, estava ávido por uma liberalização maior dos costumes por aqui. Com tanto sucesso, é claro que elas não tardariam a incomodar uma ala mais puritana. Um jornalista as descreveu como putas, numa matéria de uma revista de repercussão nacional, e algumas mulheres ciumentas as ameaçavam, com manifestações de repúdio. "Porque os homens eram mesmo doidos por nós", lembra Lidoka. E logo por elas, que não se encaixavam em qualquer padrão de beleza. Eram livres até nisso.

O segundo nome fundamental desta fase do desbunde geral, sensual e libertário da mulher na MPB também pertence ao pop e acabou de ser lembrado na co-autoria de *Perigosa*. Foi exatamente entre 1978 e 83 que ela explodiu, munida de sua voz suave, criando o nosso pop/romântico nacional, com suas letras repletas de sapequice, safadeza e também delicadeza. Rita Lee, segundo Sandra Pêra, foi das poucas artistas da música nacional a ter influência sobre As Frenéticas no palco.

Pioneiríssima em atitude na música nacional, Rita podia tudo. Já tinha encarado várias barras e estava em seu melhor momento profissional. Foi nossa primeira roqueira mulher de postura "adulta" (pois as anteriores Celly Campello, Wanderléa, Giane, Célia Vilela, Cleide Alves e Meire Pavão tinham estilo mais ingênuo) e por isso mesmo incomodou, como já vimos no capítulo anterior. Depois de ser presa em 76 por porte de maconha, amargou um ano de cadeia. A seguir, pariu três filhos assim que encontrou seu parceiro ideal na vida, na cama e na música: Roberto de Carvalho. O prazer que tinham a dois foi revertido em forma de música, sem o menor pudor, em letras como *Mania de você* (1979), que foram o retrato de uma era na música nacional.

A gente faz amor por telepatia
No chão, no mar, na lua, na melodia
Mania de você
De tanto a gente se beijar
De tanto imaginar loucuras
Nada melhor do que não fazer nada
Só pra deitar e rolar com você

"A gente tinha acabado de se amar com toda aquela descrição: no chão, no mar, na lua. Tínhamos chegado naquela loucura, quando a gente sente que está vivo, que dá um berro... Estávamos suados e Roberto pegou o violão, apanhei uma canetinha, baixou o santo e fizemos a música. Foi emocionante", contou Rita na ocasião à revista *Cláudia*. Ao lado de Roberto, Rita compôs também *Lança-perfume* (1980), outra de letra safada que a certa altura dizia "Me deixa de quatro no ato/ Me enche de amor". Praticamente uma pré-Tati Quebra-Barraco com 25 anos de antecedência. Compuseram nesta mesma fase o bolero *Caso sério*, para coroar ainda mais a libido nacional em suas "noites de verão", com direito a "misto quente" e "sanduíche de gente", prepararam um coquetel de paixão *on the rocks*, experimentaram perversões escatológicas (*Degustação*), enfiaram-se no escurinho do cinema (*Flagra*) e também numa espaçosa banheira para fazer amor debaixo d'água — na qual todo mundo entrou junto com eles em 81 sem pedir licença: "Que tal nós dois numa banheira de espuma?/ *El corpo caliente/ Um dolce far niente/* Sem culpa nenhuma/ Fazendo massagem, relaxando a tensão/ Em plena vagabundagem, com toda a disposição/ Falando muita bobagem/ Esfregando com água e sabão". Anos depois o "peixe" Fagner entraria nessa banheira, aliás, num límpido aquário e faria "borbulhas de amor" para encantar sua amada. Mas isso foi somente cinco anos depois.

PARTE 2
AH! ESSE MALDITO FECHO-ÉCLAIR...

Embora houvesse músicas dos mais variados temas nos discos de nossas cantoras dos anos 70 e da primeira metade dos 80, é curioso perceber que as que fizeram mais sucesso foram exatamente as de teor mais ousado e sensual. Claro que vários cantores também tiveram êxito com músicas mais provocantes — Roberto Carlos que o diga —, mas a grande novidade era a mulher poder falar dessas coisas, como diria Rita Lee, "sem culpa nenhuma". Eles, de uma forma geral, à exceção do citado Roberto, de Odair José, Ney Matogrosso e poucos outros, perderam em quantidade para as mulheres nas músicas lascivas, mas não fizeram feio. Falando em Ney, apesar de navegar numa estética mais gay como veremos melhor no capítulo 6, foi deliciosamente lânguido e sensual de tudo quanto foi jeito, e o fez até mesmo declarando-se a uma mulher, como na faixa-título de seu LP de 1979, "Seu tipo", de Eduardo Dussek e Luiz Carlos Góes: "Coloca aquele vestido, tipo comprido/ Vê se não brinca com a minha libido/ Me beija no ouvido, nada faz sentido/ Tudo arde/ Me diz que eu sou seu tipo/ Repete amor, que eu acredito." E depois narrava uma seqüência enlouquecedora com direito a peito arfante, a boca que começava a gritar. Uma loucura! E o que dizer dele quando ordenou a todos em cadeia nacional, às sete da noite: "Vamos fazer um pecado, rasgado, suado, a todo vapor" — cantando o tema de abertura da novela *Pecado rasgado* (1978), transformando o frevo de Chico Buarque numa *discothèque* à brasileira?

De vez em quando aparecia um ou outro intérprete com uma música de contornos mais sensuais, caso de Emílio Santiago, que estourou no mesmo ano de 79 com um samba lento muito provocante, *Logo agora*, de Jorge Aragão e Jotabê, que fala de uma infidelidade muito justificada. Tudo valorizado por um provocante arranjo (de Meirelles), com bons solos de sax: "Ele foi embora, nem faz uma hora/ Pensando quem sabe nos beijos que você me deu/ Tolo, pensou que beijar sua boca foi consolo/ Despertou o instinto da fêmea/ Que agora quer se deixar abater/ Se sentir caçada, dominada até desfalecer", completando com desfecho bombástico: "Agora entendo o sorriso/ Ele é que não entendeu/ Se não fez amor com você, faço eu..." Eu também faria, você não?

No mesmo ano de 79 — realmente um ano de ouro para as músicas sensuais — Jorge Ben gravava com Caetano Veloso um samba-funk feito por ele em homenagem a uma fã européia de nome *Ive Brussel.* Mais picante que as demais músicas românticas assinadas por Jorge até então, essa ainda por cima acabava sendo polêmica, pois ganhava contornos homoeróticos sendo cantada por dois homens. Era uma época também que Caetano (assim como Gil) explorava muito uma imagem mais sexualmente ambígua, o que gerou uma certa polêmica: "— Você com essa mania sensual, de sentir e me olhar/ — Você com esse seu jeito contagiante, fiel e sutil de lutar/ — Ai, ai, ai, sim naquele dia você foi tudo, foi demais pra mim /(...) — Não sei não assim você acaba me conquistando.../ — Não sei não, assim eu acabo me entregando!" Humm... Para contrabalançar, ainda naquele ano, Caetano, sozinho, fazia uma *Elegia* da mulher pelos versos muito sensuais de Augusto de Campos, com música de Péricles Cavalcanti: "Deixa que minha mão errante adentre atrás, na frente, em cima, em baixo... Entre (...) Nudez total: todo prazer provém do corpo/ (Como a alma sem corpo) sem vestes."

Alceu Valença, que vinha dos anos 70 diretamente de Pernambuco, estourou mesmo em 1980. E naquela atmosfera de músicas leves e provocantes, também deixou sua contribuição. Além da *Morena tropicana*, que era tão deliciosa que era comparada a uma dúzia de frutas, ele parecia ter um tesão enfurecido por uma mulher que o tomou de assalto na enigmática *Cavalo de pau* ("Teu pêlo claro/ Boneca dourada/ Meu pêlo escuro/ Cavalo de pau") e parecia gritar de desespero e tesão o título da canção, inconformado pelo desprezo da sua "boneca". Ainda mais explosivamente sensual, conseguiu falar com muita delicadeza de sexo selvagem na climática *Como dois animais*, de 82: "Meu olhar vagabundo/

De cachorro vadio/ Olhava a pintada/ E ela estava no cio/ (...) Foi mistério e segredo/ E muito mais/ Foi divino brinquedo/ E muito mais/ Se amar como dois animais." Alceu ainda faria *Anunciação* no ano seguinte, descrevendo uma cena de amor com ares de revelação mística, das mais sensuais: a amada vinha "num cavalo, peito nu, cabelo ao vento/ E o sol quarando nossas roupas no varal."

Kleiton & Kledir, além de somarem expressões do vocabulário gaúcho à MPB, também estouraram com músicas em que a sensualidade imperava. "Nós fazemos parte de uma geração que rompeu com todos os tabus e preconceitos em relação a sexo, drogas e rock'n'roll. Não sei se inventamos uma nova maneira de fazer amor, mas pelo menos começamos a falar sobre isso de forma mais escancarada", explica Kledir, citando a funkeada *Tô que tô*, que estourou na voz de Simone, tema da novela *Sol de verão*, em 1982: "Vem cá de qualquer maneira/ balança minha roseira/ me bate de brincadeira (...) me tranca na geladeira/ apaga minha fogueira (...) balança essa pasmaceira/ me bate com a cabideira (...) não grita, não dá bandeira...".

"Muitas das nossas canções falavam de amores que transgrediam as regras, como na canção *Paixão*, em versos como 'Depois do terceiro ou quarto copo, tudo o que vier eu topo, tudo o que vier, vem bem.' Ou traziam a idéia de experimentar o que até então era considerado pecado, em versos como 'O teu corpo é uma serpente a me provocar/ (...) Essa boca muito louca pode me matar/ se isso é coisa do demônio/ eu quero pecar'", relembra, citando *Fonte da saudade*, de sua autoria, sucesso de 1980. Aliás, foi com a referida *Paixão*, no ano seguinte, que a dupla teve o maior sucesso de sua carreira. Esta é uma das músicas mais sensuais da MPB de todos os tempos, narrando uma aventura em "carne e osso" que deixava "marcas no pescoço", com direito à dificuldade terrível em abrir o "maldito fecho éclair", e de repente rolava uma "febre muito louca", rasgavam a roupa e iam por aí...

Amo tua voz e tua cor
E teu jeito de fazer amor
Revirando os olhos e o tapete

Suspirando em falsete
Coisas que eu nem sei contar...

Vale dizer que quando Simone cantava esta balada em seu show *Delírios, delícias* (1983) ela o fazia deitada sobre uma cama redonda que emergia do cenário, rodeada de almofadas, simulando uma cena de masturbação, digna de Madonna.[10] Mas a diva pop só lançaria mão deste recurso algum tempo depois, na turnê do álbum *Like a virgin* (1984). Acredite, se quiser... Isto é pra se ter uma idéia de como as coisas passaram a andar rápido na MPB nesse sentido. Estava todo mundo exausto de tanta repressão... Aliás, a MPB de antanho jamais imaginaria que haveria um tempo de tantas músicas otimistas, positivas e cheirando a sexo... Que o diga a turma do samba tradicional, sempre mais conservadora com temas que versavam em geral sobre situações amorosas mais "para baixo" do que "para cima". Ademais, fora do Carnaval, no passado quase tudo era muito bem comportado.

Eventualmente, quando os compositores antigos queriam extravasar sua libido, davam um jeito de descrever suas musas com fartura de detalhes, com água escorrendo pelo canto da boca, e partiam para artifícios muito ingênuos para os olhos de hoje. Falavam muito no "feitiço" que a fulana tinha no andar ou no olhar, em como a mulata requebrava bem, descreviam-se suas roupas detalhadamente... Ah, sim, era mais fácil falar numa mulher mestiça e mulata sensual do que na branca, por motivos óbvios. Negras e mulatas, meros objetos, podiam saciar os desejos dos mesmos homens que preservavam suas mulheres brancas como santas, trancafiadas em casa.

E do desejo de poder ter para si essas lindas mulheres — em geral as mulatas — é que surgiram pepitas como *O que é que a baiana tem?*, *Vestido de bolero*, *Dora*, *O dengo que a nega tem* ou *Lá vem a baiana* no repertório de Dorival Caymmi, *Mulata assanhada* no de Ataulfo Alves, ou *É luxo só*, *Faceira* e *Os quindins de Yayá* no de Ary Barroso (a primeira com o parceiro Luiz Peixoto). Era assim que eles descreviam suas musas. Tudo muito sutil e com uma sensualidade bem dosada para não chocar a sociedade moralista de seu tempo. No Carnaval, como veremos no próximo capítulo, os autores se soltavam e abusavam mais do duplo sentido (às vezes até utilizando pseudônimos), e caprichavam mais no erotismo, ou melhor, na "sacanagem" mesmo em suas músicas.

Entre os nomes da geração do samba surgida nos anos 60 e que começou a romper com essa estética tão comportada, talvez o mais expressivo seja o de Martinho da Vila. Há que se dizer, no entanto, que seu timbre confidente e manso colaborou também para tornar suas músicas mais insinuantes, mesmo quando suas letras não eram tão explícitas em relação a erotismo. E isso desde a sua estréia com a já citada *Menina moça*, do festival de 67... Em 74, ele estourava com *Disritmia*, um samba seu em que sem o menor pudor dizia querer se esconder debaixo da saia de sua mulher "para fugir do mundo", e fazia chantagem com sua nega para que ela esquecesse seus defeitos e ausências, vindo logo "curar seu nego que chegou de porre lá da boemia". Mais tarde ficou cada vez mais provocativo. Dois de seus sambas mais explícitos nesse sentido são *Coisa louca* (1976) e *Manteiga de garrafa* (1977), que embora não tenham feito tanto sucesso, valem a pena ser lembrados.

No primeiro, ele — bem mais explícito que Ary, Caymmi ou Ataulfo — "sonhava nadar na saliva do mar da boca da amada" e descrevia parte por parte o corpo da sua mulher. Fala do "aconchegante colo perfeito da amada", de seu "umbigo bem-feito", da cintura curva ("que uva!"), das "costinhas quentes", da nuca, e vê beleza até nos tornozelos e nas "batatinhas gordinhas" das pernas. Hummm! Já em *Manteiga de garrafa*, dizia que não queria ficar tão distante dos pêlos da amada, que ia voar em seus cabelos, lhe dar "mamadeira" e rogava: "Então me banha na lava/ Do vulcão que existe em você/ Eu quero lhe transar/ Eu quero lhe curtir/ Eu quero lhe entender." Nada mal! Como se vê, palavras sugerindo atitudes impensáveis nos repertórios de outros mestres do passado. Principalmente o "lhe entender"!

Martinho diz que nem todos esses sambas abusaram da sensualidade de caso pensado. "Alguns com certa dose de erotismo confesso que fiz sem perceber. Mas via que as pessoas sentiam isso quando eu cantava. Por exemplo: eu tenho um samba chamado *Viajando*, no qual digo que todo lugar aonde eu ia, estava pensando na mulher. E tem uma estrofe que diz 'Lhe beijo onde amor eu faço/ Lhe vejo no primeiro olhar/ Lhe abraço em qualquer abraço/ Lhe sinto em tudo que há'. Aí as pessoas acharam que eu estava beijando o sexo dela, mas nem foi essa intenção quando eu a compus (risos). Eu queria dizer que a beijava em qualquer lugar onde fazia amor com ela e não no lugar do corpo", diverte-se.

Já a partir dos anos 80 — mais livres —, Martinho deitou e rolou, e levou às últimas conseqüências seu lado mais sensual como letrista. Em 81, em *Me faz um dengo* (sua com Zé Catimba) fala de um sexo selvagem: "Se quiser me arranhe/ Me agarre, me morda/ Que eu me arrepio/ Chego quase a desmaiar/ Te dou um beijo, te ouriço toda/ Te deixo bem doida a se desvairar..." Em *Jaguatirica* (1988), o sexo animal continua. Ele fala da "fêmea felina que lambe o seu suor", que o arranha e o complica. Que o "come como canjica" (!). Diz que ela parece "gata selvagem", sua "jaguatirica". Mas nessa época esses assuntos já não assustavam mais ninguém e havia outros compositores especializados no gênero. Pouco antes disso, entretanto, em 85, Martinho fez sucesso com *Recriando a criação* (outra da parceria com Zé Catimba), que merece ser destacada. É dos primeiros sambas de sucesso que narra uma cena comum de sensualidade de um casal, porém com o aspecto da negritude envolvida — de negro para negro: "Ao provar o seu batom/ Fui deixando-me envolver/ Mandei a razão pros ares/ Ela me quis um Rondon/ Mas diz que eu fui um Zumbi/ Sensual rei dos Palmares/ Recriando a criação/ Despertei seu corpo tenso/ Pras delícias do amor..."

Se a mulher negra sensual era personagem comum, o mesmo não acontecia com os homens. Ainda mais quando despertavam o desejo de uma mulher branca. Esse foi o tema de outra canção marcante. Cunhada pelos irmãos Marcos e Paulo Sérgio Valle, não era um samba, mas uma balada soul. *Black is beautiful*, gravada por Elis Regina em 1970, foi um marco de sensualidade interracial...

Hoje cedo, na rua do Ouvidor
Quantos brancos horríveis eu vi
Eu quero um homem de cor

Um Deus negro, do Congo ou daqui
Que se integre no meu sangue europeu...

"Quando escrevi esta letra originalmente, a fiz como um homem branco dizendo para uma mulher negra", revela Paulo Sérgio. "Quando a Elis gravou, mudou tudo. A identificação mudou totalmente e ficou vinculada à figura da intérprete. Tanto que quase ninguém sabe que fui eu que escrevi esta letra. Aliás, na nossa cultura não se dá tanta importância ao compositor, e isso normalmente acontece. Mas das poucas pessoas que sabiam, algumas vieram me dar os parabéns por eu tê-la escrito, caso da atriz Arlete Salles, que na época namorava o Tony Tornado, que é negro", recorda ele, que atesta que todo esse processo da MPB passar a tratar melhor a mulher e criar canções com temas mais sensuais não foi intencional. "Era uma época de mudanças em que até mesmo o meu relacionamento com as mulheres ia ficando diferente com o passar do tempo. A mulher ficou mais ousada, e o compositor, como cronista da época, passou naturalmente a filtrar essas informações", diz o letrista de clássicos sensuais como *Samba de verão*, *Os grilos* e *Estrelar*, que, sem querer, colaborou para romper mais um tabu na música brasileira.

Voltando ao samba, os repertórios de Paulinho da Viola, João Nogueira, Roberto Ribeiro, Clara Nunes, entre outros, traziam excelentes letras, mas de uma forma geral, não tocavam muito em temas picantes. No caso de Clara, sua sensualidade e sua figura graciosa chamavam a atenção, mesmo que o repertório nada tivesse de tão lânguido. Da ala mais popular do samba, Benito Di Paula, Luiz Ayrão e Luiz Américo tiveram músicas românticas, mas não chegavam a extrapolar tanto para assuntos tão picantes. Mesmo a canção *Os amantes*, sucesso de Ayrão, era bastante sutil. O romantismo chegava às vezes à beira da cama, mas não dava para estremecer as molas do colchão. A exceção ficava por conta de Wando, que começou no samba, mas logo descobriu no romantismo erótico a sua linha de frente. Em 1975, na canção *Moça*, com refrão em ritmo de samba, ele dizia por meio de metáforas não se importar com a virgindade da "moça". E fez um sucesso avassalador.

Moça, sei que já não és pura
Teu passado é tão forte, pode até machucar
Moça, cobre as mangas do tempo
Jogue teu sentimento todo em minhas mãos
Eu quero me enrolar nos teus cabelos
Abraçar teu corpo inteiro, de amor me perder

Wando conta que mesmo antes de começar a carreira de compositor, sempre gostou de escrever — e sua especialidade eram os "romances escondidos". Ele se intitula defensor da mulher e, ao contrário da maioria dos letristas da antiga — inclusive de samba —, evitou colocá-la como vítima em suas canções. "A mulher é uma pessoa sensível, em geral mais atenta que os homens às letras de música. Percebi que poderia expressar através de minhas músicas uma série de coisas que não se fazia por uma proibição psicológica e religiosa até. Então, nas minhas canções decidi olhar o que havia à minha volta pelo lado feminino", explica. "Quando escrevi *Moça*, de 1973 pra 74, a virgindade ainda era vista como uma coisa importante, o que sempre achei uma grande sacanagem. Em conversa com meus amigos, percebia que os caras eram apaixonados pelas mulheres que não eram virgens, mas, sempre que podiam, escondiam de suas famílias esse detalhe dessas mulheres com quem saíam para não causar problemas. Nessa canção, deixo bem claro que a virgindade não era necessária. Ora, se você ama uma pessoa, esquece tudo que veio antes, dobra a manga do tempo e começa tudo de novo", diz.

Milagrosamente, *Moça* escapou da censura horrorosa que havia nos anos 70. Wando diz que teve diversas canções censuradas e até hoje não sabe como esta música escapou do crivo dos censores da ditadura. "Nessa época, escrevia músicas com versos como 'e se masturbou em pensamento', mas isso não passava. Essas palavras eram proibidas não só politicamente, como religiosamente também. E essa música não sei se passou por descuido", elocubra. Ele também teve que passar por cima da recusa de sua gravadora em trabalhar esta canção, pois como os sambas de acento afro nas letras estavam em alta nesta época, insistiam em trabalhar *Nega de Abaluaê*, que acabou sendo seu primeiro sucesso. "Ficava sempre teimando com eles: 'o grande sucesso deste disco chama-se *Moça*.' Porque quando eu tocava nos shows, os homens quando a ouviam gostavam muito, e as mulheres, então, adoravam. Foi quando o disc jockey Hélio Ribeiro, da Rádio Bandeirantes de São Paulo, começou a tocá-la. Ele era do tipo que tocava a música e, enquanto isso, contava uma história romântica, e a música foi pegando. Por causa dessa música, entre compactos e LPs, vendi um milhão e 200 mil discos em 1974. Era preciso três, quatro fábricas pra prensar os discos, tamanha era a demanda. Tudo porque quis falar que não havia problemas em amar uma moça que não era mais *pura*", explica.

Na década seguinte, em 1984, Agepê voltava ao mesmo tema, estourando em todas as rádios, com o samba *Deixa eu te amar* (Agepê/ Camillo/ Mauro Silva), mas os tempos já eram outros e seus versos passavam incólumes até a uma criança de seis anos: "Deixa eu te amar/ Faz de conta que sou o primeiro/ Na beleza deste seu olhar/ Eu quero estar o tempo inteiro." "Faz de conta que sou o primeiro" é demais, concorda? Como se vê, esses temas só viriam com mais contundência ao mundo do samba a partir de meados dos anos 80 — e mesmo assim até hoje isso não é o forte das letras do samba de raiz —, e são mais marcantes nos sambas menos elaborados e mais comerciais dos grupos de pagode revelados mais tarde. Nestes é que comumente aparecem letras mais *erotizantes* e, é bom que se diga, normalmente meio *trash*, mas divertidas, como o megasucesso *Marrom bombom* (Ronaldo Barcellos), do grupo Os Morenos, que com o tempo sumiu na poeira — aquele do vocalista Waguinho...

Tira a calça jeans
Bota o fio dental
Morena, você
É tão sensual

Um ano antes, outro grupo-de-um-sucesso-só, Cravo e Canella, lançou aquele pagodinho de que todo mundo sabia os primeiros versos — "Lá vem o negão/ Cheio de paixão/ Te catá, te catá, te catá" — falando de um negão cheio de malandragem atrás das mulheres, que "nem coroa ele perdoava". O tema foi revisto no grande sucesso de Alcione, em 2005, *Meu ébano* (Nenéo/ Paulinho Rezende), aquela do "É, você é um negão de tirar o chapéu/ Não posso dar mole, sena você... creu/ Me ganha na manha e babau/ Leva meu coração".

Um solitário pop/brega de Tânia Alves também não fazia feio frente aos grupos de pagode, ao rock nacional ou à MPB avançadinha, em 87. Afinal, era uma cena de sexo selvagem em pleno elevador! E, veja só, era uma mulher cantando, descrevendo a cena e gostando do que estava rolando — e tal fato já não espantava a ninguém. Ora, quem não se lembra de *Aconteceu no elevador*?

Por muito tempo você só me tratou
Com a frieza de um computador
Não deu pra segurar o ardor
Rolou mesmo lá... no elevador!!

A coisa estava de uma maneira que rolava até no elevador. Nada mal para Tânia, que, quatro anos antes, já ensaiava um (quase) sucesso com a debochada-erótica-teatral *Consumidora*, de Eduardo Dussek e Luiz Carlos Góes, na qual dizia ser "consumidora e devoradora de homens". Uma pândega!

Nenhum outro artista popular na MPB, entretanto, ficou com pecha de sacana, safado — no bom sentido — e "don-juan" maior que Wando, que a partir da segunda metade da década de 80 caiu definitivamente no gosto popular. Sem o pudor da censura, pôde fazer vibrar muitas mulheres carentes de um erotismo mais direto e ardente — meio cafona até — mas que funcionava (e funciona até hoje em sua platéia cativa). O cantor chegou mesmo a ter no seu rol de admiradoras a cantora cult Nana Caymmi. Ele chegou de mansinho nos anos 70 e, nos 80, acabou sem querer por suprir uma lacuna dos discos de Roberto Carlos, que foram encaretando progressivamente, e o mercado pôde dar mais valor ao seu erotismo, cada vez mais escancarado.

A primeira letra bem picante dessa fase era de sua autoria, e aconteceu em 1987: *Eu já tirei a tua roupa*: "Nesses pensamentos meus/ Já criei mil fantasias de desejo e de prazer/ (...) Deixo tudo só pra ter uma noite com você." Um ano depois, tirou mais um botão da calça com *Deus te proteja de mim* (Carlos Colla), dizendo: "Vem me seduzir, me confundir, me agradar/ Você é louca e eu sou mais louco que você/ (...) Se você quer me dar e eu quero receber/ (...) Deus te proteja pela falta de respeito/ Do meu corpo no teu leito quando a gente faz amor/ Deus te proteja por meu jeito atrevido que provoca teu gemido mais de gosto que de dor/ O teu vestido esconde a parte mais formosa/ Benzadeus! Vem, minha gostosa, que o amor guardou pra mim." Aí, pronto, a barraca estava armada! Essa balada fazia parte do famoso álbum "Obsceno", em que o cantor posa segurando uma maçã na capa. Foi quando o zíper terminou de abrir. Na canção-título do LP, dele com Marquinhos, Gilson Mendonça e J. Ribamar, ele novamente fala da mulher que o provoca com um "vestido tentador", insinuando realizar todos os seus "sonhos de amor", planejando "mil loucuras" para o casal. A partir de *Tenda dos prazeres* (1990), passou a trazer sempre uma, duas ou três canções deslavadamente eróticas por disco, como *Mordida de maçã* e *Meia de seda.*

"O que me fez vender 10 milhões de discos nesse tempo foi exatamente essas coisas que as pessoas meteram na cabeça: que as fizeram achar que sou um obsceno. É que falo de uns negócios assim diferentes, sobre muitos dos quais provavelmente até já falaram, mas não do jeito que eu falei", desabafa Wando, afirmando que a marca de seu trabalho sempre foi a sinceridade. Realmente o que ele percebe em sua observação do cotidiano acaba aproveitando em suas músicas. Por exemplo, no seu entender, a mulher brasileira é carente de romantismo — especialmente depois do casamento. "A mulher sempre foi muito carente, principalmente depois que se casa. Antes do casamento, cria um monte de fantasias, depois fica meio irmã do marido. Falo sempre nos meus shows que os maridos têm de acabar com aquela velha conversa de 'puta na rua, santa em casa' porque isso é uma sacanagem, um péssimo costume", avalia. Talvez por isso as mulheres enlouqueçam em seus shows e cheguem ao cúmulo de jogar calcinhas no palco. Por conta disso, Wando pôs uma calcinha na capa de um de seus discos, e acabou criando uma grife própria desta peça especial do vestuário feminino, apenas para distribuir em seus shows.

No mesmo gênero de Wando, o ultrapopular Elymar Santos emplacou três sucessos de cama, entre 1990 e 91. Primeiro foi *Taras e manias*, de autoria — imaginem — de Marcos Valle. Nessa época, fase de baixa em suas sofisticadas canções de bossa, ele fez diversas parcerias populares. No caso, com Carlos Colla, que escreveu uma letra cheia de erotismo suburbano, no estilo das que fez para o "obsceno" Wando: "Você não tem um pingo de vergonha/ E todo homem sonha ter alguém assim/ Realizando minhas fantasias, taras e manias/ Você vem pra mim/ Uma lady na mesa, uma louca na cama/ Na maior safadeza, você diz que me ama/ Me fazendo a cabeça, coquetel de loucura/ Quando você começa, ninguém mais te segura/ E mexe, remexe, se encosta, se enrosca/ Se abre, se mostra pra mim..."

No ano seguinte, Elymar abocanhou as paradas também com duas pérolas: *Subindo pelas paredes* (de sua autoria), sobre um romance que "faz qualquer cama pequena", que quer "entrar na fogueira", que "cria mil fantasias" e que quer ver a pessoa "subindo pelas paredes de tanto prazer", e *Escancarando de vez* (Mauro Motta/ Paulo Sérgio Valle — ele mesmo, o irmão de Marcos Valle), que no começo discorre sobre "certas coisas muito perigosas", "situações um tanto quanto escandalosas" e no final acaba propondo um *ménage à trois* da melhor qualidade...

Se de repente a gente encontra alguém na rua
Pode acabar até envergonhando a lua
Num desses lances muito loucos que acabam
num quarto de motel
E às vezes basta a porta aberta do banheiro
Uma tremenda brincadeira no chuveiro
E às vezes basta uma pergunta embaraçosa
pra gente conversar
(...) E o que me importa o que eles vão pensar de mim?
Eu quero mais comer o fruto até o fim!
Eu e você, a dois, a três escancarando de vez!!!

Mas fora esses três sucessos, Elymar deu um tempo no erotismo e aos poucos saiu das rádios e ficou mais com seu público cativo. Wando, ao contrário, continuou. E ainda fez sucesso em 96 com um samba romântico — *Safada* — parceria dele com Chico Anysio, carro-chefe do CD "O ponto G da história" (!). Mais explícito do que nunca, queria a mulher "assim", "fazendo uma cama na nossa banheira, fazendo por cima, de lado ou de beira", que a queria "suada, sorrindo, molhada de amor", "chorando feliz, de prazer ou de dor", e rogava: "Vem minha safada, vem minha bandida, minha descarada (...) Vem matar o desejo desse seu animal!" Uau!

Também emplacou *Gostosa*, em 1997, só de sua autoria, uma descrição minuciosa do ato sexual, que anos antes faria corar uma dedicada mãe de família: "É tão gostosa, ela é toda faceira/ (...) Doida pra ser chupadinha da boquinha até o pé/ (...) Não me provoque com seu jeito de fogosa/ Que eu me encaixo nessas coxas/ Faço tudo com você/ Levante a saia e me guarde bem debaixo/ Vem por cima, vem por baixo/ Que eu te dou o meu querer/ (...) Senta no colo, que eu cutuco bem gostoso/ Mexe, mexe bem gostoso que esse nego vai querer!"

Bem, depois de "doida pra ser chupadinha" e de "cutucar bem gostoso", só restava mesmo alguns grupos de rock dos anos 90 e depois o funk carioca aparecerem para que as nossas letras ficassem totalmente ginecológicas. Aí chegamos ao limite entre o erotismo, o pornô e a sacanagem, que são temas do próximo capítulo. Fato é que o quesito sensualidade na MPB estacionou, pois os novos representantes desta safra ou apelaram para o brega generalizado ou simplesmente deixaram de se aventurar muito por este terreno a partir de fins dos anos 80. Ainda assim, vamos encontrar algumas músicas com alto teor de sensualidade nos repertórios dos artistas de axé music, de Luiz Caldas (*Tieta*) a Banda Eva (*Me abraça*) e Ara Ketu (*Mal acostumado*), do pop/romântico, como Zélia Duncan (*Sexo*), Paula Toller (*Derretendo satélites*) e Adriana Calcanhotto (*Água perrier*), ou de Marina, cujo maior sucesso, *Uma noite e meia*, de autoria de seu baixista na época, Renato Rocket, era furiosamente sensual...

Vem chegando o verão
Um calor no coração
(...) Não demora muito agora
Toda de bundinha de fora
Topless na areia, virando sereia
Essa noite eu quero te ter
Toda se ardendo só pra mim
Essa noite eu quero te ter
Te envolver, te seduzir...

De vez em quando também aparecia uma canção ou outra na MPB mais requintada, no repertório de cantores como Gonzaguinha (*Avassaladora*, um de seus derradeiros sucessos), Leila Pinheiro (*Catavento e girassol*), Caetano Veloso (*Lindeza*), Sandra de Sá e Ney Matogrosso (ambos gravaram separadamente a excitante *Faço de tudo*) ou da onipresente Maria Bethânia. Sempre à procura de pérolas para seu repertório, ela gravou *O circo*, de Orlando Morais e Antonio Cicero, em seu álbum "Âmbar", de 96, na qual solta todos os bichos, mas não todos de uma vez: "Onze e meia alguém/ Concentrado em mim/ No espelho dos olhos castanhos vê finalidades sem fim/ Não lhe mostro todos os bichos/ Que tenho de uma vez/ Armo o circo com não mais/ Do que uns cinco ou seis/ Leão, camelo, garoto, acrobata/ E não há luar/ E os deuses gostam de se disfarçar."

"*O circo* originalmente chamava-se *Onze e meia*, e é assim que o poema se encontra no (meu) livro (de poesias) *Guardar*. Na época, porém, havia um programa de TV do Jô Soares de mesmo nome, e o Orlando (Morais) ficou com medo de que o nome *Onze e meia* sugerisse erroneamente alguma referência da canção a esse programa. Mudou, por isso, o título para *O circo*. Há duas curiosidades sobre essa letra: a primeira é que a expressão 'finalidades sem fim' vem de Kant. Para Kant, a beleza é exatamente uma 'finalidade sem fim'. A segunda é que tirei os personagens do circo do *Zaratustra*, de Nietzsche: o leão, o camelo e o garoto vêm do que ele chama as três metamorfoses do espírito, e o acrobata é o *Seiltänzer*",[11] explica Antonio Cicero.

Luiz Melodia também aprontou em 1991 com o delicioso reggae *Cara a cara* (parceria com Renato Piau), que se tornou popular em seus shows...

Cara, cara
Quando vejo você
De calcinha preta
Você me deixa louco
Você me deixa de careta

Outro mestre da MPB, Djavan, dono de letras muito românticas com imagens sempre incrivelmente tropicais, fez alguns de seus versos mais provocantes nos anos 90 — para recuperar o tempo perdido no terreno em que seus colegas Chico, Caetano, Ivan Lins, Vitor Martins, Gonzaguinha, Paulo César Pinheiro, João Bosco e Aldir Blanc já haviam deitado e rolado noutras épocas em que freqüentavam mais as FMs. Sim, ele já havia feito *Álibi*, *Infinito* ou *Pétala*, mas nesse período em que os outros se afastaram mais das rádios (e Djavan mantinha-se firme graças ao teor mais pop de suas canções), isso ficava mais evidente em sua obra. No CD "Coisa de acender" (1991), ele fez sucesso com *Outono*, uma das canções recentes mais sensuais da MPB, que ganhou anos depois uma versão definitiva de Ângela Ro Ro. Falava de uma boca que beija bem e sentenciava que "tudo é viável pra quem faz com prazer".

Sedução, frenesi, sinto você assim
Sensual, árvore, espécie escolhida
Pra ser a mão do ouro, o outono traduzir
Sentir o esplendor em si
Tua pele um Bourbon
Me aquece como eu quero, Sweet home
Gostar é atual, além de ser tão bom

Já na canção *Se*, que foi um estrondoso sucesso, ele mostrava sua impaciência ante a mulher que não sabia se "dava" ou não pra ele: "Você disse que não sabe se não/ Mas também não tem certeza que sim/ Quer saber? Quando é assim/ Deixa vir do coração/ (...) Você tem que largar a mão do não/ Soltar essa louca, arder de paixão/ Não há como doer pra decidir/ Só dizer sim ou não/ Mas você adora um se." E encerrava dizendo que era "mais fácil aprender japonês em braile" do que a desgraçada decidir se "dá ou não". Que louca! Que louca!

Em 96, Djavan não fez sucesso com *Irmã de néon*, mas vale a pena citar seus versos calientes, lançando mão até de interjeições onomatopéicas: "Entre beijos divinais/ Uma mordida aqui, outra ali/ Cresce nos matagais o meu querer por ti/ Perfumada flor-de-lã/ Sua aragem me apraz e seduz/ Cabelos, quantos pêlos/ Tantos ui, uis..." Ui-uis, Djavan? Que maravilha! Mas em 1998, no CD "Bicho solto", a temperatura esquentou ainda mais. Se na faixa de abertura, *Eu te devoro*, ele já falava de tesão ("Teus sinais me confundem da cabeça aos pés/ Mas por dentro eu te devoro"), na faixa-título ele prova que apesar do escracho dos dias atuais, ainda é possível se compor uma canção com toques de erotismo sem caretice, mas com sutileza: "'Cê de quatro amor beira art-déco/ Uma imagem no altar da luxúria/ Você com esse jeito seu me venceu.../ Ah, gosto de você em mim!/ O lascivo chega a brilhar/ De incandescer mais que o sol/ Lá no limiar do prazer/ Estrelas pulam de alegria/ Se fantasiam, mudam de cor/ Pra ver o sol nascer."

Não vamos desperdiçar os funks e os blues do Djavan. São puros de densa sensualidade e bom gosto. Agora, se você quiser sacanagem, vá para os próximos dois capítulos. E veja como nossa música sempre foi pródiga em putaria. Até mesmo no tempo em que isso era tabu, sempre se achou um jeito de fazer músicas sacanas. Vire a página e siga a máxima de Rita Lee recauchutada por Marina Lima em 94: "Não quero luxo nem lixo/ Quero gozar no final."

NOTAS:

1 – Severiano, Jairo e Homem de Mello, Zuza — *A canção no tempo — vol. 1*, Ed. 34, pág. 179.
2 – DVD Chico Buarque "À flor da pele", dirigido por Roberto de Oliveira. EMI Music, 2005.
3 – Coluna de Vange Leonel (Bolacha ilustrada), no site Mix Brasil, na rede a partir do dia 7/12/2005: "Gal essencial — Vangel Leonel conta por que Gal Costa é seu ícone lésbico."
4 – Araújo, Paulo César, *Eu não sou cachorro, não!*, Record, pág. 57.
5 – Versos do rock *Arrombou a festa II*, 1979, gravado no LP "Rita Lee", na Som Livre.
6 – Versos de *O meu sangue ferve por você (Melancolie)* (J. Arel/ C. Carrere/ M. Pancol; V: Serafim Costa Almeida), 1977.
7 – Os versos de *Menina moça*, de Martinho da Vila, foram liberados apenas para o festival, mas censurados em 1967 para a gravação, que só veio ocorrer quatro anos mais tarde, quando acrescentou novos versos à canção. A original era assim: "Menina moça vai passear (vai passear iá, ia)/ Quer rapazinho pra acompanhar (pra acompanhar, iá, iá)/ Tá passeando já quer fletar (já quer fletar iá, iá)/ Quem tá flertando que namorar (quer namorar iá, ia)/ Tá namorando já quer noivar (já quer noivar iá, ia)/ Moça, esta noiva quer se casar (quer se casar iá, iá)/ Se está casada só quer brigar (Só quer brigar iá, iá)/ Quem tá brigando quer desquitar (Quer desquitar iá, ia)/ Tá desquitada quer se amigar (Quer se amigar iá, ia)/ Tá amigada quer separar (Quer separar iá, ia)/ Tá separada não quer amar (Não quer amar iá, iá)/ Não tá amando só quer chorar (Só quer chorar iá, ia...)" "Em 71 eu incluí mais uns versos — 'Não chora menina/ Para que chorar?/ Levante a cabeça e vai se consolar/ Essa vida é tranqüila/ Você tão querida/ E eu preciso do amor que você tem pra dar' — mandei de novo para a censura e ela foi enfim liberada", conta o sambista.
8 – Araújo, Paulo César, *Eu não sou cachorro, não!*, Record, pág. 63.
9 – *O que será (À flor da pele)* foi lançada no mercado exterior em 1977 na trilha sonora do filme *Dona Flor e seus dois maridos*, juntamente com a versão *À flor da terra*, que foi o maior sucesso de Simone até então. Só que esta última saiu também em compacto pela Som Livre em 1976, no mesmo ano em que o filme foi lançado. Já a primeira foi regravada em versão mais lenta e saiu também no LP "Face a face", da cantora, lançado em 77 pela EMI-Odeon.
10 – Diz a reportagem "As traças da paixão — E uma almofada de prêmio à multidão excitada", de Rosangela Petta, na revista *IstoÉ*, em 7/12/1983: "Lembrando os melhores momentos de Gretchen (...) Simone ilustra *Paixão*, sucesso de Kleiton e Kledir, com uma surpreendente simulação de masturbação. Lindamente deitada sobre uma porção de almofadas cor-de-rosa gravadas com o nome dela, Simone desliza a mão pelo próprio corpo até fazê-la chegar aonde se pode imaginar. O público, liberado em seu atrevimento, não resiste e viaja com ela, devolvendo gritos e gemidos em coro. E Simone arremata com *Depois das dez* cavalgando numa almofada, que depois é lançada para a platéia."

11 – Antonio Cicero acha curioso que pensadores tão profundos o tenham inspirado a compor uma canção tão leve: "No entanto, isso mesmo me parece, paradoxalmente, fazer parte do que há de mais profundo no espírito tanto de Kant quanto de Nietzsche. Nietzsche constrói, no capítulo intitulado "Das três metamorfoses", do *Assim falou Zaratustra,* uma espécie de minifenomenologia do espírito. Este se transforma, em primeiro lugar, em camelo, para agüentar o que há no mundo de mais profundo, difícil, pesado, árduo, e ruminá-lo a sós, no deserto. Lá, o camelo se transforma no leão, que quer se libertar de todo o fardo que carregou e ser rei do seu próprio deserto. No lugar do 'deves' do camelo, ele diz: 'Quero!' Mas o leão, embora se livre do mundo antigo, não chega a criar um mundo novo. Ele é pura negação. Para criar, ele deve transformar-se na criança, isto é, em esquecimento, leveza, começo, afirmação: é o garoto do poema. Mas o circo tem também um acrobata, que é aquele que faz do perigo a sua ocupação. Com essas figuras e suas finalidades sem fim, o personagem central da canção arma o circo para alguém que encontra à noite."

Capítulo [4]

Do CORTA-JACA à QUEBRA-BARRACO

do maxixe ao funk, o preconceito continua...

"Cheio de vida e de gozo
Deixando a gente baboso
Agarradinho à mulher!
Maxixa o rico e o pobre!
Maxixa a nobreza e o clero!
Todo mundo que o sol cobre
Cai, desde que o tempo sobre,
No passo do quero-quero!"

(maxixe-tema do cordão do
Clube dos Fenianos (RJ),
Carnaval de 1914)

Hoje em dia, quando se ouve um samba, um funk, um axé ou um forró que abuse do duplo sentido e do escracho nas letras, ou que tenha um ritmo que nos induza a uma coreografia de apelo mais erótico, tem sempre alguém para dizer em tom pomposo: "no meu tempo não era assim", "isso é uma pouca vergonha" ou "devia ser proibido". Pois há alguns séculos esse tipo pudico aparece aqui ou ali para levantar a bandeira da "moral e dos bons costumes". E que ninguém se engane, pois a música popular brasileira desde as suas origens sempre teve um lado muito libertário, com danças e letras que sugeriam a maior sacanagem. Se 90% de nossas letras românticas eram para baixo até o advento da bossa nova, ou se as nossas canções mais sensuais, com uma abordagem mais suave do amor e do sexo, foram bastante raras, saiba que pelo menos nos 10% restantes, as letras e danças de apelo erótico ou pornô eram um fato público e notório e vêm de muito, mas muito longe. Exagero? Pois então vamos aos fatos.

Em nossos primeiros gêneros nacionais — a modinha e o lundu — já havia malícia. O sociólogo Gilberto Freyre, tratando deste assunto, diz que as modinhas brasileiras possuíam o erotismo da casa-grande e da senzala. Uma figura da elite portuguesa, Ribeiro Santos, que as ouviu em sua terra no século XVIII, afirmou: "Eram cantigas de amor tão descompostas que corei de pejo, como se me achasse de repente em bordéis ou com mulheres de má fama."[1] Já um certo Lord Beckford, na mesma época, foi menos arrogante: "Aqueles que nunca ouviram este original gênero de música ignoram as mais feiticeiras melodias que já existiram desde os dias dos sibaritas. (...) Imaginamos estar ingerindo leite e estamos admitindo o veneno da volúpia no mais íntimo recesso de nossa existência."[2] Hummm...!

Uma modinha popular de autoria desconhecida da época do Brasil colônia é bastante expressiva para exemplificar isso, não só por tratar de um tema ousado, o do amor entre o sinhô (moço da casa-grande) e mulatas (da senzala), como por seu teor deliciosamente erótico...[3]

Meu branquinho feiticeiro
Doce ioiô, meu irmão
Adoro teu cativeiro
Branquinho do coração
Pois tu chamas de irmãzinha
A tua pobre neguinha
Que estremece de prazer
E vais pescar à tardinha
Mandi, piau e corvina
Para a neguinha comer

Como se pode constatar, nem no século XVIII a música brasileira era ingênua... Como também nem sempre eram ingênuos os lundus e modinhas do primeiro compositor brasileiro oficial de que se tem notícia, Domingos Caldas Barbosa. Pois ele foi também o primeiro a causar polêmica na música nacional justamente a bordo de um repertório farto de canções de sensualidade (coisa raríssima na música brasileira antiga, como vimos no capítulo anterior) e leve duplo sentido. Antes dele houve outros autores que se aventuraram pela nossa música, deixando alguma obra registrada, mas Caldas foi o que passou à posteridade como cantor, poeta e compositor com o tempero mais próximo do que podemos chamar hoje de música popular brasileira. Esse mulato carioca viveu aproximadamente entre 1740 e 1800, e, apesar da perseguição sofrida, conseguiu transferir-se para Portugal, onde obteve também extraordinário sucesso na corte de D. Maria I.

Munido de sua viola de arame, Caldas cantava seus lundus e modinhas com vocabulário bem brasileiro, sem tantas firulas. Elas eram uma mistura da poesia árcade com algo de trovadoresco que o Romantismo resgataria com mais força no século XIX. Sempre em estrofes de quatro versos, suas letras fizeram muito sucesso tanto aqui quanto em Portugal, mesmo numa época em que não havia disco ou rádio para difundi-las. Por sua origem pobre, seu tom mulato de pele, seu vocabulário peculiar e a forma direta de falar de amor, Caldas incomodou demais. Principalmente porque fazia sucesso onde quer que se apresentasse, causando reações indignadas das mais diversas: de políticos brasileiros a poetas portugueses como Manoel Bocage, que lhe dirigiram versos de escárnio. Para muitos historiadores, Caldas foi o Noel Rosa de seu tempo por ousar ser coloquial, irônico e atrevido ao falar de amor, entre outros temas.

Se a maioria de seus versos, como não poderia deixar de ser, eram músicas com a mulher no pedestal ou lamentos pela sua ausência, achavam-se camufladas em sua obra estrofes ousadas falando das belezas e supostos defeitos das mulheres, de certa alegria de estar em sua presença e do "amor" que poderiam fazer, com direito a ironia e malícia fortes em muitas delas.

"Talvez maior que o das feras/ Seria o nosso furor/ Se acaso o 'não' moderasse/ À doce União de amor", dizia em *À doce união de amor*. "Eu sei, cruel, que tu gostas/ Sim, gostas de me matar/ Morro, e por dar-te mais gosto/ Vou morrendo devagar", derramava-se, malicioso e brejeiro, em *Vou morrendo devagar*. "Pois me acendestes tanto/ Em doce e vivo fogo/ Ardei nesta alma eu rogo/ Que a chama há de durar", tremia de tesão em *A uns lindos olhos*. Em *raivas gostosas* (que nome!)[4], ia além...

Eu gosto muito de Armania
Que é mui dengue, é mui mimosa
Que meiga a todos agrada
E até me agrada raivosa
Vou enraivecer Armania

Que tem raiva graciosa
As mais vencem por ser meigas
Ela vence até raivosa
Gosto das suas raivinhas
Que avivam a cor de rosa
Eu gosto de a ver corada
Por isso a quero raivosa...

Finalmente, Caldas Barbosa dizia de forma extremamente coloquial, se considerarmos o estilo de poesia feita há mais de 200 anos, algo que Vinicius de Moraes poderia ter escrito em *Chega de saudade*: "Estar com ela/ Entre agradinhos, como os pombinhos/ A dois e dois" (*Bondades de amor*). Tudo isso pode parecer careta, mas lembre-se de que nessa época, se as mulheres sequer saíam às ruas sozinhas, aliás, sequer mostravam as pernas em público, então imagine o que deveria ser um namoro... Beijos e abraços? Nem pensar! Então, uma seresta com temas picantes já era o suficiente para causar escândalos. E uma seresta feita por um mulato brasileiro, em plena época da escravidão, mais ainda!

"Esse tipo de imagem sexualizada do amor, numa literatura com base mais popular, de quadras, quartetos, de cantiga popular, era bem diferente em relação ao soneto comum daquela época. Isso em parte é prenúncio do Romantismo. Por outro lado, a arte neoclássica, na literatura e poesia, na medida em que vai retomar a poesia simples da Grécia antiga, dos pastores, do amor natural, não passando tanto pela culpa religiosa, gera um tipo de texto menos pesado", explica a professora de literatura Vânia Moreira, concluindo que na obra de Caldas há uma mistura das duas vertentes: é árcade pela naturalidade e romântica por recorrer à simplicidade. "Esse tipo de inovação suscitava uma resposta muito reacionária. Para quem dizia que poesia era o templo sagrado da cultura clássica, da elaboração, aparecer uma pessoa que falava de uma poesia com imagens até eventualmente eróticas do amor acabava por soar tão agressivo para muita gente quanto o funk é hoje em dia", compara.

Realmente ele era tão agressivo que incomodava muitos literatos de seu tempo. O erudito doutor Antônio Ribeiro dos Santos certa vez escreveu um artigo esculachando o nosso Caldas...

"Hoje só se ouvem cantigas amorosas de suspiros, de requebros, de namoros refinados, de garridice. Isto é com que embalam as crianças; o que ensinam aos meninos; e o que cantam os moços e o que trazem na boca donas e donzelas. Que grandes máximas de modéstia e temperança, e de virtude aprendem nestas canções. Esta praga é hoje geral, depois que o Caldas começou a pôr em uso os seus romances e versejar para as mulheres [em torno de 1763]. Eu não conheço um poeta mais prejudicial à educação particular e pública do que este trovador de Vênus e Cupido: a tafularia do amor, a meiguice do Brasil, e em geral a moleza americana, que faz o caráter das suas trovas, respiram os ares voluptuosos de Pafos e de Cítara, e que encantam com venenosos filtros a fantasia do moços e o coração das damas."[5] Êta, ferro!

Na verdade, um desabafo como esse só vem a ressaltar suas qualidades como poeta autenticamente brasileiro — com seu jeito brejeiro bem popular de lidar com esses assuntos do sentimento.

Quanto ao aspecto rítmico, o lundu foi nossa primeira dança quente, mãe de tantas outras que causariam muito mais polêmica na nossa história musical. Foi também o primeiro gênero afro-brasileiro de nossa canção popular e já dava sinais de que nosso povo não estava mais a fim de uma música tão bem comportada, importada de países de clima frio. Então assimilou algo de melodia e harmonia européia, fartou-se da rítmica africana e mandou ver numa dança quente que mais tarde deu origem à música do lundu, como gênero musical. "Uma música alegre, de versos satíricos e maliciosos", segundo o grande historiador de nossa música, Jairo Severiano.

Vários poetas populares anônimos se aventuraram a compor lundus (e modinhas). Infelizmente, eles não registravam partituras e quase tudo se perdeu — até mesmo a obra musical de Caldas Barbosa. Mas por uma informação aqui e outra ali dá para se ter uma noção do quão quentes e animadas deveriam ser as festas onde se dançava o lundu. E, claro, tem sempre um abusado que se encanta por um gênero popular e decide levá-lo às elites. Consta que Paula Brito, o agitador cultural do Império, compôs um lundu para piano que estourou na corte e nas províncias. Era *A marrequinha de Iaiá*, composto num longínquo 1853. A marrequinha — que mimo! — não era apenas um laço do vestido amarrado na altura das nádegas da moça, mas também, como bem captou outro incansável pesquisador da MPB, José Ramos Tinhorão, "alguma outra particularidade anatômica sexualmente apetecível". Passando-se mais de 150 anos, não se sabe mais quem era a tal da Iaiá, nem como era sua marrequinha, mas seus versos ainda guardam um adorável encanto, bem safadinho:[6]

Iaiá, não teime!
Solte a marreca
Se não eu morro
Leva-me à breca!

Mas nem a modinha nem o lundu seriam tão escandalosos quanto um novo ritmo ainda mais "libertino" que surgiria na segunda metade do século XIX: o maxixe. Este sim, realmente, escandalizaria as nossas elites de católicos atormentados — todos ditadores de etiquetas e modelos de "pureza". Tal ritmo devia incomodar muito as elites da época. Afinal, o que era o maxixe senão uma dança lasciva que deu origem mais tarde a uma música cheia de letras de duplo sentido, com clara reverência ao sexo, à nudez e a tudo aquilo que adoramos, mas por vezes fingimos que não gostamos?

Pois o maxixe, criado por volta de 1870 e 80 em meio a modinhas, lundus, xotes, habaneras, valsas e polcas, já trazia uma carga ainda mais forte que a do velho lundu (e o futuro samba) de sensualidade, erotismo e "pouca vergonha", no dizer dos mais velhos ou radicais de qualquer idade — pois, não há idade para ser puritano. "A dança tradicional do samba, embora com a umbigada remetendo a ritos de fertilidade africanos etc., é executada por pares separados. O maxixe é dança de par enlaçado e embolou homem com mulher, um enfiando a perna por dentro das pernas do outro. Aí, já viu, né?", compara o compositor Nei Lopes, especialista em cultura afro-brasileira.

De acordo com Jairo Severiano, o maxixe foi também a primeira dança urbana brasileira, "descendente do tronco habanera-tango espanhol, adaptado à sincopação afro-brasileira".[7] Quer dizer, o produto é mesmo "coisa nossa", e a sacanagem (olha ela aí de novo!), também, embora tenha gente que insista em dizer que ela foi inventada pela televisão.

A dança do maxixe foi criada pela turma que habitava a Cidade Nova, um populoso bairro próximo ao Centro do Rio com grande predominância de negros e pobres em geral, e acabou fixada definitivamente no imaginário popular durante o Carnaval. Consta que, para provocar os requebros dos casais de dançarinos, os músicos que animavam os bailes das sociedades carnavalescas de então submetiam tangos, polcas e habaneras a uma intensa sincopação, que acabaria por transformá-los no maxixe, gênero musical.

Como a dança do maxixe surgiu nos guetos mais miseráveis do Rio de Janeiro — inclusos aí, vale frisar novamente, alguns de negros recém-libertos, considerados pelos mais endinheirados a escória de nossa sociedade — e trazia alto teor libidinoso em sua coreografia, isso não era absolutamente bem-visto pela elite burguesa, sendo duramente combatido e perseguido pelas autoridades, pela polícia e até por parte da intelectualidade. O maxixe era considerado "licencioso" e "imoral". Inclusive um dos significados da palavra "maxixe" vinha a ser "fruto comestível de uma planta rasteira", uma palavra associada, na época, a tudo o que fosse também "rasteiro" e de "última" categoria, o horror dos horrores. E a gente sabe que muito do que é taxado de excessivamente ruim é porque lá no fundo tem o seu valor — chega mesmo às vezes a ser ótimo! — e tem muita gente que gosta. E no caso do maxixe — como tinha gente que gostava!

Como toda repressão gera intensidade, o maxixe se espalhou rapidamente e difundiu-se por todo o país, principalmente por meio do teatro de revista. Em um dos primeiros exemplares do gênero, *Aí, Caradura*, peça de Francisco Correia Vasques, em 1883, um dos personagens era um capadócio que, sutilmente, queria se vingar da sociedade que o excluía, tirando proveito de tudo, inclusive das situações mais difíceis, já que, na sua habilidade, era "atrevido com as moças e hábil no maxixe".[8]

No maxixe requebrado
Nada perde o manganão!
Ou aperta a pobre moça
Ou lhe arruma beliscão![9]

A elite carioca dessa virada do século XIX para o XX deixava a dança do maxixe longe de seus lares por ser considerada indecente.[10] Entretanto, como o falso moralismo de nossa sociedade também não vem de hoje, apesar de execrado por essa elite, era cantado e dançado no interior dessas casas brasileiras por sinhazinhas e sinhás, como "um fruto proibido saboreado à socapa, num despertar gostoso dos instintos da raça".[11]

A prova disso é a popularidade alcançada pelo maxixe mais famoso do período, o *Corta-jaca*, de autoria de nossa pioneiríssima compositora, Chiquinha Gonzaga. Ele foi lançado em 1895 na opereta-burlesca *Zizinha Maxixe* e revivido em 1904 graças a sua inclusão na revista *Cá e lá*, de Tito Martins e Bandeira de Gouveia, no Teatro Recreio da Praça Tiradentes. Aos poucos, tornou-se cada vez mais popular, sendo gravado várias vezes numa época em que a indústria do disco ainda era incipiente. E quem consumia esses discos? Quem tinha dinheiro para ter um gramofone? Os miseráveis é que não eram. Esse maxixe, também conhecido como *Gaúcho* ou *Dança do corta-jaca*, foi não só gravado como incluído em outras revistas musicais nos anos seguintes com letras diferentes. Todas, entretanto, comparando a "jaca" do título a uma... vagina (ui!), como o belo exemplo a seguir:

(...) Sou gostosa
Que dá gosto de talhar
Sou a jaca saborosa
Que amorosa/ Faca está a reclamar

Para a cortar.
Ai, que bom cortar a jaca
Sim, meu bem ataca!
Assim, assim! Toda a cortar
Ai, ai que bom cortar a jaca
Ai, sim, meu bem ataca!
Ataca sem descansar![12]

É sabida a confusão que arrumou a primeira-dama do país, Dona Nair de Teffé, nos idos de 1914, quando numa noite decidiu dedilhar ao violão este "vulgar" maxixe nos salões do Palácio do Catete, para uma platéia toda empolada de políticos e grã-finos — acostumada a assistir ali apenas a peças clássicas estrangeiras no instrumental e operetas cantadas em alemão, francês ou italiano. E olha que ela nem a cantou, apenas executou o arranjo de Chiquinha para violão do tal *Corta-jaca.*[13] Pois bem, bastou incluí-lo no repertório que, logo em seguida, vários políticos de oposição no Congresso a seu marido, o marechal Hermes da Fonseca, vieram a público para rechaçar tal audácia musical. Especialmente o senador baiano Rui Barbosa que, indignado, de sua tribuna insinuou levianamente que o ritmo fora dançado nos salões imperiais: "É a mais baixa, a mais chula, a mais grosseira de todas as danças selvagens, irmã gêmea do batuque, do cateretê e do samba! Mas, nas recepções presidenciais, o *Corta-jaca* é executado com todas as honras da música de Wagner, e não se quer que a consciência deste país se revolte!".

Como bem disse Ruy Castro em seu livro *Carnaval no fogo*, os maxixes, as batucadas e o incipiente samba eram o "burgo da barbárie" — dos negros, malandros e vagabundos — e, como tais, tolerados, desde que em recinto próprio. Nos salões imperiais, nem pensar que respingos desta corja ali entrassem...

Pois amado e odiado, o maxixe logo ultrapassou as nossas fronteiras e fez sucesso na Europa nas duas primeiras décadas do século XX. Difundido por uma dupla de bailarinos brasileiros encabeçada por Duque (também autor de maxixes), era chamado por lá de *tango brésilien*. "Esse tango que o Duque fazia era na verdade um maxixe domesticado, mais suave, dançado com fraque, cartola e uma partner elegante", conta o expert Tinhorão. Mas o fato é que o maxixe por onde passava fazia a alegria dos liberais e causava a ira dos conservadores. Por isso, vale observar o que os viajantes daquele período falavam ao se referir ao maxixe em visita ao Rio de Janeiro. O português João Chagas, em seu livro de impressões sobre o Brasil, cunhou um relato curioso e revelador deste gênero, em 1897, detalhando com minúcias o jeitão dos dançarinos...[14]

"O brasileiro vai aos bailes dançar o maxixe. Mas o maxixe é como o cancan, o chahut, uma dança banida dos lares, por indecorosa. Então o brasileiro vai aonde sabe encontrá-la, e se não é em bailaricos pagos a mil-réis a entrada, é nos bailes das sociedades carnavalescas que o procura. De resto, o maxixe, como os jogos clandestinos, dança-se por toda a parte, com exceção, já se vê, dos lares onde esboçá-lo sequer no movimento de uma mazurca é praticar um ato da mais revoltante indecência.

"O que vem a ser o maxixe? Nada mais simples e, todavia, nada mais difícil de contar. O maxixe pode definir-se desta forma: enlace impudico de dois corpos; ou assim: conjunção indecorosa de dois sexos. O maxixe é um tango, dançado à espanhola por brasileiros. Será isto? A sua música é a música dos tangos, com um ritmo novo, introduzido no Brasil por compositores brasileiros, mas, na realidade, dança-se ao som de todas as músicas, de valsas, como de polcas, como de marchas; árias e ou canções, porque o maxixe é o ato de dançar e não a própria dança; os pares enlaçam-se pelas pernas e pelos braços, apóiam-se pela testa num quanto possível gracioso movimento de marrar, e assim unidos, dão a um tempo três passos para diante e três para trás, com lentidão.

"Súbito, circunvoluteiam, guardando sempre o mesmo abraço, e, neste rápido movimento, dobram os corpos para a frente e para trás, tanto quanto o permite a solidez dos seus rins; tornam a volutear com rapidez e força, tornam a dobrar-se e, sempre lentamente, três passos à frente, três passos a trás, vão avançando e retrocedendo, como a quererem possuir-se. Dança-se com doçura e dança-se com frenesi. (...) incessantemente, e nem a fadiga nem o calor os vence. Quando cessam de dançar é dia e ainda não estão saciados."

Hummmm! Quer dizer, em outras palavras, era uma sacanagem total, fazendo o forró — outra dança safada popularizada no final da década de 40 — parecer brincadeira de criança. Mas voltemos às descrições e às reações ao maxixe. Que tal a do cronista Antônio Torres, inimigo declarado do Carnaval carioca, metendo o pau em nosso maxixe com a aura típica dos falso-moralistas de plantão?

"Diversão que não fatiga não alegra a mocidade. Explica-se destarte a sedução fisiológica do maxixe sobre o brasileiro, povo moço. As distensões musculares dos membros inferiores; os movimentos quase arrítmicos; os passos acelerados pela cadência lesta da canalhesca música afro-americana; o desregramento das atitudes fecundas em imprevistos; a possibilidade de ostentar aos olhos de tanta gente uma mulher em posições pouco plásticas e muito equívocas, tudo isso nos encanta ao mesmo tempo que satisfaz o apetite de ruído e ostentação. A nossa ausência de bom gosto enquadra-se admiravelmente dentro da canalhice bárbara do maxixe. (...) O maxixe dá bem a idéia das nossas baixas tendências musicais e coreográficas."[15]

Vejam que todo o preconceito provinha, no fundo, do maxixe ser uma dança que mexia com... sexo. E isso só vem provar como grande parte da população — especialmente a mais abastada — sempre se sentiu desconfortável em relação a esse assunto. Por que será que até hoje esse preconceito existe no Brasil sempre que uma dança nova ou uma letra resolve mexer com sexo? "Todas as sociedades têm a sua forma aprovada de hipocrisia. Muito freqüentemente o foco sexual é o preferido", explica o psicoterapeuta José Ângelo Gaiarsa, da janela de seus 84 anos bem vividos. "Quanto à nossa hipocrisia brasileira, a coisa é mais, como diria Marx, de guerra de classes. É a velha história. O povão é vulgar, os grã-finos são grã-finos. É como se a classe alta dissesse: 'Nós aqui de cima não fazemos sexo de uma forma tão grosseira, vamos pra cama escondidos e não ficamos falando e divulgando isso pra todo mundo'", ri.

Por falar nisso, vejam que curioso: numa época em que ainda não havia legislação eficiente de arrecadação de direitos autorais (será que houve algum dia isso no Brasil?), os compositores vendiam as partituras de suas músicas para ganhar algum trocado. Para driblarem a referida hipocrisia da sociedade, os maxixeiros eméritos Chiquinha Gonzaga e Sinhô grafavam suas partituras e as editavam oficialmente com os rótulos de "tango" (a primeira) e "samba" (o segundo), caso contrário, sofreriam grande rejeição dos compradores, pois o preconceito era enorme, e conseqüentemente morreriam de fome. No caso de Chiquinha, se ela já dava um duro desgraçado para levar adiante sua vida de compositora, sendo mulher, quase um século antes disso virar uma profissão comum em nossa sociedade, imagine se resolvesse vender partituras de maxixe pra sobreviver? Aí mesmo é que estaria "frita"... Pois então, ela e Sinhô vendiam gato por lebre, mas não é que muitos já compravam esses "gatos" sabendo que eram gatos mesmo? Nada mais "Brasil", não é mesmo?

O maxixe era mais importante como dança, como ritmo, por isso suas letras mudavam muito de acordo com quem as cantava ou com a peça musical a ser encenada. Mesmo assim, há vários exemplos do quão "safadinhas" eram muitas delas, e de como deveriam causar comoção conjugadas a um ritmo tão "quente" quanto aquele. Veja este próximo exemplo. Trata-se de um maxixe de Luís Moreira, com letra de Victor Malin, e foi entoado em 1902 (!!!) pela chanteuse Berthe Deschamps no Teatro Cassino Nacional.[16]

Foi num baile do congresso dos Politiques
Para o maxixe ver ali dançar
Encontrei lá um moço muito chique
Que o maxixe propôs-se a me ensinar
— *Requebra as cadeiras,*
Me disse o rapaz
— *Assim? Perguntei-lhe*
— *Requebra inda mais!*

— Comme ça, c'est très gentil, *mas é difícil*
É muito forte e dá-me dor no peito
— *No peito, senhora, ou nas cadeiras?*
Eu respondi: — Très bien, *já tenho jeito!*

Pois o maxixe nas revistas cariocas estava dando tão certo que já em 1906 acabou batizando uma delas. Tratava-se da "revista de costumes, tipos e fatos cariocas" *O maxixe*, assinada por João Phoca (José Baptista Coelho) e D. Xiquote (Bastos Tigre), dois escritores fãs do gênero, com números de música de Paulino Sacramento (diretor da orquestra), Costa Júnior e Luís Moreira.[17] Nela havia um dueto sensacional no qual Machado Careca, encarnando um sujeito chamado Tinoco, ensinava à sua preta Minervina (Maria Lina) como era a tal dança do maxixe, num delicioso português bem tosco, à maneira da população menos favorecida de então.

Tinoco — *O maxixe não se aprende*
Assim do pé para a mão

Minervina — *Quem sê dançado* pertende
Percisa *tê vocação*

Tinoco — *O cavalheiro segura*
A cavalheira com jeito
Pouco abaixo da cintura
vai chamando ela ao peito

Minervina — *Ela, a cara, toda terna*
Gruda na cara do meco
E depois, perna com perna
Caem, os dois, no perereco

Tinoco — *Quando a coisa está bem quente*
É de dar voltas à cuia

Minervina — *Mas eu gosto é* quano *a gente*
Incói *o corpo e...* merguia

E tome malícia (os historiadores gostam mais deste termo do que daquele mais vulgar, "sacanagem")! Bom, em outra cena, o personagem Tinoco mostrava ao que vinha o maxixe:

Não há quem me veja um dia
E por mim não se enrabiche
Se você não conhecia
Conheça agora o maxixe

Finalmente, a letra que vem abaixo é do famoso *Maxixe aristocrático*, outro incluído na Revista *Cá e Lá* — a mesma que popularizou o *Corta-jaca*, de Chiquinha Gonzaga — no Teatro Recreio. Ele era um dos pontos altos deste espetáculo, que foi remontado em 1906, cantado pela atriz Auréia Delorme, que arrancava urros da platéia quando muito sestrosa atacava a letra:

O maxixe tem ciência
Ou pelo menos tem arte
Para haver proficiência
Basta mexer certa parte

Pois o próprio Padre Santo,
Sabendo o gosto que tem
Virá de Roma ao Brasil
Dançar maxixe também

Essa letra com certeza foi inspirada num boato que reinava na época de que o maxixe seria excomungado pelo papa. Não chegou a tanto, felizmente, mas causou muitos discursos reacionários de fundo religioso contra a sua prática.

O apelo sexual de nossas danças e a irreverência do nosso povo — especialmente do carioca — estavam presentes no final do século XVIII com o lundu, esquentaram com o maxixe e persistem até hoje, só que de um jeito ainda mais despojado. Pois eis que tantas décadas depois a história do preconceito se repete. A mesma reação das elites e da classe média ascendente em relação, por exemplo, ao maxixe naquele tempo, impera hoje em relação ao (neo) funk carioca. Pode parecer uma comparação descabida, mas só muda o estilo de música e a geração de seus detratores. Aos olhos de hoje, o funk das favelas pode ser muito mais vulgar que o maxixe. Mas será que há 100, 110 anos o maxixe não causava a mesma repulsa? Parece que sim.

Se antes as valsas, as polcas e as modinhas pareciam de "bom gosto" em relação ao maxixe, hoje o samba em geral e até o rock (e seus derivativos) — que um dia já foram também vilões — parecem ser de um gosto melhor do que o funk carioca. Por quê? Porque nesses casos há um choque das músicas mais agressivas feitas pelos pobres, sem maiores pretensões, em relação à outra mais maquiada, com uma intenção mais apropriada aos padrões da classe média-alta e da intelectualidade. São duas culturas, duas realidades que se chocam. E, convenhamos, fizeram e continuam fazendo tempestades em copo d'água.

"O preconceito com o maxixe ia além do erotismo da dança. Tinha a ver com o fato de ele ser uma dança e posteriormente um gênero musical praticado por negros, mulatos e gente de baixa condição social em geral. Eu mesmo me lembro de nos anos 40 ainda perceber um pouco dessa reação da classe média em relação ao tipo de música praticada pelas camadas mais humildes, não precisava nem ser especificamente pelos negros, bastava ser pobre", atesta Jairo Severiano.

Mas é claro que o fato de o maxixe ser uma dança francamente representativa do ato sexual fazia a repulsa de certos setores da sociedade ser ainda mais pungente. "O samba conseguiu ir mais adiante que o maxixe porque era possível cantar, tocar e dançar sem a preocupação de estar se sentindo indecente. Em compensação, o maxixe era realmente uma dança muito mais sensual e provocativa que o samba, em que o sujeito dançava com as mãos nas nádegas da mulher em movimentos rápidos com os joelhos. Muita gente deve ter gozado dançando o maxixe", diz Jairo, com sua ironia habitual. E com certeza muita gente também deve ter chegado às vias de fato ao som do funk atual. Pois ambos são ritmos propensos à excitação.

Há outras semelhanças do maxixe em relação ao funk. Ambos surgiram na periferia, sem interferência direta da indústria cultural. Na época do maxixe, não havia rádio e a indústria do disco era incipiente. No caso do funk, os artistas nasceram nas periferias e redutos pobres do Rio de Janeiro e desenvolveram seu próprio mecanismo de vender e divulgar seus shows, sem a interferência das grandes gravadoras e TVs. Alguns não chegam nem mesmo a tocar em rádios devido à sua carga "social" ou pornográfica explícita.

A hipocrisia sempre foi a mãe do preconceito. Apesar de detestados, os ritmos considerados de "última" categoria sempre exercem fascínio. E cedo ou tarde a mesma classe média acaba deixando-se fascinar por aquilo que mais repudiava. "O mesmo pai de família de classe média que reprimia sua filha caso ela tocasse um maxixe ao piano era o mesmo que ia assistir a atos com danças bem provocativas de maxixe nos teatros de revista, pois, nos primeiros 30 anos do século, em todo espetáculo do gênero era obrigatório pelo menos um número de maxixe", explica Jairo, da mesma forma que concorda que, quando alguém comprava uma partitura de Chiquinha Gonzaga intitulada como tango, ou de Sinhô, como samba, muitas vezes sabia muito bem que se tratava de maxixe disfarçado.

No caso do funk, depois de alguns anos de achincalhe, já há uma tribo de descolados e moderninhos que se curvaram ao gênero, especialmente por conta do aparecimento da hilariante funkeira Tati Quebra-Barraco, jovem negra oriunda da Cidade de Deus, que completou 26 anos em 2005 — e cujo nome artístico é uma metáfora para o ato sexual. Suas letras bombásticas e pornográficas (mas bem-feitas, tais quais várias cançonetas, marchinhas, forrós e rocks de duplo sentido de outros tempos), o seu jeitão despachado e "nem aí" para qualquer patrulhamento a fizeram diva do movimento. Que os digam seus hilários bordões, como: "Sou feia, mas tô na moda, eu quero é novidade, valeu?" ou "Pau no cu do mundo e vê se não esquece do meu". Ou um de seus maiores sucessos que também já virou bordão...

Não adianta,
De qualquer forma eu esculacho

Tenho fama de putona
Só porque como teu macho

(*Esculacho*, autoria atribuída a Deize Tigrona)

Resumindo: a "vulgaridade" de outrora do maxixe e a atual do funk agridem as certezas e o lado pudico e controlador das classes de maior poder aquisitivo e de boa parte da intelectualidade, que insistem em ver tais expressões culturais como grandes vilões da "sociedade brasileira". Pode não ser apenas a música-tema do tráfico de drogas carioca, aquela que vai erotizar precocemente as crianças, fazer jovens adolescentes engravidarem ou terem uma concepção "violenta" do sexo. O funk não ensina nada, apenas reflete o que já existe em alguns extratos sociais. Da mesma forma que o maxixe a partir de 1870. "A música, assim como a TV, apenas funciona como espelho do que a sociedade já estabeleceu", ensina Jairo.

A professora Vânia Moreira faz coro: "Posso gostar ou não de ouvir em casa, mas não há como ignorar o funk. É uma expressão de verdade que surgiu do povo, como necessidade de algumas comunidades. Mas quando se dá voz a quem não tem voz, isto sempre incomoda às classes dominantes. É diferente, por exemplo, de uma situação comum nos anos 70: a de um grupo de intelectuais que chocava platéias por fazer uma coisa nova. Num grupo como este, é aceitável que essas pessoas possam soar estranhas por alguma ousadia que cometam. Mas quando uma coisa nova e diferente vem de um grupo social que de antemão se espera que não fale ou não tenha o direito de falar, aí tudo se torna muito mais complicado."

Mas que diabos de funk é esse que a essa altura do campeonato — no início do século XXI — ainda consegue gerar tanto repúdio? Assim como a turma da Jovem Guarda e o rock brasileiro dos anos 80, ele apresenta letras bastante adolescentes, cheias de sacanagem, como a de *Vai, Serginho* — com o refrão cantado por um coro de garotas a cada peripécia que o MC Serginho diz querer fazer com sua "mina".

— Eu vou beijar você na boca, vou morder o seu queixinho
— Vai, Serginho! Vai, Serginho!
— Eu vou lamber a sua orelha, vou morder seu pescocinho
— Vai, Serginho! Vai, Serginho!
— Eu vou descer mais um pouquinho, eu vou morder o seu peitinho
— Vai, Serginho! Vai, Serginho!
(...) — Mas o que eu quero mesmo é morder o seu grelinho!
Abre as perna (sic), *faz beicinho, eu vou morder o seu grelinho!*

Isso pode ser tão de "mau gosto" quanto um roquinho da Jovem Guarda dizendo que o cara é o "bom", é "terrível", que "não usa espelho pra se pentear", que seu carrão "é vermelho" e que cruza "a rua Augusta a 120 por hora". Ou um roquinho dos 80 dizendo que a mulher foi "da mamãe", que foi "dar" um "serão extra e trabalhou com o patrão", ou aquela marcha roqueira do cara que ficou com fome e papou a "galinha Marylou". Ah, bem, o ritmo também pode ser considerado um horror. Realmente, o funk musicalmente não é agradável a todos os ouvidos (principalmente para ser ouvido em casa, fora do contexto dos bailes). É uma música pesada, tem uma batida repetitiva, suas letras não têm compromisso com o bom português, com o politicamente correto e muito menos com o bom gosto. Traz intérpretes que também não têm compromisso com voz, afinação ou qualquer tipo de técnica vocal. Eles gritam, berram, com divisões musicais muito parecidas de uma música para outra, e não têm nem mesmo músicos que os acompanhem, só necessitam de um "DJ" para soltar o "batidão" e fazer suas pausas estratégicas. Da mesma forma que inicialmente o maxixe como dança precisava apenas de um casal e de um andamento mais sacudido de qualquer ritmo para "evoluir" no salão.

Mas, peraí, e o heavy metal? E o punk rock? Também não podem soar "desagradáveis" ao ouvinte padrão? E existe um movimento da sociedade para internar os jovens de classe média que gostam disso? "O punk e o heavy metal são músicas estrangeiras que podem ser até tolerados por certos pais, considerando que as letras não são entendidas por eles e não são vistas como músicas de favelado. Elas também têm barulho e agressividade, mas o que um pai de classe média vai mais temer em relação a seu filho é que ele vire funkeiro e viva no meio dos favelados", diz, com ironia, o jornalista Silvio Essinger, autor do livro *Batidão — Uma história do funk*, destacando ainda que as letras de funk são de nosso idioma nativo e lidam com temas da sexualidade de uma forma direta e contundente, o que causa um desconforto doméstico ainda maior. "Com o sucesso do Sepultura fora do Brasil, muitos pais podem até achar que a mania dos filhos em ouvir esse tipo de música os leve ao exterior, o que pode ser até promissor, mas com o funk isso é inviável", ri.

Quer dançar? Quer dançar?
O tigrão vai te ensinar
Vou passar cerol na mão
Assim, assim, vou cortar você na mão
(...) Vou mostrar que eu sou tigrão
Vou te dar muita pressão
Então martela, martela, martela o martelão
Levante a mãozinha, na palma da mão
É o bonde do tigrão!

(*Cerol na mão*, Bonde do Tigrão, 2000)

Essa "música de favelado" tem sua raiz — como boa parte do pop/rock/dance contemporâneo — nos Estados Unidos. O movimento tem origem nos anos 70, quando havia cerca de 300 equipes de som comandando bailes nos subúrbios do Rio de Janeiro, onde eram tocados apenas discos importados trazidos pelos DJs da época, sem rádios ou gravadoras nacionais para difundi-los. Ou seja, era um fenômeno de gente que gostava desse estilo *black* americano mais underground, num momento em que estavam fazendo sucesso no *mainstream* as músicas das discotecas (disco music), também de raiz negra.

Suzana Macedo, em seu livro *Na terra do funk*,[18] explica a evolução do funk até os dias de hoje. Ela conta que, ao mesmo tempo que rolava o sucesso da disco music, o rap (a música do hip hop, ao lado da dança break e do grafitti) começava a ganhar visibilidade fora dos guetos de Nova York, onde surgiu. No início dos anos 80, enquanto a zona sul carioca voltava a se interessar pelo rock, a zona norte continuava dançando a *black music* americana — apelidada de disco funk e charme, esta última uma espécie de funk mais lento e melodioso. Aos poucos, o charme perdeu espaço nos bailes e no rádio para o hip hop, conhecido como funk (não aquele funk de Tim Maia, mas um outro com o mesmo nome, só que mais pesado). Eis que, em meados dos anos 80, aparece na Flórida o tipo de som que iria ser a tônica dos bailes cariocas atuais — o miami bass, com suas batidas pesadas e versos curtos, mais acelerado e com letras mais desbocadas que o hip hop.

"Além de dezenas de alto-falantes empilhados, o *miami bass* usava graves de freqüências muito baixas, que normalmente eram removidas na hora da mixagem, produzindo um som de fazer tremer o corpo na pista", explica Suzana em seu livro, trazendo ainda uma explanação contundente do principal divulgador do gênero, o DJ Malboro. "O *miami bass* estourou no Brasil antes de estourar nos EUA. Uma explicação para isso pode ser a batida mais grave das baterias eletrônicas que tem certa semelhança com o nosso surdo do samba", conta ele, que produziu o primeiro disco de funk nacional, *Funk Brasil*, em 1989, com o qual ganhou Disco de Ouro pelas mais de 100 mil cópias vendidas.

A partir daí, surgiram cada vez mais artistas nacionais de (neo) funk, e sua batida também se renovou, ficando ainda mais pesada e violenta que a original. Já no final dos anos 90, os funkeiros brasileiros eram uma realidade, e a música estrangeira caiu em desuso nos bailes. O próprio ritmo ganhou características próprias e atualmente só existe dessa maneira aqui, na melhor tradição de outros de nossos ritmos que congregaram influências de músicas estrangeiras, caso do samba (África), modinha (Europa) e bossa nova (EUA).

Injeção dói quando fura
Arranha quando entra
Doutor, assim não dá!
Não há poupança que agüenta!

(*Injeção*, Deize Tigrona, 2005)

Basicamente, os (neo) funks difundidos nos bailes da periferia possuem dois enfoques: o erótico e o "social", que fala do dia-a-dia nas favelas, muitas vezes com exaltação ao tráfico de drogas. Embora o lado que nos interesse mais aqui seja o dos funks eróticos, vale lembrar que este segundo tema (que antes só aparecia nos sambas do repertório "maldito" de Bezerra da Silva) é o espelho de uma questão social delicada que o nosso país sempre orgulhoso "de não ter guerras" acabou deixando rolar, e vem dando munição para o implemento de sua própria guerra civil. Este tema é justamente o que não havia no maxixe. Em muitos bailes funks, em dado momento se dá eventualmente uma apologia ao crime organizado, com a exaltação do comando do tráfico da região onde se localiza o evento. Por outro lado, mais uma vez denota-se o fenômeno social que nada tem a ver com o ritmo. Se não fosse o funk, seria qualquer outro estilo. Entretanto, a maioria dos artistas do gênero é de paz e não se identifica com essa exaltação ao crime organizado, ou pelo menos não faz disso a tônica de seus repertórios.

Se no samba houve um tempo em que se fazia a elegia à vagabundagem e à malandragem, que conseguiu ser reprimida pelo presidente Vargas, no funk já não parece ser possível conter tais "compositores", pois a situação violenta que se instaurou, a inversão de valores do "poder paralelo" parece totalmente fora de controle. E sem querer fazer sociologia barata, mas tentando ter um mínimo de bom senso, vê-se que a facção do funk que usou de sua batida pesada para gritar palavrões, gírias locais e textos de teor bastante violento para exaltar seus "heróis" do crime, parece uma forma de expressão limite de uma gente que se criou no tráfico por não ter tido outras opções na vida. São garotos paupérrimos que se criam num ambiente de poucas chances de ascensão social e acabam capitaneados pelo tráfico ainda pequenos.

A periferia de hoje não é a mesma da Cidade Nova de 130 anos atrás, onde se criou o maxixe, que, por mais pobre e sofrida que fosse, tinha outros contornos, pois o ritmo da cidade e o número de habitantes eram bem diferentes. Não há como comparar. Se as coisas chegaram a este ponto crítico, a culpa não me parece ser nem dos traficantes, muito menos dos funkeiros. Mais uma vez a conseqüência de um problema social é apontada como causa. Entretanto, é curioso como esse lado que exalta o crime organizado é mais restrito às regiões de favela e não chega tanto ao rádio, à TV e à grande mídia. O que de fato mais assusta as classes mais favorecidas é o funk ser uma música de preto, pobre e favelado, falando de sexo de maneira bastante explícita, beirando a pornografia.

Realmente os (neo) funks eróticos têm um grande apelo entre os jovens de uma geração cuja sexualidade explosiva virou talvez a única coisa que lhes restou. O funk choca porque, além do ritmo violento, não fala do ato da paquera ou do sexo por meio de metáforas como se dava até então em nossa música, agora se dá nomes aos bois, quase como num exame ginecológico.

Vou te dar um papo
Mas vai ser engraçado
Se não quiser leite de peito
Vem me dar leite de saco
Mia gatinho, mia gatinho!
Longa vida eu vou te dar
(...) A gente "quebra"

Depois eles pede *arrego*
Pedindo pra parar!

(*Leite de saco*, MC Tati Quebra-Barraco)

Na seara erótica, no funk se fala de tudo: sexo grupal, homossexualidade, posições e tamanho de órgãos sexuais, doenças venéreas e até das vantagens de quem paga o motel (como veremos nos próximos capítulos). Por mais incrível que possa parecer, isso também faz parte de uma atual tendência mundial de se explicitar cada vez mais as coisas do sexo, em filmes, livros e revistas.

Quem tá sem cueca/ Levante a mão!
Eu gosto de peituda/ Gosto de perereca! (...)
Eles não usam cueca/ Só pra impressionar
Quando toca a sua motagem
Eles botam pra balançar
Então... balança, balança, balança....
Quem tá sem sutiã
Levante a mão!

(*Balança*, Gorila e Preto)

Quase sempre os funkeiros se expressam de forma nada sutil, caso da Chatuba de Mesquita na sua inenarrável (e hilária) *Máquina de sexo*, um daqueles funks mais pesados que não tocam em rádio e são restritos aos bailes das favelas. Mas atenção! Se você nunca ouviu falar de sexo anal ou nunca falou um palavrão na cama, pare agora de ler o livro!

(...) Viemos pegar mulher
Chatuba come cu

E depois come xereca
Ranca cabaço
É o bonde dos careca!

Sobreviveu? Então vamos adiante! O teor das letras do funk ousa mesmo trazer à tona o universo das fantasias sexuais — que veremos melhor nos próximos capítulos —, chamando por vezes as mulheres não somente de "gatinhas", mas agora também de "cachorras", com direito a latidos eróticos, com a maior naturalidade, sem que isso seja encarado como uma ofensa às mulheres. Pelo menos às mulheres que gostam de soltar a franga dançando o funk.

Me chama de cachorra
Que eu faço "au au"
Me chama de gatinha
Que eu faço "miau"

(*Montagem Quebra-Barraco 2*, DJ Joé, DJ Tati)

"Esse tipo de letra das músicas funks não é nenhuma novidade. Os Beatles estouraram com a música *Twist and shout*, que dizia "mexe, mexe, rebola e grita", nada muito diferente de dar um tapinha no bumbum. Os Roling Stones também falavam da mãe prostituta na esquina. Eram músicas explosivas do ponto de vista sexual, e indigentes do intelectual. Era só a sexualidade da juventude extravasando", afirmou com muita propriedade Henrique Antoum, mestre em filosofia e doutor em Comunicação e professor da ECO/UFRJ, em entrevista ao *Jornal do Brasil*, em 2002.[19]

Ah, que isso?
Elas estão 'descontrolada'
Ela 'sobe', ela 'desce',

Ela dá uma rodada
Elas estão 'descontrolada'

(*Descontrolada*, MC Indiara, do Bonde das Panteras)

Mas nem todo mundo pensa assim. Prova disso é que o sempre polêmico Caetano Veloso provocou a ira de sua platéia, no show *Noites do norte*, ao cantar após sua obra-prima feminista *Dom de iludir* ("Não me venha a falar da malícia de toda mulher..."), o safadíssimo (e rodriguiano) funk *Tapinha* (Naldinho) — cujo refrão foi um dos maiores sucessos de 2000. Nele, uma funkeira com uma voz bem desafinada (MC Bete) clamava por um tapa na hora da transa para ficar mais excitada.

Dói, um tapinha não dói
Um tapinha não dói
Só um tapinha!
Em seu cabelo vou tocar
Sua boca vou beijar
Tô visando sua bundinha
Maluquinho pra apertar

"Vejo mulheres que cantam músicas muito boas e sinceras a respeito do desejo sexual, sobre o que elas querem que o homem faça com elas. Às vezes a obscenidade do funk é de uma radicalidade total", diz Caetano Veloso, enumerando qualidades mesmo dentro da precariedade musical e instrumental inerente ao gênero, citando até mesmo uma ligação de sua rítmica com a marcação dos tambores da umbanda. "Os bailes funk de hoje em dia só tocam essas músicas produzidas aqui e não mais as estrangeiras. E isso é uma virada histórica. São milhões de pessoas a cada fim de semana. Me interesso porque acho que aquilo é acontecimento de grande monta. Quando Elvis começou com aquelas coisas cafonas, primárias, grosseiras, todo mundo o criticava, mas uma coisa imensa estava acontecendo com os adolescentes daquele período. E aquilo começou a mudar a face do mundo. Da mesma forma, a música brasileira nunca mais será a mesma depois do funk", acredita o compositor.[20]

Outro diferencial do funk em relação ao rap e outras músicas de protesto é o humor tipicamente carioca — que já existia em outros gêneros difundidos no Rio de Janeiro para o resto do país, como o maxixe, o samba, a marchinha carnavalesca e parte do rock nacional. As letras mais bem-feitas de funk são engraçadíssimas e trazem trocadilhos e crônicas de comportamento que não deixam nada a dever a outros estilos bem sacados já feitos no país, apesar da precariedade musical e instrumental inerente a este gênero. Como nas diversas músicas hilariantemente pornográficas de Tati Quebra-Barraco e Deize Tigrona...

De quatro, de lado
Na tcheca e na boquinha
Depois vem pra favela
Toda fresca e assadinha

(*De quatro, de lado*, Deize Tigrona)

O professor Henrique Antoum novamente vai contra a corrente de achar que o funk apenas chegou para esculhambar de uma vez a família, a moral e os bons costumes. "Acho que essa mentalidade de classe média fica horrorizada de ver sua filha agindo como favelada, sendo confundida com alguém do morro. Numa reunião de pais em que participei, vi a mãe de uma criança de dois anos contar que segurou a filha com força e lhe disse que se ela cantasse novamente a música da popuzuda, lhe quebraria os dentes. É o pânico: 'Minha filha não pode agir como uma qualquer.' É uma questão social de status, de cultura. É o horror de uma classe média que não sabe lidar com a própria sexualidade abertamente, que mantém sua sexualidade dentro de uma hipocrisia estúpida, que age como as cachorras que ela critica, mas não quer que as filhas saibam, e aí fica apavorada, porque a filha pode aparecer agarrada com um negão, gritando 'au, au...'. Dá um tilte na cabeça da mamãe e do papai. Eles não querem lidar com esse mundo real, que eles ajudaram a criar", diz o professor, lembrando que nessa mesma família pode haver uma contradição idiossincrática em relação à própria exposição de suas formas e sua sensualidade: "É estranho a filha não querer ser uma popozuda e rebolar o bumbum, se a mãe está lá na academia malhando o glúteo... E isso é o quê? Estética impressionista?", critica ele, que discorda que as brincadeiras nos versos do funk sobre as mulheres as desmereçam.

"Claro que a mulher não deve ser vista só sob esse prisma, ela tem outras dimensões que não corpo malhado, ou o 'au au'. Profissionais sérias e competentes também colocam silicone no peito e malham para ficar com o bumbum durinho. Elas não são apenas mulheres que trabalham, mas também mulheres que se realizam em outras esferas", acredita Henrique.

O antropólogo Hermano Vianna, um dos pioneiros na análise do fenômeno funk, é outro dos que não vêem nada demais nessa interação dos "incluídos" e dos "excluídos" da nossa sociedade por intermédio do funk. "O funk deixa tudo explícito: suas letras apresentam um espelho onde os abastados se vêem de um jeito que gostariam de manter em segredo (na intimidade, as pessoas são todas Tati Quebra-Barraco, e se gabam disso entre amigos...) Essa gente preferiria que os pobres continuassem cantando eternamente que o morro é lindo...", opina.

Hipocrisia e falso-moralismo à parte, vale lembrar que há muita música tão ou mais "mal elaborada" que este (neo) funk, tanto daqui quanto de fora — safada, malfeita, açucarada, pasteurizada, que toca todo dia nas FMs e ninguém reclama tanto porque é in, porque é light ou imposta pela indústria cultural, incluindo MTV, gravadoras multinacionais e outros veículos de massa.

Mas especificamente sobre a dança do funk, há outros pontos interessantes a serem destacados. Por exemplo, depois de muitas décadas em que o homem tinha um papel muito marcado nas danças, de repente vemos neste novo gênero musical coreografias inacreditavelmente sensuais para o padrão masculino. São danças rebolativas, às vezes imitando movimento de animais, exibicionistas, que 20 anos atrás seriam privilégio apenas de um Ney Matogrosso. E não possuem qualquer conotação gay, ao contrário. São sinônimos de virilidade.

Em interpretações apressadas, muita gente acusa o funk de denegrir tudo e a todos. E também acredita naquelas matérias sensacionalistas de TV, em que os bailes são uma arena de orgias sexuais, um território onde a partir do momento em que se pisa lá dentro, todo mundo transa com todo mundo num ôba-ôba total. Só que muito além desses mitos e das próprias letras sugestivas, há na música, como na dança, um dado do entretenimento, da diversão, que não pode ser levado tão a sério assim, como se tudo que eles apregoam nas letras safadas fosse assumido literalmente ao pé da letra e seguido por todos. "Paradoxalmente, o cara pode estar dançando e não estar pensando em nada, apenas se divertindo", diz José Ramos Tinhorão. "No passado, havia homem que dançava bem e gastava uma nota indo a dancings só para se exibir. Se se desse bem com uma determinada dançarina, ficava horas com ela. E pensa que ele saía com ela depois para um programa? Não saía não, ia embora para casa sozinho", compara.

Claro que há muitos funks péssimos, insuportáveis, da mesma forma que há música ruim em qualquer gênero. Sem se aprofundar, as classes mais favorecidas jogam tudo no mesmo balaio. É tudo uma porcaria e acabou. Nem mesmo a ironia de Tati Quebra-Barraco chega a seduzi-las. Prova disso são as críticas que a funkeira recebeu ao ser convidada pelo Ministério da Cultura para representar o país no Ladyfest (um festival feminista, só com mulheres como atração, que acontece uma vez por ano em Stuttgart) e numa pequena turnê por outras três cidades européias. No jornal *O Globo* (27/10/2004), foram publicadas várias cartas de leitores que se sentiram ultrajados com tal idéia, revelada na matéria "Dama do funk, Tati Quebra-Barraco na Europa — Com apoio do Ministério da Cultura, ela vai cantar 'Assadinha' e 'Palmolão' em Berlim, Zurique e Amsterdã".

"Eu me sinto humilhada e sinceramente lesada como cidadã ao ver como o governo consegue escolher Tati para representar a cultura do nosso país com o funk. Funk é cultura? Que cultura? Palavrão é cultura? Pornografia é cultura?", disse uma leitora carioca. "O funk nunca foi considerado cultura no meio da nossa música popular brasileira. (...) Como músico, nunca vou concordar com a tese de que funkeira que faz apologia ao sexo possa representar nossa música fora do nosso país!", esbravejou outro cidadão. "Num país tão populoso como é o Brasil, com tantos talentos na música, no teatro, no cinema e na TV, ter como modelo de cultura Tati Quebra-Barraco é sem dúvida a expressão da ignorância e do mau gosto em matéria de música", afirmou uma leitora paulista. "É de arrepiar os cabelos ver o Ministério da Cultura financiar a turnê de Tati pela Europa, ainda mais dizendo que vai difundir a cultura brasileira! (...) Não é à toa que somos tidos como o país da baixaria", concluiu outra mulher.[21]

Fora o fato de as pessoas ainda não conseguirem encarar o funk carioca como um produto nacional — talvez a mais representativa expressão da música eletrônica nacional — e o verem apenas como filho do imperialismo norte-americano, parece que o que pesa mesmo é o fato de ver uma favelada meio bronca, cantando músicas de forte apelo pornográfico e isto ter status de cultura. É preciso ressaltar que nessas cartas ninguém se lembrou de falar da... — hã?? Como é mesmo aquela coisa horrível? — ah, sim, da "apologia aos traficantes" difundida em muitos outros funks. O que preocupou no duro essa gente foi o teor pornô das letras da Tati. Como se vê, uma reação muito parecida à ocorrida em relação ao maxixe, na virada do século XIX para o XX. "Acho que até entendo a reação que o maxixe provocou. Naquele tempo, falar de sexo era realmente um problema. Mas hoje? Depois de tanto tempo de psicanálise e da vulgarização da psicanálise? Parece só hipocrisia da pior espécie. As pessoas falam em sexo o tempo todo, nos mínimos detalhes, abertamente para quem quiser ouvir. As pessoas são obrigadas a confessar suas obsessões sexuais — e se não confessam não são normais... Por que Tati Quebra-Barraco não pode cantar sobre sexo? Por que música é cultura, e cultura é coisa fina separada da vida de todo mundo?", indaga Hermano Vianna.

Você pode concordar ou não com este enfoque ou com as opiniões pouco convencionais expostas aqui, mas todo esse histórico do maxixe e do funk serve ao menos para mostrar: a) o quanto a história se repete; b) como a sacanagem não vem de hoje, inclusive em nossa música popular; e c) que não vem de hoje também o hábito do brasileiro de falar mal da ousadia da conduta sexual e comportamental de alguém sobre a qual ele no fundo tem curiosidade, ou mesmo vivencia de outra maneira (mais light, ou às escondidas, de portas e janelas trancadas). Aliás, isso faz lembrar um rock daqueles bem ácidos escrito pela diva maldita Ângela Ro Ro com seu parceiro Mário de Oliveira. *Sistema* foi composto em 1982, mas parece que acabou de ser gravado, tamanha é sua atualidade...

Eu não faço, tu não fazes, não fazemos
Mas queremos
Eu não digo, tu não dizes, não dizemos
Mas pensamos
Eu não gosto, tu não gostas, não gostamos
Mas comemos
Deus nos livre desse problema!
Deus nos livre desse sistema!

Agora que já vimos os extremos sacanas da MPB — o do lundu e do maxixe lá do início e o do funk tão atual — prepare-se porque vamos a partir de agora mergulhar nesse miolo, nesse intervalo de quase um século, ou seja, entre a criação do maxixe no fim do século XIX e os ritmos dos dias atuais, vendo como se deu a evolução do erotismo, do duplo sentido e da "sacanagem" nas nossas letras e ritmos. Em outras palavras, entre o *Corta-jaca* e a Quebra-Barraco — na verdade sinônimos para o mesmo ato que, como diria o rock do Ultraje a Rigor, "todo mundo conhece. E se não conhece um dia ainda vai conhecer". Sexo![22]

NOTAS:

1 – José Carlos Leal, *Trovadores e seresteiros*, pág. 22.

2 – Idem, pág. 22.

3 – Idem, pág. 23. A seguir, deste trecho há uma modinha recolhida do folclore por Elói Pontes.

4 – Domingos Caldas Barbosa, *Viola de Lereno*, pág. 93.

5 – Idem, pág. 20.

6 – Capítulo Vida privada e ordem privada no Império (pág. 50), do livro *História da vida privada no Brasil — vol. 2*, Elias Thomé Saliba e *História social da música popular brasileira*, de José Ramos Tinhorão, pág. 113.

7 – Jairo Severiano, *Os 4 tempos da música popular brasileira*, inédito.

8 – Elias Thomé Saliba, *História da vida privada no Brasil — vol. 3*, "A dimensão cômica da vida privada na república", pág. 319.

9 – José Ramos Tinhorão, *Pequena história da música popular* — Da modinha ao tropicalismo, págs. 64 a 67 / Elias Thomé Saliba, *História da vida privada no Brasil — vol. 3*, pág. 319.

10 – L. Edmundo, *O Rio de Janeiro do meu tempo* / Elias Thomé Saliba, *História da vida privada no Brasil — vol. 3*, "A dimensão cômica da vida privada na república", pág. 320

11 – Idem, pág. 320.

12 – Ruy Castro, *Carnaval no fogo*, pág. 136.

13 – Idem.

14 – João Chagas (Edgar de Alencar — Carnaval).

15 – Antônio Torres — *Verdades indiscretas*, 2ª ed., Liv. Castilho, Rio, 1921 (*in* Edgar de Alencar — Carnaval).

16 – Jota Efegê, *Maxixe — A dança excomungada*, pág. 79.

17 – Idem, pág. 85.

18 – Suzana Macedo, *Na terra do funk*, págs. 46 e 47.

19 – Henrique Antoum, entrevista a Regina Navarro Lins, coluna "A Cama na Varanda", *Jornal do Brasil*, 2002.

20 – Depoimento de Caetano Veloso colhido durante a entrevista coletiva do álbum "A foreign sound", em 2004.

21 – Seção de cartas, jornal *O Globo*, Segundo Caderno, 3/11/2004.

22 – O rock *Sexo!* (Maurício/ Roger Moreira) foi lançado pelo Ultraje a Rigor em 1987, no LP homônimo, gravadora Warner.

Capítulo 5

Ele tá de olho na BUTIQUE DELA

O duplo sentido e a SACANAGEM NA MPB

— Eu dei!
— O que foi que você deu, meu bem?
— Eu dei!
— Guarde um pouco para mim também
Não sei se você fala por falar, sem meditar...
— Eu dei!
— Diga logo, diga logo, é demais!
— Não digo e adivinhe se és capaz!

(*Eu dei*, Ary Barroso, 1937)

PARTE 1

EMPURRA, EMPURRA, EMPURRA A CARROCINHA... QUE A PIPOCA TÁ QUENTINHA

Num país como o Brasil, onde há leis que não pegam, regras criadas para serem burladas e o nosso famoso "jeitinho" para quebrar qualquer norma estabelecida, nada pode ser levado a sério demais. A nossa música também reflete essa nossa "indisciplina" em relação ao padrão moral de comportamento reinante em cada tempo de nossa história. Se na maior parte da nossa produção musical (especialmente até os anos 60) as letras de nossas músicas nos envolviam num mar de baixo astral, com direito a desencontros amorosos, culto ao sofrimento e a mulheres eternamente prontas para acabar com a vida dos homens, ao mesmo tempo sempre houve uma ala mais divertida, irreverente e malandra na MPB, que brincava e continua brincando com duplos sentidos por vezes bem pouco sutis em nosso cancioneiro, beirando muitas vezes a pornografia. Ou seja, havia a música tida como séria e de bom gosto e um outro estilo de música em menor escala, mas não menos representativa, para extravasar a nossa imensa libido, nem que fosse mais restrita a certos guetos ou datas festivas da vida nacional.

Em resumo: o brasileiro sempre gostou de sexo e de uma boa "sacanagem" sem compromisso, e isso está presente em nossas canções e danças — da modinha, do lundu e do maxixe ao forró, à marchinha, chegando ao cume no atual funk carioca.

Nos primórdios de nossa música popular, além do maxixe e dos eventuais lundus e modinhas já citados no capítulo anterior, várias cançonetas de inspiração francesa trouxeram para o disco no início do século XX verdadeiras pérolas de duplo sentido. Essas cançonetas eram bem teatrais, praticamente pequenas historinhas cantadas, às vezes solo, às vezes em dueto. Como o disco era um produto bastante elitista e pouco veiculado nas primeiras duas décadas do século passado, era possível encontrar músicas mais "pesadas" até do que as que seriam feitas depois dos anos 30 — época em que a veiculação de discos através do rádio seria popularizada, e com isso estabeleceu-se certa censura aos discos gravados. Por isso, seria muito difícil flagrar alguém ouvindo em público a cançoneta *A boceta de rapé*, gravada por Mário Pinheiro em 1907.

> *(...) É coisa boa deveral Um tabaco de fino pó*
> *Quando tiro assim com o dedo*
> *Da boceta de vovó*
> *Fico triste, fico mudol Fico mesmo que faz dó*
> *Quando aparece raspada (o que é que aparece raspada?)*
> *A boceta de vovó*
> *(vocês inventam cada coisa!)*
> *A beata que na igreja está sempre*
> *Na igreja com o vigáriol Está doida pra arranjar*
> *Qualquer coisa com o vigário*
> *E se o tal padre aprecial Uma pitada do gogó*
> *Quase sempre está com o dedo (Aonde é que ele está com o dedo?)*
> *Na boceta de vovó!*

Se o *Corta-jaca* de Chiquinha Gonzaga comparava o órgão sexual feminino a uma jaca, vamos ver que nossos compositores ao longo do século tiveram muita criatividade para compará-lo a tudo que se possa imaginar. Um dos primeiros sinônimos foi retratado por Costa Silva na cançoneta *A pombinha de Lulu*, gravada pelo onipresente Bahiano, na Casa Edison, do Rio de Janeiro, por volta de 1912: "A minha prima Lulu/ Tinha um casal de pombinhos/ (...) Mas o pombo todo branco/ Era um primor, um biju/ Eu, porém gostava mais... (de quê?)/ Da pombinha de Lulu." E prosseguia dizendo que quando à tarde ia brincar no quintal com a priminha, quase sempre lhe pedia "pra brincar com a pombinha", "mas o pombo ciumento/ Ficava então jururu/ Quando eu botava a mão/ Na pombinha de Lulu". Que tal?

Geraldo Magalhães foi outro que gravou com uma cantora da época (não identificada no selo do disco) uma cançoneta bem safada nos idos de 1909. Era *No bico da chaleira* (Eustorgio Vanderley), em que se dizia ávido por querer pegar no "bico da chaleira" de sua comadre... "Menina eu quero só por brincadeira/ Ficar no bico da sua chaleira/ (...) É moda agora/ E eu justifico/ Pegar no bico de uma chaleira/ Muita senhora nos 'engrossando'/ Leva pegando a vida inteira." E aí vinha a parte falada, com um diálogo inacreditável:

— *Sim, mas eu não sou dessas, não deixo pegar!*
— *Ai, deixa eu pegar assim de leve, meu amorzinho?*
— *Não posso deixar, você aperta!*
— *Não aperto nada, meu amor!*
— *Não, mas eu tenho medo!*
— *Não seja ingrata!*

E o desfecho era assim: "Não imagina como eu logo fico/ Lá no biquinho da sua chaleira/ (...) Ai, se eu consigo pegar de bom jeito/ Você vai ver como eu pego direito/ Descendo o bico quer pegar na asa/ Às escondidas... lá em casa." Como se vê, é a descrição de uma cena sexual. Antes disso, por volta de 1902, Bahiano gravou *Regente de orquestra*, de Eduardo Souza. Era uma cançoneta em que a batuta do maestro era comparada — para variar um pouco — ao órgão sexual masculino: "Sou regente de orquestra de teatro/ Onde o diabo a quatro eu faço com a batuta/ E as atrizes assanhadas de mim são namoradas/ (...) Quando imponho a batuta em movimento/ Terno, andante, ou no prestíssimo/ Ai, seu portento!/ Ai, seu santíssimo!/ Gritam felizes as atrizes."

Outra metáfora para o órgão sexual masculino está na deliciosa cançoneta *A cozinheira e a patroa* (1909), gravada pelo grupo Os Geraldos, que na verdade deveria se chamar *O cozinheiro e a patroa*, cuja brincadeira é sobre o tamanho do "peixe" que a "madama" gostava: "Ponho o quitute na panela/ E abro logo o apetite da madama/ (...) Não gosto de patroa que coma pouco/ Comigo não tem disso!/ Tem comer e lamber o beiço" e como ocorria em *No bico da chaleira*, havia também uma parte falada hilariante:

> — *Bonito! Então a patroa quer peixe?*
> *Olhe, eu tenho aqui uma tainha que está mesmo*
> *um regalo, patroa!*
> — *E bagre? Você não tem bagre, não?*
> — *Não, senhora, bagre não tenho. Mas a senhora*
> *podia levar a tainha!*
> — *Ah, mas eu gosto tanto de bagre!*
> — *Ah, mas se a patroa visse a tainha*
> — *É grande, é grande?*
> — *É de quatro palmos e uma terça, fora o rabo e a cabeça*
> — *Ih! Deve ser gostosa! Quero sim! Quero em posta!*
> — *Quer o rabo ou a cabeça?*
> — *Não, eu quero a posta do centro, rápido!*

Mas essa não era ainda das mais pornôs. Uma das mais pesadas cançonetas gravadas no início do século passado (para variar, por Bahiano) foi sem dúvida *Rua Pau Ferro* (1910). Mesmo hoje, com esse título, ninguém poderia duvidar das intenções de seu conteúdo: "Por que é que em São Cristóvão/ Pensando assim não erro/ Tem uma rua que aprovam/ Chamada rua Pau Ferro?/ Ou bem que o pau é pau/ Ou bem que o pau é ferro/ Se é ferro não é pau/ Se é pau não é de ferro/ Ontem por lá passando/ Deparei com um morenão/ Que andava ali passeando." E mais uma vez, se dava a parte falada em que simulava o encontro do cara com a mulher. "Parece que não desagradou a senhora a mim, não?", dizia o cara. "Não, o senhor também me agradou bastante!", respondia a sua presa. Em seguida vinha um convite de "quer casar-se comigo". Ela aceitava, mas a sua condição era que antes do casamento rolasse o que vocês podem imaginar, e antes que dissesse o que queria de fato da sujeita, voltava ao refrão pra falar do "Pau Ferro". Sutil, não?

A lista de cançonetas safadinhas é interminável. Só pelos títulos já se vê que boa coisa não é. *Vai entrando* (1903) é outra que fez sucesso com Bahiano: "Vai entrando (ai!), vai entrando (ai!), vai entrando sem receio/ nesta porta de rodeio." Suas pausas estratégicas e sua entonação ainda a tornava mais divertida. Ao final desta cançoneta, ele diz: "E eu fui entrando aí, já sabe..." Esse "aí já sabe" é engraçadíssimo, bem como seu desfecho: "Depois que entrei, saí e fui embora pra casa!", cujo sentido você também pode imaginar qual era...

Em *Escorregadela* (1910), o mote era sem dúvida nenhuma a vontade de realizar um coito completo, e que a mocinha se esquecesse da virgindade e caísse em seus encantos. "Falando com uma devota/ A tocar com ele o badalo/ Não queria ir à torre da igreja/ Mas ele tanto pediu, suplicou/ E ela foi e quando chegou lá/ Escorregou, escorregou, da cantada não fugiu/ Escorregou..." E dá-lhe Bahiano, que também gravou *Pelo buraco*, uma cançoneta de influência mais francesa do que nunca, em que um sujeito descobre que pelo buraquinho de sua fechadura enxerga o outro quarto, onde já se imagina o que estava a acontecer. Fez sucesso, pois mereceu duas gravações neste período ainda incipiente de nossa indústria fonográfica: de Bahiano e de Eduardo das Neves.

Este gênero era tão apreciado naquela época que até mesmo Francisco Alves, no início de sua carreira, em 1928, se aventurou por ele gravando a inenarrável *Lulu acende a luz* (J. Francisco de Freitas/ Luiz Iglesias), contando suas desventuras com uma mulher com quem se casou e que, para seu desencanto, acabou ficando grávida de um bebê pretinho. Diga-se de passagem, politicamente incorreta até a medula para os dias de hoje: "A minha mulherzinha era inocente/ Foi noiva antes de mim de um preto autêntico/ E quando soube disso, francamente, que graça achei naquele gosto excêntrico/ Casamo-nos à noite, cor-de-rosa/ A luz eu apaguei do nosso ninho/ E minha mulherzinha assim nervosa pediu-me a soluçar devagarinho/ — Lulu, acende a luz, acende a luz, biju/ Acende, credo, cruz!/ Não quero esse brinquedo/ Que escuridão, Jesus! Lulu, eu tenho medo, acende a luz!/ Ao fim de nove meses, Deus me dava o bem de ser papá e um bebezinho/ Mas antes a novidade me aguardava/ O meu pimpolho, oh! céus! era negrinho/ Chorei, gritei, mas vi que era só minha a culpa do desastre acontecido/ Pois minha mulherzinha havia fartamente prevenido." Não é uma maravilha?

Outro grande nome da era do rádio a se aventurar pelas cançonetas foi Carmen Miranda, que gravou duas delas em 1930. *Tenho um novo namorado* (Desmond Gerald) era uma jujuba deliciosa e bastante ousada para a época, ainda mais se considerarmos que era cantada por uma mulher: "Eu tenho um novo namorado/ Moço sério e mesmo de juízo/ Não é bonito nem inteligente/ Nem do tipo a trazer-me prejuízo/ No baile ou na festa familiar/ O coitado (imagina!) não gosta de dançar/ (...) Mas na varanda, sem a luz acesa/ Ai meu Deus, amiguinha, que surpresa!" Isso dito com sapequice de Carmen chegava a níveis de graça e ousadia poucas vezes vistos nesta fase da MPB.

José Ramos Tinhorão ensina que as cançonetas realmente traçavam pequenas charges do cotidiano. "Na fotografia, você pode ter muitas pistas daquela época, mas certas coisas você só vai achar nas cançonetas que descreviam verdadeiras cenas cotidianas do Rio de Janeiro daquele tempo", relata ele, afirmando que, apesar da influência francesa, nossos compositores conseguiram lhes dar um formato bem brasileiro. Muitas dessas cançonetas vinham dos espetáculos dos teatros de revista encenados no centro do Rio, principalmente da praça Tiradentes. "Quem freqüentava esses espetáculos era a classe média da época, que não era propriamente intelectualizada. Era formada por pequenos comerciantes, funcionários públicos, gente que tinha algum dinheiro, pois o povão mesmo nunca freqüentou teatro. Era uma gente que em casa rezava aquela moral muito séria, mas que gostava muito de sacanagem e ia ao teatro à procura de uma perna de mulher, de uma dança mais provocante", analisa. Era esse mesmo público que repudiava o maxixe em casa, mas ia ao teatro ver seus dançarinos e dançarinas.

Tinhorão atenta ainda para o fato de que as pernas das mulheres nem eram exibidas ao natural: eram cobertas por meias (!!) e mesmo assim causavam *frisson*. "Se um cara vinha de uma cidade pequena, do interior, para o Rio, era obrigatório passar pelo Teatro de Revista. Era uma grande atração, mais do que qualquer ponto turístico", conta.

Realmente as pessoas estavam ávidas por sacanagem. Estavam ou estão? Talvez sempre tenham estado, embora muita gente queira tapar o sol com a peneira e dar ao sexo e seus desdobramentos um papel menor, transformando-o num modismo do século XXI. Ora, como se pode ver, isso sempre mexeu com as pessoas. A repressão é que sempre foi muito forte.

Os temas das canções mais humorísticas do início do século eram vastíssimos, mas sempre com putaria no meio. E não apenas nas cançonetas, mas em outros gêneros. A vontade de fazer sexo convivia com a repressão sexual, e se manifestava de forma flagrante na libido dos compositores no único período do ano em que se permitia uma irreverência maior de comportamento: o Carnaval. Maxixes, lundus, polcas, cateretês e outros ritmos eram tocados nessa época até que, entre os anos 30 e 50, a marchinha e os sambas tornaram-se os carimbos oficiais da folia — com, um irresistível duplo sentido sexual especialmente nas marchas. Era um tempo em que se fantasiar valia a pena, pois possuía um sentido mais amplo: escondendo-se por trás de uma máscara era possível ter uma liberdade que, de cara lavada, seria inviável. E as músicas acompanhavam essa liberdade "oficial"...

"Pepita levanta a perna/ Não sejas tão acanhada/ Já que és filha de Granada/ Pepita levanta a perna/ Aqui na nossa Caverna/ Tudo é galhofa e risada/ (...) Que tem? As outras não fazem?/ Que custa fazeres tu!/ Mostra-nos teu seio nu/ (...) Que mil desejos te abrasem/ Já que és do baile do bijou/ Que tem? As outras não fazem?/ Que custa fazeres tu?"[1] Isto bem que podia ser uma letra de marchinha, mas era apenas um pufe sem nome do Clube Tenentes do Diabo, feito para divulgar o Carnaval de 1897. Este clube era especialista em desfiles de carros alegóricos (chamados "desfiles das Grandes Sociedades"), o ponto alto do Carnaval carioca.[2] Os pufes eram notas colocadas em jornais para anunciar e divulgar de um modo pitoresco os bailes de Carnaval dos clubes, que tinham o mesmo peso das escolas de samba atuais. Eles funcionavam como clubes sociais no resto do ano, mas durante o Carnaval e nos meses que o antecediam promoviam bailes freqüentados por artistas em geral e homens mais assanhadinhos. Logicamente as mocinhas de família não podiam passar nem por suas calçadas.

Como se vê pelo teor do tal pufe, os foliões daquele tempo queriam ir em busca do tempo perdido e estavam com sua taxa hormonal bastante alterada. E pouco mais de 20 anos depois, essa taxa continuava bastante alta. Na marcha *Eu só quero é beliscá*, de Eduardo Souto, gravada por Bahiano em 1922, o tema era a "bolinagem": "Ó sá dona, não se zangue/ Vancê pode assossegá/ Eu não vim fazê barúiu/ (...) Com lincença de Sinhá/ Ai, ai, ai, eu só quero é beliscá!" Três anos depois, o mesmo autor emplacou outro cateretê ambíguo, *Eu quero é conhecer*, desta vez interpretado por uma de nossas primeiras cantoras, Zaíra de Oliveira, mas em dupla com... quem mais senão Bahiano? O cantor diz que quer porque quer "conhecer" a fruta madura de sua Sinhazinha: "Quando a fruta está madura/ Muita gente quer comer/ Eu não sou tão caradura/ Eu só quero é conhecer!/ (...) Ai, Sinhazinha/ Não precisas esconder/ Eu só quero é conhecer!/ (...) Eu não quero fazer nada/ Eu só quero é conhecer!" E para que ninguém tivesse dúvidas sobre o que ele queria conhecer, vinha a última estrofe: "Minha noiva tem defeito/ E não quis nunca dizer/ Eu não ando satisfeito/ Eu só quero é conhecer!"

O mote do pecado original — recorrente na história de nossa música carnavalesca — tem início com *Pai Adão*, em 1924, do mesmo Eduardo Souto, que também foi gravada pela Orquestra de Eduardo Souto e depois (claro!) por Bahiano. Vale dizer que esta pioneira tem uma das abordagens mais progressistas (e safadas) em relação ao tema. Fala do "Pai Adão", que em sua inocência "comeu a maçã que não devia", e pôs a culpa "na pobre serpente": "Gozar, gozar/ Gozar, gozar até cansar/ Ai como é bom viver/ Só a cantar/ E como Adão pecar/ Pecar, pecar/ Gozar, gozar até cansar.../ Não vale a pena/ A vida maldizer/ Quem tem/ Tão pouco tempo/ De prazer, prazer." Nada como o Carnaval para relaxar um pouco e desabafar algumas verdades...

Em 1925, Marechal Fontoura, provavelmente um tarado mal comido, era o chefe de polícia no Rio. Rigorosíssimo, teve a infeliz idéia de restringir a "bolinagem" no Carnaval com rigores policiais. Censurou músicas e proibiu o uso de espanadores e máscaras entre os foliões[3] ("espanadores" é demais, não acham?). Também não era permitido o tráfego de caminhões no corso. Na avenida Rio Branco, chegou a ser determinado até mesmo o uso de mão e contramão dos pedestres, que tal? A medida visava acabar com os encontrões e desarmar os "bolinas" que assolavam a cidade. Resultado? Marchinha à vista. Foi *Eu vi, Lili* (José Francisco de Freitas), gravada por Pedro Celestino em 25, sucesso do Carnaval de 1926: "Eu vi, eu vi/ Você bolinar Lili/ Lili, quando beliscava assim/ Ela nervosa enfim/ Ficou ao ver-me ali.../ (...) Quando ele pisca, pisca/ A zinha pega a isca/ Quando no escuro escutava/ Sua risadinha/ Toda gente assim cantava."

O Carnaval de 1929 foi embalado pelo samba *Jura*, de Sinhô, gravado por Mário Reis e por nossa pioneira cantora de sucesso, Aracy Côrtes. A letra até hoje gera polêmica por causa de uma passagem. Há uma metáfora curiosa. Vejam se vocês descobrem...

Daí então, dar-te eu irei
O beijo puro na catedral do amor
Dos sonhos meus
Bem junto aos teus
Para fugirmos das aflições da dor

Catedral do amor??? Será a boca da amada ou algo mais embaixo? Bem, isso fica a critério da maldade de vocês. Mas, considerando o teor de nossas canções carnavalescas dessa época, não seria de se espantar se a catedral fosse mesmo o corpo cavernoso da mulher...

Assim como as cançonetas nas primeiras duas décadas do século XX, as marchinhas realizariam a crônica de costumes do Brasil dessa época. Ninguém escapava ao olhar arguto dos compositores e letristas carnavalescos. Dos políticos aos cidadãos comuns, fossem ricos ou pobres, santinhos ou liberados, além das polêmicas egressas dos próprios noticiários daquele tempo. Era um período em que se podia criticar tudo e todos sem tanto patrulhamento, pois no Carnaval valia tudo — ou quase tudo. Claro que alguns compositores sofreram censura, mas a maior de todas — a do politicamente correto — ainda não havia sido inventada. Por isso vamos achar diversas músicas racistas, machistas e tendenciosas. E ao mesmo tempo muita malícia, tesão e despretensão raros nas músicas chamadas de "meio de ano". E isso era tão forte que praticamente todos os artistas entre os anos 30 e 60 tinham o hábito de gravar músicas especialmente para o Carnaval — revezando-se entre o samba, a marchinha animada e a marcha-rancho.

"A canção carnavalesca, por ser mais alegre e solta, por natureza permitia entrar mais nesse campo do sexo, da brincadeira, da coisa gostosa", testemunha o craque João Roberto Kelly. "Eu nunca tive preocupação com sexo em relação às minhas músicas, tudo surgia naturalmente. Hoje em dia a música de meio de ano é muito mais sensual do que a de antigamente. Se ouvirmos hoje canções modernas, como as de uma Ana Carolina, a gente já vê a descrição de verdadeiras cenas de sexo... O funk, então, é declarado, com palavras até obscenas. Mas não sou contra, tudo tem sua época! E venho de um tempo em que isso era muito travado, hoje a abertura felizmente é muito maior."

Com o surgimento de João de Barro (o Braguinha) e de Lamartine Babo — os grandes fixadores da marchinha de Carnaval em nosso cancioneiro —, o Brasil ganhava muito em beleza no Carnaval. Os dois exaltaram inúmeras vezes as mulheres em suas letras. Uma das primeiras dessa leva foi feita por Lamartine, que ajeitou uma canção ouvida por ele em Pernambuco, dos Irmãos Valença, e criou a imortal *Teu cabelo não nega*, dizendo que como a cor da mulata "não pegava", ele podia fornicar com ela à vontade durante o Carnaval. Racista? Não para 1932. No ano seguinte, criou outra musa, a *Linda morena*, aquela cujo olhar brilhava mais que a lua cheia. Inspirada nesta última, em 34, Braguinha criou a *Linda lourinha*: "Loura boneca/ Que vens de outra terra/ Que vens da

Inglaterra/ Que vens de Paris/ Quero-te dar/ O meu amor mais quente/ Do que o sol ardente/ Deste meu país."

Note que falar em "dar-te o meu amor mais quente" e em "sol ardente" em pleno Carnaval tinha significados mais libidinosos — tesão mesmo —, mas nos anos 30 este era o nível de testosterona viável e liberado aos compositores para tocar no rádio, já que as cançonetas de antanho ficavam mais restritas ao disco e ao teatro de revista. Com raras exceções, Braguinha primava mesmo pela sutileza. Mas o tempo foi passando e outros autores se aventuraram pela seara carnavalesca, e nem sempre eram tão sutis. Caso de Donga e Eduardinho que, em 1935, compuseram *Bicho-papão*, gravada por Jaime Brito: "Segura esta pequena/ Formidável, colossal/ Não tem medo do bicho/ Nos dias do Carnaval/ Eu não digo nada/ Com vontade de dizer/ Abre a boca e fecha os olhos/ Que o papão vai te comer!!!" Opa!

Depois veio o Carnaval em que Jararaca lançou o megaclássico *Mamãe eu quero*, dele com Vicente Paiva. Convenhamos, em 1937, colocar "mamar" numa música carnavalesca boa coisa não podia querer dizer. E de fato, em meio às estrofes, o autor dizia o que ele realmente queria: "Eu olho as pequenas/ Mas daquele jeito/ Tenho muita pena/ Não ser criança de peito." Então tá, ele queria mesmo era mamar no peito das mulheres que via pela rua... Naquele tempo, realmente, certas coisas só podiam ser feitas muito às escondidas, depois do casamento ou... fantasiado!

Assim como o verbo "mamar" em *Mamãe eu quero*, botar "lança" e "rabo" na mesma marchinha também não era por ingenuidade, não é mesmo? Que o digam Haroldo Lobo e Milton de Oliveira — outra dupla craque dos carnavais — na marcha *Diabo sem rabo*, gravada por Patrício Teixeira em 1938: "Com a minha fantasia de diabo/ Quase me acabo/ Quase me acabo (...) Comprei lança, carapuça/ Comprei tudo, até o pé de pato e capa de veludo/ Mas que diabo! Puxa! Puxa! Que diabo/ Depois de tudo pronto/ Eu notei que falta o rabo (de diabo!)." Esta marchinha ficou ainda mais quente com o passar do tempo, já que ocorreu um fato comum no Carnaval: o da paródia superar a letra original (e algumas vezes ela era feita até mesmo pelo próprio autor original). Pois a letra de que muitos se lembram até hoje é assim:

Esse ano eu vou sair de diabo
Só falta o rabo! Só falta o rabo!
Já botei um anúncio no jornal
Procura-se um rabo
Pra brincar o Carnaval!

O Carnaval também era o momento de romper as estruturas sociais rígidas da época e desabafar, dizendo verdades que muitos não diriam durante o ano, como no cínico samba *Solteiro é melhor*, de Rubens Soares e Felisberto Silva, sucesso na folia de 1940 na voz de um cantor acima de qualquer suspeita, Francisco Alves.

A vida de casado é muito boa
Mas a vida de solteiro é melhor
Solteiro vai pra onde quer
Casado tem que levar a mulher
Mas comigo a coisa é diferente
Porque consigo ludibriar toda gente
(...) Sou casado e no entanto
Levo a vida de solteiro

O adultério, aliás, foi tema recorrente no Carnaval. É interessante analisar isso mais de 60 anos depois para derrubar as teses de que antigamente todo mundo era comportadinho, que só havia casamentos felizes e todos viviam harmoniosamente graças à monogamia. "Por causa da Helena/ Por causa da Aurora/ Até papai já chega em casa à uma hora/ Ai, ai Helena/ Ô ô Aurora/ Até minha mulher/ Já telefona/ Pro escritório toda hora", dizia a marchinha *Até papai*, de Arlindo Marques Jr., Roberto Roberti e Jorge Murad, gravada por Joel e Gaúcho em 41.

Outra cínica marchinha machista que versa sobre o mesmo tema é *Roberta* (Roberto Martins/ Mário Rossi/ Roberto Roberti), do Carnaval de 1943, defendida pelos Anjos do Inferno: "Alô alô Roberta/ Perdi a chave, deixa a porta aberta/ Não vá fazer como da vez passada/ Telefonei e não valeu de nada/ Eu hoje vou chegar cansado do serão/ Guarda pra mim/ Uns pastéis de camarão!"

Marlene e os Vocalistas Tropicais gravaram a hilariante marchinha *Coitadinho do papai*, de Henrique de Almeida e M. Garcez, em 1947. O tema? O mesmo de sempre...: "Mamãe quer saber/ Onde é que o velho vai/ Pode até chover/ Que toda noite o velho sai/ Papai diz que vai/ Lá pra companhia/ Diz que tem reunião/ De diretoria/ Mamãe desconfia/ Mas não sabe onde ele vai/ Se um dia ela descobre/ Coitadinho do papai!"

Coitadinhas, sim, das esposas daquele tempo. Tudo para eles, nada para elas! Mas nem tudo era a elegia do adultério. O Carnaval foi inigualável no quesito duplo sentido sexual por pelo menos quarenta anos. Grande sucesso dos Anjos do Inferno, a marchinha *Nós os carecas* (Arlindo Marques Jr./ Roberto Roberti) foi sucesso espontâneo desde seu lançamento na folia de 1942, comparando a careca de cima com a de baixo dos rapazes...

Nós, nós os carecas
Com as mulheres somos maiorais
Pois na hora do aperto
É dos carecas que elas gostam mais
Não precisa ter vergonha
Pode tirar o seu chapéu
Pra que cabelo?
Pra que, Seu Queiroz?
Se agora a coisa está pra nós

O bloco que vem agora é de matar. Realmente os autores nessa época eram bastante inteligentes para fazer passar suas mensagens enfrentando a liga da "moral e dos bons costumes" da censura que havia mesmo em épocas que não eram de ditadura militar. Linda Batista, Virgínia Lane e Dircinha Batista lançaram respectivamente *Ruas do Japão* (Haroldo Lobo/ Christóvão de Alencar), *Marcha da pipoca* (Luiz Bandeira/ Arsênio de Carvalho) e *Mamãe eu levei bomba* (Jota Júnior/ Oldemar Magalhães) — três sacanagens de primeira qualidade, com letras geniais, sem apelar para o baixo nível. Como diria o craque Klecius Caldas, autor de diversas pérolas carnavalescas, "se você botasse palavras como língua e mulher na mesma música, é porque ali tinha coisa. O duplo sentido era valorizado nesse tempo. Quando o duplo sentido acabou, perdeu a graça", afirmava. Que tal falar das "xavascas" das japonesas numa letra de músicas sem ser censurado?

Nas ruas do Japão
Não há mão nem contramão — chi!
Lanterna de papel é lampião — chi!
Suicídio lá se chama harakiri — chi!
Aquilo é um verdadeiro abacaxi
(...) E por isso todos dizem
Na terra do Micado
Tudo, tudo, tudo, tudo é atravessado!

Se Linda Batista descia até o órgão genital feminino *made in Japan* em 1944, Virgínia preferia falar do masculino 11 anos depois, mais exatamente da pi...

Empurra, empurra, empurra a carrocinha
Avança minha gente
Que a pipoca tá quentinha
Enquanto eu grito "pi", você responde "poca"
Pipoca, pipoca, pipoca no saquinho
Eu vou pra toda parte levando a carrocinha
Mas quem vai querer: "Tem doce e salgadinha!"

Finalmente Dircinha Batista falava que "tinha levado bomba" em 58. Nos estudos, é claro!

Mamãe eu levei bomba, pela primeira vez!
Filhinha, filhinha, filhinha queridinha!
Foi francês? Foi português?
Nem sei, mamãe, nem sei...
A prova foi tão dura, mamãe, que eu naufraguei!
Agora, não adianta chorar
O remédio é estudar!

Algumas, no entanto, não tiveram a mesma sorte com a censura. A marchinha *Eu quero é rosetar* (Haroldo Lobo/ Milton de Oliveira), lançada pelo Caricaturista do Samba Jorge Veiga, hoje parece absolutamente inofensiva, porém um vago duplo sentido neste caso bastou para que suas bolachas fossem recolhidas das lojas em pleno governo Dutra, o que não impediu que fosse furiosamente cantada pelos foliões do Carnaval de 1947: "Por um carinho seu minha cabrocha/ Eu vou a pé ao Irajá/ Que me importa que a mula manque/ Eu quero é rosetar/ Faço qualquer negócio/ Com você cabrocha." Rosetar era um verbo forte para a época, acredita?

No ano seguinte, ocorreu fenômeno semelhante com outra marchinha de Haroldo Lobo (desta vez com Benedito Lacerda), gravada por Aracy de Almeida. A marcha? *Comprei um Buda*. Coitado do mestre do saber oriental; ele não poderia imaginar que seu nome na língua portuguesa seria tão parecido com uma parte avantajada de nossa anatomia e os brasileiros não iriam perdoá-lo. Ele não escapou dos nossos safados compositores carnavalescos: "Comprei um Buda pra ver se dava sorte/ Não é que agora minha vida melhorou?/ (...) Se eu vou pro pif-paf/ Eu passo a mão no Buda/ Se eu vou para as corridas/ No Buda eu passo a mão/ Já vi que o Buda é forte..." Pode? Este disco é uma verdadeira raridade fonográfica, pois foi logo recolhido e talvez nem tenha chegado às lojas, o que não quer dizer que os foliões não tenham incorporado a marchinha ao seu repertório carnavalesco.

O ano de 48 foi polêmico. E Jorge Veiga mais uma vez estava nas paradas com uma marchinha que abusava do duplo sentido: *O que é que há (com a sua baratinha?)*, em que João de Barro, o Braguinha, por ter pego um pouco mais pesado que o habitual em seus versos, tratou de assinar com pseudônimo de Furnarius Rufus (nome científico do pássaro joão-de-barro). O duplo sentido era com um automóvel em voga na época, a baratinha. Que gracinha! "O que é que há com a tua baratinha/ Que não quer funcionar?/ Bota esse motor em movimento, filhinha!/ E vamos passear." E o itinerário era dos melhores: uma verdadeira "estrada do pecado": "Visitaremos primeiro a Tijuca/ Visitaremos depois o Leblon/ Vais ver que coisa maluca/ Vais ver que passeio tão bom."

Braguinha fez algumas músicas falando do Leblon, do Joá, da Ilha de Paquetá, bairros mais discretos do Rio antigo, onde era possível namorar ou pular a cerca sem tantos olhares curiosos. Vale dizer que estávamos numa época em que não existia motel. Daí tantas marchinhas aproveitarem o Carnaval para comentar da malandragem dos homens de levar as mulheres para bairros longínquos de então a fim de "fornicarem" à vontade. É o caso de um dos grandes sucessos carnavalescos da "Eterna Favorita da Marinha", Emilinha Borba·

Menina, vai, com jeito vai!
Se não um dia a casa cai!
Se alguém te convidar
Pra tomar banho em Paquetá
Pra piquenique na Barra da Tijuca
Ou pra fazer um programa no Joá...

Vai com jeito, de Braguinha, se tornou a marchinha mais cantada pelos foliões em 1957. Nada mais justo, porque era uma bela crônica de uma época em que uma "moça de família" aceitar um convite para ir a certos locais do Rio de Janeiro significava que seu pretendente não estava lá com "boas intenções", e a "casa", ou seja, a virgindade da sujeita, poderia ir para o espaço. Era um tempo que fazer sexo ou arranjar um local para ficar a sós, namorando, era um tabu dos maiores. Donga e Noel Rosa já haviam reparado nisso no samba carnavalesco que compuseram em 1936, *Este meio não serve...*: "É feio, é feio/ Menina de família/ Andar metida em certo meio/ As sobrinhas do almirante/ Já saíram do Sion/ Vão tomar vinho Chianti/ Lá pras bandas do Leblon." Ui!

Aliás, antes mesmo de Donga e Noel, o mesmo Braguinha (com Alberto Ribeiro) já havia tido êxito no Carnaval de 1935 com a marcha *Deixa a lua sossegada*, gravada por Almirante, com versos que faziam alusão ao que poderíamos chamar do pioneiro motel do Rio de Janeiro: "Se não houvesse lua, eu asseguro/ O mundo no escuro/ Seria muito bom/ Um beijo começava em Realengo/ Esquentava no Flamengo/ E acabava no Leblon." Quem morava no Rio sabia que a referência ao Leblon poderia ser ao bairro — que por ser pouco habitado era um dos preferidos dos homens que quisessem sair do patrulhamento dos vizinhos, de suas mulheres ou dos pais de suas namoradas —, ou também ao "Hotel Leblon", um pioneiríssimo motel disfarçado de hotel que ficava no final do Leblon, em direção a São Conrado, na avenida Niemeyer, local ainda desértico nos anos 30 e, portanto, discretíssimo, como convinha naquele tempo.

Outro local carioca sinônimo de libertino era o Joá — antiga ligação da zona sul com a zona oeste carioca. Ele também virou tema de samba-canção em 1955 na linda voz de Ângela Maria: "Joá, que lugar fascinante pra gente amar/ Joá, eu recordo ainda a noite tão linda que estive por lá." Hummm... que noite! Também foi tema do fascinante e sensualíssimo choro *Doce melodia* (Abel Ferreira/ Luiz Antônio), gravado pela imbatível Ademilde Fonseca em 1952, que dizia: "Fiu-furiu-fiu/ A buzina tocou e eu corri para ver o portão/ Fiu-furiu-fiu/ Cadilac encostou mesmo na contramão/ Eu entrei só pra ver, porque o rapaz insistiu/ Lá na esquina da rua o carro sumiu/ Fui até ao Joá que é tão bom/ E amei ao luar na areia do Leblon/ Quando às quatro eu voltei/ O leiteiro me olhou/ E sorriu sem querer." Uuuu-hu!!! Dá-lhe Ademilde!

Em tempos de tamanha liberdade, parece até ficção lembrar que o motel só apareceu por aqui para valer em meados dos anos 70 (quando surgiu também o drive in). Antes disso, era preciso imaginação e correr muito risco para garantir uma mão boba aqui e ali e uns beijos mais ardentes. Os primeiros motéis guardam histórias hilárias para quem os freqüentou. No Rio, um dos primeiros chamava-se Bar Garoto. Ficava numa Barra da Tijuca ainda semideserta. O salão principal era algo parecido com um bar. Para se conseguir um quarto, colocava-se uma bebida sobre uma mesa, jogava-se uma conversa fora com o garçom e este, sutilmente, punha a chave em cima da mesa. O casal ia então até um quarto tosco nos fundos do estabelecimento e fazia tudo ali, meio sem jeito, morrendo de medo de que a polícia aparecesse. Os homens mais ricos mantinham, até então, garçonières próprias ou quartos alugados em casas de viúvas ou de mulheres desquitadas, locais acima de qualquer suspeita com a única finalidade de fazer um sexo em paz, com suas namoradas ou amantes.

Mas a verdade é que até a década de 70, como já foi dito, o cinema e o carro eram os locais de intimidade preferidos pelos amantes. Tal tema só ficou escancarado depois da abertura política, quando os usos e costumes estavam em franco estágio de mudança, como se pode ver no gaiato rock de Rita Lee e Roberto de Carvalho, censurado um ano antes e finalmente liberado em 1979 para todo mundo cantar: "Papai me empresta o carro/ Tô precisando dele pra levar minha garota ao cinema/ Papai não crie problema/ (...) Não tenho grana pra pagar um 'hotel'/ Não sou do tipo que freqüenta bordel/ Você precisa me quebrar esse galho/ Então, qual é a sua? Eu só quero sarro/ Meia hora no seu carro com meu bem."

"Eu sabia que nos Estados Unidos tinha motel, mas aqui não tinha, era hotel mesmo. Então tínhamos que namorar no carro com risco de a polícia dar em cima. Íamos para a praia do Arpoador e ficávamos com os carros embicados pro horizonte, fazendo 'corrida de submarino'. A gente não tinha aonde levar a namorada para ficar à vontade. Tinha que se virar na escada do edifício, fazer alguma coisa em pé, na grama, no mato... onde desse. Depois dos anos 70 é que as coisas foram melhorando", testemunha Erasmo Carlos.

Mas enquanto o motel não era uma realidade, o Carnaval continuava um oásis de liberdade em meio à repressão sexual do ano inteiro, o momento possível de se fazer um upgrade na libido. O tempo ia passando, e nos anos 60, como sempre, o calor dos salões, além de lançar ótimas canções, também propiciava deliciosas paródias dessas mesmas músicas, com palavras ambíguas. É o caso do sucesso *Pó de mico* (Dora Lopes/ Renato Araújo/ Arildo de Souza), de Emilinha Borba, no Carnaval de 63.

Foi ele, foi ele sim
Foi ele que "jogou"
O "pó" em mim!

O "pó" facilmente vira outra coisa da mesma forma que a "pipoca" da velha marchinha de Virgínia Lane. Emilinha lembra que isso era uma constante entre os foliões. "O folião sempre dá um jeito de botar sacanagem no meio da música, mas não fico chateada. O importante é que eles lembrem sempre das minhas músicas", contou a rainha dos carnavais em 2005, pouco antes de falecer. Sendo assim, "Se a canoa não virar", virava "Se essa porra não virar, olê olê olá (breque "Filha-da-puta")/Eu chego lá". A continuação então mudou totalmente. Ao invés de "Rema-rema-rema-remador/ Quero ver depressa o meu amor/ Se eu chegar depois do sol raiar/ Ela bota outro em meu lugar" virou "Vou botar no c... do trocador/ E se o trocador for vigarista/ Vou botar no c... do motorista". Que beleza, mas é assim que a *Marcha do remador* (Antonio Almeida/ Oldemar Magalhães) sobreviveu a mais de quarenta carnavais.

Outras paródias, segundo Emilinha, foram feitas na época, mas não sobreviveram. Caso de *Com jeito vai*: "Menina vai, com dedo vai..." ou "Se não um dia a calça cai". Já a *Marcha do pintinho* (Hilton Simões/ Alventino Cavalcante/ Tex), do Carnaval de 1961, tinha uma rima que não dava para resistir: "O meu pintinho fez piu piu piu piu/ Dentro da casca deu trabalho mas saiu." "Aí, o pessoal cantava 'Pinto que não pia vai pra p...'", ria, a sempre bem-humorada Emilinha.

Às vezes a música era gravada para o Carnaval, mas tinha mais êxito no teatro de revista. Ou vice-versa: tinha êxito no teatro de revista e depois era levada ao disco. Nossa musa maior, dona das "pernas mais bonitas do Brasil", a vedete Virgínia Lane, chegou ao disco no início dos anos 50 e surpreendeu com sua voz afinada e agradável, entoando as mais safadas canções, como a tal *Marcha da pipoca* e outras maravilhas comestíveis, como *Banana*, de Luiz Antônio, Jota Júnior e Paulo Gesta, marchinha gravada em 1951: "Banana não tem/ Caroço não tem/ E passa em qualquer pescoço, meu bem/ Além de outras coisas mais/ Uma banana só já satisfaz." Ui!

Virgínia era daquelas mulheres censuradas por estar à frente de seu tempo. Seu casamento com um advogado de renome foi tão patrulhado pela sogra, que eles acabaram se separando. Ser vedete nessa época (como, aliás, qualquer mulher liberada) era sinônimo de puta. Pois ela não estava nem aí e abusava do duplo sentido, como na pérola *Lá vem a cobra grande,* gravada em 52, de um inacreditavelmente picante João de Barro em parceria com Antonio Almeida: "Quem tiver mulher bonita/ Fecha a porta com a tramela/ Se não vem a cobra grande/ E sapeca o dente nela." Se Carmen Miranda estivesse por aqui nessa época, não resistiria a uma marchinha safada como essa.

Ainda no Carnaval de 52, Virgínia gravou seu maior sucesso como cantora, *Saçaricando* (Luiz Antonio/ Oldemar Magalhães/ Zé Mario), que falava do "assombro" que eram os velhos na porta da Confeitaria Colombo azarando as garotinhas na rua Gonçalves Dias, no Centro do Rio. A marchinha acabou dando nome a uma revista de sucesso, de Walter Pinto, estrelada pela mesma Virgínia, tamanho foi seu êxito. "Essa revista ia se chamar *Jabaculê de penacho*, pois era uma crítica aos políticos que metiam a mão no dinheiro do povo já naquela época. Com o sucesso da música, Walter Pinto mudou para *Eu quero saçaricar*", conta Jota Júnior, que assinou esta música com o pseudônimo de Zé Mario, por pertencer à época a uma sociedade arrecadadora de direitos autorais diferente da de seus parceiros: "Quem não tem seu saçarico/ Saçarica mesmo só/ Porque sem saçaricar/ Essa vida é um nó."

Convenhamos, "saçaricar" era um verbo bem carnavalesco. Dado a vários sentidos. Não foi à toa que estourou. Finalmente, outra música que enfiava "quiabo", "baba" e "rabo" no mesmo balaio só podia mesmo sugerir sacanagem. *Baba de quiabo* (Arsênio de Carvalho/ Virgínia Lane), de 57, dizia o seguinte: "É baba, é baba, é baba de quiabo/ Eu sei que não agüentas a caçamba pelo cabo/ Eu sei que não agüentas nem um gato pelo rabo..." Klecius Caldas tinha toda razão quando disse pouco antes de morrer, em 2003, que o duplo sentido estava fazendo falta à MPB. Realmente, as mensagens cifradas eram muito mais instigantes, e esse cancioneiro de duplo sentido — especialmente o carnavalesco —, de um cinismo muito engraçado.

Fora do Carnaval, como já vimos, falar de temas mais picantes com duplo sentido era complicado. Contudo, aos poucos outros gêneros aderiram à malícia. É o caso do baião e seus derivativos. Mesmo antes de Luiz Gonzaga estilizar o ritmo em 1946, ele já fazia uma espécie de choro nordestino que batizou de chamego. E esse *Chamego* virou também uma de suas músicas em parceria com Miguel Lima, lançado numa interpretação sugestiva, recheada de malícia por Carmen Costa em duo com o próprio Gonzaga — que até então era contratado da RCA Victor para gravar apenas como sanfoneiro em números instrumentais. Pois bem, esta música já denunciava que "todo mundo quer saber o que é o chamego": "O chamego dá prazer, o chamego faz sofrer/ O chamego às vezes dói, às vezes não/ O chamego às vezes rói o coração/ (...) Quem não sabe o que é chamego pede pra vovó/ Que já tem 70 anos e ainda quer xodó/ E reclama noite e dia por viver tão só."

E o que era o chamego, caramba, senão sexo? Mas em abril de 1944, em plena ditadura do Estado Novo, era o máximo que se podia dizer. Em 1950, depois de estourar vários baiões com Humberto Teixeira, ele trocou de parceiro, pois este foi dedicar-se à política. Com Zé Dantas, Gonzaga emplacou nas paradas uma série de músicas maliciosas. A primeira delas saiu logo no primeiro ano da parceria e falava da sensualidade de uma morena que mexia demais com a cabeça do caboclo, quando dançavam juntos escutando o "resfolego" do fole do sanfoneiro, deixando-a molhada de suor. Quem não se lembra de *Vem morena*, tão regravada por mestres da MPB, como Alceu Valença, Fagner e Gilberto Gil...? "Esse teu fungado quente/ Bem no pé do meu pescoço/ Arrepia o corpo da gente/ Faz o véio ficar moço/ E o coração de repente/ Bota o sangue em *arvoroço*." Depois, a coisa esquentava mais ainda: "Esse teu suor "sargado"/ É gostoso e tem sabor/ Pois o teu corpo suado/ Com esse cheiro de fulô/ Tem um gosto temperado/ Dos tempero do amor." Êta, lasqueira!

Para 1950, até que não estava mal, considerando que era uma época de parcas canções sensuais, muito menos eróticas, e que o nordestino sempre foi mais conservador que o carioca (lembre-se que era do Rio que saía toda a produção nacional de sucesso num tempo em que todas as gravadoras e rádios importantes se localizavam na então Capital Federal). No mesmo ano, Gonzaga e Dantas falaram da "cintura fina, de pilão", de uma "pequena" que tinha o corpo feito pros "cochilos do amor". Em 54, foi a vez da deliciosa crônica de costumes da menina que enjoa da boneca e só pensa em namorar, narrando o desabrochar de uma adolescente. Este xote ganhou o Brasil inteiro na voz de Ivon Curi e, mais de 30 anos depois, voltou ao sucesso na voz de Marisa Monte.

Meia comprida, não quer mais sapato baixo
Vestido bem cintado, não quer mais vestir gibão...
De manhã cedo já tá pintada
Só vive suspirando, sonhando acordada
O pai leva ao doutô, a filha adoentada
Não come, nem estuda, não dorme nem quer nada
Ela só quer, só pensa em namorar!

Na verdade, é uma música que fala da descoberta — sempre desconcertante — do sexo na vida de uma adolescente. Nada mal.

Em agosto de 56, outro xote causou furor no salão: *O "Chêro" da Carolina* (Amorim Roxo/ Zé Dantas). Um forró em que todo mundo ficava "caidinho" pelo cheiro que a Carolina tinha. Até "gente que nunca dançou", naquele dia quis dançar só por causa do cheirinho dela. E o negócio assumiu uma proporção tão grande que chegaram o delegado e o xerife para saber a razão de tamanho rebuliço. A estreante Marinês não teve o nome no bolachão, mas era dela a voz feminina da "Carolina" no famoso diálogo da gravação original com o Rei do Baião. Este fazia a voz do "dono da casa" onde havia o forró, querendo tirar satisfações com a dona do cheirinho.

— Dona Carolina venha cá, o povo anda falando aí
que a senhorita tem um cheiro diferente, é verdade?
— Sei disso não, doutô, é invenção do povo!
— É invenção do povo?

— Então dá licença!
Hum... hum... hum... Carolina!
E no fim também cheirava... Carolina!

Pois é. Até mesmo o dono da casa foi fungar no cangote da Carolina. A criatividade dos nossos compositores era incrível. Essas músicas eram mesmo muito bem-feitas. Outra jóia do gênero era *Xote de Copacabana*, de 57, em que seu autor José Gomes — nome de batismo de Jackson do Pandeiro — narrava a (literal) excitação de um nordestino no Rio de Janeiro ao se deparar com a grande novidade do vestuário feminino: os biquínis das moças na praia de Copacabana: "As muié na areia se deita de todo jeito/ Que o coração do sujeito chega a mudar a pancada/ E muitas delas vestem um tal de biquíni/ Se o cara não se previne/ Dá uma confusão danada!"

Foi também em 1957 a estréia solo de Marinês (e sua gente) — que ganhou este sufixo do comunicador Chacrinha, chamando de "Sua gente" todo mundo que gostava dela. Seu primeiro disco de 78 rotações trazia na primeira face *Peba na pimenta* (João do Vale/ José Batista/ Avelino Rivera) e no lado B *Pisa na fulô* (João do Vale/ Ernesto Pires/ Silveira Jr.), dois clássicos instantâneos do cancioneiro nordestino (e de duplo sentido também). Esta última começava falando de um sujeito que ia dançar forró na rua da Argolada, em Pedreiras (MA), a rua de um "cabaré" famoso da cidade. Mais um motivo para a malícia: "Eu vi menina que nem tinha doze anos/ Agarrar seu par, também sair dançando/ Satisfeita, dizendo 'Meu amor, ai, como é gostoso pisar na fulô.'"

Ainda mais maliciosa é *Peba na pimenta* que, numa das cenas do documentário *Viva São João*, de Andrucha Waddington, de 2002, é apontada por Gilberto Gil como a primeira música de "sacanagem" que ouviu na vida, referindo-se ao lado A do bolachão de Marinês. A cantora não a considera, entretanto, uma música tão pesada. "Quando era pequena ouvia muita música romântica, como *Pombo correio*, e aquela que dizia 'Escreve-me/ Alivia a minha dor'. Quando comecei a cantar também gostava desse tipo de música, e tenho o romantismo na voz. Mas meu primeiro sucesso foi *Peba da pimenta*, e acabei seguindo essa linha. Não acho música de sacanagem, acho que é um duplo sentido inteligente, pois a pimenta arde mesmo (risos). Não é tão safada, é cultura", tenta definir a Rainha do Xaxado. Tirem suas próprias conclusões, eis a letra...

Seu Malaquias preparou cinco peba na pimenta
Só o povo de Campinas
Seu Malaquias convidou mais de quarenta
Entre todos os convidados
Pra comê peba também foi Maria Benta.

A "Benta" logo disse que se a pimenta ardesse não ia comer, mas o dono da festa argumentou que ela poderia comê-la "sem susto". Mas a pimenta "era da brava" e "danou-se pra arder":

Ai, ai, ai seu Malaquias!
Ai, ai você disse que não ardia!
Ai, ai, tá ardendo pra danar!
Ai, ai, tá me dando uma agonia!
Ai, ai, mas tá fazendo uma arrelia!

Para quem não sabe, no Nordeste peba é tatu. Aliás, teve muito tatu meio pornô na música brasileira. Gonzagão também lançou em 56 *Buraco de tatu* (Jadir Ambrósio/ Jair Silva), um xote sugestivo. "Não boto mão em buraco de tatu/ Pois é muito perigoso, é preciso ter cuidado." E o que dizer do *Forró do beliscão* (João do Vale/ Leôncio/ Ari Monteiro), esta delícia lançada por Ivon Curi em 1960? "Maria foi a um forró lá no grotão/ Começou a reclamar/ Que levou um beliscão/ Todo mundo: o que é isso, Maria?/ Por favor não faz barulho/ Que é que tem lhe beliscar?/ Beliscar não é pecado/ Diz o padre capelão/ Conforme seja o lugar/ E o tamanho do beliscão..."

Essa pérola também entraria mais tarde no repertório de Marinês, que seguiu pelos anos 60 na RCA Victor gravando várias músicas de duplo sentido como *Croché* (João do Vale/ Ernesto Pires), em 62. "Agora, as moça de Caculé/ Quando vai pro cinema/ Pode acreditar, eu mesmo vi/ Não foi ninguém que me contou/ Todas elas leva seu materiá/ Se o filme é ruim ou já sabe como é/ Ninguém cochila/ Ali mesmo faz croché." A música seguia dizendo que no dia que uma tal de Izabé se casou, teve em sua casa um arrasta-pé e à meia-noite, ao procurarem por ela, a pequena já estava "arrastando", "fazendo croché". Gostou? As metáforas para sacanagem realmente eram muito criativas. Pois no ano seguinte, 1963, foi a vez do lambuzado *Xote melubico* (João do Vale/ J. B. Aquino): "As meninas que dançaram apanharam/ Para o pai delas Pedro fez fuxico/ A mais novinha perguntava ao pai/ Se é pecado o xote melubico/ E só queria o xote melubico!/ E só dançava o xote melubico!/ E sua menina que nunca dançou/ Um xote desses, 'quieta é que eu não fico'/ Pediu à mãe, ela disse 'não'/ Mamãe deixe ou que não deixe/ Eu hoje melubico!"

Finalmente, em 65, foi a vez de *Maria Coisa* ser a faixa-título de seu LP anual. Era mais uma de autoria de João do Vale, desta vez com o parceiro Sebastião Rodrigues. Parecia tema de Dona Cacilda, aquela personagem vivida por Cláudia Gimenez na Escolinha do Professor Raimundo, de Chico Anysio, que "só pensava naquilo": "Me chamam Maria Coisa/ Porque dizem que só falo em coisa/ Essa vida meu senhor, é uma coisa/ Todo mundo vive/ É em função de uma coisa." Que coisa é essa, minha gente?!

A verdade é que na canção regional brasileira, especialmente a nordestina, sempre houve manifestações folclóricas com letras de duplo sentido. Que o diga a diva Maria Bethânia, que se recorda de ouvir na sua infância pérolas do gênero. "Nas músicas de São João, forrós em geral, me lembro de ouvir desde menina letras lindas, de Gonzaga e seus parceiros, e também letras medonhas e engraçadíssimas. Lembro-me, eu, menina, brincando e cantando uma estrofe que dizia: 'Tire a roupa na janela/ Que eu vendo a roupa sem a dona/ Penso na dona sem ela.' Isto era uma ciranda, uma cantiga de roda daquela época. O brasileiro é tesudo, é quente mesmo, não tem jeito... e isso vem de longe", diverte-se.

Essa tradição se manteve e chegou ao disco, especialmente nos baiões e eventuais sambas-de-roda. Mesmo na época da censura braba dos anos de chumbo, houve forrós maliciosos. Em 70, Jackson do Pandeiro e Ivon Curi engrossaram seu repertório malicioso gravando a aparentemente inofensiva *Procurando tu* (Antonio Barros/ J. Luna). Acontece que "tu" é uma palavra muito parecida com outra que você pode imaginar. Então a saga do cara que passou a noite inteira "procurando tu" ficou de fato muito engraçada com esta outra conotação. Como se tratava de um animado xote, não deu outra: sucesso pornô total. Mas o duplo sentido na música nordestina passou a dar de tudo — com duplo sentido! — para valer a partir do sucesso de *Severina Xique-Xique*, com Genival Lacerda, em 1975.

Quem não conhece Severina Xique-Xique
Que botou uma boutique para a vida melhorar
Pedro Caroço, filho de Zé Fagamela
Passa o dia na esquina fazendo aceno pra ela
Ele tá de olho é na boutique dela!

O sucesso desse xote começou no Programa Silvio Santos. Quem conta é o próprio Genival. "Sabe aquela história do palhaço de circo que conta uma piada, agrada e no outro dia repete para conquistar o público? Pois foi o que aconteceu comigo. Quando lancei *Severina Xique-Xique* no programa do Silvio, o sucesso foi tão grande que acabei repetindo a performance por cinco domingos seguidos. Isso chamou a atenção de todo mundo e logo eu estava nas TVs de São Paulo e do Rio cantando em tudo que era programa: Globo de Ouro, Chacrinha, Bolinha, Raul Gil. O povo endoidou", recorda ele, que no entanto sofreu muitas críticas dos puritanos sempre de plantão. "Muita gente me ofendeu. Diziam que eu era o culpado pela pornografia na música brasileira, que eu era pornográfico... Claro que fiz muita apelação, mas não para ofender o pudor público. Eu fiz, mas antes de mim mil já tinham feito, só que nunca repararam", afirma.

Genival não escapou de viver situações esdrúxulas por causa da pecha de pornográfico. "Uma vez cheguei à Bahia, quando *Severina* era sucesso total, e fui cantar num clube grã-fino de lá, quando o dono do estabelecimento chegou pra mim e disse: 'Sei que a sua música é sucesso, mas você não vai cantá-la aqui!' E eu disse: 'Tudo bem!'. No final do show, o povo começou a gritar: 'Severina, Severina.' Até a filha dele pedia a música (risos). Aí, ele me olhou e teve de ceder", conta, rindo. Outra vez, Genival estava numa cidade do Acre e a proibição foi ainda mais contundente. "Cheguei lá e o bispo da cidade mandou proibir que eu cantasse a *Severina*. E eu disse que não podia deixar de cantá-la, pois era meu maior sucesso. Só sei que chegou delegado, prefeito, dizendo: 'Não cante.' Aí eu insisti: 'Mas vá falar com o bispo que não falei palavrão na letra, que não tem nada de mais.' Sabe o que aconteceu? O bispo disse: 'Tudo bem que cante, mas não faça aqueles gestos, aquelas danças imorais", conta, às gargalhadas.

A partir daí, Genival construiu um repertório hilariante que teve outros sucessos, sempre acompanhados de uma dança característica inventada por ele, com direito a passos bastante maliciosos, bailando com a mão em cima de seu imenso barrigão, e caretas histriônicas muito engraçadas. Embora suas músicas e sua forma de interpretá-las fossem tidas como verdadeira pornografia para a época, verdade seja dita, hoje poderiam tocar até em quermesse de igreja, porque não tinham nada de mais. Eram pura molecagem.

Em 78, Genival gravou, entre outras pérolas, a história de *Rita Caxeado* (dele com Luiz Santa Fé), que era uma mulher sabida, "costurava pra fora" para ganhar a vida, inclusive "em noite de escuro, disso ela se orgulha/ Ela acerta com a linha no buraco da agulha". Pouco antes, também havia gravado *Dor de dente (Melô da bochecha)* (Ciço do Pará/ J. Cícero), em que contava as agruras por que passava com uma mulher teimosa que andava com dor dente, mas tinha medo de extraí-lo e havia cinco noites não deixava ninguém dormir. "Eu já mandei ela ir no dentista/ Mas ela disse que não vai/ Prefere ficar a noite inteira/ Nessa gemedeira, ai ai ai ai ai", e atacava o refrão: "Coitada! Coitada! Ela está com a bochecha inchada!" Bochecha?

Mas essas duas não fizeram grande alarde, Genival só bisaria o sucesso de *Severina Xique-Xique* em 79, com *Radinho de pilha* (Nand/ Graça Góis), que inundou as rádios AMs do Brasil inteiro contando a história de um "paraíba" que veio para o Rio de Janeiro, trabalhou de servente e pedreiro para ganhar o pão de cada dia, passando os maiores perrengues de grana. Mesmo assim, fez economia, "deixou de fumar" e o cacete, mas conseguiu comprar um radinho de pilha pra mulher. Aí... "Ela deu o rádio e nem me disse nada/ Ela deu o rádio/ Ela deu sim foi pra fazer pirraça/ Mas ela deu de graça/ O rádio que eu comprei e lhe presenteei." "Rádio" no lugar de "rabo" é muita imaginação, mas isso os porno-forrozeiros tinham de sobra.

Outra ótima de seu repertório é *Mate o véio* (João Gonçalves/ Genival Lacerda) (1983), que, além do duplo sentido, marca também a fase em que a liberação feminina chega à moda mais despojada: "Pra mulher de hoje tudo é simples e é normal/ Quando sai na rua faz o homem passar mal/ De vestido justo e lascadinho de lado/ Ele no sol quente deixa o cabra arrepiado/ Mate o véio! Mate o véio! Mate o véio!" Depois, na outra estrofe, ele dizia que a mulher "adorava um coroa" e "gostava de curtir forró", trazendo de lambuja uma rima deliciosamente erótica: "Menininha moça ainda cheirando a leite/ Usa shortezinho e blusinha sem corpete." Leite com corpete? Viva o porno-forró!

O sucesso estrondoso de Genival Lacerda nos anos 70 desencadeou uma série de seguidores, continuadores ou imitadores que deixaram a marchinha de Carnaval no chinelo, construindo um vasto repertório de xotes, baiões e forrós em geral cheios de sacanagem. Apareceram (ou reformularam o repertório) figuras como João Gonçalves (autor do *Severina*, e também cantor de Campina Grande), João Caetano (de São Caetano, Pernambuco), Zé Duarte, Sandro Becker, Clemilda e muitos outros. Mas o primeiro a aparecer depois de Genival com sucesso nacional foi Manhoso. Contratado em 75 pela RCA, construiu um repertório dos mais curiosos da história da MPB e que rendeu vários sucessos até os anos 80.

Manhoso já cantava em 1976 o refrão "Peladão, peladão/ Todo mundo peladão", do forró *No tempo de Adão* (Tony Rio/ Manhoso) e estava sempre no programa do puritano Flávio Cavalcanti, que ganhava audiência mostrando suas músicas de duplo sentido sexual. No ano seguinte, foi a vez da sugestiva *A força da mandioca* (Manhoso). Esta foi feita quando começou a se falar num tipo de combustível alternativo à brasileira para se usar na frota de automóveis do país, fazendo frente à gasolina. Pode-se dizer que é quase uma música de protesto, ou melhor, de sacanagem com a ditadura. Quase. "A gasolina pouco a pouco está morrendo, a mandioca está crescendo, vamos pra frente Brasil", diz uma estrofe para então completar: "Você vai ver a força da mandioca/ Entrando no seu tanque/ Fazendo seu carro andar."

Outra do âmbito do "quase protesto" é *Velha profecia* (Rouxinol/ Edson Mello) (1979), de ritmo sertanejo animado, que vinha a ser uma emblemática canção-tema para a onda de liberação sexual do fim dos anos 70. Em meio a uma enxurrada de músicas sensuais e eróticas, que tal uma "escancarante" como esta? "Tá todo mundo dando/ Tá todo mundo dando/ O que você está fazendo/ Lá de cima estão olhando", para depois justificar no final a sua frustração: "Só você que não se manca/ Não dá nada pra ninguém!"

Enquanto o povo comprava de montão seus discos, a crítica não o perdoava. Num artigo de 30 de agosto de 1975, o crítico Antonio Martins, da *Tribuna da Imprensa* (RJ),[4] verbalizava aquilo que era o discurso de grande parte da população brasileira, sempre que um artista resolvia apelar para a pornô-canção: o achincalhe. Ele detonou o LP "O minhocão", de Manhoso: "Numa época em que tantas gravações de alto nível artístico são lançadas com assiduidade, é incrível e inacreditável que uma gravadora tão conceituada como a RCA tenha a coragem de colaborar com a mediocridade musical, lançando um disco desta espécie, reunindo 14 faixas insípidas e tolas. Manhoso, que é sem a menor perspectiva de dúvidas uma legítima indecência sonora, ainda não descobriu que a cigana fez e continua fazendo hora com ele, e por isso, continua insistindo e machucando os ouvidos da gente. Os falsos entendedores, que dependem dele para shows de terceira categoria em diante, colocaram mil e tantas minhocas em sua cabeça, e para completar a RCA transformou-as num 'minhocão' em forma de LP, cujo destino mais do que certo é mofar nas prateleiras das lojas especializadas do ramo."

A profecia do crítico não se concretizou. Manhoso gravou muitos discos e ficou pelo menos dez anos nas paradas. Sua canção mais conhecida viria oito anos depois desta crítica, em 83, quando estourou com *O modo de usar* (Manoel do Gramacho/ Paulinho do Tietê/ Toninho Cinquenta). Pelo título não dá para adivinhar, mas pela letra, todos que viveram a época vão lembrar: "É só-capim-canela/ Só-capim-canela/ Só-capim-canela/ É que vai engordar/ Essa égua magrela."

No ano seguinte, a censura, já bem mais frouxa, deixou passar uma outra muito engraçada, que fazia piada com o programa dominical *Roletrando*, de Silvio Santos. Era *Jogo da roleta* (Alcymar Monteiro/ Zancope Simões): "Ela liga a TV e fica olhando/ Deitada no sofá/ Só pra ver o 'Roletrando'." *Vizinha fuxiqueira* (Sulino/ Moacir dos Santos/ Lourival dos Santos), de 85, também tinha um bom motivo para o sujeito gostar da vizinha fofoqueira: "Deixa pra lá/ A língua dela não faz eu sair de lá." Uuui!

O sucessor natural de Manhoso foi Sandro Becker, que teve dois grandes sucessos nos anos 80. O primeiro deles, de 82, conta a história daquele gatinho, *O Tico-tico*, não por acaso de autoria de João Gonçalves (compositor preferido de Genival Lacerda) e do próprio Manhoso. Não lembram? Ah, claro que sim. O tal Tico-tico era um gato que a "Maria não vendia", não trocava, nem emprestava pra ninguém, e ela relevava seu grande defeito... "era danado para miar": "Tico mia na sala/ Tico mia no chão/ Tico mia na cozinha/ Tico mia no fogão/ Tico mia no tapete/ Tico mia no sofá/ Tico mia no quarto toda hora sem parar."

Quatro anos depois, ele chegava aos quatro cantos do país com a horrível *Julieta* (tá-tá, tá me chamando), de Roedil Caetano, F.C. Santos e Enoque Gomes, cheia de falsas rimas para sacanagem. Era de gosto ainda mais duvidoso, mas estourou.

Maria Preta escreveu na tabuleta
Quem tiver dinheiro compre, quem não tiver toca... pandeiro
(...) Quando eu morrer me enterre na cova funda
Senão vem um urubu pra comer a minha... perna
(...) Conheço uma menina que se chama Dorotéia
Ela está muito doente, ela está com... resfriado
(...) Eu tenho uma prima que se chama Marilu

Ela tem as pernas aberta *de tanto tomar... café*
(...) Namoro uma garota que se chama Marieta
Ela tem uma saia curta que aparece a... etiqueta

Zenilton foi outro nome do forró que adorava uma putaria. *Linguarada* (Nand/ Antonio Lima/ Roderiki), de 82, contava a história de uma mulher que tinha um açougue e vendia todo tipo de carne. Ela alimentava bem sua prole, mas não comia quase nada. Por quê? Ela só gostava da língua: "Ela gosta de língua/ Ai que demasia/ Língua no cozido e no assado todo dia." Assim como ocorria com Genival, Manhoso e Sandro, as fotos das capas ou contracapas de seus LPs eram sempre tão bem-humoradas quanto os títulos dos mesmos, baseadas nas faixas de trabalho para as rádios, tais como: *O grilo dela*, *O danado dela*, *Rola Fogo-pagô*, *Comilho cru* ou o imbatível *Eu vou botar o saco pra dentro*, de 87, que fala dos apuros de um sujeito, às voltas com um valioso saco de cimento: "Eu vou botar o saco pra dentro/ Se o saco ficar fora, o ladrão chega e leva embora."[5]

Um tema cabeludo como a cura da impotência rendeu muito no campo do porno-forró no início do boom do duplo sentido, na década de 70, com pelo menos dois exemplares de sucesso. Talvez influenciado pelo megasucesso da canção de Jorge Ben, *Eu também quero mocotó* (defendida por Erlon Chaves e sua banda Veneno no V FIC, em 1970, regravada por Chacrinha), Gonzagão voltava às paradas em 71, após um longo período de ostracismo com o xote *Ovo de codorna* (Severino Ramos), aquele do refrão "Eu quero ovo de codorna pra comer/ O meu problema ele tem que resolver", com direito a versos como "Eu tou madurão, passei da flor da idade/ Mas ainda tenho alguma mocidade/ Vou cuidar de mim pra não acontecer/ Vou comprar ovo de codorna pra comer", e encerrava dizendo a alegria da esposa com o remédio: "Minha companheira tá feliz/ Porque comprei ovo de codorna pra comer."

Em 76, mais uma vez Luiz Gonzaga explorava o tema numa espécie de continuação de *Ovo de codorna*, com a faixa-título de seu LP daquele ano, *Capim novo* (Luiz Gonzaga/ José Clementino). Esta, bem machista, dizia que não havia erva para resolver o problema da impotência masculina dos homens de idade mais provecta, a não ser "capim novo", ou seja, mulher nova. Esse xote serve não só como exemplo de música sobre esse tema como também de como a década de 70 ainda não tinha sido acometida da onda do politicamente correto. Senão, como fazer a apologia da menina nova pra um cara velho, ou ainda como uma mulher seria comparada ao pasto tão tranqüilamente? "O doutor disse/ Que o problema é psicológico/ Não é nada fisiológico/ Ele até me garantiu/ Não se iluda amigo véio/ Vai nessa não!/ Essa tal de droga nova/ Nunca passa de ilusão/ Certo mesmo é/ Um ditado do povo:/ Pra cavalo véio/ O remédio é capim novo."

A revanche das mulheres, infelizmente, não fez sucesso. Seria gravada somente em 1981 por Marinês. Era a *Estaca nova* (Tarcísio Capistrano): "Se pra cavalo velho o remédio é capim novo/ Pra cerca velha também é estaca nova." Que poesia e que criatividade...! Mas falando nesta cantora, como já vimos, ela foi pioneira entre as mulheres a cantar forrós de duplo sentido. E gravou coisa melhor que isso nesta nova fase de sua carreira. Em 79, depois de ter passado por três gravadoras, foi contratada pela Copacabana, e parecia ser a versão feminina de Genival Lacerda, com um repertório cheio de sacanagem, começando por *Buraco no tamanco* (Zé Pretinho da Bahia/ Tarcísio Capistrano): "Vixe que buraco no tamanco da Maria/ Mas que buracão no tamanco-dela/ Quando ela passa o tamanco faz barulho/ E todo mundo dá risada do tamanco-dela." Em 80, foi a vez do sucesso *Só gosto de tudo grande* (Adolpho de Carvalho/ Adélio da Silva), forró que a cantora diz não poder deixar de cantar em seus shows: "Eu sou pequenininha/ Mas gosto de tudo grande/ Só gosto de tudo grande/ Só gosto de tudo grande/ (...) Fiz uma festa/ E muita gente se espantou/ Com o peru no meio da mesa/ Gordo, gostoso e grande."

"Essa música foi feita por mim, mas não botei no meu nome porque na época não poderia explicar. Ia pegar mal para mim. Mas a verdade é que fiz uma casa enorme no Rio de Janeiro, mas era só para eu e meu filho morarmos. E as pessoas perguntavam: 'Mas, Marinês, como é que você faz uma casa enorme dessas?' E eu respondia: 'Pequenininha só eu!' Aí, numa madrugada me veio a inspiração. Hoje em dia não me perdôo de ter vendido essa música só por vergonha de botá-la no meu nome", conta Marinês, que gravou ainda nesta nova fase da carreira *Pimentão não!*, *Esse boi não tá com nada* e a hilária *Cadarço de sapato*: "Olha minha amiga não dance com ele não/ Fui dançar com ele e depois deu confusão/ O cara é ruim de tudo e dança fora do compasso/ Ele pisou no meu pé e tirou o meu cadarço." Cadarço? Você entendeu, né?

Outra cantora, não necessariamente nordestina, que voltou ao sucesso pelos braços do forró, foi a mineira Maria Alcina, com *É mais embaixo*, em 1979: "Passeei com meu amado, peguei no umbigo dele e ele disse/ É mais embaixo, é mais embaixo..." O forró narrava uma seqüência de passeios da mão boba do seu "amado" pelo corpo dela de fazer corar as mães de família da época. No ano seguinte, abanava as ventas no programa do Chacrinha ao cantar o *Calor na bacurinha*, outra de domínio público que deu o maior pé: "Papai ai que calor/ Calor na bacurinha/ Calor não é na tua/ Ai, ai, papai só é na minha!"

Mas Alcina era uma forrozeira bissexta. Quando o posto de Marinês no porno-forró ficou vago, ou seja, quando esta se cansou das músicas de duplo sentido e passou a cantar forrós de outras temáticas, sua substituta natural foi Clemilda. Esta, sim, acabou virando realmente o Genival Lacerda de saias. Embora já gravasse desde o final dos anos 60, Clemilda, a partir de 1985, com o sucesso de *Prenda o Tadeu* (Antonio Sima/ Clemilda), passou a apelar para o duplo sentido sexual — com mais ou menos sucesso e mais ou menos criatividade — de tudo quanto foi jeito. Algumas viraram obras-primas da sacanagem. Outras, tristes tentativas de repetir o sucesso do *Tadeu*, que também teve êxito na voz de Maria Alcina, por sinal, seu último grande sucesso antes de um longo período de ostracismo na mídia.

Seu delegado prenda o Tadeu
Ele pegou a minha irmã e "nham!"
Toda moça da cidade
Já tem medo do Tadeu
Ele é o animal mais feroz que já nasceu
Quem foi na conversa dele
Geralmente se perdeu...

Clemilda falou de tudo. Falou de pau pequeno antes da funkeira Tati Quebra-Barraco em *Isca de anzol (A minhoca do Severino)* (João Caetano/ Clemilda), em 86, reclamando que a "micro" minhoca do cara não fazia nem cócegas na garganta do... peixe, é claro: "Guarde essa minhoquinha, Severino/ Pra que é que isso dá?/ Tão pequena que nem um peixe belisca/ Além disso não dá isca pra quem gosta de pescá." Bolou com seus parceiros as rimas mais inacreditáveis de músicas para falar do órgão sexual feminino, como em *Recado pra Zetinha* (Miraldo Aragão/ Clemilda), de 87: "Só quero nambu, Zetinha/ Só quero nambu, Zetinha/ Um pouquinho de farinha/ Juriti, nambu assada." Tampouco esqueceu também a preferência nacional: o bumbum. Um dos nossos maiores tabus, o do sexo anal, caiu por terra assim que a censura acabou, a começar por um de seus grandes hits, *Forró cheiroso*, em que um sujeito comprava 200 latas de talco para jogar no meio do salão numa festa e que a certa altura, quando o forró esquentava, só se via suor, talco e poeira... e o refrão bombástico não poupava ninguém: "Tal-co no salão/ Tal-co no salão/ Pro forró ficar cheiroso e ter mais animação."

A mesma cantora dizia noutra faixa que não queria "tu cabeludo" (*Cabeludo Zé Mané*, de Durval Vieira), e finalmente, em *Bilhete pra comadre Dinha* (Miraldo Aragão/ Clemilda), deixava clara sua preferência: "Você já sabe que eu adoro nabo, Dinha, nabo, Dinha, nabo, Dinha."

Zenilton também gravou vasto cancioneiro a respeito, incluindo os xotes *Eu sou cômi-co* ("Eu sou o cômi-co da televisão"), *Milho cru* ("Com-milho cru...") ou *Eu sou budista* ("Eu adoro Buda"). Incrível! Mas... é Brasil. Ué? Os turistas não vêm aqui por causa da fama que temos de país católico. Eles vêm em geral à procura do paraíso tropical sexual e da sacanagem, que de fato é algo que temos tanto em nossa cultura que dá até para exportar. Se você não for um bom observador do cotidiano, as músicas estão aí para provar e não nos deixam mentir.

Os anos se passaram e, em meio à banalização do gênero, vez por outra ainda aparecia um ou outro porno-forró divertido, em geral, no repertório de cantores nordestinos. Vamos achá-lo no repertório de Marivalda & Banda Jumento Music (*Toco cru pegando fogo*), Pimentinha do Forró (*Dona Rola*), D.

Selma do Coco (*Pega, pega minha rola*) e da inacreditável Rosicléa, das safadas *Meu coador não agüenta* ("Meu coador não agüenta/ Tá velho, tá judiado/ De uso tem uns 40/ E foi até costurado") e *Dá o cuco e passa*, esta excepcionalmente em ritmo de samba de breque, sobre um caminhoneiro cheio de muamba que, ao ser abordado pelo guarda da fronteira, só seria liberado se desse o relógio cuco pra ele. "Dá o cuco e passa." Gostou?

Em meio a essa onda dos bem-comportados forrós universitários e letras clicherizadas de grupos de forrós comerciais, como Mastruz com Leite e Calcinha Preta, ou do escracho total de outros gêneros como o rock pesado ou o funk carioca, será que o duplo sentido bem-feito ainda tem vez na canção nordestina? De vez em quando ainda aparece. Há duplas de neo-sertanejos que vêm gravando atualmente uns forrós bem engraçados, caso de Rick & Renner (*Tira a roupa*), Gino & Geno (*Mulher que não dá voa*), Guilherme & Gustavo (*Mulher de amigo meu*) e Teodoro & Sampaio, que já tem uma coleção de porno-forrós de alma sertaneja de fazer inveja a Clemilda, como *Silicone lá*, *Só tô comendo* e *Toco da saia*. É difícil uma tradição divertida como esta acabar de uma hora para outra. Mas há quem diga que nem tudo era como antes...

O ícone do gênero, Genival Lacerda, diz que hoje as pessoas escancararam demais e perdeu a graça. "Eu dizia uma letra para você pensar, eles já passaram a dizer logo o palavrão", compara. Mas que ninguém pense que a tradição vai acabar. O próprio Genival não perdeu a graça ao anunciar, em 2005, a nova música que seu fiel fornecedor João Gonçalves lhe deu e que pretendia gravar: "É a história de uma mãe que está em casa e chega o rapaz, querendo comer. Ele pede pra ela botar o ovo pra ele, mas ela não quer. Vai cozinhar, mas de repente ele ouve um piado e tira o ovo da panela. Aí ele diz: 'Já pensou se eu cozinho com o pinto dentro?'" Com essa, fechamos o pano do forró.

PARTE 2

VIRA DE LADO QUE ESSE LADO EU NÃO QUERO MAIS

Não foram só a canção carnavalesca e a nordestina que botaram as manguinhas (e outras coisas) de fora através do tempo. Ritmos diversos da MPB e o futuro pop/rock também tiveram seus dias obscenos. É bastante curioso acompanhar a evolução, por exemplo, das palavras pesadas e dos chamados "temas proibidos" no vocabulário de nossos letristas. Com o arrefecimento da censura, a partir de 1979, nossos compositores começaram a falar de tudo no campo sexual: de masturbação a sexo anal, passando pela descrição do corpo da mulher em detalhes, de broxadas, menopausa, swing e tudo o mais que se possa imaginar. Alguns desses temas já vimos nas letras de forró, mas eles foram explorados pelos mais impensáveis artistas — dos mais bregas aos mais chiques. No início, ainda com bastante sutileza, que foi sendo perdida à proporção que a cena jovem mais pop se estabeleceu e os tabus comportamentais desceram a ladeira.

Já em 79 — no ano da abertura — a banda Super Bacana emplacava uma disco music à brasileira, cujo mote à base de pipa e rabiola seria mais de vinte anos depois revisitado pelos funkeiros do Bonde do Tigrão. *Tá com medo Tabaréu (Melô da pipa)* (Pedrinho/ Laranjeiras) fez um sucesso tão grande que foi cantada em ritmo de marchinha nos bailes de Carnaval de 80: "Você encosta, ela estica/ Tira a mão da minha pipa/ Que eu quero soltar/ (...) Minha pipa é voadora, minha pipa tá no ar/ Rá! Rá! Rá! Minha 'pipa' tá no ar/ (...) Tem rabo grande e linha grossa/ Com meu cerol não há quem possa..."

E como esquecer das inenarráveis Frenéticas, que também emplacaram no Carnaval da mesma época a irresistível *É que nessa encarnação eu nasci manga* (Luli/

Lucina)? "Você quer me consumir, eu deixo/ Você quer me mastigar, eu gosto/ Se você quer me comer/ Eu dou, eu dou, eu dou um pedacinho pra você/ É que nessa encarnação eu nasci manga/ (...) Se você não me comer eu apodreço e caio." Hilário! Felizmente os tempos estavam mudando, e a mulher já podia cantar que queria ser comida, sem se importar tanto com a virgindade, que já estava virando piada na MPB. Prova disso é o sucesso inicial dos gaúchos Kleiton & Kledir, que vibrava nas ondas do rádio em 1980, *Maria fumaça*: "No dia alegre do meu noivado/ Pedi a mão todo emocionado/ A mãe da moça me garantiu: é virgem só que morou no Rio." Estávamos realmente numa época de euforia pós-abertura. Não custa nada lembrar novamente que nunca houve um tempo de músicas tão alegres, sensuais, eróticas e irônicas na MPB, como nesta virada dos anos 70 para os 80.

A vanguarda paulista também deu sua cota erótica. No LP "Clara Crocodilo", de Arrigo Barnabé e sua trupe, de 1980, aparecia uma palavra diferente no cancioneiro da MPB: orgasmo, e não era um qualquer, mas um *Orgasmo total* — transformada numa piada só: "Sim, eu sei/ Todo mundo que vai a um *drive-in*, espera conseguir pelo menos um orgasmo total/ (...) Você estava mesmo fatal e parecia louca como um animal/ Dizendo aqueles palavrões/ Gemendo, pedindo mais, mais, mais até chegarmos ao orgasmo total/ Trazido pelo reembolso postal." Itamar Assumpção e Mara Rosa Amoroso compuseram *Amanticida*, em 83, falando do surgimento do tesão na vida de um jovem: "A gente nasce, vai crescendo/ Até atingir a adolescência/ Começa um fogo por dentro, que vai queimando/ E uma inexplicável e violentíssima atração pelo sexo oposto/ Daí até a morte é um Deus-nos-acuda", diz a letra, que termina com uma descrição detalhada do tesão animal de uma dupla de amantes, com ares até macabros: "Emito intrépidos grunhidos de felicidade/ Me masca, estica, tira o doce, depois me cospe/ Me liga, me desliga, liga lâmpada de poste/ Me bate três vezes por dia, bate forte, mais dez da noite/ Provoca esquizofrenia tanto que me bate/ Me dá pontapés/ (...) Me rasga a roupa, louca, vampira, amanticida, fera, bruxa, madrasta, amanticida/ Homem, mulher/ Amada que mata amante."

De São Paulo para o Rio, vamos falar agora de um artista polêmico e gozador que também chegava à MPB no final da década de 70. Entrou pela porta dos fundos no circuito AM, mas aos poucos foi ficando e hoje já faz parte do folclore da MPB, juntamente com outros "malandros" que se impuseram ou pelo repertório engraçado ou pela própria irreverência pessoal. É Dicró, que desde o primeiro LP mostrava que poderia trazer para o samba os duplos sentidos apelativos dos forrós de Genival Lacerda e companhia. Às vezes engraçadíssimo e inteligente, às vezes sofrível, o repertório politicamente incorreto do sambista sempre primou pelas piadas machistas que nada mais são que o reflexo do que pensa a maioria de nossa população masculina — especialmente da periferia —, nem por isso deixava de ser muito engraçado.

Um de seus primeiros sucessos foi *Olha a rima* (Dicró/Dias), de 79, em que Sandro Becker parece ter se inspirado para cantar sua *Julieta*, sete anos depois. O esquema era o mesmo. Cada estrofe acabava com uma palavra cuja rima pornô era óbvia... "Menina namoradeira/ Gosta de beijo e abraço/ Depois fica reclamando/ Porque perdeu o..." ou "Doença que eu não conheço eu chamo de grungunhanha, mulher que namora demais, todos dizem que é..." Ele gravou ainda petardos de nomes sugestivos, tais como *Se o bigode falasse, O lingüiceiro, Copo limpo, Topless, Cachorro quente, Funeral do Ricardão* e ainda outras, que ficaram famosas por mal das sogras.

Alguns raros sambas criados especialmente para o Carnaval ainda feitos na virada dos anos 70 para os 80 não perderiam a chance de abusar do duplo sentido tão caro aos compositores-foliões do passado, até porque o duplo sentido parece ter nascido para o Carnaval (ou vice-versa). Em 1977, o hilário Oswaldo Nunes — que, como Genival Lacerda, adorava uma dança maliciosa — fez sucesso com um sambão de Beto Sem Braço e Dão que começava assim: "Ai que vontade de meter... a cara no mundo." Meter a cara no mundo? É isso mesmo, "e nunca mais aparecer", no melhor estilo dos sambas e marchas do Carnaval da antiga. Pura picardia! Picardia? Nossa, que palavra antiga. Hoje se diria putaria mesmo! Da mesma forma como em 1981, o humorista Mussum (também integrante do grupo humorístico Os Trapalhões) aparecia com a irresistível *A vizinha* (Paulinho Durena e Alfredo Melodia), narrando a história de uma vizinha que queria se vingar de outra que enchia a cara de aguardente Pitu e desancava:

"Pega ela peru, pega ela peru!" Três anos depois, Chacrinha falava da retaguarda de uma mulata no ótimo samba carnavalesco de inspiração política: *Pacotão* (João Roberto Kelly, Don Carlos, Chacrinha e Leleco): "Olha o pacotão/ Olha o pacotão da nega/ (...) Essa nega na avenida/ Causa grande confusão/ A galera fica louca/ E se esquece da inflação."

E já que estamos no terreno do samba, o que dizer de *Sanduíche de artista* (Cláudio Fontana), gravado pelos Originais do Samba em 85? Era um samba-crônica, contando que numa lanchonete em Araruama, Região dos Lagos do Rio de Janeiro, um sujeito teve a idéia de batizar sanduíches com "nomes de artistas famosos do Brasil" e o grupo os descrevia, com alguns dos duplos sentidos mais hilários e infames já feitos na MPB... "Come, come, come Fafá de Belém/ Come, que esse sanduíche te faz bem" ou "Come, come, come o Gilberto Gil/ Come que é um bom sanduíche de pernil" e terminava com o melhor de todos...

Come, come sanduíche de Rei
Comi o Roberto Carlos e gostei!
É o que diz quem come sanduíche com seu nome
Roberto é o sanduíche que mais se consome...

A sacanagem também não era exclusividade de ritmos tipicamente brasileiros, como maxixe, samba e forró. O pop brasileiro também sempre gostou de uma pitadinha de pimenta, desde os tempos da Jovem Guarda e também dos Mutantes ("Eu quero que você se top, top, top uhhh!" — lembra?). Nos primórdios do novo boom do pop brasileiro, em fins dos anos 70, além das já citadas das Frenéticas e da Banda Super Bacana, tínhamos as também já mencionadas letras safadinhas de Rita Lee, jogando cada vez mais pimenta no ventilador. Uma das melhores era aquela em que assumia que "brincar de médico é melhor que boneca" (*Tatibitati*, 1981). E isso era só o começo. Apareceram outros nomes dispostos a furar (epa!) o bloqueio da caretice pelas bandas do Sudeste. É o caso do grupo Rádio Táxi, que emplacou a inacreditável *Dentro do coração* (Wander Taffo/ Lee Marcucci/ Willye), vulgo *Põe devagar*, em 1982.

Esta canção pop já abria com uma estrofe muito emblemática para os anos que se sucederiam na MPB: "Acho bem melhor do que ficar marcando touca/ ir direto ao assunto/ Antes que eu vire presunto." Profético, concorda? A letra falava de um feiticeiro que criou uma droga encantada que "curava tudo e não doía nada": "Então me descola a poção do amor/ É você que vai ter que pôr/ Por isso põe devagar/ Põe devagarinho que é pra não machucar/ Põe bem de mansinho/ Dentro do coração."

Infame, mas, convenhamos, para 82 ainda causava risinhos e *frisson*. Em 83, Roberto & Erasmo, depois de deslizar o sabonete pelo corpo da amada em *Cama e mesa* (1981), compunham a quase pornô pré-Wando-obsceno *O côncavo e o convexo* ("Assim é o nosso amor no sexo"). Caetano Veloso, por sua vez, dedicava à atriz Regina Casé a belíssima *Rapte-me camaleoa* ("adapte-me a uma cama boa/(...) Lindos, perfeitos, teus peitos direitos me olham assim"),[6] depois confessou uma broxada em *Eclipse oculto* ("Mas na hora da cama nada pintou direito/ É minha cara falar/ não sou proveito, sou pura fama") e falou dos dentes, músculos, peitos e lábios de outra musa em *Você é linda* (dos "musos" de Caetano falaremos no próximo capítulo).

No mesmo ano, Ney Matogrosso lançava ao sucesso o rock *Pro dia nascer feliz*, de Frejat e Cazuza, catapultando a carreira do Barão Vermelho e injetando gás na nova geração do rock brasileiro que dominaria a cena em nossas rádios até quase o final da década de 80. Trata-se de um dos maiores hinos ao tesão já compostos na música brasileira.

Procurando vaga / Uma hora aqui a outra ali
No vaivém dos seus quadris
Nadando contra a corrente / Só pra exercitar
Todo o músculo que sente
Me dê de presente o teu bis / Pro dia nascer feliz
Essa é a vida que eu quis
O mundo inteiro acordar / E a gente dormir

Na mesma época, com a corda toda, Cazuza também escreveu *Por que a gente é assim?*, com Frejat, lançada simultaneamente pelo mesmo Ney Matogrosso em seu álbum *Destino de aventureiro*, e pelo Barão vermelho no LP "Maior abandonado", de 84. Era outro petardo de erotismo e tesão explícitos, bem da fase sexo, drogas e rock'n'roll do Exagerado: "Mais uma dose?/ É claro que eu tô a fim/ A noite nunca tem fim/ Por que que a gente é assim?/ (...) Canibais de nós mesmos/ Antes que a terra nos coma/ Cem gramas, sem dramas/ Por que que a gente é assim?/ Você tem exatamente/ Três mil horas pra parar de me beijar/ (...) Você tem a vida inteira/ Pra me devorar/ Pra me devorar!" Puro tesão, da melhor qualidade.

Ainda em 83, durante o novo boom da música "jovem" nacional, aparece o Kid Abelha com sua *Pintura íntima* (Leoni/ Paula Toller), o dia inteiro nas rádios falando que o que interessava a eles era "fazer amor de madrugada, amor com jeito de virada". Lulu Santos em seu álbum de estréia, "O ritmo do momento", também dizia para quem quisesse ouvir: "Só faço com você/ Só quero com você/ Só gosto com você/ Adivinha o quê." Um sucesso retumbante que atravessou toda a década falando, obviamente, de sexo. E o roqueiro Ritchie, num figurino de don-juan, descrevia, por meio da letra de Bernardo Vilhena em sua *Menina veneno*, o ambiente em que queria possuí-la, com a perfeição de um Roberto Carlos, um Odair José ou um Wando: "um abajur cor de carne, um lençol azul, cortinas de seda, o seu corpo nu." Ritchie não demoraria a emplacar o tema de abertura da novela *Champagne*, da TV Globo, com um rock dos mais sensuais. Era *Casanova*, outra de autoria do cantor: "No meio da noite você chama/ E eu venho como um fogo/ Incendiar sua cama/ Não se afogue em meus beijos, não se afogue!/ Eu venho devagar/ E amanhã eu prometo, eu vou voltar..." Sidney Magal perdia.

Em 85, o RPM — a banda que revolucionou o showbizz nacional, com seus shows megaproduzidos — vem com outra música cheia de tesão, bem nervosa. Era *Olhar 43* (Paulo Ricardo/ Luiz Schiavon) falando que o corpo da mulher era um fruto proibido, misterioso, que ele buscava rimas esquisitas para descrevê-lo... Uma coisa! A letra não era especialmente erótica, mas o ritmo vibrante, combinado com o sex-appeal do sex-symbol da vez, Paulo Ricardo, tornou aquele olhar 43 milhões de vezes mais potente em termos de sensualidade. Era uma época que só se falava nele — e nos porto-riquenhos bem comportados do Menudo. Caetano elogiava seus ombros, não sei quem sua boca, ele era capa de tudo quanto era revista. Mulheres, gays e gays enrustidos do Brasil todo tremiam quando ao final da gravação original, já no finalzinho, o vocalista dizia "tesão" — palavra que foi aumentada na nova versão remix da música, encerrando-a em clima histérico de alta densidade erótica.

No mesmo ano de 85, tínhamos o Ultraje a Rigor no auge do sucesso, atirando petardos e críticas para todos os lados, arranjando espaço até mesmo para o nonsense erótico da galinha *Marylou* — usando e abusando de rimas terminadas em "u" e "eta". Outra bobagem que fez muito sucesso foi *Serão extra* (Ricardo Zimetbaum), do grupo Dr. Silvana & Cia., cujo refrão tinha cheiro de naftalina. Parecia piada velha de humorístico de quinta. "Ela foi da mamãe/ Foi da mamãe/ Foi fazer um serão extra/ Trabalhou com o patrão." E o João Penca e seus Miquinhos mais amestrados, sensuais e sexuais do que nunca atacavam: "Você fica louquinha quando eu descasco a banana/ Ficas tão tontinha que sua cauda abana/ Como o macaco gosta de banana/ Eu gosto de você/ Botei a penca debaixo da cama/ Pra depois comer", no rock deliciosamente canalha *Como o macaco gosta de banana* (José Cid, adapt. de Leandro). Em 89, o grupo Vestidos de Espaço(!) fez sucesso com a marchinha pop, deliciosamente infame, *Pipi popô* ("O seu popô no meu pipi/ O meu pipi no seu popô"), que em verdade era ninguém mais, ninguém menos, que um heterônimo do grupo Titãs — estourado na ocasião — que a gravou secretamente com participações vocais — todas ocultas — de Paula Toller, Liminha e Jorge Mautner, segundo informa hoje o baterista Charles Gavin. Imagine a farra na hora da gravação!

Mais tarde, em 91, os mesmos Titãs fizeram sucesso com uma música de nome *Clitóris*. Parecia não faltar mais nada. Mas ainda havia muitos outros tabus a serem rompidos...

Orgasmos à parte, em 93, Rita Lee falava até da menopausa no hilário rock *Menopower* (dela com Mathilda Kovac), em que se comparava com uma serial killer. Realmente, os tabus sexuais estavam se acabando de uma vez por todas.

Vestida para matar em pleno climatério
A velha senhora só vai ficar mocinha no cemitério
Chega de derramamento de sangue, cinqüentonadolescente
Quem disse que útero é mangue, progesterona urgente!
Menopower pra quem foge às regras, menomale quando
roça esfrega
Menopower pra quem nunca se entrega, melancólicas
vocês são piegas!
(...) O Chico é tão incoerente, me deixa tiririca ao chegar
O Chico quando vem é absorvente e quando falta, só
rezando pra baixar!
(...) Tampax, tabelinha ora pílulas ora Diu
Diafragma, camisinha vão pra mãe que não pariu
Chega do creme de aveia da véia, perereca da vizinha!
Chega do bom caldo e sustância da galinha!

Não foi de graça que Rita compôs este rock. O tema da menstruação — também abordado em outro de seus sucessos, o já citado *Cor-de-rosa choque* — era um trauma de infância para a roqueira. "Quando fiquei menstruada pela primeira vez, estava andando de bicicleta, escondida do meu pai, e um dos moleques da rua começou a rir e foi chamar os amigos para ver a groselha da Banana Pintadinha (meu apelido de infância). Me senti traída pelas mulheres da família que nem sequer haviam me informado sobre a tragédia que me aguardava. Até hoje me irrita esse derramamento de sangue! Aliás, não vejo a hora da dona Menopower chegar para eu fugir às regras", confessava a roqueira em 1996.[7]

É muito interessante constatar como temas mais cabeludos como este da menopausa demoraram um bocado para tornar-se explícitos nas letras brasileiras. O sexo solitário é outro bom exemplo. Gonzaguinha, em 79, em sua *Ponto de interrogação*, fazia a análise de um sujeito hipócrita que tinha a mulher em casa, mas "com a outra fazia de tudo" e ainda o comparava a um menino tão só num antigo banheiro "folheando revistas, comendo as figuras, as cores lhe dando a completa emoção". Pois é, falava de punheta. Em 80, a mulher mal comida pelo marido "se amava sozinha" na canção *Atrevida*, de Ivan Lins e Vitor Martins, gravada por Simone. No ano seguinte, Martinho da Vila e Zé Catimba também exploraram o tema ao descrever o suplício por que passavam na ausência da amada no samba *Ex-amor* (muitos anos depois, regravado pela mesma Simone em duo com Martinho): "Quando a saudade bate forte, é envolvente/ Eu me possuo e é na sua intenção/ Com a minha culpa naqueles momentos quentes/ Em que se acelerava o meu coração."

"É difícil falar da coisa mais erótica sem ela ficar grosseira. Ali botei de passagem, depois de muito tempo, de forma que não ficasse agressivo. Tem gente que nem percebe, só vai perceber muito tempo depois", diverte-se o craque Martinho da Vila. Mas sutileza é uma palavra antiga, que está fadada ao ostracismo. Entretanto, naquela época ainda não era raro seu emprego. Até mesmo no boom do rock nacional oitentista, Leoni — frente ao Heróis da Resistência — lançava *Só pro meu prazer* (1987) sobre o mesmíssimo tema, ainda com alguma sutileza: "Eu te imagino, eu te conserto/ Eu faço a cena que eu quiser/ Eu tiro a roupa pra você/ Minha maior ficção de amor/ E eu te recriei... só pro meu prazer."

Coitadinhos do Martinho e do Leoni. Tiveram que morrer nos cinco contra um e falar em mensagem cifrada para não chocar o público. Menos sutil foi Supla, do grupo Tokyo, em 85, dizendo com todas as letras, num rock totalmente adolescente e irreverente, *Mão direita*, aquilo que todos os garotos sempre souberam desde pequenos: "Vou levá-la em casa pra jantar/ Ela merece pelos prazeres que me dá/ (...) Eu tenho a felicidade na palma da minha mão/ Minha mão direita/ Pra jantar/ Minha mão direita/ Pra sentir/ Minha mão direita/ Pra tocaaaaar...!"

Leo Jaime bem que tentou emplacar no rádio *Sônia*, versão infame de Leandro para *Sunny*, de B. Hebb. Mas seu disco de estréia, "Phoda C" (!), de 1984, vinha embalado num plástico e foi censurado para as rádios. Ele já queria escancarar, mas o que sobrava da censura naquele momento ainda não deixava: "Sônia, não fica me excitando que eu tô de sunga/ (...) Sempre que eu te vejo eu não durmo/ E é por você que eu me masturbo/ Pensando em você me vem a sensação/ Sem perceber eu tô com o pau na mão/ Sônia, eu te adoro!" Era de um cinismo bem adolescente, como convinha aos anos 80...

No ano seguinte, Leo falou de felação num rock de Toni Bellotto e Marcelo Frommer (dos Titãs), sem dar exatamente o nome aos bois, mas com a ajuda de uma rima igual em palavra parecida — artifício, aliás, muito usado na música nordestina: "Não sei se é puro desejo/ Ou amor colegial/ Não sei se eu te levo pra chupar o sorvete/ Ou qualquer coisa igual" Ou o quê? É isso mesmo!

Voltando à — desculpem — punheta, saibam que alguns grandes mestres da MPB já tentavam tocar no assunto há algum tempo de forma mais escancarada, mas também foram barrados pela censura. Dois deles, João Bosco & Aldir Blanc, ensaiaram abordar o tema em 82 na hilariante canção *Querido diário*, em que diziam: "Hoje acordei, tomei café, me masturbei/ Fiz a fé no bicho, pichei o governo/ Me senti quadrado, fui ao analista, cantei Babalu." "Quando enviamos aos censores essa letra, eu e o João fomos chamados e o censor nos olhou como se fôssemos loucos. Isso era visto como uma tentativa de minar os pilares da sociedade", ri Aldir Blanc, que teve de mudar a palavra "masturbei" para "machuquei".

Em compensação, seis anos depois, a coisa já estava mais do que banalizada, chegando até mesmo à esfera da música infantil. O Trem da Alegria gravou a inacreditável *Xa, Xe, Xi, Xo, Xuxa* (Mauro Motta/ Lincoln Olivetti/ Robson Jorge), na qual um de seus vocalistas, Juninho Bill, dizia que a apresentadora infantil mais popular da TV era de fato a razão de seu "banho demorado", para a alegria dos que sempre criticaram a apresentadora por achar que ela contribuía para a "erotização precoce das crianças". Não sou eu quem diz, mas a música do Trem da Alegria: "Eu já acordo e ligo a televisão/ Café na mesa e eu te esperando um tempão/ Enquanto você pinta, eu fico louco e não penso mais/ (...) Eu fico imaginando quero ser seu namorado/ Mas fico com vergonha do meu pai que tá do lado/ Você é a culpada do meu banho demorado/ Xuxa, Xuxa/ Xa xe xi xo Xuxa/ Eu tô parado em você!" Sem comentários.

Na trilha da novela global *Top Model*, em 89, também já era possível ouvir *Nega bombom*, rock irônico e "garagem" dos gaúchos Cascavelletes, cujo refrão era simplesmente: "Baby, punhetinha de verão/ Em pleno calçadão." Tudo bem que este refrão dificilmente ia ao ar, mas quem tinha o disco da novela ou do grupo podia ouvi-lo em alto e bom som, sem censura. Aliás, eles realmente gostavam de tocar em temas sexuais sem tabus, pena que não chegaram a ser muito conhecidos fora do underground. Além de falar da "punhetinha", gravaram músicas bem safadas (e sacadas) naquele final de década, como *Menstruada* ("Mas mesmo assim eu vou transar", que chegou a ser censurada nas rádios), *Homossexual* (sobre uma menina bissexual) e *Morte por tesão* (que o cara está tão alucinado por sua garota, que ele quer "matá-la de tanto tesão").

Vamos voltar rapidamente ao porno-forró, lembrando que Clemilda também emplacou dois sucessos sobre o tema da masturbação: *Coitadinha da Tonheta* (Durval Vieira/Clemilda, 1990) — cuja rima da letra vocês podem imaginar qual foi — e *Em tenção de você* (dos mesmos autores, 1991); "Toda noite eu bato uma/ Em "*tenção*" de você, meu amor/ Bato uma pra Maria/ Bato outra pra Teresa/ Do jeitinho que eu bato/ Fica bom que é uma beleza/ Misturo açúcar com ovo e bato uma gemada pra você comer/ Como você não tá aqui eu bato em "*tenção*" de você, ai!!!". Ai, mesmo! E a punheta continua até hoje, desta vez com a dupla Teodoro & Sampaio, em 2005, que atacou de *O tocador* (Alcino Alves/ La Natel): "Tem uma dona lá na minha rua/ Que anda quase nua só pra me provocar/ Então eu pego a minha sanfona/ E pensando nessa dona, começo a tocar/ Eu vou tocando e pensando nela/ Já toquei tanto por essa mulher (...) Por isso eu toco, toco, até demais/ Se ela vai na minha frente eu vou tocando atrás."

Mas nem todo punheteiro é safado, infiel ou inconseqüente. O pouco conhecido grupo Júpiter Maçã, do vocalista Flávio Basso (ex-Cascavelletes), que o diga. Em 1997, ele conseguiu a proeza de fazer uma declaração de amor à amada citando o sexo solitário. "Quando você der para outro cara/ lembre-se que alguém se masturba/ Alguém do outro lado da cidade/ se sente em sintonia e pensa em você/ Refrão: Estou ligado na sua/ Essência Interior." Gostou? Mas aí já estamos avançando muito no tempo. Vamos voltar aos anos 80, quando esse assunto ainda era novidade — pelo menos, na música.

Até mesmo a frigidez foi tema de música nesse tempo, com o pop/rock debochado *Betty Frígida*, da Blitz, megassucesso em 1983, aquele mesmo que popularizou a expressão "Calma, Beth!". A música — que parecia saída de uma revista em quadrinhos — narrava a história de "Rony Rústico e Betty Frígida". Um só tinha músculos e era duro demais pra transar, e ela, coitada, era frígida.

Meu amor, não mude de cor
A gente pode tentar outra vez
A noite é uma criança
(...) É que eu sou frígida
Frígida, Betty Frígida
Eu não consigo relaxar
— Calma, Betty, calma!
— Você deve fazer de leve
— Calma, Betty, calma!
— Assim você me machuca!

Outro tema que é abordado cada vez com menos pudor na MPB é o da michetagem. Ora, desde os tempos da *Dama do cabaré*, de Noel Rosa, em nossas letras sempre se falou muito das prostitutas. Há um rosário de canções sobre nossas damas da noite. Lupicínio se inspirou em diversas delas desde o final dos anos 30. Nos anos 50, Nelson Gonçalves gravou várias, como *Dolores Sierra* (Wilson Batista/ Jorge de Castro), chegando a estourar com *Meu vício é você* (Adelino Moreira), vislumbrando aquele corpo "que a plebe deseja, embora ele seja um prenúncio do mal"; e a dupla caipira Palmeira e Biá com a *Boneca cobiçada* das noites de sereno, aquela que "o corpo não tem dono e os lábios têm veneno". Nos 70, impossível esquecer o dramalhão brega de César Sampaio, narrando a vida da *Secretária da beira do cais*, que vinha do interior para a cidade grande e escondia dos pais seu verdadeiro ofício, dizendo que era "secretária", ou a traiçoeira protagonista que só dizia "sim", do já mencionado bolero *Folhetim*, de Chico Buarque.

Pois bem, depois dessa tradição de adoráveis putas, a abertura dos anos 80 trazia agora os micheteiros para a MPB. Se a autobiográfica *Táxi boy* (*Garoto de aluguel*), de Zé Ramalho, em 1979, não obteve maior repercussão, entrava em cena o *Amante profissional* (Roberto Lly), faixa-título do álbum do Herva Doce, em 1985. A música foi um estouro e falava dessa categoria tão comum nas grandes cidades — que em geral serve mais ao público gay, mas que foi sempre esquecida (censurada, talvez?) em nossas letras: o garoto de programa, vulgo michê.

Moreno alto, bonito e sensual
Talvez não seja a solução pro seu problema?
Carinhoso, bom nível social
Inteligente e à disposição
Pra um relacionamento íntimo e discreto
Realize seu sonho sexual!
(...) Amor sem preconceito e sigilo total
Sexy total do amante profissional!

Tabu por tabu, talvez nenhum outro tenha sido tão grande em nossa sociedade quanto o do sexo anal, apesar de o bumbum ser uma preferência nacional. Hipocrisia à parte, este assunto realmente apareceu pouco nas letras da MPB até os anos 80. Há, no entanto, uma pérola gravada pelo grupo Roupa Nova, em 82, que não fez sucesso nenhum, mas é de matar... Usando a metáfora de pedir para a pessoa mudar o lado do disco para variar, o rock *Vira de lado* (Ricardo Feghali/ Serginho/ Mariozinho Rocha) não media ambivalências e dizia assim: "Vira de lado/ Que esse lado eu não quero mais/ Hei! girl!/ Hei! gay!/ (...) Eu só tô querendo variar/ (...) Eu tenho certeza que pedindo você não vai me desapontar/ Quem sabe o outro lado pode vir a ser um grande sucesso..." O Roupa Nova cantando essas coisas, quem diria, hein!!!

Bem, além dos já citados forrós de Genival Lacerda e Clemilda sobre o tema ("Talco no salão" e outros), o sempre irreverente Dicró já escrachava no samba *Dá bom dia* em seu LP de 1980, uma das pioneiras músicas mais escancaradas sobre o tema: "Dá bom dia pra eu!/ Dá, meu bem, dá bom dia pra eu!/ Afinal de contas, também mereço bom dia seu!/ Você não quer me dá bom dia/ Sinto um desgosto profundo/ No entanto você dá bom dia pra todo mundo..." Só o Dicró mesmo!

Se em 79, no *Tango do covil*, Chico Buarque elogiava a "bunda" sublime de uma mulher, em 85 ele ousaria mais em outra canção do mesmo ritmo, com uma discreta menção ao coito anal. Foi no delicioso *Tango de Nancy*, que Edu Lobo e Chico escreveram para a peça *O corsário do rei*, descrevendo uma mulher com muitas horas de cama que se queixava dos excessos que já havia se permitido frente ao assédio masculino. "Homens eu nem fiz a soma/ De quantos rolaram no meu camarim/ Bocas chegavam a Roma, passando por mim/ Ela de braços abertos fazendo promessas/ Meus Deuses enfim/ Eles gozando depressa e cheirando a gim/ Eles querendo na hora, por dentro, por fora, por cima e por trás/ Juro por Deus de pés juntos que nunca mais!" Bem, Chico é Chico... até na sacanagem ele tem classe.

Bem mais tarde, em 1987, os roqueiros do DeFalla voltaram ao tema de forma bem mais "escancarante" em *Sodomia,* sobre uma mulher viciada em tal prática, e o sempre irreverente João Penca e seus Miquinhos Amestrados retornaram às paradas de sucesso dois anos depois, mais moleques do que nunca, com *Cozinho de noite,* um daqueles roquinhos engraçados com inspiração nos anos 50 e 60, escrito por Leo Jaime e Arnaldo Baptista(!): "Cozinho de noite/ Pra quando você chegar/ Cozinho gostoso/ Pra quando você voltar do trabalho/ E talvez um dia não deva mais suportar/ Cozinho querido/ Só pra te conquistar!"

Nessa altura, o Camisa de Vênus já tinha falado daquela namorada piranha que ele havia flagrado "com a mão no pau do vizinho", então esse "cozinho de noite" já não causava espanto algum. Aliás, no mesmo disco dos Miquinhos — "Sucesso do inconsciente" — tinha um medley apelidado de "merdley" só com versões infames de sucessos sessentistas. Então a pobre *Namoradinha de um amigo meu,* de Roberto, era uma "lambisgóia que só tinha dois dentes" e tinha até... corrimento(!). Realmente a censura tinha acabado...

Mas nenhuma dessas músicas teve tanto sucesso nos anos 80 ou causou tamanho frisson e excitação — especialmente na mulherada — como a *Kátia Flávia, a godiva do Irajá* (Carlos Laufer/ Fausto Fawcett), um (pioneiro) rap funkeado interpretado pelo poeta e performer Fausto Fawcett. As mulheres — inclusive mais velhas — ficavam loucas. Faziam tudo para decorar a letra quilométrica — tal e qual os adolescentes atormentados faziam com *Faroeste Caboclo* do Legião Urbana — e quase gozavam na hora de gritar "calcinha" na hora do refrão. Essa música foi um fenômeno. Além de entrar em trilha de novela das oito, ainda fez seus shows performáticos virarem o must da temporada cult carioca, sempre cheio de louras a tiracolo. Rendeu também um novo disco e um livro sobre personagens do caos urbano de Copacabana, cuja musa maior — pelo menos na lembrança de todos até hoje — foi mesmo a "louraça belzebu" Kátia Flávia. Mas o que tinha essa música para fazer tanto sucesso? Além do ritmo contagiante, diferente e vanguardista para a época, a letra contava a saga de uma maravilhosa puta marginal de Copacabana, com sua coleção de calcinhas capazes de enlouquecer qualquer homem.

Kátia Flávia é uma louraça Belzebu
Provocante, uma louraça Lúcifer
Gostosona, uma louraça Satanás
Gostosona e provocante
Que só usa calcinhas comestíveis e calcinhas bélicas
Dessas com ornamentos bordados
Calcinha de morango, calcinha geladinha, calcinha de rendinha

A letra enorme falava que a mulher foi "ex-miss Febem, encarnação do mundo cão", "casada com um figurão contravenção", e que ficara famosa por andar num cavalo branco pelas noites suburbanas "toda nua". Que depois matou o tal figurão e foi pra Copacabana fazer mais das suas armações sedutoras...

Roubou uma joaninha
E pelo rádio da polícia ela manda o seu recado
(...) Alô polícia, eu tô usando: Um Exocet Calcinha!
Meu nome é Kátia Flávia, godiva do Irajá
Me escondi aqui em Copa...

Kátia Flávia foi a grande musa erótica dos anos 80. Deixou saudades.

PARTE 3

A "BUNDA MUSIC" DE GRETCHEN E CARLA PEREZ AO ESCRACHO DO FUNK

À medida que a ditadura chegava ao fim, e que a liberdade sexual avançava, não foram apenas as nossas letras que ficaram mais sacanas à medida que a ditadura chegava ao fim, e que a liberdade sexual avançava. Ocorreu também a volta das danças de apelo erótico, bem safadas. A semente de uma vertente da música brasileira, meio brega, meio sem-vergonha, que continua rendendo frutos e hoje conhecemos vulgarmente como "bunda music", começou em 1978, com o aparecimento de Gretchen. Uma mulher boa de traseiro que dançava furiosamente umas músicas meio malucas — entre a disco music, o chachachá e latinidades afins — com letras criando neologismos entre o português, o inglês, o francês e o espanhol — que aliás muito pouco importavam. O que valia no duro eram seus gritinhos e, claro, a retaguarda. Quando surgiu, uma matéria na revista *Contigo* descrevia seus atributos para vencer no meio musical: 96cm de busto e quadril, 67 de cintura, pés 33, distribuídos num corpo de 50kg. Uau!

Reza a lenda que Elis Regina ficou para morrer quando soube que Gretchen àquela altura vendia mais discos do que ela. Prova de que talento musical e vendagem nunca foram diretamente proporcionais. E que a apelação também tinha lá seu valor (!), afinal ela nunca mais foi esquecida no circuito brega-trash, com seus três grandes sucessos de sempre: *Freak le boom boom* (1979), *Conga, conga, conga* (1980) e *Melô do piripipi* (1981). Ou seja: algum atrativo ela tinha, senão ninguém se lembraria mais dela... No fundo, trata-se de mais um daqueles inexplicáveis fenômenos da pop art, alguém duvida?

O sucesso de Gretchen fez eclodir diversas imitadoras no início dos anos 80 que gravaram alguns compactos ou, no máximo, um LP rezando na mesma cartilha bundal. É o caso da lourinha Sol, que gravou uma musiquinha muito vagabunda que chegou a fazer sucesso no circuito AM, *Sonho colorido*, uma parceria de Sol e, vejam vocês, o maestro Jorge Cardoso — famoso arranjador de Alcione e outros bambas: "Abre a janela e deixa o vento entrar/ Olha pro mundo que já vai começar/ Brinca comigo e diz que me ama/ Me faz carinho e me leva pra cama..."

Entre muitos gemidos no estilo ninfetinha fatal, Sol se mostrava na capa com o traseiro para cima — tal qual a rainha Gretchen. A discotequeira Suzana posou em meio às chamas que devoram a foto da capa de seu único e hoje obscuro LP, cuja faixa-título não deixava dúvidas acerca de suas intenções: *Estou pegando fogo* ("E duvido que você me apague") e na primeira do Lado A, *Eu fico louca,* gemia: "Quanto mais você me agita/ Eu fico louca, louca pra te dar/ Pra te dar, pra te dar... um beijo(!)." Na mesma linha, havia ainda algumas inenarráveis chacretes que chegaram ao disco. Chacretes, para quem tem menos de 30 anos e não sabe, eram mulheres gostosonas que dançavam coreografias ultrabregas atrás do Velho Guerreiro Chacrinha, enquanto ele comandava as atrações em seu programa de auditório. Em cada um, algumas delas eram contempladas com um pequeno número solo de dança, enquanto a câmera da TV dava closes ginecológicos nessas moças que tinham nomes sempre possantes, turbinados, efusivos.

A chacrete Fernanda Terremoto chegou a ganhar música inédita de Tim Maia (*Eu quero te amar*, em 1984), mas não aconteceu. Rita Cadilac, a mais famosa delas, chegou mesmo a gravar um LP, puxado pelo relativo sucesso de *É bom para o moral* (D. Vangarde/ J. Kluger), uma versão muito trash (de Carlinhos Borba Gato) gravada em 1984, que 19 anos depois virou cult por ter sido cantada por ela no filme Carandiru (e na esteira de tal sucesso, ainda estrelou no ano seguinte seu primeiro filme pornô, *Sedução*). Por sua vez, a modelo Wilma Dias — freqüentadora do humorístico *O planeta dos homens*, de Jô Soares, Agildo Ribeiro, Paulo Silvino e outros, na tela da TV Globo — gravou um compacto com uma versão de uma música horrenda: *La massagiste*. Na capa, aparecia provocante, ostentando alguns panos com estampa de oncinha, e isso era o que mais importava! Elke Maravilha — quem diria! — regravou um velho sucesso de Luiz Wanderley, *Que vontade de comer goiaba*, em versão lasciva, em que gemia muito ao dizer a frase-título, num compacto disputado pelas bichas-cult (com toda razão, pois é realmente inacreditável e sensacional para dar pinta em perfomances gays). Esta não era exatamente "bunda music", pois Elke não explorava seu corpo, mas a intenção erótica era a mesma. E até uma certa Sharon também deixou sua voz para a posteridade em bolachas, com direito a ter seu (único) sucesso *Massage for men* regravado anos depois pela Banda Vexame, de Marisa Orth.

Benzinho, não fique assim tão nervosinho!
Relax, neném, que a fera aqui sou eu, meu bem
Eu vou fazer a sua cabeça
Deixe que a coisa aconteça
Vem cá, meu bem, fazer uma masssage for men, relax!
Mexo, mexo, mexo te deixando louco
Me faça inteirinha, vamos sair desse sufoco!

Está achando tudo isso muito estranho? Mas não é. Faz todo sentido. Em meio a tantas canções sensuais ou eróticas de Chico Buarque, Gonzaguinha, Odair José, Wando e Roberto & Erasmo Carlos, todas contando historinhas de casais na cama ou de mulheres e homens fogosos, não tardaria a surgir também o lado mais vulgar e apelativo das mulheres-objeto mostrando o traseiro e emitindo gemidos em canções meramente dançantes, provocativas, de letras totalmente chinfrins e com muita sacanagem.

Sidney Magal, apesar da excelente voz e de sua porção ator, era o lado masculino desse estilo, que não teve tantos seguidores quanto entre as mulheres. Nada mais natural que, para coroar tudo isso, também surgissem danças provocantes com músicas suingadas, estimulando ainda mais o lado erótico e até pornô dos ritmos da MPB — com direito a coreografias, performances quentes e capas de disco apelativas.

Na verdade, esse tipo de música e essas danças relacionavam-se a vários fatores: a evolução natural da mudança dos costumes e de comportamento que explodiu por aqui na segunda metade da década de 70, o fim da censura e a própria evolução do mercado fonográfico, que viu nesse filão um meio fácil de fazer dinheiro rápido (e não só no Brasil, mas em vários países). Também não podemos negar que isso não aconteceria com tamanha força não fosse o Brasil um povo cuja sensualidade e erotismo fossem gritantes, com uma vocação natural para o despojamento e o sexo — fatos muito presentes na nossa cultura desde sempre —, e que foram catalogados pela música popular desde a época do maxixe.

Quando Gretchen e suas seguidoras apareceram, ninguém poderia imaginar que aquilo era apenas a ponta do iceberg. Que dezenas de artistas viriam em seu rastro — uns com mais, outros com menos valor. Alguns puramente comerciais e vulgares, outros apenas divertidos. Mas todos com algo em comum com a Rainha do Bumbum: centralizaram suas carreiras em músicas cujas danças tinham forte apelo erótico. Só que elas não viriam mais tanto do Rio de Janeiro, mas de Salvador. A partir de meados dos anos 80, sugiram sucessivas danças e modas baianas que culminariam na chamada axé music, na década seguinte.

Os primórdios do axé surgiram no Carnaval baiano de meados dos anos 80 nas figuras de Gerônimo e Luiz Caldas. O primeiro, com músicas um pouco mais engajadas ou com temas afrobrasileiros, como *É d'Oxum* e *Eu sou negão*. Já Caldas, de repente, estourou no sul maravilha com a inacreditável *Fricote*, cujo refrão era o seguinte:

Pega ela aí, pega ela aí
Pra quê? Pra passar batom
De que cor? De violeta
Na boca e na bochecha
Pega ela aí, pega ela aí

Pra quê? Pra passar batom
De que cor? De cor azul
Na boca e na porta do céu

Porta do céu? Francamente, jamais havia visto até então uma metáfora erótica mais inventiva em toda minha vida. Talvez nem a "catedral do amor" de Sinhô, que dizem ser o órgão sexual feminino. Pois a coisa estava esquentando. Em 89, outra musa do pré-axé que desapareceu no calor do Pelourinho, Sarajane, ficou famosa no Brasil inteiro por causa da incrível *A roda* (Sarajane/ Robson de Jesus/ Alfredo Moura): "Vamos abrir a roda, enlarguecer/ Tá ficando apertadinha/ Por favor, abre a rodinha..."

Como se vê, só pensavam naquilo. Dali para a lambada, foi um pulo. Descendente do merengue caribenho, ela era dançada há décadas no Norte, com nomes como carimbó e sirimbó, com uma levada parecida. Na Bahia, ganhou um tempero de reggae e samba de roda e, mais uma vez, foi parar em Paris, faturada pelos espertalhões do Kaoma.[8] Cada verão tinha uma moda. A lambada até que durou uns três. Pipocaram aulas nas academias, todo mundo queria dançar o raio da "nova dança", que tinha seu clímax numa coreografia de abrir e fechar de pernas, quando o vestido da moça voava e dava para ver sua calcinha. Essas aulas e esses carnavais foram embalados por Beto Barbosa, Cheiro de amor, Banda Beijo (que revelou Netinho), Chiclete com Banana e vários outros. As letras não tinham nada demais, a não ser eventualmente um trocadilho infame, como "Mexe com a banda pra frente/ Mexe com a banda pra trás/ Mexe com o cu-meço que a banda faz", versos de *Beijo na boca* (George Dias/ João Guimarães), da Banda Beijo.

Depois do fricote, veio o tititi, a dança da galinha, do crocodilo e até a do Mike Tyson, esta na folia de 1988 — coisa para macho, genialmente descrito pelo crítico Tárik de Souza num artigo para a revista *Sexy*: "Punho direito na altura do queixo e um murro no ar. Quando o braço direito voltava a ficar paralelo ao tronco, repetia-se o movimento com o punho esquerdo, sempre saltando na ponta dos pés. E dando uma requebradinha que ninguém é de ferro. Pobre dos mortalhas fracotes da vizinhança."

Se Gretchen foi "soberana das pornocapas de discos",[9] com sua exuberância e sua retaguarda avante nas fotos das capas, contracapas e encartes — saborosíssimos para a população masculina —, o mesmo iria acontecer brevemente com os grupos de axé, a partir dos anos 90, quando a sigla congregou todos os artistas carnavalescos baianos que mobilizavam multidões. No CD da Companhia do Pagode que veiculava, entre outras, *Na dança do strip-tease* (1997), havia um close sintomático do shortinho enterrado de uma anônima em posição de combate. Como disse muito bem Tárik na mesma matéria, "está na cara (encarando a coisa de baixo pra cima) que ela sabe exatamente onde colocar a boquinha da garrafa".[10]

As modas foram se sucedendo a cada verão — cada vez mais despudoradas. Em 1991, mais um baiano, Zé Paulo, estourou com a inacreditável *Rala o pinto*. Veio o verão do *Requebra* — um rebolado feito com as pernas bem abertas, que o outrora politizado Olodum emplacou no Carnaval de 1994. Com a elasticidade do corpo já testada na folia do Requebra, em 95, o país parou para dançar a dança da garrafa, obra da Companhia do Pagode, que emplacou o samba de roda pop *Na boquinha da garrafa*, cuja coreografia era de fazer mães de família de classe média ligarem para o Disque-Denúncia. A garrafa ficava na posição fálica sobre o chão e a mulher dançava agachando-se até quase tocar sua ponta no... Bem, é isso aí. "Vulgaróide", mas depois do terceiro chope, todo mundo adorava. Como as coisas mudam! E pensar que a cantora Marlene no Carnaval de 1970 abaixou-se, rebolando em círculo — mas sem a garrafa — cantando o *Broco do Dodô Crioulo* e acabou suspensa por três meses da TV, ainda tendo de explicar-se à Censura Federal.[11]

No Carnaval seguinte, em 96, o compositor Tonho Matéria desovou a Dança do Tchaco (ou do jhaco), definida por ele como "uma pagolada com temperos de samba, axé, salsa e timbalada". "Eu tô em cima/ Tô embaixo/ Jhaco pra frente/ Jhaco pra trás." Como diria Tárik, os editores do *Kama Sutra* não venderiam nem acarajé no Carnaval de posições de Salvador.

Nesse meio-tempo, em 95, apareceu — agora sim, um grupo que foi uma febre no país todo — o Gera Samba, que, por conta de um problema com um conjunto rival homônimo, teve no ano seguinte o nome mudado para o de sua música de maior sucesso: *É o tchan* (na verdade a música chamava-se *Melô do tchan*, de Bieco do Tchan e Cissinho). Essa letra em ritmo de samba-de-roda tocou até ninguém agüentar mais. Um sucesso retumbante que fez a gravadora Polygram faturar alto. A letra dizia "Tudo que é perfeito a gente pega pelo braço/ Joga lá no meio/ Mete em cima/ mete embaixo/ Depois de nove meses você vê o resultado" e o refrão bombástico (?) era o seguinte:

Segura o tchan!
Amarra o tchan!
Segura o tchan, tchan, tchan, tchan, tchan!

Tchan? É isso mesmo. Talvez seja o nome mais infame dado ao falo masculino em toda a história da humanidade. Mas, tudo bem, vamos em frente. Bom, o ex-Gera Samba, posterior É o Tchan, foi puxado pela loura Carla Perez, uma dançarina estilo chacrete, àquela altura com 102 centímetros de quadril. Uma espécie de Gretchen loura para ninguém botar defeito. Quer dizer, os críticos quase cometeram suicídio coletivo, mas o povo adorou. E o que poderia ser visto como uma armação de um disco só, estilo Kaoma, chegou, no ano de 2005, aos... dez anos de carreira. Com vários dançarinos e dançarinas — estas escolhidas por concurso em programas populares de TV, como o do Faustão —, fez o público desviar um pouco a atenção da música e firmar-se no contagiante ritmo do pagode baiano difundido pelo grupo, fazendo-o absorver seus sucessivos hits "temáticos" de discos ambientados nas "mil e uma noites", na "selva" e onde mais a gravadora e seus produtores pudessem imaginar.

As letras eram sempre bastante primárias, induzindo as pessoas a repetirem com eles os passos de sua dança cheios de sacanagem, como *A dança do bumbum* (Sinhô Revolução/ Gilmar do Samba/ Otacílio/ Ary, 1996): "Bota a mão no joelho/ Dá uma abaixadinha/ Vai mexendo gostoso/ Balançando a bundinha." Era tudo repetitivo, mas no meio de um churrasco, de um Carnaval ou de uma micareta, com umas cervejas nas idéias, não fazia feio, não. O ritmo era bom e todo mundo dançava *O trenzinho* (Edney Santos/ Cau/ Beto Jamaica/ Meneguel/ Tuca, 1995), sem neuras: "Todo mundo na viagem/ No trenzinho da sacanagem/ E olha só como assovia/ O trenzinho da alegria/ (...) Quero todo mundo já/ Nesse pega pra capar."

E tome duplo sentido e coreografias assanhadas. Muita gente pode hoje cuspir no prato que comeu, mas não foram poucos os que em 95 cantaram *Paquerei* (Jair/ Beto Jamaica/ Washington), "o novo som de Salvador/ paquerei, paquerou", que desdenhava de uma menina que talvez não fosse capaz de botar o "pião pra rodar". No verão seguinte, foi a vez da *Dança da cordinha* (Dito/ Jorge Zarath/ Renato Fecchine), que instigava: "Quero ver você passar por debaixo da cordinha", sob gritos de "Vai passando, sua ordinária!" — aliás, "órdinária", com acento baiano na primeira sílaba. Também foi o Carnaval da pré-viagra (natural) *Estátua* (Bia Fera/ Beto Jamaica/ Tião): "Se quiser endurecer/ Olha o que eu vou lhe falar/ Vá parando, pa-pa-paralisar." Em 97, veio a *Dança do põe-põe* (Beto Jamaica/ Claudinho Põe-Põe/ Nêgo Ita), que não exige maiores comentários, *Mão boba* ("Aquele que não tem mão boba levanta que eu quero ver") (Délcio Luiz/ Wagner Bastos/ Washington), e finalmente *Ralando o tchan* (*A dança do ventre*) (Dito/ Beto Jamaica/ W. Rangel/ Paulinho Levi) que tocou até estourar o turbante do sultão.

Essa é a mistura do Brasil com o Egito
Tem que ter charme pra dançar bonito
(...) O Califa tá de olho no decote dela
Tá de olho no biquinho do peitinho dela
Tá de olho na marquinha da calcinha dela
Rala, ralando o Tchan!
Ela fez a cobra subir, a cobra subir, a cobra subir...

Em 98, após a substituição de Carla Perez por Sheila Mello, veio mais um sucesso: *A nova loira do tchan* (Dito/ Cau Adan/ Renato Fechine/ Jorge Zarath), que descrevia polegada por polegada a nova gostosona: "A nova loira do tchan é linda/ Deixa ela entrar! É linda!/ Tem 60 de cintura, que gostosura!/ 105 de bundinha, que bonitinha!/ 1,70 de altura, ninguém segura/ Mas que lourinha danadinha!"

"O axé pendurou a mulher num gancho de açougue", diz a cantora Fafá de Belém, que de puritana não tem nada, pois sempre usou e abusou de sua sensualidade provocante, com seus generosos decotes. "Tudo que nós brigamos como mulheres para irmos além do objeto, para sermos respeitadas, o axé jogou na lata do lixo, com danças e letras no limite da escatologia. Fica aquela coisa porca, balançando, e a câmera focalizando por baixo. Acho que o axé foi uma involução em tudo a não ser no ritmo, que é muito bom", acredita.

O sambista Nei Lopes, que chegou a assinar um release de um dos primeiros CDs do grupo É o Tchan, acabou se decepcionando com o resultado repetitivo dos discos que se sucederam. "O que eu disse do Tchan é que aquele erotismo e duplo sentido eram da tradição inteligente e maliciosa do samba de roda baiano. Só que eles acabaram caindo na bobeira e na infantilidade, mesmo", crê, hoje, o sambista.

Para Maria Bethânia há uma diferença muito grande entre o axé e o velho samba de roda baiano. "O samba-de-roda vem do recôncavo da Bahia. O axé é um pagode misturado com reggae baiano. O samba-de-roda é um samba de viola com instrumental totalmente diferente: ou se batiam palmas ou pedaços de madeira, sempre com um violão de centro, uma viola de solo e atabaques. É sensual, um ritmo africano puro. Havia uma sensualidade contida. As letras eram maliciosas, com versos até de certa forma fortes para a época, mas que naquela hora da música dava para se falar. Eram letras que falavam de tudo para namorar, para conquistar. A dança do samba-de-roda é de uma sensualidade rara, e o que tem de picante é muito sutil", ensina.

Bem, cada pessoa tem seu código de valores e pode se sentir um pouco invadida com certas repetições, excessos e "vulgaridade" em algumas letras repetitivas, ou posturas de palco de alguns dos artistas de axé, como também no rock, no funk e outros gêneros. Por outro lado, música popular é diversão, e o que é interessante de verdade acaba transcendendo o seu tempo. Fato é que no final dos anos 90 os imitadores do É o Tchan não paravam de surgir. Caso da

Gang do Samba, que exaltava o tema deste capítulo em seu sucesso *Raimunda* (Tenilson Del Rey/ Paulo Vascon e Reinaldo Maia), de 98: "Essa menina tá de brincadeira, vai acabar alguém passando a mão/ Rebola bola o rebolado da Raimunda!/ Rebolando tá fazendo todo mundo passar mal! É o monumento da redonda arquitetura! Logo embaixo da cintura! É a bundaaaaa!" Outro grupo que se notabilizou no rastro do É o Tchan foi o Terra Samba, que também em 98 fez um sucesso estrondoso com seu *Carrinho de mão* (Renan Ribeiro/ Julinho Carioca/ Reinaldo Nascimento/ Jarbas Veiga): "Com jeitinho eu seguro a sua mãozinha/ Depois aliso com carinho a sua cinturinha/ Empine o corpinho para frente e os braços para trás/ A onda do carrinho de mão é assim que se faz/ A mocinha vai pra frente e o mocinho vai para trás..." Um manual de sexo anal não faria melhor.

O Terra Samba também apelou para o *Banho de chuveiro*, em 99, em que o sabonete escorregava no meio do banho e ele ia subindo a mão "com emoção" pra esfregar sua amada. "Com emoção" é demais, não? E também engatava a *Marcha-ré* (Dito/ Renato Fecchine/ Reinaldo Nascimento/ Jarbas Veiga) num samba que estava gostoso "mas muito devagar", então engatava a primeira, a segunda, a terceira e — entre tremedeiras — engatava a ré. "E leve o caminhão que eu vou atrás/ Tá bonito, aqui na frente tá gostoso até demais." Já estão bocejando? Imagino... Isso já era a apelação levada ao extremo, mas é bom que se diga: o povo assimilou com vontade. Afinal, a indústria da TV e do axé baiano não seria capaz de promover tudo isso se o povo também não estivesse tão disposto a consumir a malícia pasteurizada, mas ainda de contornos latinos e bem brasileiros, de alguns desses grupos de sucesso efêmero como as chuvas de verão.

A partir daí, qualquer duplo sentido virou brincadeira de criança. Na Bahia, no Rio, em Sampa, não importava o Estado. Falar de sexo passou a ser trivial. Programas de TV lentamente começaram a invadir a telinha falando do tema sob os mais variados enfoques. A imprensa passou a abordar o assunto em tudo que fosse entrevista, e as mais apelativas chegavam ao cúmulo de perguntar às atrizes-modelos e manequins sobre a performance sexual de jogadores, cantores de pagode e empresários em geral que dividiam as camas com elas. E o que é mais incrível: elas respondiam com detalhes ginecológicos. Era também o início da fase da intimidade via internet, que, se por um lado desmistificava certos tabus sexuais, por outro, passou a banalizar coisas bacanas do sexo, como numa competição desenfreada pelo melhor orgasmo, pelo melhor amante, pela mulher imbatível. Era a indústria do descartável chegando ao mito do prazer sexual, com todos os prós e contras de praxe.

Por essas e outras, muitos psicanalistas e intelectuais acreditam que, apesar de tanta invasão do sexo na mídia, uma revolução sexual, em nossos dias parece ser ainda uma realidade distante de nós. Muito poucos são livres e experimentam novas formas de amar sem culpas. Luiz Carlos Maciel crê que exista hoje uma falsa liberação sexual e que a tão proclamada "revolução sexual" está longe de se concretizar porque a liberdade sexual atual está muito ligada ao comércio, à "industrialização do erotismo". "Tudo fica condicionado a interesses econômicos. E isso impede que as pessoas tenham vida sexual saudável, ou seja, espontânea. Parece que fica tudo dirigido pelo mercado. Tudo bem que a cachorra sacuda a bunda, mas ela tem que ter vontade de fazer isso mesmo, e não para aparecer na televisão. Senão isso fica vinculado apenas a objetivos do próprio ego e não se vai além", explica.

José Ângelo Gaiarsa também não acredita nessa liberação sexual toda. Porque tudo está muito no plano das "vantagens", do falado, e pouco se evoluiu na prática. "É muito grande a divergência entre o que se fala e o que se experimenta na cama. Isso é profundamente verdade: ainda hoje dizem que fazem muito, mas não é bem assim. Há relatórios sobre o desempenho sexual do homem brasileiro que dizem que eles são muito monótonos na cama. Desde o começo entram num meio automático, e dali não evoluem. É mulher, *tá* bom, e pronto! E isso não é bem liberdade sexual. Eles têm a transa, mas não têm contato mais qualitativo com a mulher. Resumindo: a distância entre o homem e mulher continua existindo", analisa.

Apesar de tanta falácia e da evolução de alguns modismos comercialóides que encaram o sexo como uma indústria — inclusive na música brasileira — fato é que pelo menos o assunto já é abordado sem tanto peso na consciência. Se é mais ou menos profundo, se é pura molecagem ou apenas um meio de ganhar dinheiro, na realidade, esse tipo de apelo ao erotismo e à sacanagem generalizada não para de aparecer em nossas letras. Mesmo fora do axé.

Que o digam os grupos de pagode. Alguns deles conseguiram burlar a falta de criatividade reinante nas letras de seus discos e chegaram a emplacar eventualmente sucessos divertidos. Em 1993, o primeiro grande êxito do Só Pra Contrariar trazia um Alexandre Pires (futuro galã romântico latino) compondo um samba de roda com bastante suíngue, *A barata*, que fez muito sucesso. A idéia não chegava a ser muito original, já que um clássico baiano do gênero, bem mais antigo, já dizia "Xô, xô, barata, nas cadeiras da mulata/(...) A barata tá danada nas cadeiras dela", mas de qualquer maneira era bom para dançar, divertido como os velhos sambas de roda da Bahia. O refrão todo mundo se lembra: "Toda vez que eu chego em casa/ A barata da vizinha está na na minha cama", seguido de vários versos, como se fossem improvisos típicos desse gênero: "Diz aí Luis Fernando o que 'ocê' vai fazer/ Eu vou comprar um chicote pra me defender", ou "Diz aí Rogério o que 'ocê' vai fazer/ Eu vou comprar um pau pra me defender", ou ainda "Diz aí Serginho o que 'ocê' vai fazer/ Eu vou comprar uma furadeira pra me defender", tudo isso para darem uma seqüência de "chicotadas", "pauladas" e "furadas" na "barata" dela. Ui!

Em 97, O SPC vendeu 3 milhões de cópias de seu CD por causa de músicas como *Mineirinho*, outro pagode pop de contornos eróticos: "Eu não tenho culpa de comer quietinho/ No meu cantinho boto pra quebrar/ Levo a minha vida bem do meu jeitinho/ Sou de fazer não sou de falar", e entre gemidos arfantes, soltava o refrão: "Ai! Ai! Não tem como duvidar/ Faz! Faz... quem provar se amarrar." Humm...

Um ano antes foi a vez do Art Popular falar de um *Pimpolho* (Leandro Lehart) que ficava ouriçado a cada vez que via mulher: "Ela tá dançando e o pimpolho tá de 'oio'/ Cuidado com a cabeça do pimpolho...". Na mesma época, o Negritude Júnior falava de uma mulher *Tanajura* (Charlles André/ Netinho) que, bem, dispensa maiores comentários: "Tana, Tanajura/ Jura que me ama (...)/ Que perna grossa/ Assim não há quem possa/ Ai, minha nossa/ Não dá pra resistir."

O mundo do pop/rock, que com raras exceções andava muito comportadinho e enfrentava um período de baixa desde o fim da década de 80, também deu as caras nesses temas. Se no pop/rap *2345 meia 78* (1997) Gabriel, o Pensador narrava as agruras de um sujeito às vésperas do fim de semana ligando pro seu caderninho inteiro de telefones, atrás de uma garota para "sair do osso", "afogar o ganso" ou pra "molhar o biscoito", o pop/rock teve ao menos um representante de peso neste quesito nos anos 90: era o grupo Raimundos, que injetou a testosterona adolescente de volta no rock, jogando pra escanteio o politicamente correto em letras sujas e lambuzadas de esperma. Perto delas, o *Forró cheiroso*, de Clemilda, ou a *Boquinha da garrafa*, da Cia. do Pagode, já poderiam ser gravados até pela Angélica ou pela Mara Maravilha. Seriam consideradas infantis... Por exemplo, em 94, os Raimundos lançaram *Minha cunhada* (Rodolfo Abrantes/ Marim Luthero/ Raimundos), na qual queriam dar uma lição na tal cunhada, ao que parecia, não estava dando conta do recado direito: "Eu descobri que pimenta malagueta/ Quando entra na boceta vai se enganchar no pulmão/ Não, Não é assim que se fode não!/ Pense nisso meu amor que o buraco é mais embaixo/ (...) E quando meu pinto se sentir um pouco frouxo/ Vou te botar de quatro e meter bem no seu roxo." Tão sutil, não? Pois *Selim* (Raimundos/ Cristiano Telles), do mesmo ano, foi um baita sucesso entre os endiabrados adolescentes — alguns de idades até mais avantajadas —, com altas doses politicamente incorretas de machismo (latino), ainda que com humor.

Eu queria ser o banquinho da bicicleta
Pra ficar bem no meio das pernas
E sentir o seu ânus suar
Eu queria ser a calcinha daquela menina
Pra ficar bem perto da vagina
E às vezes até me molhar

E pensar que, trinta anos antes, o que fazia sucesso era "Eu queria ser o seu caderninho", ou "Você é o tijolinho que faltava na minha construção". Bom, os tempos mudam. Em 95, foi a vez dos Raimundos emplacarem *Tora tora* (Canisso/ Digão/ Rodolfo): "Se ela tá gemendo é porque eu sou um cara legal/ Se ela tá tremendo é que ela gostou do meu pau/ Se ela tá gritando é que ela tá querendo mais/ Se ela tá berrando é hora de meter por trás/ Tora, tora, é isso aí moleca doida/ É que a moçada da minha área só pára/ Quando a bola do olho pula fora/ O corpo fala, tem sensor ativo/ É o que me faz vivo, então se agacha e chupa a rola agora!"

Isso é que é sutileza, o resto é conversa. Definitivamente, os Raimundos escracharam de uma vez por todas o sexo anal na letra de música brasileira — e fazendo sucesso ainda por cima. O que faz os pobres rapazes do Roupa Nova ficarem até corados, pois sua *Vira de lado* perto disso vira canção de ninar. Mas eles não pararam por aí. Em 97, ridicularizaram a *Pequena Raimunda* (Douglas Colvin/ John Cummins/ Jeff Hyman/ V: Raimundos), aquela mesma, da velha anedota "ruim de cara, mas boa de bunda". Finalmente, dois anos se passaram e eles não livraram a cara nem de uma garota de 17 anos na inenarrável *Me lambe* (Digão/ Rodolfo/ Fred): "Como a vista é linda da roda gigante/ É tão grande/ Acho que ela viajou que eu era um picolé/ Me lambe!/ No parque de diversões foi que ela virou mulher/ Das forte/ Menina pega a boneca e bota ela de pé." Como "de perto ninguém é normal", pouco tempo depois, o vocalista do grupo, Rodolfo, virou evangélico. Que coisa! Mas o "diabo" já estava solto na música brasileira há muito tempo, e as músicas de putaria iam ficando cada vez mais explícitas.

Ainda em 97, o cantor pop Vinny se lançava com *Heloísa mexe a cadeira*. De sua autoria, era um dance music bem safado, cantado com sua voz quente, em que pedia à tal Heloísa cada coisa... "Mexe a cadeira/ Agora bem na minha cara/ Mexe a cadeira/ Da maneira que te tara/ Mexe a cadeira/ E perde a vergonha na cara (...) Mexe a cadeira e vai fazendo a minha mala." Fazendo a minha mala? Bem, você não acha que "mala" nesta música seja apenas um utensílio de viagens, não é?

Em 1998, o grupo Funk'n'lata provocava ainda mais que Vinny em ritmo de funk tradicional. A música *Boquete* (Ivo Meirelles) era bem apelativa, e seu clipe, uma sacanagem só. Muitas mulheres "servindo" ao enorme grupo de negões que compunham o conjunto. Sob um ritmo bem animado, com metais de fundo, o grupo repetia a palavra-título à exaustão, e haja testosterona para agüentar a excitação. Mas isso era apenas um prenúncio do que o funk carioca (agora sem metais, e mais agressivo) trataria de levar adiante para terminar de botar fogo nas estruturas da "família brasileira".

O problema é que quem ouve funk não é o garoto rebelde de classe média que põe o som alto no quarto ouvindo Raimundos, mas o sujeito que expõe os alto-falantes a toda num carro de som no meio da rua, no pátio do condomínio do subúrbio ou no meio da favela. E aí jovens e velhos, puritanos e libertinos, finos e casca-grossas são obrigados a ouvir — mesmo que não queiram — versos os mais corrosivos e ferozes, narrando com furor adolescente as maravilhas de fazer um 69, um frango assado, um cunilíngua, uma chupeta, uma "espanhola", enfim, sexo de pé, deitado, de costas, pela frente ou por trás. O funk carioca chutou o pau da barraca e, em meio ao calor tropical reinante, abriu as pernas e mandou ver, provando que, em termos de sexo, a chapa deles é mesmo muito quente.

O mais divertido deles remete aos velhos forrós ou marchinhas, com o melhor do duplo sentido. Satirizando a popular marca de fogões Dako, Tati Quebra-Barraco — sempre ela! — fez sucesso com... *Dako é bom*!: "Entrei numa loja/ Estava em liquidação/ Queima de estoque/ Fogão na promoção/ Escolhi da marca Dako/ Porque Dako é bom/ Calma, minha gente/ É só a marca do fogão." Se fosse em ritmo de forró, Genival Lacerda e Clemilda poderiam até gravá-la.

Desde a virada do milênio mais ou menos, as letras do funk carioca trazem uma fúria adolescente pelos malabarismos do sexo, como neste outro pornosucesso de Tati, canguru perneta (!)...

Na melô que tá na moda
Com seu gato eu vou meter
De quatro, de lado e por trás
Mete tudo, eu vou gemer
O tempo já é moderno

E sexo tem que variar
Se eles quer que você mama
Manda eles te chupar
Canguru perneta, de lado, de quatro, lingüinha na...

Realmente, o "tempo já é moderno", e já era hora de se falar mais abertamente de certas coisas em nossa música popular, como bem disse o funk *Coisa do passado*, da Furacão 2000, dando a noção dos "novos tempos" no início da década de 2000: "Beijo na boca é coisa do passado/ Agora a moda é *namorá* pelado." Mas vale uma reflexão. Será que se não fossem as estruturas morais e sociais, os jovens de outros tempos também não escrachariam seus desejos em suas letras? Pois no neo-funk carioca há músicas falando de tudo a respeito de sexo. Todos os temas apresentados até aqui foram levados ao extremo nesse gênero musical. Nenhum escapou.

Nas cantadas dos homens nas mulheres, destacam-se temas como o próprio ato sexual, comparando o pênis a um "martelão" no famoso *Cerol na mão* (Tigrão), do Bonde do Tigrão, lançado no ano 2000. As gírias vão mudando. "Dar pressão" passou a ser sinônimo de outra pérola do jargão sexual, o velho "meter". Ele dizia pra sua "Tchutchuca" (mina, garota, como quiserem) que ia jogá-la na cama e lhe "dar muita pressão", para depois completar: "eu quero um rala quente pra te satisfazer." "Te satisfazer?" Interessante, pelo menos já estava pensando no prazer da mulher.

As fantasias sexuais também passaram a povoar as letras do funk: "Eu mando ver/ E faço o que elas querem/ (...) E as panteras enlouquecem/ (...) Chicotada no lombo/ É o que elas pedem", dizem os Filhos do Funk, em *Chicote* (Reinaldo/ Sandro/ Cleyton, 2001).

Outras são mais pesadas. O MC Serginho fazia a elegia ao seu esperma em *Leite de minhapica*: "Tem o leite longa vida/ Tem o leite de saquinho/ (...) Não se encontra no mercado/ Nem se tira de uma vaca/ Só toma de canudinho/ É o leite de minhapica." Perto dessa, seu megassucesso de 2003, a *Egüinha pocotó,* virava realmente uma canção infantil.[12]

Gorila e Preto já foram mais adolescentes e divertidos em dois funks hilários. Já se pode imaginar o furor no meio de um baile com refrões como "Quem tá sem cueca/ Levante a mão" ou "Quem tá sem sutiã levante a mão", do já mencionado funk *Balança*. Ou ainda o tributo ao motel — coitado, tão proibido na MPB do passado. "Motel, levante a mão quem quer ir pro motel!", cujo breque era ainda mais engraçado: "A rapaziada tá muito eufórica aí? Tá duro? Abaixe o braço!!!", da montagem *Motel*.

No hit parade 2004/2005 do funk carioca, havia versos sobre múltiplas posições sexuais ("Tá na posição da rã/ Fica até de manhã"; "De quatro, de lado, de frente por trás/ A gatinha pede mais" ou "Bota na boca/ Bota na cara/ bota onde quiser") e preferências na cama ("Se tu cai na minha rede eu te dou várias *linguadinha*/ E tu *sobe* pelas paredes"; "Eu vou te fazer mulher/ Vou te acariciar gostoso/ E te dar muita pressão/(...) E te beijar todinha/ Me diz o que tu quer" ou "Ela pede tapa na cara/ E diz que isso te excita/ Que delícia// Ela arranha o meu corpo com jeitinho sensual/ Que delícia!"). Outros beiravam o pornô: "Pega a xaninha, faz carinho na xaninha/ Beija a xaninha/ Que ela vai perder a linha", e dois deles usam o verbo "atolar" em conjugações jamais antes pensadas na música nacional: "A tchutchuca pede a montagem do atola/ Atola, atola, na montagem canguru/ Atola, atola, atola, Requebra pra chuchu..." ou "Sou eu bola de fogo/ E o calor tá de matar/ — Vai me enterrar na areia?/ — Não, não! Vou atolar!/ — Tô ficando atoladinha! Tô ficando atoladinha! Tô ficando atoladinhaaaaaa!!!!!"

Nada, porém, poderia ser mais engraçado que *Tradução*, do Bonde do Vinho,[13] que não fica a dever a Sandro Becker, Clemilda, Genival Lacerda ou Ivo Meirelles do Funk'n'Lata.

> *Se tu* saca *inglês me ajuda a traduzir*
> *(...) — Eu digo você repete*
> *— O que é que é peixe?*
> *— É fish*
> *— O que é que é bola?*
> *— É ball*

— *O que é que é gato?*
— *É cat*
— *Vou perguntar mais uma vez, gata, quero que tu* repete
— *Ei, tá surdo? Fish, ball, cat!*

Será que Bill Clinton conhece isso?

Depois de acusado de tratar a mulher como objeto, o funk naturalmente trouxe à tona suas funkeiras. E elas — cheias de atitude — resolveram dizer aos homens tudo o que queriam na cama, e passaram a criticá-los sempre que eles não comparecessem conforme o esperado. O Bonde das Tinhosas, em 2001, lançou o *Pretinho sensual*, que devia "ser bom de cama e fazer o sexo animal", e a certa altura tinha a intervenção do próprio dizendo: "Se tu gosta (sic) de pretinho/ Então começa a gemer, safada!" Ui!!!

Mas a primeira a causar polêmica foi a (já mencionada no capítulo anterior) MC Bete com seu *Tapinha*, aquela do "um tapinha não dói", em 2000. O terreno estava então aberto para a funkeira mais polêmica da década: MC Tati Quebra-Barraco e seus funks para muitos, feministas, mas feitos sem qualquer consciência disso. São músicas com mensagens bem agressivas para sair da boca de uma mulher, e também divertidas, que passaram a levar a platéia à catarse onde quer que ela se apresentasse, como se fossem gritos de guerra. Eram letras como a já mencionada *Fama de putona* ("Só porque como seu macho!"), que logo no começo trazia ainda uma ordem: "Se prepara Mona, que a gente tá na pista", seguido de um delicioso: "Sem neurose." Pura diversão, como se vê.

Que ninguém tente intelectualizar ou complicar muito uma música catártica como o (neo) funk carioca, que só quer fazer extravasar energias reprimidas. Mas Tati não é de brincadeira. Ela não faz por menos. Na hora do prazer quer ir ao melhor motel: "É na suíte do Mirante/ Que eu quebro o meu barraco/ Lugar luxuoso não é pra mané/ Só sobe de carro/ Quero ver subir a pé/ Se liga na Tati/ O ritmo é frenético/ Pra você abrir a porta/ Só com cartão magnético", versos da montagem *Cartão magnético*, dos DJ's da Pipo's e MC Tati. Ela também não quer saber de monotonia na relação, pois como a Tati mesmo já disse, "sexo tem que variar". É o que se pode ver na montagem *Cardápio do amor*: "Cardápio do amor/ Tu *tem* que saborear/ Todos os tipos de delícia/ Você tem que provar/ Se pedir café completo/ Tu vai comer todinho/ Com chantilly nesse corpinho/ Vou lamber ele todinho..."

O tema dos tapinhas volta mais uma vez numa perspectiva nova, sem o ranço machista que teria em outros tempos no funk *Cachorra chapa quente*, dos DJ's da Pipo's e da Tati: "Sou cachorra chapa quente/ Adoro quando me (bate)/ E fico louca de tesão/ (...) E fico pedindo tapinha na cara/ Sou uma gatinha manhosa/ (...) Que tesão, vou te arranhar!/ Cachorra, au au!/ Gatinha, miau!" Tati, que está longe de ser padrão de beleza, faz auto-crítica, mas não deixa de se vangloriar como boa de cama em *Não sou cocota*, dos mesmos autores. Ainda por cima diz os seus motéis preferidos, fala do que as "popozudas" da Cidade de Deus desejam e diz mais uma vez do que gosta na cama: "(Não sou cocota não!)/ (Não tenho popozão!)/ As popozuda da de Deus/ Quanto pega esquarteja!/ Quando manda no Mirante/ Demorô, bota o restante!/ Quando manda no Carícia/ Faz amor que é uma delícia/ Me joga na parede!/ Me chama de lagartixa!/ Me chupe por favor!"

E — mais explícita impossível — enumera suas posições favoritas em *Assanhadinha*, dos mesmos autores.

Sessenta e nove, frango assado
De ladinho a gente gosta
Se tu não ta agüentando
Para um pouquinho
Tá ardendo, assopra
Então... ta ardendo, assopra
Fico de joelho, faço um biquinho
Chupo a tua...

Mesmo sem ter a menor consciência disso, Tati também ia à forra de muitas piadinhas politicamente incorretas que os homens sempre fizeram com as mulheres da música brasileira. Passou a zombar do tamanho do pau dos caras e dos que não sabem "mandar bem" na cama. "Seu pitbull é lassie/ Tu é rosa ou margarida/ Tu tem marra de Sansão/ Mas tu é Dalila" (*Marra de Sansão*, DJ's da Pipo's e Tati, 2001), ou na impagável *Palmolão*, dos mesmos autores, em que um cara tá de pau mole e ela exige que ele tome uma providência: "Olha que a Quebra-Barraco/ Já mandou tu subir (...) Eu quero é bomba nuclear/ Pra quebrar tudo!!!!" E pegando carona num hip-hop americano cuja letra é idêntica, ela manda ver: "Não gosto de piru pequeno!!!!" Doce vingança feminina pelos maus-tratos recebidos no passado.

Se você está achando tudo isso uma baixaria, você não viu nada, no funk *Espanhola* (2003), Nana e as Pitchulas conseguiram ser mais "depravadas" ainda.

(...) A xota tá manjada
E o cuzinho também
Se liga irmãzinha
A espanhola dá também
É só um movimento
Pegue nos meus peitinhos
No meio vai a rola
Faça uns movimentos
Que a porra vai na boca!!!

Calma, que o capítulo já vai terminar! E encerra em clima de harmonia entre um funkeiro (Mr. Catra) e a uma funkeira (Tati), no funk *Desafio*, outra da Tati com os DJ's da Pipo's.

— Tati, minha amiga, você não é cocota/ Te chamo de cachorra/ Porque é disso que *tu gosta*/ Se te pego no meu quarto/ Vou fazer o que tá na mente/ Te faço de *largatixa*/

Te mostro que a chapa é quente!

— (...) Pra me desafiar/ Tem que estar afiado/ Não é só dizer que pode/ E falar tô preparado/ Se você falar que pode/ Vou pagar pra ver/ Gatinho sem-vergonha/ Vem achar meu ponto G!

Vamos ser sinceros, o português é precário, mas certas letras de funk como esta aí de cima não ficam aquém de qualquer rock dos anos 80, da Jovem Guarda ou de quaisquer pagodes, axés ou forrós de sacanagem. Não precisam me bater. Tirem suas conclusões e vamos para os finalmentes...

NOTAS:

1 – Alencar, Edigar de, *O Carnaval carioca através da música*, 5ª ed. corrigida, ampliada e atualizada, volume 1, págs. 33 e 34.
2 – As chamadas "Pequenas Sociedades" eram os blocos de rua e outras manifestações fora dos grandes bailes de clube.
3 – Alencar, Edigar de, *O Carnaval carioca através da música*, 5ª ed. corrigida, ampliada e atualizada — volume 1, pág. 167.
4 – Coluna "Discos", de Antonio Martins: "O disco e sua cotação", *Tribuna da Imprensa*, 30/8/1975.
5 – Versos de *O saco de cimento* (Antonio Sima/ Zenilton), 1987.
6 – Esta canção de Caetano foi feita para a atriz Regina Casé que, numa peça do grupo teatral carioca Asdrúbal Trouxe o Trambone, se chamava Camaleoa.
7 – Depoimento de Rita Lee a Cláudia Boechat, revista *Caras*, 1996.
8 – "Safadança" — artigo de Tárik de Souza à revista *Sexy*, 1997.
9 – "Despidas para tocar" — artigo da revista *Sexy*, março de 1997.
10 – Idem.
11 – "Safadança" — artigo de Tárik de Souza à revista *Sexy*, 1997.
12 – Conforme explica Sílvio Essinger, na pág. 248 de seu livro *Batidão — Uma história do funk*, esta música foi originalmente composta como uma canção de ninar para sua filha pelo MC Serginho. A *Egüinha Pocotó* ganhou ares lascivos graças à interpretação safada do MC e da coreografia do seu dançarino Lacraia: "Vou mandando um beijinho/ Pra filhinha e pra vovó/ Só não posso esquecer, a minha eguinha pocotó/ O jumento e o cavalinho/ Eles nunca andam sós/ Quando saem pra passear/ Levam a egüinha pocotó/ Pocotó, pocotó, pocotó, pocotó/ Minha egüinha pocotó." Qualquer semelhança com as velhas marchinhas de Carnaval não é mera coincidência, prova disso é que a veterana Emilinha Borba um ano antes de morrer gravou a *Marcha-funk da Egüinha Pocotó* para o Carnaval de 2004, que dizia: "Descontrolada, segurando na chupeta/ Pocotó se deleitava no Cordão da Bola Preta."
13 – Essinger, Silvio, *Batidão — Uma história do funk*, Record, 2005, pág. 274

Capítulo [6]

AMBIENTE DIFERENTE

Os GAYS na MPB

O que a gente faz
É por debaixo dos panos
Pra ninguém saber
(...) É debaixo dos panos
Que a gente esconde tudo
E não se fica mudo
E tudo quer fazer
É debaixo dos panos
Que a gente comete um engano
Sem ninguém saber
É debaixo dos panos
Que a gente entra pelo cano
Sem ninguém ver...

(*Por debaixo dos panos,* Cecéu, 1982)

PARTE 1

VIRA, VIRA, VIRA HOMEM... VIRA, VIRA LOBISOMEM

É impressionante. Apesar de o brasileiro explorar sua sexualidade de uma maneira tão provocante e dúbia, e da homossexualidade sempre ter sido tão praticada, nossa música popular só foi começar a falar dos gays de uma maneira um pouco mais digna a partir dos anos 70. Mesmo assim, é ridículo o número de músicas que falam abertamente do amor que (ainda) não ousa dizer o nome. Isso só vem a refletir o quanto este assunto desgraçadamente ainda é um grande tabu, mesmo com os avanços ocorridos em termos de visibilidade e legislação a partir dos anos 90.

Apesar de termos muito intérpretes do primeiro time da MPB homo e bissexuais, com farto acesso à mídia, que poderiam aos poucos falar desses assuntos para desmistificá-los, são pouquíssimos os que tiveram a coragem de fazê-lo. "Dizem que artista não tem sexo, eu acho que tem. Sempre me perguntei por que é que os cantores homossexuais sempre evitaram cantar suas paixões mais abertamente. Poderiam ter tido um êxito muito maior, porque estariam cantando a verdade deles. Convenceriam muito mais", acredita o grande letrista Vitor Martins.

Mas, meu caro leitor, nada é tão fácil quanto parece. E para explicar o porquê dessa ausência de músicas e posturas gays na MPB, é preciso voltar no tempo e refletir um pouco sobre a perseguição histórica ao amor entre pessoas do mesmo sexo. Se na Grécia clássica (século V a.C.), principalmente em Creta e Esparta, a homossexualidade era uma instituição, e os gregos não se preocupavam em julgá-la, mesmo lá o homem só podia ter efebos, ou seja, somente era aceito que um homem mais velho tivesse relações homossexuais para iniciar um adolescente. O mais velho admirava o mais jovem por suas qualidades masculinas: força, velocidade, habilidade, resistência e beleza, e o mais jovem respeitava o mais velho por sua experiência, sabedoria e comando. O efebo — rapaz que atingiu a puberdade — era entregue a um tutor, que o transformaria num cidadão grego.[1] Ele treinava, educava e protegia o efebo, mas não podia envolver-se demais com ele, porque, quando crescia, este deveria ser apenas amigo de seu tutor, devendo depois casar-se, ter filhos e buscar seus próprios efebos.

O amor entre homens da mesma idade era considerado antinatural na Grécia antiga porque um deles teria de fazer o papel do passivo, o que o faria inferior — ideário com base na sociedade patriarcal que ainda hoje faz muitos homens resistirem a atrações furiosas pelo mesmo sexo com medo de serem "menos homens" por serem passivos, se for o caso. Bobagens criadas pela cultura, como se vê, há milhares de anos... Pois o homem grego só poderia ter sexo com mulher (naturalmente inferior), um escravo (não livre) ou um jovem (homem ainda não completamente desenvolvido). Aí seria ativo e teria sua masculinidade preservada.[2] "Essa atração pelo mesmo sexo é encontrada em todas as épocas. A energia não é homo nem hetero. Os indivíduos é que definem o rumo dessa energia. Mesmo o cara mais hetero do mundo tem alguma coisa homo, que será sublimada em alguma de suas atividades", explica o escritor Luiz Carlos Maciel, advertindo que nos extremos da pirâmide social — nos muito pobres ou muito ricos, a homossexualidade é mais digerida. "A classe média é que tem a moralidade mais rígida", frisa.

Quanto às mulheres, nessa fase da história do mundo, como foi dito anteriormente, já eram encaradas como inferiores aos homens de todas as formas: intelectual, física e emocionalmente. Então, pensar num amor homossexual feminino nem em sonho, apesar do termo lésbica ter vindo também da Grécia, uma referência à ilha de Lesbos, ao norte do mar Egeu. Lá, no século VII a.C., viveu a poetisa Safo, cujos poemas eram ardentes e sensuais, todos dirigidos às mulheres. Por isso as mulheres gays são chamadas de lésbicas, em referência ao lugar onde ela nasceu. Infelizmente, a poetisa morreu sem gozar de tranqüilidade, coitada. Sua paixão a fez atormentada e acabou morrendo "por amor".

O tempo passou e as coisas pioraram para o lado dos gays e lésbicas. Assim como na Grécia, no Império Romano, embora também não houvesse classificação entre hetero e homossexuais, os papéis masculino e feminino eram muito bem-definidos socialmente, e tinham de ser mantidos independente do parceiro amoroso ser homem ou mulher. Com o advento do Cristianismo, começou a desgraça total, havendo uma mudança radical nessa mentalidade: para pior. Por isso, a Idade Média teve uma oposição clara à homossexualidade. O Judaísmo, matriz do Cristianismo, declarou que a homossexualidade era "uma abominação passível de pena de morte e a incluiu na mesma categoria que o incesto, a bestialidade e o adultério".[3] Foi no Cristianismo que se criou a idéia de que o sexo foi dado ao homem unicamente para a reprodução, e que qualquer atividade que não levasse à procriação seria um pecado contra a natureza. Ainda não havia o termo "homossexualismo", e se usava "sodomia" para tudo que fosse relação que não tivesse como finalidade a reprodução da espécie, ou seja, relações anais e até mesmo a masturbação.

A condenação de toda forma de fornicação era uma novidade infeliz da religião cristã. O Antigo Testamento, como a maioria dos códigos da civilização antiga, proibia apenas o adultério, que significa relações com mulher casada. Para os cristãos, toda relação sexual, mesmo dentro do casamento, era lamentável. A não ser que fosse para procriar. E tome senso comum! Inventavam as maiores sandices a fim de justificar as máximas que até hoje permeiam nosso inconsciente coletivo, de que "homem com homem dá lobisomem", e "mulher com mulher dá jacaré". Por exemplo, como informa a sexóloga Regina Navarro Lins em seu livro *A cama na varanda*, o imperador bizantino Justiniano (527-565) impôs a pena de morte para atos homossexuais, pois acreditava que essa violação da natureza provocava a retaliação da mesma. "Por causa destes crimes ocorrem fomes coletivas, terremotos e pestes."[4] Nunca imaginei que um beijo ou uma transa entre dois homens ou duas mulheres tivesse esse poder, mas para o tal imperador Justiniano...

Trocando em miúdos, os homossexuais foram colocados no mesmo nível dos assassinos, hereges e traidores. Foram queimados na fogueira, mortos na forca, afogados ou então presos, multados, torturados, tiveram bens confiscados, foram expulsos de suas cidades, castrados, tiveram orelhas e outros órgãos amputados, foram marcados com ferro em brasa e expostos a todo tipo de execração pública nos mais diferentes países do mundo. Uma puniçãozinha básica, como se vê. A partir do século XVIII, o código Napoleão torna-se mais tolerante em relação aos gays. E no século XIX, o discurso sobre a homossexualidade oscila entre duas hipóteses: para os conservadores, é uma perversidade que é preciso condenar; para os liberais, é uma doença que se deve compreender e tratar. Regina Navarro em seu livro vai além e, muito precisa, afirma que no século XX, o homossexual continuou aprisionado. Ainda é visto por muitos como perigoso ou sem-vergonha e na melhor das hipóteses como doente e desviante. Inúmeras teorias foram criadas para explicar o "homossexualismo" e suas causas: corrupção ou degeneração, caráter inato ou trauma de infância.

Muito se passou até que o avanço da psicologia permitiu que sociólogos como Frederick Whitam — um dos pesquisadores que estudaram a homossexualidade a partir de uma perspectiva transcultural — afirmassem que os gays existiam em todas as sociedades, com uma porcentagem comum, independente de suas normas sociais. Seus comportamentos e interesses tendem a ser parecidos, e todas as sociedades apresentam um *continuum* similar de homossexuais masculinos e femininos.

E no Brasil? Em um país sempre muito diferente, ímpar, como foi a evolução da mentalidade em relação aos gays? João Silvério Trevisan em sua obra-prima, o livro *Devassos no Paraíso*, fala muito bem a respeito. Os primeiros relatos de viajantes que por aqui passavam diziam que os índios praticavam a três por dois o "pecado nefando", a "sodomia" ou "sujidade" — nomes então dados à relação sexual gay. Ficavam chocados porque tal pecado era um dos quatro piores possíveis da teologia medieval. Sendo assim, tão logo os portugueses conseguiram nos colonizar, decidiram punir o tal pecado. No Brasil colônia, no século XVI, crimes como heresia, traição, sodomia e falsificação da moeda tinham pena de morte, sem apelação.[5]

O sociólogo Gilberto Freyre acreditava que a prática homossexual teria sido popularizada no Brasil pelos próprios colonizadores europeus (fossem eles portugueses, espanhóis, italianos, mouriscos ou judeus), que encontraram na moral sexual dos índios e nas condições desenfreadas da colonização um terreno fértil para sua expansão.[6] Também era uma prática comum entre os escravos que serviam aos seus senhores não só com trabalho, mas também com o sexo. "Na verdade, era freqüente que o menino branco se iniciasse no amor físico mediante a submissão do negrinho, seu companheiro de folguedos, significativamente conhecido com o apelido de leva-pancadas", narra Trevisan.

Antes do advento do disco, se houve alguma música de enfoque gay no Brasil, foi muito camuflada, pois se ainda hoje o tema é tabu para muitos, imagine naquele tempo. Entretanto, apesar de serem raras menções mais explícitas até os anos 70, curiosamente, vamos encontrar canções de enfoque gay desde os primórdios de nossa discografia. A nossa indústria fonográfica começou em 1902, e, veja você, já por volta de 1903, no início da gravação mecânica, aparecia aquela que talvez seja a primeira música brasileira a fazer menção à homossexualidade. Era a cançoneta *O bonequinho*, gravada pelo ator Lino, em nossa pioneira gravadora, Zonophone, e mais tarde regravada na Odeon por Bahiano — o cantor mais popular de sua época.

Lá da moita, lá da moita sossegado
Sem desastres no caminho
Francisquinho, Francisquinho
Batizado com alcunha "o bonequinho".
— Ai, ai. As pequenas quando me vêm ficam com os olhos ternos
E depois elas cantam assim: — Ai que lindo o bonequinho!
(Que culpa tenho eu de ser bonito!)
Minha mãe quando eu nasci, mui risonha e presenteira
Ficou doida de alegria e disse assim (logo) pra parteira:

— Oh comadre que lhe parece, hein? Que beleza de neném!
Que mãos, que pés, que cabeça e que...!
Ai que lindo o bonequinho!
A parteira toda ouriçada foi contar à vizinhança,
Essa nova espalhou-se e começou, pois, a festança.
(Falado): A princípio acharam graça, mas mais tarde,
Quando me viam na rua a imitar minha mãe...
(Viram) que era um (menino), tinha uma cabeça bem-feita,
Uns braços redondos e...
Ai que lindo, bonitinho, ai que lindo o bonequinho!

O historiador José Ramos Tinhorão explica melhor quem era então esse Bonequinho e onde ele circulava. "Acredito que o bonequinho era uma forma de indicar que o cara era bicha, assim como tinha o termo 'almofadinha', criado pelo J. Carlos, para definir o rapaz arrumadinho, que se vestia com certo exagero. Nessa época, o homem usava bengala por elegância e entrava em moda o uso de um paletó, muito cinturado e preso ao corpo, que fazia sobressair a bunda. E pode reparar na música que o autor dá a entender que ele tinha uma bundinha bonitinha. E na hora de falar desse detalhe, ele pula", analisa.

Se já naquela época, com todo o conservadorismo dos costumes, havia uma música falando de um gay, isso só comprova que, apesar de toda a repressão, sempre houve homossexuais em todos os períodos da história universal, e no Rio de Janeiro da virada do século XIX para o XX não seria diferente.

Tinhorão vai além e descreve o ambiente onde o homossexual daquela época podia ser mais facilmente identificado. "A praça Tiradentes era o grande centro de diversões populares do final do século XIX e início do XX. Era um lugar onde havia cinco ou seis teatros, como o Recreio, o João Caetano, a Casa de Caboclo... E, numa sociedade patriarcal, onde é que um homossexual ia poder ter uma mínima oportunidade de se expor e ser ao menos tolerado? Só no meio da diversão noturna, dos artistas da noite. Era um período em que até a mulher que ia para o teatro era considerada quase prostituta, pois até as carteiras profissionais das atrizes eram cunhadas no mesmo departamento da polícia que cuidava da prostituição. Então é muito natural que a praça Tiradentes tivesse uma concentração de bichas nos seus bares", encerra.

Bem, a história corria, a mentalidade no mundo se transformava e isso tinha ecos em nosso país. Eis que no começo do século XX surgiu a onda higienista. Em nome da ciência, o médico-higienista virou uma autoridade. "Além do corpo, as emoções e a sexualidade do cidadão passaram a sofrer interferências desse especialista cujos padrões higiênicos visavam a melhorar a raça e, assim, engrandecer a pátria, e tudo o que fugisse a esse padrão regulador seria anormal", descreve Trevisan.[7] Ou seja, sobrou pros libertinos, celibatários e gays, é claro. Agora, em vez de desobedecer às leis de Deus, essas pessoas desobedeciam à ciência. Quer dizer, por essa nesga, muitos psiquiatras decidiram "curar" gays, principalmente nos anos 20 e 30, quando o nazifascismo europeu ecoou por aqui. Era preciso curá-los deste mal sob pena de serem segregados da sociedade.

Nesse ambiente dos anos 30, surge uma nova e discreta menção à homossexualidade em nossa música. Nada também muito ostensivo, pois na década de 30, à exceção dos poucos atrevidos modernistas que vinham da Semana de 22, o nosso país não passava de uma terra cheia de pudores e bastante provinciana, ao menos oficialmente — apesar de no quesito tolerância aos gays o mundo inteiro não estar muito diferente daqui. Desta vez, a música era do gênio Noel Rosa. Foi num samba, e até que a abordagem não era pejorativa. Trata-se de *Mulato bamba (Mulato forte)*, composta em 1931.

Esse mulato forte
(...) Sempre foi o bamba
As morenas do lugar
Vivem a se lamentar
Por saber que ele não quer
Se apaixonar por mulher

O mulato é de fato
E sabe fazer frente
A qualquer valente
Mas não quer saber de fita
Nem com mulher bonita
Sei que ele anda agora aborrecido
Porque vive perseguido
Sempre a toda hora...

"Noel faz essa menção à homossexualidade com muita elegância e categoria. Dizia-se na época que o fez inspirado em Madame Satã (famoso homossexual brigão e malandro do bairro da Lapa). Na verdade, ele trata desse tema falando da polícia, que era impiedosa com os gays. Havia um moralismo terrível nesse tempo, tanto que alguns anos depois, entre 42 e 43, Alcides Etchegoyen, oficial do Exército e chefe de polícia do Rio de Janeiro (à época, nosso Distrito Federal), acabou com o bairro da Lapa. Fechou cabarés, prostíbulos, desempregou todo mundo. A Lapa perdeu toda a sua vida", explica João Máximo, biógrafo de Noel. Depois disso, tivemos músicas que abordavam o tema de forma ainda mais sutil, em geral sambas jocosos ou músicas carnavalescas. Mesmo assim, muito poucas. Até porque havia uma censura bastante forte a temas como este.

Embora nunca confirmado oficialmente por uma série de razões, dois grandes sambistas da velha guarda tinham fama de homossexuais: Ismael Silva e Assis Valente. O primeiro não produziu sambas com muita "pinta", apenas mostrava-se atormentado, aflito, falava eventualmente de uma "dor moral" que o "atormentava noite e dia", que o fazia "penar por ser tão pertinaz".[8] Em compensação, na obra de Assis, há sambas em que seu lado feminino grita, e sua principal intérprete, Carmen Miranda, deitou e rolou em letras deliciosamente ambíguas, como a da esfuziante *Camisa listrada*, em que um folião se traveste de mulher durante o Carnaval, quando tudo era permitido. E isso foi em 1937.

Tirou seu anel de doutor pra não dar o que falar
Saiu dizendo "Eu quero mamá, mamãe eu quero mamá,
Mamãe eu quero mamá"
(...) Levou meu saco de água quente pra fazer chupeta
E rompeu minha cortina de veludo pra fazer uma saia
Abriu o guarda-roupa e apanhou minha combinação...
(...) Agora que a batucada já vai começando
Eu não deixo e não consinto meu querido debochar de mim
Porque se ele pega as minhas coisas vai dar o que falar
Se fantasia de Antonieta e vai dançar na Bola Preta
Até o sol raiar

Outro sucesso de Assis na voz de Carmen, no ano seguinte, é a superambígua *E o mundo não se acabou*, em que fala de uma pessoa que saiu com um sujeito e "gastou com ele mais de quinhentão", e depois o cara andou dizendo "coisa que não se passou". Mais gay e mais atual, impossível: "Acreditei nessa conversa mole/ Pensei que o mundo ia se acabar/ (...) Beijei na boca de quem não devia/ Peguei não mão de quem não conhecia/ Dancei um samba em traje de maiô/ E o tal do mundo não se acabou." Na segunda parte fala de um assunto tão comum à comunidade, ainda mais daquela época: o do gay que banca (financeiramente) os "homens" que transavam com eles, e que nem sempre assumiam ter-se prestado a este papel. Veja se não faz sentido: "Chamei um gajo com quem não me dava/ E perdoei a sua ingratidão/ E festejando o acontecimento/ Gastei com ele mais de quinhenhtão/ Agora eu soube que o gajo anda/ Dizendo coisa que não se passou/ Ih! Vai ter barulho e vai ter confusão/ Porque o mundo não se acabou."

"Existem diversos títulos ambíguos na obra de Assis Valente. Mesmo que as letras não tenham nenhum conteúdo homossexual, é interessante esta constatação", afirma o pesquisador Paulo César de Andrade, referindo-se a títulos como *Gosto mais do outro lado, É feio mas é bom, Pra quem sabe dar valor, Tão grande tão bobo, A infelicidade me persegue, Sem você não há prazer, Sacrifício demais*, *Pra que você me tentou?*, *Já que está deixa ficar*, *Não sei se é*, *Ele disse que dá*, *Tive que mudar* e *O meu não dá*. Sua musa Carmen Miranda ainda gravaria *Uva de caminhão*, em 1939, que é uma pinta só, com uma letra cheia de mensagens cifradas.

Já me disseram que você andou pintando o sete
Andou chupando muita uva e até de caminhão
Agora anda dizendo que está de apendicite
Vai entrar no canivete, vai fazer operação
Oi que tem a Florisbela nas cadeiras dela?
Andou dizendo que ganhou a flauta de bambu
Abandonou a batucada lá da praça Onze
E foi dançar o Pirulito lá no Grajaú
Caiu o pano da cuíca em boas condições
Apareceu Branca de Neve com os sete anões
E na pensão da dona Estela foram farrear (...)
Você no Baile dos 40 deu o que falar
Cantando o seu Caramuru, bota o pajé pra brincar (...)
Eu não te dou a chupeta, não adianta chorar

Para Ruy Castro, biógrafo de Carmen, o samba fazia referências "nada cifradas a sexo, gravidez e aborto".[9] Em contrapartida, Trevisan analisou por outro viés em seu livro as nuances desta letra.[10] Assis, brincando com outras músicas de carnavais passados, teria enumerado diversos símbolos fálicos neste samba, como a "flauta de bambu", o "pirulito" e a "chupeta", advertindo ainda que o cara "andou chupando muita uva, até de caminhão". E foi por isso que precisou entrar no "canivete", alegando apendicite — quando muito provavelmente seria... hemorróida (!). E ia além, em versos como "O que tem a Florisbela nas cadeiras dela?", depois cita Branca de Neve (seria apelido de bicha?) e seus sete anões, indo todos farrear na pensão da dona Estela e que no baile "deu o que falar", cantando o "Seu Caramuru". A canção terminava numa audácia debochada: "Não te dou a chupeta, não adianta chorar/ Mamãe eu quero mamá." Ai, meu Deus, que chupeta será essa que esse sujeito procurava? Talvez Trevisan tenha razão...

Em 42, com Carmen Miranda já nos Estados Unidos, Assis presenteou Aracy de Almeida com outro de seus sambas cujo eu-lírico era puramente feminino. *Fez bobagem* é uma de suas últimas obras-primas, e fala da traição de um ponto de vista feminino, raríssimo de se ver com tanto sentimento numa época em que as mulheres ainda não tinham vez nas letras de música popular: "Quando eu penso que outra mulher/ Requebrou pra meu moreno ver/ Nem dá jeito de cantar/ Só dá vontade de chorar e de morrer/ Deixou que ela passeasse com meu penhoar/ Minha sandália de veludo/ Deu a ela para sapatear..."

Depois de três tentativas, Assis suicidou-se em 1958, deixando músicas fantásticas para a posteridade, mas pagou um preço muito alto em sua vida pessoal, devido à época que viveu. "Assis Valente e Ismael Silva viviam como todo mundo num meio muito machista. Eram camaradas que não se assumiam porque tinham medo. Ora, eles eram parceiros de grandes compositores — todos heteros convictos. Assis, então, é o protótipo do compositor da época. Chegou a casar... Conheci o Pascoal Carlos Magno, que estava escrevendo as memórias do Assis para a revista *Fatos & Fotos*. Um dia perguntei sobre o Assis Valente, que era muito amigo dele. Muito delicadamente, contou-me que ele era atormentado pela sua condição homossexual. Quando tinha essas crises, corria para a casa dele. E o Pascoal lhe dava água, batia um papo, lhe dava conselhos. Mas nesta noite de 58, quando ligou para lá, ele não estava. Então, Assis avisou ao mordomo: 'Dessa vez me mato.' E assim o fez. Realmente muitas de suas letras eram de mulher para homem. Ele teria sido mais feliz se vivesse num outro meio ou numa outra época", acredita João Máximo.

Ainda hoje há muitos gays atormentados porque mesmo durante o século XX foram apenas motivo de achincalhe. E se ainda hoje há muita gente que sofre por essa condição, imagine em épocas em que nem mesmo a mulher tinha vez. Vejamos os anos 50. Nessa década, nosso país teve inúmeras divas adoradas pelos gays, como Dalva de Oliveira, Ângela Maria, Maysa, Nora Ney, Emilinha Borba, Elizeth Cardoso, Marlene e tantas outras de estilos tão distintos e interessantes, de agudos muito agudos, graves muito graves e sentimentos lancinantes — pois uma delas, Lana Bittencourt, é das poucas a assumir que mais da metade do público que a prestigia até hoje é formada por gays. E lembra que dois dos sambas-canções mais dramáticos, exagerados e sadomasoquistas de seu repertório sempre foram os preferidos de seu público. São eles *Quem se humilha* (Ricardo Galeno) e *Haja o que houver* (Fernando César).

O primeiro prega que o sujeito deve se humilhar em nome do amor, para tê-lo de volta novamente: "Os vizinhos não lavam as camisas/ E o chão que tu pisas/ Pra lá e pra cá/ Portanto deixe os vizinhos pra lá/ (...) Não importa que o mundo condene/ E te humilhe sem dó/ Mundo é pobre coitado, menino enjeitado/ Nasceu pra viver só."

O segundo, bem mais picante, é uma autêntica música sadomasoquista, totalmente gay. E não é de se admirar que seu público se identificasse tanto com a letra numa época em que os estereótipos eram muito marcados, como o da bicha feminina e passiva que dá para o machão, o qual provavelmente tinha mulher e filhos e fazia muitas delas de gato e sapato.

Bata se quer me bater
Será pra mim um prazer
Ajoelhar-me no chão
Pedindo perdão de um mal que não fiz
De você só quero isto
Que você saiba que existo
Pois todo mal que virá de você
Me fará feliz
Xingue, maltrate, eu sou tua
Pode jogar-me na rua
E coitadinho daquele que se intrometer...

Se essas músicas eram veladas, muitas outras dessa época também poderiam ter uma leitura gay, como *Conselho* (Denis Brean/ Oswaldo Guilherme), também lançada por Lana Bittencourt em 1957, sucesso no ano seguinte na voz de Maysa: "Se você me encontrar pelas ruas/ Não precisa mudar de calçada/ Pense logo que somos estranhos/ E que nunca entre nós houve nada/ Não precisa baixar a cabeça/ Nem mirar os seus olhos nos meus..." Do repertório de outra diva, Nora Ney, também fisgada ao sucesso por Maysa, é *Franqueza*, dos mesmos autores: "Você passa por mim e não olha/ Como coisa que eu fosse ninguém (...) Se eu quisesse eu podia dizer tudo, tudo, que houve entre nós." Humm... Não é à toa que tinha tanta bicha perseguindo Maysa onde quer que ela fosse. Afinal, com letras assim, era uma porta-voz de sentimentos intricados dos gays.

Nora Ney — outra que ostentava grande fã-clube gay — também gravara *Preconceito*, de Antonio Maria e Fernando Lobo, cuja leitura gay foi sacada por Cazuza, que a regravou em seu último LP, "Burguesia", em 1989: "Por que você me olha/ Com esses olhos de loucura?/ Por que você diz meu nome?/ Por que você me procura?/ Se as nossas vidas juntas/ Terão sempre um triste fim/ Se existe um preconceito muito forte/ Separando você de mim."

Tudo bem, pode ser que nenhum desses sambas-canções tenha sido (e nem deve mesmo ter sido) composto com esta finalidade, mas eles caíam como luva aos atormentados romances gays daquela época. Mas houve também algumas poucas mas significativas músicas carnavalescas que falavam abertamente sobre o gay. Logicamente, sempre de uma forma anedótica, caricata, e em tom de achincalhe, como nas duas marchas a seguir. A primeira é *Todo vedete*, de Wilson Batista e Jorge de Castro, gravada por Nelson Gonçalves para o Carnaval de 1956, e que sofreu muita censura.

Antônio fantasia-se de Arlete
Todo ano, todo ano, vai todo vedete
Ao baile do João Caetano
Quem entrou, entrou
Leva boa vida
Quem não entrou
Assiste na saída

Outra foi gravada por Joel de Almeida em dupla com a excelente cantora (que negou até a morte sua tão falada homossexualidade) Aracy de Almeida, em 1959. Era *Vai ver que é*, de Paulo Gracindo e Carvalhinho.

Se veste de baiana
Pra fingir que é mulher
Vai ver que é, vai ver que é!
No baile do teatro
Ele diz que é Salomé
Vai ver que é, vai ver que é!

Cuidado minha gente
Com esse tipo de rapaz
Diz que é gente bem
Ninguém sabe o que ele faz
Se perde o lotação
Nervosinho bate o pé...

Essas duas marchas sinalizavam os bailes de travestis que ganharam notoriedade no Carnaval e passaram a ser um dos poucos, digamos, territórios livres para as bichas de antanho, e como de certa forma o são até hoje. Muita gente só respeita o gay travestido no Carnaval, e ainda faz fila na porta dos bailes para vê-los, contanto, evidentemente que não sejam seus filhos ali freqüentando aquele "antro"! Muito polêmicos, estes bailes eram considerados imorais por setores da imprensa e da vida pública, que anos depois conseguiram mesmo proibi-los por um breve período, negando ao Centro dos Cronistas Carnavalescos a permissão para realizá-los. A marchinha *Todo vedete* também por pouco não teve sua veiculação suspensa. Foi proibida pela censura, mas um mandado de segurança conseguiu liberá-la a tempo. Entretanto, não chegou a ser sucesso carnavalesco daquele ano de 56, perdendo para outras que acabaram se impondo, como *Quem sabe, sabe* e *Turma do funil*, ou sambas como *Fala Mangueira* e *Vai que depois eu vou*.

A *Revista do Rádio* foi das primeiras a destacar um baile de travestis com direito a desfile de fantasias — no caso, o realizado no Teatro República — em sua edição de 22 de março de 1958. Antes disso, as revistas nem ousavam dar trela a tal estilo de evento. E olha que esses bailes há tempos eram uma tradição. Pois bem, no Carnaval de 59 da mencionada *Vai ver que é*, vale destacar ainda um mote muito curioso que serviu de inspiração para outras duas marchas que, ao contrário desta, não chegaram a ter grande êxito.

Várias matérias pipocaram na imprensa afirmando que a medicina havia descoberto que a ingestão de certa carne bovina influía no "decréscimo das energias masculinas". Logo o anedotário fervilhou... e foi imediatamente absorvido pelos nossos cronistas carnavalescos que compuseram coisas como *Eu hein, boi!*, de Fausto Guimarães, Arnô Provenzano e Otolindo Lopes, gravada por Ângela Maria: "Boi, boi, boi!/ Eu não quero nem de quebra/ Quem come a sua carne/ Fala fino e se requebra/ Eu hein, boi!/ Vou comendo bacalhau/ Depois conto por que foi." Ainda sobre o mesmo tema, Jackson do Pandeiro gravou *Boi da cara preta*, dele em parceria com Paquito e Romeu Gentil: "Coitado do Valdemar/ Tá dando o que falar/ Comeu carne de boi, falou fino/ E deu pra se rebolar."

Os anos 60 vieram e foram ainda mais insossos em relação a músicas de temática gay, apesar da grande mudança ocorrida no fim da década no mundo inteiro, graças à descoberta da pílula anticoncepcional que dissociava finalmente o sexo da procriação. A homossexualidade, então, representante máxima dessa dissociação, em que é possível atingir um alto nível de prazer sem a menor possibilidade de reprodução, passou — a passos muito lentos — a ser mais tolerada socialmente. Realmente, o destino dos homossexuais, tanto quanto o das mulheres, até hoje está na dependência direta da morte do patriarcado.[11] No caso dos gays, vale lembrar que a cultura ocidental não é tolerante com a ambigüidade, com a falta de definição clara do masculino e do feminino, e costumamos nos irritar diante dessas nuanças. Queremos exigir, muitas vezes de forma decisiva, a distinção exata entre o que convencionalmente chamamos homem e o que também convencionalmente chamamos mulher.[12] Ora, um exemplo bem claro disso está na marchinha *Cabeleira do Zezé* (João Roberto Kelly/ Roberto

Faissal), que traz em seu refrão uma reação agressiva a um comportamento ambíguo, gravada magistralmente pelo grande cantor Jorge Goulart no Carnaval de 1964.

Olha a cabeleira do Zezé
Será que ele é, será que ele é...
(...) Parece que é transviado
Mas isso eu não sei se ele é
— Corta o cabelo dele!
— Corta o cabelo dele!

Uma das marchinhas mais cantadas no Carnaval brasileiro até hoje é essa *Cabeleira do Zezé*. Se na ocasião estavam na moda os primeiros "cabeludos" dos anos 60, esta música passou a ser associada aos gays também por causa do caco que todos incluíram em seus versos: "Será que ele é? Será que ele é? (— Bicha!!!!)." Tudo bem, não vamos teorizar em cima de uma marchinha sobre a qual ninguém pensa muito a respeito, alcoolizado nos salões e nas ruas, em blocos e bailes. Mas — só para implicar — hoje jamais sairia uma música dessas sem provocar a ira dos grupos militantes gays. "Corta o cabelo dele????" Ô, coitado!

"Isso nunca foi gozação com os gays", atesta João Roberto Kelly. "Fiz essa marchinha quando surgiu no Brasil a moda dos cabelos compridos. Os Beatles tiveram uma influência não só na música, mas também nos costumes, pois eram todos cabeludos. E uma vez, passando pelo Bar São Jorge, na Princesa Isabel, tinha lá um garçom que parecia o Ringo Starr. O cara tinha um cabelo engraçado que não era comum de ser usado ainda. Aí eu pensei: 'Ah eu vou te fotografar.' E fotografei", defende-se o compositor, que de alguma forma se redimiu mais tarde com outras músicas bem mais simpáticas aos gays. O público, entretanto, passou a dizer com vontade como grito de guerra que era preciso cortar o cabelo daquela "bicha" criada por eles na imaginação. Que horror! Sorte que no Carnaval o que se fala (ou canta) não se escreve.

Kelly ainda tentou emplacar no Carnaval de 1966 a marchinha *Não dá pra entender* na voz de Emilinha Borba. Era ótima, pena que não teve o sucesso da *Cabeleira...*: "Ele vai ao Copa de Antonieta/ Vai de Pirata ao Bola Preta/ Bota peruca, tira peruca/ Bota barbicha, tira barbicha/ Fala fino, fala grosso/ Não dá pra entender o moço!" Mais "Brasil", impossível! É bom lembrar aos mais novos que "entender" tem a ver com a gíria antiga para homossexual, que era chamado de "entendido". Portanto, quando aparecia, ainda que displicentemente, o verbo "entender" no meio de nossas letras, podem ter certeza que não era por acaso. Ali tinha coisa!

Fora do Carnaval, nos anos 60, só havia canções gays com conteúdo muito subliminar, que vão da interpretação de cada um, como o lindo samba-canção *Ilusão à toa* (1961), de Johnny Alf: "Mas embora agora eu te tenha perto/ Vem a saudade no meu pensamento/ A conduzir o nosso amor discreto/ Sim, amor discreto pra uma só pessoa/ Pois nem de leve sabes que eu te quero/ E me apraz uma ilusão à toa." Amor discreto? Humm... Havia também alguns sambas da cantora e compositora (homossexual) Dora Lopes com seus parceiros, que eventualmente sugeriam alguma coisa. Eram músicas pesadas, interpretadas com ainda mais exageros, como a obscura *Pintura manchada* (dela com Zairo Marinoso), lançada no LP "Minhas músicas e eu" (1964): "Tudo que você pintou está manchado pelo pranto meu/ (...) Lembrei, você disse-me um dia/ Que não ia mais pintar/ Logo na casa da minha maior amiga/ Outro quadro meu coração sofreu/ Era uma mulher a chorar e esta mulher era eu." Que história é essa de "casa de minha melhor amiga"?!!

No mesmo disco, Dora também gravou a pérola *Ambiente diferente*, e fez questão de dizer no texto de contracapa que lamentava que sua parceira nesta faixa, uma certa N. Ramos, "desejava ficar no anonimato, o que é uma pena, pois trata-se de uma excelente compositora e grande parceira". Por que será que ela queria ficar no anonimato? Pois é... dá para imaginar. Mas, o melhor vem agora: sabe quem lançou esta música, três anos antes de sua autora, em 1961? Cauby Peixoto!

Vivemos ambientes diferentes
Você com outro e eu com muita gente

Mas só você comigo está presente
Você entende, mas não sente
Preciso gente que seja gente
Embora seja em ambientes diferentes

Nossa, que pinta! "Ambiente diferente", "você entende", "preciso gente que seja gente". É demais! E a segunda parte da letra continua a insistir nas mensagens cifradas...

Você olhou no meu olhar
Senti você e quis falar
Você olhou pra conquistar
Sofri e você quis chorar
O ambiente é todo seu, é diferente
Mesmo assim estou contente
Pois vi que você é gente

Cauby Peixoto — que nunca gostou de falar de sua dúbia sexualidade — sempre teve fama de gay, desde o final da década de 50, assim como outro grande cantor da época, Ivon Curi — que usava e abusava de um repertório histriônico, a bordo de muitas caras e bocas, e tinha uma carreira paralela de ator, incluindo interpretações vez por outra bastante caricatas. Mas o sucesso de Cauby foi além dos anos 50 e sempre cercado de polêmica. Apesar de ser um cantor galã e de, na época, não ostentar um guarda-roupa tão extravagante quanto a partir dos anos 70, Cauby foi muito perseguido pela imprensa marrom de sua época, e seu empresário Di Veras fez de tudo para camuflar sua homossexualidade. Arranjou diversas noivas e namoros fake e insistiu durante muitos anos na imagem de cantor romântico galante que precisava agradar às "minhas (suas) queridas fãs".

Até hoje Cauby não gosta de falar deste assunto, pois pouquíssimos gays de sua geração tiveram uma vivência pública de sua vocação amorosa. Se Cauby sempre fez o que quis em sua vida pessoal, jamais dividiu isso com a imprensa.

Ele sempre teve mil formas de despistar quando tocavam (e ainda tocam) neste assunto, apesar de hoje já dizer frases como "Pode me chamar de gay, do que quiser", e de ser grato à comunidade que o ovacionou em show realizado em fevereiro de 2004 na famosa boate gay carioca Le Boy. Naquele palco, antes de cantar o clássico gay de Barbra Streisand, *People*, disse: "Tem gente que não é gente. Nós somos gente. Uma gente muito especial." Aplausos e emoção.

"Gravei várias músicas desse tipo. Sempre que havia expressões como 'caso', 'amor proibido' ou 'entender' na letra, é porque no fundo era uma letra gay", surpreende hoje com muita franqueza Cauby, afirmando que em sua discografia há algumas canções dúbias escondidas. Pois saibam que além do samba-canção *Ambiente diferente*, naquele mesmo ano ele gravou uma versão (de Teixeira Filho) bastante bandeirosa para o bolero melodramático *Escândalo*, de Ruben Fuentes e R. Cardenas.

Porque teu amor é minha sina
Pelas quatro esquinas falam de nós dois
É um escândalo, dizem!
E até me maldizem por dar-te meu amor
Não ligues a essa gente
Olha para a frente e me queira mais
Por isso te amo bastante
Vamos adiante sem olhar pra trás
Se eu pudesse algum dia alcançar as estrelas
Comigo te levaria, seria bem diferente
(...) Se isso é escandaloso é mais vergonhoso não saber amar

Cauby também lembra de *Fim de caso*, de Dolores Duran, como uma das canções ambíguas de sua época, aquela do "Eu desconfio/ Que o nosso 'caso' está na hora de acabar".

Talvez a canção mais, digamos, aberta dos anos 60 sobre o tema tenha sido um forró divertido de Gordurinha, sucesso na voz do Trio Nordestino no início da década. Era *Carta a Maceió*. Contava a saga de um cantor pobre que migrou para o Rio de Janeiro para tentar a carreira e acabou ficando na pensão de um sujeito (gay) que o acostumou mal com seus bons tratos, meio que o bancando — por sinal, um fato muito comum de acontecer numa cidade como o Rio. Gordurinha deve ter se baseado num fato verídico para escrever seu forró.[13]

Arrumei uma vaga no Leblon
Com direito a café pela manhã
Acontece que o cara fala fino
E já anda espalhando que é meu fã
De manhã, ele mesmo traz o lanche
O danado não tem nem cerimônia
É café, macacheira e cuscuz
Sanduíche, bolinhos e pamonha
Eu queria voltar pra Maceió
Mas eu fico no Rio que é melhor!

O tema dessa música vem bem a calhar para explicar aos desavisados como se traduz a sexualidade do macho nacional. "O brasileiro, latino, é muito mais *multissexual* que o anglo-saxão. Por exemplo, nos EUA, você encontra gays e heteros. Lá, em geral, você tem que ter um comportamento gay pra ter um sexo gay. Aqui no Brasil não é preciso: você pode transar com outro homem e não levar uma vida gay", compara o produtor musical Luiz Fernando Borges.

Se por um lado a cultura latina nunca fingiu que a homossexualidade não existe, ao contrário da cultura anglo-saxônica, em países como o Brasil há uma divisão de papéis sexuais muito esquisita, e ainda persiste no imaginário da população uma hierarquia que submete a bicha (passivo) ao bofe (ativo). "O machão come a bicha sem que por isso se sinta rebaixado à condição de bicha, nem muito menos se envolva emocionalmente; para o machão, o mais importante é o papel ativo desempenhado na relação. (...) Trata-se de uma maneira típica dos machões brasileiros de extravasar seu desejo homossexual, sem correr riscos maiores, no âmbito social", explica Trevisan.[14] Este tema continua tão atual que seria novamente retomado na década de 2000 pelo funk carioca, como veremos mais adiante.

Fora meia dúzia de canções muito sutis e outras mais para o lado do humor, os anos 60 foram dos temas "jovens" da Jovem Guarda (com seus machões, carrões e amores juvenis), da canção de protesto, das músicas "socializantes" engajadas, das metáforas loucas e das que ostentavam um certo medo da tecnologia e do progresso, fora o brega-romântico onipresente, que insistia nos velhos amores fracassados. Havia, sim, pipocando, algo da ideologia hippie, do amor livre, mas nada tão radical que levasse os nossos letristas a levantar muito tal bandeira. Isso só começou a aparecer mesmo com maior relevância nos anos 70.

Com a gradual mudança dos costumes pós-pílula anticoncepcional, lentamente aparecem músicas brasileiras especificamente inspiradas no amor gay e lésbico. "A partir de 1970, o amor homossexual começou a furar a barreira da censura ditatorial e dos setores mais reacionários para chegar até as capas de revistas de circulação nacional — caso da *IstoÉ*", narra Trevisan.[15] Houve muitas peças teatrais e até campanha publicitária do perfume Rastro com uma linguagem francamente ambígua. O cinema nacional desgraçadamente ainda fazia dos gays sacos de pancada, com seus personagens tresloucados e motivo de achincalhe, com raríssimas exceções. As lésbicas, entretanto, foram um pouco mais poupadas e glamourizadas em nossas telas pela questão de haver um público macho, hetero, ávido por ver na sua frente uma de suas fantasias mais comuns: a de duas mulheres transando, especialmente porque, em sua visão estreita e patriarcal, vai achar que em algum momento elas vão necessitar de seu pênis para alguma coisa.

Na música, algumas luzes no fim do túnel pareciam aparecer — ainda que com muita neblina. Chico Buarque compôs para sua peça (censurada) *Calabar — O elogio da traição*, escrita a quatro mãos com Ruy Guerra, alguns lindos temas de amor lésbico, como *Ana de Amsterdam*: "Sou Ana do dique, das docas/ Da compra, da venda, das trocas, das pernas/ Dos braços, das bocas, do lixo, dos bichos, das fichas/ Sou Ana das loucas/ Até amanhã/ Sou Ana da cama/ Da cana, fulana, bacana, sacana/ Sou Ana de Amsterdam." É esta música a que Paulo César Pinheiro se referiu no capítulo 3, quando disse que a palavra "sacana" teve de ser cortada da edição final da faixa por ter sido censurada. Da mesma forma, *Bárbara*, que se tornaria um clássico lésbico da MPB, lançada no LP "Caetano e Chico juntos e ao vivo" (quando ambos voltaram do exílio em 1972), chegou a ter um trecho ("nós duas") abafado por palmas no disco em função da censura, de forma que o público não tomasse conhecimento de que se tratava de uma canção sobre o amor de duas mulheres — na peça original, uma personagem (a tal Ana de Amsterdam) a cantava para outra (a própria Bárbara). Curiosamente, outro verso que também dava a entender a cena lésbica não foi cortado: "O meu destino é caminhar assim/ Desesperada e nua/ Sabendo que no fim da noite serei tua."

Anna: *Vamos ceder enfim à tentação*
Das nossas bocas cruas
E mergulhar no poço escuro de nós duas
Bárbara: *Vamos viver agonizando*
Uma paixão vadia
Maravilhosa e transbordante
Feito uma hemorragia

(*Bárbara*, de Chico Buarque e Ruy Guerra, 1972)

Só após a queda do AI-5, *Bárbara* ganhou interpretações definitivas de grandes mulheres da MPB, como Ângela Ro Ro (em 1980), Simone e Gal Costa (em 1981), e, já nos anos 90, Maria Bethânia.

Em 1973, saíamos do clima lírico de Chico e entrávamos em mais uma marchinha de letra bem simples, como, aliás, convinha ao gênero — em uma época em que elas já não tinham qualquer repercussão — *A bolsinha do Valdemar* (João Roberto Kelly/ Milton de Oliveira). Em tom de anedota, ela zombava do costume dos homens de usar bolsa, até então um atributo do vestuário feminino: "A bolsinha do Valdemar/ Dá pra desconfiar/ Bolsinha a tiracolo, olha aí!/ Eu acho que essa moda vai pegar/ Tem muito cabeludo se ligando/ Na transa do Valdemar."

Bem mais instigante — mas pouca gente tomou conhecimento — foi a gravação do grupo pernambucano Ave Sangria, em 74, do explícito samba-choro *Seu Waldir* (Marco Polo), a história de um cara doido pelo tal do personagem-título, que finge ser indiferente aos seus apelos. Se fosse uma mulher cantando, seria uma letra como outra qualquer, mas com um homem cantando, a coisa mudava de figura.

Seu Waldir o senhor magoou meu coração
Fazer isso comigo, Seu Waldir, isso não se faz não!
Eu trago dentro do peito um coração apaixonado
batendo pelo senhor
(...) Eu falo tudo isso porque o senhor está gamadão
em mim
Eu quero ser o seu brinquedo favorito, seu apito, sua
camisa de cetim
Mas o senhor precisa ser mais decidido
E demonstrar que corresponde ao meu amor, pode crer!
Senão eu vou chorar muito, Seu Waldir, pensando que
vou lhe perder

Também é de 74 o (raríssimo) disco erótico-futurista-experimental *Drácula, I love you*, da cantora Tuca, egressa dos festivais da canção, mas de discografia irregular. Um disco *sui generis* que na contracapa a flagra em pose de orgasmo, de boca aberta e os cabelos molhados. E eis que logo na primeira faixa, intitulada simplesmente *Girl* (Prioli/ Tuca), nos deparamos com uma letra no mínimo instigante: "Girl, pegue sua roupa de pirata azul/ E venha ficar comigo/ Porque hoje nós vamos partir pra outra/ Não tenha medo, você não vai se machucar."

Nada demais se a letra não fosse assinada por uma mulher e cantada para outra, no feminino. Será que alguém percebeu isso em 74? Não se sabe. Mas fato é que, apesar da ditadura, as mudanças comportamentais realmente estavam em ebulição no país. A prova disso é que a mesma gravadora Som Livre — recém-criada — que lançou o LP de Tuca no mesmo ano investiu em seu contraponto, o único disco solo do performer Edy Star — no gênero da androginia inaugurado aqui pelos Secos & Molhados e lá fora por David Bowie, Alice Cooper e companhia. Era um disco com "pintas" do começo ao fim, e que na penúltima faixa trazia meio escondida a canção *Bem entendido* (Piau/ Sérgio Natureza) — que curiosamente não aparece na contracapa como pertencente ao LP, só está no rótulo do vinil, e era bem mais explícita que a maioria das demais feitas até então.

"Lembro que foi uma coisa pensando no próprio Edy, na postura cênica dele, nas roupas que ele usava nos shows e na opção homossexual dele, que eu, heterossexual, quis traduzir em palavras", recorda Sérgio Natureza, que a compôs utilizando expressões do vocabulário e do comportamento gays da época. Esta foi também outra canção a passar despercebida pelo público, mas não deixa de ser um marco em termos de ousadia. Ela sinaliza que já havia um grupo razoável de homossexuais que buscava viver sua condição mais livremente no país e que não tinha mais paciência para atuar na clandestinidade.

Chega de brincadeira
Já estamos bem entendidos
Combinados, convencidos
Que para um bom entendido
Meia cantada basta
De sondar encalhado
Encolhido, encubado
Escondido, enrolado
Com véu na cara e olheira
(...) Por isso chega de brincadeira
Já estamos bem entendidos

Se liga ou se avexe
Me diga logo ou me deixe
Me diga logo de frente
Qual é a sua comigo...

João Ricardo, outro performático egresso do Secos & Molhados, tentava carreira solo em 75, apostando também na ambigüidade. Posava de terno rosa na capa do disco numa pinta total e cantava o *Vira safado*, que chegou a ter alguma repercussão. "Vira safado, vira/ Safado vira safado", dizia o refrão bem em cima do sucesso inicial de seu antigo grupo, do qual falaremos melhor a seguir. Porém, bem mais ousada em conteúdo naquele ano, quem gravava era o cantor ultra-popular com porte de machão, Agnaldo Timóteo. Ele insinuava o tema da homossexualidade na faixa de abertura de seu LP, *Galeria do amor*. De estilo "extra-kitsch", alcançando uma faixa de público que nada tinha a ver com a intelectualidade, Timóteo fez um belo retrato de uma época neste LP. A faixa-título, de sua autoria, falava da Galeria Alaska, em Copacabana, no Rio, um ponto gay na década de 70 que reunia muita gente do meio, personagens do underground e do mundo marginal carioca em geral.

Numa noite de insônia saí
Procurando emoções diferentes
E depois de algum tempo parei
Curioso por certo ambiente
Onde muitos tentavam encontrar
Um amor numa troca de olhar
Na galeria do amor é assim
Muita gente a procura de gente
A galeria do amor é assim
Um lugar de emoções diferentes
Onde a gente que é gente se entende
Onde pode-se amar livremente

O mesmo Timóteo um ano antes já dava bandeira com a balada *Amor proibido*, de Dora Lopes (olha ela aí de novo!) e Clayton, na qual repisava a temática: "Já ficou entendido/ Que o amor que vivemos/ É um amor proibido/ Pode o mundo inteiro falar/ Que eu fico contigo." Na segunda estrofe, lamentava a incompreensão até de seu maior amigo em relação a seu "amor proibido": "E até o amigo/ Meu maior confidente/ Achou graça de mim/ Disse estar tudo errado/ O que eu achei certo: Ele nunca amou assim." E resumia sua triste e difícil sina: "A minha maneira é autenticidade/ Vou ficar contra o mundo/ Mas não posso fugir/ Desse amor que é verdade." Barra pesada.

Mas essas eram músicas que só "entendia" quem queria.[16] O clima esquentou mesmo quando o jeito de cantar de certos cantores começou a ser mais forte que as próprias músicas, levando-as a ter outro sentido em suas performances. Foi o que ocorreu no início da década de 70, quando apareceram dois artistas malditos para os padrões estabelecidos. Eram duas figuras bastante agressivas e de muita ambigüidade no cenário de nossa música popular. A primeira delas surgiu, em 72. Maria Alcina — que até hoje muita gente pensa que é travesti, isso dito por ela mesma — apresentava uma postura incomum para uma mulher: voz grossa e ao mesmo tempo um jeito meio gay, espalhafatoso, com muita fantasia e rebolados. Ela apareceu cantando *Fio maravilha*, de Jorge Ben, no VII Festival Internacional da Canção, da TV Globo. Em seguida, gravou pérolas do repertório de Carmen Miranda e outras pepitas da velha guarda ou do cancioneiro de vanguarda da MPB em voga no momento. Resultado: foi censurada por comportamento.

"Respondi a processo por causa do meu comportamento, pode? Por 'atentado ao pudor e à moral da família brasileira'. Acabei proibida de tocar onde quer que fosse, fui tirada do ar. De rádio, TV e shows por um bom tempo. Era um momento em que o comportamento era motivo para condenação, e que artista corria da polícia", recorda. "O curioso é que meu comportamento anárquico era intuitivo, eu não era o que se podia chamar de intelectual. Na verdade, não tinha muita consciência da gravidade da ditadura, só depois que fui processada é que caí na real", admite hoje a cantora que, vejam só, não foi censurada por suas músicas terem algo de fundo político, mas porque aquilo não era imagem digna de uma mulher. Acontece que isso, nos anos 70, era uma atitude política, mesmo que a sua revelia.

Mas nada se compara para a cultura gay brasileira o que simbolizou o surgimento de Nei Souza Pereira, o nosso Ney Matogrosso, no showbusiness nacional. Tudo começou com sua passagem apoteótica pelo grupo Secos & Molhados, entre 73 e 74, com seu visual exótico, a cara pintada, fantasias, a voz muito aguda (fruto de um timbre raro) e as danças rebolativas, que incendiavam maracanãzinhos lotados cantando "Vira, vira, vira homem/ Vira, vira/ Vira, vira lobisomem", versos da canção de inspiração portuguesa, *O Vira*, de João Ricardo e Luli. Uma música supergay que as crianças também adoraram, razão pela qual Ney crê que o grupo não tenha sido censurado e tirado de circulação. O disco dos Secos & Molhados — seriam as iniciais S&M alguma referência à cultura gay sadomasoquista?[17] — trazia várias músicas direta ou indiretamente ligadas ao universo homossexual, seja nos versos ou na forma de cantá-las com muita "pinta".

Em 75, seguindo carreira solo, Ney foi muito além. A cada disco, parecia mais agressivo e provocante. O contraste de seu peito nu, peludo, com aqueles signos femininos fundiu a cabeça de muita gente. E as excitou, também. Como muito bem observou João Silvério Trevisan em seu livro *Devassos no paraíso*, "desde Carmen Miranda, o país não via um ídolo de música popular tão fascinante e exótico. Atrevido como ninguém antes dele, Ney teve que enfrentar muita agressão e insultos por onde andou. Mas o amor que despertava em homens, mulheres, velhos e crianças foi maior que isso". E cita uma entrevista dada por Ney em maio de 1978 à revista *Interview*, em que dizia: "Pois para mim isso é uma missão, acabar com essa história de que homossexual é uma coisa triste, sofrida, que tem de ficar se escondendo."[18]

Pois em seu primeiro disco solo ele cantava a lânguida *Açúcar Candy*, de Sueli Costa e Tite de Lemos, cuja letra é uma jujubinha:

Meu corpo falece, meu corpo estremece
Crivado de flechas venenosas

Tua pistola dispara a baunilha
Na minha boca, no meu rosto
As suas balas me matam de prazer
As suas balas têm mel demais
(...) Ai que vertigem, ai que desmaaaaaaaaaaaaio...

"Quando cantava *Açúcar Candy* no show eu me masturbava com um cano. Isso tudo era provocação mesmo, eu não estava 'acreditando' ou 'me sentindo'. Queria mesmo era que aquela gente acordasse para a vida", revela Ney Matogrosso, trinta anos depois. "Eu me colocava de uma forma agressiva porque se eu não me colocasse agressivamente, eles seriam agressivos comigo, e eu tinha consciência disso. Isso naquele primeiro momento. Depois, com o tempo fui vendo que aquilo não era necessário, que as pessoas emanavam uma simpatia para mim, na minha direção", explica.

Este segundo momento a que Ney se refere se deu a partir de seu segundo LP solo, "Bandido", de 1976. "Ali eu deixei de ser um ser de outro planeta e virei uma pessoa. Não era um bicho vestido de pele, era eu mesmo. Primeiro foi o impacto dos Secos & Molhados, que era aquela coisa sexual, mais agressiva, que atacava e rejeitava as pessoas. No "Bandido" eu já estava mais seguro, então tudo aquilo era de verdade. Eu sentia tesão naquela multidão. Eu vivia para isso! Vivia pro sexo, não tinha como esconder isso. Então, aquele público era muito estimulante nesse sentido. Quando eu fazia isso para eles, era de verdade. Eu desejava, não ninguém especialmente, mas desejava as pessoas todas que estavam me vendo", frisa.

Ney admite que numa época seu nome era sinônimo de "viado" e ele sabia que sua atitude era realmente muito ostensiva, vanguardista mesmo. "Era forte porque era a primeira vez que um homem manifestava sexualidade nesse país. Isso era uma coisa não só permitida, mas pedida apenas às mulheres: 'vocês têm que ser sexuais.' Homem não podia. Aí vem um homem, saído não se sabe de onde, fazendo aquilo tudo...", esmiúça.

E antes de Ney arrasar com músicas ainda mais provocantes na virada dos anos 80, vale a pena lembrar algumas do meio do samba e do meio brega que lentamente entravam no cancioneiro da MPB. Duas delas causaram polêmica. O primeiro sucesso da carreira da sambista (e compositora) Leci Brandão foi um samba lento disfarçado de balada: a contundente *Ombro amigo*, que deu muito aborrecimento a sua autora em 1977. Inspirada na violência contra travestis, esta música fez um grande sucesso. E se encaixa na vida de qualquer homossexual.

Você vive se escondendo
Sempre respondendo
Com certo temor
Eu sei que as pessoas lhe agridem
E até mesmo proíbem
Sua forma de amor
E você tem de ir na boate
Pra bater um papo ou desabafar
E quando a saudade lhe bate
Surge um ombro amigo
Pra você chorar
Um dia, sem tal covardia
Você poderá com seu amor sair
Agora ainda não é hora
De você, amigo, amiga... poder assumir

Na esteira do sucesso de *Ombro amigo*, outra sambista, Beth Carvalho, gravou *As moças*, de Paulinho Soares e Paulo César Pinheiro. Uma música de amor entre duas mulheres com... final trágico, como não poderia deixar de ser. Apesar de não ter tido o sucesso da canção de Leci, também causou estranhamento quando foi lançada. "Essa música foi um escândalo na época. Foi muito comentada. Não só pelos jornais, mas recebi críticas até mesmo de colegas de bar que chegavam pra mim e diziam: 'Você fez uma música estranha.' E olha que tem um fim trágico, mas mesmo assim isso era tabu. Ficava surpreso com esses comentários. Chegava a me perguntar: 'Será que estou ouvindo isso mesmo dessa gente?' O amor homossexual era tabu mesmo", atesta Paulo César Pinheiro, autor de versos como: "As moças eram tristes como os pais/ E tinham suas histórias muito iguais/ (...) E um dia então cruzaram-se num bar/ E estranhamente olharam-se no olhar/ E como quem aceita um desafio/ As moças num sinistro rodopio/ A sós deram-se as mãos." Em seguida vinha a tragédia: "Viveram-se desde aí mais sós/ Ficaram desde aí brutais/ E dentro deste amor feroz/ Só buscavam paz/ E um pacto fatal se fez/ (...) E foram-se para nunca mais." A atormentada poetisa Safo, na ilha de Lesbos, não faria melhor. Coitadas das moças!

Mas não foram nem Leci Brandão nem Beth Carvalho que tiveram a primazia de lançar uma música falando de uma forma mais explícita do tema gay no tradicionalista mundo do samba daqueles anos 70. Foi, sim, Martinho da Vila, com seu corajoso samba *Cordas e correntes* gravado por Maria Creuza, em 75, sendo dois anos depois regravado pelo próprio, e bem mais tarde, em 87, pela filha Mart'nália em seu primeiro LP. O samba conta a história de um filho (ou filha) questionando os pais a respeito de sua condição gay.

Viu! Mamãe?
Porque não posso assumir meu descaminho?
Viu! Papai?
Porque não posso reencontrar o meu caminho, ai
Pra que as cordas e correntes
Se eu já sei aonde tenho meu nariz?
Tantos amigos e parentes
E eu assim tão infeliz
Vocês só pensam em noivado, casamento
Que tormento...
Vivem sonhando com aliança no meu dedo
Tenho medo, ai
Se bem lá dentro do meu ser
Há uma vontade muito grande de viver

Você pode considerar este samba do Martinho a raridade das raridades, pois se há um meio machista por excelência é o do samba tradicional. Vejam que desde *Mulato bamba*, de Noel Rosa, em 1931, não havia nada tão explícito e simpatizante à causa, ainda mais escrito por um autor heterossexual. Quem confirma é Nei Lopes, ele mesmo, um dos artífices do samba brasileiro, sendo taxativo ao declarar: "No samba mesmo, nunca vi nenhum compositor assumir a 'persona' feminina ou manifestar simpatia pelo universo gay."

No terreno da música romântica-popular, tudo também era muito sutil, e raramente aparecia uma pérola gay. Todavia, neste segmento, Cauby e Timóteo não foram os únicos a falar do tema. Odair José também gravou *Forma de sentir* (José Messias e Donizete), em 1978, cuja letra narra de forma incomum e clara a compreensão de um hetero pela força do amor homossexual: "Sei que és entendido e vais entender/ Que eu entendo e aceito a tua forma de amor/ Ame, assuma e consuma/ O teu verdadeiro sentido do sentir/ E nem penses que eu vou proibir/ (...) O beijo do beijo, o igual do igual/ Trocando, entregando, buscando, chegando/ Ao delírio final/ Eu vi o teu verdadeiro sentido do sentir..." Nada mal. Simpatizante mesmo!

Outro que também foi simpático à causa e muito romântico — numa letra nada brega, diga-se de passagem — foi Wando, que surpreendeu ao narrar de forma bastante poética o encontro de dois meninos na cama em sua canção *Emoções*, naquele mesmo ano de 1978. Talvez tenha sido o primeiro autor a falar de uma cena de cama homossexual, ainda por cima sem neuras, na MPB. Quem diria...

Nos fizemos tão meninos
Livres, tão vadios de tanto querer
(...) Me entregaste teus segredos
Eu falei do medo do meu coração
Assim pisamos noite adentro
Como dois perdidos, cheios de emoção
Nas almofadas tão macias

Nos aconchegamos, sufocando a paz
(...) Até que a morte nos separe
Ou até o dia amanhecer
Nós faremos nosso mundo
Nós seremos tudo que devemos ser...

"Li um livro que falava de dois personagens que conviviam num colégio interno. No final do livro, descobre-se que são dois meninos. E eu achei a história superinteressante. Como nunca compactuei com esse preconceito besta que existe em relação a isso, escrevi essa canção", explica o cantor e compositor, que ao final de sua discrição era ainda mais ousado para a época.

A lua iluminou teu corpo
Moreno bonito
Pra me provocar
No teu rosto um riso lento
Misturado ao pranto
Vi desabrochar
Te agasalhei nos braços
Pele, mãos, espaços acariciei
Te amei suavemente
E tão docemente eu me fiz teu rei

Diretamente do Rio Grande do Sul, o grupo Os Almôndegas, do qual se projetariam dois anos depois os irmãos Kleiton & Kledir, gravaram, ainda em 78, uma canção hilariante intitulada *Androginismo*. Nesta, eles conseguiram ao mesmo tempo falar de uma experiência pessoal carnavalesca que tinham em sua terra natal, expor uma imagem divertida e positiva dos gays e ainda por cima fazer uma crítica à sociedade de consumo. "Quando fazíamos parte do Almôndegas nos anos 70, além da banda, tínhamos também um bloco carnavalesco chamado As Almôndegas, onde saíamos todos vestidos de mulher, como era a tradição no Carnaval de Pelotas. *Androginismo* é dessa época. A música não fez muito sucesso, mas lembro que chegamos a gravar um programa para a Rede Globo. Todos travestidos, é claro", conta Kledir.

Quem é esse rapaz que tanto androginiza?
Que tanto me convida pra carnavalizar?
Que tanto se requebra do céu de um salto alto
E usa anéis e plumas pra lantejolizar?
Que acena e manda beijo pra todos os seus amores
E vive sempre a cores pra escandalizar
(...) A minha mãe falou que é um tipo perigoso
Que vive sorridente, fazendo quá-quá-quá
(...) Com mil e um veados puxando o seu foguete
Que lembra um sorvete pra refrescalizar...

"Essa canção é uma brincadeira escrachada com a figura do Papai Noel, símbolo máximo do capitalismo, regime que queríamos ver destruído. Ao mesmo tempo, o bom velhinho tinha pra nós uma divertida imagem gay, de muita festa e alegria. Era uma espécie de Clóvis Bornay do Natal, desfilando em um carro alegórico, com veados puxando seu trenó. E mais, ainda havia um certo ar de pedofilia, com aquela mania de botar as criancinhas no colo... Enfim, um cara divertido, mas meio estranho", surpreende Kledir, afirmando ainda que na letra foram criados vários verbos a partir de substantivos, tais como carnavalizar e lantejoulizar, algo que mais tarde viria a ser usado por muitos autores em prosa e verso no país.

Com dois passos para a frente e um para trás, o tempo seguia. Num histórico show do projeto Seis e Meia, em 77, que reunia os reis do baião, Luiz Gonzaga e Carmélia Alves no palco do Teatro João Caetano (RJ), era lançado o baião *Viola de Penedo* (Luiz Bandeira), na voz da cantora. Esta música só chegaria ao disco na voz de Gonzagão no ano seguinte, e seria sucesso de Clara Nunes em 1980. A referência ao gay não era nada agradável. Num tom de machão nordestino, a letra era explícita: "Não aceito não tolero dança de homem com homem."

Mas as canções homofóbicas já não seriam maioria a partir do ano da anistia, 1979, aproveitando-se do esmaecimento da censura e de uma nova mudança de costumes no Brasil. É bem verdade que a mudança de mentalidade em relação à classe ainda estava longe do ideal. Havia ainda um ranço, inclusive por parte da chamada esquerda política brasileira em relação aos gays — aliás, o comunismo e o socialismo nunca viram a homossexualidade com bons olhos. A prova disso é a reação causada quando os dois integrantes (negros e gays) do grupo Les Étoiles, Luiz Antônio e Rolando (que faziam estrondoso sucesso na França desde 75, gravando discos regularmente e apresentando-se travestidos e tudo), se dispuseram a fazer um show beneficente em prol da abertura no Brasil, para a comunidade brasileira que residia em Paris. Eles simplesmente foram "gongados" pelo Comitê da Anistia, conforme relata Fernando Gabeira em seu livro *O crepúsculo do macho.* Isto abriu um precedente para que ocorressem vários debates e manifestações contra esta atitude do comitê, que, mais adiante, finalmente conseguiu ser superada.

Por aqui, felizmente, nem tudo era só censura. E as mudanças comportamentais até mesmo quanto às relações heterossexuais mudavam a passos largos. A Lei do Divórcio, recém-aprovada, deu maior liberdade aos casamentos de se desfazerem; as mulheres começam a ter mais vez e a usar mais sua sensualidade; estabelecimentos gays lentamente se incorporam à paisagem das cidades, especialmente as discotecas, tão caras aos americanos, que tiveram várias sucursais brasileiras, e esses locais já não eram tão clandestinos quanto outrora. Aliás, no ritmo contagiante da moda naquele ano, justamente o das discotecas, um certo Emerson gravou dando muita pinta a dançante *Eu quero mais* — escrita por, acredite se quiser, Carlos Imperial — para a trilha do filme *Sábado alucinante*, de Cláudio Cunha, espécie de *Nos embalos de sábado à noite* tupiniquim. "Quando eu danço, eu bolo e rebolo/ Quando eu caio, eu rolo e me enrolo/ Quando eu transo, eu como um bombom/ Quando eu brilho, eu passo um batom", cantava ele com um tom de voz característico, bem gay, chegando a incluir cacos na letra tipo "tá boa?". Este obscuro cantor foi, de fato, um dos precursores da drag music nacional. Foi, por assim dizer, um Edson Cordeiro da época, já que ambos rezaram na cartilha da música gay dançante. A diferença é que o primeiro não emplacou.

Ainda na onda das discotecas, o bailarino e cantor Ronaldo Resedá fez sucesso com temas de novelas globais e clipes no *Fantástico* de músicas com muito glamour e estética gay, como *Kitsch Zona Sul* (1978) e *Marrom glacê* (1979) — além de uma marchinha deliciosa de Eduardo Dussek e Luiz Carlos Góes, em 80: *Plumas & paetês,* tema de abertura da novela homônima: "Trocar de roupa é como trocar de marido/ Pois o amor não vale mais que um vestido." Haja "pinta"! Também na linha *glam,* um pouco antes de Ronaldo, Cornelius (Lúcifer), um dos principais vocalistas da banda de rock Made in Brazil, formada em 67, seguiu em carreira solo nos anos 70 chegando a gravar um LP em 1976 e alguns compactos em 78, sem grande repercussão. Assim como Resedá, seu repertório não tinha músicas exatamente de temática gay, mas a atitude, as roupas e o ritmo da discoteca já eram suficientes para enquadrá-lo em nosso time de heróis da MPB-pop-glam. Fato é que quanto mais chegávamos ao final daquela década de 70 parecia que um sentimento explosivo estava no ar — de tesão, sensualidade e liberdade sexual. "Realce! Quanto mais purpurina melhor", cantava Gilberto Gil em 79.

Ainda no mesmo ano, Gilberto Gil disse que "um dia viveu a ilusão de que ser homem bastaria, que o mundo masculino tudo lhe daria o que quisesse ter", versos de *Super-homem — a canção*, que embora fosse uma elegia à mulher, foi — por conta da mentalidade ainda provinciana do país — considerada quase uma confissão homossexual do compositor. Neste mesmo ano, Ângela Ro Ro — a mais irreverente e assumida de nossas cantoras lésbicas — iniciava uma carreira de sucesso com composições autorais, que de forma crescente deu nome aos bois, aliás, às vacas — no bom sentido, como ela mesma brinca falando de algumas de suas ex-mulheres, com sua irreverência ímpar. Em *Cheirando a amor*, faixa de abertura de seu LP de estréia lançado pela Polydor, ela já dizia ao que vinha.

Já pus de lado o tormento
De um mundo atento a não perdoar

Amantes sem fingimento
Delirantes formas de amar
(...) Que preconceito barato
Que o cão caça o gato
Me morde, me desafia
Só teu calor me arrepia

Naquele mesmo 79, Chico Buarque fez a sensacional canção *Geni e o zeppelim* para sua peça *Ópera do malandro*. Uma bicha repudiada pela sociedade, amante às escondidas do tesudo malandro-título, acaba sendo mimada por todos, pois só ela era capaz de resolver um problema-limite, que salvaria a vida de todos. Após o fato resolvido, volta a ser agredida até com bosta. Uma síntese da hipocrisia da sociedade em relação ao gay e ao travesti. Na mesma trilha, ele falava de um assunto difícil para letras de música, mas com tanta naturalidade que ninguém estranhou: o homoerotismo típico da fase infanto-juvenil dos garotos. No samba *Doze anos*, que mereceu uma gravação antológica sua ao lado do "malandro" Moreira da Silva, ele falava nas "brincadeiras gostosas" que os meninos em fase da descoberta sexual adoravam fazer: concurso de "pipoca" (porque a censura não deixaria falar a verdadeira palavra) e "troca-troca" — a popular "meinha", aquela mesmo, em que um come o outro para ver como é que é. Curioso é que depois que crescem têm amnésia e não se lembram mais de nada disso. Mas pelo menos o protagonista da canção de Chico lembrava de tudo!

Ainda no mesmo ano, Gilberto Gil compôs *Logunedé*, em homenagem à entidade do candomblé, que é metade homem, metade mulher. Falando em candomblé, Ney Matogrosso chegou a ter uma capa de seu LP "Feitiço" (1978) censurada porque aparecia nu no encarte, como se fosse um "ebó" (trabalho, oferenda) de macumba. Eis que no ano seguinte gravou uma versão de Caetano Veloso de um dos hinos gays do cancioneiro americano, *Nature Boy*, de Eden Ahbez, que fala de um "estranho e encantador rapaz" que ensinou que "nada é melhor/ Que dar amor/ E receber de volta amor".[19]

Caetano, por sinal, que sempre teve um comportamento ousado — desde que voltou do exílio londrino, em 72 —, nessa época passou a usar e abusar cada vez mais da androginia em seu visual. Gostava de beijar seus músicos na boca, certa vez chegou a vestir-se de Carmen Miranda, e em entrevistas declarava o seu desejo de ser "múltiplo". Não por acaso, foi a principal influência de Ney Matogrosso. "Foi Caetano quem estimulou em mim essa coisa artística. Eu morava em Brasília e o vi na rua uma vez, ao lado do Gil e da Rita Lee, saindo do Hotel Nacional em direção ao local do show da Rhodia, que era uma grife que patrocinava shows que misturavam música e moda. Ele estava todo vestido de cor-de-rosa, com os cabelos enormes, cacheados, e aí eu falei para mim mesmo: se eu fosse artista queria ser uma coisa assim. Não queria ser o Caetano Veloso, mas queria provocar nas pessoas o que ele provocava em mim. Ele me estimulava, me deixava todo interessado. E eu queria ser um artista assim, que interessasse às pessoas", conta o cantor.

Pois em 79, Caetano deu a Baby Consuelo uma música absolutamente linda e delicada falando de seu fascínio por um garotão carioca: o surfista Petit — o *Menino do Rio*, a versão masculina da *Garota de Ipanema*. A canção acabou tendo projeção nacional como tema de abertura da famosa novela das oito, *Água viva*, de Gilberto Braga: "Menino do Rio/ Calor que provoca arrepio/ Dragão tatuado no braço/ Calção corpo aberto no espaço/ Coração de eterno flerte/ Adoro ver-te/ (...) Pois quando eu te vejo eu desejo o teu desejo/ Menino do Rio/ (...) Toma esta canção como um beijo." Nada mal.

Com a abertura política, o assunto do amor entre iguais na imprensa nacional começava a ser falado, mas ainda era um bicho-de-sete-cabeças. Prova disso é que numa entrevista à revista feminina *Cláudia*, a repórter perguntava na lata a Rita Lee: "O que você pensa do homossexualismo?" Ao que ela deu uma das respostas mais sensatas que podia dar. "É uma coisa da raça humana, de quem está vivo. Não vejo nada demais homem transar com homem ou mulher com mulher. Tem um homem dentro da gente, é uma verdade. Se a pessoa se sente bem, por que não transar? Sem aquela de analista, pesada, cheia de interpretação. E sim levemente: transar o sexo pela beleza dele." Rita se saiu bem, mas o tema ainda incomodava muitos artistas. Principalmente os cantores e cantoras homossexuais da MPB que quase sempre saíam pela tangente quando o assunto era abordado, temendo represálias e perseguições do público e da própria imprensa.[20]

Por isso mesmo, na virada dos anos 70 para 80, as cantoras da MPB estavam numa fase de se mostrarem mais sensuais do que propriamente se revelarem em músicas do universo gay e lésbico. Mas houve exceções, ainda que discretas. A estreante Sandra (de) Sá, discretamente, lançava uma canção deliciosa e gaiata, *Bandeira* (sua em parceria com a ex-cantora, hoje atriz e comediante, Faffy Siqueira): "Essa menina um dia ainda acaba comigo/ Mas ainda perco a minha e faço a cabeça dela/(...) Ela entra numa que não entende nada, de nada/ E no final das contas eu é quem fico voando/ Mas um dia desses/ Me chego na careta/ E dou bandeira." Humm... Que bandeira! Simone não ficava atrás, gravando dois hinos do amor entre as mulheres: a já citada *Bárbara*, em dueto com Gal (provocando dúzias de fofocas na imprensa sensacionalista, em 81), e *Mar e lua*, no ano anterior, composta por Chico Buarque para a peça *Geni*, dele com Marilena Ansaldi e José Possi Neto.

Amaram o amor serenado
Das noturnas praias
Levantavam as saias e se enluaravam
De felicidade naquela cidade
Que não tem luar
Amavam o amor proibido
Pois hoje é sabido
Todo mundo conta
Que uma andava tonta
Grávida de lua
E outra andava tonta
Ávida de mar

Ângela Ro Ro foi a única a realmente causar rebuliço ao ir parar nas manchetes dos jornais em abril de 1981, quando terminou um conturbado romance com a também talentosa cantora Zizi Possi — com direito a muito preconceito da imprensa. Uma prestigiada revista, por exemplo, tascou o título "Virilidade" para falar da confusão.[21] Escândalos à parte, a porta-voz oficial do meio gay continuava sendo mesmo ela. Nos shows, sua verve humorística e sarcástica brindava o público com tiradas autobiográficas amorosas, e entre muitas ironias ela dizia "não ter nada contra os heterossexuais presentes na platéia". E em seus discos, os recados de suas canções ficavam cada vez mais diretos. Que o diga seu segundo LP, "Só nos resta viver" (1980). Na canção que abria o lado B, *Preciso tanto!!!*, Ro Ro, em parceria com Sérgio Bandeyra, mostrava finalmente o tema gay de uma forma irreverente, divertida.

Eu quero na raça e no peito
Você quer saber se é direito
Primeira vez...
Você diz que é bom, mas não quer
Tem medo de virar mulher
Virar freguês
Assim não vai dar
A minha vontade é tão grande
Não pode esperar
Preciso tanto!!!

No entender de Ângela, apesar de suas músicas estarem muito vinculadas à sua imagem, ela não julga ter assinado uma obra que se possa rotular como "gay". "Falo de formas delirantes de amar, de amores proibidos... Uma das que fiz mais diretamente ligada ao tema é a música *Cheirando a amor*, que foi incluída recentemente no filme sobre a vida do Cazuza, na cena em que ele larga a esbórnia, arranja um namorado e vai transar gostoso. Realmente, sendo bastante confessional, posso dizer que quando compus essa música estava passando na minha cabeça o amor proibido de duas mulheres, aquela síndrome de pânico de sair na rua, típica lesbiana", diz, com sua ironia de praxe, afirmando que outra canção gay de seu repertório é justamente a anteriormente mencionada, *Preciso tanto!!!*. "Nesta eu uso o clichê do 'tem medo de virar freguês'. Isso serve bastante para o homossexual masculino também", explica.

Se Ângela Ro Ro explodia em 1980 com tais músicas bandeiroséرrimas e libertárias a favor do amor entre iguais, a turma do contra não tardaria a aparecer. Até mesmo o grande Raul Seixas, famoso por sua postura libertária, teve seus dias de homofobia. Quem não se lembra do *Rock das aranha* (dele com Cláudio Roberto)? "Subi no muro do quintal/ E vi uma transa que não é normal/ E ninguém vai acreditar/ Eu vi duas mulher botando aranha pra brigar." E lembram do desfecho do rock? "Meu corpo todo se tremeu / E nem minha cobra entendeu/ Cumé que pode duas aranha se esfregando/ Eu tô sabendo, alguma coisa tá faltando/ É minha cobra/ Cobra criada/ Vem cá mulher, deixa de manha/ A minha cobra quer comer a sua aranha", e resumia tudo na última frase-clichê do senso comum brasileiro: "Aranha com aranha sempre deu em jacaré."

"O Raul tinha horror a lésbica, tinha horror a viado, nesse sentido era a pessoa mais careta que eu vi na vida. Boiola não podia nem chegar perto, o Raul ficava incomodado, saía da sala, ficava piscando, fazendo trejeitos. Por isso digo que o *Rock das aranha* foi pura sacanagem, só", afirma a viúva do roqueiro, Kika Seixas, em entrevista ao site "Casa do Bruxo".[22] Se *Rock das aranha* é bem-humorada e pode ser vista também como uma grande piada, pior foi a reação do casal Silvinha e Eduardo Araújo. Os ex-integrantes da jovem guarda gravaram a inacreditável *Sapataria Progresso* (Eduardo Araújo/ Lula Martins), uma canção dançante de acento soul. Ainda bem que sua execução não passou de alguns programas do segundo time na TV.

Lá vem o homem: o homem pequeno
Mas com o chapéu grande
Lá vem o homem: o homem pintoso
Mas sem mulher pra transar
Lá vem o homem: de mãos vazias
Ele quer é entrar na folia

O coitado desorientado não sabe
Que os tempos mudaram
Muitas Marias de hoje em dia
Só vivem na sapataria
Elas zombam do chapéu grande
Mas têm os sapatos gigantes
Muitas delas usam gravatas
Como se fossem piratas
Esse homem não tem sorte
Com o novo sexo forte

Por outro lado, o sempre irreverente João Roberto Kelly estourou em 1981 versando sobre o mesmo tema, mas sem preconceitos, ainda que de forma nada sutil na sua marchinha carnavalesca bissexta *Maria Sapatão* (em parceria com Chacrinha e Leleco), defendida com muita graça pelo parceiro e animador Chacrinha — bissexta porque a essa altura o Carnaval já estava dominado muito mais pelo samba-enredo do que pelas marchas. Mas esta todo mundo sabe de cor até hoje.

Maria Sapatão
Sapatão, Sapatão!
De dia é Maria!
De noite é João!

"Essa música é uma defesa que eu faço das mulheres 'sapatão'. Note bem que eu digo 'O mundo aplaudiu. É um barato, é um sucesso dentro e fora do Brasil'", conta João Roberto Kelly, que se considera um grande defensor dos gays. "Defendo e apóio não só nas músicas, como na vida real. Acho a sexualidade uma característica primordial no caráter de uma pessoa. Se alguém condena, é porque deve ter alguma coisa errada dentro dela", acredita o compositor que, em 1965, foi o responsável pela trilha sonora do primeiro grande espetáculo envolvendo o transformismo brasileiro, o *Les girls*, que lançou ao estrelato travestis eméritos do porte de Rogéria e Valéria, que pouco tempo antes atendiam, respectivamente, pelos nomes de Astolfo e Valter. Valéria, aliás, naquela época lançou um compacto com um pout-pourri de sambas de um lado e do outro, uma regravação do sucesso de Dalva de Oliveira, *Rancho da praça Onze,* cantando de um jeito visivelmente influenciado pela divina Elizeth Cardoso. Se o compacto já é uma preciosidade por ser o pioneiro de um travesti no país, vale também pela capa sensacional: mostrando-a antes e depois da "transformação", em duas fotos emparelhadas.

Se até hoje o fato de alguém assumir-se gay é complicado, é natural que em 1980 — logo depois da abertura política — alguma música enfocasse tal tema de forma mais explícita. Foi uma tentativa, é verdade, pois ela não fez qualquer sucesso, mas ainda assim merece registro. Revelado no MPB Shell daquele ano, na TV Globo, o cantor Jessé — de vozeirão, na linha dos antigos cantores do rádio — ficou conhecido da noite para o dia graças à sua interpretação muito teatral da canção *Porto solidão*, que foi logo incluída em seu primeiro LP. Foi exatamente neste mesmo disco que ele gravou a curiosíssima canção *Ser estranho* (de autoria dos obscuros Gandhula e W. Casa Branca), também com uma melodia rica em altos e baixos, de bandeja para sua voz, cujo personagem-título era um enrustido, daqueles bem atormentados. Aliás, esta canção é uma espécie de *Hino do gay enrustido*. A letra trata de um sentimento terrível: o conflito pelo qual muitos homossexuais já passaram, especialmente os mais femininos, de terem de lutar contra a sua orientação sexual, se corroendo e quase se matando por dentro. E, para descrever tal fato, o autor não economiza nas "pintas". Diz que dentro dele aparece "às vezes" uma mulher que "o vive em segredo", "um ser estranho" que ele tem até medo que um dia esta "o expulse dele". Ele frisa que a tal mulher tem "a idade em que nada é proibido", que fala com ele e lhe aconselha a "fazer tudo aquilo que a coragem não o deixa fazer". Até aí, já é uma bandeira só, mas o restante da letra é mais explícito ainda...

Quando eu não faço ela faz
Quando eu não quero, ela é audaz
Quando se zanga, consegue o que quer

Às vezes me diz que não quer ser mulher
Mas sente falta de um homem qualquer
Essa mulher grita dentro de mim quando calo!
Essa mulher chora dentro de mim quando canto!
(...) Ela é tão "eu" que às vezes não sei quem é ela
É tão só que às vezes não sei se sou eu
Ela é a vida, é a morte doida
É doída como um corte no fundo do meu coração...

Uma tragédia horrorosa, mas que tocou pelo menos o sentimento de um outro intérprete, Markinhos Moura, cantor de certa imagem andrógina que se notabilizou por sua imitação de Elis Regina, no programa de Flávio Cavalcanti no SBT. Pois ele acabou regravando esta canção e por coincidência também em seu álbum de estréia, de nome *Avesso* (!).

Mas chega de tanto estresse na MPB "do babado". Finalmente os anos 80 começaram. Uma década que, principalmente em sua primeira metade, acumulou uma enxurrada de canções evocando o tema gay em geral, trazendo enfoques interessantes, leves e simpatizantes à causa, nem que fosse pelo deboche, que agora não era para ser levado tão a sério. Como no obscuro *Rock Mary* (Antonio Luiz da Silva Martins), gravado por Paulinho Boca de Cantor, que dizia: "O que é que eu faço sem Mary?/ Se mandou com uma dona/ Cujo sapato é bem maior do que o meu/ Mamãe, não duvide/ Mary só volta pra mim/ Quando eu pirar pra lá de Lou Reed." Realmente o sapatão estava na moda. Mas os gays também. E já então as canções de temas gays não ficavam (como quase sempre ocorria) na obscuridade. A prova disso é que nenhuma música da MPB foi mais emblemática em 1981 que *Homem com H* (Antonio Barros), na voz de Ney Matogrosso.

Nunca vi rastro de cobra
Nem couro de "lobisome"
Se correr o bicho pega
Se ficar o bicho come

Porque eu sou é homi
Porque eu sou é homi
Menina eu sou é homi
Menina eu sou é homi
E como sou!

"*Homem com H* era um deboche, né? Foi a primeira provocação que caiu no gosto popular. Aquilo era uma brincadeira e quem me tirou o grilo de gravá-la foi Gonzaguinha. Disse a ele: 'Eu gosto, mas acho que não tem nada a ver com o disco.' Eu já tinha gravado, mas o resto do meu disco não tinha nada a ver com aquele forró. Foi quando ele me disse: 'É a sua cara. Se você não gravar, quem vai gravar isso?'", conta Ney. Os forrozeiros autênticos não tardaram a compor uma resposta à sua gravação. Genival Lacerda gravava no ano seguinte *H sem homem* (Rubelito/ Cecílio). Felizmente não fez sucesso, afinal era muito "reaça": "Tem um sujeito por aí/ Dizendo pra todo mundo que é homem com H/ Que já virou até lobisomem/ Mas tem gente que afirma que esse h não é de homem/ E se for morar no Norte pode crer que o couro come/ Com esse "H" você não vai me enganar" e prosseguia citando populares points gays de São Paulo e do Rio: "Não sossega mais em casa/ Passa a vida pela rua/ No Largo do Arouxe ou lá na Cinelândia/ Fala fino e se rebola, se enfeita como pode/ Esse cara não tem cara de ser um bicho homem."

Ninguém tomou conhecimento deste forró, muito menos Ney, que continuaria sua provocação pelos anos seguintes gravando um novo forró que poderia ser nosso Hino Nacional: *Por debaixo dos panos* (Cecéu), mencionado na epígrafe deste capítulo. Neste ele traz à tona "a vocação histórica do brasileiro para dissimular, evitando o confronto com fatos incômodos e desagradáveis porque senão 'o povo vai falar'", na excelente definição de João Silvério Trevisan.[23]

Além deste delicioso forró, Ney atacou com duas versões safadas assinadas pelo humor corrosivo (e, cá pra nós, de ótica bem hetero) dos componentes do João Penca e seus Miquinhos Amestrados. A primeira foi *Johnny Pirou* (Johnny B. Good) — que teve sua execução pública proibida nas rádios por contar a história de um executivo americano, Johnny, que foi ao Maracanã ver um Fla-Flu e sentiu pela primeira vez a emoção do "gol de um negão" carioca. A segunda foi um sucesso estrondoso, *Calúnias (Telma eu não sou gay)* (trocadilho para *Tell me once again*), com direito a recitativo impagável do cantor: "Telma/ Oh, Telminha/ Não me puna por essas manchas do meu passado/ Já passou!/ Esses rapazes são apenas meus amigos/ Agora sou somente teu, meu amor" e atacava cantando: "Diz que vai dar meu bem/ Seu coração pra mim/ Eu deixei aquela vida de lado/ E não sou mais um transviado" e dizia na chincha no refrão: "Telma eu não sou gay!/ O que falam de mim são calúnias/ Meu bem, eu parei!"

Esta foi uma das primeiras vezes em que se usou o termo gay na música brasileira. Até porque era uma palavra nova com este enfoque no vocabulário mundial. Além de *Telma* (1983), duas outras canções adotaram o termo em enfoques divertidos no ano anterior. A primeira foi cunhada por João Roberto Kelly. Depois de estourar a *Maria Sapatão* (1981), resolveu falar do *Menino gay* (João Roberto Kelly/ Chacrinha/ Leleco), mas apesar de ser muito bem feita e ganhar uma interpretação divertida do Velho Guerreiro, não aconteceu.

Esse menino é gay
Gay, gay, gay
É bonitinho e sabe tudo que eu não sei
De dia ele é gatinho
De noite ele é gatão
E tem um bigodinho
De machão, de machão, de machão!

Kelly ainda tentou emplacar uma terceira marchinha, desta vez falando dos travestis no Carnaval, mas foi censurado. "Na época em que eu era rapazinho, tinha nas escolas de samba um refrão que o pessoal batucava, com direito à cuíca roncando: 'Olha o pau! Olha o pau!.' E eu não sei de onde surgiu, onde é que acharam esse pau (risos). Um dia, fiz uma marchinha chamada *A banda das mimosas* que dizia assim: 'A banda das mimosas vai ganhar esse ano o primeiro lugar/ Rogérias e Valérias, que confusão!/ Animam a galera com esse refrão/ Olha o pau! olha o pau! Cadê?' O 'cadê' é que era legal (risos). O Chacrinha ia gravar assim, mas foi censurado. Aliás, ele chegou a gravar, mas tivemos que mudar o refrão para 'Olha a banda, olha a banda, cadê?', mas aí perdemos a piada e a música não aconteceu", lamenta.

Outra a adotar o novo termo de designação dos homossexuais de forma irreverente foi *Capitão gay* (Guio de Morais/ Jô Soares). Ela foi lançada num compacto com o jingle-tema do personagem de Jô Soares no programa *Viva o gordo*, da Rede Globo, um impagável super-herói gay, bastante afetado, porém justo, que resolvia os problemas de todos, assessorado por seu colega Carlos Suely (vivido pelo comediante Eliezer Motta, ator que sempre fazia tipos de machão em seu programa e revelava-se excelente no papel). "Quem é o defensor das minorias? Gay!/ É sempre contra as tiranias? Gay!/ É avião, um passarinho sem rabicho/ Ou se parece mais com outro bicho/ É o capitão gay...!!!"

Finalmente, a pioneira parece ter sido a canção pop-romântica *Quem é esse rapaz?*, gravada por Marina no LP "Certos acordes", em 1981. Na descrição que faz do rapaz pelo qual está encantada, eis que surge o adjetivo gay, que pelo visto não significava "alegre", como a princípio poderia sugerir um dicionário de língua inglesa: "Ele tem algo perto, longe, gay/ E vou prová-lo quente e carinhoso." A motivação que levou Antonio Cicero a escrever seus versos é que foi bastante surpreendente. "*Quem é esse rapaz?* foi feita em parte para usar a palavra 'gay' num sentido positivo. Eu tinha ouvido uns rapazes usarem essa palavra de modo pejorativo e quis me opor a isso. Eu a fiz como se a letra fosse o pensamento de uma amiga minha, a Gilda, que eu encontrava sempre numa boate gay chamada Sótão, no Rio, e que só gostava de namorar gay. Dediquei-a a ela", revela Cicero.

Ainda naquele 1981, Eduardo Dussek lançava seu antológico primeiro LP, "Olhar brasileiro", com direito a muito besteirol em letras, ora dele ora de seu parceiro Luiz Carlos Góes, que narravam deliciosas situações esdrúxulas ou constrangedoras ocorridas, no geral, com personagens femininos. Eram cantoras decadentes, patroas histéricas, empregadas despachadas, "coitadinhas fracassadas", mulheres desvairadas que uivavam no meio de bares, enfim, "pinta" total. Não havia nenhuma canção falando de gays, mas e o humor gay não conta? Conta sim! E neste ponto, Dussek — talvez nem tenha sido esta a sua intenção — realizou um disco delicioso, fundamental em uma discoteca básica da MPB, bem como de qualquer DBG (Discoteca Básica Gay). Gostou da DBG? Acabei de inventar... Resumindo: até que enfim o humor gay chegava à música brasileira. Sinal dos tempos.

PARTE 2

A NAMORADA TEM NAMORADA – DÁ UM CLOSE NELA! (OU) CUIDADO COM A NOVA ORDEM: LIBEROU GERAL, AGORA VALE TUDO!

Depois de anos de invisibilidade, parecia mesmo que as músicas enfocando o sexo entre iguais entravam na moda. E isto pode ser comprovado nos anos de 1982 e 83, que foram recordistas em músicas desse gênero, o que inspirou uma reportagem do jornalista Ruy Castro na *Folha de S. Paulo.* "O Brasil se rende ao charme da gay music" relatava exatamente o boom do gênero que finalmente aparecia em nossa música para preencher uma lacuna histórica. Hetero convicto, Ruy elogiava algumas músicas, ironizava algumas posturas e encarava aquilo tudo como uma novidade meio estranha — porque realmente devia parecer um tema bastante esquisito num país com uma música popular tão contundente, mas que demorou tantos anos para falar do amor, desta vez, "ousando dizer o nome".

"Estão vendo como essas coisas pegam? Em 1980, quando Gilberto Gil falou de sua porção mulher em *Super-homem — a canção*, alguns suspiraram de emoção. Outros viram naquela deixa uma bandeira de luta. As feministas, por exemplo, aproveitaram o mote para infernizar a vida de todos os machões até então postos em sossego. O argumento era o de que você não estaria com nada se não desfilasse a sua 'porção mulher' pela vida, mesmo que fosse num truculento beque do Votuporanguense ou do Taquaritinga. Na época, diversos cidadãos, saudosos dos bons tempos de 'Olha a cabeleira do Zezé', torceram para que a canção de Gil fosse um caso isolado ou uma moda passageira. *Well*, como vocês estão cansados de saber, não foi.

"(...) Leci Brandão, a musa do extinto jornal *Lampião*, deu criativos conselhos a duas garotas solitárias em *Ombro amigo*. Aliás, mais ou menos os mesmos que Raul Seixas estava dando no seu proibidíssimo *Rock das aranha*. E foi então que Caetano Veloso veio com aquela história do *Ele me deu um beijo na boca*. Pronto. Foi o que bastou para que os braços mais cabeludos da praça agitassem jujus e balangandãs de contentamento. Os entendidos não agüentavam mais dançar de rosto colado ao som de *Galeria do amor*, o hino à passarela gay carioca que o pioneiro Agnaldo Timóteo havia gravado em 1974. Hoje o que não falta é escolha.

"(...) Tanta oferta deve estar equivalendo a uma igual procura. O mercado homossexual foi sempre tão abandonado pela indústria discográfica — e, por isso, obrigado a adotar ídolos que nunca lhe dirigiram mensagens explícitas, como Judy Garland, Dalva de Oliveira, Agnaldo Rayol — que, finalmente, é como se ele tivesse encontrado a sua voz: um grande megafone, com um local deste tamanho, dizendo tudo que as garotas sempre tiveram para dizer e nunca tinham tido como.

"(...) Que a coisa está crescendo não há dúvida. Basta que vocês dêem uma rodada pelo dial. Ou pela boate Colorido. O melhor é que todas essas músicas são recheadas de uma alegre molecagem sacana. Além disso, ninguém tem culpa de que, como dizia Stanislaw Ponte Preta, o terceiro sexo já esteja ficando em segundo. Quem concordava com isso era o poeta e letrista Waly Salomão, que foi se queixar com Gilberto Gil a respeito da canção *O veado*. Ele disse: 'Mas Gil, com tantos animais em perigo de extinção, como é que você me faz uma música logo sobre o único bicho em expansão?'"

("O Brasil se rende ao charme da gay music", artigo de Ruy Castro publicado na *Folha de S. Paulo*, sábado, dia 15/10/1983)

Bem, pelo tom do texto, dá para ver que os homens estavam um pouco mordidos. Fato é que realmente nunca se fizeram tantas músicas abordando o tema. Em 82, Caetano citava o "beijoqueiro" — um sujeito folclórico que, na época, perseguia celebridades para beijá-las — e escreveu uma quilométrica canção chamada *Ele me deu um beijo na boca.* Djavan também falava de uma amizade entre "dois homens apaixonados" que nascera na delicada canção *Nobreza.* Clara Nunes falava de uma entidade que era um "menino onipotente, meio Oxossi, meio Oxum" em *Afoxé pra Logun.* Tim Maia e Sandra de Sá gravaram o antológico funk *Vale tudo* também neste ano, que aparentemente parecia homofóbico por bradar que ao som daquela música só não valia "dançar homem com homem, nem mulher com mulher", mas eis que de repente o síndico Tim Maia anunciava: "Atenção! Cuidado com a nova ordem! Liberou geral! Agora vale tudo!" Sim, porque Tim era totalmente simpatizante aos gays. E numa entrevista chegou a declarar: "Todo ser humano é bissexual e ele só não assume isso. Todo ser humano pensa na morte e na sua bissexualidade a toda hora."[24]

Para completar, ainda mais contundente foi o samba *A nível de...*, de João Bosco e Aldir Blanc, contando a história de dois casais, Vanderley e Yolanda e Odilon e Adelina, que decidem inovar a relação com um suingue e acabam na mais heterodoxa combinação: Vanderlei com Odilon e Yolanda com Adelina. Na primeira parte, descreviam os personagens, aparentemente muito comuns: "Vanderley e Odilon são muito unidos/ E vão pro Maracanã/ Todo domingo criticando o casamento/ E o papo mostra que o casamento anda uma bosta/ Yolanda e Adelina são muito unidas e se fazem companhia/ Todo domingo que os maridos vão pro jogo/ Yolanda aposta que assim, a nível de proposta/ O casamento anda uma bosta." Depois da crise no matrimônio, dá-se o desfecho surpreendente: a troca de casais...

Só que Odilon não pegando bem a coisa
Agarrou o Vanderley
E a Yolanda, ó, na Adelina
Vanderley e Odilon bem mais unidos
Empataram um capital

E estão montando restaurante natural
Cuja proposta é cada um come o que gosta

"*A nível de...*, por incrível que pareça, nasceu por causa da sonoridade da melodia", relata Aldir Blanc. "O João estava empenhado em não cantar 'laralaiá' e emitia sons diferentes, e quando fui fazer o samba fiquei prestando atenção, ele improvisava algo como 'odilei e odilow', quando me vieram à cabeça os nomes Wanderley e Odilon", atesta Aldir, que revelou uma outra letra até então inédita sobre o tema. "Fizemos um samba chamado *Cybervatapá* que é uma relação homossexual muito engraçada, bem-humorada, entre dois caras, e tem uma ambigüidade na letra porque um pegou o livro do outro", conta o letrista, que sempre aborda a questão sem qualquer preconceito.

Do samba carioca à vanguarda paulista, havia então sempre uma brecha para se tratar o tema. Arrigo Barnabé, em seu LP "Tubarões voadores" (1982) escreveu a letra de *Papai não gostou* (sob a música de Bozo Barretti). O assunto? O filho que virava travesti. Primeiro falava dos velhos clichês do garoto que quando era pequeno não queria revólver, mas boneca e, em vez de caratê, foi fazer balé. Mas o desfecho ia além da anedota estilo *Zorra total.* "Tentou de tudo, mas já sabia/ Seu mal não tem cura/ Era menor e foi parar no juizado/ De lá pro reformatório foi só um passo/ Mas quando saiu estava bem mudado/ Portanto, motorista, cuidado/ Mulher bonita de madrugada na rua é um perigo/ Pode ser 'ele'/ E ele agora é diferente, ele agora mudou/ Ele agora anda armado." Seria cômico se não fosse trágico, pois esta é mesmo a saga da maioria dos travestis brasileiros: uma vivência marginal e sem qualquer glamour — e pior: sem quase ninguém que tenha qualquer simpatia pela sua estranha e desconcertante causa.

Estávamos agora em 1983, outro ano profícuo em músicas desse gênero. Além da *Telma eu não sou gay*, houve outras muito interessantes. Duas não fizeram sucesso, mas valem o registro. Uma é *Diga aí, companheiro*, de Joyce, em que sua personagem é complacente com as transformações do marido: "Você me pede o batom e eu empresto/ Empresto a sombra para passar nos cílios/ Mas você tem que me dizer, amor/ O que é que eu vou dizer aos nossos filhos." Ao contrário do que parece, o sujeito em questão não é gay, diz Joyce. "Essa música foi feita de encomenda para as Frenéticas, que acabaram não gravando. É uma brincadeira com uma personagem muito comum no início dos anos 80 no Rio de Janeiro, o falso gay — aquele cara de tanguinha, postura meio feminina, falando igual ao Caetano, fita no cabelo, e na hora H, casado e pai de família. Tudo só 'atitude'", conta Joyce, relembrando de outra canção, esta sim, gay que compôs em 79.

"Gay mesmo foi uma música que fiz por encomenda pro Ney (Matogrosso) e que ele gravou muito bem, *Ardente*. Me senti um pouco como aqueles caras que compõem 'como mulher', com fala feminina, fiquei com medo que soasse falso... mas o Ney aprovou, então acho que a tentativa deu certo", diz a autora dos delicados versos: "Procuro alguém tão singelo como eu/ Que não se esconda das coisas naturais/ Não tenha medo do fogo, nem do vento que carrega/ Pois afinal os elementos são todos iguais/ Não é preciso fugir você vai ver/ A tempestade não vai lhe machucar/ Se o coração é quem manda/ A natureza quer apenas lhe fazer aproveitar/ E mostrando que eu sou ardente como você/ Sou diferente, mas quem não é?/ (...) Louco e solto graças a Deus/ Quero arder sempre mais!"

Outra canção de 83 que não fez sucesso é a curiosíssima *O veado*, de Gilberto Gil. "O veado/ Quanto tato preciso para chegar perto (...) Ser veado é ter as costelas à mostra/ E uma delas/ Tê-la extraída das costas." Gil conta que nesta fase passou a se interessar especialmente pelo tema da homossexualidade, não apenas sobre o ato sexual, mas pela própria postura dos gays em si — e pelo que os artistas em geral poderiam absorver dessa maneira de ser.

"O fator estimulante da canção foi a minha fantasia infantil com o animal — bonito e demasiadamente arisco, difícil de ser caçado, fugidio, ágil, lépido, desviando-se com facilidade do perseguidor — associada à visão do estereótipo do homossexual assumido, a bicha-louca que faz da sua condição uma linguagem e gosta de se expressar como tal, com um modo de dar ao tórax e à bunda, como nas estátuas gregas, uma proeminência que estes, nas posturas relaxadas, não teriam", revela o compositor.[25]

Gil enfatiza que *O veado* era uma "música ideológica" porque naquele momento o tema estava muito associado a artistas como ele, que faziam a defesa da estética do androginismo, incorporando até mesmo os ornamentos femininos que, em princípio, eram proibidos ao homem e foram assumidos por sua geração em antagonismo ao conservadorismo, intolerância e à própria violência contra os gays nos grandes centros urbanos. "É também a expressão da necessidade que eu sentia de aproximação e compreensão da homossexualidade e de participação nela. Não sou homossexual (poderia ser, mas não sou), não foi algo necessário na minha vida; mas da veadagem eu faço questão: é o que eu tenho reivindicado sempre para mim. Nesse aspecto, a música é aquilo que o Haroldo de Campos falou muito bem: o 'veado viável'. É como nós podemos ser veados", teoriza ele, encerrando com uma máxima que só poderia sair da sua boca: "Se você é artista, tem que aprender a ser veado. É o meu caso; eu sou aprendiz", conclui.[26] Tá, meu bem!!!

Nem todo mundo que fazia músicas com essas temáticas tinha tamanha cultura ou consciência como Gil naquele 1983. Que o digam o forrozeiro Virgílio, brincando que tinha sofrido uma *Surra de cacete* (Geraldo Pita), no estilo mais brega-nonsense: "Eu tomei uma surra de cacete/ Ele me meteu porrete/ Fiquei muito agoniado/ Quase morro de tensão/ Meu corpo tava marcado/ Da surra do tal negão"; ou o sambista Bezerra da Silva, que esculachava o comportamento masculinizado agressivo de sua sogra, comparando-a a uma lésbica "caminhoneira" no samba *(Não sei não) Minha sogra parece sapatão* (de 1000tinho, Tião Miranda e Roxinho).

Também na base do humor era uma marchinha que Renato Aragão, no auge do sucesso com o programa dominical *Os Trapalhões*, às 19h, na TV Globo, e películas em cartaz em todas as férias escolares, lançou na trilha do filme *Os Trapalhões na Serra Pelada*. Era *Rapaz alegre* (dele com Luiz de França e Guilherme de Queiroz, 1982), cujo título era o termo que ele usava comumente para se referir aos gays em seu programa em piadas sempre politicamente incorretas. A música a certa altura fazia até mesmo uma brincadeira citando *Bastidores*, de Chico Buarque, sucesso na voz do sempre ambíguo Cauby Peixoto. Em vez de "Cantei, cantei", a música dizia: "Cansei, cansei/ Não pude mais viver assim...

Ai como é dura a vida do machão/ Ai que loucura, mudei de opinião/ Sou vacinado e dono do meu nariz/ Sou rapaz alegre, muito mais feliz." A piada e o termo eram bisados na trilha de *O cangaceiro trapalhão* (1983), com o rock (estilo anos 60) *Gato por lebre*, de Leo Jaime, gravado pelo quarteto de humoristas com Neusinha Brizola(!), falando de uma festa onde havia um grupo muito louco. "Somos rapazes alegres!/ E não confundam gato por lebre", diziam em coro.

Mas a melhor de todas que Os Trapalhões fizeram no gênero — politicamente incorreta até não poder mais para os padrões atuais, ainda mais para um programa infantil — era *O casamento da filha do Faceta*, tema folclórico adaptado por Renato Aragão (Didi), que cantava fazendo a voz do pai, enquanto outro "trapalhão", Zacarias, fazia a voz da filha: "— Papai, eu quero me casar/ — Oh, minha *fia*, *ocê* diga com quem/ — Eu quero me casar com o padeiro / — Com o padeiro *ocê* não casa bem/ — Por que, papai?/ — O padeiro mete muito a mão na massa/ — É? / — E depois vai amassar *ocê* também!" Até aí, nada demais. E a música seguia e o pai reprovando o motorista, o vaqueiro, o economista, até que a "filha" tem uma escolha aprovada por Didi: nada mais, nada menos que o maior ícone gay do mundo artístico brasileiro até aquele ano de 1981:

> — *Eu quero me casar com Ney Matogrosso!*
> — *Ney Matogrosso aí* ocê *casa bem!*
> — *É papai???!!!*
> — *Ney Matogrosso vira homem e lobisomem...*
> — *Que loucura!*
> — *Mas quando é homem não faz medo pra ninguém!*

Sem comentários! Mas nenhuma dessas causou polêmica no nível de *Masculino e feminino*, de Pepeu Gomes (composta em parceria com Baby Consuelo e Didi Gomes, em 83). Até porque as canções dos Trapalhões eram na base da chacota, e a de Pepeu ele a cantava a sério. Tudo por conta de um mal-entendido do nível que se sucedeu com Gil e sua *Super-homem — a canção*, em 79.

Ser um homem feminino
Não fere o meu lado masculino
Se Deus é menina e menino
Sou masculino e feminino...

Apesar de não se tratar de uma música gay, foi tida como tal. Tudo porque Pepeu passou a adotar um visual meio andrógino nessa época e fez muito machão repudiá-lo por causa desta música, ainda que estivesse sempre do lado da mulher Baby e de ser pai de seis filhos. Depois desta celeuma com o cantor e guitarrista baiano, no ano seguinte, 1984, a bola da vez foi o Tremendão Erasmo Carlos. Com o travesti Roberta Close na moda, estampado em tudo quanto era revista, sendo uma espécie de modelo de mulher "boazuda" — para usar um termo da época —, Erasmo em parceria com Roberto escreveu o pop/rock *Close*. Um sucesso apoteótico, de bandeja para a imprensa sensacionalista acusá-lo de ter um romance com a sua nova musa.

Fêmea pra ninguém botar defeito
Exemplar perfeito
Um tesouro de mulher dourada
Com sua tanga, que pra mim é nada
(...) Supervitamina pros reflexos
Tão complexos de ambos os sexos
Não fosse o gogó e os pés
A minha lente entrava na dela
No "conto" da mulher nota dez
Dá um close nela!

"Sofri pelo sensacionalismo que uma facção da imprensa fez com este fato, deturpando até relações familiares minhas, foi um período chato", admite o Tremendão, explicando que, em verdade, o rock não foi concebido originalmente em homenagem a Roberta Close. "Ela entrou como uma inspiração de final de música para justificar seu enredo. Quando comecei a escrever essa letra eu nem sabia quem era a Roberta. A história que eu tinha era a de um fotógrafo que ficava fascinado por uma mulher e no final descobria que ela era um travesti, porque ela também enganava a praia inteira. Eu precisava de um desfecho para a música. Tanto que o Roupa Nova chegou a gravá-la de forma instrumental, ficou esperando a letra, que não terminava nunca, aí acabaram desistindo e gravaram-na com outra letra. Anos depois, estávamos eu, minha mulher Nara e minha cunhada num baile de Carnaval no Morro da Urca. Quando ela avistou a Roberta, falou: 'Olha, como ela é bonita, mas o gogó e o tamanho dos pés não enganam a ninguém.' E isso tinha tudo a ver com a minha música, daí consegui concluí-la", explica Erasmo, frisando que todos os boatos do qual foi vítima foram agravados por causa do clipe e das capas de revista — que exploraram bastante a novidade da travesti feminina Roberta Close em contraste com a imagem máscula do compositor.

Também em 84, a cantora Marina, com sua carreira em ascensão, ficava mais conhecida com seu LP "Fullgás", e nele ousava regravar outro grande sucesso de Erasmo: "Você precisa de um homem pra chamar de seu/ Mesmo que esse homem seja eu." Pois os versos da canção *Mesmo que seja eu* ganhavam outra conotação muito mais transgressora entoados por uma mulher do que por um homem. "Fiquei sabendo que essa música virou o hino das sapatas, e esta canção não foi feita com essa intenção. Foi a gravação da Marina que acendeu essa chama, com uma interpretação que acabou ultrapassando a proposta original. Só me dei conta disso quando fui ao presídio do Carandiru fazer um show pra ala feminina e as detentas todas a cantaram em massa, era o hino delas", recorda Erasmo.

No ano seguinte, Marina transgredia mais ainda. Abria o LP "Todas" com o pop *Difícil*, dela e de Antonio Cicero, dizendo que "o sexo é bom", e atirava para um alvo feminino o seguinte recado: "Ela é bela, por que não com ela", que juntando as sílabas ouvia-se "comê-la". "Não vejo por que fazer segredo ou usar meias-palavras num assunto que está diante dos olhos de todos", dizia uma corajosa Marina numa matéria da revista *Veja*, em 24 de julho de 1985, na qual o repórter dizia que a cantora e compositora expunha "com naturalidade o tema do homossexualismo, algo que nos discos de Simone é sempre disfarçado em requintados jogos de palavras".

Nem tanto. Afinal, Simone gravava uma música com letra declaradamente homossexual escrita por Abel Silva, em parceria com Sueli Costa: *Lábios vermelhos*. Não fez sucesso, mas, do mesmo autor, o rock *Água na boca* (em parceria com Tunai) tomou também ares gays na deliciosa interpretação da Cigarra, levando-se em conta que uma mulher cantava esta letra no feminino mesmo: "Ela tem cor do pecado mais gostoso/ E tem um jeito de olhar misterioso/ É uma coisa assim tão louca/ Me deixa água na boca/ (...) Por ela eu vivo nessa aflição/ Por ela dispara o meu coração." Ainda mais ousada, Simone incluiu um caco na letra que não existia originalmente e cantava: "Por ela eu vivo com esse tesão." No ano seguinte, 1986, ela estoura com a balada pop/romântica *Amor explícito*, de Nico Resende, Paulinho Lima e Antonio Cicero. Que talvez não fosse tão explícita assim, e ninguém tenha percebido nada demais em sua letra, que trazia ali uma mensagem cifrada de liberação sexual: "Cada vez mais acredito no nosso amor/ Um amor explícito sem pudor/ (...) Eu sinto firmeza, quebrando qualquer tabu/ O nosso amor não vai ser blue, yeah!"

A década de 80 prosseguia entre amores explícitos, implícitos e versos nem sempre declarados. Muitas vezes ocorriam e continuam a ocorrer na música popular — e não só na brasileira — casos de letras que tiveram motivação gay, mas isso fica tão camuflado que só seu autor pode nos revelar sua verdadeira conotação. Anos mais tarde se descobre que canções românticas que se tornaram clássicos em nosso imaginário, como o bolero *Tu me acostumbraste* e a balada *Strangers in the night*, tiveram inspirações no amor entre iguais. Na MPB, há diversos casos (e alguns que provavelmente vão continuar para sempre na obscuridade), mas pelo menos dois serão revelados agora: os mega-sucessos de Zizi Possi e Ritchie, *Perigo* (1986) e *Transas* (1987), respectivamente, assinados pelos mesmos autores de *Amor explícito*, Nico Resende e Paulinho Lima. "Nem quero saber, se o clima é pra romance eu vou deixar correr/ De onde isso vem?/ Se eu tenho alguma chance a noite vai dizer", diz a primeira, numa cena típica de um clima criado entre dois homens num encontro, mas que um cara não sabe bem em que "time" o outro joga.

E a segunda fala de uma relação livre demais entre dois caras que não conseguem assumir um sentimento mais profundo. Quem não se lembra de *Transas*?: "Tanto tempo faz que a gente transa e não se conversou/ Tanto vício, tanta fuga pra saber se é amor/ (...) Sei que você pensa que tudo passa e vai/ Só transas/ Faz de conta que não se quer mais/ É transa e tanto faz/ E quando se quer mais/ A gente diz 'bye, bye'."

"Na verdade, o que faz a gente botar as coisas pra fora nessas canções é o fato de a gente estar com uma sensibilidade amorosa mais exacerbada. E eu me lembro de que tanto *Perigo* como *Transas* fiz numa época em que tinha uma paixão mal resolvida, não correspondida, aquela paixão discreta, que nem a do Johnny Alf", ri Paulinho Lima, em referência às sutilezas do samba-canção *Ilusão à toa*. O letrista crê que o diferencial das suas letras em relação a grande parte das canções românticas é que elas não são preconceituosas. "Elas nunca são levadas para um tipo de padrão judaico-cristão. Não têm nada de culpa", analisa ele, elogiando também letras de colegas como Antonio Cicero, Chico Buarque e Caetano Veloso, e criticando o meio dos músicos nacionais, no qual atesta que o machismo é muito grande. "Os músicos em geral têm um pensamento pequeno-burguês insuportável. Por isso, são em grande parte voltados para uma música e um comportamento desse tipo, sendo muito preconceituosos."

Paulinho explica, entretanto, porque sempre evitou letras mais abertamente homossexuais. "A gente vê que só ultimamente alguns artistas aqui e ali estão saindo do armário, e que tem gente que tem tudo pra sair e não sai. Se as pessoas não se assumem, como é que a gente vai querer que o público se assuma também? Então, acho que limitaria muito. Ora, milhões de pessoas vão ter medo de cantar aquilo com medo de serem 'enquadradas' também como gays. Se músicas como *Perigo*, *Transas* ou *Amor explícito* fossem declaradamente gays, logicamente não fariam o sucesso imenso que fizeram. Seriam imediatamente encostadas pelo grande público", analisa. "Em geral as músicas gays mais declaradas que fazem sucesso são as que partem para o lado do deboche."

A próxima da qual vamos falar é justamente meio debochada, irônica. Trata-se de uma musa curiosa, indefinida, instigante: a protagonista do pop/rock

Totalmente demais, de Arnaldo Brandão e Tavinho Paes, sucesso do grupo Hanói Hanói, regravada também com sucesso por Caetano Veloso naquele ano de 86.

Linda como um neném
Que sexo tem, que sexo tem?
Namora sempre com gay
Que nexo faz, tão sexy gay

No mesmo clima divertido, mais uma vez, o gaiato grupo João Penca e seus Miquinhos Amestrados se divertia com a temática gay. Desta vez, a faixa *Luau de arromba* (Selvagem Big Abreu/ Leandro), uma divertida paródia a *Festa de arromba*, que Erasmo fizera vinte anos antes, abria seu LP "Okay, my gay": "Mas vejam quem chegou de repente/ Cazuza com seu novo gatão", dizia a certa altura. E, no final, no melhor estilo Tim Maia, frisava que naquela festa "valia dançar homem com homem e mulher com mulher!". E Lulu Santos fechava seu LP de 86 com a hilária *Ro-que-se-da-ne*, descrevendo a história de um cara que conheceu um diretor de gravadora que "se amarrou" em seu visual, marcou uma reunião num apartamento para "conversarem", e além de fumar, beber e cheirar o tempo inteiro, ainda "queria pegar no pau dele". Oooopa!

Sempre mais discreta, Joanna atacava na mesma época com a balada deliciosamente brega *Teu caso sou eu* (Maurício Duboc/ Carlos Colla). Como Cauby bem disse anteriormente, toda música que enfia a palavra "caso" no meio tem coisa. Joanna afirma que em seu processo de composição prefere os temas de amor mais universais, mas que quando essa música lhe foi oferecida percebeu que havia ali algo mais. "Quando faço uma composição, a coisa tem que sair da alma. Normalmente os temas são universais. No caso do *Teu caso sou eu*, dependeria muito de como fossemos roteirizá-la. Existe no meio este termo chamado 'caso' que está muito ligado a pessoas do mesmo sexo. Foi uma forma de dizer que no mundo não existe só amor entre sexos diferentes", explica.

Pois Joanna levou a idéia adiante no clipe da canção, sutilmente, mas não é difícil supor que se trata da história de duas mulheres. "*Teu caso* é uma música que teve um clipe bastante ousado na época, mas de uma sutileza e uma delicadeza muito interessantes, que falava veladamente desta relação. Não aparecia nada sumariamente, mas mesmo assim teve bastante repercussão: recebi manifestações de amor e também de ódio. Saíram cartas no jornal achando um absurdo, e gente que vinha elogiar. Mas a gente não tem que ter esses preconceitos em falar de segundo, terceiro ou do quarto sexo. Mais do que nunca, essas questões precisam ser respeitadas na sua totalidade. Claro que essa letra poderia servir muito bem a um casal hetero, mas nela há versos que me parecem muito homo, porque falam da problemática de os casais terem de se separar muito, de não manterem por vezes uma relação mais sólida por causa de barreiras e preconceitos da sociedade", analisa.

Não adianta você me deixar
E fingir que já me esqueceu
Daqui a pouco, você se arrepende
E vai ver que teu caso sou eu
É complicado demais esse amor
Mas não tem jeito de acabar
(...) A gente já passou por muita coisa e superou
As barras mais pesadas juntos a gente segurou...
(...) E tem que dar certo porque nos amamos demais

Em termos de amor entre duas mulheres, porém, Ângela Ro Ro continuava imbatível, nos brindando com uma pérola atrás da outra. Em 84, foi *Gata, moleque, ninfa*, na qual implicava com sua amante ("Ninfa boa de chinfra/ Filha do Papa Borgia/ Retorna à tua corja!/ Não beberei teu vinho/ Cheio de veneninho..."), como, aliás, já havia feito em 81, no samba chorado *Fraca e abusada* ("Sua cabeça sempre foi fraca e abusada, pois não estava preparada pro amor que eu dediquei") e na hilariante balada *Coitadinha, bem feito!*, que repete este hilário bordão toneladas de vezes só para humilhar a ex-amante. Ro Ro ainda faria o rock *Viciado em regras* (1988), parceria com Aleph D. Clic, em que dizia:

"Não, eu não sirvo de exemplo pra ninguém/ Eu troco até os acentos/ Digo amem ao invés de amém." Genial.

Depois do caminho aberto por Erasmo na canção *Close*, Chacrinha gravou para o Carnaval de 87 a *Marcha do silicone*, de autoria dos hitmakers dos anos 80, Michael Sullivan e Paulo Massadas: "Será que é mulher/ Será que ela é homem/ Cuidado com o silicone!", falando dos travestis tão comuns ao tríduo momesco, num tempo em que botar silicone nos seios era prática mais restrita aos travestis. Chacrinha, aliás, era um apresentador bastante irreverente e politicamente incorreto. Quantas vezes chegava para a platéia, sempre muito fantasiado, e antes de lhe atirar um bacalhau, perguntava: "Quem gosta mais de chupar pirulito: o homem ou a mulher?" ou "Quem vai querer a mandioca da...?", e dizia o nome de uma de nossas cantoras notoriamente lésbicas, sobre as quais ninguém nunca ousou falar disso abertamente na mídia. Eram de um mau gosto terrível, mas é o tal negócio, alguém tinha que anarquizar um pouco esse assunto...

E já que falamos em silicone, Roberta Close chegou a gravar nessa época, 88, um disco mix com duas faixas, *Sou assim* e *Platônica*. Mas o tal mix era apelativo até a alma, ruim demais, e passou em branco. Ainda bem! A letra da primeira era um primor: "Você quer me conhecer?/ Quer saber de mim?/ Não consegue entender o que sou enfim/ Vou agora te dizer, seja como for/ Sou o que você quiser, sempre com amor." E o refrão... Preparados? "Sou assim, sou/ Assim que você quer estar em mim." No final, Roberta fazia o gênero mulher fatal, dizendo "É gatinho, *vamo* nessa! Vem, vem chorar na rampa — eu e você! (...) Eu sou a gatinha, eu sou a gata! Miau, miau!" e outras "caricatices". Hoje em dia, até dá pra curtir, mas só em festa trash. Aí dá para dançar e rir à vontade! Um outro grupo de travestis, As Bonecas, que freqüentava o programa do Bolinha no começo dos anos 80, também não foi adiante. Ainda está para surgir um travesti de sucesso na MPB...

Passado o boom das músicas de temática gay, misteriosamente houve um retrocesso. Até a data de publicação deste livro, muito poucas músicas brasileiras se aventuraram a falar abertamente do tema. Renato Russo pela primeira vez fazia alguma menção à sua homossexualidade numa das letras do Legião Urbana

— que não tinha nenhum fã-clube gay específico, muito pelo contrário. "Gosto de meninos e meninas", dizia sua canção, em 89. Outro ícone do rock nacional, o exagerado e rebelde Cazuza, só ficou notoriamente conhecido como artista gay depois de assumir que tinha o vírus da Aids, em 88. Até sua morte, em 90, a imprensa explorou o que pôde a sua agonia, e o país foi obrigado a amadurecer certas questões na marra. A Aids foi uma bomba para todos os gays por eles terem sido inicialmente o grupo mais atingido por ela. Em compensação, por sua causa, todos foram obrigados a falar em preservativos, sexo anal, relações extraconjugais, bissexualismo, opções e fantasias sexuais... Enfim, tudo relacionado a sexo. Muitos tabus foram quebrados graças a esta doença pavorosa, que no início dos anos 80 chegou a ser conhecida como "peste gay", gerando muita confusão e declarações de "preconceito sexual" explícito de personalidades e políticos em geral.

O curioso sobre Cazuza é que, apesar de seu temperamento tão aberto e escrachado, em toda a sua obra gravada não existem muitas pistas em relação à sua homossexualidade. Sim, ele compôs uma canção gay para a peça *Querelle*, encenada por Rogéria e Gerson Brenner, mas nunca chegou a gravá-la, ficando restrita aos que assistiram ao espetáculo. Também apareceu no clipe de *O nosso amor a gente inventa*, ora dando bola para uma mulher ora para um homem. No mais, vasculhando sua discografia e seu acervo de clipes, não vamos encontrar nada além de duas gravações com alguma referência ao amor por iguais. A primeira é mais um deboche do que uma canção gay confessional: trata-se de *Quarta-feira*, de seu segundo LP solo, que dizia: "Ando apaixonado por cachorros e bichas/ Duques e xerifes." E a outra é de seu último disco, *Burguesia*, também pouco conhecida: *Como dizia Djavan* (dele com Frejat), que se refere ao verso "Dois homens apaixonados" da canção *Nobreza*, do autor alagoano, já citada neste capítulo: "Todo dia será um dia de paz/ Pra quem vive a verdade (...)/ Pois só quem tem os sonhos mais básicos/ Pode amar e dizer a verdade (...)/ E as estrelas ainda vão nos mostrar/ Que o amor não é inviável/ Num mundo inacreditável/ Dois homens apaixonados." Ou seja, se utilizou da voz de outro compositor para expressar seu sentimento. Sinal dos tempos, que ainda eram complicados para um homem ter a coragem de expressar numa letra sua paixão por outro, mesmo que este homem fosse o tão rebelde Cazuza.

Os anos 80 terminam com o sucesso efêmero do grupo pop/dance Que Fim Levou Robin? (cujo nome do grupo e da sua canção que fez mais sucesso brincava sobre o fato de a indústria do cinema apagar a imagem do companheiro de Batman para evitar especulações sobre a sexualidade do herói) e com a gravação de *Rubens*, de autoria de Mário Manga, do Premeditando o Breque, por Cássia Eller, que estava começando naquele 1990. A música — lançada pelo grupo Premê em 1986 — chegou a entrar em outro de seus shows, já após sua fase de estrelato que começou a partir de 94. Esta sim era uma canção totalmente gay, falando da dificuldade de dois homens assumirem seu amor mútuo, *pero* com final feliz. Que alívio!

Quero te apertar, quero te morder e já!
Quero mas não posso, não, porque:
— Rubens, não dá! A gente é homem, o povo vai
estranhar
Rubens, pára de rir!
Se a tua família descobre, eles vão querer nos engolir
A sociedade não gosta, o pessoal acha estranho
Nós dois brincando de médico
Nós dois com esse tamanho
(...) Rubens, eu acho que dá pé
Esse negócio de homem com homem
Mulher com mulher

No começo da década de 90, antes de entrar numa fase bastante inexpressiva para a temática gay, tivemos ainda um rasgo de irreverência no sucesso cult do mais cult ainda roqueiro Serguei. Já quase sessentão, Serguei fazia sua estréia em LP, depois de muitos compactos e faixas avulsas. Em 1991, a música que puxava seu disco era uma versão hilariante de Tavinho Paes para um clássico do rock'n'roll, de Chuck Berry. *Roll over Beethoven* virou *Rolava Bethânia* no melhor estilo besteirol dos finados anos 80: "Era uma festa muito doida/ Alguém me deu um drink e eu tomei/ Tinha um cara do meu lado/ Dizendo que era caso do Ney/ Rolava Bethânia e o dono da festa era gay/ (...) Tá tudo em cima e animado/ E todos querem arrumar um namorado/ Muita gente entrou no banheiro/ E as gatas não querem nem papo/ (...) Rolava Bethânia/ Rolava Bethânia..." Muito engraçado!

Pois bem, a década de 90 chegava, um período decisivo para a afirmação do gay brasileiro. Pela primeira vez o assunto passava a ser abordado de forma mais adulta pela mídia em geral, e os eventos gays já mereciam matérias nas mais respeitadas publicações brasileiras. A sigla GLS foi inventada para, ao mesmo tempo, abrir o meio gay aos "simpatizantes", extrapolando o gueto, e também acobertar os enrustidos. Valeu a pena. O mercado descobriu o gay como um consumidor lucrativo, e a indústria cultural também passou a oferecer diversas opções para a comunidade — festivais de cinema, selos editoriais, salas de bate-papo gay na internet, revistas, jornais e pacotes turísticos específicos para este público. Também se ampliaram os debates sobre os direitos civis dos homossexuais. Em 1993, finalmente, a Organização Mundial da Saúde eliminou o Homossexualismo do seu CID — Cadastro Internacional de Doenças.

Por outro lado, a partir dos anos 90, pode-se contar nos dedos as músicas representativas com esta temática em nosso cancioneiro. Pelo arranque dos anos 80, era de se esperar que proliferassem artistas gays com mensagens específicas e uma liberalização maior na música brasileira. Ledo engano. Foi uma década de caretice que passou pela virada do milênio e se estendeu até o lançamento deste livro. Ainda assim, houve algumas poucas canções que se destacaram. Vamos achar uma versão de Marina Lima e Pedro Pimentel, *Sign your name*, de Terence Trent D'Arby (*Não estou bem certa*), gravada pela cantora em 1991. Bastante explícita, fala do conflito de uma mulher bissexual que "não está bem certa" se quer um homem ou uma mulher para amar: "Tudo que eu pensei/ Ser pra sempre eu já não sei se é mais/ Penso na menina, mas fico atento aos braços do rapaz/ (...) Será que você será/ A dama que me completa/ Será que você será/ O homem, não estou bem certa/ (...) Procurar Ricardos em Solanges nunca me fez mal/ Se você se arrisca, eu me entrego e nada fica igual..."

Renato Russo na tristíssima *Vento no litoral* (1991) fala em cavalos-marinhos, espécie hermafrodita que não precisa de fêmea para copular. Mas isso ninguém percebeu. Os fãs do Legião eram jovens que o levavam muito a sério (heteros, na maioria) e só foram saber que Renato era gay perto de sua morte, cinco anos depois, quando foi mais uma vítima da Aids. Em 93, Rita Lee homenageou os gays que se vestiam de mulher somente para divertir os outros no rock *Drag queen* (de Rita com letra de Antonio Bivar). Pena que não teve qualquer repercussão.[27]

Neste mesmo clima gay drag, em 95, o grupo Mamonas Assassinas fazia a alegria da criançada, com o vocalista Dinho todo rebolativo incorporando o *Robocop gay* (Dinho/ Júlio Rasec), uma musiquinha gaiata composta 13 anos depois do super-herói temático de Jô Soares. A imagem ainda era a do gay caricato, praticamente um travesti cibernético, mas pelo menos com mais suavidade, evitando o achincalhe e até com pitadas de crítica social: "Devido ao ato cirúrgico / Hoje eu me transformei/ O meu andar é erótico/ Com movimentos atômicos (silicone!)/ Sou um amante robótico (silicone!)/ Com direito a replay (silicone!)", e prosseguia num tom mais sarcástico: "E hoje estou tão eufórico/ Com mil pedaços biônicos/ Ontem eu era católico/ Ai, hoje eu sou um gay!!!/ Abra a sua mente/ Gay também é gente/ Baiano fala oxente/ E come vatapá/ Você pode ser gótico/ Ser punk ou skinhead/ Tem gay que é Muhamed/ Tentando camuflar/ Aí, entre na ginástica/ Boneca cibernética / Um robocop gay."

Em 96 foi a vez de Carlinhos Brown fazer sucesso com uma música bem dançante, dizendo que tentou cantar uma menina, mas na hora descobriu que "a namorada tem namorada". No ano seguinte, Rita Lee defendia a bandeira gay em sua *Obrigado não* ("Casamento gay além de opção/ É controle de população"). Em compensação, em 98 ainda houve espaço (pequeno, graças a Deus) para um grupo de sambistas manés (heteros e oportunistas) tentar morder um pedaço do bolo gay — tão em voga na mídia — e emplacar uma carreira a bordo do nome Banda Rosa-Choque, com todos de terno rosa na capa do CD, cantando músicas machistas tipo o *Rap do Marcelinho* (Almir & Ademir Horácio/ Ernani Neves): "Tu é gay/ Tu é gay que eu sei!" Um embuste sem fim. Armação que talvez fosse mais longe em outras épocas, mas que quase à beira do ano 2000 não deu para engolir, e ninguém achou a menor graça. Aliás, no mesmo estilo, Rosa e Rosinha também se orgulhavam em dizer que formavam "a primeira dupla sertaneja gay", gravando três (!) discos, entre 96 e 99, com músicas de gosto duvidoso como *Peão gay* e *Queimando rosca*. Estava na cara que eram heteros pegando onda do mercado "rosa".

No meio do samba (sempre tão machista), melhor fez Dicró, que ainda gravou o hilariante *Festa do caçador* (Crioulo Doido/ Jorge Jefferson), que só não emplacou porque seu CD "O gozador" saiu por um selo de pouca projeção. Se fosse em outra época, teria ido direto para as rádios. Uma pena, porque em meio a vários sambas machistas que gravou, este até que era bem condizente com a realidade, ainda que usando uma linguagem malandra bem peculiar:

— Você já comeu viado?
— Eu não! Eu não!
— É uma carne bem nutrida
— Eu não! Eu não!
— E se você comer viado
— Eu não! Eu não!
— Vai comer por toda a vida

Encerrando o velho milênio, um dos poucos artistas da MPB jovem a se firmar como cantor e compositor, Jorge Vercilo emplacou no CD "Leve" duas músicas de apelo homoerótico. A primeira — ao que parece — foi sem querer. Trata-se do megasucesso *Final feliz* — gravada em duo com seu ídolo, Djavan —, que dizia: "Chega de fingir/ Eu não tenho nada a esconder (...) Pode me abraçar sem medo/ Pode encostar sua mão na minha", e a segunda, bem mais contundente, *Avesso*. "Fiz *Final feliz* falando de duas pessoas com medo de assumir um sentimento. Tenho amigos homossexuais que realmente já tinham feito a associação, mas a letra não foi escrita com essa intenção", explicava Vercilo.[28] "Mas esse mesmo disco tem uma música chamada *Avesso*, que realmente fala do amor gay, em homenagem a um produtor meu, Ricardo Camilo, que já faleceu. Por acaso, *Avesso* fez sucesso no Nordeste antes de *Final feliz*, e alguns amigos pensaram até que fosse uma continuação", conta.

Avesso começava na velha cena de bar gay, presente em várias outras músicas do gênero: "Num insuspeitável bar, pra decência não nos ver/ Perigoso é te amar, doloroso querer/ Somos homens pra saber o que é melhor pra nós/ O desejo a nos punir, só porque somos iguais." Em seguida, vinha o panfleto no melhor estilo "anos 70": "A Idade Média é aqui/ Mesmo que me arranquem o sexo/ Minha honra, meu prazer, te amar eu ousaria/ E você, o que fará se esse orgulho nos perder?" Era a hora do desabafo: "O que eu sinto, meu Deus, é tão forte!/ Até pode matar/ O teu pai já me jurou de morte por eu te desviar/ Se os boatos criarem raízes ousarias me olhar, ousarias me ver?/ Dois meninos num vagão e o mistério do prazer/ Perigoso é me amar, obscuro querer/ Somos grandes para entender, mas pequenos para opinar/ Se eles vão nos receber é mais fácil condenar ou noivados pra fingir?" Que forte, Jorge!

Virou o século, veio o novo milênio. Uma das grandes divas da MPB, a lésbica assumida Cássia Eller morreu prematuramente. Cássia foi a grande porta-voz de um novo estilo de homossexual: mais feliz, menos atormentado, irreverente e tranqüilo com sua opção. Ela jamais escondeu que era casada com uma mulher, e seu público — eclético — foi fiel à sua música, sem se importar com sua orientação sexual. Menos mal. Enfim, um chute na caretice desses tempos. Se a morte de Cazuza ajudou ainda mais na reflexão tão em voga sobre Aids, sexo e seus derivativos numa sociedade careta, a de Cássia acabou por promover um sensacional debate sobre a adoção por casais homossexuais. Afinal, quem ficaria com seu filho — sua companheira de toda a vida, Eugênia, ou algum outro parente da cantora? Felizmente, a opinião pública e a justiça manifestaram-se a favor da companheira de Cássia. Ponto para a causa e para a MPB.

Uma de suas seguidoras em termos de virulência vocal, Ana Carolina, em 2003 resolveu destilar seu veneno desencavando *Eu gosto de mulher*, rock brincalhão lançado pelo Ultraje a Rigor em 1987, levando seu público ao delírio. "Essa música virou um hino, é obrigatória nos meus shows", disse Ana ao jornal *O Globo*, em dezembro de 2004. Esse fato é duplamente interessante. Porque pouca gente sabe, mas o que motivou Roger Moreira a compor esta canção foi justamente um comentário preconceituoso a respeito dos gays cunhados por um dos integrantes do Ultraje. "Quando a Aids ainda era uma doença pouco conhecida, uma pessoa da nossa banda que eu não vou revelar o nome disse uma bobagem sobre o assunto envolvendo os gays. Isso acabou gerando uma reação contra minha pessoa. Diziam que eu era reacionário, troglodita. Então me veio a idéia de fazer esta canção, dizendo que gostar de mulher era uma questão de opção. Aí, alguns acharam que era machista, e outros que era uma música antigay, mas acho que a polêmica foi produtiva. Nessa mesma época, a Gal (Costa) me pediu uma canção e eu a ofereci a ela, que nunca gravou." Se Gal fugiu da raia, Ana Carolina não teve o menor constrangimento em cantá-la, e foi delirantemente aplaudida por seu público fiel.

Outra canção que Ana também gravou foi a divertida *O beat da beata*, em duo com Seu Jorge no vocal e na composição, no mesmo ano de 2003. Com sua letra irônica, no melhor estilo "pense e dance", dava uma pequena pausa no gênero mais comum de seu repertório: letras de fossa e amor possessivo — aliás, um gênero de amor, infelizmente, ainda muito típico entre casais e com especial difusão entre as mulheres homossexuais. Mas esta *Beat da beata* era exceção: "Toda boate tem um fundo de verdade/ (...) Tem beata, tem sapata, tem frei pegando gay/ Tem puta loirinha e tem mulata, paraíba surdo e japonês/ Na boate, o bate-estaca, preconceito não tem vez/ Vale tudo, é tudo certo, porque a razão é do freguês/ (...) A preta alisou, pôs silicone, amanhã vai botar caralha/ E todo mundo vai no beat, seja qual for a sua praia."

Um fato também expressivo se deu um pouco antes disso, em setembro de 2001. Foi quando a sempre instigante Maria Bethânia, comemorando num show único no Canecão carioca seus 35 anos de carreira, recebia como convidados vários compositores que lhe haviam dado canções para seu CD "Maricotinha", entre os quais, a cantora e compositora Adriana Calcanhotto — que escreveu justamente a faixa que puxou o disco: *Depois de ter você* (*Cantada*). Era uma canção romântica, bastante sensual, em que recitava inclusive um trecho da letra, no estilo de *Não quero ver você triste* (*assim*), de Roberto Carlos, mas até aí nada demais. Pois bem, sem que ninguém esperasse, ambas sentadas junto à ribalta, bem juntinhas, beijaram-se na boca, causando uma reação catártica da platéia de fãs enlouquecidos, excitadíssimos com o que estavam vendo. O fato imediatamente ganhou a primeira página do jornal *O Globo*, estampando a foto do beijo (fazendo bem mais alarde do que o beijo dado em Gal durante o *Phono 73*, quase trinta anos antes, talvez até por conta da censura que havia na imprensa daquele tempo). Foi mais um avanço em se vivenciar este tema tabu num show de música brasileira, que nos últimos vinte anos, salvo raras exceções, andou bem fraco no terreno da ousadia.

Três anos depois, houve uma gravação que não teve a menor repercussão, mas vale ser citada por seu teor curioso: tratava-se de um rap simpatizante cunhado pelo ex-pagodeiro e atual galã latino-romântico Alexandre Pires. *GLBT (Liberdade de expressão)* (dele, com Cláudio Rosa/ Katty/ Luis Silva) tem no título uma referência à sigla que congrega gays, lésbicas, bissexuais e transgêneros e, na letra, uma verdadeira apologia à causa: "Ele é parceiro é amigo/ É sincero de verdade/ Divertido e não tem do que se envergonhar/ Ele é igual a todo mundo/ Tá fazendo a sua parte/ E não tem satisfação pra dar", dizia seu rap, que mais panfletário do que nunca terminava assim: "Deixa de zoar, deixa o homo se expressar/ Arrebenta! Cutuca/ Cutuca!..." Tá, meu bem! O recado era realmente contundente, porém no release de divulgação do disco (cujo nome é "Auto-retrato"), Alexandre fez questão de dizer: "Não sou gay, mas tenho muitos amigos homossexuais, homens e mulheres, de que gosto muito. E eu os respeito muito." Isso é de praxe. Quase todos os artistas fazem questão de sublinhar isso quando homenageiam os gays nas músicas. E se não o fazem, seus empresários, produtores e gravadoras tratam de deixar isso bem claro nos releases para a imprensa.

A exceção maior nessa década no mainstream talvez tenha sido o cantor Edson Cordeiro, que tirou partido da estética gay em boa parte de seus CDs, entre o dance e o clássico, mas também com poucas músicas brasileiras que falavam abertamente do amor entre iguais. No circuito mais alternativo, a cantora Laura Finocchiaro também deu sua contribuição, gravando várias canções com menções à cultura GLS, como a dançante *Jacira num selvagem verão*, feita em parceria com Binho Effe em 98, inspirada na obra do escritor gay Caio Fernando Abreu,[29] mas esta ficou restritíssima ao circuito underground. Falando no circuito, este sim teve progressos. No underground carioca das favelas, o funk carioca — sempre ele! — não poderia deixar de abordar um tema tão popular quanto o da homossexualidade. E, claro, sem qualquer ranço intelectual ou politicamente correto. E o fez com muito sucesso.

Para começar, MC Serginho, que se apresenta sempre ao lado de Lacraia — um dançarino gay travestido e rebolativo —, inventou o funk *Vai Lacraia*, que consiste apenas na repetição dessas palavras com direito à performance da própria. Mas em suas apresentações ao vivo, é possível ouvir a *Dança do viado*, devidamente emendada no *Vai Lacraia*. Seria a mesma música? Não importa, o que importa é o seu efeito. Imagine que numa gravação pirata ao vivo desses funks algumas pessoas ameaçaram vaiar o MC ao entoar seus primeiros versos. Serginho não teve dúvida e pagou geral pra galera: "Já jogaram latinha aqui... A gente tá aqui pra divertir o pessoal! O cu é do cara. Quem tiver com inveja dá o cu também! Ah! Normalmente quem faz isso come viado à pampa de madrugada." Que tal? Sem querer, disse a maior das verdades, pois uma das práticas mais comuns em países latinos como o Brasil é o machão deixar a namorada em casa e perder-se com um viado no silêncio da noite, quando todos os gatos são pardos. E os veados também. Às vezes em troca de uns caraminguás, às vezes de graça mesmo.

Serginho — *Quando a cegonha trouxe*
Ele era bonitinho
Com a chupeta na boca
Feição de garotinho
O tempo foi passando
E o garoto crescidinho

Com seu jeito diferente
Logo deu seu recadinho
Dan-Dan-dan, dança do viado!
Lacraia: — Eu te dou um dinheiro
Você come meu rabo!

O restante da letra é impublicável. Apesar de bem chula e sem qualquer glamour, e falando do ponto de vista do machão em relação ao padrão estereotipado da bicha afeminada, ela não chega a ser agressiva com os gays. Ao contrário, a letra diz que o "boiola gosta de transar devagarinho" e por aí vai. Isto, convenhamos, não deixa de ser um avanço em relação a outras pérolas igualmente machistas do passado. Especialista em funk carioca, o jornalista Silvio Essinger concorda com a tese de que por mais estranho que possa parecer, o tom não é pejorativo. "O funk faz piada, mas não discrimina o gay. O MC Serginho, por exemplo, por incrível que pareça, diz que o dançarino Lacraia é seu melhor amigo", diz, lembrando outra pérola gay do funk, lançada em 2005: trata-se do *Machão*, do mesmo MC Serginho.

Diz que isso tá errado, quando vê fica bolado
E ele diz pra todo mundo que não gosta de viado
Mas quando chega a noite ele sai pra procurar
Um alguém bem diferente pra de lado ele trocar
Ele tem mil fantasias que ele quer realizar
Quer tapa na cara, quer beijo na boca
O machão virou uma louca

Isso cantado aos berros por um sujeito com a voz bem dura como a deste MC não deixa de ser um recado contra a homofobia. Mais frívola e mais pornô, também lançada em 2005, é *Experimenta*, cantada pela Garota X (que é um garoto): "Eu sou a Garota X /Estou aqui pra te mostrar/ Meu popozinho é de pombo /Tu tem que experimentar /Então: Experimenta, experimenta /Experimenta, experimenta meu popozinho pequeninho." Aos olhos de um gay mais consciente, isso é definitivamente um lixo, mas, politicamente incorreto como convém a um bom funk, não deixa de ter seu valor, afinal, em que outro gênero musical alguém teria coragem de ser tão abusado levando uma conversa de pé de ouvido, uma fantasia sexual tão íntima, para uma letra de música?

No underground do resto do país eventualmente já começam também a surgir cantores que traduzem mais claramente a estética gay, de forma igualmente agressiva. É o caso dos performáticos do grupo pernambucano Textículos de Mary, que se apresentavam travestidos de mulher e simulavam muito sexo no palco numa estética de glam-punk-rock, com referências ao brega. Eles começaram em 1998 e atravessaram o milênio chocando a todos com sua lascívia gay politicamente incorreta, evocando os melhores e mais libertários anos do verdadeiro rock'n'roll... Mas o *mainstream* nunca chegou para eles, que se dissolveram em 2003. Pode ser que um dia se possa ouvir o jargão gay e os mais sinceros e abusados desejos dos gays numa FM. Sejam eles de "bom" ou do mais safado "mau gosto", como na letra de *Desaqüenda* (palavra que na gíria gay significa "Sai daqui"), em que o grupo criticava os michês interesseiros na grana das bichas: "Dinheiro de cu é rola!/ Olha pra mim! Apesar de nojenta, eu não pago não!/ Desaqüenda!"

"Existe uma galera com um pensamento, digamos, 'pós-gay' aparecendo. Um exemplo bem bacana dessa galera foi o Textículos de Mary. Eles não faziam questão nenhuma de dizer que ser gay é legal, moderno, é fashion, para serem aceitos pela sociedade. Eles expuseram o lado sujo, escroto e pornô de cada um de nós (seja gay ou não) sem se preocupar em serem politicamente corretos. Não é à toa que os shows deles eram mais aceitos em festivais de rock do que em casas gays (onde já tiveram apresentações interrompidas, porque os gays lindos, limpos, sarados acharam um horror!!). Tem muita gente já aberta por causa deles, mas se tantos artistas bons heteros não conseguem mais aparecer nos programas de TV mais populares, nem tocar nas grandes estações de rádio, por que eles conseguiriam?", indaga o jornalista e produtor paulistano Rodrigo de Araujo, especialista em artistas do underground e da vanguarda da MPB/pop.

Outra baixaria que virou cult nas boates gays de todo o país em 2005 — praticamente um milagre, já que só se ouve música house estrangeira em quase todos os nightclubs brasileiros moderninhos — foi uma house nativa de sabor tropical. Feita por um certo Baby Marcelo, na verdade um performer italiano que ao passar por Santa Catarina acabou emplacando o hit *Alegria*, mais conhecida como *A piranha do banheiro*, ela brinca sobre o politicamente incorreto tema das pegações entre homens em banheiros públicos. A mania se espalhou por toda a noite gay brasileira e se tornou um hit instantâneo. A música é engraçadíssima, ainda mais porque o "cantor" tem um sotaque latino forte e fala sem pudores a seguinte letra...

> *Eu sou a piranha do banheiro... banheiro... banheiro... banheiro...!*
> *Piranha!!!*
> *Samba...*
> *Meu corpo é um carnaval*
> *(...) Vagabunda!*
> *Raspada!*
> *Safada!*
> *Eu sou o pecado, a vergonha!*
> *Eu sou a piranha do banheiro!*
> *Alegria...!!!*

Os avanços da mídia, da internet, da música independente têm ajudado a vários nomes da música dessa cultura GLS mais underground a conseguir seu espaço. Rodrigo atesta que hoje (2006), a cena independente está muito forte. "A internet transita por um público muito curioso e que está informado de que as coisas que vêm até ele pela TV e rádio não são as melhores opções do mercado. Um exemplo disso é o Cansei de Ser Sexy, banda supergay, de electro-rock, cheia de influências dos anos 80. Ela saiu dos clubinhos para espaços maiores e hoje é a mais visitada do selo TRama Virtual, além de tocar em eventos importantes como Tim Festival e de até abrir shows de medalhões, como o Barão

Vermelho", explica o produtor. Ele conta que seus integrantes falam do dia-a-dia deles, de personagens da noite paulistana, e que, apesar de serem referências nem sempre tão fáceis de serem assimiladas pelos que não freqüentam o meio, já existe um enorme público fascinado pela banda. E cita mais exemplos que não param de dar as caras na cena underground de São Paulo, analisando como esses novos artistas encaram sua orientação sexual.

"Existem bandas como Forgotten Boys, Daniel Belleza e os Corações em Fúria, Dominatrix (todas de São Paulo), Star 61 (na Paraíba), Superquadra (em Brasília), bandas de gays, heteros, bis, que freqüentam os mesmos clubes, interagem entre si sem muita distinção da opção sexual, aliás, eles freqüentam clubes com esse perfil misto. Há também as diversas bandas de meninas lésbicas de São Paulo que fazem até mesmo um festival entre elas, workshops e tudo mais", enumera. "Não acho que nos anos 70, 80, tivesse sido muito diferente, mas a neurose para não se expor (até entre os colegas) era muito maior do que agora. Essa nova geração acha o discurso gay um exagero, está sem paciência para discursos, acha tudo bobagem. É uma coisa mais ou menos assim: 'Somos gays, e daí?', sem a necessidade de expor suas sexualidades na mídia, porque isso não é um fator mais forte que a música deles. E não fazem questão de usar isso para aparecer. Mas, é bom que se diga, ao contrário de dezenas de artistas da MPB, também não fazem a menor questão de esconder ou de mentir a respeito disso", compara.

Pelo menos alguma coisa parece estar acontecendo para quebrar o gelo e a caretice de um tempo tão longo, mais ou menos uns 15 anos, em que tão poucas músicas de temática gay apareceram na grande mídia. E com sucesso então, quase nenhuma. Antonio Cicero, tem uma teoria do porquê desse "retrocesso". "Não creio que haja uma encaretada da 'sociedade' como um todo. Vejo assim, de imediato, duas possíveis causas. Uma é que os funcionários das gravadoras, do rádio e da televisão tendem a pintar o público como mais conservador do que realmente é. Ora, esse complexo de produção e difusão se tornou mais coeso do que já era, e seu conservadorismo se aproveita do fato de que os músicos tendem a compor uma subcultura quase autista e infantilmente homófoba; a segunda é que o hip-hop — e, muito antes dele, o rap —, que influencia muita música feita no Brasil, cultiva a idéia de que vivemos hoje uma situação de guerra civil não-declarada, e toda cultura da guerra tende a ser homófoba", acredita.

Em relação ao fato de tantos artistas gays da MPB continuarem fazendo segredo de estado sobre suas preferências, Cicero acha que há um certo exagero, mas também não tira a razão de alguns de seus colegas, uma vez que há muitas questões em jogo. "Acho que hoje é uma besteira para qualquer pessoa tentar esconder a sua orientação sexual; mas, por outro lado, também acho que ninguém é obrigado a falar sobre a sua vida privada. Uma coisa é mentir ou fingir; outra coisa é simplesmente não se sentir obrigado a dizer com quem se vai para a cama e o que se faz nela. De qualquer maneira, quando julgo o valor de um artista, o importante não é a sua orientação sexual, mas o valor da obra que realiza."

Talvez seja isso que Caetano Veloso tenha querido dizer a certa altura da letra de seu samba-reggae *A luz de Tieta* (1996), numa crítica direta à frivolidade atual da mídia e à própria sociedade brasileira: "Todo mundo quer saber com quem você se deita/ Nada pode prosperar." Ainda assim, ninguém pode negar, há muito exagero nesses armários tão trancafiados, pois dos romances convencionais nenhum de nossos cantores (inclusive os bissexuais ou supostamente bissexuais) faz qualquer questão de esconder seus parceiros, e vez por outra são fotografados em tudo quanto é revista ou deixam-se registrar sem qualquer resistência pelas câmeras de TV em suas companhias.

Mesmo quando ocorrem saídas do armário, elas nem sempre são muito tranqüilas. Em dezembro de 2005, a cantora Ana Carolina, mencionada aqui ainda há pouco pela sua regravação de *Eu gosto de mulher*, foi capa da revista *Veja*, com a manchete "Sou bissexual, e daí?", desta vez divulgando uma nova música de sua autoria, *Eu gosto de homens e mulheres (E você, o que prefere?)*[30]. Ela tinha dito ao jornal *O Globo* um ano antes que havia composto esta nova canção porque a outra do Ultraje em sua voz "ficou muito unilateral", que a estava "incomodando", e que compôs esta outra "para contrabalançar". Então, na *Veja*, para reforçar, já não dizia apenas "Eu gosto de mulher", mas "Sou bissexual. Acho natural gostar de homens e mulheres". Depois, afirmou ser "contra essa postura de levantar bandeiras para defender o homossexualismo, pois fica parecendo que ser gay é uma doença". E finalmente, arrematou: "Posso até estar saindo com uma mulher, mas se eu me apaixonar por um homem e decidir casar com ele na igreja, de véu e grinalda, ninguém vai impedir." Muito livre sua postura, moderna, alheia a rótulos e amarras... mas seu depoimento gerou polêmica e reações indignadas dos ativistas gays. Acharam que ela perdeu uma boa chance de defender melhor a classe. Afinal, se ela estava ali na capa da revista mais vendida do país assumindo que (também) transa com mulheres, é porque muita gente já apanhou bastante (e até morreu) para que a mentalidade média brasileira se abrisse a esse ponto.

Mas abafem o caso. Mesmo com dois passos para trás e um para a frente na música popular do Brasil, isso não vai mudar os avanços irreversíveis ocorridos na sociedade brasileira em relação aos gays e lésbicas. Uma das maiores provas disso é que, de 1998 para cá, já se tornou possível ver até mesmo jogadores de futebol, pagodeiros e roqueiros notoriamente heterossexuais posando nus (!) nas páginas da revista *G Magazine*, espécie de *Playboy* gay. Roger (Ultraje a Rigor), Waguinho (Karametade) ou o polêmico cantor Latino foram alguns dos que toparam a parada e nem por isso ficaram com fama de viados. Ora, quem poderia imaginar algo assim uns dez anos antes num país tão machista quanto o Brasil? Alguns dos principais jornais do país também passaram a trazer na programação eventos específicos da comunidade. E nas paradas do orgulho gay brasileiras, que chegaram a bater recordes mundiais de público em 2005, já é possível ver artistas e políticos (!!) abraçando a causa sem tanto medo, e as TVs brasileiras dando uma cobertura honesta desses eventos. Tendo em vista tudo que foi dito aqui em termos de preconceitos e perseguições à classe, não é pouco!

Este capítulo se encerra com a belíssima letra de Zélia Duncan, de 1998, que embora não tenha feito qualquer sucesso, é perfeita por sua mensagem bater muito fundo no peito de qualquer gay, de qualquer geração.

Os imorais falam de nós
Do nosso gosto, nosso encontro
Da nossa voz
Os imorais se chocam por nós
Nosso brilho, nosso estilo
Nossos lençóis
Os imorais sorriram pra nós
Fingiram trégua, fizeram média
Venderam paz
Mas um dia eu sei, a casa cai
Então a moral da história
Vai estar sempre na glória
De fazermos o que nos satisfaz

NOTAS:

1 – Navarro Lins, Regina, *A cama na varanda*, Rocco, pág. 225.
2 – Richards, Jeffrey, *Sexo, desvio e danação*, Jorge Zahar Editor, pág. 138.
3 – Navarro Lins, Regina, *A cama na varanda*, pág. 228.
4 – Idem, pág. 228.
5 – Trevisan, João Silvério, *Devassos no paraíso*, 5ª ed. ampliada, Record, pág. 112.
6 – Idem, pág. 113.
7 – Idem, pág. 172.
8 – Revista *Sui Generis*, outubro de 1995.
9 – Castro, Ruy, *Carmen — Uma biografia*, Companhia das Letras, pág. 164.
10 – Trevisan, João Silvério, *Devassos no paraíso*, 5ª ed. ampliada, Record, pág. 284.
11 – Badinter, Elizabeth, *XY — Sobre a identidade masculina*, Nova Fronteira, 1993, pág. 116.
12 – Kusnetzoff, Juan Carlos, *A mulher sexualmente feliz*, Nova Fronteira, 1988, pág. 21.
13 – Fafá de Belém, muitos anos depois, em 1983, regravou a canção com enfoque lésbico, trocando a letra para "Acontece que a dona fala grosso e já anda espalhando que é minha fã". A atriz Yolanda Cardoso participou da gravação com sua voz grave e rascante cobrindo de elogios a cantora, que dava hilariantes gargalhadas a cada frase da "admiradora", tipo "Quer mais macaxeira?" ou "Ah, não ri, não ri que eu fico louca".
14 – Trevisan, João Silvério, *Devassos no paraíso*, 5ª ed. ampliada, Record, pág. 87.
15 – Idem, pág. 294.
16 – Outra canção dessa época que só entendia quem queria é *Sentimental eu fico* (1977), em versos como "Apesar de estar no bar caçando amores/ Eu nego tudo, invento explicações/ Amigo velho, amar não me compete/ Eu quero é destilar as emoções..." Segundo o autor, Renato Teixeira, embora não tenha sido composta especificamente com este enfoque, ele ressalta que ela se propõe a várias conotações e que tal leitura gay é pertinente.
17 – Trevisan, João Silvério, *Devassos no paraíso*, 5ª ed. ampliada, Record, pág. 289.
18 – Cf. "Ney Matogrosso fala sem make-up!, entrevista de Ney Matogrosso a Vânia Toledo e Nelson Motta, em *Interview* nº 5, São Paulo, maio de 1978, págs.4-7, in *Devassos no paraíso*, pág. 290.
19 – A versão de Caetano Veloso para *Nature Boy*, de Éden Ahbez, escrita em 1979, diz: "Era um rapaz/ Estranho e encantador/ Um rapaz/ (...) Menino só e tímido/ Mas sábio demais/ Eis que uma vez (...) o encontrei/ E lhe falei sobre os reis.../ E ele ensinou nada é melhor/ Que dar amor e receber de volta amor."
20 – Rita Lee chegou a compor sozinha, letra e música, o rock *De pés no chão*, que abria seu LP de 1974, ironizando o patrulhamento que sofria quanto à sua sexualidade. É bom lembrar que Rita

vivia num meio essencialmente masculino, o do rock brasileiro dos anos 70, numa época em que dividia os vocais do Tutti-Frutti com outra rara mulher na seara do rock, a guitarrista Lúcia Turnbull, gerando muitos boatos. A letra dizia: "Sim, eu sou um deles/ E gosto muito, muito de sê-lo/ Porque faço coleção de lacinhos cor-de-rosa e também de sapatão/ Mas o que eu quero mesmo é por os meus pés no chão/ É só questão de gosto/ Lacinhos cor-de-rosa ficam bem num sapatão/ (...) Eu nasci descalça, pra que tanta pergunta?".

21 – A revista *IstoÉ* publicou a matéria "Ângela Ro Ro desce o pau em Zizi e nos PMs — Acabou como um tango a estreita amizade entre duas cantoras" sob o título de "Virilidade", em 6 de maio de 1981.

22 – Apesar de ter um pé atrás com a cultura gay e lésbica, Raul Seixas foi o responsável pela estréia em disco do gay assumido Edy Star, em 1971, na CBS, num LP coletivo que formou a seu lado e de Sérgio Sampaio e Miriam Batucada. Trata-se do LP "Sociedade da Grã-Ordem Kavernista apresenta Sessão das 10". Vale dizer que por conta de seu comportamento transgressor para aqueles anos de ditadura militar, Edy foi muito censurado e seu nome não pôde aparecer sequer como co-autor de nenhuma das faixas deste LP porque, segundo ele, a censura o perseguia muito e não deixava passar nada com seu nome.

23 – Trevisan, João Silvério, *Devassos no paraíso*, 5ª ed. revisada, Record, pág. 29.

24 – Entrevista inédita de Tim Maia a Rodrigo Faour, em fevereiro de 1997.

25 – Rennó, Carlos (organização), *Gilberto Gil — Todas as letras*, Companhia das Letras, pág. 268.

26 – Idem.

27 – Dizia a letra de *Drag queen*: "Arigato saionara/ Vergonha na cara/ Nenhuma ela tem/ (Ela disfarça bem!)/ Maquillage, coragem no look/ (...) Nas coleções fechou com Gaultier/ Nos calçadões plataformas Dorote/ Em Holywood que a Deusa acuda/ De faca e fork arrepiou Nova Iorque/ (...) Poderosa, audaciosa, perniciosa, tinhosa, horrorosa, ela é danada!"

28 – Depoimento de Jorge Vercilo a Rodrigo Faour no site CliqueMusic, 2001.

29 – Dizia a letra de *Jacira num selvagem verão*: "Puro deboche/ Meio ele, meio ela/ Jacira nasceu pra ser Monalisa, marinheiro da.../ Jacira num selvagem verão/ Drag queen pra namorar."

30 – A letra de *Gosto de homens e mulheres*, de Ana Carolina, divulgada no jornal *O Globo* do dia 6/12/2004, diz: "Homens que dançam tango/ Mulheres que acordam cedo/ Homens que guardam datas/ Mulheres que têm segredos/ (...) Homens que enrolam serpente/ E mulheres que vão na frente/ Homens de amar de repente/ Mulheres de amar pra sempre."

Capítulo [7]

JÁ SEI NAMORAR???

As transgressões em temas de AMOR E SEXO na MPB

O padre na televisão
Diz que é contra a legalização do aborto
E a favor da pena de morte
Eu disse: não! Que pensamento torto!
A pretexto de Aids, Aids, no Brasil
Nunca se falou de sexo
Com tanta franqueza e confiança
Mas é bom saber o que dizer
E o que não dizer
Na frente das crianças

(*Vamo comer,* Toni Costa e Caetano Veloso, 1987)

"*É o amooooor!* / Que mexe com a minha cabeça e me deixa assim..." Quem não conhece a balada sertaneja-pop de Zezé di Camargo & Luciano? Aparentemente é uma canção romântica popular como outra qualquer, mas apesar de enfatizar o velho clichê do cara "apaixonado" vivendo seu "conto de fadas", há um diferencial em relação a outras do gênero. Ela vendeu milhões de discos, desde que foi lançada em 1991, falando de um sentimento positivo de amor dentro do universo brega. E isso por si só já é uma novidade. Em outros tempos, um sucesso desses só seria possível se contassem uma tragédia amorosa daquelas (que a própria dupla não parou de produzir, como a dor-de-corno *Fui eu* — uma das cinco músicas mais tocadas no país em 2005).[1] O advento da axé music, nos anos 90, com letras basicamente calcadas no tesão e na alegria, também reforça a idéia de que hoje já se pode ser feliz no amor tendo o respaldo da música brasileira. Antigamente, a pessoa munida desse sentimento se sentiria um verdadeiro ET ao ligar o rádio.

De fato, mudanças na MPB vêm ocorrendo nas últimas décadas. Existe hoje um equilíbrio maior entre canções de fossa e de amor realizado, as mulheres e os gays já não são vistos de maneira tão preconceituosa, a sensualidade e o erotismo alcançaram níveis nunca imaginados, mas analisando o que almejamos em termos de relacionamento, no amor e no sexo (temas recorrentes na maioria de nossas canções), lamento informar, mas ainda existe uma caretice e uma estagnação tremendas no ar, ou melhor, no som da MPB contemporânea.

De forma velada ou mais incisiva, o que se espera de um relacionamento ainda reza eternamente na cartilha do "amor romântico", idealizado. A separação, a "traição" e o ciúme ainda são vistos muitas vezes de forma unilateral e com um ranço inacreditavelmente grande; a monogamia, o mito da pessoa ideal, da "alma gêmea", o não saber lidar com a solidão, o excesso de posse, dominação e tirania em relação ao outro e, por conseqüência, o preconceito sobre os que ousam transgredir este terreno em relacionamentos mais abertos são uma constante em nossas letras neste começo de milênio.

Só eventualmente aparecem idéias menos empoeiradas, tais como a de uma mulher que diz o que quer na cama e não se curva a um homem monótono; um alguém a favor do sexo livre, com vários parceiros; outro que brinca com as figuras do cônjuge oficial e do amante; ou aqueles que dizem que "ficar" sem compromisso pode ser divertido — nem que seja numa fase da vida; em suma, gente que assume que amor e sexo podem ser coisas diferentes e não necessariamente andam juntas. Mas, analisando a produção da MPB dos últimos anos, francamente, ainda são muito poucas as músicas que tratam desses temas de maneira transgressora, com enfoques mais profundos.

Para o crítico Tárik de Souza, esta tendência à superficialidade e à repetição das velhas ladainhas sobre amor e sexo não lhe causa o menor espanto. "Tudo isso só vem demonstrar que a sociedade brasileira se modernizou apenas na superfície, mas continua como era antes", diz. Segundo o jornalista, o país mudou apenas em certas zonas um pouco mais nobres de suas cidades mais cosmopolitas, mas o Brasil em si continua arcaico.

"O país não se modernizou tanto. Ao contrário, creio que o Brasil está regredindo em um monte de coisas. A música dos últimos anos se tornou industrializada. Os pagodeiros e sertanejos são exemplo máximo disso: tudo é muito parecido, letras todas iguais. Outro exemplo da regressão é que atualmente as religiões evangélicas proíbem o cara até de sambar, porque o samba é considerado coisa do demônio, da macumba", analisa ele com um pensamento que tem muito a ver com um de nossos maiores compositores, Chico Buarque. Em entrevista em junho de 2005 ao jornal catalão *La Vanguardia*, Chico enfatizou que, nas últimas duas décadas, houve no mundo um "movimento de idiotice globalizada", com um crescimento ainda mais assustador no Brasil a partir de 1990. "A idiotice nos rodeia. Eu mesmo tenho medo de virar um idiota", disse: Isso se passa em todas as áreas do país, da política à cultural. E claro que na música o reflexo também é evidente.

De todo modo, é estranho que a MPB ainda esteja um pouco estagnada em relação a certos avanços da moral e do comportamento no Brasil. Apesar do conservadorismo e da alienação crescente em relação a tantos aspectos da vida cotidiana, muita gente já vem transcendendo algumas normas de conduta sem perceber. Por exemplo: o termo "solteirona" caiu de moda. Muitas mulheres (e também homens) não se casam por opção ou demoram a se casar. Ou simplesmente se juntam e trocam de parceiro quando lhes convém. O número de casamentos oficiais diminuiu consideravelmente, os religiosos, então, nem se fala. Os filhos de um primeiro casamento são muitas vezes criados juntos com o de um segundo ou terceiro — estes, por sua vez, convivem com novos padrastos e namorados de suas mães ou madrastas e namoradas de seus pais. Muitas duplas de gays e lésbicas já vivem a dois, às vezes adotando filhos ou vivendo com filhos de produção independente. E não é só...

Para um número ainda restrito mas não invisível de pessoas, já foram dados passos mais largos. Os clubes de suingue são uma realidade nas grandes capitais, ainda que pouco divulgados e funcionando às vezes de forma irregular. Lentamente o sexo grupal, a troca de casais, os casamentos abertos, onde eventualmente um ou outro parceiro podem ter sexo com outras pessoas, e a contratação de profissionais de programa para incrementar uma relação são práticas que começam a deixar de ser tabu. Os brinquedos sexuais vendidos nas sex shops e as várias modalidades de fetiches e fantasias sexuais (que a própria mídia estimula vez por outra em filmes, novelas e programas de variedades em geral) gradativamente entram no imaginário do brasileiro, e de alguma maneira já não são uma ficção, como em outros tempos. Finalmente, as relações extraconjugais nunca foram tão intensas (de ambos os sexos) — muitas das quais ajudadas pelo advento da internet, terreno farto para a exposição das fantasias mais secretas das pessoas — e vários relacionamentos já não acabam definitivamente por causa de uma "traição".

Todas essas novidades foram muito pouco exploradas e retratadas na música brasileira contemporânea. Ao passar pelos encartes de CDs de vários artistas — até mesmo dos mais jovens — só não parece que estamos vivendo há 40 anos porque o vocabulário não é tão rico e pomposo. A superficialidade e os clichês que vêm se perpetuando em nossas letras estão de lascar. Para alguns psicanalistas e sexólogos, tudo não passa de reflexo da propaganda do tal "amor romântico", do par perfeito que cada um de nós deveria buscar; aquele que deveria ser capaz de nos completar em tudo e em todos os momentos de nossas vidas e que, em cuja companhia, teríamos a dádiva de viver eternamente felizes. Essas idéias massacradas dia após dia pelos meios de comunicação de massa acabam tão marcadas em nossas cabeças que se torna difícil idealizar racionalmente alguma transgressão nesse terreno, mesmo que já existam alguns avanços no terreno comportamental do brasileiro.

Para a psicanalista e sexóloga Regina Navarro Lins, este tipo de amor idealizado que reina em nosso inconsciente coletivo é um horror total. Trata-se, segundo ela, de "um projeto cilada". "Esse tipo de amor mente sobre a mulher, sobre o homem e sobre o próprio sentimento de amor. Ele é calcado na idealização e na projeção. É por isso que os casamentos geralmente não funcionam bem. Você casa com a pessoa idealizada, que tem tudo o que você adora. Entretanto, na convivência diária, você é obrigado a vê-la do jeito que ela é, com coisas que você gosta e outras que detesta. Aí vem a decepção." Ela ensina que o chamado "amor romântico" possui expectativas e ideais próprios, além de pregar mentiras tais como: só é possível amar uma pessoa de cada vez; quem ama não sente tesão por mais ninguém; a vida só tem graça se a pessoa amada estiver do lado. E, para piorar tudo, é regido pela impossibilidade. E quanto mais difícil, mais apaixonada a pessoa fica.

"Em cada época existe um tipo de amor. Este é apenas um deles, mas apesar de já estar aí há muitos séculos, ainda hoje é a maior propaganda do

Ocidente. Está nas novelas, nas músicas, no cinema... Claro que a simbiose com o outro é bastante confortadora. Você ter certeza daquela companhia certa no sábado à noite, no réveillon, em todos os momentos... Mas como ninguém completa ninguém totalmente, tudo não passa de um equívoco. A nossa cultura deveria nos incentivar a desenvolver a capacidade de ficarmos bem sozinhos. Isso sim é a pré-condição para uma relação amorosa satisfatória, longe da fantasia de encontrar a 'outra-metade'", ensina ela, que acredita que hoje o grande conflito do ser humano esteja entre o desejo de simbiose e o desejo de liberdade.

"O mundo oferece muitas possibilidades, e com o tempo esse tipo de amor gera grande frustração, afinal, ninguém consegue preencher o outro em todos os momentos da vida, inclusive no sexual", atesta a sexóloga. Com seus mais de trinta anos de carreira ouvindo queixas em seu consultório, Regina revela que o maior problema em relação ao sexo na população brasileira é que as pessoas fazem muito menos sexo do que gostariam, e com uma qualidade muito inferior ao que poderiam. "Além disso, salvo raras exceções, a falta de tesão nas relações estáveis é generalizada. Isso gera sofrimento, porque a pessoa acha que é só com ela que acontece."

Outro psicanalista a fazer coro com as idéias de Regina é Flávio Gikovate: "Essa história da fusão dos dois num só pregada pelo amor romântico não tem mais chance, com o individualismo contemporâneo. Vamos ter que criar um novo modelo de romantismo, porque este que está aí não dá mais." Ele também separa aqueles dois elementos vitais em nossas vidas, que muita gente ainda acredita serem indissolúveis: "Sexo e amor são coisas diferentes. A psicanálise clássica não pensa assim. Acha que sexo é conseqüência. Mas creio que sexo se faz e amor se sente. Amor traz a sensação de aconchego e paz que substitui as primeiras relações familiares que estabelecemos na vida... A escolha amorosa é baseada em critérios muito definidos, e a sexualidade aparece mais com agressividade do que romance. É curioso observar como o palavrão — que é a máxima violência verbal da nossa cultura — tem palavras todas ligadas ao mundo da sexualidade", analisa.

Por causa desta visão conservadora, quase todos os segmentos da música brasileira continuam sofrendo desesperadamente pela perda do amado. O tema da separação é um clássico. É raro aparecer uma letra que transcenda a raiva típica de quem está ainda no clamor dos acontecimentos, uma em que o sujeito de coração machucado consiga enxergar mais longe e não ser tão centrado no próprio umbigo, achando que "sua outra metade da laranja" não merece qualquer consideração. Há como ser diferente? Há. Gilberto Gil, em 1982, compôs e gravou uma das mais belas canções falando da separação de uma forma mais arejada. Em vez de perceber a sua amada como um ente que ele não quer mais ver pela frente, ele a vê como uma companheira importante que esteve a seu lado enquanto o tesão, o interesse e a convivência mútua eram plenamente interessantes. *Drão* (apelido de Sandra, uma de suas mulheres) fez história na MPB.

Drão, o amor da gente é como um grão
Uma semente de ilusão
Tem que morrer pra germinar
Plantar nalgum lugar
Ressuscitar no chão nossa semeadura...
(...) Drão, não pense na separação
Não despedace o coração
O verdadeiro amor é vão
Estende-se infinito
Imenso monolito, nossa arquitetura
(...) Quem poderá fazer
Aquele amor morrer
Se o amor é como um grão
Morre-nasce, trigo; vive-morre, pão

Gilberto Gil conta que esta canção demandou um esforço concentrado para ser concluída. "Sua criação apresentou altos graus de dificuldade porque lidava com um assunto denso — o amor e o desamor, o rompimento, o final de um casamento; porque era uma canção para Sandra — e para mim. 'Como é que eu vou passar tanta coisa numa canção só?', eu me perguntava. Além disso, havia a exigência de excelência, de que o versar tivesse capricho. Então demorou dias e dias de trabalho." O compositor diz se lembrar de estar sentado no chão, anotando frases no caderno, com o violão do lado, e de repente sentir o embate entre a aflição da criação e a iminência da explosão criativa.[2] "Fiquei uma semana ruminando em cima do tema. Queria dizer a ela (Sandra) que 'tudo bem', mas como dizer 'tudo bem' para a pessoa que estou me separando? Ora, era uma decisão minha, unilateral. Como vou 'bilaterar' essa decisão? *Drão* foi uma tentativa de explicar para nós dois que o grão tem que morrer pra germinar", conta Gil, explicando que uma das coisas mais difíceis da vida é saber lidar com as perdas humanas.

Como se vê, nem sempre é fácil transgredir. Além de inspiração, é preciso muita transpiração também. Talvez por isso tão poucos tenham se aventurado por esta trilha. Mas há sempre os que tentam e conseguem. Caso de outro mestre, Chico Buarque. Ele já havia escrito *Trocando em miúdos* (com música de Francis Hime) falando de uma separação dura, com alguns traumas e ressentimentos. Entretanto, em 1987, cria a letra de *Todo sentimento* para a canção de Cristóvão Bastos, na qual espera que sua relação seja, sim, eterna com seu amor, mas sem qualquer hipocrisia em relação ao mito do "felizes para sempre".

Prometo te querer
Até o amor cair doente, doente
Prefiro então partir
A tempo de poder
A gente se desvencilhar da gente
Depois de te perder
Te encontro com certeza
Talvez num tempo da delicadeza
Onde não diremos nada
Nada aconteceu
Apenas seguirei como encantado ao lado teu

Até mesmo o sambista Cartola, que compôs vários sambas em que tinha uma certa culpa no cartório ou contas a acertar com sua consciência, em 1972 lançou, pela voz de Paulinho da Viola, um samba em que se revelava delicadíssimo, franco e absolutamente racional ao dizer que a razão do desinteresse e da separação é, em verdade, uma coisa natural na vida, que simplesmente *Acontece*: "Esquece o nosso amor, vê se esquece/ Porque tudo na vida acontece/ E acontece que já não sei mais amar/ Vais sofrer, vai chorar/ E você não merece/ Mas isso acontece (...) Se eu ainda pudesse fingir que te amo/ Ah! Se eu pudesse/ Mas não quero não devo fazê-lo isso não acontece."

Na música brega-romântica, tal tema ser tratado com suavidade é raríssimo. Mas acontece de vez em quando. Um dos bons exemplos é *Sonhos*, de Peninha — mesmo autor que abusou dos clichês no recente sucesso *Alma gêmea*. Nessa, porém, o enfoque é mais interessante. Tanto que atraiu a atenção de Caetano Veloso, que a imortalizou gravando-a em 1982, e de Marisa Monte num de seus shows no final da mesma década. A canção fala de um relacionamento que começou como "brincadeira" e foi crescendo, e de repente a pessoa veio "falar de uma paixão inesperada por outra pessoa". Apesar do trauma da separação, ela tem versos como "Mas não tem revolta, não/ Eu só quero que você se encontre" ou "Não tem desespero, não/ Você me ensinou milhões de coisas/ Tenho um sonho em minhas mãos/ Amanhã será um novo dia/ Certamente eu vou ser mais feliz". Para o gênero, é um recorde em otimismo...

O saber lidar com a dor da separação (e com a própria condição da solidão, inerente à vida humana) se acha em outro exemplo da obra de Gilberto Gil, *Preciso aprender a só ser* uma resposta explícita ao samba-canção dramático *Preciso aprender a ser só* ("Meus olhos choram a falta dos teus/ (...) Por Deus entenda que assim eu não vivo, eu morro pensando no nosso amor"), de Marcos e Paulo Sérgio Valle: "Sabe gente, eu sei que no fundo o problema é só da gente/ É só do coração dizer 'não' quando a mente tenta nos levar pra casa do sofrer/ E quando escutar um samba-canção, assim como: 'Eu preciso aprender a ser só'/ Reagir e ouvir o coração responder: eu preciso aprender a 'só ser'!"

"Me lembrei que, quando a música do Marcos saiu, eu pensava nessa capacidade do homem de se conformar com a solidão e tudo mais. Na época que fiz o *Preciso aprender a só ser* estava investindo nessa coisa da ioga, da meditação, dessa reflexão sobre a interioridade etc. Quando me lembrei, no meio da composição, dessa coisa do 'ser', me lembrei do 'ser só', da solidão, mas também da plenitude que é o ser sozinho em si. A presença do 'em si' enche esse vazio da solidão. Aí fiz a associação direta com a música do Marcos, que fala da solidão humana. Então pensei: 'eu vou falar da solidão super-humana, nitschiana, oriental'', explica Gil.

O compositor acredita, entretanto, que este olhar transgressor em sua obra sobre assuntos existenciais não vem exatamente de um "saber oriental" ou de nenhum mergulho maior espiritual. "É uma tendência inata mesmo, um impulso meu. É um pouco de formação, misturado com educação, do ambiente que fui me criando, coisa de índole mesmo", justifica. Ele pensa que trazer um pouco de filosofia à música popular não faz mal nenhum, ao contrário. É uma forma de a pessoa meditar por alguns minutos em meio ao caos urbano das cidades, nos raros momentos de lazer, quando nossas canções populares acabam propondo questionamentos interessantes em nossa mente. "Isto é o próprio 'zen-mundismo'. Nos nossos dias, não há como meditar nos mosteiros... Nosso mosteiro é a rua, a praça... os ambientes políticos, artísticos, os lugares onde as pessoas dialogam. Como é possível o silêncio em meio ao diálogo?", indaga. É aí que entra a mensagem filosófica de uma música, ensina Gil.

A posse e o ciúme complacentes na vida a dois são outro tema recorrente em nossas músicas. O outro não pode sair da linha por nenhum momento que já é visto como o demônio-traidor. Uma rara canção dos anos 60 que expõe de forma singular este fato, numa situação bem comum a dois jovens namorados, é a marcha-rancho *Até quarta-feira*, sucesso de Marcos Moran no Carnaval de 68. Um dos dois foliões — namorados ou casados há tempos —, ao constatar que acabavam deixando de brincar o Carnaval temendo que o assédio de terceiros pudesse abalar suas relações, propõe uma trégua na monogamia da relação, para que possam pular e brincar à vontade nos dias de folia.

Esse ano não vai ser igual àquele que passou
Eu não brinquei, você também não brincou
(...) Este ano, tá combinado, nós vamos brincar separados
Se acaso meu bloco encontrar o seu
Não tem problema, ninguém morreu
São três dias de folia e brincadeira
Você pra lá e eu pra cá até quarta-feira!

Pra bom entendedor... Bem, vamos em frente. Outro exemplo excelente (e raro) que vai bem além de uma trégua de três dias e deseja o amor livre vem de Raul Seixas, Paulo Coelho e Marcelo Motta. Eles compuseram *A maçã* em 1975, na qual tentam romper com essa questão do amor monogâmico possessivo.

Se eu te amo e tu me amas
E outro vem quando tu chamas
Como poderei te condenar?
Infinita é tua beleza
Como podes ficar presa
Que nem santa num altar?
(...) Amor só dura em liberdade
O ciúme é só vaidade
Sofro mas eu vou te libertar
Que é que eu quero
Se eu te privo do que eu mais venero
Que é a beleza de deitar

Os mestres Caetano Veloso e Gilberto Gil também já fizeram canções memoráveis em relação a este tema. Em 1976, por ocasião dos Doces Bárbaros, Gil lançou *O seu amor*, na qual prega um amor mais zen, sem que a pessoa queira guiar todos os passos do outro. Sem dúvida, é uma de suas letras mais transgressoras, falando de amor livre com a maior simplicidade e naturalidade:

"O seu amor/ Ame-o e deixe-o/ Livre para amar/ (...) O seu amor/ Ame-o e deixe-o/ Ir aonde quiser/ (...) O seu amor/ Ame-o e deixe-o brincar/ Ame-o e deixe-o correr/ Ame-o e deixe-o cansar/ Ame-o e deixe-o dormir em paz..."

"A intenção foi brincar com o slogan da ditadura, 'Ame-o ou deixe-o', promovendo, através da substituição de uma conjunção, um corte profundo de ruptura no significado reducionista, possessivista e parcial do aforismo oficial, símbolo do fechamento e da exclusão maniqueísta, para criar um outro, com outra moral, a do amor — e, portanto, absolutamente generoso, democrático e libertário. A concepção de 'amor livre' é também reiterada, reintroduzida com objeto de respeito e admiração à liberdade do amor, e ampliada até para um sentido mais cristão, de amor irrestrito", diz Gil.[3]

Quatro anos depois, em 1980, Caetano Veloso compunha (e gravava com Marina) uma canção muito curiosa, *Nosso estranho amor*, em que explora o mesmo tema de maneira também incomum.

Não quero sugar todo seu leite
Nem quero você enfeite do meu ser
Apenas espero que aceite o meu louco querer
Não importa com quem você se deite
Que você se deleite seja com quem for
Lutemos, mas só pelo direito ao nosso estranho amor
Oh! Mainha, deixe o ciúme chegar
Deixe o ciúme passar e sigamos juntos...

No mesmo LP de Marina, "Olhos felizes" (1980), em que constava esta música, havia outra, o funk *Corações a mil*, de Gilberto Gil, com direito a um enfoque igualmente libertário — indo além da monogamia e também da heterossexualidade nas relações amorosas: "Minhas ambições são dez/ Dez corações de uma vez / Pra eu poder me apaixonar/ (...) Isso sem considerar a provável rebeldia/ De um desses corações gamar/ Muitas vezes num só dia/ Ou todos eles de uma vez (todos dez)/ Desatar a registrar/ Toda gente fina, toda perna grossa/

Todo gato, toda gata, toda coisa linda que passar." Trata-se da idéia de liberdade sexual irrestrita, sem culpas religiosas, uma idéia que permeia todo o disco da cantora, reforçada ainda pela faixa-título, dela e de Antonio Cicero, dizendo que "gente bonita é o tição que atiça a vida do coração" na qual, maliciosos, reclamavam o direito deste olhar poder até "ser vagabundo, ser em vão".

Falando em Marina, a geração do pop/rock oitentista conseguiu falar de amor e sexo de uma maneira mais espontânea, sem tanto ranço, rompendo alguns tabus. E Cazuza, um de seus melhores letristas, pisou fundo em temas como a do "mito da pessoa ideal", da "alma-gêmea", destruído em seu apoteótico *Blues da piedade*, em parceria com Frejat.

Pra quem não sabe amar
Vive esperando alguém que caiba no seu sonho
Como varizes que vão aumentando
Como insetos em volta da lâmpada
Vamos pedir piedade, Senhor, piedade!
Pra essa gente careta e covarde!

Roger Moreira, do Ultraje a Rigor, também contribuiu. Se por um lado confessava no rock *Ciúme* que queria, mas não conseguia, "levar uma vida moderninha, deixar a sua menininha sair sozinha, não ser machista e não bancar o possessivo", escancarava em outras questões. Primeiro, condenou a censura abusiva às cenas de sexo nos filmes e programas TV, no pop/rock *Sexo!* ("Como é que eu vivo sem sexo?"). Também condenou a monogamia no rockão *Independente Futebol Clube*: "Eu não sou seu/ Eu não sou de ninguém/ Você não é minha/ Eu não tenho ninguém/ Nós somos livres/ Independente Futebol Clube!" E finalmente, inspirado num livro de auto-ajuda, resolveu brincar com clichês do tipo "você é tudo pra mim, sem você não sou ninguém" em outra faixa do apoteótico LP "Nós vamos invadir sua praia", de 85: *Eu me amo*. "Há muito tempo eu vinha me procurando/ Quanto tempo faz, já nem lembro mais/ Sempre correndo atrás de mim feito um louco/ Tentando sair desse meu sufoco/

Eu era tudo que eu podia querer/ Era tão simples eu custei pra aprender/ Daqui pra frente nova vida eu terei/ Sempre a meu lado bem feliz eu serei/ Eu me amo/ Não posso mais viver sem mim."

Roger também criticou a mulher castradora e dominadora, que, com seu temperamento incisivo, pretende escravizar o namorado ou o futuro marido, escrevendo pérolas em forma rock. *Zoraide*, por exemplo, era uma mulher pentelha que, em vez de curtir a relação, vivia fazendo cobranças de estabilidade ao seu homem: "Já não sei se quero, acho que não quero, me cansei de namorar/ Essa história de uma só/ Zoraide, tenha dó/ Eu quero mais é variar/ Fica com esse nhem-nhem-nhem na minha orelha/ Me chateia/ Eu já não agüento mais/ Quero fazer o que me der na telha/ Zoraide vê se não me *penteia*!" Mais adiante, na mesma letra, critica o fato dela ficar-lhe cobrando casamento e aquele comportamento típico comum em muitas mulheres de querer tomar posse do namorado (ou marido), tentar adaptá-lo a seu jeito, de forma que ele só faça o que elas querem — da mesma forma, aliás, que os homens faziam com as suas mulheres no passado: "Fica juntando enxoval/ Pede um fogão de Natal/ Diz que eu me visto mal/ Que eu sou um cara chulé/ Que mulher!"

O roqueiro também criticava outro tipo de mulher em *Se você sabia*: no caso, a que estava no período fértil e não dizia nada ao namorado. Trata-se daquele tipo bem lamentável de mulher que quer "prender homem pelo filho". O refrão não a perdoava: "Se você sabia/ Por que não me avisou?" É por ter escrito essas e muitas outras que Roger critica um pouco os colegas da nova geração do rock. "Nos anos 70 e 80 havia mais novidade. Depois de tudo que se passou no Brasil e no mundo, as bandas de rock de hoje deveriam ir além dos clichês, ter a cabeça mais aberta. Acabam fazendo algumas letras que a gente ouve, analisa e parece que nem foram muito pensadas. E muitas vezes são preconceituosas em relação a amor e sexo, com idéias antigas e machistas", critica.

Com mais de vinte anos de estrada, Léo Jaime é outro a ter ressalvas com certos artistas da nova geração que se impõem por temas mais mal-humorados, marrentos ou machistas. Ele acha que o rock está aos poucos voltando à cena com força, depois de ficar meio por baixo nos anos 90, mas também critica parte da nova geração. "O rock está ficando bom de novo, mas quando se fala em Marcelo D2 e Charlie Brown Jr., esse pessoal mais agressivo, fico com a sensação de que está tudo muito machista. Falta alguém como Freddie Mercury ou Elton John. Tem que ter banda gay. Tivemos grandes ícones nos anos 80, Cazuza e Renato Russo, por exemplo, que eram pessoas livres e que faziam o que queriam. Sem gente desse tipo, o mundo fica muito careta",[4] disse ao *Jornal do Brasil*, em 2005, o autor de pérolas sacanas divertidas como *Sucesso sexual* (em parceria com Leandro), gravada por Ângela Ro Ro em 1984.

Tudo que eu quero
Tudo que eu quero agora
É sucesso sexual
Pra que que eu quero fama?
Pra que que eu quero grana
Sem sucesso sexual?

Roger e Léo não estão surdos. Se dermos uma olhada no repertório dos novos roqueiros e popeiros da geração 2000 (CPM22, Dibob, Pitty, Detonautas...) veremos letras em que imperam quase sempre, salvo raras exceções, os mesmos clichês de sempre. E mesmo nas letras tão elogiadas dos Los Hermanos, grupo que virou darling da mídia e congregou, logo em seu álbum de estréia, uma legião de fãs ardorosos, houve uma inovação em termos de arranjos e das fusões do rock com a MPB, mas, ao analisarmos as letras, chega a ser assustador que esta banda faça sucesso por fazer rock falando de... dor-de-cotovelo(!). Pode até ser uma originalidade fazer rock com letras que rezam sempre na cartilha do sofrimento, mas não deixa de ser idossincrático em plena virada do século roqueiros jovens cantarem as letras de Marcelo Camelo que exploram sempre o mesmo tipo de incompreensão frente à perda do ser amado.

Quem não se lembra do primeiro hit do grupo, *Anna Júlia*, que arrebatou o país em 1999? É um roquinho animado de... dor-de-corno! "Quem te vê passar assim por mim, não sabe o que é sofrer/ (...) Na certeza de um amor me achar um nada/ Pois sem ter teu carinho eu me sinto sozinho/ Eu me afogo em solidão/ Oh Anna Júlia!" Nos discos seguintes, o mito da perda do amor idealizado romântico continuou: "Hoje estou tão sozinho/ Não sei mais o que fazer/ A minha vida se acabou/ Você se foi e agora não sei mais..." (*Tão sozinho*, de 2001). E que tal *Deixa estar*, que se encerra com uma conclusão apocalíptica: "Vocês vão aprender que nesta vida não se pode mais errar/ Vão descobrir que entre as estrelas e o chão existe o mar/ E aí então a euforia, um belo dia vai passar/ E cairá sobre teu mundo, num segundo a traição/ Deixa estar!" Nossa! Adelino Moreira vive! E o que dizer de *O pouco que sobrou*, de 2003, que lembra Lupicínio Rodrigues, na evocação de Deus para solucionar a sua dor amorosa? "Só resta eu me entregar/ Cansei de procurar o pouco que sobrou/ Eu tinha algum amor, eu era bem melhor/ Mas tudo deu um nó/ E a vida se perdeu/ Se existe Deus em agonia/ Manda essa cavalaria/ Que hoje a fé me abandonou." Para que tanto sofrimento? Será que não há formas de se repensar a solidão e a separação? Ainda é necessário cunhar discos de dor-de-corno do começo ao fim, como se fazia nos anos 50?

Paula Toller, do Kid Abelha, grupo que sempre abordou temas de amor e sexo, desde o seu sucesso inicial, *Pintura íntima*, em 83, não é tão fatalista quanto o crítico Tárik de Souza em relação à modernização dos costumes do país. Para ela, a música é que não está acompanhando a evolução dos tempos: "A vida brasileira está muito à frente da música e da dramaturgia popular brasileiras. A homossexualidade ainda é tabu, palavrão é tabu, alegria é tabu, até virgindade é tabu. Mas não é só a indústria de massa e seus artistas, a imprensa escrita e a TV também insistem em divulgar valores mesquinhos, ultrapassados e provincianos", provoca.

Paula acredita que grande parte do sucesso de seu grupo nesses anos todos se deve ao "ineditismo dos temas das letras de seu repertório em relação a alguns assuntos ligados a amor e sexo", e cita alguns dos mais interessantes gravados pelo conjunto nas últimas três décadas: "O que interessa pra nós é fazer amor de madrugada" (*Pintura íntima*), "Garotos fazem tudo igual e quase nunca chegam ao fim" (*Garotos*), "Desde que estamos aqui eu não quero saber quem está por cima, quem está por baixo" (*No seu lugar*), "Eu já nem me lembro bem da primeira vez que eu dei" (*Agora sei*), "O sexo que fazemos é pura categoria" (*Mil e uma noites*), "O sexo que fazemos é profissional" (*Um segundo a mais*), "Fico com alguém só pra pensar em você" (*3 taças*) ou "Adoro dizer eu te amo sem romantismo" (*Mãos estranhas*). Também se pode acrescentar à esta lista outras como o clássico *Como eu quero*, aquela do "Diz pra ficar muda/ Faz cara de mistério/ Tira essa bermuda que eu quero você sério/ (...) Longe do meu domínio/ 'Cê vai de mal a pior/ Vem que eu te ensino como ser bem melhor."

"*Como eu quero* nunca passou pra mim como uma relação nociva de um casal, mas sim de uma música que falava daquele cara que tenta, mas não consegue enganar a mulher, pois ela com seu olhar de 'raios x' consegue ver tudo que ele tenta esconder ou suas gracinhas pra conquistá-la ou distraí-la. A mulher de *Como eu quero* julga o cara um banana, acredita em seu poder e se torna uma tirana. Caetano disse que a xingou muito em (sua canção) *Não enche*", diz Paula, referendo-se ao divertido samba-reggae de Caetano, cujo personagem-tema quer se livrar de uma mulher tirana de qualquer jeito (que poderia muito bem também ser a recém-citada *Zoraide*, do Ultraje a Rigor).

Perua, piranha!
Minha energia é que mantém você suspensa no ar
Pra rua! Se manda!
Sai do meu sangue, sanguessuga, que só sabe sugar
Pirata, malandra!
Me deixa gozar, me deixa gozar, me deixa gozar!

Caetano presenteou Leila Pinheiro em 2005 com uma bela bossa, *Tiranizar* (parceira com Cezar Mendes), na qual o tema da tirania da mulher possessiva é novamente abordado: "Se você quiser me prender/ Vai ter que saber me soltar/ Você me parece dizer/ Que os dois somos um só lugar/ E que esse lugar é você/ E o resto não deve contar/ E é isso que eu chamo tiranizar." Estão aí dois bons exemplos de que a simbiose da relação possessiva acaba gerando sufoco, frustração e... raiva. Contra isso, Joyce compôs em 2001 uma pérola com Silvia

Sangirardi, gravando-a em duo com a diva Elza Soares. Trata-se da gaiatíssima *Samba da Sílvia*: "Quando eu dou, não tomo/ Multiplico, somo/ Amo, mas não domo/ Sou fada e gnomo." Demais!

Fato é que o sexo com maior liberdade de ir e vir do parceiro é ainda um grande tabu. Ainda mais se uma pessoa desejar acumular diversos parceiros simultaneamente. Que o diga o piscoterapeuta José Ângelo Gaiarsa. Ele crê que somos verdadeiros miseráveis do amor. "Somos por tradição sagrada tão miseráveis de sentimentos amorosos que, em havendo um, já nos sentimos mais do que milionários e renunciamos com demasiada facilidade a qualquer outro prêmio lotérico (de amor e sexo)", provoca.

Gaiarsa certamente iria gostar do novo repertório do Kid Abelha. É que Paula Toller decidiu dar um chute na caretice do pop/rock reinante e escancarar de vez em algumas letras do CD "Pega vida" (2005), do Kid, especialmente na faixa *Poligamia*: "Meus amores me querem inteira/ Em qualquer posição/ Meus amores não marcam bobeira/ (...) Todo canto é apropriado/ Eu nunca digo não", e proclamou: "Abaixo o enguiço dos neurônios/ Abaixo o desperdício de hormônios/ Prazeres já temos de menos/ Produtos já temos demais/ Vamos ficar/ Vamos fazer/ Vocês e eu, 'eus' e você/ vamos gozar/ Vamos viver/ Vocês e eu, eus e você." Hummm... nada mal! A canção ainda frisa que ciúme nessa relação é coisa do passado: "Meus amores não são implicantes com meus outros amantes" e encerra com um desabafo maravilhoso: "Todo homem merece um harém/ Toda mulher também." Não era sem tempo que um tema como este tivesse espaço nas FMs... Mas isso é a raridade das raridades na fase de marasmo atual das canções de MPB que figuram no *mainstream*.[5]

Quem também é chegada a este tema do sexo plural, mas nunca fez muito sucesso radiofônico com tais canções, é a cantora e compositora Fátima Guedes. Ao longo de mais de 25 anos de estrada, ela sempre deu um jeito de expor suas idéias transgressoras sobre amor e sexo com muita delicadeza, franqueza e alta dose de sensualidade. Grande parte de sua obra tenta se contrapor à mesmice e vislumbrar novos rumos no relacionamento amoroso, alertando aos amantes (e a si própria) para as armadilhas que a rotina pode lhes pregar a qualquer momento, se estes ficarem presos a dogmas e estigmas ultrapassados do senso comum sobre o tal "amor romântico" idealizado, com suas regras muito rígidas.

"O amor é uma questão mal resolvida mesmo. Parece que a ficha daquela canção *Condenados* (sucesso de Simone, em 1979) ainda não caiu realmente. Quando digo 'Já podemos dizer que somos um/ Nós somos um/ E nessa fase do amor em que se é um/ É que perdemos a metade cada um' estou falando dessa coisa do amor exclusivo, do amor que anula parte do outro e que é a coisa mais perigosa do amor. Então tenho pensado desde *Condenados* para cá que o amor exclusivo traz problemas 'exclusivos' de rejeição para outrem. Dificilmente você vai encontrar felicidade fazendo a infelicidade alheia. Então quando você troca uma relação por outra, faz uma outra pessoa ser rejeitada e infeliz. Isso não pode trazer felicidade. Será que não seria mais saudável que fôssemos mais abertos, polígamos, que nunca fôssemos sós realmente?", pergunta e filosofa.

Fátima vai além e critica esse tão famoso sonho da "alma gêmea". "Isso é um tabu, é um sonho reforçado pela nossa indústria cultural. Não existe mesmo!!!", dispara ela que é contra o casamento fechado, mas também contra a separação, pois no seu entender, a dor da separação é forte demais, e só perde para o da mãe que perde um filho. Num mundo utópico, seu ideal seria o de acumular pessoas, várias paixões superpostas. E é de dentro desta cabeça tão aberta e instigante que saem delícias musicais desde o seu primeiro LP, de 1979, como a inenarrável *Fulano, Sicrano e Beltrano*.

Uma mulher com pecados
Habilmente dividida
Três homens no meu caminho
Três caminhos sem saída
O Fulano é meu amigo
O Beltrano é meu marido
O Sicrano é meu amor
E a briga cá comigo...
Eu é que sei

Os fulanos, sicranos e beltranos voltariam à sua poesia seis anos depois como personagens pulando a cerca de seu sonho, como carneirinhos, numa verdadeira fantasia sexual às avessas. Dessa vez, a pedrada é *Os amores que eu não tive*. "Os amores que eu não tive/ Estão me atormentando agora/ Como eu fui perder Fulano?/ Por que Beltrano foi embora?/ (...) Os amores que eu não tive ainda estão mandando flores/ Flores que eu não sinto o cheiro na ausência desses amores/ Cada um fez o que quis de sua vida e agora?"

"Esta é uma canção muito sensual. Na verdade, sempre fui deixada nas minhas relações. Jamais tomei a decisão de terminar um relacionamento. Por isso, fiz essa canção. Por que todos eles não poderiam ainda estar comigo?", pergunta. "O que muito antigamente era remédio para a agressividade da humanidade, para o sentido de poder das comunidades, o casamento monogâmico virou hoje o veneno maior que há para as relações amorosas", diz Fátima, que se diverte quando as temáticas libertárias de suas canções chegam a ouvidos indefesos. "Quando as pessoas se vêem assim meio desconfortáveis com minhas propostas, se viram para o lado monogâmico para se assegurar de alguma coisa. Tipo assim: 'A minha mulher ninguém tasca.' É uma insegurança tremenda que as pessoas têm ao ouvir essas possibilidades, pois são obrigadas a pensar numa mudança; e isso as incomoda", ri a autora de incontáveis canções sobre este tema, como a recente *Tanto nó*, cunhada a quatro mãos com Ivan Lins, que diz: "Ser fiel sem motivo/ Num amor exclusivo/ Falsa paz/ Minha vida e alegria via ralo da pia, nunca mais!"

Curioso é que Fátima não é conhecida por essas e por outras músicas mais libertárias e sim por suas canções de dor-de-cotovelo à la Dolores Duran, tipo *Eu te odeio*, *Absinto*, *Desacostumei de carinho* e *Faca*. Confessional, ela diz que sempre atraiu muito os homens casados e sofreu bastante por causa disso. "Todas as pessoas boas, atraentes e gentis que conheci eram casadas. Sofri muito nesse tipo de relação. Fiz muitas das minhas canções para falar desse sofrimento. Curiosamente, esse sofrimento encontra mais eco nas pessoas do que essas novas propostas mais libertárias que eu trago. Ainda que a nova proposta seja mais feliz, mais aberta, progressista, as pessoas gostam muito de ouvir essa dor-de-cotovelo que eu tinha. Felizmente, agora, eu não sofro tanto dessa maneira, o que me ajuda a pensar em novas formas de me relacionar", esclarece a dona de uma obra que é um tapa na cara dos moralistas. O que salta aos olhos é como ninguém regravou músicas tão interessantes como essas. Mas ainda está em tempo...

Também sobre esse tema dos parceiros/amantes sobrepostos, Cássia Eller (1992) e Luiza Possi (2004) gravaram a música *Aquele grandão*, de Mário Manga em parceria com — outra mulher — Leda Pasta. Trata-se de uma canção a respeito de um terceiro que pintou no meio da relação entre um homem e uma mulher.

Não quero briga, não quero choro
Não me leve a mal não
É que hoje eu menti pra você quando eu disse
Que fiquei em casa, não fiquei não!
Eu saí com aquele menino, sabe
Aquele lindo, aquele grandão
(...) Não quero briga, não quero choro
Eu não quero você longe não
Quem sabe ficando junto a gente encontra uma solução
Eu, você e aquele menino...

Infelizmente, é outra dessas canções libertárias que não fizeram sucesso nenhum. Mas a idéia era ótima, saindo daqueles eternos dramas da "traição".

A grande novidade que pode até chocar parte dos leitores deste livro é o fato desses pensamentos avançados partirem de mulheres compositoras, como Paula Toller e Fátima Guedes, ou constar no repertório de intérpretes como Cássia e Luiza... Sim, porque os homens sempre tiveram a fantasia de serem sultões num harém, jamais o contrário. Isto está presente em vários gêneros musicais, desde as nossas primeiras gravações. Do divertidíssimo samba de 1949, *Oito mulheres* (de José Batista, mas atribuído a Geraldo Pereira) ("Pode falar meu bem/ Pode chorar se quiser/ O homem não pode viver somente pra uma mulher/ Uma é pra dentro de casa/ Outra é pro meio da rua/ Uma é pra dia de sol/ A outra é pra noite de lua/ Uma é para o pensamento/ Outra é para o coração/ Uma é mulher de verdade/ A outra é a inspiração"), até o recente forró de tempero sertanejo *Sete dias* (Dermes/ Eder Jr./ Lucas Paragon), gravado pela dupla Gian & Giovani em 2000, que diz: "Sete dias na semana/ Todo dia um cafuné/ Sete dias na semana/ cada dia uma mulher." Como já dizia Carmen Costa no capítulo 2, o homem pode tudo...

Vamos em frente. Um letrista que nunca abriu mão de temas libertários foi Antonio Cicero, que com a irmã Marina (Lima) criou uma obra bastante contundente em questões de amor e sexo, especialmente nos anos 80. Eles falaram com naturalidade de temas como o sexo casual, presente em *Bobagens, meu filho, bobagens*, gravada por Caetano em 83. "Então vem, porque nós dois estamos só de passagem/ Pelas cidades deste mundo/ Então vem, vem e me ama/ Por uns momentos profundos/ E o resto? Bobagens, meu filho, bobagens." Repudiaram a caretice "heterossexista" em diversas canções, como *Nosso estilo* ("A nossa lei não é a lei dos outros/ Pra nós o mundo tá lento demais/ E esses caretas ficam mais e mais banais"), falaram de prazer e sexo sem culpas em sucessos como *Fullgás* ("Pois tendo você, meu brinquedo, nada machuca nem cansa"), na já mencionada *Difícil (O sexo é bom)* ("Nem interessa se eu recomendaria/ É tão depressa/ Nem quero pensar quando a picada vem/ Mas paixão e gozo, isso vicia/ Aí, garota, eu gosto assim!"), além de outras já vistas no capítulo anterior, das canções de inspiração homoerótica.

Cicero frisa que sua obra com Marina não tinha espaço para meias-verdades, era tudo muito natural, fruto da própria vivência da dupla. "Tudo o que fiz foi intencional. Não houve qualquer tipo de censura, nem, muito menos, de autocensura. (...) Essas canções refletiam de algum modo a nossa experiência, e a homossexualidade está presente nelas porque fazia parte dessa experiência, e não porque quiséssemos fazer propaganda de um estilo de vida. Mesmo quando usei a palavra 'gay', usei-a para valorizá-la, contra um uso careta, e isso ocorreu mais como uma reação emocional a coisas que eu tinha presenciado do que como militância gay", diz Cicero.

Sua proposta de liberdade era tanta que gerou uma discussão com sua irmã numa das primeiras composições da dupla, *Transas de amor*, gravada por ela em seu primeiro LP, de 79, e que chegou a fazer algum sucesso. A canção tinha um verso polêmico que Cicero por pouco não deixou de fora, temendo uma visão estreita do que ele pensava ser o sexo.

Mentira dizer que é só transar
Eu sou mais real com seu calor
Os sonhos de quem ama não cabem só na cama
Ninguém transa só por transar
Não é que eu faça drama
Mas não quero que alguém fique com mágoas pra guardar
(...) A vida é sempre nova, não sei você de cor
Mas quero ver seus olhos
Sempre com essa chama de amor
Enquanto for

"Nesta música há um verso que 'escapou da barreira dos meus dentes', como diz Homero, sem que eu me desse conta: É 'ninguém transa só por transar'. Quando eu disse isso, Marina adorou. Mas eu mesmo comecei a achar que era uma bobagem, pois muita gente transava por transar: e por que não? Além disso, a prosódia estava errada. Mas quando quis mudar, Marina, que tinha adorado esse verso, não deixou. Quando a música fez sucesso, fiquei grilado, mas depois esqueci. Afinal, quem é que sabe quanta coisa — quanta fantasia — entra em jogo justamente quando a gente pensa ou diz que vai 'transar só por transar'?", instiga.

Com uma obra tão contundentemente livre nesses aspectos, Cicero não se assusta com a constatação de que a música brasileira ainda insista em temáticas-clichês quando o assunto é amor e sexo. "Claro que isso acontece: é assim que a maior parte das pessoas ainda vê o amor. O sexo é ao mesmo tempo estimulado e reprimido. Afinal, a maior parte das mulheres ainda sonha em resolver a vida com um bom casamento, e a homossexualidade continua tabu para a maior parte das pessoas. Dá nisso!", desabafa.

Alguns meses depois de dar este depoimento para este livro, em 2006, Cicero lançava pela voz da irmã outra de suas tiradas impagáveis em forma de versos cantados. Era *Anna Bella,* inspirada na artista plástica Anna Bella Geiger, que levantava uma questão muito pertinente: se os homens — gays ou heteros — podem ter um local para se desafogarem, na hora em que os hormônios lhes sobem à cabeça, por que o mesmo não pode ocorrer com as mulheres?

Eu vi no mapa do mundo
Que Anna Bella desenhou
Que a região do desejo
Não é exatamente a do amor
Já que é assim me pergunto
Uma coisa que pensei
Por que as mulheres também
Não podem ter a sua sauna gay?

Outra que sempre primou pelas mensagens arejadas é Ângela Ro Ro. Libertária e autocrítica, ousou esfregar na nossa cara algumas verdades sobre relacionamentos e auto-estima. Logo no primeiro LP, de 79, escreveu com o amigo Sérgio Bandeyra: "Todo amor que eu amei/ No fundo eu dediquei/ A mim e a mais ninguém." Em parceria com Ana Terra, fez o blue *Amor, meu grande amor*, desejando que este tão sonhado amor, ao vir, "só dure o tempo que mereça", diferente do blá-blá-blá do "amor eterno". Depois, em 80, escreveu *Bobagem,* que de "bobagem" não tinha nada: "Antes de lhe amar/ Devo me amar/ Não foi amor que eu lhe dei/ O amor não foi feito pra aprisionar/ Foi feito pra libertar." Na mesma época, deu uma de cafajeste numa trepada, confessando com todas as letras: "Sem a mínima vergonha/ Ponho a fronha no teu rosto/ E vou me amar" — versos que nenhuma outra mulher na MPB teria coragem de escrever, nem que fosse só mera provocação... Mas, vamos e venhamos: quem nunca fez isso (ou não pensou em fazê-lo) uma única vez na vida?

Mas Ângela foi muito além: ousou ainda mandar mensagens diretas contra os que não compreendem o amor homossexual, como em *Karma secular* — lançada em 85 pela veterana Lana Bittencourt: "O que devora o desejo não tem fome/ É tão cruel o jejum mulher e homem/ Entregar, alargar essa fonte de dar prazer/ De dar amor, de ter." E quem mais conseguiria mesclar amor, tesão, humor, sensualidade e "ativismo ecológico" numa letra de bolero? *Nosso amor ao armagedon* (1993) fala de uma cena felliniana de amor no fim dos tempos, ou, como ela mesma define, "uma visão supra-real, fútil e leviana do Apocalispe". Ro Ro imaginou como cenário um planeta destruído pelas ondas de radiação e calculou o óbvio: sem vida, sem Terra, não poderíamos fazer uma das melhores coisas da existência: o sexo.

Desperdício não ter tempo pra todo vício
Nem ter ar para arfar e gozar
(...) Meu bombom, num encontro ao Armagedon
Não precisa usar batom
Venha como estiver
Queimadinha de radioatividade!

É claro que a faceta mais popular de sua obra é mesmo a das canções românticas, várias delas de dor de amor. Ângela arrisca um palpite sobre o porquê da obsessão do amor mal resolvido na obra de autores de várias épocas da música brasileira, e porque esse tipo de tema ainda faz tanto sucesso até hoje, inclusive em seu repertório. "Na primeira época do samba, da modinha e da valsa, havia a tristeza profunda da gramática correta. Letras que não pecavam no português. Havia a elegância gramatical que caía na tristeza e tratava de valores nas relações humanas como dignos, divinos, superiores. Falavam da pureza do amor em canções mais arrojadas ou mais bregas da época, como aquelas do Vicente Celestino. Era uma influência do final do Romantismo não só na música popular do Brasil, como na de todo o mundo. Com a comercialização, o dinheiro, a crescente popularização do rádio e do disco, fez-se uma oportunidade para as pessoas mostrarem com mais naturalidade seus sentimentos amorosos.

"Infelizmente, o ser humano tem uma tendência de cultivar mais os fracassos que as vitórias, porque o mundo faz você ser assim. As nossas vitórias a gente prefere mantê-las caladas, senão acabam virando outras coisas... É muito estranho! Então veio aquela fase do samba-canção, com letras modernas do Antonio Maria, aquelas gravações da Nora Ney, uma tristeza elegante, que passou com grife à bossa nova, e veio parar destilada em diversos tipos de garrafas — de água mineral à cicuta na MPB mais contemporânea (risos) —, em compositores e intérpretes de verve passional, como eu", diz a autora de *Fogueira* e *Gota de sangue*. Entretanto, apesar da banalização e dos clichês encontrados em grande parte das canções românticas atuais, ela se considera uma das guardiãs da poesia e do humor. "Para ser passional, confessional, bom autor, é preciso transar de uma maneira legal com a tua dor, e para isso há que se ter humor." E manda um recado: "Enquanto o público quiser músicas e letras libertárias, confessionais e de boa qualidade, pode contar comigo."

Tudo bem, as fossas ainda continuam fazendo a cabeça da maioria da população que consome freneticamente as canções choradas de nossos ídolos populares, sejam eles chiques ou bregas. Mas, apesar da obsessão da propaganda do "amor romântico", do mito da traição, da monogamia, do ciúme e da posse em relação ao ser amado, as canções de dor-de-cotovelo de hoje, vira e mexe, ao menos trazem um diferencial em relação às do passado. Com a palavra Paulo Sérgio Valle — que além das pepitas modernas que sempre escreve com o irmão Marcos, também fez muitas canções mais comerciais, super-românticas, inclusive com outros parceiros, gravadas por Ara Ketu (*Amantes*), Robinson, o Anjo (*Contrato assinado*), Chitãozinho & Xororó (*Evidências*; *Um, dois, três*), Roberto Carlos (*Momentos tão bonitos*), Negritude Júnior (*Não vou negar*; *Vê se volta pra mim*), Tim Maia (*Paixão antiga*) e Alcione (*Você me vira a cabeça*).

"Com essa mudança da mulher na sociedade nos últimos anos, quem mais mudou foi o homem. Antigamente, se ela fosse embora ou se transasse com outro, ele já ameaçava bater nela ou coisa pior, é como se sua dignidade, sua honra fosse embora. Hoje já vejo o homem contemporizar. Muitas vezes ele perdoa, sabe que a mulher fez aquilo e continua a viver com ela. Já é possível a gente ouvir em músicas cantadas por homens frases como 'Você foi embora, com outro, mas fico esperando você voltar, pois não consigo amar outra mulher'. O que mais dá Ibope ainda na música romântica mais comercial são aquelas histórias em que a pessoa foi traída, enganada. Mas hoje há um jargão que usamos de que não se deve fechar a porta, lá no fundo tem de haver sempre uma possibilidade de volta", conta Valle.

Falando na mulher, depois da revolução feminista na MPB setentista e da leveza ao encarar sua própria sensualidade nos anos 80, como ela anda sendo tratada em nossa música? Neste caso, vale a pena dar uma olhada no repertório de Alcione, que é bem representativo, haja vista o sucesso que vem fazendo com canções românticas de forte apelo sexual, com direito a cenas de cama, falando do desejo "animal", carnal, enfim, de um conteúdo sexual bem contundente, sempre numa perspectiva feminina — ainda que quase todas essas músicas sejam assinadas por homens. O interessante é que tais canções ora discorrem sobre a mulher (ainda) submissa ao seu homem ou, ao contrário, sobre a que não se rebaixa de jeito nenhum. O resultado é que a Marrom vem emplacando um hit atrás do outro, encarnando ambos os tipos de mulher.

No primeiro caso, estão as canções que vieram na esteira de seu maior sucesso romântico, *Nem morta*, de 85 ("Eu só faço o que mandas pelo amor que é cego que me castra e domina"). São pérolas machistas de Sullivan e Massadas, como *Estranha loucura*, de 87 ("Minha estranha loucura é (...) assumir o papel de culpada, bandida/ Ver você me humilhar/ E eu num canto qualquer/ Dependente total do teu jeito de ser/ Minha estranha loucura é tentar descobrir que o melhor é você"). Também gravou músicas da mulher que se sujeita a ser a outra, mas queria ser a oficial (*Ou ela ou eu* e *A outra*) e, recentemente, estourou com algumas outras sobre o famoso "amor de pica". Quer dizer, o cara maltrata a coitada até dizer chega, mas quando aparece, ela sucumbe a tudo e fica sem forças para viver sem "ele". É o caso de seus grandes sucessos recentes: *Você me vira a cabeça*, de Chico Roque e Paulo Sérgio Valle ("Por que você não diz que não me quer mais/ Por que não deixa livre o meu coração? / Mas tem que me prender/ Tem que seduzir/ Só pra me deixar/ Louca por você/ Só pra ter alguém/ Que vive sempre ao seu dispor/ Por um segundo de amor") e da mais terrível de todas, *Queda de braço*, de Altay Velloso:

Erraste comigo, mas deixa pra lá
Se eu gosto do teu jeito de se entregar
Não vejo outro jeito a não ser te aturar
"Faça o que eu mando, não faça o que eu faço"
Você sempre diz
É queda de braço, mas eu sou feliz
Com os outros eu fiz tudo o que eu quis fazer
Mas meu desejo prefere você
Eu perco espaço, mas ganho prazer!

Por outro lado, a Marrom também prestigiou o grupo das mulheres de fibra, que não se deixam fazer de capacho, em números como *A mulher ideal* ("Eu sou aquilo que sou/ E se quiser me mudar/ Você vai se arrepender, pois foi assim que gostou/ Foi desse jeito que amou/ Além do bem e do mal/ Sou a mulher ideal"). Ela ainda exigiu um ânimo a mais do amado em *Faz uma loucura por mim*, de Chico Roque e Sérgio Caetano (que traz de lambuja um trocadilho deliciosamente infame nos versos "Só assim eu acredito nessa história/ Que você sentiu saudade de *me ter*"). Ops!!! Mas nada do que você viu até agora se compara à desafiadora *A loba* (Paulinho Resende/ Julinho Pereira), gravação ao vivo que se manteve por mais de um ano nas FMs brasileiras a partir de 2002. Falava de uma mulher que não tolerava "pulada de cerca" do homem, exigindo direitos iguais na relação. Já era um começo. "Sou doce, dengosa, polida, fiel como um cão/ Sou capaz de te dar minha vida/ Mas olha não pise na bola/ Se pular a cerca, eu detono, comigo não rola", argumentava e seguia a divulgar a cartilha da "loba"...

Adoro sua mão atrevida
Seu toque, seu simples olhar já me deixa despida
Mas saiba que eu não sou boba
Debaixo da pele de gata, eu escondo uma loba
Quando estou amando sou mulher de um homem só
Desço do meu salto, faço o que te der prazer
Mas oh! meu rei, a minha lei você tem que saber
Sou mulher de te deixar se você me trair
E arranjar um novo amor só pra me distrair
(...) Eu não como na mão de quem brinca com
a minha emoção!
(...) Não divido você com ninguém, não nasci pra
viver num harém!
Não me deixe saber ou será bem melhor pra você
me esquecer

Diante dessas duas personagens principais, tão marcantes de seu cancioneiro — a mulher "de fibra" e a submissa-louca, de que lado a Marrom está, afinal? Ela diz se identificar muito com *A loba*. "Sou assim e não abro mão. Não me sacaneia, senão o bicho vai pegar", ri. A Marrom acha que o sucesso estrondoso de *A loba* aconteceu porque já existem por aí muitas mulheres como ela. "O homem gosta da mulher fiel, dessa mulher resolvida e honesta. E esse tipo de mulher pode pegar pesado com ele, porque no fundo ele a respeita. E esse tipo de mulher existe mesmo! Tem homem que tem duas, três na rua, mas quando 'a loba' chega, acabou! Ele tem pavor de arrumar confusão com esse tipo de mulher e faz bonitinho o que ela quer. E realmente cantar uma letra como essa há alguns anos seria inviável. Assim como a da *Mulher ideal*, que diz 'se quiser me mudar, vai se arrepender'. É uma petulância", analisa a Marrom, afirmando que embora a maioria de seu público seja de mulheres, os homens também gostam muito dessas músicas.

Sobre as canções de mulher conformada, submissa, a Marrom diz que as inclui no repertório porque ainda existem muitas mulheres assim, que são uma realidade e as pessoas se identificam com essas canções. "Com essas músicas, eu lembro a pessoa que até teve esse tipo de relação mas se arrependeu, a que ainda passa por isso e a que pode ser que amanhã, se pensar um pouquinho, passe a ser uma 'loba'. Não canto com a intenção de influenciar ninguém, canto porque tem gente que gosta e porque tem gente que não quer mais ser assim", explica, deixando bem claro que em relação a um de seus mais recentes sucessos, *Queda de braço*, ela não tem nada a ver com essa mulher. "Eu perco o espaço e perco meu prazer também", ri a cantora, mais "loba" do que nunca.

O fato de o público se identificar tanto com esses dois tipos de mulher sinaliza que em nossa sociedade ambos são bastante reais em nosso dia-a-dia. Mas não são os únicos. No repertório de algumas intérpretes mais jovens, em músicas de apelo adolescente, de vez em quando aparece uma postura feminina mais ousada, mostrando que algumas delas já apresentam uma personalidade sexual mais agressiva. Tudo bem, muitas vezes tal tipo de postura aparece empurrada pela indústria do disco, disposta a investir, em ninfetinhas gostosinhas como cantoras, munidas de um repertório rico em "erotismo engajado". Mas se aconteceu, é porque de alguma forma a sociedade estava pronta para absorvê-lo. Pois bem, uma dessas ninfetas, Kelly Key, foi uma das agraciadas com boas vendas e repertório eventualmente surpreendente para o gênero. Eis que ela, aos 19 anos, chegou ao sucesso em 2000 com a indescritível *Baba (baby)* (dela com Andinho, por sinal um autor também de letras de funk). Era um popzinho dançante com um balanço funkeado à moda antiga, contando a história de uma garota pré-adolescente que levou uma esnobada de um homem mais velho e agora que ela cresceu e o cara lhe dá bola, quem não quer mais nada agora é ela, que tal?

Não vou acreditar nesse falso amor,
Que só quer me iludir me enganar, isso é caô!
E pra não dizer que eu sou ruim,
Vou deixar você me olhar
Baby, baba, baba, baby!

Olha o que perdeu,
Baba, a criança cresceu,
Bem feito pra você, éhh!!! Agora eu sou mais eu
Isso é prá você aprender a nunca mais me esnobar

Trash, mas ninguém tinha tido essa idéia antes de falar da atração infantil pelo adulto, afinal, nada pode ser mais delicado de se lidar do que os temas da atração sexual na infância e na velhice. Tabu é pouco. Mas Kelly não ficou por aí. Em *Reza pra eu não te pegar* (Andinho/ Juliana Passarelo), de 2003, apesar de apostar ainda no mito da fidelidade, a mulher aparece impondo sua personalidade ao sujeito. Alcione não seria mais contundente, pois se trata praticamente uma "Loba" juvenil: "Eu me viro do avesso se gosto de alguém/ Mas já pensou se eu te pego/ Bem na hora H/ Eu não sei o que faço/ Reza pra eu não pegar." Já *Escondido* (outra de Andinho) começa versando sobre uma situação sempre atual, a de namorar escondido dos pais: "A gente sai humm/ A gente sai escondido/ Pra beijar na boca e fazer amor", para depois falar da angústia de um pai ciumento: "Meu pai quer me proibir/ Qual é, coroa? Vai me dizer que o senhor nunca... huumm?/ (...) Tudo bem, meu gato quer o motel/ Mas quem vai me levar pro altar também vai me levar pro céu." Que diferença da época de Celly Campello e Wanderléa...

Agora, surpreendente mesmo é *Só quero ficar*, do mesmo autor, que fala da mulher que não quer homem no seu pé, porque quer trabalhar e não ficar na dependência econômico-afetiva do marido. "Só quero ficar/ Não quero namorar... Assim não tem graça de se viver/ Aonde eu vou você quer ir atrás/ (...) Eu vou trabalhar/ Me dedicar aos estudos/ Me estabilizar/ Ter meu lugar no mundo/ Ser independente financeiramente/ Pra não ter que bater/ Na porta de parentes... Não é por nada não/ Eu não quero depender de você amor/ Eu não quero depender de ninguém/ Já pensou jogar na minha cara/ Que é isso amigo? Não aceito isso não/ Prefiro preparar meu coração/ Contra toda ilusão/ Batalhar meu futuro/ Dentro da minha razão/ Sem ter que dar satisfação/ Eu vou curtir minha vida/ Me prender a alguém?/ Quem sabe depois dos trinta/ Por enquanto não/ Ainda não tá na hora/ Casamento no, no!/ Casamento, tô fora...", diz a letra. Agora, respondam, que outro artista da MPB jovem fez e cantou uma música a esse respeito nos últimos anos?

Outra polêmica que envolveu Kelly com seu ex-marido, o indescritível cantor-galã Latino, promoveu uma lavação de roupa suja estimulada pela imprensa — ainda que breve, porém muito engraçada. O que ela cantava? O *Cachorrinho*! "Mas sem mim você não vive/ Sem meus cuidados, amor/ Fala baixinho comigo/ A sua dona chegou!", gemia ela em compasso dançante sobre as bases do DJ Cuca, enquanto com voz doce dava ordens a seu amado, tipo "sit!", "junto!". "Kelly Key é melhor quando é péssima", escreveu com toda razão Bernardo Araújo, encerrando a elogiosa crítica ao seu CD de estréia no jornal *O Globo*, em maio de 2002.

Mas em termos de músicas sobre a mulher, ninguém transgrediu mais intensamente no início do novo milênio que a musa do funk carioca, Tati Quebra-Barraco. Ela foi possivelmente a primeira a brincar com as armas machistas sempre usadas em relação às mulheres na música nacional, chamando os homens na chincha a fim de que realizassem seus desejos mais secretos, como fica claro em sua montagem *Tchutchuco*, de 2001: "Tira a camisa/ Bota, tira, entra e sai/ Tchutcuco vem aqui com sua tigresa/ Vou te botar na mesa/ Pra chupar minha.../ Mulatinho até gosta/ Tu sabe como é/ Mas se eu pago o hotel/ Eles *faz* o que eu quiser!"

Ela paga o hotel e exige tratamento vip, que tal? Pornografia à parte, é a primeira vez na história da música brasileira que a mulher tem tamanha audácia. Pode até ser o machismo às avessas, mas não deixa de ser curioso. Assim como quando ela zomba do pau pequeno do cara (a já mencionada anteriormente, montagem *Palmolão*), quando diz que o cara é metido e na hora H nega fogo (*Vou botar você na pista*), ou quando ele não é tão bom quanto apregoava (*Marra de Sansão*), não há como não sentir nisso uma pequena revolução feminista — mesmo sem querer.

Fiquei três meses sem quebrar o meu barraco
Sou feia, mas tô na moda!

Tô podendo pagar o hotel pros home
E isso é que mais importante!

"Estava há três meses sem quebrar o barraco [transar], sem namorar, e estava ficando maluca. Então comecei a cantar tudo que me vinha à cabeça pra desabafar", revelou como começou sua carreira nossa mais famosa funkeira, pouco antes de pisar num palco da zona sul carioca, em 2005. Tati teve a ajuda do irmão, Márcio, para compor seu hilário (e contundente) repertório. É ele mesmo quem analisa a "agressividade" das letras ditas pela irmã. "Todo mundo acha que a Tati xinga muito, mas não é xingar por xingar. Às vezes o homem ofende a mulher na música e ninguém critica. Mas é porque ninguém respondeu a ele. As mulheres tinham que ouvir e ficar quietas. Aí eu falei para a Tati: 'Então vamos lá, você vai fazer as músicas escrachando mesmo os homens. Vai falar o que você pensa e eu vou escrever isso.' Tudo o que eu não gostava que uma mulher dissesse para mim eu escrevi para ela dizer para todo mundo."[6]

A cantora pop Fernanda Abreu sai em defesa desse repertório de Tati, que traz um tipo de mulher mais escrachada e que não tem medo de dizer suas vontades na cama, e que já influenciou por sua vez outras artistas do gênero. "As pessoas acham que a Tati está falando de sexo de uma maneira masculina, porque ela está falando como os homens falam das mulheres. Mas isso é o que os homens acham que as mulheres deveriam falar — de uma forma submissa, subliminar e carinhosa, de uma forma mais light... Mas quem disse que é assim? Na cama as mulheres não são submissas nem light. Então por isso é que incomoda tanto as pessoas o fato de ela falar que não gosta de pau pequeno. É um troço muito corajoso e libertário para essas meninas. Não acho que é nada desse negócio de estar denegrindo a imagem da mulher. Na verdade, o que querem é deslocar aquela música do baile funk para dentro da universidade e tentar ler como um Chico Buarque, um João Gilberto... é outra poesia, outra dinâmica, outro português, outra gíria, outro sentimento, outra realidade."[7]

Silvio Essinger, jornalista que escreveu um verdadeiro tratado sobre o funk, acredita tratar-se do gênero mais fervilhante atualmente em termos de letras, na MPB. Inclusive em termos de transgressões. "Ele é dinâmico e não necessita da força da indústria fonográfica, ou tanto de rádio. E sua velocidade de evolução e aprimoramento vem sendo bastante rápida", diz. Ele crê que o funk quebrou alguns tabus e continua a derrubá-los. No caso de assuntos "femininos", também. "A Tati, por exemplo, quebra o tabu da visão romântica que se tem da mulher. Que o amor para elas vêm sempre antes do sexo, que releva a competência do homem na cama em detrimento do amor. E também quebra o paradigma de que se a mulher for escrachada, perde sua feminilidade. Suas músicas, bem como de outras funkeiras, são muito sensuais", acredita.

Talvez o sucesso de Tati tenha despertado em outras funkeiras a vontade de botar para fora suas aspirações em relação a amor e sexo, superando o machismo que ainda reina vez por outra nas letras de funk. "É um fenômeno pós-Tati. O grupo Gaiola das Popozudas, Deize Tigrona e outras cantam músicas sob a ótica feminista. E há agora a dupla Kátia e Nem, que encarnam a figura da fiel (Kátia) e da amante (Nem), cada uma expondo seu ponto de vista. Pode ser que um dia tudo isso chegue a um equilíbrio", sinaliza. O jornalista concorda que ainda existem alguns funks que tratam a mulher como objeto, e que os funkeiros em geral vivem em suas letras uma verdadeira aeróbica sexual, nem sempre próxima da realidade. "O conhecimento do sexo está muito além do que essas letras dizem. Mas pelo menos elas tratam de uma forma mais realista as práticas sexuais que já se conhece, ainda que com uma bravata sexual adolescente."

Em outras palavras, esse caldeirão hormonal adolescente que prevalece na fase atual do funk tem produzido músicas politicamente incorretas e bastante gaiatas cunhadas pelos garotos, mas que já não passam incólumes pelo crivo das garotas como em outros tempos. Ou seja, o cara faz uma música e logo a seguir vem uma resposta de uma funkeira e vice-versa, no melhor estilo da polêmica de Noel Rosa e Wilson Batista, que se acusavam mutuamente no meio de seus sambas. Uma das mais curiosas é *O lanchinho da madrugada*, do Bonde dos Magrinhos, grupo que em 2005 era formado por Ricardo, Júlio César (ambos de 19 anos) e Renato (de 17), adolescentes da comunidade de Itambé, no bairro de Ramos, bem em frente à avenida Brasil e às favelas do Complexo da Maré. Sob uma base musical simples (que eventualmente pode ser emprestada de *When*

Doves Cry, do Prince), o MC Ricardo fala sem papas na língua das noites que deixa a "mina de fé" (vulga "fiel") em casa, dormindo no sofá, e vai para o baile funk para "pegar" outras garotas: "A minha mina está em casa /Tá dormindo no sofá /Enquanto eu tô no baile /Preparado pra zoar/ Tô pegando as mulé / Que pensa que é minha mina/ Só pego naquela noite /Pra 'fortalecer' no dia/ Não compara com a 'de fé' /Tu é lanchinho da madrugada."[8]

A resposta do lanchinho logo apareceu. Veio pela voz da MC Valeska, da Gaiola das Popozudas: "A sua mina está em casa /Com o amante no sofá/ E você vem pro baile / Pra querer nos esculachar/ Vem andando cheio de marra/ Pensando que é bam bam bam/ E lá na sua casa /Tem festa até de manhã/ Vem pro baile, seu otário/ Pensando que é garanhão/ Enquanto na sua casa /Sua mulher tá com o negão/ É claro que a sua mina não vai ligar pra nada/ Você está lanchando e ela está sendo lanchada!"[9] Uma dupla de repentistas não faria melhor.

Outro tema explosivo da sociedade atual, sempre tratado de forma mais mal-humorada no nosso passado da MPB, tomou outro rumo no funk. Estou falando do mito da fidelidade. As MCs Kátia e Nem, reveladas em 2005, não formam uma dupla; são, sim, duas artistas independentes do funk que defendem cada qual a sua bandeira em meio ao movediço terreno da "traição". Kátia (29 anos, casada e com uma filha de 14, natural da comunidade do Jacaré) encarna em suas letras as virtudes das esposas e Nem (19 anos, solteira, ou melhor, noiva, egressa de Manguinhos), as das amantes. Alguns podem dizer que se trata de armação de empresário, pois o sujeito que compôs alguns dos seus sucessos é o empresário das duas que atende pelo inenarrável nome de Paulinho Nós na Fita. Acontece que — armação ou não — a coisa pegou. E se pegou, é porque o tema é quente e muita gente se identifica com ele. Então não há problema maior. Vejamos a ótica da casada em *O marido é meu*, defendida pela MC Kátia:

Ó, pras amantes eu mando assim, ó
O marido é meu
Quando você tiver disposição tu vai encontrar o teu
Quando tu encontrar o seu, todo mundo vai querer...

Agora, a posição da amante da MC Nem, com *Mulher-marmita*:

Sai mulher marmita, tu esquenta a gente frita!
Tu esquenta sua cabeça pra falar que é fiel
Enquanto você esquenta ele me leva até o céu
E se marcar eu beijo mesmo, não deu conta eu beijo mesmo!
Tu tá marcando eu tô beijando
Vou te dar um papo reto, é melhor ficar ligada
Não deu conta do marido, vai rolar a cachorrada!

O engraçado é que eventualmente as duas se encontram num duelo — no melhor estilo dos repentistas ou dos pagodeiros no partido alto —, cada uma defendendo seu ponto de vista, como ocorre em *Desafio*:

K — Se liga safadona no que eu vou te falar/ Contigo é só cachorrada, comigo é pra casar!

N — Sou safada, sou cachorra e também sou sem-vergonha/ Mas ele te deixa em casa e me leva pro "Verona"

K — Ô amante cheia de marra, vê se pára de gracinha/ Ele jamais te faz mulher, ele te faz é de quentinha

N — Eu não quero nem saber se você é a de fé/ É a mim que ele procura, ele não larga do meu pé

Se para muitos essa maneira de expor o tesão utilizada nos funks é bastante vulgar, vale dizer que muito compositor da MPB mais tradicional adoraria poder ter essa cara-de-pau, mas por uma questão de valores, educação e formação cultural, não dão a cara para bater e acabam sofisticando um pouco mais seus desejos mais profundos. O letrista Paulo Sérgio Valle diz que não é fácil traduzir o tesão e falar de certas peculiaridades sobre sexo nas letras. Para começar, ele diz que há pouco vocabulário de tesão da língua portuguesa no limite do bom gosto. E, além disso, os próprios intérpretes rejeitam certos temas mais cabeludos. "Esse é um dos maiores problemas do letrista brasileiro: nosso vocabulário para músicas nesse aspecto, sem cair na vulgaridade, é reduzido. Existe uma repetição de palavras, e quando ousamos botar uma outra palavra mais pesada, a letra acaba sendo rejeitada pelos intérpretes ou pelos produtores. Até mesmo quando fazemos uma letra falando do amor homossexual de forma mais direta e sensual ninguém quer gravar. Em poesia, a coisa pode ser mais desenvolvida de outras formas, mas a letra de música tem que ser direta, com uma mensagem mais clara para chegar às pessoas. Mas há essas limitações que dificultam nosso trabalho", diz.

Um autor que vira e mexe consegue burlar essa mesmice, com soluções interessantes em suas letras é Caetano Veloso. Quase 40 anos depois de ter bradado o grito "É proibido proibir" ressurge em seu CD "Cê", de 2006, ousado como sempre, desta vez com metáforas sexuais e comentários sagazes a respeito do tema deste livro. Pouco romance e muito sexo dito de maneira contundente em letras incomuns na MPB, muito bem sacadas e adultas, como as do rock *Outro*: "Você nem vai me reconhecer/ Quando eu passar por você/ De cara alegre e cruel/ Feliz e mau como um pau duro". No mesmo álbum, a canção *Porquê?* é cantada com sotaque português, brincando com a expressão "Estou-me a vir", que significa "estou gozando" na terra de nossos patrícios: "Estou-me a vir/ E tu, como é que te tens por dentro? / Porquê não te vens também?" E na canção *Homem*, diz, com atitude 'rock'n'roll', que não tem inveja de várias características normalmente atribuídas ao caráter feminino — incluindo "fidelidade" e "dissimulação" —, mas confessa que se ressente por não possuir, por exemplo, os orgasmos múltiplos da mulher: "Não tenho inveja da maternidade nem da lactação (...) Não tenho inveja da sagacidade nem da intuição/ Não tenho inveja da fidelidade nem da dissimulação/ Só tenho inveja da longevidade e dos orgasmos múltiplos."

Mas falar de assuntos de sexo com naturalidade e originalidade, sem cair no mau gosto e no vulgar e ainda por cima transgredindo tabus nunca foi fácil na MPB. Erasmo Carlos confessa que, ao longo de seus quase 50 anos de estrada, ele mesmo se tolheu na hora de escrever certas canções. "Existe uma autocensura dos autores, com medo que interpretem como brega certas abordagens românticas. Eu sinto falta, quando faço música, de falar mais abertamente de certas sensações, até de usar palavrões. Porque para se falar de algumas coisas que a gente sente, não existem sinônimos. Isso dificulta até as divisões das músicas, por não ter rimas pra dizer aquilo que a gente quer. No fundo, às vezes, a gente quer dizer 'Quero te foder' ou 'Quero comer você'. Se muda para 'Quero fazer amor com você', o autor já prostitui uma frase. Essa linguagem popular está mais de acordo com a realidade, sem a frescura de bom gosto, dos 'bons costumes' ou da censura, mas se a gente fizer, todo mundo vai cair de pau", diz. Isso é a mais pura verdade. Certas obras de forró, de rock e do funk carioca, por exemplo, estão aí todo dia sendo execradas por um monte de gente justamente por causa de suas letras pornográficas, e não o deixam mentir.

Em contrapartida, Erasmo continua agregando novos temas do gênero à sua vasta obra. Em 2003, em seu CD "Santa música", ele fala da famosa tensão pré-menstrual feminina, vulgo TPM, na canção *Lero lero*: "Vem tocar comigo os sinos da paixão, se não for mal de TPM/ Só pode ser malcriação." "Estudei o assunto pra fazer essa música. Perguntei para as minhas noras como é que era. Aí achei uma ignorância eu estar com 63 anos ainda com dúvidas sobre isso, pois eu já deveria saber a respeito. Quando Nara (minha mulher) era viva, isso não era assim tão esclarecido. A própria mulher não sabia direito as transformações pelas quais seu corpo passava", admite o Tremendão, em 2005.

Outro que também tenta sair dos clichês quando vai escrever sobre temas de tesão e amor é Vitor Martins, que não vê com bons olhos a produção atual da maioria dos novos artistas em voga na MPB. "A música brasileira deu uma retrocedida em termos de letra. As baseadas no rap são maçantes e repetitivas. A eletrônica muitas vezes nem letra tem. Isto sem contar a pouca ousadia na abordagens dos assuntos, inclusive de amor e sexo. Quer ver uma coisa? A palavra 'coração'. Eu a usei em *Velas içadas* e *A noite*. Mas eu vejo todo mundo usando-a demais. Eu evito. Estou escrevendo e às vezes vem a tentação de usá-la aí lembro 'Olha ele chegando aí...' (risos). Aí não uso porque parece apelação. Se tirar 'coração' da música brasileira atual, já se elimina 99% das músicas", diverte-se.

Mais um craque, Aldir Blanc, também está farto da mesmice conservadora que reina na MPB atual em relação a esses assuntos. "Além de caretice, é uma caretice extremamente mal escrita", critica. "É decepcionante, não vou citar nomes. São tantos poetas de vanguarda que saem nos suplementos literários dos jornais, com um currículo de prestação de serviços tão longo, mas que na verdade parecem um adolescente que nem punheteiro é", ri. Ele diz que uma das receitas para ser um bom letrista é a apreciação de detalhes do cotidiano, inclusive em músicas de amor e tesão, uma receita aprendida com o escritor Dalton Trevisan: "O segredo está na bula de remédio, na marca de vacina, nas varizes, no olhar pelo buraco da fechadura", ensina.

Martinho da Vila, grande transgressor no terreno do samba, autor de inúmeras músicas sensuais, sexuais e ousadas de um modo geral, percebe uma superficialidade no ar no momento, mas não se deixa contaminar por ela. Em seu CD "Brasilatinidade", de 2005, compôs dois sambas tocando novamente em temas eróticos de forma muito original. O primeiro deles, *Fetiche*, em parceria com Cláudio Jorge, fala das fantasias sexuais de sua amada: "Ao passar, me fitou com feitiço no olhar/ Eu senti um tremor de desejo e de medo/ Me dando motivo pra fantasiar/ Na bolsa que ela carrega! Deve ter algemas, chicote ou chinela! E a tatuagem completa o fetiche/ Que a correntinha de ouro revela..." Acha que só funkeiro é que pensa nessas coisas? Não, senhor! Martinho pensa também! Que ótimo![10]

O segundo, em parceria com João Donato, é *Suco de maracujá.* Delicioso samba que enumera energéticos que terá de ingerir para acompanhar o pique da amada. Realmente, nossos veteranos autores têm muito a ensinar aos jovens compositores. Inclusive em assuntos de cama. Martinho conta que para casar-se com a sua amada vai ter que se cuidar, contratar um personal trainer para poder lhe "acelerar". E vai ter que rolar também uma "dieta alimentar", com "catuaba no almoço e ostras antes no jantar"...

Quando a gente for deitar
Um bom pó de guaraná

Se a quentura tiver morna
Come um ovo de codorna
E se a noite for infinda
Aí, só pau-de-cabinda
Se ela quiser bis no fim
Pimenta no amendoim
E depois pra me acalmar
Suco de maracujá

Até mesmo autores mais populares como Odair José e Wando, que se esmeravam para criar letras contando histórias interessantes sobre esses assuntos, crêem que a safra atual não é das melhores. "Não tenho visto nada com muita profundidade, com essa busca por uma transgressão. Isso talvez se deva até pela pressa da mídia atual em vender temas mais fáceis", sugere Odair. Wando, por sua vez, também está decepcionado. "Ultimamente tenho ouvido músicas que não me satisfazem. As pessoas falam que lêem muito, não acredito que leiam tanto quanto falam. Estão preguiçosos, estão ouvindo pouco e lendo pouco. As informações que recebem via internet ficam mais nas manchetes. A pessoa lê uma manchete e acha que já sabe de tudo. Isso também faz com que a música vá para esse lado. É como se a pessoa pintasse um quadro superficial sobre o que vê. As letras também estão ficando mais curtas, daqui a pouco só terão 30 segundos", diz Wando, que não está muito longe da verdade. Há, por exemplo, (neo) funks e canções de rock e da música eletrônica em geral que se resumem a um refrão, à repetição exaustiva de batidões sonoros ou de um mesmo verso ou palavra, mas se você espremer o que tem ali, são 15, 20, 30 segundos de material musical ou poético.

Também tentando romper um pouco essa mesmice sobre temas de amor e sexo, Wando compôs, em 2005, uma canção chamada *Cada um na sua...* (casa), que fala de uma forma alternativa de viver a dois (e prolongar o tesão no casamento) que vem sendo adotada por inúmeros casais brasileiros nos últimos anos: o de viver em casas separadas. "Nesta música, o personagem principal é um homem falando da solução dele de ser feliz no amor, a melhor que ele achou foi cada um morar na sua casa", diz ele, afirmando que tem os que amam e os que odeiam esse tipo de assunto que eventualmente propõe em suas músicas. "De acordo com a fase de vida que a pessoa está vivendo, nem sempre ela está disposta a ouvir alternativas como essa. Se está no começo da relação, muito apaixonada, fica com raiva de ouvir coisas assim, mas é a realidade", diz.

Nós somos tão felizes desse jeito
Com certeza nosso amor é maior que qualquer um
Você tem sua casa eu tenho a minha
Nos falamos todos os dias confessando nosso amor
E quando bate uma recaída, vou pra sua companhia
Ou você vem me encontrar
Então o nosso encontro vai pro leito
Nosso amor fica perfeito; dois amantes a sonhar

Wando termina sua canção confessando que prefere o afastamento forçado à rotina desgastante: "Às vezes penso que morando junto/ Resolvemos o nosso assunto/ De não ter que nos deixar/ (...) Eu sei que é loucura/ Viver como amantes/ Sentir tua falta, e ter que esperar/ Mas como é gostoso/ Um fim de semana/ Arder nessa chama/ E muito te amar." De fato, este é um tema pouco presente na MPB. Em 89, ele já havia aparecido muito sutilmente na canção pop *A gente se sabe de cor*, parceria de Guilherme Arantes e Paulinho Lima, gravada pelo primeiro, que fala de um casamento em crise, cuja possibilidade da volta está ligada a um espaço maior para a individualidade de cada um na relação. Em outras palavras, propõe que as pessoas não precisam viver juntas na mesma casa para serem felizes: "Se voltar é só pra namorar/ Mas cada um ter seu lugar/ Um cantinho para um coração/ Que precisa de paz/ Cuidar do nosso amor."

Outro raro avanço que se vê de vez em quando em nossas letras da MPB é o advento do "ficar", sem culpas — que significa beijar uma ou mais bocas durante uma noite, sem compromisso, podendo ou não rolar uma transa. Quer dizer, traduz a vontade de ter a pessoa por alguns momentos, por uma noite, mas não a ponto de namorar, noivar ou casar. "Uma das poucas coisas que evoluíram na sociedade brasileira (nesse plano sexual) é a história do ficar, que não existe em outro lugar do mundo como aqui. Você ver jovens adolescentes com intimidades sexuais sem compromisso, sem namoro e sem grana no meio. É a primeira coisa que acontece em muitos e muitos anos que tem um potencial de melhorar os futuros relacionamentos entre as pessoas. Antigamente, os homens e mulheres chegavam à maioridade sem ser amigos, sem viajar juntos e sem ninguém transar com ninguém", analisa Flávio Gikovate.

Essas novidades entraram em dois grandes sucessos recentes: um dos anos 90 e um do começo dos anos 2000. Estão sutilmente no refrão da dançante *Garota nacional*, do grupo mineiro Skank ("Ôôôô/ Eu quero te provar/ Sem medo e sem amor/ Quero te provar"), sucesso de 1996, deixando bem claro que o cara está a fim de sexo e não de levar a guria para o altar. E são bem mais escancaradas na segunda, *Já sei namorar*, sucesso dos Tribalistas (Marisa Monte, Arnaldo Antunes e Carlinhos Brown), em 2002. Eles fizeram estrondoso sucesso com seu CD único, cujo primeiro hit instantâneo foi esta música que falava justamente do "ficar", sem culpas e sem posses.

Já sei namorar
Já sei beijar de língua
Agora só me resta sonhar
(...) Eu sou de ninguém
Eu sou de todo mundo
E todo mundo é meu também
(...) Não tenho juízo
Se você quer apito em jogo
Eu quero é ser feliz!

A liberdade do "ficar" apregoada neste roquinho suscitou um furor especial no mulherio, conforme testemunhou Joaquim Ferreira dos Santos numa crônica publicada no *Jornal do Brasil*, de 22 de janeiro de 2003. "Há muito tempo não vejo as mulheres cantarem uma música com tanto entusiasmo como a *Já sei namorar*, dos Tribalistas. Sinto nelas a fúria de quem, no meio de um governo Lula-light, percebe que alguém precisa radicalizar no processo — porque senão a vida fica muito chata, não é mesmo? Elas novamente foram à luta. Não bradam a letra de punhos cerrados. Não lhes é da índole. São mulheres. Cantam. Dançam. Morrem de rir. Mas dão o toque. (...) Poderia ser uma bolha de verão, mas eu vi umas moças envolvidas com esse texto no fim de semana e comecei a achar que é mais. Experimente tocar numa festa. Bomba geral! Observe como as siliconadas, misses e afins do *Big Brother Brasil 3* soltam a voz, abrem suas asas, quando a música começa. A catarase das mulheres se declarando de ninguém, como as cigarras abandonando suas cascas, é um dos acontecimentos do verão 2003." Joaquim ia adiante, afirmando que a mulher que se impõe nesta letra acha um jeito divertido de "se reafirmar em vôo solo". "Não mais andorinha. Aves predadoras. 'Tô te querendo como ninguém'", e concluía que essa nova fêmea "não quer repetir o modelo masculino, mas sim a liberdade de não mais ser possuída, sem estar necessariamente preocupada em ter a posse do amado". Sim, senhores, transgressão pura. E, raridade das raridades num mercado de letras tão convencionais, *Já sei namorar* vendeu milhares de discos.

Mas surpreendente mesmo foi a composição dos veteranos Rita Lee e Roberto de Carvalho inspirada em uma crônica de Arnaldo Jabor, o pop/romântico *Amor e sexo*, grande sucesso radiofônico entre 2003 e 2004, com direito a inclusão em trilha de novela global das 21h e tudo. Ele trata justamente da separação entre amor e sexo, e rompe com um dos maiores mitos do "amor romântico" clássico. "Sexo sem amor é vontade", diz um verso. Uma coisa tão simples e até banal, mas quanta água rolou para chegarmos até isso.

Amor é um livro, sexo é esporte
Sexo é escolha, amor é sorte
Amor é pensamento, teorema
Amor é novela, sexo é cinema

Sexo é imaginação, fantasia
Amor é prosa, sexo é poesia
O amor nos torna patéticos
Sexo é uma selva de epiléticos
Amor é cristão, sexo é pagão
Amor é latifúndio, sexo é invasão
Amor é divino, sexo é animal
Amor é bossa nova, sexo é Carnaval
(...) Amor sem sexo é amizade
Sexo sem amor é vontade...

Agora que já começa a ser possível entender que amor e sexo juntos são uma maravilha, mas que nem sempre andam lado a lado, resta esperar que a MPB explore temas como este com maior naturalidade. Isso nos ajudará a refazer a trilha sonora de nossa vida afetiva, deixando de lado certas idéias furadas difundidas em algumas de nossas velhas canções preferidas, e partir para uma consciência maior do que seja viver, amar e transar. "Amor é pra sempre. Sexo também."[11] Entendido?

NOTAS:

1 – A canção *Fui eu* (Michael Sullivan/ Paulo Massadas) é uma regravação do sucesso de José Augusto (de 1988) e traz versos como: "É mais um dia sem você/ Mais uma noite que eu espero/ Se alguém no mundo quis você, fui eu (...) Diz agora o que é que eu faço pra viver/ Se a cada dia é mais difícil te esquecer/ Tudo isso faz doer demais/ Eu queria só voltar atrás/ Ficar contigo."

2 – Rennó, Carlos (organização), *Gilberto Gil — Todas as letras*, Companhia das Letras, pág. 250.

3 – Idem, pág. 180.

4 – Entrevista a João Bernardo Caldeira, *Jornal do Brasil*, 17/1/2005.

5 – Timidamente, em 85, um rock chegou a tocar mencionando o tema. Era *Polígama*, interpretado pela locutora da rádio carioca Transamérica FM e dublê de cantora Adriana Riemer, que fez parte da trilha sonora do filme *Rock estrela*: "Se amar é o melhor/ Que podemos fazer? / Por que é proibido / Amar duas pessoas?/ Não vejo nada demais/ Em querer ser feliz! Quero é mais/ Continuo a amar/ O coração é grande (...) O sentimento é meu! Dou a quem eu quiser/ Sou polígama/ Gamada nos dois!"

6 – Essinger, Sílvio, *Batidão — Uma história do funk*, Record, 2005, pág. 218.

7 – Idem, pág. 221.

8 – Idem, pág. 276.

9 – Idem, mesma página.

10 – Sobre o mesmo tema a funkeira Deize Tigrona atacou de *Sadomasoquista II*, em 2001: "Sou tigrona, chapa quente/ Adoro muita pressão/ Gosto de ser acorrentada/ E levar tapão no popozão/ Pixadão vem de chicote/ Querendo me algemar/ Me botando em posição/ Já pronto pra martelar."

11 – Verso da canção *Amor e sexo*, de Rita Lee, Roberto de Carvalho e Arnaldo Jabor, 2003, Som Livre.

APÊNDICE

DISCOGRAFIA

Obs.: as músicas com asterisco são funks que não consegui determinar a autoria.

1) O amor mal resolvido

1. a. O amor pela musa inatingível, no início do século XX

Deusa da minha rua (Newton Teixeira e Jorge Faraj), valsa, set/1939, grav. de Sílvio Caldas, 78 rpm, Odeon.
Malandrinha (Freire Júnior), modinha, 1927, grav. de Pedro Celestino, 78 rpm, Odeon/ grav. de Francisco Alves, 1928, 78 rpm, Odeon.
Menos eu (Roberto Martins/ Jorge Faraj), samba-canção, nov/1936, grav. de Sílvio Caldas, 78 rpm, Odeon.
Noite cheia de estrelas (Cândido das Neves), tango-canção, abril/1932, grav. de Vicente Celestino, 78 rpm, Columbia.
O nome dela não digo (Sílvio Caldas e Orestes Barbosa), valsa, out/1936, grav. de Sílvio Caldas, 78 rpm, Odeon.
Professora (Benedito Lacerda/ Jorge Faraj), samba, jun/1938, grav. de Sílvio Caldas, 78 rpm, Odeon.
Quase que eu disse (Sílvio Caldas e Orestes Barbosa), valsa, out/1935 – grav. de Sílvio Caldas, 78 rpm, Odeon.
Rosa (Pixinguinha e Otávio de Souza), valsa, 1937, grav. de Orlando Silva, 78 rpm, Victor.
Torturante ironia (Sílvio Caldas/ Orestes Barbosa), valsa, jul/1934, grav. de Sílvio Caldas, 78 rpm, Odeon.

Obs.: A discografia de "Amor inatingível" é muito extensa e só há poucos exemplos neste livro, porque quis dar mais ênfase às canções mais antigas do gênero que sobreviveram até os dias de hoje. O mesmo vale para o tema da tragédia amorosa em ritmo de valsa, tango-canção, fox, sertanejo etc. e também de samba.

1. b. A tragédia amorosa na MPB da antiga, até os anos 1950

A saudade mata a gente (João de Barro/ Antonio Almeida), set/1948, grav. de Dick Farney, 78 rpm, Continental.
Ana Rosa (Tião Carreiro/ Carreirinho), canção sertaneja,
Arranha-céu (Sílvio Caldas/ Orestes Barbosa), valsa, jun/1937, grav. de Sílvio Caldas, 78 rpm, Odeon.
Cabocla Tereza (Raul Torres/ João Pacífico), ago/1940, grav. de Raul Torres e Serrinha, 78 rpm, Victor.
Casinha pequenina (motivo popular), canção, s/data, grav. de Mário Pinheiro, Odeon.
Chalana (Mário Zan/ Arlindo Pinto), guarânia, anos 1950, grav. das Irmãs Castro, 78 rpm, Continental / grav. de Tonico Melo e Ninico, nov/1953, 78, rpm, Copacabana.
Chão de estrelas (Sílvio Caldas/ Orestes Barbosa), canção, jun/1937, grav. de Sílvio Caldas, 78 rpm, Odeon.
Coração materno (Vicente Celestino), tango-canção, mar/1937, grav. de Vicente Celestino, 78 rpm, Victor.
Enquanto houver saudades (Custódio Mesquita/ Mário Lago), valsa, jul/1938, grav. de Orlando Silva, 78 rpm, Victor.
Eu sonhei que tu estavas tão linda (Lamartine Babo/ Francisco Mattoso), valsa, out/1941, grav. de Francisco Alves, 78 rpm, Odeon.
Kalu (Humberto Teixeira), baião, 1952, grav. de Dalva de Oliveira, 78 rpm, Odeon.
Lábios que beijei (J. Cascata/ Leonel Azevedo), valsa, grav. de Orlando Silva, 78 rpm, RCA Victor.
Mulher (Custódio Mesquita/ Sady Cabral), fox-canção, mar/1940, grav. de Sílvio Caldas, 78 rpm, Victor.
Nada além (Custódio Mesquita/ Mário Lago), fox-canção, jul/1938, grav. de Orlando Silva, 78 rpm, Victor.
No rancho fundo (Ary Barroso/ Lamartine Babo), canção, ago/1931, grav. de Elisa Coelho, 78 rpm, Victor.
O ébrio (Vicente Celestino), canção, set/1936 – grav. de Vicente Celestino, 78 rpm, Victor.
Ontem, ao luar (Pedro de Alcântara/ Catullo da Paixão Cearense), modinha, s/ data, grav. de Vicente Celestino, 78 rpm, Odeon.
Ouvindo-te (Vicente Celestino), tango-canção, set/1935 – grav. de Vicente Celestino e Gilda de Abreu, 78 rpm, Victor.
Perdão, Emília (autor desconhecido), canção do séc. XIX, gravada em 1902 por Bahiano (78 rpm, Zonophone) e Mário Pinheiro (78 rpm, Odeon) e Caramuru (78 rpm, Columbia, por volta de 1909).

Pierrot (Joubert de Carvalho/ Pascoal Carlos Magno), canção, 1932, grav. de Jorge Fernandes, 78 rpm, Columbia.
Qui nem jiló (Luiz Gonzaga/ Humberto Teixeira), baião, dez/1949, grav. de Marlene e Os Cariocas, 78 rpm, Continental.
Rasguei o teu retrato (Cândido das Neves), tango-canção, set/1935, grav. de Vicente Celestino, 78 rpm, Victor.
Renúncia (Roberto Martins/ Mário Rossi), fox, ago/1942, grav. de Nelson Gonçalves, 78 rpm, RCA Victor.
Sertaneja (René Bittencourt), canção, jul/1939, grav. de Orlando Silva, 78 rpm, RCA Victor.
Súplica (Otávio G. Mendes/ José Marcílio/ Déo), valsa, abril/1940, grav. de Orlando Silva, 78 rpm, Victor.
Teus ciúmes (Laci Martins/ Aldo Cabral), valsa, jun/1936, grav. de Sílvio Caldas, 78 rpm, Odeon.
Última inspiração (Peterpan), valsa, jun/1940, grav. de João Petra de Barros, 78 rpm, RCA Victor.
Vento soprando (Fernando César), toada, fev/1956, grav. de Doris Monteiro, 78 rpm, Continental.

1. c. O amor não realizado na canção contemporânea, do brega ao chique

Brincar de ser feliz (Maria da Paz/ Nino), balada *country*, 1992, grav. de Chitãozinho & Xororó, PolyGram, CD "Planeta azul".
Fui eu (Michael Sullivan/ Paulo Massadas), 2005, grav. de Zezé Di Camargo & Luciano, Sony Music, CD "Zezé Di Camargo & Luciano".
Anna Júlia (Marcelo Camelo), rock, 1999, grav. de Los Hermanos, Abril Music, CD "Los Hermanos".
Tão sozinho (Marcelo Camelo), rock, 2001, grav. de Los Hermanos, Abril Music, CD "Bloco do eu sozinho".
O pouco que sobrou (Marcelo Camelo), 2003, grav. de Los Hermanos, BMG, CD "Ventura".

Obs.: Os exemplos são intermináveis, esses são apenas alguns poucos citados neste livro.

1. d. A dor-de-cotovelo nos carnavais do passado

A fonte secou (Monsueto/ Tufic Lauar/ Marcleo), dez/1953, Carnaval de 54, grav. de Raul Moreno, 78 rpm, Todamérica.

Agora é cinza (Bide e Marçal), samba, dez/1933, Carnaval de 34, grav. de Mário Reis, 78 rpm, Victor.
Até amanhã (Noel Rosa), samba, jan/1933, Carnaval de 33, grav. de João Petra de Barros, 78 rpm, Odeon.
Atire a primeira pedra (Ataulfo/ Mário Lago), samba, fev/1944, Carnaval de 44, grav. de Orlando Silva, 78 rpm, Odeon.
Confete (Jota Junior/ David Nasser), marcha-rancho, jan/1952, Carnaval de 52, grav. de Francisco Alves, 78 rpm, Odeon.
Dama das camélias (Alcyr Pires Vermelho/ João de Barro), marcha, out/39, Carnaval de 40, grav. de Francisco Alves, 78 rpm, Columbia.
Deus me perdoe (Laouro Maia/ Humberto Teixeira), samba, jan/1946, Carnaval de 1946, grav. Cyro Monteiro, 78 rpm, Victor.
Enlouqueci (Luiz Soberano/ João Vale/ Valdomiro Pereira), samba, dez/1947, Carnaval de 1948, grav. de Linda Batista, 78 rpm, RCA Victor.
Eu chorarei amanhã (Raul Sampaio/ Ivo Santos), samba, fev/1958, Carnaval de 1958, grav. de Orlando Silva, 78 rpm, Odeon.
Implorar (Kid Pepe/ Germano Augusto/ Gaspar), samba, jan/1935, Carnaval de 35, grav. de Moreira da Silva, 78 rpm, Columbia.
Madalena (Ari Macedo/ Ayrton Amorim), samba, nov/1950, Carnaval de 51, grav. de Linda Batista, 78 rpm, RCA Victor.
Mal-me-quer (Newton Teixeira/ Christóvão de Alencar), marcha, jan/1940, Carnaval de 40, grav. de Orlando Silva, 78 rpm, Victor.
Meu consolo é você (Nássara/ Roberto Martins), samba, dez/1938, Carnaval de 39, grav. de Orlando Silva, 78 rpm, Victor.
Mora na filosofia (Monsueto/ Arnaldo Passos), samba, jan/1955, Carnaval de 55, grav. de Marlene, 78 rpm, Continental.
Não me diga adeus (Paquito/ Luiz Soberano/ João Correia da Silva), samba, jan/1948, Carnaval de 48, grav. Aracy de Almeida, 78 rpm, Odeon.
Pierrô apaixonado (Noel Rosa/ Heitor dos Prazeres), marcha, jan/1936, Carnaval de 36, grav. de Joel e Gaúcho, 78 rpm, Victor.
Pois é (Ataulfo Alves), samba, jun/1955, Carnaval de 56, grav. de Ataulfo Alves e suas pastoras, 78 rpm, Sinter.
Rasguei a minha fantasia (Lamartine Babo), jan/1935, Carnaval de 35, grav. de Mário Reis, 78 rpm, Victor.
Recordar (é viver) (Aldacir Louro/ Aluísio Martins/ Adolfo Macedo), samba, jan/1955, Carnaval de 55, grav. de Gilberto Alves, 78 rpm, Copacabana.

Rosa Maria (Annibal Silva/ Éden Silva), samba, jan/1948, Carnaval de 48, grav. de Gilberto Alves, 78 rpm, RCA Victor.
Ta-hi (Pra você gostar de mim) (Joubert de Carvalho), marcha, fev/1930, Carnaval de 30, grav. de Carmen Miranda, 78 rpm, Victor.
Vou festejar (Jorge Aragão/ Dida/ Neoci), marcha, 1978, Carnaval de 79, grav. de Beth Carvalho, LP "De pé no chão", RCA Victor.

1. e. Desilusões amorosas e vingança em ritmo de samba

A flor e o espinho (Nelson Cavaquinho/ Guilherme de Brito/ Alcides Caminha), samba, 1957, grav. de Raul Moreno, 78 rpm, Todamérica.
Adeus (Noel Rosa/ Ismael Silva/ Francisco Alves), samba, maio/1932, grav. de Jonjoca e Castro Barbosa, 78 rpm, Victor.
Amor proibido (Cartola), samba, 1961, grav. de Almeidinha, discos Mocambo.
Ao voltar do samba (Synval Silva), samba, ago/1934, grav. Carmen Miranda, 78 rpm, Victor.
Aos pés da cruz (Marino Pinto/ José Gonçalves), samba, mar/1942, grav. de Orlando Silva, 78 rpm, RCA Victor.
Apesar dos pesares (Wilson Batista/ Jorge de Castro), samba, abril/1943, grav. de Déo, 78 rpm, Columbia.
As rosas não falam (Cartola), 1976, grav. de Cartola, Discos Marcus Pereira, LP "Cartola" / grav. de Beth Carvalho, RCA Victor, LP "Mundo melhor".
Capricho de rapaz solteiro (Noel Rosa), samba, maio/1933, grav. de Mário Reis, 78 rpm, Odeon.
Carinhoso (Pixinguinha/ João de Barro), samba-choro, jul/1937, grav. de Orlando Silva, 78 rpm, Victor.
Contraste (Noel Rosa), samba, jun/1933, grav. de Almirante, 78 rpm, Victor.
De conversa em conversa (Lucio Alves/ Haroldo Barbosa), samba, março/1947, grav. de Isaura Garcia com Os Namorados da Lua, 78 rpm, RCA Victor.
Deixa essa mulher chorar (Silvio Fernandes "Brancura"), samba, dez/1930, grav. de Francisco Alves e Mário Reis, 78 rpm, Odeon.
Deixaste meu lar (Heitor dos Prazeres/arr: Francisco Alves), samba, dez/1929, grav. Mário Reis, 78 rpm, Odeon.
Devo esquecer (Noel Rosa/ Gilberto Martins), samba, composta em 1930, grav. em jun/1933, Noel Rosa e Leo Vilar, 78 rpm, Columbia.
Estás no meu caderno (Benedito Lacerda/ Oswaldo Silva/ Wilson Batista), samba, ago/1934, grav. de Mário Reis, 78 rpm, Victor.

Gargalhada (Bide/ Carlos Martins), samba, abril/1934, grav. de Mário Reis, 78 rpm, Victor.
Inquietação (Ary Barroso), samba, set/1935, grav. de Sílvio Caldas, 78 rpm, Odeon.
Já não és mais aquela (Rubens Soares/ Antonio Almeida), samba, jun/1936, grav. de Francisco Alves, 78 rpm, Victor.
Juramento falso (Leonel Azevedo/ J. Cascata), samba, mar/1937, grav. de Orlando Silva, 78 rpm, RCA Victor.
Lealdade (Wilson Batista/ Jorge de Castro), samba, jan/1943, grav. de Orlando Silva, 78 rpm, Columbia.
Longe dos olhos (Cristóvão de Alencar/ Djalma Ferreira), samba, jul/1936, grav. de Francisco Alves, 78 rpm, Victor.
Luto (Nelson Cavaquinho/ Guilherme de Brito/ Sebastião Nunes), samba, s/ data, grav. de Julio César, 78 rpm, Carroussel.
Mágoas de caboclo (J. Cascata/ Leonel Azevedo), jul/1936, grav. Orlando Silva, 78 rpm, Victor.
Mariposa (Adelino Moreira/ Nelson Gonçalves), samba-choro, nov/1959, grav. de Nelson Gonçalves, 78 rpm, RCA Victor.
Mulher indigesta (Noel Rosa), samba, mar/1932, grav. de Noel Rosa, 78 rpm, Columbia.
Na Baixa do Sapateiro (Ary Barroso), samba, nov/1938, grav. de Carmen Miranda, 78 rpm, Odeon.
Na virada da montanha (Ary Barroso/ Lamartine Babo), samba, dez/1935, grav. Francisco Alves, 78 rpm, Victor.
Não quero mais (amar a ninguém) (Cartola/ Zé da Zilda/ Carlos Cachaça), samba, dez/1936, grav. de Aracy de Almeida, Victor.
Notícia (Nelson Cavaquinho/ Alcides Caminha e Norival Bahia), samba, mar/1955, grav. de Roberto Silva, 78 rpm, Copacabana.
O maior castigo que te dou (Noel Rosa), composta em 1934 e lançada em jun/1937, grav. de Aracy de Almeida, 78 rpm, Victor.
Palhaço (Nelson Cavaquinho/ Arlindo Marques Jr./ Roberto Roberi), samba, jun/1951, grav. de Dalva de Oliveira, 78 rpm, Odeon.
Para me livrar do mal (Noel Rosa/ Ismael Silva), samba, 1932, grav. de Francisco Alves, 78 rpm, Odeon.
Pombo correio (Benedito Lacerda/ Darci de Oliveira), samba, out/1942, grav. de Gilberto Alves, 78 rpm, Odeon.
Pra machucar meu coração (Ary Barroso), samba, jun/1943, grav. de Déo, 78 rpm, Columbia.
Quando você morrer (Donga/ Aldo Taranto), samba, fev/1933, grav. de Carmen Miranda, 78 rpm, Victor.

Quem espera sempre alcança (Paulo da Portela), samba, 1930, grav. de Mário Reis, 78 rpm, Odeon.
Quem eu deixar não quero mais (samba atribuído a Edgar Marcelino dos Santos), samba, dez/1928, grav. de Francisco Alves, 78 rpm, Odeon – no. selo original consta a autoria de João de Oliveira.
Se você jurar (Ismael Silva/ Nilton Bastos/ Francisco Alves), samba, jan/1931, grav. de Francisco Alves e Mário Reis, 78 rpm, Odeon.
Sim (Cartola/ Osvaldo Martins), samba, jun/1952, grav. de Gilberto Alves, 78 rpm, RCA Victor.
Tic-tac do meu coração (Walfrido Silva/ Alcyr Pires Vermelho), samba, set/1935, grav. de Carmen Miranda, 78 rpm, Odeon.

1. f. A fossa em ritmo de samba-canção e bolero

A noite do meu bem (Dolores Duran), samba-canção, 1959, grav. de Dolores Duran, 78 rpm, e compacto, Copacabana.
A volta do boêmio (Adelino Moreira), samba-canção, 1957, grav. de Nelson Gonçalves, 78 rpm, RCA Victor.
Abandono (Nazareno de Brito/ Presyla Barros), samba-canção, set/1955, grav. de Ângela Maria, 78 rpm, Copacabana.
Adeus (Maysa), samba-canção, 1956, grav. de Maysa, RGE, LP "Convite para ouvir Maysa".
Aperto de mão (Jayme Florence/ Horondino Silva/ Augusto Mesquita), mar/1943, grav. de Isaura Garcia, 78 rpm, Victor.
As praias desertas (Tom Jobim/ Vinicius de Moraes), samba-canção, 1958, grav. de Elizeth Cardoso, LP "Canção do amor demais", Festa / grav. de Maysa, RGE, "Convite para ouvir Maysa nº 3" (1959).
Balada triste (Dalton Vogeler/ Esdras Silva), samba-canção, dez/1958, grav. de Agostinho dos Santos, 78 rpm, RGE / grav. de Ângela Maria, Copacabana, LP "Para você ouvir e dançar" (1959).
Bar da noite (Bidu Reis/ Haroldo Barbosa), samba-canção, jul/1953, grav. de Nora Ney, 78 rpm, Continental.
Bloco da solidão (Evaldo Gouveia/ Jair Amorim), marcha-rancho, 1971, grav. de Altemar Dutra, LP "Sentimental demais", Odeon.
Bom dia (Herivelto Martins/ Aldo Cabral), samba-canção, set/1942, grav. de Linda Batista e As Três Marias, 78 rpm, Victor.

Bom dia, tristeza (Adoniran Barbosa/ Vinicius de Moraes), 1957, grav. de Aracy de Almeida (jun/57, 78 rpm, Continental) / grav. de Maysa, RGE, LP "Convite para ouvir Maysa nº 2" (1958).
Borrasca (Adelino Moreira), samba-canção, jun/1961, grav. de Ângela Maria, 78 rpm, Continental / grav. de Nelson Gonçalves, RCA Victor, LP Seleção de ouro nº 3 (1962).
Brasa (Lupicínio Rodrigues/ Felisberto Martins), samba, abril/1945, grav. de Orlando Silva, 78 rpm, Odeon.
Brigas (Evaldo Gouveia/ Jair Amorim), samba-canção, 1966, grav. de Altemar Dutra, Odeon, LP "Sinto que te amo".
Cabelos brancos (Herivelto Martins/ Marino Pinto), samba, grav. dos 4 ases e 1 Coringa, jan/1949, Carnaval de 1949, 78 rpm, Odeon, e grav. do mesmo grupo em 1951, em andamento de samba-canção.
Cadeira vazia (Lupicínio Rodrigues), samba-canção, mar/1950, grav. Francisco Alves, 78 rpm, Odeon.
Calúnia (Marino Pinto/ Paulo Soledade), samba-canção, abr/1951, grav. de Dalva de Oliveira, 78 rpm, Odeon.
Caminhemos (Herivelto Martins), samba-canção, grav. de Francisco Alves, nov/1947, 78 rpm, Odeon / grav. de Nelson Gonçalves, 1957, LP "Caminhemos", RCA Victor.
Caminhos cruzados (Tom Jobim/ Newton Mendonça), samba-canção, 1958, grav. Sylvia Telles, Odeon / grav. de Maysa, RGE, Maysa "Convite para ouvir Maysa nº 2".
Canção da volta (Antonio Maria/ Ismael Netto), samba-canção, 1954, grav. Dolores Duran, 78 rpm, Copacabana.
Canção de amor (Elano de Paula/ Chocolate), samba-canção, out/1950, grav. de Elizeth Cardoso, 78 rpm, Todamérica.
Cansei de ilusões (Tito Madi), samba-canção, 1957, grav. de Tito Madi, 78 rpm, Continental.
Castigo (Dolores Duran), samba-canção, 1958, grav. de Nora Ney (ago), RCA Victor, LP Nora Ney / grav. de Roberto Luna, 78 rpm, RGE.
Chove lá fora (Tito Madi), valsa, 1957, grav. de Rosana Toledo (78 rpm, Polydor) e Tito Madi (78 rpm, Continental), entre outras.
Ciclone (Adelino Moreira), samba-canção, abril/1959, grav. de Carlos Nobre, 78 rpm, RCA Victor.
Confidência (Raul Sampaio/ Benil Santos), grav. de Miltinho, mar/1962, 78 rpm, RGE.
Contra-senso (Antonio Bruno), samba-canção, mar/1957, grav. de Isaura Garcia, 78 rpm, Odeon.
De cigarro em cigarro (Luiz Bonfá), samba-canção, mar/1953, grav. de Nora Ney, 78 rpm, Continental.

Destino (Raul Sampaio/ Ivo Santos), samba-canção, 1959, grav. de Nelson Gonçalves, LP "Escultura", RCA Victor.
Devolvi (Adelino Moreira), samba-canção, ago/1960, grav. de Núbia Lafayette, LP "Solidão", 78 rpm, RCA Camden.
Edredon Vermelho (Herivelto Martins), samba-canção, abr/1946, grav. de Isaura Garcia, 78 rpm, Victor.
Errei, sim (Ataulfo Alves), samba-canção, set/1950, grav. de Dalva de Oliveira, 78 rpm, Odeon.
Escultura (Adelino Moreira/ Nelson Gonçalves), samba-canção, mar/1958, grav. de Nelson Gonçalves LP "Escultura", RCA Victor.
Escuta (Ivon Curi), samba-canção, 1955, grav. de Ângela Maria, 78 rpm, Copacabana.
Exemplo (Lupicínio Rodrigues), samba-canção, 1959, grav. de Jamelão, Continental, LP "O samba é bom assim".
Felicidade infeliz (Maysa), samba-canção, abr/1958, grav. de Maysa, 78 rpm, RGE.
Fim de comédia (Ataulfo Alves), samba-canção, 1951, grav. de Dalva de Oliveira e Roberto Inglez, 78 rpm, Odeon.
Foi assim (Lupicínio Rodrigues), samba-canção, abril/1952, grav. de Linda Batista, 78 rpm, RCA Victor.
Folha morta (Ary Barroso), samba-canção, 1953, grav. de Dalva de Oliveira e Roberto Inglez, 78 rpm, Odeon / grav. de Jamelão, 78 rpm, Continental.
Fósforo queimado (Paulo Menezes/ Milton Legey/ Roberto Lamego), samba-canção, set/ 1953, grav. de Ângela, 78 rpm, Copacabana.
Franqueza (Denis Brean/ O. Guilherme), samba-canção, 1957, grav. de Nora Ney, 78 rpm, Continental / grav. de Maysa, RGE, LP "Maysa" (10 polegadas).
Graças a Deus (Fernando César), samba-canção, mar/1957, grav. de Doris Monteiro, 78 rpm, Continental.
Há um Deus (Lupicínio Rodrigues), samba-canção, out/1957, grav. de Dalva de Oliveira, 78 rpm, Odeon.
Interesseira (Bidu Reis/ Murilo Latini), bolero, 1957, grav. de Anísio Silva, LP "Sonhando contigo", Odeon.
Lama (Aylce Chaves/ Paulo Marques), samba-canção, 1952, grav. de Linda Rodrigues, 78 rpm, Continental.
Lembranças (Raul Sampaio/ Benil Santos), samba-canção, jan/1962, grav. de Miltinho, 78 rpm, RGE.
Linda flor (Ai, Ioiô) (Iaiá) (Henrique Vogeler/ Marques Porto/ Luiz Peixoto), samba-canção, mar/1929, grav. de Aracy Côrtes, 78 rpm, Parlophon.

Maria Rosa (Lupicínio Rodrigues/ Alcides Gonçalves), samba-canção, maio/1950, grav. de Francisco Alves, 78 rpm, Odeon.
Marina (Dorival Caymmi), samba-canção, 1947, grav. de Francisco Alves (maio, 78 rpm, Odeon), Dorival Caymmi e Nelson Gonçalves – ambas: agosto, 78 rpm, RCA Victor.
Mensagem (Cícero Nunes/ Aldo Cabral), duas gravações de Isaura Garcia: samba (abril/ 1946, 78 rpm, Victor) e samba-canção (jul/1955, 78 rpm, RCA Victor).
Mentira de amor (Lourival Faissal/ Gustavo de Carvalho), samba-canção, nov/1950, grav. de Dalva de Oliveira, 78 rpm, Odeon.
Meu dilema (Adelino Moreira), samba-canção, jun/1960, grav. de Nelson Gonçalves, 78 rpm, RCA Victor.
Meu mundo caiu (Maysa), samba-canção, 1958, grav. de Maysa, 78 rpm, RGE.
Meu nome é ninguém (Haroldo Barbosa/ Luiz Reis), samba-canção, jan/1962, grav. de Miltinho, 78 rpm, RGE.
Meu vício é você (Adelino Moreira), samba-canção, nov/1955, grav. de Nelson Gonçalves, 78 rpm, RCA Victor.
Molambo (Jayme Florence/ Augusto Mesquita), samba-canção, set/1953, grav. de Julinha Silva, Todamérica, sucesso nas vozes de Roberto Luna (dez/55, Odeon) e Cauby Peixoto (ago/56, Columbia).
Não diga não (Tito Madi/ Georges Henri), samba-canção, nov/1954, grav. de Tito Madi e Trio Tupi, 78 rpm, Continental.
Não tenho você (Paulo Marques/ Ary Monteiro), samba-canção, ago/1951, grav. de Ângela Maria, 78 rpm, RCA Victor.
Negue (Adelino Moreira/ Enzo de Almeida Passos), samba-canção, 1960, Roberto Vidal, RCA Victor / grav. de Carlos Augusto, Odeon.
Nervos de aço (Lupicínio Rodrigues), samba-canção, set/1947, grav. Francisco Alves, 78 rpm, Odeon.
Ninguém é de ninguém (Umberto Silva, Toso Gomes, Luiz Mergulhão), bolero, set/1960, grav. de Cauby Peixoto, 78 rpm, RCA Victor.
Noite de paz (Durando – pseudônimo de Dolores Duran), samba-canção, maio/1959, grav. de Maysa, 78 rpm, RGE.
Nono mandamento (Raul Sampaio/ René Bittencourt), samba-canção, abr/1958, grav. de Cauby Peixoto, 78 rpm, RCA Victor.
Nossos momentos (Haroldo Barbosa/ Luiz Reis), samba-canção, 1961, grav. de Elizeth Cardoso, 78 rpm, Copacabana.
Nunca (Lupicínio Rodrigues), samba-canção, abr/1952, grav. de Dircinha Batista, 78 rpm, Odeon.

Nunca mais (Dorival Caymmi), abr/1949, grav. de Lúcio Alves, 78 rpm, Continental.
Obrigado (Ivon Curi), samba-canção, mar/1951, grav. de Ivon Curi, 78 rpm, Continental.
Orgulho (Nelson Wedekind/ Valdir Rocha), samba-canção, set/1953, grav. de Ângela Maria, 78 rpm, Copacabana.
Pensando em ti (Herivelto Martins/ David Nasser), samba-canção, jun/1957, grav. de Nelson Gonçalves, 78 rpm, RCA Victor.
Perdão para dois (Palmeira/ Alfredo Corleto), balada, jan/61, grav. de Cauby Peixoto, RCA Victor, LP "Perdão para dois".
Poeira do chão (Klecius Caldas/ Armando Cavalcanti), samba-canção, mar/1952, grav. de Dalva de Oliveira, 78 rpm, Odeon.
Por causa de você (Tom Jobim/ Dolores Duran), samba-canção, 1957, grav. de Sylvia Telles, 78 rpm, Odeon.
Prece (Vadico/ Marino Pinto), samba-canção, grav. de Helena de Lima, mar/1956, 78 rpm, Continental / grav. de Lana Bittencourt, 1957, 78 rpm, Columbia.
Prece de amor (René Bittencourt), samba-canção, 1957, grav. de Cauby Peixoto, 78 rpm, Columbia.
Quase (Mirabeau/ Jorge Gonçalves), samba-canção, 1956, grav. de Carmen Costa, 78 rpm, Copacabana.
Que queres tu de mim? (Evaldo Gouveia/ Jair Amorim), samba-canção, 1964, grav. de Altemar Dutra, LP "Que queres tu de mim", Odeon.
Que será? (Marino Pinto/ Mário Rossi), samba-canção, jul/1950, grav. de Dalva de Oliveira, 78 rpm, Odeon.
Quem eu quero não me quer (Raul Sampaio/ Ivo Santos), bolero, out/1961, grav. de Raul Sampaio, 78 rpm, RGE.
Quem há de dizer (Lupicínio Rodrigues/ Alcides Gonçalves), samba-canção, jul/1948, grav. Francisco Alves, 78 rpm, Odeon.
Revolta (Raul Sampaio/ Nelson Gonçalves), samba-canção, set/1959, grav. de Nelson Gonçalves, 78 rpm, RCA Victor.
Risque (Ary Barroso), samba-canção, grav. de Aurora Miranda, abr/1952, 78 rpm, Continental / grav. de Linda Batista, mar/1953, 78 rpm, RCA Victor.
Ronda (Paulo Vanzolini), samba-canção, nov/1953, grav. de Inezita Barroso, 78 rpm, RCA Victor.
Saia do caminho (Custódio Mesquita/ Evaldo Ruy), samba-canção, mar/1946, grav. de Aracy de Almeida, 78 rpm, Odeon.
Se alguém telefonar (Alcyr Pires Vermelho/ Jair Amorim), samba-canção, 1957, grav. de Lana Bittencourt, 78 rpm, Columbia.

Se eu morresse amanhã (de manhã) (Antonio Maria), samba-canção, abr/1953, grav. de Dircinha Batista, 78 rpm, RCA Victor.
Se queres saber (Peterpan), samba-canção, out/1947, grav. de Emilinha Borba, 78 rpm, Continental.
Se você se importasse (Peterpan), samba-canção, out/1951, grav. de Doris Monteiro, 78 rpm, Todamérica.
Segredo (Herivelto Martins), samba-canção, jul/1947, grav. de Dalva de Oliveira, 78 rpm, Odeon.
Sentimental demais (Evaldo Gouveia/ Jair Amorim), samba-canção, 1965, grav. de Altemar Dutra, Odeon, LP "Sentimental demais".
Serra da Boa Esperança (Lamartine Babo), samba-canção, jun/1937, grav. Francisco Alves, 78 rpm, Victor.
Solidão (Adelino Moreira), samba-canção, fev/1961, grav. de Núbia Lafayette, LP "Solidão", 78 rpm, RCA Camden.
Solidão (Dolores Duran), samba-canção, 1958, grav. de Dolores Duran, LP "DD Canta para você dançar", Copacabana.
Somos iguais (Evaldo Gouveia/ Jair Amorim), samba-canção, 1964, grav. de Altemar Dutra, Odeon, LP "Que queres tu de mim".
Sonhando contigo (Anísio Silva/ Fausto Guimarães), bolero, 1957, grav. de Anísio Silva, Odeon, LP "Sonhando contigo".
Suas mãos (Pernambuco/ Antonio Maria), samba-canção, set/1958, grav. de Maysa, 78 rpm, RGE.
Tenho ciúmes de tudo (Waldir Machado), jul/1961, bolero, grav. de Orlando Dias, Odeon, 78 rpm, Odeon.
Ternura antiga (J. Ribamar/ Dolores Duran), samba-canção, 1961, gravações de Elza Laranjeira (RGE), Lucienne Franco (Copacabana) e Tito Madi (Columbia).
Tudo acabado (J. Piedade/ Osvaldo Martins), samba-canção, maio/1950, grav. de Dalva de Oliveira, 78 rpm, Odeon.
Tudo de mim (Evaldo Gouveia/ Jair Amorim), bolero, 1963, grav. de Altemar Dutra, Odeon, LP "A grande revelação".
Último desejo (Noel Rosa), samba-canção, mar/1938, grav. Aracy de Almeida, 78 rpm, Victor.
Valsa de uma cidade (Ismael Netto e Antonio Maria), valsa, jun/1954, grav. de Lúcio Alves, 78 rpm, Continental.
Vingança (Lupicínio Rodrigues), samba-canção, 1951, grav. do Trio de Ouro, jun/51, 78 rpm, RCA Victor / grav. de Linda Batista, ago/51, 78 rpm, RCA Victor.

1. g. A fossa em bossa nova & canções de autores do gênero

A felicidade (Tom Jobim/Vinicius de Moraes), samba, 1959, grav. Agostinho dos Santos, RGE, LP "Inimitável".
Chega de saudade (Tom Jobim/ Vinicius de Moraes), samba, 1958, grav. João Gilberto, 78 rpm, Odeon.
Desafinado (Tom Jobim/ Newton Mendonça), samba, 1958, grav. João Gilberto, 78 rpm, Odeon.
Estrada branca (Tom Jobim/ Vinicius de Moraes), 1958, grav. de Elizeth Cardoso, Festa, LP "Canção do amor demais".
Eu não existo sem você (Tom Jobim/ Vinicius de Moraes), 1957, grav. de Vanja Orico, 78 rpm, Sinter.
Eu sei que vou te amar (Tom Jobim/ Vinicius de Moraes), 1959, grav. de Lenita Bruno, Festa, LP "Por toda minha vida" / grav. de Elza Laranjeira, 78 rpm, RGE.
Fim de noite (Chico Feitosa/ Ronaldo Bôscoli), 1960, grav. de Alaíde Costa, RCA Victor, LP "Alaíde canta suavemente".
Insensatez (Tom Jobim/ Vinicius de Moraes), 1961, grav. João Gilberto, Odeon LP "João Gilberto".
Inútil paisagem (Tom Jobim/ Aloysio de Oliveira), 1964, grav. de Tom Jobim, Warner, LP "The wonderful world of Antonio Carlos Jobim".
O que tinha de ser (Tom Jobim/ Vinicius de Moraes), samba-canção, 1959, grav. de Sylvia Telles (LP "Amor de gente moça", Odeon), Ana Lúcia (LP "Ana Lucia", Chantecler) e Vera Lúcia (LP "Vera Lúcia", Sinter).
Outra vez (Tom Jobim), samba, 1954, grav. de Dick Farney, 78 rpm, Continental.
Modinha (Tom Jobim/ Vinicius de Moraes), 1958, Elizeth Cardoso, Festa, LP "Canção do amor demais".
Sem você (Tom Jobim/ Vinicius de Moraes), 1959, grav. Lenita Bruno, Festa, LP "Por toda minha vida" / grav. de Sylvia Telles, Odeon, LP "Amor de gente moça".
Serenata do adeus (Vinicius de Moraes), 1958, grav. de Elizeth Cardoso, Festa, LP "Canção do amor demais".
Tristeza de nós dois (Durval Ferreira/ Maurício Einhorn/ Bebeto), set/1961, grav. de Rosana Toledo, 78 rpm, RCA Victor / grav. de Doris Monteiro, LP "Gostoso é sambar" (1962), Philips.
Vivo sonhando (Tom Jobim), 1963, grav. Tom Jobim, Verve/Elenco, LP "The composer of Desafinado plays / A música de Antonio Carlos Jobim".

2) A mulher na MPB

2. a. Canções machistas (esculachando a mulher, sobre a mulher conformada, do homem ressentido etc.)

A mulher que é mulher (Klecius Caldas/ Armando Cavalcanti), 1954, grav. de Dircinha Batista, 78 rpm, RCA Victor.
A outra (Carlos Rocha/ Flávio Augusto), balada, 1990, grav. de Alcione, BMG Ariola, CD "Emoções reais".
Abaixo a cueca (Zé Rodrix/ Paulo Coelho), 1979, grav. de Zé Rodrix, RCA Victor, LP "Sempre livre".
Agarre seu homem (Sílvio César/ Ronaldo Bôscoli), samba-rock, 1978, grav. de Sílvio César, RCA Victor, LP "Som e palavras".
Ai que saudades da Amélia (Ataulfo Alves/ Mário Lago), samba, 1942, grav. de Ataulfo Alves, 78 rpm, Odeon.
Amante bandido (Fernando Mendes), 1978, grav. de Ângela Maria, EMI-Odeon, LP "Com amor e carinho".
Amélia de você (Elena & Eliane de Grammont), 1978, grav. de Ângela Maria, EMI-Odeon LP "Com amor e carinho".
Cala a boca, Etelvina (Wilson Batista/ Antonio Almeida), samba, jan/1950, grav. de Jorge Veiga, 78 rpm, Continental.
Camisa amarela (Ary Barroso), samba, jun/1939, grav. de Aracy de Almeida, 78 rpm, Victor.
Cozinheira grã-fina (Mulher exigente) (Sá Roris), out/1939, grav. de Carmen Miranda e Almirante, 78 rpm, Odeon.
Duas mulheres e um homem (Ciro de Souza/ Jorge de Castro), samba, maio/1943, grav. de Isaura Garcia, 78 rpm, RCA Victor.
Elza (Wilson Batista/ Roberto Martins), samba, dez/1945, Carnaval de 46, grav. de Roberto Paiva, 78 rpm, Continental.
Emília (Wilson Batista/ Haroldo Lobo), samba, out/1941, grav. de Vassourinha, 78 rpm, Columbia.
Estranha loucura (Michael Sullivan/ Paulo Massadas), balada, 1987, grav. de Alcione, RCA Victor, LP "Nosso nome: resistência".
Fica doido varrido (Benedito Lacerda/ Erastóstenes Frazão), jan/1945, Carnaval de 45, grav. de Sílvio Caldas, 78 rpm, Victor.

Lundu do Baiano (Bolim bolacho) (autor desconhecido), lundu, +-1905, grav. do Bahiano, 78 rpm, Zonophone.
Madame Fulano de Tal (Cyro Monteiro/ Dias da Cruz), samba, 1958, grav. de Mauricy Moura, 78 rpm, Odeon / grav. de Elizeth Cardoso, 78 rpm, Copacabana.
Mãe solteira (Wilson Batista/ Jorge de Castro), samba, 1954, grav. de Roberto Silva, 78 rpm, Copacabana.
Mal-agradecida (Wilson Batista/ Bucy Moreira), samba, jul/1948, grav. de Aracy de Almeida, 78 rpm, Odeon.
Mamãe (Herivelto Martins/ David Nasser), valsa, 1956, grav. de Ângela Maria e João Dias, 78 rpm, Copacabana.
Marina (Dorival Caymmi), samba-canção, 1947, grav. de Francisco Alves, maio, Odeon, Dorival Caymmi e Nelson Gonçalves – ambas em agosto, RCA Victor.
Me deixa viver (Bide/ Marçal), samba, jan/1941, Carnaval de 41, grav. dos Anjos do Inferno, 78 rpm, Columbia.
Na hora da raiva (Roberto & Erasmo Carlos), 1981, grav. de Wanderléa, CBS, LP "Eu apenas queria que você soubesse".
Na outra encarnação (Martinho da Vila), 1972, grav. de Martinho da Vila, RCA Victor, LP "Batuque na cozinha".
Não dou liberdade a mulher (Valdemar de Abreu "Dunga"/ Roberto Roberti), samba, set/1941, grav. de João Petra de Barros, 78 rpm, Victor.
Não é só vestir saia (Ricardo Galeno), samba, 1961, grav. de Carmen Costa, 78 rpm, Copacabana.
Nega manhosa (Herivelto Martins), samba, jun/1957, grav. de Nelson Gonçalves, 78 rpm, RCA Victor.
Nem morta (Michael Sullivan/ Paulo Massadas), 1985, grav. de Alcione, RCA Victor, LP "Fogo da vida".
Número um (Benedito Lacerda/ Mário Lago), valsa, set/1939, grav. de Orlando Silva, 78 rpm, RCAVictor.
O bicho mulher (Domingos Caldas Barbosa) (1740-1800), lundu – melodia perdida, nunca gravada.
O doutor não gosta (Arnô Provenzano/ Otolindo Lopes), marcha, jan/1952, Carnaval de 52, grav. de Risadinha, 78 rpm, Odeon.
Ou ela ou eu (Carlos Rocha/ Flávio Augusto), samba, 1987, grav. de Alcione, RCA Victor, LP "Nosso nome: resistência".
Paciência (Vou brigar com ela) (Lupicínio Rodrigues), samba-canção, abr/1961, grav. de Maurici Moura, 78 rpm, Chantecler / grav. de Cauby Peixoto em ritmo de tango (1962, RCA Victor, LP "Canção que inspirou você)."

Pálida morena (Freire Júnior), valsa, nov/1933, grav. de Francisco Alves, 78 rpm, Odeon.
Papagaio come milho (Francisco A. Rocha), samba amaxixado, 1922 – grav. do Grupo do Casa Grande, 78 rpm, Odeon / grav. do Bahiano, 78 rpm, Odeon.
Pau que nasce torto (Claudionor Cruz), 1939, samba, grav. de Aurora Miranda, 78 rpm, Victor.
Pecado mortal (Carlos Bonani), 1976, grav. de Cláudia Barroso, Continental, LP "Cláudia Barroso".
Queda de braço (Altay Veloso), samba, 2004, grav. de Alcione, Indie Records, CD "Faz uma loucura por mim".
Quem é? (Custódio Mesquita/ Joracy Camargo), choro, 1937, grav. de Carmen Miranda e Barbosa Junior, 78 rpm, Odeon.
Quem é do mar não enjoa (Martinho da Vila), samba, 1969, grav. de Martinho da Vila, RCA Victor, LP "Martinho da Vila".
Regra do bom viver (Estanislau Silva/ Humberto de Carvalho), samba, mar/1942, grav. de Cyro Monteiro, 78 rpm, Victor.
Sacode a lapela (Mirabeau/ Jorge Gonçalves), samba, 1955, grav. de Carmen Costa, 78 rpm, Copacabana.
Se acaso você chegasse (Lupicínio Rodrigues/ Felisberto Martins), samba, 1938, grav. de Cyro Monteiro / grav. de Elza Soares, 1959, 78 rpm, Odeon.
Silvia (Gustavo Mullem/ Roberio Santana/ Marcelo Nova), grav. do Camisa de Vênus, 1986, RGE, LP "Viva – Camisa de Vênus ao vivo".
Sozinha (Lupicínio Rodrigues), samba-canção, 1963, grav. de Jamelão, Continental, LP "Jamelão".
Tens de compreender (Nássara), 1935, samba, grav. de Aracy de Almeida, 78 rpm, Victor.
Tu deves ser das tais (Franciso Alves/ Jorge Faraj), valsa, out/1936, grav. de Francisco Alves, 78 rpm, Victor.
Três apitos (Noel Rosa), samba, 1933, grav. de Aracy de Almeida, que a lançou em jun/1951, 78 rpm, Continental.
Você me vira a cabeça (Chico Roque/ Paulo Sérgio Valle), balada, 2001, grav. de Alcione, Universal, CD "A paixão tem memória".
Você não passa de uma mulher (Martinho da Vila), 1975, grav. de Martinho da Vila, RCA Victor, LP "Maravilha de cenário".
Volta por cima (Paulo Vanzolini), samba, 1962, grav. de Noite Ilustrada, 78 rpm, Philips.
Volta pra casa, Emília (Antonio Almeida/ J. Batista – atribuído a Wilson Batista), samba, jun/1942, grav. de Vassourinha, 78 rpm, Columbia.

2. b. Porrada em mulher

Alivia estes olhos (Sinhô), samba, 1923, grav. de Carlos Lima e Bahiano, 78 rpm, Odeon.
Amor de malandro (Ismael Silva/ Francisco Alves), 1931, grav. de Francisco Alves, 78 rpm, Odeon.
Bambo bambu (Donga/ Patrício Teixeira), embolada, grav. de Francisco Alves, 78 rpm, Odeonette e de Patrício Teixeira, Odeon.
Dá nela (Ary Barroso), marcha, Carnaval de 1930, grav. de Francisco Alves, 78 rpm, Odeon.
É pancada (Alvarenga), samba, s/data. Música lançada apenas em 2002 no CD "O samba é minha nobreza", Biscoito Fino.
Faixa amarela (Zeca Pagodinho/ Jessé Pai/ Luiz Carlos/ Beto Gago), samba, grav. de Zeca Pagodinho, PolyGram, 1997, CD "Hoje é dia de festa".
Lá vem ela chorando (Dinheiro não há) (Alvarenga/ Benedito Lacerda), samba, Carnaval de 1932, grav. de Leonel Faria, Parlophon / e regravação de Beth Carvalho, 1977, RCA Victor, LP "Nos botequins da vida".
Meu dono, meu rei (Cyro Monteiro/ Dias da Cruz), samba, 1952, grav. de Ângela Maria, 78 rpm, RCA Victor.
Mulato de qualidade (André Filho), samba, 1932, samba, grav. de Carmen Miranda, 78 rpm, Victor.
Mulher de malandro (Heitor dos Prazeres), 1931, samba, grav. de Francisco Alves, 78 rpm, Odeon.
Na subida do morro (Moreira da Silva/ Ribeiro Cunha – atribuído a Geraldo Pereira), samba-de-breque, jun/1952, grav. de Moreira da Silva, 78 rpm, Continental.
Se essa mulher fosse minha (Geraldo Gomes/ Haroldo Torres), samba de roda, ago/1946, grav. dos Namorados da Lua, 78 rpm, Continental.
Se você fosse minha rosa (Pedro Caetano/ Walfrido Silva), jul/1939, grav. Joel e Gaúcho, 78 rpm, Odeon.
Sete e meia da manhã (Pedro Caetano/ Claudionor Cruz), samba, 1945, grav. de Dircinha Batista, 78 rpm, Continental.
Só falta pancada (Nássara/ Roberto Cunha), set/1938, samba, grav. de Aracy de Almeida, 78 rpm, Victor.

2. c. Os rocks machistas e/ou da fúria hormonal masculina da fase jovem guarda

Eu sou terrível (Roberto & Erasmo Carlos), rock, 1967, grav. de Roberto Carlos, CBS, "Roberto Carlos em ritmo de aventura".

Gente demais (A ticket to ride) (Lennon & McCartney/ versão: Antony Middleton), 1965, CBS, grav. de The Youngsters, LP "As 14 Mais – Vol. XVII".
Lobo mau (The wanderer) (E. Mareska/ versão: Hamilton Di Giorgio), rock, 1965, grav. de Roberto Carlos, CBS, LP "Jovem Guarda".
Menina Linda (I should have known better) (Lennon & McCartney/ versão: Renato Barros), rock, 1964, grav. de Renato e seus Blue Caps, CBS, LP "Viva a juventude".
Minha fama de mau (Roberto & Erasmo), 1965, rock, grav. de Erasmo Carlos, RGE, LP "A pescaria".
O bom (Carlos Imperial), 1967, rock, grav. de Eduardo Araújo, Odeon, LP "O bom".
O carango (Carlos Imperial/ Nonato Buzar), 1966, rock, grav. de Erasmo Carlos, RGE, LP "Você me acende".
O sorriso do Dudu (Araújo/ Chil Deberto), rock-balada, ago/1967, grav. de Eduardo Araújo, Odeon, compacto.
Parei na contramão (Roberto & Erasmo), rock, 1963, grav. de Roberto Carlos, CBS, LP "Splish splash".
Splish, splash (Bobby Darin/ J. Muray/ versão: Erasmo Carlos), 1963, grav. de Roberto Carlos, CBS, LP "Splish splash".
Terror dos namorados (Roberto & Erasmo), 1965, rock, grav. de Erasmo Carlos, RGE, LP "A pescaria".
Tremendão (Marcos Roberto/ Dori Edson), 1967, rock, grav. de Erasmo Carlos, RGE, LP "O Tremendão".
Vem quente que eu estou fervendo (Eduardo Araújo/ Carlos Imperial), rock, grav. de Erasmo Carlos, RGE, LP "O Tremendão".
Viva o Divórcio (Carlos Imperial/ Eduardo Araújo), rock, grav. de Eduardo Araújo, Odeon, LP "O bom".
Você me acende (You turn me on) (Whitcomb/ versão: Erasmo Carlos), rock, 1966, grav. de Erasmo Carlos, RGE, LP "Você me acende".
Você vai entrar numa fria (Eduardo Araújo/ Carlos Imperial), rock, jun/1967, grav. de Eduardo Araújo, Odeon, compacto duplo.

2. d. Musas tesudas do Carnaval

Balzaquiana (Wilson Batista/ Nássara), marcha, Carnaval de 1950, grav. de Jorge Goulart, 78 rpm, Continental.
Brigitte Bardot (Miguel Gustavo), marcha, dez/1960, Carnaval de 61, grav. de Jorge Veiga, 78 rpm, Copacabana.

Chiquita Bacana (João de Barro/ Alberto Ribeiro), marcha, Carnaval de 1949, 78 rpm, Continental.
Maria Escandalosa (Klecius Caldas/ Armando Cavalcanti), marcha, jan/1955, Carnaval de 55, grav. de Blecaute, 78 rpm, Copacabana.
Mulata iê iê iê (João Roberto Kelly), marcha, Carnaval de 1965, grav. de Emilinha Borba, Compacto CBS.
Vou ter um troço (Jackson do Pandeiro/ Otolindo Lopes/ Arnô Provenzano), marcha, Carnaval de 1962, grav. de Jackson do Pandeiro, 78 rpm, Philips.

2. e. Musas do samba da antiga ou a sensualidade permitida fora do Carnaval

Dora (Dorival Caymmi), samba, ago/1945, grav. de Dorival Caymmi, 78 rpm, Odeon.
É luxo só (Ary Barroso/ Luiz Peixoto), samba, 1957, grav. de Maria Helena Raposo (out.), 78 rpm, Mocambo / grav. de Heleninha Costa (nov.), 78 rpm, Copacabana / grav. de Elizeth Cardoso, 78 rpm, Copacabana (1958).
Faceira (Ary Barroso), samba, jul/1931, grav. de Sílvio Caldas, 78 rpm, Victor.
Lá vem a baiana (Dorival Caymmi), samba, jan/1945, grav. dos Anjos do Inferno, 78 rpm, Continental.
Mulata assanhada (Ataulfo Alves), samba, nov/1956, grav. de Ataulfo Alves e suas pastoras, 78 rpm, Sinter.
O dengo que a nega tem (Dorival Caymmi), samba, abril/1941, grav. de Carmen Miranda, 78 rpm, Odeon.
O que é que a baiana tem? (Dorival Caymmi), samba, 1939, grav. de Carmen Miranda e Dorival Caymmi, 78 rpm, Odeon.
Os quindins de Yayá (Ary Barroso), samba, jan/1941, grav. de Cyro Monteiro, 78 rpm, Victor.
Vestido de bolero (Dorival Caymmi), samba, jan/1944, grav. dos Anjos do Inferno, 78 rpm, Continental.

2. f. O strip-tease da mulher carioca

Cabeleira à la garçonne (Pedro de Sá Pereira/ Américo F. Guimarães), marcha, 1925, grav. de Jazz Band Sul-Americano Romeu Silva e (2) de Zaíra de Oliveira, ambas em 78 rpm, Odeon.
Garota Biquíni (João de Barro/ Jota Júnior), marcha, dez/1963, Carnaval de 64, grav. de Marlene, 78 rpm, Continental.

Garota de Saint-Tropez (João de barro/ Jota Júnior), marcha, 1962, grav. de Jorge Veiga, RCA Victor.
Garota minissaia (João de Barro/ Jota Júnior), marcha, Carnaval de 1967, grav. de Célia Mara, Copacabana, LP "Carnaval Barra Limpa – Vol. 1".
Garota monoquíni (João de Barro/ Jota Júnior), marcha, Carnaval de 1965, grav. de Marlene, LP "Carnaval 65 Continental".
Ilha do Sol (João de Barro/ Jota Júnior), marcha, Carnaval de 1966, grav. de Angelita Martinez, RCAVictor, LP "Carnaval RCA 66".
Moreninha da praia (João de Barro), marcha, fev/1933, Carnaval de 33, grav. de Almirante, 78 rpm, Victor.
Pemberê (Eduardo Souto/ João da praia), chula à moda baiana, 1921, grav. do Grupo do Moringa / grav. de Bahiano, ambas em 78 rpm, Odeon.

2. g. A mulher dos anos 60 – Sexy ingênua ou bibelô do homem

Bonitinho (Goody, goody) (Marneck/ Marcel/ versão: Albert Pavão), rock, 1964, grav. de Meire Pavão, Chantecler, LP "A rainha da juventude".
Broto triste (Carlos Lyra/ Vinicius de Moraes), bossa nova, 1964, grav. de Carlos Lyra, CBS, LP "Pobre Menina Rica" (trilha sonora original).
Carolina (Chico Buarque), samba-canção, 1967, grav. de Chico Buarque, RGE, compacto.
Chachachá da moça (Haroldo Barbosa/ Luiz Reis), chachachá, 1962, grav. de Ângela Maria, RCA Victor, LP "Ângela Maria canta para o mundo".
Cheguei de mansinho (Chico Feitosa/ Maria Helena Toledo), bossa nova, 1960, grav. de Sonia Delfino, Philips, LP "Alô, brotos".
Cinderela (Adelino Moreira), samba-canção, 1966, grav. de Ângela Maria, Copacabana, LP "Brasileiríssima".
Coisa mais linda (Carlos Lyra/ Vinicius de Moraes), bossa nova, 1961, grav. de João Gilberto, Odeon, LP "João Gilberto".
Com açúcar, com afeto (Chico Buarque), samba, 1967, grav. de Nara Leão, Philips, LP "Vento de maio".
Estou com raiva de você (Papa's new bag ain't nothing but a rag) (Darryl Carter – versão: Robert Livi), rock, 1968, grav. de Wanderléa, CBS, LP "Pra ganhar meu coração".
Garota coquete (Castro Perret), bossa nova, 1960, grav. de Sonia Delfino, Philips, LP "Alô, brotos! nº 2".
Garota de Ipanema (Tom Jobim/ Vinicius de Moraes), bossa nova, 1963, grav. de Pery Ribeiro, Odeon, LP "Pery é todo bossa" / Tamba Trio, Philips, LP "Tamba Trio" / Os Cariocas, Philips, LP "A bossa dos Cariocas".

Garota moderna (Evaldo Gouveia/ Jair Amorim), bossa nova, 1965, grav. de Wilson Simonal, Odeon, LP "Wilson Simonal".
Garota solitária (Adelino Moreira), chachachá, 1962, grav. de Ângela Maria, RCA Victor, LP "A incomparável".
Hey, mama! (Paul Anka/versão: Fred Jorge), 1961, rock, grav. de Celly Campello, Odeon, LP "A graça de Celly e as músicas de Paul Anka".
Menina moça (Luiz Antonio), 1960, grav. de Miltinho, Sideral, LP "Um novo astro" / grav. de Tito Madi, Columbia, LP "As XIV mais – Vol. II".
Minha namorada (Carlos Lyra/ Vinicius de Moraes), bossa nova, 1964, / gravações marcantes de Nara Leão, Philips, "O canto livre de Nara" (1965) / Os Cariocas, Philips, "A grande bossa dos Cariocas" (1965).
Mulher e chita (Adelino Moreira), chachachá, 1963, grav. de Ângela Maria, RCA Victor, LP "AM canta para o mundo – vol. 2", nº 2.
Não tenho namorado (I ain't got no steady date) (Gladys Marie Cabellero/ V: Fred Jorge), rock, 1960, grav. de Celly Campello, Odeon, LP "Broto certinho".
Passaporte pra titia (João Roberto Kelly), 1961, grav. de Doris Monteiro, Philips, LP "Doris Monteiro".
Pra ganhar seu coração (Chil Deberto/ Eduardo Araújo), rock, 1968, grav. de Wanderléa, CBS, LP "Pra ganhar meu coração".
Primavera (Carlos Lyra/ Vinicius de Moraes), bossa nova, 1964, grav. de Carlos Lyra, CBS, LP "Pobre menina rica" (trilha sonora original).
Prova de fogo (Erasmo Carlos), rock, 1967, grav. de Wanderléa, CBS LP "Wanderléa".
Samba da bênção (Carlos Lyra/ Vinicius de Moraes), bossa nova, dez/1962, grav. de Vinicius & Odette Lara, Elenco, LP "Vinicius & Odette Lara".

2. h. Canções femininas / feministas

Era do rádio

Eu sou a outra (Ricardo Galeno), samba-canção, 1953, grav. de Carmen Costa, 78 rpm, Copacabana.
Gosto que me enrosco (Sinhô), samba amaxixado, nov/1928, grav. de Mário Reis, 78 rpm, Odeon.
Marido da orgia (Ciro de Souza), samba, nov/1937, grav. de Aracy de Almeida, 78 rpm, Victor.

Marido maluco (Gadé), choro, jul./1949, grav. de Isaura Garcia, 78 rpm, RCA Victor.
O negócio é amar (Carlos Lyra/ Dolores Duran), samba, letra musicada e lançada em 1982, grav. de Marisa Gata Mansa, Açaí, LP "Leopardo" / grav. de Nelson Gonçalves e Fafá de Belém, 1984, RCA Vik, LP "Nelson Gonçalves Ele & Elas".
Oh Seu Oscar (Ataulfo Alves/ Wilson Batista), samba, nov/1939, Carnaval de 1940, grav. de Cyro Monteiro, 78 rpm, Victor.
Paft, paft (Gadé), samba, jun./1938, grav. de Aracy de Almeida, 78 rpm, Victor.
Sinuca de bico (Pedro Caetano/ Norberto Martins), samba, jul/1944, grav. de Linda Batista, 78 rpm, Victor.
Velho enferrujado (Gadé), choro, ago./1950, grav. de Isaura Garcia, 78 rpm, RCA Victor.
Você me paga o que fez (Nássara), samba, out/1937, grav. de Aracy de Almeida, 78 rpm, Victor.
Vou contar tim tim por tim tim (Cartola), samba, s/data. Gravado apenas em 2002 no CD "O samba é minha nobreza", Biscoito Fino.

Anos 70 em diante

A loba (Paulinho Resende/ Julinho Peralva), balada, 2001, grav. de Alcione, Universal, CD "A paixão tem memória".
A noite da lua cheia (Rubens Queiroz/ Nelson Motta), pop/rock, 1978, grav. das Frenéticas, Warner, LP "Caia na gandaia".
A outra (Ivan Lins/ Vitor Martins), canção, 1985, grav. de Simone, CBS, LP "Cristal".
Atrevida (Ivan Lins/ Vitor Martins), canção, 1980, grav. de Simone, EMI-Odeon, LP "Simone".
Beat acelerado (Yann/ Vicente França), rock, 1984, grav. de Metrô, Epic/CBS, compacto.
Bem-me-quer (Rita Lee/ Roberto de Carvalho), rock, 1980, grav. de Rita Lee, Som Livre, LP "Rita Lee".
Bodas de prata (João Bosco/ Aldir Blanc), canção, 1974, grav. de Simone, EMI-Odeon, LP "Quatro paredes".
Começar de novo (Ivan Lins/ Vitor Martins), canção, 1979, grav. de Simone, EMI-Odeon, LP "Pedaços".
Cor-de-rosa choque (Rita Lee/ Roberto de Carvalho), balada, grav. de Rita Lee para o programa *TV Mulher* em 1980, e em disco em 1982, Som Livre, LP "Rita Lee e Roberto de Carvalho".
Dandara (Ivan Lins/ Francisco Bosco), canção jazzística, 2004, grav. de Simone, EMI Music, CD "Baiana da gema".

Dom de iludir (Caetano Veloso), bolero, 1977, grav. de Maria Creuza, RCA Victor, LP "Meia-noite" / grav. de Gal Costa, Philips, 1982 LP "Minha voz".
Emoções baratas (Rodrigo/ Sérgio/ Paulo), rock, 1985, grav. de Os Melhores, PolyGram, compacto.
Essa moça tá diferente (Chico Buarque), samba, 1970, grav. de Chico Buarque, Philips, LP "Chico Buarque nº 4".
Essa mulher (Joyce/ Ana Terra), samba-canção, 1979, grav. de Elis Regina, Warner, LP "Essa mulher".
Eu apenas queria que você soubesse (Gonzaguinha), canção, 1981, grav. de Wanderléa, CBS, LP "Eu apenas queria que você soubesse" / grav. de Gonzaguinha, EMI-Odeon, LP "Coisa mais maior de grande – Pessoa".
Eu sobrevivo (I will survive) (Dino Fekaris/Perren/V: Paulo Coelho), disco music, 1981, grav. de Vanusa, RCA Victor, LP "Vanusa".
Eu sou free (Ruban/ Patrícia Travassos), rock, 1982, grav. de Sempre Livre, Epic/CBS, compacto e depois incluída no LP "Avião de combate".
Faz uma loucura por mim (Chico Roque/ Sérgio Caetano), balada, 2004, grav. de Alcione, Indie Records, CD "Faz uma loucura por mim".
Feminina (Joyce), samba-jazz, 1980, grav. de Joyce, EMI-Odeon, LP "Feminina".
Fonte da juventude (Rita Lee), marcha, 1977, grav. das Frenéticas, Warner, LP "As Frenéticas".
Garganta (Totonho Villeroy), pop/rock, 1999, grav. de Ana Carolina, BMG, CD "Ana Carolina".
Garota sangue bom (Fernanda Abreu/ Fausto Fawcett), funk, 1995, grav. de Fernanda Abreu, EMI, CD "Da lata".
Garotos (Leoni/ Paula Toller), canção pop, 1985, grav. de Kid Abelha, Warner, LP "Educação sentimental".
Joana dos barcos (Ivan Lins/ Vitor Martins), samba, 1975, grav. de Ivan Lins, RCA Victor, LP "Chama acesa".
Juliana (Antonio Adolfo/ Tibério Gaspar), canção pop, 1969, grav. de Claudette Soares, Philips, LP "Feitinha pro sucesso".
Juventude transviada (Luiz Melodia), samba-canção, 1976, grav. de Luiz Melodia, Som Livre, LP "Maravilhas contemporâneas".
Lápis de cor (Fátima Guedes), balada, 1981, grav. de Fátima Guedes, EMI-Odeon, LP "Lápis de cor".
Lesma lerda (Ruban Barra/ Ronan Soares), pop/rock, 1978, grav. das Frenéticas, Warner, LP "Caia na gandaia".

Ligeiramente grávida (Cláudio Barreto), rock, 1985, grav. do Espírito da Coisa, Top Tape, LP "O Espírito da Coisa".
Locomotivas (Rita Lee), pop/rock, 1977, grav. de Rita Lee, Som Livre, LP trilha da novela *Locomotivas.*
Lôraburra (Gabriel, o Pensador), rap, 1993, grav. de Gabriel, o Pensador, Chaos/Sony Music, CD "Gabriel, o Pensador".
Macho (Erasmo Carlos & Roberto), disco music, 1978, grav. das Frenéticas, Warner, LP "Caia na gandaia".
Mais uma boca (Fátima Guedes), samba-canção, 1980, grav. de Fátima Guedes, EMI-Odeon, LP "Fátima Guedes".
Mamma Maria (C. Millenono/ D. Farina/ versão deKamargus (Paulinho Camargo), rock, 1984, grav. de Grafite, Epic/CBS, compacto.
Manhãs de setembro (Mário Campanha/ Vanusa), balada, 1973, grav. de Vanusa, Continental, LP "Vanusa".
Mãos de afeto (Ivan Lins/ Vitor Martins), samba-canção, 1976, grav. de Nana Caymmi, CID, LP "Renascer".
Maria, Maria (Milton Nascimento/ Fernando Brant), canção jazzística, 1978, grav. de Milton Nascimento, EMI-Odeon, LP "Clube da Esquina" nº 2.
Me disseram (Joyce), samba-canção, 1967, grav. de Joyce, Philips, LP "Joyce" (1968) / grav. de Fafá de Belém, Philips, LP "Crença" (1980).
Mil perdões (Chico Buarque), balada, 1983, grav. de Gal Costa, Philips, LP "Baby Gal".
Mudança dos ventos (Ivan Lins/ Vitor Martins), canção, 1980, grav. de Nana Caymmi, EMI-Odeon, LP "Mudança dos ventos".
Mudanças (Sérgio Sá/ Vanusa), balada, 1979, grav. de Vanusa, RCA Victor, LP "Viva Vanusa".
Muito prazer, Zezé (Rita Lee/ Roberto de Carvalho), canção pop, 1978, grav. de Zezé Motta, Warner, LP "Zezé Motta".
Mulher (sexo frágil) (Erasmo Carlos/ Narinha), balada, 1981, grav. de Erasmo Carlos, Polydor, LP "Mulher".
Mulher da vida (Milton Nascimento e Fernando Brant), samba-canção, 1983, grav. de Simone, CBS, LP "Delírios, delícias".
Mulher ideal (Michael Sullivan/ Carlos Colla), balada, 2002, grav. de Alcione, Indie Records, CD "Ao vivo".
Mulher sem nome (Anastácia), chacundum, 1976, grav. de Cláudia Barroso, Continental, LP "Cláudia Barroso".
Mulher, e daí? (Gonzaguinha), bolero, 1980, grav. de Simone, EMI-Odeon, LP "Simone".

Mulheres de Atenas (Chico Buarque), samba-canção, 1976, grav. de Chico Buarque, Philips, LP "Meus caros amigos" e grav. de Ney Matogrosso, Continental, LP "Bandido".
Nádegas a declarar (Gabriel, o Pensador), rap, 1999, grav. de Gabriel, o Pensador, Chaos/ Sony Music, CD "Nádegas a declarar".
Não te quero santa (Sérgio Fayne/ Vitor Martins/ Saulo Nunes), balada, 1971, grav. de Erasmo Carlos, Polydor, LP "Carlos, Erasmo".
O cachorrinho (Kelly Key), pop, 2000, grav. de "Kelly Key", Warner CD "Kelly Key".
Olho por olho (Zé do Maranhão/ Daniel Santos), samba, 1977, grav. de Beth Carvalho, RCA Victor, LP "Nos botequins da vida".
Olhos nos olhos (Chico Buarque), balada, 1976, grav. de Maria Bethânia, Philips, LP "Pássaro proibido".
Outras mulheres (Joyce/ Paulo César Pinheiro), 1994, grav. de Joyce, EMI, CD "Revendo amigos".
Pagu (Rita Lee/ Zélia Duncan), pop/rock, 2000, grav. de Rita Lee e Zélia Duncan, CD "3001", Universal Music e grav. de "Maria Rita", 2003, Warner, CD "Maria Rita".
Perigosa (Roberto de Carvalho/ Nelson Motta/ Rita Lee), rock, 1977, grav. das Frenéticas, LP "As Frenéticas".
Polivalente (Vanusa/ Augusto César Vanucci), pop/rock, 1981, grav. de Vanusa, RCA Victor, LP "Vanusa".
Quem você pensa que é (Elizabeth), *chacundum*, 1974, grav. de Cláudia Barroso, Continental, LP "Cláudia Barroso".
Rotina (Mário Campanha/ Vanusa), balada, 1975, grav. de Vanusa, RCA Victor, LP "Amigos novos e antigos".
S.O.S. mulher (Vanusa), pop, 1981, grav. de Vanusa, RCA Victor, LP "Vanusa".
Se, fazer, acontecer (Gonzaguinha), samba-canção, 1982, grav. de Gonzaguinha, EMI-Odeon, LP "Caminhos do coração".
Te contei? (Rita Lee/ Roberto de Carvalho), rock, 1978, grav. de Sonia Burnier, Som Livre, LP trilha da novela *Te contei?*.
Testamento (Toquinho/ Vinicius), samba, 1971, RGE, LP "Toquinho e Vinicius".
Todas as mulheres do mundo (Rita Lee), rock, 1993, grav. de Rita Lee, Som Livre, CD "Rita Lee" e grav. de Cássia Eller, PolyGram, 1997, CD "Veneno vivo".
Traste (Fátima Guedes), bolero, 1980, grav. de Fátima Guedes, EMI-Odeon, LP "Fátima Guedes".
Vida frenética (Luiz Carlini), pop, 1977, grav. das Frenéticas, Warner, LP "As Frenéticas".
Você mulher, você (Ivan Lins/ Ronaldo Monteiro de Souza), samba-rock, 1971, grav. de Ivan Lins & Trio Mocotó, Forma, compacto.

Vou deitar e rolar (Baden Powell/ Paulo César Pinheiro), samba, 1970, grav. de Elis Regina, Philips, LP "Em pleno verão".

3) O amor bem-resolvido, leve e sensual na MPB

3. a. Raras canções leves de amores resolvidos ou sensuais, pré-bossa nova

Amendoim torradinho (Henrique Beltrão), samba-canção, 1955, grav. de Sylvia Telles, 78 rpm, Odeon.
Apoteose do amor (Cândido das Neves), valsa, abril/1936, grav. de Orlando Silva, 78 rpm, Victor.
Canção da manhã feliz (Haroldo Barbosa/ Luiz Reis), samba-canção, 1962, grav. de Elizeth Cardoso, 78 rpm, Copacabana / LP "A meiga Elizeth" / grav. de Miltinho, RGE, LP "Poema do olhar" (1963).
Copacabana (João de Barro/ Alberto Ribeiro), samba-canção, ago/1956, grav. de Dick Farney, 78 rpm, Continental.
Curare (Bororó), choro, out/1940, grav. de Orlando Silva, 78 rpm, Victor.
Da cor do pecado (Bororó), samba-choro, set/1939, grav. de Sílvio Caldas, 78 rpm, RCA Victor.
Deixa a lua sossegada (João de Barro/ Alberto Ribeiro), marcha, jan/1935, Carnaval de 35, grav. de Almirante, 78 rpm, Victor.
Dez anos (*Diez años*) (rafael Hernandez / versão: Lourival Faissal), bolero, 1951, grav. de Emilinha Borba, 78 rpm, Continental.
Dó ré mi (Fernando César), samba-canção, out/1955, grav. de Doris Monteiro, 78 rpm, Continental.
Doce melodia (Abel Ferreira/ Luiz Antonio), choro, ago/1952, grav. de Ademilde Fonseca, 78 rpm, Todamérica.
Isaura (Herivelto Martins/ Roberto Roberti), samba, jan/1945, Carnaval de 45, grav. de Francisco Alves, 78 rpm, Odeon.
Joá (A. Amaral/ A. Cordeiro), samba-canção, 1955, grav. de Ângela Maria, 78 rpm, Copacabana.
Joga a rede no mar (Fernando César/ Nazareno de Brito), samba-canção, 1956, grav. de Doris Monteiro, Continental, LP "Confidências".
Manias (Celso e Flávio Cavalcanti), samba-canção, dez/1955, grav. de Ivon Cúri. Também há gravações de Lúcio Alves (Mocambo) / Dolores Duran (Copacabana).

Maria (Ary Barroso/ Luiz Peixoto), samba-canção, dez/1932, grav. de Sílvio Caldas, 78 rpm, Victor.
Menino grande (Antonio Maria), samba-canção, maio/1952, grav. de Nora Ney, 78 rpm, Continental.
Nem eu (Dorival Caymmi), samba-canção, jul/1952, grav. de Dorival Caymmi, 78 rpm, Odeon / grav. de Ângela Maria, abril/1953, 78 rpm, RCA Victor.
O que é amar (Johnny Alf), samba-canção, 1953, grav. de Mary Gonçalves, 78 rpm, Sinter.
Perdido de amor (Luiz Bonfá), samba-canção, 1953, grav. de Dick Farney, 78 rpm, Continental.
Sábado em Copacabana (Dorival Caymmi/ Carlos Guinle), samba-canção, out/1951, grav. de Lúcio Alves, 78 rpm, Continental.
Somos dois (Armando Cavalcanti/ Klecius Caldas/ Luiz Antonio), samba-canção, set/1948, grav. de Dick Farney, 78 rpm, Continental.
Tu (Ary Barroso), samba-canção, jul/1955, grav. de Orlando Silva, 78 rpm, Copacabana.
Volta (Lupicínio Rodrigues), samba-canção, jun/1957, grav. de Linda Batista, 78 rpm, RCA Victor.

3. b. Canções suaves de amor da fase da bossa nova

Água de beber (Tom Jobim/ Vinicius de Moraes), 1961, grav. de Elza Laranjeira, RGE, "A música de Jobim e Vinicius".
Balanço Zona Sul (Tito Madi), 1963, grav. de Wilson Simonal, Odeon, LP "Tem algo mais".
Brigas nunca mais (Tom Jobim/ Vinicius de Moraes), 1959, grav. de Marlene (Odeon, LP "Explosiva"), Dalva de Andrade (Polydor, LP "Eis Dalva de Andrade") e João Gilberto (Odeon, LP "Chega de saudade").
Depois do amor (Normando/ Ronaldo Bôscoli), canção, 1961, grav. de Maysa, LP "O barquinho".
Ela é carioca (Tom Jobim/ Vinicius de Moraes), 1963, grav. de Marcos Valle, Odeon, LP "Samba demais" / grav. de Os Cariocas, 1964, Philips LP "Mais bossa com os Cariocas".
Fotografia (Tom Jobim), 1959, grav. de Sylvia Telles, Odeon LP "Amor de gente moça".
Nós e o mar (Roberto Menescal/ Ronaldo Bôscoli), 1962, grav. de Maysa, RGE LP "Canção do amor mais triste" / grav. de Tamba Trio, Philips, LP "Tamba Trio".
O barquinho (Roberto Menescal/ Ronaldo Bôscoli), 1961, grav. de Sonia Delfino, Polydor, LP "Alô Broto – nº 2" / grav. de Maysa, Columbia, LP "O barquinho".
O que eu gosto de você (Sílvio César), 1961, grav. de Sílvio César, Musidisc, LP "Amor demais".
Samba de verão (Marcos Valle/ Paulo Sérgio Valle), 1964, grav. de Os Catedráticos, LP "Impulso! Samba", Equipe / Doris Monteiro, Philips, LP "Doris Monteiro".

Se é tarde me perdoa (Carlos Lyra/ Ronaldo Bôscoli), 1960, grav. de Sylvia Telles, Philips, LP "Amor em hi-fi".
Só tinha de ser com você (Tom Jobim/ Aloysio de Oliveira), 1964, grav. de Tom Jobim, Warner, LP "The wonderful world of Antonio Carlos Jobim".
Tem dó (Baden Powell/ Vinicius de Moraes), 1963, grav. de Os Cariocas, Philips, LP "Mais bossa com Os Cariocas".
Você (Roberto Menescal/ Ronaldo Bôscoli), grav. de Sonia Delfino, Philips, compacto duplo, s/data, grav. de Dick Farney e Norma Bengell, 1964, Elenco, LP "Dick Farney".
Você e eu (Carlos Lyra/ Vinicius de Moraes), 1961, grav. de João Gilberto, Odeon, LP "João Gilberto" / grav. de Maysa, Columbia, LP "O barquinho" / grav. de Carlos Lyra, Philips LP "Carlos Lyra".
A volta (Roberto Menescal/ Ronaldo Bôscoli), 1968, grav. de Márcia, Philips, LP "Eu e a brisa".

3. c. As Canções sensuais pós-bossa nova

Aconteceu no elevador (Ricardo Monteiro), funk/pop, 1987, grav. de Tânia Alves, CBS, LP "Tânia Alves".
Água perrier (Adriana Calcanhotto/ Antonio Cicero), *blues*, 1992, grav. de Adriana Calcanhotto, Sony Music, CD "Senhas".
Além do horizonte (Roberto & Erasmo Carlos), canção, 1975, grav. de Roberto Carlos, CBS, LP "Roberto Carlos".
Álibi (Djavan), bolero, 1978, grav. de Maria Bethânia, Philips, LP "Álibi" / grav. de Djavan, EMI-Odeon, LP "Djavan".
Amada amante (Roberto & Erasmo Carlos), balada, 1970, grav. de Roberto Carlos, CBS, LP "Roberto Carlos".
Amante latino (Rabito/ Versão: Antônio Carlos), canção latina, 1976, grav. de Sidney Magal, Polydor, LP "Sidney Magal".
Anunciação (Alceu Valença), xote, 1983, grav. de Alceu Valença, Ariola, LP "Anjo avesso".
As noites que você passou comigo (Donizete/ Jean Pierre), balada, 1973, grav. de Odair José, Polydor, LP "Odair José".
Avassaladora (Gonzaguinha), samba-canção/bolero, 1990, grav. de Gonzaguinha, Warner, LP "Luizinho de Gonzaga, Gonzaga Gonzaguinha".
Baby (Roberto & Erasmo Carlos), rock, 1976, grav. de Erasmo Carlos, Polydor, LP "Banda dos Contentes".
Bicho solto (Djavan), pop/funk/jazz, 1998, grav. de Djavan, Sony Music, CD "Bicho solto".

Black is beautiful (Marcos Valle/ Paulo Sérgio Valle), balada *soul*, 1970, grav. de Elis Regina, Philips, LP "Em pleno verão".
Café da manhã (Roberto & Erasmo Carlos), balada, 1978, grav. de Roberto Carlos, CBS, LP "Roberto Carlos".
Cama e mesa (Roberto & Erasmo Carlos), canção, 1981, canção, grav. de Roberto Carlos, CBS, LP "Roberto Carlos".
Cara a cara (Luiz Melodia/ Renato Piau), reggae, 1991, grav. de Luiz Melodia.
Caso sério (Rita Lee/ Roberto de Carvalho), bolero, 1980, grav. de Rita Lee, Som Livre, LP "Rita Lee".
Catavento e girassol (Guinga/ Aldir Blanc), samba, grav. de Leila Pinheiro, EMI, CD "Catavento e girassol".
Cavalgada (Roberto & Erasmo Carlos), balada, 1977, grav. de Roberto Carlos, CBS, LP "Roberto Carlos".
Coisa louca (Martinho da Vila), samba, 1976, grav. de Martinho da Vila, RCA Victor, LP "Rosa do povo".
Como dois animais (Alceu Valença), xote, 1982, grav. de Alceu Valença, Ariola, LP "Cavalo de pau".
Consumidora (Eduardo Dusek/ Luiz Carlos Góes), pop/rock, 1983, grav. de Tânia Alves, Philips, LP "Novos sabores".
Deixa essa vergonha de lado (Odair José/ Andréia Teixeira), balada, 1973, grav. de Odair José, Polydor, LP "Odair José".
Deixa eu te amar (Agepê/ Camillo/ Mauro Silva), samba, 1984, Som Livre, LP "Mistura brasileira".
Depois de ter você (Cantada) (Adriana Calcanhotto), balada, 2001, grav. de Maria Bethânia, BMG, CD "Maricotinha".
Derretendo satélites (Herbert Vianna/ Paula Toller), pop/romântico, 1998, grav. de Paula Toller, Warner, CD "Paula Toller".
Deus te proteja de mim (Carlos Colla), balada, 1988, grav. de Wando, PolyGram, LP "Obsceno".
Disritmia (Martinho da Vila), samba, 1974, grav. de Martinho da Vila, RCA Victor, LP Canta, "canta minha gente".
Elegia (Pérides Cavalcanti/Augusto de Campos), canção, 1979, grav. de Caetano Veloso, Philipp, LP "Cinema transcendental".
Em qualquer lugar (Odair José/Fernando Adour), balada, 1973, grav. de Odair José, Polydor, vetada e só lançada em 2002 – relançada com letra parcialmente modificada em 1981, intitulada *Quando a gente ama* (Odair José/ José Mauro), na EMI-Odeon, LP "Viva e deixe viver".

Escancarando de vez (Mauro Motta/ Paulo Sérgio Valle), pop brega, 1991, grav. de Elymar Santos, EMI-Odeon, CD "Missão ser feliz".
Esta noite você vai ter que ser minha (J. Pereira/ Jr. / Pisca), balada, 1972, grav. de Odair José, Polyfar/Phonogram, LP "Assim sou eu".
Eu já tirei a tua roupa (Wando), balada, 1987, grav. de Wando, PolyGram, LP "Coração aceso".
Eu te devoro (Djavan), funk, 1998, grav. de Djavan, Sony Music, CD "Bicho solto".
Eu, você e a praça (Odair José), balada, 1973, grav. de Odair José, Polydor, LP "Odair José".
Faço de tudo (Paulinho Galvão/ Renata Arruda/ Sandra de Sá), pop/romântico, 2000, grav. de Sandra de Sá, Warner, CD "Momentos que marcam demais" / grav. de Ney Matogrosso, Universal, CD "Vivo".
Fonte da saudade (Kledir Ramil), balada, 1980, grav. de Kleiton & Kledir, Ariola, LP "Kleiton & Kledir".
Gostosa (Wando), samba, 1997, grav. de Wando, Indie Records, CD "Chacundum".
Ilegal, imoral ou engorda (Roberto & Erasmo Carlos), balada, 1976, grav. de Roberto Carlos, CBS, LP "Roberto Carlos".
Infinito (Djavan), pop/funk/jazz, 1984, grav. de Djavan, CBS, LP "Lilás".
Irmã de neon (Djavan), 1996, grav. de Djavan, Sony Music, CD "Malásia".
Ive Brussel (Jorge Ben), samba-funk, 1979, grav. de Jorge Ben e Caetano Veloso, Som Livre, LP "Salve simpatia".
Jaguatirica (Martinho da Vila), samba, 1988, grav. de Martinho da Vila, CBS, LP "Festa da raça".
Lá vem o negão (Zelão), samba, 1994, grav. do grupo Cravo e Canella, Continental, CD "Cravo e Canella".
Logo agora (Jorge Aragão/ Jotabê), samba, 1979, grav. de Emílio Santiago, Philips, LP "O canto crescente de Emílio Santiago".
Mal acostumado (Meg Evans/ Raí Araújo), samba-axé, 1998, grav. de Ara Ketu, Sony, CD "Ara Ketu ao vivo".
Mania de você (Rita Lee/ Roberto de Carvalho), balada pop, 1979, grav. de Rita Lee, Som Livre, LP "Rita Lee".
Manteiga de garrafa (Martinho da Vila), samba, 1977, grav. de Martinho da Vila, RCA Victor, LP "Presente".
Marrom bombom (Ronaldo Barcellos), samba, 1995, grav. do grupo Os Morenos CD, BMG Ariola, CD "Marrom bombom".
Me abraça (Jorge Xeréu/ Roberto Moura), axé, 1995, grav. da Banda EVA, PolyGram, CD "Hora H".

Me faz um dengo (Martinho da Vila/ Zé Catimba), samba, 1981, grav. de Martinho da Vila, RCA Victor, LP "Sentimentos".
Meia de seda (Carlos Colla/ Gastão Lamounier), balada, 1995, grav. de Wando, PolyGram, LP "Dança romântica".
Meu ébano (Nenéo/ Paulinho Rezende), samba, 1995, grav. de Alcione, Indie Records, CD "Uma nova paixão".
Meu sangue ferve por você (Melancolie) (M. Pancol/ J. Arel/ C. Carrere/ Versão: Serafim Costa Almeida), disco music, 1976, grav. de Sidney Magal, Polydor, LP "Sidney Magal".
Moça (Wando), samba, 1975, grav. de Wando, Copacabana, LP "Wando".
Mordida na maçã (Wando/ Niffer), balada, 1995, grav. de Wando, PolyGram, LP "Dança romântica".
Na paz do seu sorriso (Roberto & Erasmo Carlos), canção, 1979, grav. de Roberto Carlos, CBS, LP "Roberto Carlos".
Não existe pecado ao sul do Equador (Chico Buarque/ Ruy Guerra), frevo, 1973, grav. de Chico Buarque, Philips, LP "Calabar, o elogio da traição" / grav. de Ney Matogrosso em ritmo de disco music, Warner, LP "Feitiço" (1978).
Noite de desejos (Odair José), balada, 1974, grav. de Odair José, Polydor, LP "Lembranças".
O circo (Orlando Morais/ Antonio Cicero), fox, 1996, grav. de Maria Bethânia, EMI, CD "Âmbar".
Obsceno (Wando/ Marquinhos/ Gilson Mendonça/ J. Ribamar), balada, 1988, grav. de Wando, PolyGram, LP "Obsceno".
Os amantes (Sidney da Conceição/ Augusto César/ Lourenço), samba, 1977, grav. de Luiz Ayrão, EMI-Odeon, LP "Luiz Ayrão".
Os seus botões (Roberto & Erasmo Carlos), balada, 1976, grav. de Roberto Carlos, CBS, LP "Roberto Carlos".
Outono (Djavan), blues, 1991, grav. de Djavan, Sony Music, CD "Coisa de acender".
Paixão (Kledir Ramil), balada, 1981, grav. de Kleiton & Kledir, Ariola, LP "Kleiton & Kledir".
Pérola negra (Luiz Melodia), *blues*, 1971, grav. ao vivo de Gal Costa, Philips, LP "Gal Fatal / Gal a todo vapor" / grav. de Luiz Melodia, Phonogram/Philips, LP "Pérola negra" (1973).
Pétala (Djavan), blues, 1984, grav. de Djavan, CBS, LP "Lilás".
Preciso chamar sua atenção (Vou ficar nu pra chamar sua atenção) (Roberto & Erasmo Carlos), balada, 1970, grav. de Erasmo Carlos, RGE, LP "Erasmo Carlos e Os Tremendões" / grav. de Roberto Carlos, CBS, LP "Roberto Carlos" (1976).
Que maravilha (Toquinho/ Jorge Ben), samba-jazz, 1969, grav. de Wilson Simonal (Odeon), Claudette Soares (Philips), Eliana Pittman (RGE), entre outros. Grav. de sucesso de Toquinho e Jorge Ben, 1970, RGE, LP "Toquinho – Que maravilha".

Recriando a criação (Martinho da Vila/ Zé Catimba), samba, 1985, grav. de Martinho da Vila, RCA Victor, LP "Criações e recriações".
Revista proibida (Odair José), balada, 1973, grav. de Odair José, Polydor, LP "Odair José".
Safada (Wando/ Chico Anysio), samba, 1996, grav. de Wando, PolyGram, CD "O ponto G da história".
Samba e amor (Chico Buarque), bossa nova, 1975, grav. de Caetano Veloso, Philips, LP "Qualquer coisa".
Se (Djavan), balada, 1991, grav. de Djavan, Sony Music, CD "Coisa de acender".
Sem fantasia (Chico Buarque), samba médio, 1968, grav. de Chico Buarque e Cristina, RGE, LP "Chico Buarque vol. 3".
Seu corpo (Roberto & Erasmo Carlos), balada, 1973, grav. de Roberto Carlos, CBS, LP "Roberto Carlos".
Seu tipo (Eduardo Dusek/ Luiz Carlos Góes), fox, 1979, grav. de Ney Matogrosso, Warner, LP "Seu tipo".
Sexo (Zélia Duncan), pop/eletrônico, 1998, grav. de Zélia Duncan, Warner, CD "Acesso".
Subindo pelas paredes (Elymar Santos), pop/brega, 1991, grav. de Elymar Santos, EMI-Odeon, CD "Missão ser feliz".
Taras e manias (Marcos Valle/ Carlos Colla), pop/brega, 1990, grav. de Elymar Santos, EMI-Odeon, CD "Missão ato de amor".
Tenho (Tengo) (Sandro/ Anderie/ versão: Sidney Magal), chacundum, 1978, grav. de Sidney Magal, Polydor, LP "Magal".
Tieta (Paulo Debétio/Boni), lambada, 1989, grav. de Luiz Caldas, PolyGram, LP "Timbres".
Tô que tô (Kleiton/ Kledir), funk, 1982, grav. de Simone, CBS, LP "Corpo e alma".
Uma noite e ½ (Renato Rocket), rock, 1997, grav. de Marina e Renato Rocket, PolyGram, LP "Virgem".
Viajando (Martinho da Vila), samba, 1974, grav. de Martinho da Vila, RCA Victor, LP "Canta, canta minha gente".
Você é linda (Caetano Veloso), canção, 1983, grav. de Caetano Veloso, Philips, LP "Uns".
Vou tirar você desse lugar (Odair José), balada, 1972, grav. de Odair José, CBS, compacto.

3. d. A sensualidade feminina

Amor com café (Cecéu), baião, 1982, grav. de Elba Ramalho, Ariola, LP "Alegria".
Bolero de satã (Guinga/ Paulo César Pinheiro), bolero, 1979, grav. de Elis Regina e Cauby Peixoto, Warner, LP "Elis, essa mulher".

Café com pão (João Donato/ Lysias Ênio), bossa, 1981, grav. de Nana Caymmi, EMI-Odeon, LP "E a gente nem deu nome".
Cheiro de amor (Duda/ Jota/ Paulo Sérgio Valle/ Ribeiro), canção, 1979, grav. de Maria Bethânia, Philips, LP "Mel".
Coisa feita (João Bosco/ Aldir Blanc), samba, 1983, grav. de Simone, CBS, LP "Delírios, delícias".
Condenados (Fátima Guedes), bolero, 1979, grav. de Simone, EMI-Odeon, LP "Pedaços".
Corpo (Sueli Costa/ Abel Silva), bolero, 1982, grav. de Simone, CBS, LP "Corpo e alma".
Da cor brasileira (Joyce/ Ana Terra), samba médio, 1979, grav. de Maria Bethânia, Philips, LP "Mel".
Depois das dez (Tunai/ Sérgio Natureza), pop/rock, 1983, grav. de Simone, CBS, LP "Delírios, delícias".
Dois pra lá, dois pra cá (João Bosco/ Aldir Blanc), bolero, 1974, grav. de Elis Regina, Philips, LP "Elis".
Esse cara (Caetano Veloso), canção, 1972, grav. de Maria Bethânia, Philips, LP "Drama".
Explode coração (Não dá mais pra segurar) (Gonzaguinha), bolero, 1978, grav. de Maria Bethânia, Philips, LP "Álibi".
Folhetim (Chico Buarque), bolero, 1978, grav. de Gal Costa, Philips, LP "Água viva".
Fruta mulher (Vevé Calazans), canção latina, 1985, grav. de Nana Caymmi, Som Livre, LP da trilha da novela *Roque Santeiro.*
Infinito desejo (Gonzaguinha), samba, 1979, grav. de Maria Bethânia, Philips, LP "Mel".
Latin lover (João Bosco/ Aldir Blanc), bolero, 1975, grav. de Simone, LP "Gotas d'água", EMI-Odeon.
Medo de amar nº 2 (Sueli Costa/ Tite de Lemos), bolero, 1978, grav. de Simone, EMI-Odeon, LP "Cigarra".
Mergulho (Gonzaguinha), bolero, 1980, grav. de Maria Bethânia, Philips, LP "Talismã".
Mistério (Naïla Skorpio/ Sonia Burnier), blues, 1981, grav. de Ângela Ro Ro, Philips, LP "Escândalo".
Momentos (Joanna/ Sarah Benchimol), balada, 1980, grav. de Joanna, RCA Victor, LP "Estrela-guia".
Muito prazer (Joyce), canção, 1981, grav. de Joyce, EMI-Odeon, LP "Água e luz".
Mulher nova, bonita e carinhosa faz o homem gemer sem sentir dor (Zé Ramalho/ Otacílio Batista), canção épica, 1982, grav. de Amelinha, CBS, LP "Mulher nova, bonita e carinhosa faz o homem gemer sem sentir dor".
Na cama (Naïla Skorpio/ Sonia Burnier), blues, 1981, grav. de Ângela Ro Ro, Philips, LP "Escândalo".

O lado quente do ser (Marina/ Antonio Cicero), bolero, 1980, grav. de Maria Bethânia, Philips, LP "Talismã".
O meu amor (Chico Buarque), bolero, 1978, grav. de Elba Ramalho e Marieta Severo, Philips, LP "Chico Buarque" / grav. de Maria Bethânia e Alcione, Philips, LP "Álibi".
O que será (À flor da pele) (Chico Buarque), samba, 1977, grav. de Simone, EMI-Odeon, LP "Face a face" / Trilha do filme *Dona Flor e seus dois maridos* – Epic americana.
O sonho (Egberto Gismonti), canção, 1968, grav. de Elis Regina, Philips, LP "Elis, como e porque" (1969).
Pé de meia (Sandra Sá), funk, 1980, grav. de Sandra Sá, RGE, LP "Sandra Sá".
Perigosa (Roberto de Carvalho/ Nelson Motta/ Rita Lee), disco music, 1977, grav. das Frenéticas, LP "As Frenéticas".
Princesa (Flávio Venturini/ Ronaldo Bastos), balada, grav. de Flávio Venturini, 1982, LP "Nascente", EMI-Odeon / grav. de Simone, 1985, CBS, LP "Cristal".
Que me venha esse homem (David Tygel/ Bruna Lombardi), canção, 1978, grav. de Amelinha, CBS, LP "Frevo mulher"/ grav. de Fafá de Belém, Philips, LP "Estrela radiante" (1979).
Rainha morena (Maurício Tapajós/ Paulo César Pinheiro), samba, 1980, grav. de Simone, EMI-Odeon, LP "Simone".
Sedução (Milton Nascimento/ Fernando Brant), samba, lançado no balé *Maria, Maria* em 1976, grav. de Fafá de Belém, Philips, LP "Água" (1977).
Sem açúcar (Chico Buarque), samba, 1975, grav. ao vivo de Maria Bethânia, Philips, LP "Chico Buarque e Maria Bethânia ao vivo".
Sex one (Aloísio/ Rosemary/ Rony), bolero, 1980, grav. de Maria Odette, Arlequim, compacto.
Sob medida (Chico Buarque), bolero, 1979, grav. de Simone, EMI-Odeon, LP "Pedaços" / grav. de Fafá de Belém, Philips, LP "Estrela radiante".
Tão beata, tão à toa (Naïla Skorpio/ Guto Graça Mello), fox, 1981, grav. de Ângela Ro Ro, Philips, LP "Escândalo" / grav. de Marina em ritmo de pop/rock em 1984, Philips, compacto.
Tatuagem (Chico Buarque/ Ruy Guerra), samba-canção, 1973, grav. de Chico Buarque, Philips, LP "Calabar, o elogio da traição" / grav. de Maria Bethânia, Philips, LP "Drama 3º ato / Luz da Noite".
Teresinha (Chico Buarque), valsa, 1977, grav. de Maria Bethânia, Philips, LP "Pássaro da manhã".
Tigresa (Caetano Veloso), blues, 1977, grav. de Gal Costa, Philips, LP "Caras & bocas" / grav. de Maria Bethânia, Philips, LP "Pássaro da manhã" / grav. de Caetano Veloso, Philips, LP "Bicho" / grav. de Ney Matogrosso, Continental, LP "Pecado".

Tira as mãos de mim (Chico Buarque/ Ruy Guerra), samba, 1973, grav. de Chico Buarque, Philips, LP "Calabar, o elogio da traição" / grav. ao vivo de Maria Bethânia, Philips, LP "A cena muda" (1974).
Tô com diabo no corpo (Sivuca/ Paulinho Tapajós), frevo, 1982, grav. de Nara Leão, Philips, LP "Nasci para bailar".
Tô voltando (Maurício Tapajós/ Paulo César Pinheiro) samba, 1979, grav. de Simone, EMI-Odeon, LP "Pedaços".
Um desejo só não basta (Francisco Casaverde/ Fausto Nilo), balada, 1984, grav. de Simone, CBS, LP "Desejos".
Vitoriosa (Ivan Lins/ Vitor Martins), balada, 1986, grav. de Ivan Lins, Som Livre, LP "Ivan Lins".
Vou lá no fundo (Naïla Skorpio/ Sonia Burnier), blues, 1981, grav. de Ângela Ro Ro, Philips, LP "Escândalo".

4) O erotismo e a sacanagem na MPB

4. a. Canções de vocabulário sexual "pesado" lançadas nos anos 1960 e 1970

Amada amante (Roberto & Erasmo Carlos), balada, 1970, grav. de Roberto Carlos, CBS, LP "Roberto Carlos".
Ana de Amsterdam (Chico Buarque/ Ruy Guerra), canção, 1973, grav. de Chico Buarque, Philips, LP "Caetano e Chico juntos e ao vivo".
Baby (Roberto & Erasmo Carlos), funk, 1976, grav. de Erasmo Carlos, Polydor, LP "Banda dos Contentes".
Bilhete (Ivan Lins/ Vitor Martins), balada, 1980, grav. de Ivan Lins, EMI-Odeon, LP "Novo tempo" / grav. de Fafá de Belém, Philips, LP "Essencial" (1982).
Bye, bye Brasil (Roberto Menescal/ Chico Buarque), caribenha, 1979, grav. de Chico Buarque, Philips, compacto / LP "Vida" (1980).
Menina moça (Martinho da Vila), samba, 1967, lançada em disco em 1971, grav. de Martinho da Vila, RCA Victor, LP "Memória de um sargento de milícias".
Ninguém conhece ninguém (Martinho da Vila), samba, 1967, grav. do Trio ABC da Portela, Copacabana, compacto / grav. de Martinho da Vila, RCA Victor, LP "Meu laiáraiá" (1969).
O quereres (Caetano Veloso), baião pop, 1984, Philips, LP "Velô".
Posando de star (Cazuza), rock, 1982, grav. do Barão Vermelho, Som Livre, LP "Barão Vermelho".

Quero que vá tudo pro inferno (Roberto & Erasmo Carlos), rock, 1965, grav. de Roberto Carlos, CBS, LP "Jovem Guarda".
Sagarana (João de Aquino/ Paulo César Pinheiro), lançada no IV FIC 69 por Maria Odette e Terra Trio / grav. de Paulo César Pinheiro, Odeon, LP "Paulo César Pinheiro" / Clara Nunes, EMI-Odeon, 1977 LP "As forças da natureza".
Sua estupidez (Roberto & Erasmo Carlos), balada, 1971, grav. de Gal Costa, Philips, LP "Gal Fat-al / Gal a todo vapor".
Uma vida só (Pare de tomar a pílula) (Odair José/ Ana Maria), balada, 1973, grav. de Odair José, Polydor, LP "Odair José".

4. b. Sacanagem nas modinhas, lundus e cançonetas

A cozinheira e a patroa (autor desconhecido), cançoneta, 1909, grav. de Os Geraldos, 78 rpm, Odeon.
À doce união de amor (Domingos Caldas Barbosa), séc. XVIII – sem gravação.
A marrequinha de Iaiá (Paula Brito), lundu, 1853 – sem gravação.
A pombinha de Lulu (Costa Silva), cançoneta, 1912, grav. de Bahiano, 78 rpm, Odeon.
Boceta de rapé (autor desconhecido), cançoneta, 1907, grav. de Mário Pinheiro, 78 rpm, Odeon.
Bondades de amor (Domingos Caldas Barbosa), séc. XVIII – sem gravação.
Dança do corta-jaca (Gaúcho) (Chiquinha Gonzaga), maxixe, 1895, revivido em 1904, grav. de Pepa Delgado & Mário Pinheiro, 78 rpm, Odeon (e muitas outras no mesmo período).
Escorregadela (autor desconhecido), cançoneta, 1910, grav. de Bahiano, 78 rpm, Odeon.
Lulu... acende a luz! (J. Francisco de Freitas/ Luiz Iglesias), cançoneta, set/1928, grav. de Francisco Alves, 78 rpm, Odeon.
No bico da chaleira (Eustorgio Vanderley), cançoneta, 1909, grav. de Geraldo Magalhães, 78 rpm, Odeon.
Raivas gostosas (Domingos Caldas Barbosa), séc. XVIII – sem gravação.
Regente de orquestra (Eduardo Souza), cançoneta, 1902/3, grav. de Bahiano, 78 rpm, Odeon.
Rua Pau Ferro (autor desconhecido), cançoneta, 1910, grav. de Bahiano, 78 rpm, Odeon.
Tenho um novo namorado (Desmond Gerald), cançoneta, maio/1930, grav. de Carmen Miranda, 78 rpm, Victor.
Vai entrando (autor desconhecido), cançoneta, 1903, grav. de Bahiano, 78 rpm, Odeon.
Vou morrendo devagar (Domingos Caldas Barbosa), séc. XVIII – sem gravação.

4. c. Sacanagem no funk carioca

Atoladinha (Enterradinha) (Bola de Fogo), 2005, grav. de Bola de Fogo e as Foguentas, Som Livre, CD "Bem Funk – Dj Marlboro".
Balança (Gorila e Preto), grav. de Gorila e Preto.
Beijo na boca (*Beijo na boca é coisa do passado*), (Luisinho Makuko / MC Cepacol), grav. da Furacão 2000, grav. de Latino, CD "10 anos ao vivo", EMI, 2006.
Canguru perneta (Tati), grav. de Tati Quebra-Barraco.
Cerol na mão (Tigrão), grav. do Bonde do Tigrão, 2000, Furacão 2000, CD "Tornado muito nervoso 2".
Chicote (Reinaldo/ Sandro/ Cleyton), grav. dos Filhos do Funk, 2001, Som Livre, "New Funk 2001".
Dako é bom (MC Tati), grav. de Tati Quebra-Barraco, 2005, Link Records, CD "Boladona".
De quatro, de lado (Deize Tigrona), grav. de Deize Tigrona / grav. de Tati Quebra-Barraco.
Descontrolada (MC Indiara), grav. do Bonde das Panteras, 2001, Link Records, CD "Bonde da C.D.D."
Esculacho (Fama de putona) (MC Tati), 2001, grav. de Tati Quebra-Barraco.
Espanhola (MC Dudu), 2003, grav de Nana e as Pitchulas.
Injeção (Deize Tigrona), 2005, grav. de Deize Tigrona, Link Records, CD "Deize Tigrona – A Injeção do Funk" (CD de 2006).
Leite de minhapica (MC Serginho), 2002, grav. de MC Serginho, Som Livre, CD "Festa funk – vol. 1".
Leite de saco (MC Tati), 2001-03, grav. da MC Tati Quebra-Barraco.
Linguadinha (Ricardinho), grav. do Bonde dos Magrinhos, 2004, Link Records, CD "Big Mix de Verão 2004".
Machão (MC Serginho), grav. de MC Serginho, 2003, Indie Records, CD "MC Serginho".
Máquina de sexo (Chatuba de Mequita), 2000, grav. da Chatuba de Mesquita, não lançado comercialmente.
Montagem *Assadinha (69)* (DJ's da Pipo's/ MC Tati), grav. de Tati Quebra-Barraco, 2001, Pipo's Records, CD Tati Quebra-Barraco.
Montagem *Cardápio do Amor* (DJ's da Pipo's/ MC Tati), grav. de Tati Quebra-Barraco, 2001, Pipo's Records, CD "Tati Quebra-Barraco".
Montagem *Cartão Magnético* (DJ's da Pipo's/ MC Tati), grav. de Tati Quebra-Barraco, 2001, Pipo's Records, CD "Tati Quebra-Barraco".
Montagem *Desafio* (DJ's da Pipo's/ MC Tati), grav. de Tati Quebra-Barraco e Mr. Catra, 2001, Pipo's Records, CD "Tati Quebra-Barraco".

Montagem *Motel* (Gorila e Preto), grav. de Gorila & Preto, 2001, Pipo's Records, CD "Funk Comédia".
Montagem *Não Sou Cocota* (DJ's da Pipo's / MC Tati), grav. de Tati Quebra-Barraco, 2001, Pipo's Records, CD "Tati Quebra-Barraco".
Montagem *Palmolão* (DJ's da Pipo's / MC Tati), grav. de Tati Quebra-Barraco, 2001, Pipo's Records, CD "Tati Quebra-Barraco".
Montagem *Quebra-Barraco 2* (DJ Joé/ MC Tati), grav. de Tati Quebra-Barraco, 2001, Pipo's Records, CD "Tati Quebra-Barraco".
Montatem *Cachorra chapa quente* (DJ's da Pipo's/ MC Tati), grav. de Tati Quebra-Barraco, 2001, Pipo's Records, CD "Tati Quebra-Barraco".
Pocotó (Egüinha Pocotó) (MC Serginho), grav. de MC Serginho, lançado oficialmente em 2003, Indie Records, CD "MC Serginho".
Posição da rã (Gorila e Preto), 2004, grav. de Gorila e Preto.
Pretinho sensual (Bonde das Tinhosas), grav. do Bonde das Tinhosas, 2001, Som Livre, New Funk 2001.
Que delícia (Fernando de Paula), 2004, grav. do grupo Bonde dos Saradinhos, lançado oficialmente pela Cultpar / Universal, no CD "Que delícia!", 2005.
Sou feia mas tô na moda (Tati Quebra-Barraco / Bruno DJ / Ricardo Gama), 2004, grav. de Tati Quebra-Barraco, Link Records, CD "Boladona".
Tapinha (MC Naldinho/ Dennis DJ), grav. de MC Beth, 2000, Furacão 2000, CD "Tornado Muito Nervoso 2".
Tradução (Leco), grav. do Bonde do Vinho, 2004, Link Records, CD "Big Mix de Verão 2004".
Vai Lacraia (MC Serginho), grav. de MC Serginho, 2002. Incluída no CD "MC Serginho" (Indie Records, 2003).
Vai Serginho (MC Serginho), grav. de MC Serginho, dez/2001. Incluída no CD "MC Serginho" (Indie Records, 2003).
Xaninha (Xana/ Gang), grav. de Xana, 2004, Link Records, CD "Tá ligado".

4. d. A sacanagem no Carnaval

A vizinha (Pega ela, peru) (Paulinho Durena/ Alfredo Melodia), samba, 1981, grav. de Mussum, Continental, LP "Mussum".
Ai que vontade (Beto Sem Braço/ Dão), samba, 1977, grav. de Oswaldo Nunes, Som Livre, LP "Convocação geral/Carnaval 78".

Até papai (Alrindo Marques Jr./ Roberto Roberti/ Jorge Murad), marcha, fev/1941, Carnaval de 1941, grav. de Joel e Gaúcho, 78 rpm, Columbia.
Baba de quiabo (Arsênio de Carvalho/ Virgínia Lane), marcha, jan/1957, grav. de Virgínia Lane, 78 rpm, Todamérica.
Banana (Luiz Antonio/ Jota Júnior/ Paulo Gesta), marcha, nov/1951, Carnaval de 1952, grav. de Virgínia Lane, 78 rpm, Todamérica.
Bicho-papão (Donga/ Eduardinho), fev/1935, Carnaval de 1935, grav. de Jaime Brito, 78 rpm, Victor.
Coitadinho do papai (Henrique de Almeida/ M. Garcez), marcha, fev/1947, Carnaval de 1947, grav. de Marlene e os Vocalistas Tropicais, 78 rpm, Odeon.
Comprei um Buda (Haroldo Lobo/ Benedito Lacerda), marcha, jan/1948, Carnaval de 1948, grav. de Aracy de Almeida, 78 rpm, Odeon.
Diabo sem rabo (Haroldo Lobo/ Milton de Oliveira), marcha, fev/1938, Carnaval de 1938, grav. de Patrício Teixeira, 78 rpm, Victor.
Este meio não serve (Donga/ Noel Rosa), samba, fev/1936, Carnaval de 36, grav. de Mário Reis, 78 rpm, Odeon.
Eu quero é rosetar (Haroldo Lobo/ Milton de Oliveira), marcha, Carnaval de 1947, grav. de Jorge Veiga, 78 rpm, Continental.
Eu só quero é beliscar (Eduardo Souto), cateretê carnavalesco, Carnaval de 1922, grav. de Bahiano, 78 rpm, Odeon.
Eu só quero é conhecer (Eduardo Souto), cateretê carnavalesco, 1925, grav. de Zaíra de Oliveira e Bahiano, 78 rpm, Odeon.
Eu vi Lili (José Francisco de Freitas), marcha, Carnaval de 1925, Carnaval de 1926, grav. de Pedro Celestino, 78 rpm, Odeon.
Jura (Sinhô), samba amaxixado, nov/1928, Carnaval de 1929, grav. de Aracy Cortes, 78 rpm, Parlophon / grav. de Mário Reis, 78 rpm, Odeon.
Lá vem a cobra grande (João de Barro/ Antonio Almeida), marcha, 1952, grav. de Virgínia Lane, 78 rpm, Todamérica.
Linda lourinha (João de Barro), marcha, Carnaval de 1934, grav. de Sílvio Caldas, 78 rpm, Victor.
Mamãe eu levei bomba (Jota Júnior/ Oldemar Magalhães), marcha, jan/1958, Carnaval de 58, grav. de Dircinha Batista, 78 rpm, RCA Victor.
Mamãe eu quero (Vicente Paiva/ Jararaca), jan/1937, Carnaval de 37, grav. de Jararaca, 78 rpm, Odeon.
Marcha da pipoca (Luiz Bandeira/ Arsênio de Carvalho), marcha, nov/1954, Carnaval de 55, grav. de Virgínia Lane, 78 rpm, Todamérica.

Marcha do pintinho (Hilton Simões/ Alventino Cavalcante/ Tex), marcha, dez/1960, Carnaval de 61, grav. de Emilinha Borba, 78 rpm, Columbia.
Marcha do remador (Se a canoa não virar) (Antonio Almeida/ Oldemar Magalhães), marcha, dez/1963, Carnaval de 64, CBS, 78 rpm/Compacto.
Nós os carecas (Arlindo Marques Jr./ Roberto Roberti), marcha, jan/1942, Carnaval de 42, grav. dos Anjos do Inferno, 78 rpm, Columbia.
O que é que há (com a sua baratinha?) (Furnarius Rufus) (João de Barro), marcha, dez/ 1947, Carnaval de 48, grav. de Jorge Veiga, 78 rpm, Continental.
Pacotão (João Roberto Kelly/ Don Carlos/ Chacrinha/ Leleco), samba, 1984, grav. de Chacrinha, EMI-Odeon, compacto.
Pai Adão (Eduardo Souto), marcha, Carnaval de 1924, grav. da Orquestra de Eduardo Souto / grav. de Bahiano, 78 rpm, Odeon.
Pó de mico (Dora Lopes/ Renato Araújo/ Arildo de Souza), nov/1962, Carnaval de 63, grav. de Emilinha Borba, CBS, 78 rpm/ compacto.
Roberta (Roberto Martins/ Mário Rossi/ Roberto Roberti), marcha, jan/1943, Carnaval de 43, grav. dos Anjos do Inferno, 78 rpm, Columbia.
Ruas do Japão (Haroldo Lobo/ Christóvão de Alencar), marcha, dez/1943, Carnaval de 44, grav. de Linda Batista, 78 rpm, Victor.
Sassaricando (Luiz Antonio/ Oldemar Magalhães/ Jota Junior (Zé Mario), marcha, nov/ 1951, Carnaval de 52, grav. de Virgínia Lane, 78 rpm, Todamérica.
Solteiro é melhor (Rubens Soares/ Felisberto Silva), samba, jan/1940, Carnaval de 40, grav. de Francisco Alves, 78 rpm, Columbia.
Teu cabelo não nega (Lamartine Babo/ Irmãos Valença), marcha, dez/1931, Carnaval de 32, grav. de Castro Barbosa, 78 rpm, Victor.
Vai com jeito (João de Barro), marcha, jan/1957, Carnaval de 57, grav. de Emilinha Borba, 78 rpm, Continental.

4. e. Sacanagem no forró

A força da mandioca (Fernando Sanxo/ Roberto Machado), baião, 1977, grav. de Manhoso, RCA Victor, LP "A força da mandioca".
Bacurinha (D. P./ Adapt. de Gambier), baião, 1980, grav. de Maria Alcina, Copacabana, compacto.
Bilhete pra comadre Dinha (Miraldo Aragão/ Clemilda), xote, 1987, grav. de Clemilda, Continental, LP "Forró & suor".

Buraco de tatu (Jadir Ambrósio/ Jair Silva), baião, abril/1956, grav. de Luiz Gonzaga, 78 rpm, RCA Victor.
Buraco no tamanco (Zé Pretinho da Bahia/ Tarcísio Capistrano), baião, 1979, grav. de Marinês e sua gente, Copacabana, LP. "Atendendo ao meu povo".
Cabeludo Zé Mané (Durval Vieira), baião, 1987, grav. de Clemilda, Continental, LP "Forró & suor".
Cadarço de sapato (Adolpho de Carvalho/ Adélio da Silva), xote, 1980, grav. de Marinês e sua gente, Copacabana, LP "Bate coração".
Capim novo (Luiz Gonzaga/ José Clementino), xote, 1976, grav. de Luiz Gonzaga, RCA Victor, LP "Capim novo".
Croché (João do Vale/ Ernesto Pires), baião, 1962, grav. de Marinês e sua gente, RCA Victor LP "Outra vez Marinês".
Dona rola (Aílton Lourenço de Almeida/ Pimentinha (Sebastiana Leite Cavalcanti)), baião, 1993, grav. de Pimentinha do Forró, Sabor Brasil, LP "Chega o reio".
Dor de dente (Melô da bochecha) (Ciço do Pará/ J. Cícero), xote, 1977, grav. de Genival Lacerda, Copacabana, compacto.
É mais embaixo (D. P.), baião, 1979, grav. de Maria Alcina, Copacabana, LP "Plenitude".
Estaca nova (Tarcísio Capistrano), xote, 1981, grav. de Marinês e sua gente, Copacabana, LP "Estaca nova".
Forró cheiroso (Miraldo Aragão/ Clemilda), 1987, grav. de Clemilda, Continental, LP "Forró cheiroso".
Forró do beliscão (João do Vale/ Leôncio/ Ary Monteiro), chegança, jan/1960, grav. de Ivon Curi, 78 rpm, RCA Victor.
Isca de anzol (João Ceatano/ Clemilda), xote, 1986, grav. de Clemilda, Continental, LP "A minhoca do Severino".
Jogo da roleta (Alcymar Monteiro/ Zancope Simões), xote, 1984, grav. de Manhoso, RCA Victor LP "Jogo da roleta".
Julieta (Roedil Caetano/ F. C. Santos/ Enoque Gomes), xote, 1986, grav. de Sandro Becker, Copacabana LP "Sandro Becker vol. 6".
Linguarada (Namd/ Antonio Lima/ Roderiki), baião, 1982, grav. de Zenilton, Copacabana, LP "O grilo dela".
Maria Coisa (João do Vale/ Sebastião Rodrigues), baião, 1965, grav. de Marinês e sua gente, RCA Victor, LP "Maria Coisa".
Mate o véio, mate (João Gonçalves/ Genival Lacerda), baião, 1983, grav. de Genival Lacerda, Copacabana, compacto.

Meu coador não agüenta (Vitor Nogueira), baião, 1996, grav. de Rosicléa, Spotlight, CD "Best of the best, mais besta do que nunca".
Mulher de amigo meu (Bráulio de Castro/ N. Silva), baião sertanejo, 2001, grav. de Guilherme & Gustavo, Continental, "Clube da viola vol. 4".
Mulher que não dá voa (Rick/ Pinocchio/ Gino), baião sertanejo, 2002, grav. de Gino & Geno, Warner, CD "Gino & Geno".
No tempo de Adão (O peladão) (Tony Rio/ Manhoso), baião, 1976, grav. de Manhoso, RCA Victor, LP "O peladão".
O chêro da Carolina (Amorim Roxo/ Zé Dantas), xote, ago/1956, grav. de Luiz Gonzaga, 78 rpm, RCA Victor.
O modo de usar (Só capim canela) (Manoel do Gramacho/ Paulinho do Tietê/ Toninho Cinqüenta), baião, 1983, grav. de Manhoso, RCA Victor LP "Só capim canela".
O saco de cimento (Antonio Sima/ Zenilton), baião, 1987, grav. de Zenilton, Copacabana, LP "Eu vou botar o saco pra dentro".
O tico-tico (João Gonçalves/ Manhoso), baião, 1982, grav. de Sandro Becker, Copacabana, LP "Sandro Becker para presidente".
O xote das meninas (Luiz Gonzaga/ Zé Dantas), xote, jun/1954, grav. de Ivon Curi, 78 rpm, RCA Victor.
Olha a rima (Dicró/ Dias), baião, 1979, grav. de Dicró, Continental, LP "Dicró".
Ovo de codorna (Severino Ramos), xote, 1971, grav. de Luiz Gonzaga, RCA Victor, compacto, LP "São João quente" (1972).
Peba na pimenta (João do vale/ José Batista/ Avelino Rivera), xote, set/1957, grav. de Marinês e sua gente, 78 rpm, Sinter.
Pisa na fulô (João do Vale/ Ernesto Pires/ Silveira Jr.), xote, set/1957, grav. de Marinês e sua gente, 78 rpm, Sinter.
Prenda o Tadeu (Antonio Sima/ Clemilda), baião, 1985, grav. de Clemilda, Continental, LP "Prenda o Tadeu".
Procurando tu (Antonio Barros/ J. Luna), xote, 1970, grav. de Ivon Curi, Odeon, Compacto / grav. de Jackson do Pandeiro, Fontana, compacto.
Radinho de pilha (Namd/ Graça Góis), baião, 1979, grav. de Genival Lacerda, Copacabana, compacto.
Recado pra Zetinha (Miraldo Aragão/ Clemilda), xote, 1987, grav. de Clemilda, Continental, LP "Forró cheiroso".
Rita Caxeado (Genival Lacerda/ Luiz Santa Fé), baião, 1978, grav. de Genival Lacerda, Copacabana, LP "Cabeça chata".

Severina Xique-Xique (Genival Lacerda/ João Gonçalves), xote, 1975, grav. de Genival Lacerda, Copacabana, compacto.
Silicone lá (Jovelino Lopes/ Teodoro), baião sertanejo, 2005, grav. de Teodoro & Sampaio, Indie Records, CD "Anna Júlia".
Só gosto de tudo grande (Adolpho de Carvalho/ Adélio da Silva), xote, 1980, grav. de Marinês e sua gente, Copacabana, LP "Bate coração".
Só tô comendo (Jovelino Lopes/ Teodoro), baião sertanejo, 2005, grav. de Teodoro & Sampaio, Indie Records, CD "Anna Júlia".
Tira a roupa (Rick/ João Paulo/ Alexandre), baião sertanejo, 1997, grav. de Rick & Renner, Continental, "Rick & Renner vol. 4".
Toco cru pegando fogo (Marivalda/ Pinto Costa), baião, s/data, grav. de Marivalda, regravada no selo For All, CD "Marivalda e a Banda Jumento Music".
Toco de saia (Jovelino Lopes/ Teodoro), baião sertanejo, 2005, grav. de Teodoro & Sampaio, Indie Records, CD "Anna Júlia".
Velha profecia (Rouxinol/ Edson Mello), forró, 1979, grav. de Manhoso, RCA Victor, LP "A festa da rabada".
Vem, morena (Luiz Gonzaga/ Zé Dantas), baião, jun/1950, grav. de Luiz Gonzaga, 78 rpm, RCA Victor.
Vizinha fuxiqueira (Sulino/ Moacir dos Santos/ Lourival dos Santos), xote, 1975, grav. de Manhoso, RCA Victor, LP "O minhocão".
Xamego (Luiz Gonzaga/ Miguel Lima), chamego, abril/1944, grav. de Carmen Costa e Luiz Gonzaga, 78 rpm, Victor.
Xote de Copacabana (José Gomes), xote, 1960, grav. de Jackson do Pandeiro, Copacabana, LP "Sua majestade o Rei do Ritmo".
Xote melubico (João do Vale/ J. B. Aquino), xote, 1963, grav. de Marinês e sua gente, RCA Victor, LP "Coisas do Norte".

4. f. Erotismo e sacanagem na MPB & Pop dos anos 1970/80/90

2345 meia 78 (Gabriel, o Pensador), funk/rap, 1997, Chaos/Sony Music, CD "Quebra-cabeça".
A barata (Alexandre Pires), samba de roda (pagode), 1993, grav. do Só Pra Contrariar, BMG, CD "Só Pra Contrariar".
Adivinha o quê (Lulu Santos), pop/rock, 1983, grav. de Lulu Santos, Warner, LP "O ritmo do momento".

Amanticida (Itamar Assumpção/ Maria Rosa Amoroso), pop, 1983, grav. de Itamar Assumpção, Lira Paulistana, LP "Às próprias custas S.A.".
Banho de espuma (Rita Lee/ Roberto de Carvalho), pop/rock, 1981, grav. de Rita Lee, Som Livre, LP "Saúde".
Boquete (Ivo Meirelles), funk, 1999, grav. de Ivo Meirelles & Funk'n'lata, Paradoxx Music, CD "O coro tá comendo".
Casanova (Ritchie/ Bernardo Vilhena), rock, 1983, grav. de Ritchie, Epic/CBS, LP "Vôo de coração".
Clitóris (Titãs/ Arnaldo Antunes), rock, 1991, grav. dos Titãs, Warner, CD "Tudo ao mesmo tempo agora".
Como o macaco gosta de banana (José Cid/ Adpt. De Leandro), rock, 1985, grav. do João Penca e seus miquinhos amestrados, RCA Victor, LP "Rock in Brasil – vol.1 / compacto".
Dá o cuco e passa (Vitor Nogueira), samba, 1996, grav. de Rosicléa, Spotlight, CD "Best of the best, mais besta do que nunca".
Dentro do coração (Põe devagar) (Wadner Taffo/ Lee Marcucci/ Willye), pop/rock, 1982, grav. de Rádio Táxi, Epic/CBS, compacto.
É que nessa encarnação eu nasci manga (Luli/ Lucina), marcha, 1979, grav. das Frenéticas, Warner, LP "Soltas na vida".
Flagra (Rita Lee/ Roberto de Carvalho), rock, 1982, grav. de Rita Lee, Som Livre, LP "Rita Lee e Roberto de Carvalho".
Funeral do Ricardão (Criolo Doido/ Ari), samba, 1984, grav. de Dicró, Continental, LP "Funeral do Ricardão".
Heloísa Mexe a Cadeira (Vinny), dance, 1997, grav. de Vinny, Indie Records, CD "Todo mundo".
Kátia Flávia, a godiva do Irajá (Carlos Laufer/ Fausto Fawcett), funk/rap, 1987, Warner, LP "Fausto Fawcett e os Robôs Efêmeros".
Lança-perfume (Rita Lee/ Roberto de Carvalho), pop/rock, 1980, grav. de Rita Lee, Som Livre, LP "Rita Lee".
Maria Fumaça (Kleiton & Kledir Ramil), canção regional, 1980, grav. de Kleiton & Kledir, Ariola, LP "Kleiton & Kledir".
Marylou (Roger), marcha-rock, 1985, grav. do Ultraje a Rigor, Warner, LP "Nós vamos invadir sua praia".
Me lambe (Digão/ Rodolfo/ Fred), rock, 1999, grav. dos Raimundos, Warner, CD "Só no forevis".
Menina veneno (Ritchie/ Bernardo Vilhena), pop/romântico, 1983, grav. de Ritchie, Epic/CBS, LP "Vôo de coração", compacto.

Mineirinho (Alexandre Pires/ Lourenço), samba (pagode), 1997, grav. do Só Pra Contrariar, BMG, CD "Só Pra Contrariar".
Minha cunhada (Rodolfo Abrantes/ Marim Luthero/ Raimundos), rock, 1994, grav. dos Raimundos, Banguela/Warner, CD "Raimundos".
Morte por tesão (Flávio Basso / Nei Wan Sória), rock, 1988, grav. do grupo Os Cascavelletes, independente, EP "Os Cascavelletes".
O côncavo e o convexo (Roberto & Erasmo Carlos), balada, 1983, grav. de Roberto Carlos, CBS, LP "Roberto Carlos".
Olhar 43 (Paulo Ricardo/ Luiz Schiavon), rock, 1985, grav. do RPM, Epic/CBS, LP "Revoluções por minuto".
Orgasmo total (Arrigo Barnabé), canção pop, 1980, grav. de Arrigo Barnabé e Banda Sabor de Veneno, Independente, LP "Clara Crocodilo".
Papai me empresta o carro (Rita Lee/ Roberto de Carvalho), rock, 1979, grav. de Rita Lee, Som Livre, LP "Rita Lee".
Pequena Raimunda (Ramona) (Douglas Colvin/ John Cummins/ Jeff Hyman/ versão: Raimundos), rock, 1997, grav. dos Raimundos, Warner, CD "Lapadas do povo".
Pimpolho (Leandro Lehart), samba (pagode), 1996, grav. do Art Popular, EMI Music, CD "Temporal".
Pintura íntima (Leoni/ Paula Toller), rock, 1983, grav. de Kid Abelha, Warner, compacto.
Pipi popô (Branco Mello / Paulo Miklos / Marcelo Fromer / Arnaldo Antunes), pop/rock, 1988, grav. do grupo Vestidos de Espaço, 3M/BMG, Disco Mix.
Por que a gente é assim? (Frejat/ Cazuza), rock, 1984, grav. de Ney Matogrosso, Barclay, LP "Destino de aventureiro".
Pro dia nascer feliz (Frejat/ Cazuza), rock, 1983, grav. de Ney Matogrosso, Ariola, LP "Pois é...".
Rapte-me camaleoa (Caetano Veloso), baião pop, 1981, grav. de Ceatano Veloso, Philips, LP "Outras palavras".
Sandra Rosa Madalena, A cigana (Livi/ M. Cidras), disco music, 1978, grav. de Sidney Magal, Polydor, LP "Magal".
Sanduíche de artista (Cláudio Fontana), samba, 1985, grav. dos Originais do Samba, Copacabana, compacto.
Se o bigode falasse (Dicró/ Savinho), samba, 1979, grav. de Dicró, Continental, LP "Dicró".
Se te agarro com outro te mato (Si te agarro con otro te mato) (Cacho Castaña/ Versão: Jean Pierre), dance latino, 1976, grav. de Sidney Magal, Polydor, LP "Sidney Magal".
Selim (Raimundos/ Cristiano Telles), rock, 1994, grav. dos Raimundos, Banguela/Warner, CD "Raimundos".

Serão extra (Ricardo Zimetbaum), rock, 1985, grav. do Dr. Silvana e Cia., EPIC/CBS, LP "Dr. Silvana & Cia.".
Tá com medo Tabaréu (Melô da pipa) (Pedrinho/ Laranjeiras), disco music, 1979, grav. do grupo Superbacana, Polydor, LP "Show dos bailes".
Tanajura (Charlles André/ Netinho), samba (pagode), 1996, grav. do Negritude Júnior, EMI-Odeon, CD "Nosso ninho".
Tango do covil (Chico Buarque), tango, 1979, grav. do MPB-4, Philips, LP "Ópera do malandro".
Tatibitati (Rita Lee/ Roberto de Carvalho), pop/rock, 1981, grav. de Rita Lee, Som Livre, LP "Saúde".
Top top (Rita Lee/ Sérgio Dias/ Arnolpho Lima Filho), rock, 1971, grav. dos Mutantes, Polydor, LP "Jardim elétrico".
Tora tora (Canisso/ Digão/ Rodolfo), rock, 1995, grav. dos Raimundos, Warner, CD "Lavô tá novo".

5) Assuntos de sexo por temas na MPB

5. a. Sexo solitário

Amor colegial (Toni Belloto/ Marcelo Frommer), rock, 1985, grav. de Léo Jaime, Epic/ CBS, LP "Sessão da tarde".
Atrevida (Ivan Lins/ Vitor Martins), canção, 1980, grav. de Simone, EMI-Odeon, LP "Simone".
Coitadinha da Tonheta (Durval Viveira/ Clemilda), baião, 1990, grav. de Clemilda, Continental, LP "Coitadinha da Tonheta".
Em tenção de você (Durval Vieira/ Clemilda), baião, 1991, grav. de Clemilda, Continental, LP "Em tenção de você".
Essência interior (Júpiter Maçã), pop, 1997, grav. de Júpiter Maçã, Antídoto, CD "A sétima efervescência".
Ex-amor (Martinho da Vila/ Zé Catimba), samba, 1981, grav. de Martinho da Vila, RCA Victor, LP "Sentimentos" / grav. de Simone e Martinho da Vila, 1996, PolyGram, CD "Casa de samba" / CD "Café com leite", de Simone.
Mão direita (Bidi/ Supla/ Rocco/ Rogê), rock, 1985, grav. do grupo Tokyo, 1985, Epic/ CBS, LP "Humanos".
Nega bombom (Flávio Basso), rock, 1989, grav. do grupo Os Cascavelletes, EMI-Odeon, LP "Rock'A'Ula".

Ponto de interrogação (Gonzaguinha), bolero, 1980, grav. de Gonzaguinha, EMI-Odeon, LP "De volta ao começo".
Querido diário (João Bosco/ Aldir Blanc), bolero, 1982, grav. de João Bosco, Ariola, LP "Comissão de frente".
Só pro meu prazer (Leoni/ Fabiana Kherlakian), balada, 1987, grav. dos Heróis da Resistência, Warner, LP "Heróis da Resistência".
Sônia (Sunny) (B. Hebb/ Versão: Leandro), rock, grav. de Léo Jaime, Epic/CBS, 1984, LP "Phoda C".
Xá, Xe, Xi, Xo, Xuxa (Mauro Motta/ Lincoln Olivetti/ Robson Jorge), pop/rock, 1988, grav. do Trem da Alegria, RCA Victor, LP "Trem da Alegria".

5. b. Frigidez

Betty Frígida (Patrícia Travassos/ Antonio Pedro/ Ricardo Barreto/ Evandro Mesquita), rock, 1983, grav. da Blitz, EMI-Odeon, LP "Radioatividade".

5. c. Perversões/escatologia

Degustação (Rita Lee/ Roberto de Carvalho), funk, 1983, grav. de Rita Lee, Som Livre, LP "Bom bom".

5. d. Michetagem

A dama do Cabaré (Noel Rosa), samba, set/1936, grav. de Orlando Silva, 78 rpm, Victor.
Amante profissional (Roberto Lly), rock, 1985, grav. de Herva Doce, RCA Victor, LP "Amante profissional".
Boneca cobiçada (Bolinha/ Biá), bolero, dez/1956, grav. de Palmeira e Biá, 78 rpm, RCA Victor.
Dolores Sierra (Wilson Batista/ Jorge de Castro), samba-canção, ago/1956, grav. de Nelson Gonçalves, 78 rpm, RCA Victor.
Folhetim (Chico Buarque), 1978, bolero, grav. de Gal Costa, Philips, LP "Água viva".
Meu vício é você (Adelino Moreira), samba-canção, nov/1955, grav. de Nelson Gonçalves, 78 rpm, RCA Victor.
Secretária da Beira do Cais (Xavier/ Nenzinho), balada, 1975, grav. de César Sampaio, Polydor, compacto.

Sob medida (Chico Buarque), bolero, 1979, grav. de Simone, EMI-Odeon, LP "Pedaços" / grav. de Fafá de Belém, Philips, LP "Estrela radiante".
Táxi boy (Garoto de aluguel) (Zé Ramalho), canção pop, 1979, grav. de Zé Ramalho, Epic/ CBS, LP "A peleja do diabo com o dono do céu".

5. e. Sexo anal

Cozinho de noite (Léo Jaime/ Arnaldo Baptista), rock, 1989, grav. de João Penca e seus miquinhos amestrados, Esfinge, LP "Sucesso do inconsciente".
Dá bom dia (Bebeto de São João/ Edson Show/ Dicró), samba, 1980, grav. de Dicró, Continental, LP "Dicró".
Dako é bom (Boletti), 2004, grav. de MC Tati Quebra-Barraco, Link Records, CD "Boladona".
Forró cheiroso (Miraldo Aragão/ Clemilda), baião, 1987, grav. de Clemilda, Continental, LP "Forró cheiroso".
Marcha-ré (Dito/ Renato Fecchine/ Reinaldo Nascimento/ Jarbas Veiga), samba de roda, 1998, grav. do Terra Samba, Globo Polydor, CD "Terra Samba ao vivo e a cores".
Minha cunhada (Rodolfo Abrantes/ Marim Luthero/ Raimundos), rock, 1994, grav. dos Raimundos, Banguela/Warner, CD "Raimundos".
Sodomia (Paulo Sebem/ Carlo Pianta/ Edu K), rock, 1987, grav. do grupo Defalla, Plug (RCA), LP "Defalla".
Tango de Nancy (Edu Lobo/ Chico Buarque), tango, 1985, grav. de Lucinha Lins, Som Livre, LP "O corsário do rei".
Tora tora (Canisso/ Digão/ Rodolfo), rock, 1995, grav. dos Raimundos, Warner, CD "Lavô tá novo".
Vira de lado (Ricardo Feghali/ Serginho/ Mariozinho Rocha), rock, 1982, grav. de Roupa Nova, Philips, LP "Roupa Nova".

5. f. Menstruação & TPM

Cor-de-rosa choque (Rita Lee/ Roberto de Carvalho), balada, 1982, grav. de Rita Lee, Som Livre, LP "Rita Lee e Roberto de Carvalho".
Lero lero (Erasmo Carlos), rock, grav. de Erasmo Carlos, 2003, Indie Records, CD "Santa música".
Menopower (Rita Lee/ Mathilda Kovac), rock, 1993, grav. de Rita Lee, Som Livre, LP "Rita Lee".
Menstruada (Flávio Basso / Frank Jorge), rock, 1988, independente, EP "Os Cascavelletes".

6) A bunda music

A dança do bumbum (Sinhô Revolução/ Gilmar do Samba/ Otacílio/ Ary), samba de roda, 1996, grav. do É o Tchan, PolyGram, CD "Na cabeça e na cintura".

A nova loira do Tchan (Dito/ Cau Adan/ Renato Fechine/ Jorge Zarath), samba de roda, 1998, grav. do É o Tchan, PolyGram CD "É o Tchan no Hawaii".

A roda (Sarajane/ Robson de Jesus/ Alfredo Moura), afoxé, 1989, grav. de Sarajane, EMI-Odeon, LP "Sotaque brasileiro".

Banho de chuveiro (Julinho Carioca/ Cabo Rei/ Lazinho do Pandeiro/ Paulo Chamusca), samba de roda, grav. do Terra Samba, 1999, grav. do Terra Samba, Universal, CD "Auê do Terra".

Beijo na boca (George Dias/ João Guimarães), lambada, 1988, grav. da Banda Beijo, PolyGram, LP "Banda Beijo".

Carrinho de mão (Renan Ribeiro/ Julinho Carioca/ Reinaldo Nascimento/ Jarbas Veiga), samba de roda, 1998, grav. do Terra Samba, Globo Polydor, CD "Terra Samba ao vivo e a cores".

Conga, conga, conga (Mister Sam), dance latino, 1980, grav. de Gretchen, Building Records (Copacabana), compacto.

Dança da cordinha (Dito/ Jorge Zarath/ Renato Fechine), samba de roda, 1996, grav. do É o Tchan, PolyGram, CD "Na cabeça e na cintura".

Dança do põe-põe (Beto Jamaica/ Claudinho Põe-Põe/ Nêgo Ita), samba de roda, 1997, grav. do É o Tchan, PolyGram, CD "É o Tchan do Brasil".

É bom para o moral (C'est bon pour le moral) (D. Vangarde/ J. Kluger/ versão: Carlinhos Borba Gato), discoteca, 1984, grav. de Rita Cadilac, RGE, compacto.

Estátua (Bia Fera/ Beto Jamaica/ Tião), samba de roda, 1996, grav. do É o Tchan, PolyGram, CD "Na cabeça e na cintura".

Estou pegando fogo (Suzana/Pedro Jorge/ David Lima), discoteca, 1979, grav. de Suzana, CBS, LP "Estou pegando fogo!"

Eu fico louca (Suzana/ Gil Max), discoteca, 1979, grav. de Suzana, CBS, LP "Estou pegando fogo"!

Eu quero te amar (Tim Maia), discoteca, 1984, grav. de Fernanda Terremoto, RGE, compacto "Um terremoto em cena".

Freak le boom boom (Santiago "Sam" Malnati (Mister Sam), disco music, 1979, grav. de Gretchen, Building Records (Copacabana), compacto.

Fricote (Luiz Caldas/ Paulinho Camafeu), fricote, 1985, grav.de Luiz Caldas, PolyGram, LP "Magia".

La massagiste (Carlos Garcez/ Lincoln Olivetti/ Robson Jorge/ Pierre Debussy), dance, 1982, grav. de Wilma Dias, CBS, compacto.
Mão boba (Délcio Luiz/ Wagner Bastos/ Washington), samba de roda, 1997, grav. do É o Tchan, CD "É o Tchan do Brasil".
Marcha-ré (Dito/ Renato Fecchine/ Reinaldo Nascimento/ Jarbas Veiga), samba de roda, 1998, grav. do Terra Samba, Globo Polydor, CD "Terra Samba ao vivo e a cores".
Massage for men (T. Blue/ Carva), dance, 1982, grav. de Sharon, compacto, Lup Som/ Grav. ao vivo da Banda Vexame, 1992, Columbia, LP "Vexame".
Melô do piripipi (Mister Sam), merengue, 1981, Building records (Copacabana), compacto.
Melô do tchaco (Dança do tchaco) (Neivaldo Sales/ Baúla), samba de roda, 1996, grav. de Tonho Matéria, CD "Tá na cara".
Melô do Tchan (Bieco do Tchan/ Cissinho)/ Pau que nasce torto (Cau Lima), samba de roda, 1995, grav. do Gerasamba (É o Tchan), PolyGram, CD "É o Tchan".
Na boquinha da garrafa (Eleonor Sacramento/ Willys), samba de roda, 1995, grave da Cia. do Pagode, PolyGram, CD "Companhia do Pagode".
Na dança do strip-tease (Paulinho Levi/ Toinho do Vale/Legel), samba de roda, 1996, grav. da Companhia do Pagode, PolyGram, CD "Na dança do strip-tease".
O trenzinho (Edney Santos/ Cau/ Beto Jamaica/ Meneguel/ Tuca), samba de roda, 1995, grav. do Gera Samba (É o Tchan), PolyGram, CD "É o Tchan".
Paquerei (Jair/ Beto Jamaica/ Washington), samba de roda, 1995, grav. do Gera Samba (É o Tchan), PolyGram, CD "É o Tchan".
Que vontade de comer goiaba (José Ramos), xote, 1983, grav. de Elke Maravilha, Chantecler/ Continental, compacto.
Raimunda (Tenilson Del Rey, Paulo Vascon e Reinaldo Maia), 1998, grav. da Gang do Samba, Globo/Polydor, CD "Gang do Samba ao vivo".
Rala o pinto (Folclore baiano – recolhido por Cristóvão Rodrigues), axé music, 1991, PolyGram, LP "Zé Paulo".
Ralando o Tchan (A dança do ventre) (Dito/ Beto Jamaica/ W. Rangel/ Paulinho Levi), samba de roda, 1997, grav. do É o Tchan, PolyGram CD "É o Tchan do Brasil".
Requebra (Pierre Onasis/ Nego), grav. do Olodum, 1993, Carnaval de 94, grav. do Olodum, Warner, CD "O movimento".
Sonho colorido (Sol/ Jorge Cardoso), chacundum, 1982, grav. de Sol, Baccarola, compacto.

7) As canções do universo gay

7. a. Canções românticas que ganharam uma leitura gay

Conselho (Denis Brean/ Oswaldo Guilherme), 1957, grav. de Lana Bittencourt, 78 rpm, Columbia / grav. de Maysa, RGE (1958).
Escândalo (Escándalo) (Ruben Fuentes/ R. Cardenas/ versão de Teixeira Filho), out/1961, grav. de Cauby Peixoto, 78 rpm, RCA Victor.
Fim de caso (Dolores Duran), samba-canção, 1959, grav. de Dolores Duran, Copacabana, compacto duplo.
Franqueza (Denis Brean/ Oswaldo Guilherme), samba-canção, 1957, grav. de Nora Ney, Continental, LP "Eu sou Nora Ney... e canto" / grav. de Maysa, RGE, LP "Maysa (dez polegadas)".
Haja o que houver (Fernando César), samba-canção, 1957, grav. de Lana Bittencourt, 78 rpm, Columbia.
Ilusão à toa (Johnny Alf), samba-canção, 1961, grav. de Johnny Alf, RCA Victor, LP "Rapaz de bem".
Menino do Rio (Caetano Veloso), canção, 1979, grav. de Baby Consuelo, Warner, LP.
Preconceito (Antonio Maria/ Fernando Lobo), samba-canção, jun/1953, grav. de Nora Ney, 78 rpm, Continental / grav. de Cazuza, PolyGram, LP "Burguesia" (1989).
Quem se humilha (Ricardo Galeno), samba-canção, 1956, grav. de Lana Bittencourt, 78 rpm, Columbia.

7. b. Canções com mensagens, romances ou personagens gays

A banda das mimosas (João Roberto Kelly), marcha, grav. de Chacrinha, EMI-Odeon, compacto.
A cabeleira do Zezé (João Roberto Kelly/ Roberto Faissal), marcha, Carnaval de 1964, grav. de Jorge Goulart, Mocambo, LP "Carnaval 1964".
A galeria do amor (Agnaldo Timóteo), balada, 1975, grav. de Agnaldo Timóteo, EMI-Odeon, LP "Galeria do amor".
A namorada (Carlinhos Brown), funk/pop, 1996, grav. de Carlinhos Brown, Virgin/EMI, CD "Alfagamabetizado".
A nível de... (João Bosco/Aldir Blanc), samba, 1982, grav. de João Bosco, Ariola, LP "Comissão de frente".
Açúcar candy (Sueli Costa/Tite de Lemos), canção pop, 1975, grav. de Ney Matogrosso, Continental, LP "Ney Matogrosso".
Afoxé pra Logun (Nei Lopes), afoxé, 1982, grav. de Clara Nunes, EMI-Odeon, LP "Nação".
Água na boca (Tunai/ Abel Silva), pop/rock, 1985, grav. de Simone, CBS, LP "Cristal".
Alegria (A piranha do banheiro), house music, 2005, grav. de Baby Marcelo, independente.

Ambiente diferente (Dora Lopes/ N. Ramos), samba-canção, 1961, grav. de Cauby Peixoto, RCA Victor LP "Perdão para dois".
Amor explícito (Nico Resende/ Paulinho Lima/ Antonio Cicero), balada, 1986, grav. de Simone, CBS, LP "Amor e paixão".
Amor proibido (Clayton/ Dora Lopes), balada, 1974, grav. de Agnaldo Timóteo, EMI-Odeon, LP "Encontro de gerações".
Androginismo (Kledir Ramil), canção pop, 1978, grav. dos Almôndegas, Phonogram, LP "Circo de marionetes".
Anna de Amsterdam (Chico Buarque/Ruy Guerra), canção, 1972, grav. ao vivo de Chico Buarque, Philips, LP "Caetano e Chico, juntos e ao vivo".
Ardente (Joyce), choro, 1979, grav. de Ney Matogrosso, Warner, LP "Seu tipo".
As moças (Paulo César Pinheiro), canção, 1977, grav. de Beth Carvalho, RCA Victor, LP "Nos botequins da vida".
Avesso (Jorge Vercilo), balada, 2000, grav. de Jorge Vercilo, EMI, CD "Leve".
Bandeira (Sandra Sá/ Faffy Siqueira), samba, 1980, grav. de Sandra Sá, RGE, LP "Sandra Sá".
Bárbara (Chico Buarque), canção, 1972, grav. ao vivo de Chico Buarque, Philips, LP "Caetano e Chico, juntos e ao vivo" / grav. de Ângela Ro Ro, Polydor, 1980 / grav. de Simone e Gal Costa, CBS, LP "Amar", 1981.
Bem entendido (Piau/Sérgio Natureza), *blues*, 1974, grav. de Edy Star, Som Livre LP "Edy Star".
Boi da cara preta (José Gomes (Jackson do Pandeiro)/ Paquito/ Romeu Gentil), marcha, Carnaval de 1959, grav. de Jackson do Pandeiro, 78 rpm, Columbia.
Bolsinha do Valdemar, A (João Roberto Kelly/ Milton de Oliveira), marcha, 1972, Carnaval de 1973, grav. de Blecaute, Copacabana, LP "Carnaval 1973".
Calúnias (Telma eu não sou gay) (Tell me once again) (B. Anderson/paródia: Leo Jaime, Leandro e Selvagem Big Abreu), balada, 1983, grav. de Ney Matogrosso, Ariola, LP "Pois é...".
Camisa listrada (Assis Valente), samba-choro, nov/1937, grav. de Carmen Miranda, 78 rpm, Odeon.
Capitão gay (Guio de Morais/ Jô Soares), pop/rock, 1982, grav. de Jô Soares, RGE, compacto.
Carta a Maceió (Gordurinha), baião, s/data (anos 1960), grav. do Trio Nordestino, SOM (Copacabana), LP Trio Nordestino / grav. de Fafá de Belém, Som Livre, LP Fafá de Belém (Salinas) (1983).
Cheirando a amor (Angela RoRo), blues, 1979, grav. de Ângela Ro Ro, Polydor, LP "Ângela Ro Ro".

Close (Roberto/Erasmo), rock, 1984, grav. de Erasmo Carlos, Polydor, LP "Buraco negro".
Coitadinha, bem feito! (Ângela Ro Ro), balada, 1981, grav. de Ângela Ro Ro, Polydor, LP "Escândalo".
Como já dizia Djavan (Frejat/ Cazuza), canção, 1989, grav. de Cazuza, PolyGram, LP "Burguesia".
Cordas e correntes (Martinho da Vila), 1975, grav. de Maria Creuza, RCA Victor, LP "M.C. e os grandes mestres do samba" / grav. de Martinho da Vila, RCA Victor, LP "Presente" (1977)/ grav. de Mart'nália, 3M, LP "Mart'nália" (1987).
De pés no chão (Rita Lee), rock, 1974, grav. de Rita Lee, Philips, LP "Atrás do porto tem uma cidade".
Desaqüenda (Chupeta/ Bambi), pop, 2002, grav. dos Textículos de Mary, Deck Disc, CD "Cheque Girls".
Difícil – o sexo é bom (Marina/Antonio Cicero), pop/rock, 1985, grav. de Marina, PolyGram, LP "Todas".
Diga aí, companheiro (Joyce), canção, 1983, grav. de Joyce, Feminina/PolyGram, LP "Tardes cariocas".
Doze anos (Chico Buarque), samba, 1979, grav. de Chico Buarque e Moreira da Silva, Philips, LP "Ópera do malandro".
Drag queen (Rita Lee/ Antonio Bivar), pop, 1993, grav. de Rita Lee, Som Livre, CD "Rita Lee".
E o mundo não se acabou (Assis Valente), samba-choro, abril/1938, grav. de Carmen Miranda, 78 rpm, Odeon.
Ele me deu um beijo na boca (Caetano Veloso), canção pop, 1982, grav. de Caetano Veloso, Philips, LP "Cores, nomes".
Emoções (Wando), canção, 1978, grav. de Wando, Copacabana, LP "Gosto de maçã".
Encantado (Nature boy) (Eden Ahbez/ versão: Caetano Veloso), 1979, grav. de Ney Matogrosso, Warner, LP "Seu tipo".
Eu gosto de mulher (Roger), rock, 1987, grav. do Ultraje a Rigor, Warner, LP "Sexo!" / grav. com enfoque gay de Ana Carolina no DVD "Estampado de 2003".
Eu quero mais (Carlos Imperial), disco music, 1979, grav. de Emerson, RCA Victor, compacto da trilha do filme *Sábado Alucinante*.
Eu, hein, boi! (Fausto Guimarães/ Arno provenzano/ Otolindo Lopes), marcha, dez/1958, Carnaval de 59, grav. de Ângela Maria, 78 rpm, Copacabana.
Experimenta (Garota X), funk carioca, 2005, grav. do "Garota X", Ed. Furacão 2000.
Festa do caçador (Criolo Doido/ Jorge Jefferson), samba, 2000, grav. de Dicró, CD "O gozador", independente.

Fez bobagem (Assis Valente), samba, mar/1942, grav. de Aracy de Almeida, Victor, 78 rpm, Victor.
Final feliz (Jorge Vercilo), funk, 2000, grav. de Jorge Vercilo e Djavan, EMI, CD "Leve".
Forma de sentir (José Messias/ Donizete), balada, 1978, grav. de Odair José, RCA Victor, LP "Coisas simples".
Fraca e abusada (Ângela Ro Ro), samba-choro, 1981, grav. de Ângela Ro Ro, Polydor, LP "Escândalo".
Gata, moleque, ninfa (Angela Ro Ro), canção, 1984, grav. de Ângela Ro Ro, Polydor, LP "A vida é mesmo assim".
Gato por lebre (Léo Jaime), rock, 1983, grav. de Neusinha Brizola, Som Livre, LP da trilha do filme *O cangaceiro trapalhão*.
Geni e o zeppelim (Chico Buarque), canção, 1979, grav. de Chico Buarque, Philips, LP "Ópera do malandro".
Girl (Prioli/ Tuca), canção pop, 1974, grav. de Tuca, Som Livre, LP "Drácula, I love you".
GLBT (Liberdade de expressão) (Alexandre Pires/ Cláudio Rosa/ Katty/ Luís Silva), rap, 2004, grav. de Alexandre Pires, BMG, CD "Auto-retrato".
Gosto de homens e mulheres (Ana Carolina), 2004, sem gravação até a 1ª edição deste livro.
Gosto mais do outro lado (Assis Valente), samba, nov/1934, grav. do Bando da Lua, 78 rpm, Victor.
H sem homem (Rubelito/ Cecílio), baião, 1982, grav. de Genival Lacerda, Copacabana, LP "Genival Lacerda".
Homem com H (Antônio Barros), xote, 1981, grav. de Ney Matogrosso, Ariola, LP "Ney Matogrosso".
Homossexual (Flávio Basso), rock, 1991, grav. do grupo Os Cascavelletes, independente, single.
Imorais (Zélia Duncan), balada, 1998, grav. de Zélia Duncan, Warner, CD "Acesso".
Jacira num selvagem verão (Laura Finochiaro/ Binho Effe/ Caio Fernando Abreu), pop, 1998, grav. de Laura Finochiaro, Dabliú Discos, CD "Ecoglitter".
Jane e Júlia (Arnaldo Brandão/ Tavinho Paes), pop, 1983, grav. do grupo Brylho, Elecktra/ Wea, LP "Brylho".
Johnny pirou (Johnny B. Goode) (Chuck Berry/versão: Léo Jaime e Tavinho Paes), rock, 1982, grav. de Ney Matogrosso, Ariola, LP "Mato Grosso".
Karma secular (Ângela Ro Ro), 1985, balada, grav. de Lana Bittencourt, independente, LP "Karma Secular" / grav. de Ângela Ro Ro, Eldorado, LP "Prova de amor" (1988).
Lábios vermelhos (Sueli Costa/ Abel Silva), balada, 1985, grav. de Simone, CBS, LP "Cristal".
Logunedé (Gilberto Gil), canção, 1979, grav. de Gilberto Gil, Warner, LP "Realce".

Luau de arromba (Selvagem Big Abreu/ Leandro), pop, 1986, grav. de João Penca e seus miquinhos amestrados, RCA Victor, LP "Okay, my gay".
Machão (MC Serginho), funk carioca, 2002-3, grav. do MC Serginho & Lacraia (incluída no CD "Mc Serginho", Indie Records, 2003).
Mar e lua (Chico Buarque), canção, 1980, canção, grav. de Chico Buarque, Philips, LP Vida / grav. de Simone, EMI-Odeon, LP "Simone".
Marcha do silicone (Michael Sullivan/ Paulo Massadas), marcha, 1986, Carnaval de 1987, grav. de Chacrinha, RCA Victor, compacto.
Maria Sapatão (Chacrinha/João Roberto Kelly/Don Carlos/Leleco), marcha, 1980, Carnaval de 1981, grav. de Chacrinha, Top tape, compacto.
Masculino e feminino (Baby Consuelo/ Didi Gomes/ Pepeu Gomes), funk, 1983, grav. de Pepeu Gomes, CBS, LP "Masculino e feminino".
Menino gay (João Roberto Kelly/Chacrinha/Leleco), marcha, Carnaval de 1982, grav. de Chacrinha, EMI-Odeon, compacto.
Meninos e meninas (Renato Russo), rock, 1989, grav. do Legião Urbana, EMI-Odeon, LP "As quatro estações".
Mesmo que seja eu (Roberto & Erasmo Carlos), pop/rock, 1982, grav. original de Erasmo Carlos, Polydor, LP "Amar pra viver ou morrer de amor" / grav. com leitura gay de Marina (Lima), Philips, LP "Todas" (1985).
Minha sogra parece sapatão (1000tinho/ Tião Miranda/ Roxinho), samba, 1982, grav. de Bezerra da Silva, compacto RCA 101.0905 / Reditada depois no LP "Produto do morro" (1983).
Minorias (Filó/Sérgio Natureza), canção, 1983, grav. de Filó Machado, Pointer, LP "Origens".
Mulato bamba (Mulato forte) (Noel Rosa), samba, 1932, grav. de Mário Reis, 78 rpm, Odeon.
Não dá pra entender (João Roberto Kelly), marcha, Carnaval de 1966, grav. de Emilinha Borba, CBS, compacto.
Não estou bem certa (Sign your name) (Terence Trent D'Arby/ versão: Marina/ Pedro Pimentel), pop/romântico, 1991, grav. de Marina Lima, EMI, CD "Marina Lima".
Nobreza (Djavan), canção, 1982, grav. de Djavan, CBS, LP "Luz".
O beat da beata (Ana Carolina/ Seu Jorge), dance, 2003, grav. de Ana Carolina e Seu Jorge, BMG, CD "Estampado".
O bonequinho (autor desconhecido), cançoneta, 1903, grav. do ator Lino, 78 rpm, Zonophone / grav. de Bahiano, 78 rpm, Odeon.
O casamento da Filha do Faceta (Domínio público/ Adapt. de Renato Aragão), 1982, grav. dos Trapalhões (Didi e Zacarias), Ariola, LP "Forró dos Trapalhões".
O veado (Gilberto Gil), canção, 1983, grav. de Gilberto Gil, Warner, LP "Extra".

O vira (João Ricardo/ Luli), vira, 1973, grav. dos Secos & Molhados, Continental, LP "Secos & Molhados".
Obrigado não (Rita Lee/ Roberto de Carvalho), rock, 1997, grav. de Rita Lee, PolyGram, CD "Santa Rita de Sampa".
Ombro amigo (Leci Brandão), canção, 1977, grav. de Leci Brandão, Polydor, LP "Coisas do meu pessoal".
Papai não gostou (Bozo Barretti/ Arrigo Barnabé), 1984, grav. de Arrigo Barnabé, Ariola, LP "Tubarões voadores".
Perigo (Nico Resende/ Paulinho Lima), pop/romântico, 1986, grav. de Zizi Possi, PolyGram, LP "Zizi".
Pintura manchada (Dora Lopes/ Zaíro Marinoso), samba-canção, 1964, grav. de Dora Lopes, Copacabana, LP "Minhas músicas e eu".
Por debaixo dos panos (Cecéu), xote pop, 1982, grav. de Ney Matogrosso, Ariola, LP "Mato Grosso". Grav. original de Marinês, 1978, Copacabana, LP "Cantando pra valer"
Preciso tanto!!! (Ângela Ro Ro), funk, 1980, grav. de Ângela Ro Ro, Polydor, LP "Só nos resta viver".
Quarta-feira (Zé Luís/Cazuza), rock, 1987, grav. de Cazuza, PolyGram, LP "Só se for a dois".
Quem é esse rapaz? (Marina/ Antonio Cicero), pop/romântico, 1981, grav. de Marina, Ariola, LP "Certos acordes".
Rap do Marcelinho (Almir & Ademir Horácio/ Ernani Neves), rap, 1998, grav. da Banda Rosa-Choque, Indie Records, CD "Banda Rosa-Choque".
Rapaz alegre (Renato Aragão/ Luiz de França/ Guilherme Queiroz), marcha, 1982, grav. dos Trapalhões, Som Livre, LP da trilha do filme *Os Trapalhões na Serra Pelada.*
Robocop gay (Dinho/ Júlio Rasec), pop/rock, 1995, grav. dos Mamonas Assassinas, EMI-Odeon, CD "Mamonas Assassinas".
Rock das aranhas (Raul Seixas/ Cláudio Roberto), rock, 1980, grav. de Raul Seixas, CBS, LP "Abre-te sésamo!".
Rock Mary (Antonio Luiz da Silva Martins), rock, 1981, JQN Discos, grav. de Paulinho Boca de Cantor, LP "Valeu".
Rolava Bethânia (Roll over Beethoven) (Chuck Berry/ Versão: Tavinho Paes), rock, 1991, grav. de Serguei, BMG Ariola, LP "Serguei".
Ro-que-se-da-ne (Junte as sílabas e forme as palavrinhas) (Lulu Santos), rock, 1986, grav. de Lulu Santos, RCA Victor, LP "Lulu".
Rubens (Mário Manga), canção pop, 1986, grav. do Premeditando o Breque, EMI-Odeon, LP "A voz do Premê" / grav. de Cássia Eller, PolyGram, 1990, CD "Cássia Eller".

Sapataria Progresso (Eduardo Araújo/ Lula Martins), rock, 1981, grav. de Silvinha e Eduardo Araújo, FIF Fermata, LP "Eduardo & Silvia Araújo rebu geral".
Sentimental eu fico (Renato Teixeira), canção, 1977, grav. de Elis Regina, Philips, LP "Elis".
Ser estranho (Gandhula / W. Casa Branca), canção, 1980, grav. de Jessé, RGE, LP "Jessé", grav. de Markinhos Moura, 1983, Copacabana, LP "Avesso".
Seu Waldir (Marco Pólo), samba-choro, 1974, grav. do grupo Ave Sangria, Continental, LP "Ave Sangria" / grav. de Ney Matogrosso, Ariola, compacto (1981).
Singapura (Eduardo Dusek), bolero, 1981, grav. de Eduardo Dusek, Polydor, LP "Olhar brasileiro" (ver outras faixas de humor gay do mesmo disco, como: *Injuriado, Chocante, Iracema Brasil, A coitadinha* e *A deputada caiu*).
Sou assim (Gabriel O'Meara/ A. Lemos/ Sérgio Motta), pop/dance, 1988, grav. de Roberta Close, CID, "Roberta Close" (Disco Mix).
Surra de cacete (Geraldo Pita), baião, 1986, grav. de Virgílio, Copacabana, LP mix "Virgílio".
Teu caso sou eu (sucesso de Joanna), balada, 1986, grav. de Joanna, RCA Victor, LP "Joanna".
Todo vedete (Wilson Batista/ Jorge de Castro), marcha, jan/1956, Carnaval de 56, grav. de Nelson Gonçalves, 78 rpm, RCA Victor.
Totalmente demais (Arnaldo Brandão/ Tavinho Paes), funk, 1986, grav. do Hanói Hanói / grav. ao vivo de Caetano Veloso, PolyGram, LP "Totalmente demais".
Transas (Nico Resende/ Paulinho Lima), pop/romântico, 1987, grav. de Ritchie, PolyGram, LP "Loucura e mágica".
Uva de caminhão (Assis Valente), samba, maio/1939, grav. de Carmen Miranda, 78 rpm, Odeon.
Vai, Lacraia (MC Serginho), funk carioca, 2002, grav. do MC Serginho & Lacraia (incluída no CD "Mc Serginho", Indie Records, 2003).
Vai ver que é (Carvalhinho), marcha, Carnaval de 1959, grav. de Aracy de Almeida e Joel de Almeida, 78 rpm, Polydor.
Vale tudo (Tim Maia), funk, 1982, grav. de Sandra Sá e Tim Maia, RGE, LP "Sandra Sá, Vale tudo".
Vento no litoral (Renato Russo), 1991, balada, grav. do Legião Urbana, EMI-Odeon, LP "V".
Viciado em regras (Aleph D. Clic/ Ângela Ro Ro), 1988, grav. de Ângela Ro Ro, Eldorado, LP "Prova de amor".
Viola de penedo (Luiz Bandeira), baião, 1978, grav. de Luiz Gonzaga, RCA Victor, LP "Dengo maior" / grav. de Clara Nunes, 1980, LP "Brasil mestiço".
Vira safado (João Ricardo), vira, 1975, João Ricardo, Polydor/Philips, LP "João Ricardo".

8) As canções transgressoras

A gente se sabe de cor (Guilherme Arantes/ Paulinho Lima), canção pop, 1989, grav. de Guilherme Arantes, CBS, LP "Romances modernos".
A maçã (Raul Seixas/ Paulo Coelho/ Marcelo Motta), balada, 1975, grav. de Raul Seixas, Philips, LP "Novo aeon".
A mim e amais ninguém (Ângela Ro Ro/Sérgio Bandeyra), pop, 1979, grav. de Ângela Ro Ro, Polydor, LP "Ângela Ro Ro".
A resposta do lanchinho (MC Valeska), funk carioca, 2005, grav. da Gaiola das Popozudas.
Abre as pernas, mete a língua (Mc Tati), funk carioca, grav. de Tati Quebra-Barraco.
Acontece (Cartola), samba, 1972, grav. de Paulinho da Viola, EMI-Odeon, LP "A dança da solidão".
Agora sei (George Israel/ Lui Farias/ Paula Toller), pop/rock, 1989, grav. de Kid Abelha, Warner, CD "Kid".
Amor e sexo (Rita Lee/ Roberto de Carvalho/ Arnaldo Jabor), pop/romântico, 2003, grav. de Rita Lee, Som Livre, CD "Balacobaco".
Anna Bella (Marina Lima/ Antonio Cicero), pop/romântico, 2006, grav. de Marina Lima, EMI, CD "Lá nos primódios".
Aquele grandão (Mário Manga/ Leda Pasta), pop/rock, 1992, grav. de Cássia Eller / Luiza Possi, Indie Records, CD "2004".
Até quarta-feira (H. Silva/ Paulo Alves Sette), marcha-rancho, 1968, grav. de Marcos Moran, Caravele, compacto.
Baba (baby) (Kelly Key/ Andinho), pop, 2000, grav. de Kelly Key, Warner, CD "Kelly Key".
Blues da piedade (Frejat/ Cazuza), blues, 1988, grav. de Cazuza, PolyGram, LP "Ideologia".
Blues do arranco (Ângela Ro Ro), blues, 1980, grav. de Ângela Ro Ro, Polydor, LP "Só nos resta viver".
Bobagem (Ângela Ro Ro), canção, 1980, grav. de Ângela Ro Ro, Polydor, LP "Só nos resta viver".
Bobagens, meu filho, bobagens (Marina/ Antonio Cicero), pop/romântico, 1983, grav. de Caetano Veloso, Philips, LP "Uns".
Cada um na sua (Wando), canção, 2005, grav. de Wando, Som Livre, DVD "Romântico brasileiro, sem vergonha".
Clichê do clichê (Gil e Vinícius Cantuária), pop/romântico, 1985, grav. de Gilberto Gil, Warner, LP "Dia Dorim, Noite Neon".

Como eu quero (Leoni/ Paula Toller), pop/romântico, 1984, grav. de Kid Abelha, Elektra/ Warner, CD "Seu espião".
Condenados (Fátima Guedes), bolero, 1979, grav. de Simone, EMI-Odeon, LP "Pedaços".
Corações a mil (Gilberto Gil), funk, 1980, grav. de Marina, Ariola, LP "Olhos felizes".
Desafio (Paulinho Nós na Fita), funk carioca, 2005, grav. de MC Kátia e MC Nem.
Drão (Gilberto Gil), canção, 1982, grav. de Gilberto Gil, Warner, LP "Umbanda um".
Escondido (Andinho), pop, 2000, grav. de Kelly Key, Warner, CD "Kelly Key".
Eu me amo (Roger Moreira), rock, 1985, grav. do Ultraje a rigor, Warner, LP "Nós vamos invadir sua praia".
Fetiche (Cláudio Jorge/ Martinho da Vila), samba, 2005, grav. de Martinho da Vila, MZA/ EMI, CD "Brasilatinidade".
Fulano, Sicrano e Beltrano (Fátima Guedes), canção, 1979, grav. de Fátima Guedes, EMI-Odeon, LP "Fátima Guedes".
Fullgás (Marina/ Antonio Cicero), pop/romântico, 1984, grav. de Marina, Philips, LP "Fullgás".
Futuros amantes (Chico Buarque), marcha lenta, 1993, grav. de Chico Buarque, BMG, CD "Paratodos".
Garota nacional (Chico Amaral/ Samuel Rosa), dance-music, 1996, grav. do grupo Skank, Chaos/Sony Music, CD "O samba poconé".
Homem (Caetano Veloso), pop/rock, 2006, grav. de Caetano Veloso, Universal, CD "Cê".
Independente Futebol Clube (Roger Moreira), rock, 1985, grav. ao vivo do Ultraje a Rigor, Warner, LP "Nós vamos invadir sua praia".
Já sei namorar (Arnaldo Antunes/ Carlinhos Brown/ Marisa Monte), pop/rock, 2003, grav. dos Tribalistas, EMI, CD "Tribalistas".
Lealdade (Wilson Batista/ Jorge de Castro), samba, jan/1943, grav. de Orlando Silva, 78 rpm, Columbia.
Mãos estranhas (George Israel/ Cris Braun/ Paula Toller), funk romântico, 1998, grav. de Kid Abelha, Warner, CD "Autolove".
Mil e uma noites (Bruno Fortunato/ George Israel/ Paula Toller), pop/rock, 1993, grav. de Kid Abelha, Warner, CD "Iê Iê Iê".
Montagem *Barraco 3 (Sou feia mas tô na moda)* (DJ's da Pipo's/ MC Tati), funk carioca, 2001, grav. de Tati Quebra-Barraco, Pipo's Records, CD "Tati Quebra-Barraco".
Montagem *Marra de Sansão* (DJ's da Pipo's / MC Tati), funk carioca, 2001, grav. de Tati Quebra-Barraco, Pipo's Records, CD "Tati Quebra-Barraco".
Montagem *Tchutchuco* (DJ's da Pipo's / MC Tati), funk carioca, 2001, grav. de Tati Quebra-Barraco, Pipo's Records, CD "Tati Quebra-Barraco".

Mulher-marmita (Paulinho Nós na Fita), funk carioca, 2005, grav. de MC Nem.
No seu lugar (George Israel/ Lui Farias/ Paula Toller), pop/rock, 1991, grav. de Kid Abelha, Warner, CD "Tudo é permitido".
Nosso amor ao armagedon (Ângela Ro Ro), bolero, 1993, grav. ao vivo de Ângela Ro Ro, Som Livre, CD "Nosso amor ao Armagedon".
Nosso estilo (Marina/ Lobão/ Antonio Cicero), rock, 1984, grav. de Marina, Philips, LP "Fullgás".
Nosso estranho amor (Caetano Veloso), balada pop, 1980, grav. de Marina e Caetano Veloso, Ariola, LP "Olhos felizes".
O lanchinho da madrugada (Bonde dos Magrinhos), funk carioca, 2005, grav. do Bonde dos Magrinhos.
O marido é meu (Paulinho Nós na Fita), funk carioca, 2005, grav. de MC Kátia.
O seu amor (Gilberto Gil), canção, 1976, grav. dos Doces Bárbaros, Philips, LP "Doces Bárbaros".
Oito mulheres (José Batista, mas atribuído a Geraldo Pereira), samba, 1949, grav. de Blecaute, 78 rpm, Continental.
Olhos felizes (Marina/ Antonio Cicero), funk, 1980, grav. de Marina, Ariola, LP "Olhos felizes".
Outro (Caetano Veloso), rock, 2006, grav. de Caetano Veloso, Universal, CD "Cê".
Os amores que eu não tive (Fátima Guedes), bolero, 1985, grav. de Fátima Guedes, PolyGram, LP "Sétima arte".
Poligamia (George Israel/ Paula Toller), grav. do Kid Abelha, 2005, Universal, CD "Pega vida".
Porquê (Caetano Veloso), canção, 2006, grav. de Caetano Veloso, Universal, CD "Cê".
Preciso aprender a só ser (Gilberto Gil), samba-canção, 1973, grav. de Maria Bethânia, Philips, LP "Drama 3º ato" e LP "Phono 73" / grav. de Gilberto Gil, Philips, compacto (1974).
Reza pra eu não te pegar (Andinho/ Juliana Passarelo), pop, 2003, grav. de Kelly Key, Warner, CD "Do meu jeito".
Sadomasoquista II (Deise/ Marcos DJ), funk carioca, 2001, grav. de Deise, Link Records, CD "Bonde C.D.D".
Samba da Sílvia (Joyce/ Sílvia Sangirardi), samba-jazz, 2001, grav. de Joyce e Elza Soares, Biscoito Fino, CD "Gafieira moderna".
Se você sabia (Roger), rock, 1985, grav. do Ultraje a Rigor, Warner, LP "Nós vamos invadir sua praia".

Sexo! (Roger/ Maurício), rock, 1987, grav. do Ultraje a Rigor, Warner, LP "Sexo"!
Só quero ficar (Andinho), pop, 2000, grav. de Kelly Key, Warner, CD "Kelly Key".
Sonhos (Peninha), balada, 1977, grav. de Peninha, RCA Victor, compacto.
Sucesso sexual (Léo Jaime/Leandro), funk, 1984, grav. de Ângela Ro Ro, Polydor, LP "A vida é mesmo assim".
Suco de maracujá (João Donato/ Martinho da Vila), samba, 2005, grav. de Martinho da Vila, MZA/EMI, CD "Brasilatinidade".
Tanto nó (Ivan Lins/ Fátima Guedes), 2005, sem gravação até a 1ª edição deste livro.
Tiranizar (Cezar Mendes/ Caetano Veloso), bossa nova, 2005, grav. de Leila Pinheiro, Biscoito Fino, CD "Nos horizontes do mundo".
Todo o sentimento (Cristóvão Bastos/ Chico Buarque), canção, 1987, grav. de Chico Buarque, RCA Victor, LP "Francisco".
Transas de amor (Marina/ Antonio Cicero), pop/rock, 1979, grav. de Marina, Warner, LP "Simples como fogo".
Três taças (George Israel/ Paula Toller), balada, 1998, grav. de Kid Abelha, Warner, CD "Autolove".
Um segundo a mais (George Israel/ Paula Toller), pop/rock, 1993, grav. de Kid Abelha, Warner, CD "Iê Iê Iê".
Vou botar você na pista (MC Tati), 2001, grav. de Tati Quebra-Barraco.
Zoraide (Roger Moreira), rock, 1985, grav. do Ultraje a rigor, Warner, LP "Nós vamos invadir sua praia".

9) Canções de temas afins citadas neste livro

A luz de Tieta (Caetano Veloso), samba-reggae, 1996, grav. de Caetano Veloso e Gal Costa, Natasha Records, CD da trilha do filme *Tieta*.
É o amor (Zezé Di Camargo), balada sertaneja, 1991, grav. de Zezé Di Camargo & Luciano, Copacabana, CD "Zezé Di Camargo & Luciano".
Eu também quero mocotó (Jorge Ben), pilantragem, lançada no V FIC em 1970 por Erlon Chaves e Banda Veneno/ grav. de Chacrinha, Odeon, compacto / grav. de Erlon Chaves e Banda Veneno, Philips, LP "Banda Veneno de Erlon Chaves" (1971).
Nem luxo, nem lixo (Rita Lee/ Roberto de Carvalho), pop/rock, 1980, grav. de Rita Lee, Som Livre, LP "Rita Lee" / grav. de Marina Lima, EMI, CD "Abrigo" (1994).
Sistema (Ângela Ro Ro/ Mário de Oliveira), rock, 1982, grav. de Ângela Ro Ro, Philips, LP "Simples carinho".

CRÉDITOS DAS CAPAS DE DISCOS

1) Capas que exaltam o amor fracassado / a fossa

Anísio Silva – "Sonhando contigo", 1958, Capa: sem créditos.
Nora Ney – "Ninguém me ama", RCA Victor, 1960. Capa: sem créditos.
Núbia Lafayette – "Solidão", RCA Camden, 1961. Capa: sem créditos.
Alcides Gerardi – "Despedida", Columbia, 1962. Capa: foto: Dirceu Côrte-Real.
Maysa – "Canção do amor mais triste", RGE, 1962. Capa: foto: gentilmente cedida por Edição Extra.
Miltinho – "Poema do adeus", RGE, 1962. Capa: sem créditos.
Tito Madi – "A fossa – vol. 2", London (Odeon), 1972. Capa: sem créditos.
Waleska – "A fossa, Copacabana", 1974. Capa: lay-out: Pedro Lopes Filho / foto: Mafra

2) Capas que exaltam o Carnaval – único período em que se podia se soltar a libido até os anos 60

"10 sucessos para o Carnaval de 1956", Sinter, LP de 10 polegadas, 1955. Capa: Paulo Brèves.
"Carnaval de 56 – Nº 1", Copacabana, LP de 10 polegadas, 1956. Capa: ilustração de Eloy.
"Carnaval 58", Copacabana, 1958. Capa: sem créditos.
"Carnaval 59", Columbia, 1959. Capa: foto de Dirceu Côrte-Real

3) Capas de discos de instrumentistas / cantores / orquestras que vendiam mulheres bonitas

Waldir Calmon – "Para ouvir amando", Copacabana, LP de dez polegadas, 1955. Capa: sem créditos.
Trio Surdina – "Ouvindo Trio Surdina", Musidisc, LP de dez polegadas, 1955. Capa: sem créditos.
Fats Elpídio – "Nossas praias", com Norma Bengell na capa, Copacabana, LP de dez polegadas, 1956. Capa/foto: Van Erven.

Albertinho Fortuna – "Tangos inesquecíveis", Continental, LP de dez polegadas, 1957. Capa: sem créditos.
Bob Fleming (Moacyr Silva) – "Sax espetacular", Masterpiece, 1958. Capa/foto: Joselito/Mafra
Altamiro Carrilho – "Enquanto houver amor, Copacabana", 1959. Capa: sem créditos.
Djalma Ferreira – "Depois do Drink, Discos Drink", 1959. Capa e encarte de Frama / modelo: Manon Godoy.
"Brasil em cha cha cha – Para bailar com Don Pacheco Y sus Muchachos", 1961. Capa: sem créditos.

Extras:

"As melhores mulheres – Cantadas por um homem qualquer ou por qualquer homem – Para Dançar", 1957. Capa: sem créditos.
"Vitrine", Odeon, LP de 10 polegadas promocional, 1957, vários intérpretes. Capa: sem créditos.
"Ribamar e seu conjunto – Caderno de notas", Columbia, 1958. Capa: Dirceu Corte-Real.

4) Capas de discos de coletâneas que vendiam mulheres bonitas

"A medida do sucesso", Som Livre, 1971. Capa: sem créditos.
"Parada Nacional do Sucesso – Vol. 2", Som Livre, 1975. Capa: sem créditos.
"Batida diferente – vol. 2 / 20 Pauladas", RCA Camden, 1976/77. Capa: sem créditos.
"Matemática do sucesso", CID, 1977. Capa: fotos: Alexandre De Souza Lima / Lay-out: Luiz Pessanha / Coordenação geral: Harry Zuckermann.
"Te contei?", Trilha sonora da novela, Som Livre, 1978. Capa: Fotos: Claus C. Meyer / Coordenação da capa: Vera Roesler / Adapt. gráfica: Joel Cocchiararo / Capa: Hans Donner e Sérgio Liuzzi.
"Os Motonautas – 29 Super Sucessos", EMI-Odeon, 1979. Capa: Lay-out: Lobianco / foto: Luiz Garrido.
"Samba 80", 1979. Capa: sem créditos.
"De coração a coração – As preferidas do povo", CID, 1980. Capa: Lay-out: Luiz Pessanha / foto: Alexandre Souza Lima / modelo da capa: Lady Francisco / Arte-final: Ana Elisa / produção fotográfica: Maria Helena Tornovsky e Márcio Hime.
"Sucessos da Década de 70 – Nacional", CID, 1980. Capa: sem créditos.
"Big Banda 81", PolyGram, 1980. Capa: Aldo Luiz / foto: Armando Pittigliani.

"12 Sucessos originais", Copacabana, 1981. Capa: sem créditos.
"As 14 Mais das paradas", PolyGram, 1981. Capa: arte: Mariano Martins.
"Sucessos da Rádio Manchete – vol. 2", PolyGram, 1981. Capa: Foto: Indalécio Wanderley / Layout da capa: Jorge Vianna.
"760 – Coração Jovem – Rádio Manchete", RCA, 1981. Capa: fotos de Nilton Ricardo
"Sucessos Nota 10", Som Livre, 1987. Capa: Fotos de João Bosco (Matéria Prisma) / Modelo: Carlota / Coordenação gráfica: Felipe Taborda / Arte-final: Eduardo Borges.

5) *Capas que vendiam galãs / sensualidade masculina*

Francisco Alves – coletânea, Odeon, 1957. Capa: sem créditos.
Ivon Curi, Nelson Gonçalves, Francisco Carlos e Carlos Galhardo – "Eles cantam assim", LP de dez polegadas, coletânea lançada em 1957. Capa: sem créditos.
Moreira da Silva – "O último malandro", Odeon, 1958. Capa: layout de César G. Villela / foto de Francisco Pereira.
Cauby Peixoto – "Prece de amor", Columbia, 1959. Capa: sem créditos.
Agnaldo Rayol – "Quando o amor te chama", Copacabana, 1965. Capa: sem créditos.
Roberto Carlos – "Jovem Guarda", 1965. Capa: fotos: Armando Canuto.
Ronnie Von, Polydor, 1968. Capa: ilustração de Bia.
Marcos Valle, Odeon, 1970. Capa: layout – Joel Cocchiararo / foto: Alexandre Souza Lima.
Juca Chaves – "Juca bom de Câmara", Som Livre, 1977. Capa: layout: Bella Althoff e Joel Cocchiararo.
Chico Buarque de Hollanda, RGE, 1966. Capa: Lay-out e fotos: Dirceu Côrte-Real.
Chico Buarque, Philips, 1978. Capa: Aldo Luiz / Fotos: Januário Garcia / Arte: Jorge Vianna.
Roberto Carlos, CBS, 1982. Capa / encarte: Produção: Sérgio Lopes / fotos: Luiz Garrido.
Marcos Valle, Som Livre, 1983. Capa: foto: João Bosco / arte-final: Tuninho de Paula / direção de arte: Cosme de Oliveira.
Marcos Valle – "Estrelar", compacto, 1983. Capa: foto: João Bosco / direção de criação: Cosme de Oliveira / Arte-final: Tuninho de Paula.
Marcos Valle – Bicicleta, compacto, Som Livre, 1984. Capa: direção de arte: Cosme de Oliveira / arte-final: Lula / Ilustração: Arthur Braga / Foto: Josemar Ferrari (Câmera Três).
Martinho da Vila – "Brasilatinidade", 2005. Capa: Projeto gráfico: Lêka Coutinho e Alberto Vilar / fotógrafo: Guto Costa.
Odair José – "Eu, você e o sofá", EMI, 1984. Capa: layout: A. Franco – Criarte PSC / foto: Luiz Afonso / coordenação gráfica: Gustavo Caio.

Waldick Soriano – "Cantando para quem ama", Copacabana, 1988. Capa: layout e arte: Osvaldo Asc. Ferreira / foto: Michele de Gregório.
Wando – "Obsceno", Philips/PolyGram, 1988. Capa: Arthur Fróes / Foto: José Luiz Pederneiras / Produção visual: Thomas / Arte-final: Reinaldo Cardoso Simões / Ayssa Bastos.
Wando – Tenda dos prazeres, Philips/PolyGram (1990) – encarte – direção de arte: Arthur Fróes / Fotos: José Luís Pederneiras / Produção visual: Maria Alves de Lima / Arte: Ayssa Bastos.

Extras:

LP da novela "Brega & chique" – internacional – Globo Discos, 1987. Capa: fotos: Alexandre Sant'Anna / Modelo: Vinicius Manne.
Tom Zé – "Todos os olhos", Continental, 1973. Capa: Concepção e realização: Tom Zé, Marcos Pedro Ferreira, Francisco Eduardo de Andrade e Décio Pignatari / Foto: Reinaldo de Moraes.

6) Capas de cantoras – na linha bibelô / pin-up

Marlene – apresenta sucessos de Assis Valente, 1956. Capa de Ronald.
Sylvia Telles – "Carícia", LP de dez polegadas, 1957. Capa: sem créditos.
Angela Maria – "Sucessos de Ângela Maria nº3 (lp de dez polegadas) (1957) – capa: sem créditos.
Ana Lúcia – "Chantecler", 1959, Capa: foto de Osvaldo Micheloni.
Alaíde Costa – "Gosto de você", RCA Victor, 1959. Capa: sem créditos.
Emilinha Borba – "Emília no país dos sucessos", 1960. Capa: sem créditos.
Doris Monteiro – "Vento soprando", Continental, 1960. Capa: sem créditos.
Celly Campello – "Brotinho encantador", Odeon, 1961. Capa: layout de César Villela / fotos de Nagib Allit.

7) Capas de cantoras modernas

Carmen Miranda – coletânea, Rio Records, cantora dos anos 30. Capa: sem créditos.
Claudette Soares – "Gil, Chico, Veloso por Claudete Soares", Philips, 1968. Capa: Lay out e fotos: Torok.

Wanderléa – "Pra ganhar meu coração", Columbia, 1968. Capa / foto: Mafra.
Mutantes (c/ Rita Lee) – "A Divina comédia ou Ando meio desligado", Polydor, 1970. Contracapa: fotos: Cenyra Arruda / Lay-out: Lincoln.
Gal Costa – "Índia", Philips, 1973. Capa e contracapa: Edinizio Ribeiro / Fotos: Antonio Guerreiro.
Rita Lee – "Fruto proibido", Som Livre, 1975. Capa: Arte: Kelio / Foto: Meca.
Maria Bethânia – "Pássaro da Manhã", Philips, 1977. Contracapa: Fotos: Marisa Álvares de Lima / Capa: Aldo Luiz e Maria Bethânia / Arte-final: Arthur Froes.
Fafá de Belém – "Banho de cheiro", Philips, 1978. Capa: Oscar Ramos e Luciano Figueiredo / fotos: Carlos Eduardo de Souza e Ivan Cardoso.
Fafá de Belém – "Estrela radiante", Philips, 1979. Capa: Aldo Luiz / foto: David Zing / Arte: Jorge Vianna.
Maria Creuza – "Doce veneno", RCA, 1978. Capa: Ney Távora / foto: Ivan Klingen.
Zezé Motta, Warner, 1978. Capa: criação e direção de arte: Carlos Prieto e Marcos Troncoso / Fotos: Vania Toledo / Arte: Ruth Freihof.
Frenéticas – "Caia na gandaia", Atlantic/Warner, 1978. Capa: arte: Nilo de Paula / Foto: Antonio Guerreiro.
Marina – "Simples como fogo", Warner, 1979. Capa e arte-final: Ruth Freihof / Fotos: Antonio Guerreiro / Visual: Carlos Prieto.
Simone – "Pedaços", EMI-Odeon, 1979. Capa: Noguchi / foto: Fernando Carvalho.
Gal Costa – "Gal Tropical", Philips, 1979. Encarte/ capa/ pôster: fotos: Antonio Guerreiro / Lay out: Lielzo Azambjua / Arte: Jorge Vianna.

(cantoras em série com ombros e colo do seio à mostra)

Alcione, Philips, 1981. Capa: foto: Antonio Guerreiro / arte: Jorge Vianna.
Fafá de Belém – "Essencial", Philips, 1982. Capa: Mariano Martins / foto: Marco Rodrigues.
Simone – "Corpo e alma", CBS, 1982. Capa: idealização da capa: Simone / Criação e realização: Simone, Lobianco e Garrido / foto: Garrido / Lay-out: Lobianco.
Gal Costa – "Minha voz", Philips, 1982. Capa: lay-out: Azambuja / Foto: Antonio Guerreiro / Arte: Jorge Vianna / Coordenação gráfica: Edson Araújo.
Rita Lee e Roberto de Carvalho, Som Livre, 1982. Direção de arte: Mauricio S. Oliveira / foto: Miro / Arte-final: Cleuder
Joanna – Vidamor, RCA, 1982. Capa: direção de arte: Lielzo Azambuja / foto: Antonio Guerreiro
Rosemary – "Jóia", compacto, RCA, 1982. Foto: Isabel Garcia.

Zizi Possi – "Pra sempre e mais um dia", Philips, 1983. Capa: fotos: Frederico Mendes / Arte-final: Jorge Vianna / Logomarca, layout e ilustrações: Bag.
Tânia Alves – "Novos sabores", Philips, 1983. Capa: Tânia Alves, Jore Vianna e Edson Araújo / coord. Gráfica: Edson Araújo.
Vanusa – "Primeira estrela", RCA, 1982. Capa: Coordenação gráfica; Arthur Fróes / Arte final : Valério do Carmo / Fotos: Nilton Ricardo / Produção: Denny Jô.

(outras cantoras modernas)

Elba Ramalho – "Fogo na mistura", Barclay, 1985. Capa e coord. gráfica: Jorge Vianna / Logotipo: J. C. Mello / Fotos, capa, contracapa e pôster: Antonio Guerreiro.
Beth Carvalho – "Das bênçãos que virão com os novos amanhãs...", RCA, 1985. Capa: Aldo Luiz de Paula Fonseca / arte final: *Mariano Martins* – fotos: Januário Garcia (do camafeu) e Anselmo Elias (dos corpos).
Simone, CBS, 1989. Capa: Encarte: Idealização e produção da capa: Isis de Oliveira / Fotos: Indalécio Wanderley / Direção de arte: Carlos Nunes.
Fernanda Abreu – "Da Lata", EMI, 1996. Contracapa-capa: Luiz Stein / Concepção: Luiz Stein e Fernanda Abreu / Direção de arte e cenografia: Luiz Stein / Foto: Walther Carvalho.
Perla, RCA, 1977. Capa: foto: Nilton Ricardo.
Cláudia Barroso, Continental, 1978.Capa: Direção de arte: Oscar Paolilo / Arte final: Francisco C. Gongora / Fotos: Wswaldo Micheloni.
As Melindrosas, Copacabana, 1980. Capa: sem créditos.
As Marcianas, Copacabana, 1986. Capa: Lay-out e arte: Osvaldo Asc. Ferreira e Jurandir G. Silveira / Foto: Michele de Gregório.
Preta Gil – "Prêt-à-porter", Warner, 2004. Capa: Fernando Zarif / assistente: Marcos Silva / fotos: Vânia Toledo / Coord. Gráfica: Sivlia Panella e Cristina Portella.

8) Sensualidade molhada

Los Angeles – "Veneno, tempero e alegria", RCA, 1982. Capa: foto: Pascal Balland.
Markinhos Moura – "Sem pudor", Polydor, 1990. Capa: Arthur Fróes / Fotos: Dario Zalis / Arte: Ayssa Bastos.
Roberta Miranda – "Sol da minha vida", Continental, 1992. Capa: Direção de arte: F&F / Fotos: Paulo Vasconcelos.
Fábio Jr., BMG Ariola, 1995. Capa: fotos: Guilhermina Guinle / Design: Fernando Alvarus / Direção de arte: Emil Ferreira.

9) Bunda music

Gretchen – "Freak le boom boom", Building, 1979, compacto. Capa: foto: Wilson Chumbo
Gretchen – "Conga, conga, conga", Building, 1980, compacto. Capa: fotos: M. Guzman / lay-out e arte: J. G. Silver.
Gretchen, Building, 1983. Capa: Lay out e arte: Jurandir G. Silveira / foto: Marinho Guzman.
Gretchen – "My name is Gretchen", Building, 1979. Capa: lay out e arte: Jurandir G. Da Silveira.
Gretchen – "Lonely", Building, 1982. Capa e encarte – lay out e arte: Jurandir G. Da Silveira / foto: Magenta.
Suzana – "Estou pegando fogo", CBS, 1979. capa: lay-out: Hydra Criação da Imagem e do som/ Fotos: Estúdio J. A. / Arte: Laci Miranda / Direção de arte: Géu.
Sol – "Sonho colorido / Pingos de chuva", Baccarola, 1982, compacto. Capa: foto: Alexandre Costa e Silva.
Wilma Dias – "La massagiste", CBS, 1982, compacto. Capa: Depto. De arte da CBS / fotos: Márcia Ramalho / Arte: Laci Miranda.
Fernanda Terremoto – "Um terremoto em cena", RGE, 1984, compacto. Capa: Foto gentilmente cedida pela Revista *Amiga*.
Rita Cadillac – "É bom para o moral", RGE, 1984, compacto. Capa: Fototipo / foto: Mozart Firmeza.
Vários – "O melhor das lambaterias", Som Livre, 1989/1990. Capa: dir. de arte: Marciso Pena Carvalho / fotos: Sergi Nedal / Modelo: Mônica Carvalho.
Cia. do Pagode – "Na Dança do Strip-tease", PolyGram, 1996. Capa: fotos e ilustração: Frederico Mendes / projeto gráfico: Jefferson Coutinho e Frederico Mendes / coordenação: Gê Alves Pinto.
É o Tchan – "É o Tchan do Brasil", PolyGram, 1997. Capa: Projeto gráfico: Gê Alves Pinto (direção de arte) e Luciane Ribeiro / Coordenação gráfica: Geysa Adnet. Fotos: Adriana Pittigliani.
"DJ Marlboro apresenta New Funk 2001", Som Livre, 2001. Capa: direção de arte: Marciso Pena Carvalho / designer assistente: André Rola / Fotos: Richard Romero / Modelos: Karen Júlia e Alex Barros.

10) Capas que mostram evolução de comportamento / família

"Mãezinha querida", LP de dez polegadas, RCA Victor, 1957. Capa: sem créditos.
"Dia das mães", LP de dez polegadas, Copacabana, 1957. Capa: sem créditos.

Adelaide Chiozzo – "Lar... doce melodia", Copacabana, 1958. Capa: sem créditos.
Caetano Veloso – "Jóia", Philips, 1975. Capa: Caetano Veloso / Aldo Luiz – foto: João Castrioto.
Baby Consuelo, Atlantic/Warner, 1979. Capa: Baby Consuelo / Coord. Da capa: Leonardo Neto / Foto da capa: Antonio Guerreiro
Rita Lee, Som Livre, 1979. Capa: direção de arte: Hans Donner / Fotos: Luiz Garrido – Câmara Três / Coordenação de capa: Vera Roesler.

11) Capas de duplo sentido

Manhoso – "O minhocão", 1975. Capa: ilustração: Adail.
Manhoso – "Peladão", 1976. Capa: arte: Adail.
Manhoso – "A festa da rabada", 1979. Capa: Caricaturista: Adail / Arte: Arthur Froes.
Trio Nordestino – "Ô bicho bom!", Copacabana, 1981. Capa: foto: Carlos Alberto Gordon / lay out e arte: Jurandir G. Silveira.
Messias Holanda – "Olha o tamanho da bichona", CBS, 1981. Capa: dept. de arte CBS / fotos: Frederico Mendes / Arte: Carlos E. Lacerda.
Zenilton – "O grelo dela", Copacabana, 1982. Capa: Lay out e arte: Jurandir G. Silveira / Foto: Michel Challat.
Genival Lacerda – "Mate o véio, mate", Copacabana, compacto, 1983. Capa: Lay out e arte: Jurandir G. Silveira / Fotos: Michele de Gregório / Supervisão técnica: Rosvaldo Cury / Modelo: Têka.
Genival Lacerda – "Presente de nordestino", Copacabana, 1983. Capa e contracapa: lay out e arte: Jurandir G. Silveira / foto: Magenta.
Dicró – "Funeral do Ricardão", Continental, 1984. Capa: WOM Publicidade / foto: Peter Fill.
Clemilda – "A minhoca do Severino", Continental, 1986. Capa: WOM Publicidade.
Sandro Becker – vol. 8, Copacabana, 1988. Capa: layout e arte: Osvaldo ASC Ferreria / fotos: Michele de Gregório.
Manhoso – "Tico mia...", 1988. Capa: Arte final: WOM Publicidade / Ilustração: Higa.
Vários – *"Super Erótico – Finalmente liberado"*, CID, 1974. Capa: Luiz Pessanha.
Vários – *"Super Erótica!"*, Copacabana, 1975. Capa: sem créditos.

12) O homem sexy na MPB dos anos 80 e seus assuntos favoritos

Erasmo Carlos – "Mulher", Polydor, 1981. Capa: Arte: Mariano Martins / foto: Marisa Alvarez Lima.

MPB-4 – "Quatro coringas", Barclay, 1984. Capa: Carlos Horcades, Guta e MPB-4 / Ilustração: Guta / fotos: Carlos Horcades / Coord. Gráfica: J. C. Mello.
Fevers, RCA, 1985. Capa: Lobianco / fotos: Luiz Garrido.
Cazuza, Som Livre, 1985. Capa, encarte e marca: arte e direção de arte: Felipe Taborda / foto: J. R. Duran.
Dominó, CBS, 1985. Capa: Juan O. Gatti (direção de arte) / Leonardo Costa (foto) / João Antonio (arte final).
Ciclone, Polydor (1985) – capa e coordenação gráfica: Jorge Vianna / foto: Cibele Clark / produção: Paulo Fernando.
Lobão – "O rock errou", RCA, 1986. Capa: Layout: Noguchi / Coord. Gráfica: Tadeu Valério / Foto: Marisa Alvarez Lima.
Ultraje a rigor – Sexo!!!, Warner (1987) – capa: fotos: Paulo Fridman / arte da capa; Régis Rocha Moreira. Concepção: Ultraje a Rigor / Prod. da capa: Kátia Del Bianco e Andrea Merkel; Modelos: Solane Ribeiro, Mário Pineiro, Ana Ywanowa e Gabriel Farias Pasquali. Cenário (Capa): Dio Rossett e Fernando Brettas/ Arte final e coord. gráfica: Silvia Panella.
Inocentes – Warner, 1989. Capa: arte: Carlos GIannotti / fotos: Paulo Vasconcellos.
TNT – "Noite vem, noite vai", BMG, 1990. Capa: fotografias: Alexandre Sardá / direção de arte: Ricardo M. Petzold / supervisão gráfica: André Teixeira.
Supla, 1991. Capa: concepção: Supla, Ângelo Bueno, Briski Jr., Fabiana Kherlakian. Fotos: Briski Jr. / Direção de arte: Ângelo Bruno, Walter Luis Brunialti / Arte final: Levi A. Braga. Coordenação gráfica: Egeu Laus / Coordenação geral: Fabiana Kherlakian.
Paulo Ricardo – "Psicotrópico", CBS, 1992. Capa: Encarte: Fotos do encarte: Bob Wolfenson / Arte do encarte: Alberto Neute / Coordenação gráfica: Carlos Nunes.
Fausto Fawcett e Falange Moulin Rouge – "Básico Instinto", Chaos (1993) – capa: criação: Fausto Fawcett e Marcus Wagner / Realização: Marcus Wagner / Fotos: Flávio Coker / coordenação gráfica: Carlos Nunes.
Zezé Di Camargo & Luciano, Columbia, 1994. Capa: encarte e fotos: Marelo Faustini / Assist. foto: Antonio Monteiro / Projeto gráfico: Carlos Nunes.
Mamonas Assassinas, EMI, 1995. Capa: Fotos: André Paoliello / Ilustrações: Carlos Sá / Concepção de capa: Mamonas Assassinas / Projeto gráfico: Mário Busch e Patricia Delgado / Fotolito: Intek.
Raimundos – "Lavô ta novo", Warner, 1995. Contracapa: Foto: Patrick Grosner / Criação da capa: Raimundos, Patrick Grosner, Antonio Deliperi / Arte, editoração eletrônica; Antonio Deliperi / Corord. Gráfica: Silvia Panella.
Os Travessos – "Shopping Center", Continental, 2000. Capa: direção de arte e projeto gráfico: Planeta Digital, por Ubirajara Farias e Tuca Padovan / fotos: Ary Diesendruck (Widelux) / Fotos (Capa/libreto): Chico Audi.

João Penca e seus Miquinhos Amestrados – "Hot 20", coletânea, 2000. Capa: Projeto gráfico: André Teixeira e Felipe Fonseca / fotos: Flávio Colker / Coord. Gráfica: Luis Felipe Couto e Emil Ferreira.
Andinho – "Já é sensação", Link Records, anos 2000. Capa / contracapa / encarte – projeto gráfico e fotografias: Paulo Verardo

13) Capas de sexualidade transgressora

Lyra de Xopotó – "Reminiscências do carnaval carioca", Sinter, 1957. Capa: Ronald / foto: Van Erven.
Dora Lopes – "Minhas músicas e eu", Copacabana, 1964. Capa: Moura.
Valéria, o travesti – "Mocambo", 1965, compacto. Capa: "trabalho de nossa gráfica"
Maria Alcina, Chantecler – Compacto, 1973. Capa: sem créditos.
Secos & Molhados, Continental, 1973. Capa: fotos: Antonio Carlos Rodrigues / lay-out: Décio Duarte Ambrósio.
Edy Star, Som Livre, 1974. Capa: arte: Edy Star / fotos: Antonio Guerreiro.
Tuca – "Drácula I love you", Som Livre, 1974. Capa: fotos: Mariza Alvarez Lima / layout: Joel Cocchiararo.
João Ricardo, Polydor, 1975. Capa: sem créditos.
Cornelius – "Santa Fé", RCA Victor, 1976. Capa: arte: Tebaldo / foto: Ramon Sanahuja.
Ney Matogrosso – "Feitiço", Warner, 1978. Capa: encarte – arte: Ruth Freihof / fotos: Mariza Alvarez Lima.
Sidney Magal, Polydor, 1978. Capa: Aldo Luiz / Fotos: João Castrioto.
Lulu Santos (Luiz Maurício), PolyGram, compacto, 1980. Capa: foto: Antonio Guerreiro / Lay out: Aldo Luiz.
Les Etoiles – "Rolando e Luiz Antonio", gravado em Paris (1981-82). Capa: Arthur Fróes / fotos: Januário Garcia / arte-final: Valério do Carmo.
Ronaldo Resedá – "Plumas e paetês", RGE, 1980, compacto. Capa: sem créditos.
Ângela Ro Ro – "Escândalo!!!", Polydor, 1981. Capa: Artistas Gráficos e Propaganda.
Bezerra da Silva – "Minha sogra parece sapatão", RCA, 1982, compacto. Capa: Coordenação gráfica: Arthur Fróes / Ilustração: Arthur Braga / Arte-final: Valério do Carmo
Jô Soares e Elieser Motta – "Capitão Gay", RGE, 1982. Capa: Direção de arte: Cosme de Oliveira / Arte-final: Tuninho de Paula / Foto: Ayrton Camargo.
Ney Matogrosso – "Mato Grosso", Ariola, 1982. Capa e fotos: Luiz Fernando Borges da Fonseca / coordenação gráfica: J. C. Mello.

Ney Matogrosso – "Pois é...", Barclay, 1983. Capa e fotos: Luiz Fernando Borges da Fonseca / coordenação gráfica: J. C. Mello
Virgílio – "Disco Mix (Surra de Cacete)", Copacabana , 1983. Capa: Lay-out e arte: Osvaldo ASC. Ferreira e Jurandir G. Silveira / foto: Edson N. Santos.
Pepeu Gomes – "Masculino e feminino", CBS, 1983. Capa: Concepção e criação: Baby Consuelo / Foto: Antonio Guerreiro / Coordenação gráfica: Daeco.
Gilberto Gil – "Extra, Warner", 1983, Capa: Marisa Alvarez de Lima / ilustrações: Antonio Homobono / Logo e direção de arte: Rique Nitzsche / Artes: Maysa Manzo e Dulce Bittencourt / Profução gráfica: Ao Lápis Estúdio.
Ney Matogrosso – "Destino de aventureiro", Barclay, 1984. Capa: criação: Lobianco, J. C. Mello e Ney Matogrosso / fotos: Lívio Campos / Montagem: Bruno Speranza.
Roberta Close – "Sou assim", Disco Mix, RGE, 1988. Capa: direção de arte: Suely Rodrigues / foto: Ivan Klingen.
Serguei, BMG/RCA, 1991. Capa: Vittore Talone e Stela Nascimento / fotos: Fernando Seixas.
Cássia Eller – "Cássia Rock Eller", Universal, 1999. Capa: Projeto gráfico: Luciane Ribeiro/ Direção de arte: Gê Alves Pinto / fotos: Marcos Hermes / Coordenação gráfica: Patrícia Fernandes
Mart'nália – "Menino do Rio", Biscoito Fino, 2005. Capa: Gringo Cardia / Assistência gráfica: Gabi Caspary e Pedro Pezinho / Foto: Eny Miranda / Cia. da Foto.

BIBLIOGRAFIA

Abreu, Gilda. *As canções na vida de Vicente Celestino*. São Paulo: Cupolo Ltda, 1956.

Alencar, Edigar de. *O carnaval carioca através da música*, 5ª edição corrigida, ampliada e atualizada, 1 e 2 volumes. Rio de Janeiro: Francisco Alves, 1978 (original)/1985.

Alexandre, Ricardo. *Dias de Luta / O rock e o Brasil dos anos 80*. São Paulo: DBA, 2002.

Araújo, Paulo César de. *Eu não sou cachorro, não*. Rio de Janeiro: Record, 2002.

Badinter, Elizabeth. *Um é outro*. Rio de Janeiro: Nova Fronteira, 1986.

_______. *XY - Sobre a identidade masculina*. Rio de Janeiro: Nova Fronteira, 1993.

Barbosa, Domingos Caldas. *Viola de lereno* (poesia). Rio de Janeiro: Civilização Brasileira / INL – MEC, 1980.

Castro, Ruy. *A onda que se ergueu no mar – Novos mergulhos na bossa nova*. São Paulo: Companhia das Letras, 2001.

Castro, Ruy. *Carmen, uma biografia*. São Paulo: Companhia das Letras, 2005.

_______. *Carnaval no fogo / Crônica de uma cidade excitante demais*. São Paulo: Companhia das Letras, 2003.

Cavalcante, Berenice; Starling, Heloisa e Eisenberg, José (org.). *Decantando a república*. v. 3 (A cidade não mora mais em mim). Rio de Janeiro: Nova Fronteira, 2004.

Constallat, Benjamim. *Mademoiselle Cinema*. Rio de Janeiro: Casa da Palavra, 1999.

Efegê, Jota. *Maxixe. A dança excomungada*. Rio de Janeiro: Conquista, 1974.

Essinger, Silvio. *Batidão – uma história do funk*. Rio de Janeiro: Record, 2005.

Filho, F. Coutinho. *Violas e repentes*. Rio de Janeiro: Editora Leitura MEC, 1972.

Goldenberg, Mirian. *Toda mulher é meio Leila Diniz*. Rio de Janeiro: Record, 1996, 2ª edição.

Leal, José Carlos. *Trovadores e seresteiros / Anotações para estudo da seresta*. Rio de Janeiro: Leymarie, 2000.

Lins, Regina Navarro. *A cama na varanda*. Rio de Janeiro: Rocco, 1996.

Macedo, Suzana. *DJ Marlboro na terra do funk*. Coleção Radiografia Carioca nº 3. Rio de Janeiro: Dantes, 2003.

Mais, Pedro Luiz. *Antologia da Serenata*. Rio de Janeiro: Organizações Simões Editora, 1957.

Minas, João de. *A mulher carioca de 22 anos*. Coleção Babel. Rio de Janeiro: Dantes, Rio de Janeiro, 2000, 4ª edição.

Mota, Leonardo. *Cantadores – Poesia e linguagem do Sertão Cearense*. Fortaleza: Ed. Imprensa Universitária do Ceará, 1960, 3ª edição.

Novais, Fernando A. (coleção dirigida por), volume organizado por De Mello e Souza, Laura. *História da vida privada no Brasil*, vol. 1. São Paulo: Companhia das Letras, 1998, 4ª reimpressão.

________. (coleção dirigida por), volume organizado por De Alencastro, Luiz Felipe *História da vida privada no Brasil*, vol. 2. São Paulo: Companhia das Letras, 1998, 3ª reimpressão.

________. (coleção dirigida por), volume organizado por Sevcenko, Nicolau. *História da vida privada no Brasil*, vol. 3. São Paulo: Companhia das Letras, 1998, 2ª reimpressão.

________. (coleção dirigida por), volume organizado por Moritz Schwarcz, Lilia. *História da vida privada no Brasil*, vol. 4. São Paulo: Companhia das Letras, 1998.

Rennó, Carlos (org.). *Gilberto Gil – Todas as letras*. São Paulo: Companhia das Letras, 1996.

Richards, Jeffrey. *Sexo, desvio e danação – As minorias na Idade Média*. Rio de Janeiro: Jorge Zahar Editor, 1993.

Rio, João do. *Os melhores contos*. Seleção de Helena Parente Cunha. São Paulo: Ed. Secretaria de Estado da Cultura/ Global Ed. E Distr., 1990.

Saraiva, Gumercindo. *Antologia da canção brasileira*. São Paulo: Saraiva, 1963.

Severiano, Jairo e Zuza Homem de Mello. *A canção no tempo*. v. 1. São Paulo: 34, 1997.

________. *A canção no tempo*. v. 2. São Paulo:. 34, 1998.

Severiano, Yes, nós temos Braguinha. Rio de Janeiro: Funarte / Martins Fontes, 1987.

Silva, Maria Beatriz Nizza da. *História da Família no Brasil Colonial*. Rio de Janeiro: Nova Fronteira, 1998.

Siqueira, Batista. *Modinhas do século passado – Cultura, folclore, música*. Rio de Janeiro: s/ ed., 1979, 2ª edição.

Tannahill, Reay. *O sexo na história*. Rio de Janeiro: Francisco Alves, 1983.

Tinhorão, José Ramos. *Pequena história da música popular, da modinha ao tropicalismo*. São Paulo: Art Editora, 1986, 5ª edição revista e aumentada.

Trevisan, João Silvério. *Devassos no paraíso*. Rio de Janeiro: Record, 2002, 5ª edição revista e ampliada.

Revistas:

Caras, Cláudia, G Magazine, Interview, Playboy, Sexy, Status, Sui Generis, Revista do Rádio, Veja.

DVD Chico Buarque "À flor da pele", dirigido por Roberto de Oliveira. EMI Music, 2005.

Jornais:
O Globo, Jornal do Brasil, Folha de S. Paulo e Tribuna da Imprensa.

Livros de letras de música:
Álbum geral de músicas para o carnaval de 1952, Edições Vitale, Rio de Janeiro, 1952.
Sucessos carnavalescos de Álbum de Melodias das Editoras Musicais Cembra LTDA, Mangione S. A. e Irmãos Vitale, Ed. Viltale, 1953.
Carnaval de 1985, Scorpios, 1984.
Recordações... Saudade! – Nºs 1 a 12 – Rio de Janeiro, 1989 a 91.
Como viajar 70 anos pela Viação Cometa através da música popular, Ed. Impres, São Paulo, 1970.

Acervo pessoal do autor (discos, reportagens de jornais e revistas).

ÍNDICE ONOMÁSTICO

ÍNDICE GERAL

Este livro foi composto na tipologia AGaramond, em corpo 12,5/15,3,
e impresso em papel off-set 90g/m² pelo Sistema Cameron
da Divisão Gráfica da Distribuidora Record.

No início da década de 70, discos cantados em várias línguas, com vozes e gemidos sensuais, atiçavam a libido de todos

Não tinham nada de mais, mas o apelo do "proibido" os fazia vender feito água

A partir dos anos 70, a indústria do disco começou a apelar progressivamente, colocando mulheres cada vez mais desnudas e explorando a libido do homem brasileiro

As capas de trilhas de novelas eram comportadas até o advento de "Te contei?" (1978), que exibiu um "close" bastante indiscreto. A modelo Adele Fátima e a atriz Lady Francisco também foram usadas para vender disco

A década de 80 seguia, e mais mulheres se insinuavam nas capas de nossas coletâneas

Grandes modelos foram usadas para vender discos da popularíssima Rádio Manchete FM, do Rio. Às vezes, valia até sentar de fio-dental em cima das bolachas, afinal, com uma mulher dessas na capa, para que ouvi-las?

Gretchen foi a pioneira da "bunda music" nacional, mexendo com a libido de homens, mulheres e gays na virada dos anos 70 para os 80...

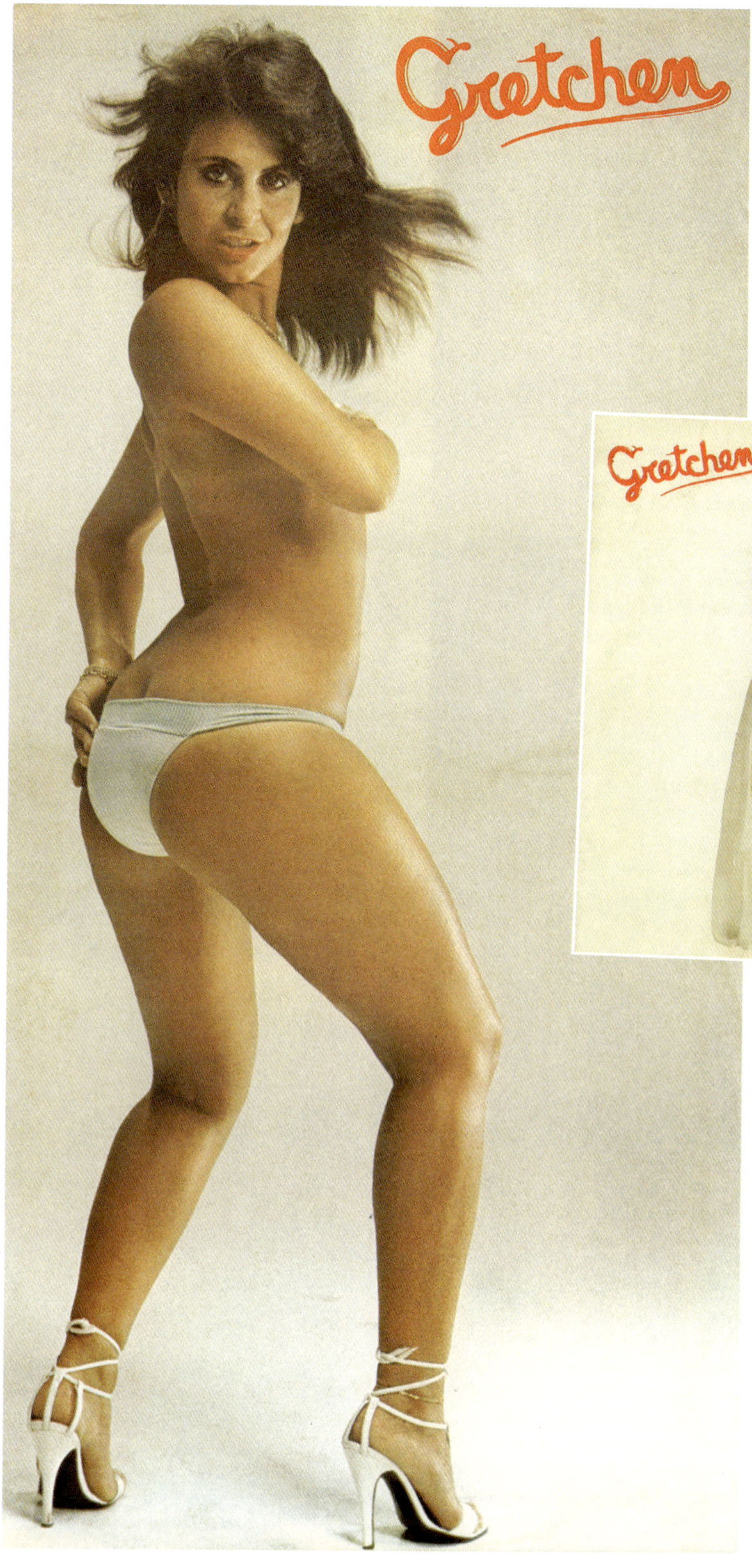

...*cantando um* som dançante com letras de puro nonsense, que misturavam várias línguas e gemidos

Imitadoras de Gretchen logo surgiram, como a obscura Suzana, que lançava mão até de um hidrante para apagar seu fogo...

As chacretes Fernanda Terremoto e Rita Cadillac,

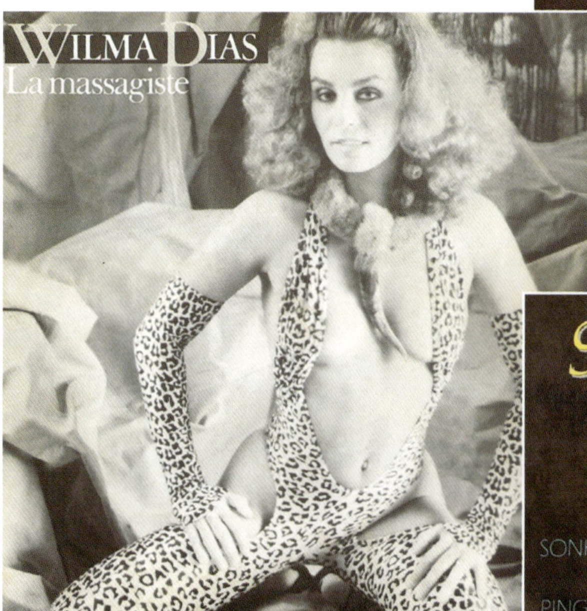

a modelo Wilma Dias e a lourinha Sol foram pelo mesmo caminho

Haja rebolado e gemido!

A partir de 1985, novos modismos maliciosos, com ênfase no bumbum, inundaram a MPB, como a lambada, que veio do Norte-Nordeste, em que o grande frisson era ver a calcinha da dançarina...

Mais tarde, vieram o axé baiano da Companhia do Pagode, do É o Tchan e o funk carioca – todos, com muitas dançarinas rabudas

O HOMEM SEXY NA MPB, A PARTIR DOS ANOS 80, E SEUS ASSUNTOS FAVORITOS >>>>

As bundas masculinas também tiveram vez. A contracapa da trilha da novela Brega & chique (1987) mostrava o derrière do modelo Vinícius Mane, que a TV teve de censurar parcialmente, atendendo aos pedidos dos pudicos de plantão. E o grupo MPB-4, anos antes, em 1984, era só irreverência na contracapa do LP "4 Coringas"

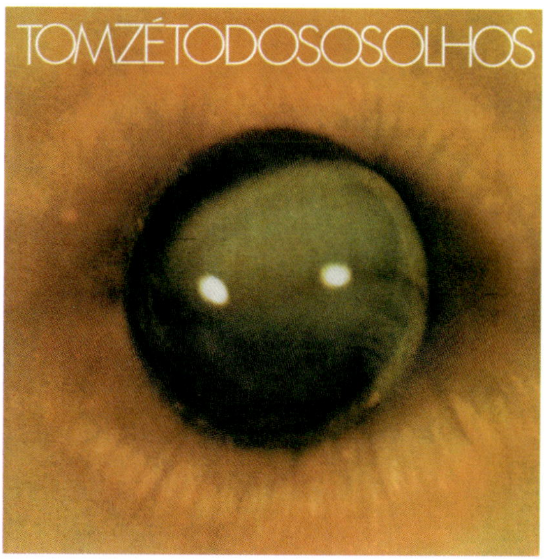

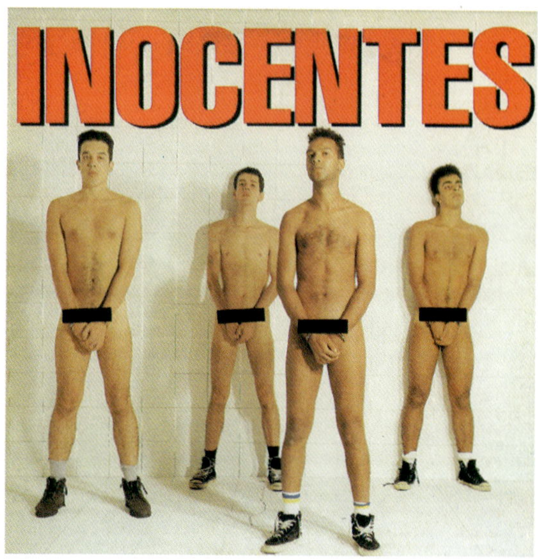

Ousadias: Tom Zé colocou uma bola de gude onde vocês estão pensando, na capa de seu LP "Todos os olhos", de 73, enquanto os Inocentes, em 89, se mostravam pelados para exibir seu punk rock

Os anos 80 foram o auge das boy bands, na linha do grupo Menudo, que produziu por aqui os genéricos Dominó e Ciclone, e teve ainda Paulo Ricardo como o grande sex symbol nacional, quando era líder do RPM. Ele seguiu com a imagem de cantor-pop-galã nos anos 90, como vemos à esquerda, no encarte de seu segundo LP solo, de 92

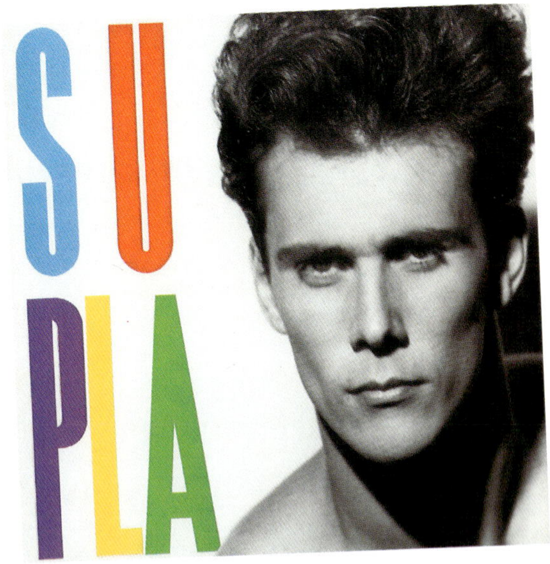

O exagerado Cazuza fazia uma linha bad boy em 85, com visível apelo sexual, enquanto Supla se mostrava bastante gato (e narcisista) em seu LP de 91

Lobão chocou ao aparecer vestido de padre ao lado da namorada Daniele Daumerie nua em pêlo, em 86, e o Ultraje a Rigor ironizava o excesso de pudor em assuntos de "Sexo!!", em 87

O trio João Penca e Seus Miquinhos Amestrados misturava testosterona oitentista com gumex sessentista, e os roqueiros do TNT posavam de safadinhos na cama

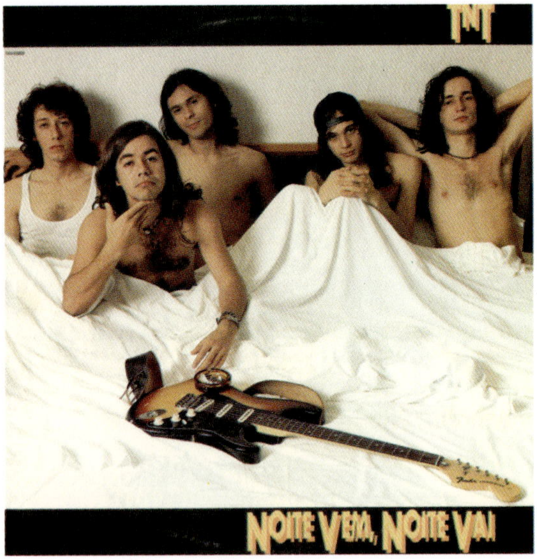

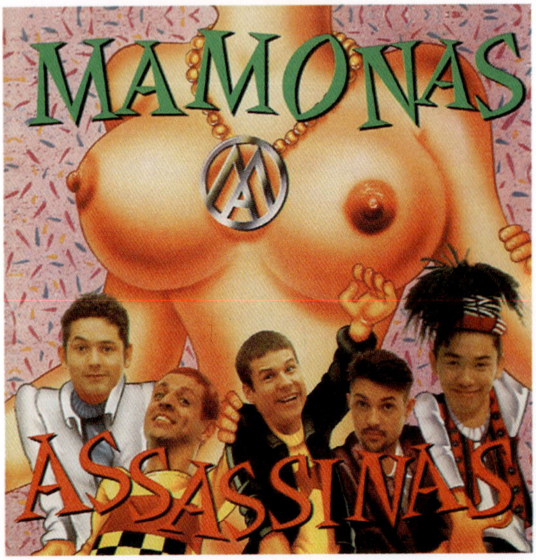

Os irreverentes Mamonas Assassinas botavam os peitos na capa de seu único CD, e os Raimundos romperam definitivamente o tabu do sexo anal a bordo de letras lambuzadas de esperma

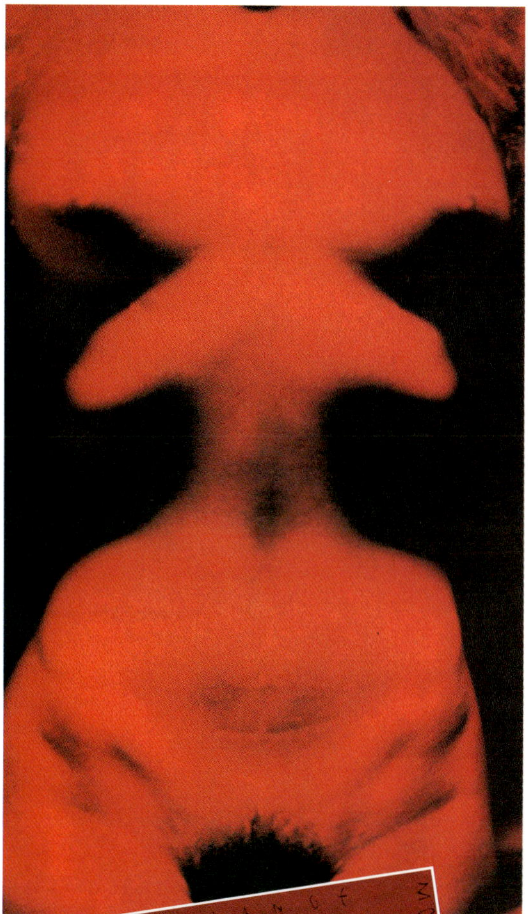

Fausto Fawcett apresentava uma vagina em forma de cruz na capa e um corpo nu de mulher no encarte de seu CD "Básico instinto", em 93, enquanto os bem-comportados Fevers se ouriçaram ao ver uma "PlayBaby", anos antes, em 85

No segmento mais popular, a sensualidade masculina continua a ser explorada, seja no funk carioca (Andinho), no pagode romântico (Os Travessos), ou no sertanejo pop (Zezé Di Camargo & Luciano)

A SENSUALIDADE MOLHADA

Fábio Jr., Roberta Miranda, Markinhos Moura e o trio Los Angeles mostraram sua sensualidade molhada entre os anos 80 e 90

Manhoso foi um dos primeiros a construir uma carreira inteira em cima de divertidos pornoforrós, a partir do LP "O minhocão" (1975)

O forrozeiro Zenilton, numa de suas hilárias capas, segurou "O grilo dela", em 1982

Genival Lacerda estourou com a Severina Xique-Xique, em 75, e depois não saiu mais das paradas, com seus pornoforrós

Clemilda "prendeu o Tadeu", depois encarou a Minhoca do Severino, em 86, enquanto Messias de Holanda "matou a bichona a paulada", em 81

Sandro Becker e o Trio Nordestino também abusaram da malícia em seus forrós,

enquanto Dicró foi o representante do duplo sentido no samba, em discos como o "Funeral do Ricardão", de 84

A banda Lyra de Xopotó, do maestro Lyrio Panicali, num de seus álbuns carnavalescos gravado em 1957 apresentava a pioneira capa gay de nossa discografia

Revelada no histórico show *Les Girls*, Valéria foi o primeiro travesti a gravar um disco (compacto) no Brasil, em 1965

A cantora e compositora Dora Lopes escrevia canções homoeróticas por meio de metáforas, em seu LP de 1964. Os Secos & Molhados causaram desbunde em 73 com o visual carregado, danças exóticas e a voz diferente de Ney Matogrosso. Maria Alcina também causou celeuma com sua voz masculina, chegando a ser censurada por comportamento, e Edy Star foi dos pioneiros artistas assumidamente gays da glam-MPB nacional

Cornélius, vocalista do Made in Brazil, fez sucesso no underground com sua figura andrógina, e Tuca chamava sua Girl para "vestir sua roupa de pirata azul", em seu LP de 74, "Drácula, I love you", em cuja contracapa simulava um orgasmo.

Ney Matogrosso foi o maior ícone da cultura gay brasileira de todos os tempos. Corajoso e petulante, foi o primeiro artista a transgredir valores morais hipócritas, com sua voz aguda, suas fantasias e suas declarações libertárias

Adorado por crianças, mulheres, idosos e todo tipo de gente,

Ney teve seu LP "Feitiço", de 1978, lacrado num plástico preto por aparecer nu em seu encarte, como uma espécie de oferenda aos orixás

A dupla Les Étoiles fazia sucesso na França nos anos 70 e 80, o Capitão Gay de Jô Soares trazia alegria à TV em 82. No mesmo ano, Bezerra da Silva sacaneava sua sogra, chamando-a de sapatão num tom pejorativo, e Roberta Close pagava mico gravando um disco mix bem trash, em 88, que virou cult

Egresso dos Secos & Molhados, João Ricardo tentou carreira solo fazendo pose de andrógino em 75

Sempre transgressor, Gilberto Gil (assim como o amigo Caetano) usou e abusou da androginia no visual, e em 83 lançou a canção-tributo O veado, em seu LP "Extra". No mesmo ano, o forrozeiro Virgílio "levou uma surra de cacete" e aparecia segurando o próprio na capa do seu disco mix

Sidney Magal foi um dos maiores sex symbols da música brasileira

"Cigano de araque, fabricado até o pescoço", nas palavras de Rita Lee e Paulo Coelho, marcou os anos 70 com seu visual amante latino, cultuado até hoje

O cantor e bailarino Ronaldo Resedá e o roqueiro Serguei deram muita pinta

Pepeu Gomes brincou de "masculino e feminino", em 83

Lulu Santos passou batom em seu primeiro compacto, de 80

Todos transgrediram os papéis estereotipados de macho e fêmea na MPB

A bordo de um repertório confessional, Angela RoRo foi a primeira cantora da MPB a declarar-se homossexual e provocou "Escândalo!" no início dos anos 80, enquanto Cássia Eller, na década seguinte, pôde assumir de forma mais tranqüila seu casamento em público e foi querida de fãs de várias tribos sexuais

Ambas abriram caminho para que hoje uma artista como Mart'nália possa brincar de andrógina, sem causar qualquer celeuma, posando de "Menino do Rio" na capa de seu CD